2020
CHINA LABOUR STATISTICAL YEARBOOK
中国劳动统计年鉴

Compiled by
Department of Population and Employment Statistics
National Bureau of Statistics
Department of Planning and Finance,
Ministry of Human Resources and Social Security

国家统计局人口和就业统计司
人力资源和社会保障部规划财务司 编

中国统计出版社
China Statistics Press

图书在版编目（CIP）数据

中国劳动统计年鉴. 2020 = China Labour Statistical Yearbook 2020：汉英对照 / 国家统计局人口和就业统计司，人力资源和社会保障部规划财务司编. -- 北京 ：中国统计出版社, 2020.12
ISBN 978-7-5037-9370-7

Ⅰ. ①中… Ⅱ. ①国… ②人… Ⅲ. ①劳动经济－统计资料－中国－2020－年鉴－汉、英 Ⅳ. ①F249.2-54

中国版本图书馆 CIP 数据核字(2020)第 221031 号

中国劳动统计年鉴—2020

作　　者 / 国家统计局人口和就业统计司，人力资源和社会保障部规划财务司编
责任编辑 / 李　冲
封面设计 / 李雪燕
出版发行 / 中国统计出版社有限公司
通信地址 / 北京市丰台区西三环南路甲 6 号　邮政编码/100073
电　　话 / 邮购（010）63376909　书店（010）68783171
网　　址 / http://www.zgtjcbs.com/
印　　刷 / 河北鑫兆源印刷有限公司
经　　销 / 新华书店
开　　本 / 880×1230 毫米　1/16
字　　数 / 800 千字
印　　张 / 29.75
版　　别 / 2020 年 12 月第 1 版
版　　次 / 2020 年 12 月第 1 次印刷
定　　价 / 260.00 元

本书附同版本 CD-ROM 一张，光盘内容以书面文字为准。
中国统计版图书，如有印装错误，本社发行部负责调换。

《中国劳动统计年鉴-2020》编委会和编辑部工作人员

编委会

主　任： 张　毅　王克良　江力平

副主任： 孟灿文　靳　宏　陈　伟

编　委：（以姓氏笔画为序）

李　宏　吴　珊　饶志刚　贾毓慧　夏　萍

编辑部

总 编 辑： 夏　萍

副总编辑： 饶志刚

编辑工作人员：（以姓氏笔画为序）

丁成栋　于　丛　马栋华　方继兴　左陈晨
任彦霏　刘　丹　杜淑晗　李珏滢　张小燕
张也驰　张　延　张倩颖　陈潇潇　季　金
周永波　项声闻　赵岩露　郭　航　崔　科
康婷婷　董　森　魏英超

责任编辑： 李　冲

CHINA LABOUR STATISTICAL YEARBOOK-2020

Editorial Board and Staff

编 辑 说 明

《中国劳动统计年鉴—2020》是一部全面反映中华人民共和国劳动经济情况的资料性年刊。本刊收集了2019年全国和各省、自治区、直辖市的有关劳动统计数据。主要指标还编有历年统计数据。

全书共分为13个部分：1.综合；2.就业与失业；3.城镇非私营单位就业人员和工资总额；4.国有单位就业人员和工资总额；5.城镇集体单位就业人员和工资总额；6.其他单位就业人员和工资总额；7.职业培训与技能鉴定；8.劳动关系；9.社会保障；10.工会工作；11.香港资料；12.澳门资料；13.台湾资料。书末还附有国外有关资料和主要统计指标解释。

参与本书编辑或提供资料的单位除国家统计局、人力资源和社会保障部外，还有全国总工会、国家医疗保障局。

本书资料的取得形式主要有国家和部门的报表统计、行政记录和抽样调查。有的资料分项相加不等于总计。望读者使用时予以注意。

恳请广大读者对本书提出宝贵意见。

《中国劳动统计年鉴》编辑部

二〇二〇年十月

PREFACE

China Labour Statistical Yearbook 2020 is an annual statistics publication, which is comprehensively reported the labour economic situation for 2019 and some main indicators series for historically years at nation and provinces, autonomous regions and municipalities levels and parts of cities.

The book is organized into 13 parts, which are:1.General Survey; 2.Employment and Unemployment; 3.Employment and Total Wages in Urban Non-Private Units; 4.Employment and Total Wages in State-owned Units; 5.Employment and Total Wages in Urban Collective-owned Units; 6.Employment and Total Wages in Other Ownership Units; 7. Vocational Training and Skill Appraisal; 8.Labour Relation; 9.Social Security; 10.Trade Union Works; 11.Main Indicators of Hong Kong; 12.Main Indicators of Macao; 13.Main Indicators of Taiwan. In addition, Main Indicators of Other Countries and Explanatory Notes on Main Statistical Indicators are provided in the end of the book.

Besides National Bureau of Statistical and Ministry of Human Resources and Social Security, All-China Federation of Trade Unions, National Healthcare Security Administration also participate in the compiling work of this book.

Data resources of this book mainly come from state and departments reporting system, administration records and sampling surveys. Some data are not equal to the add-results of all sub-items.

China Labour Statistical Yearbook—Editorial Staff

October 2020

图1　人口及就业情况
POPULATION AND EMPLOYMENT

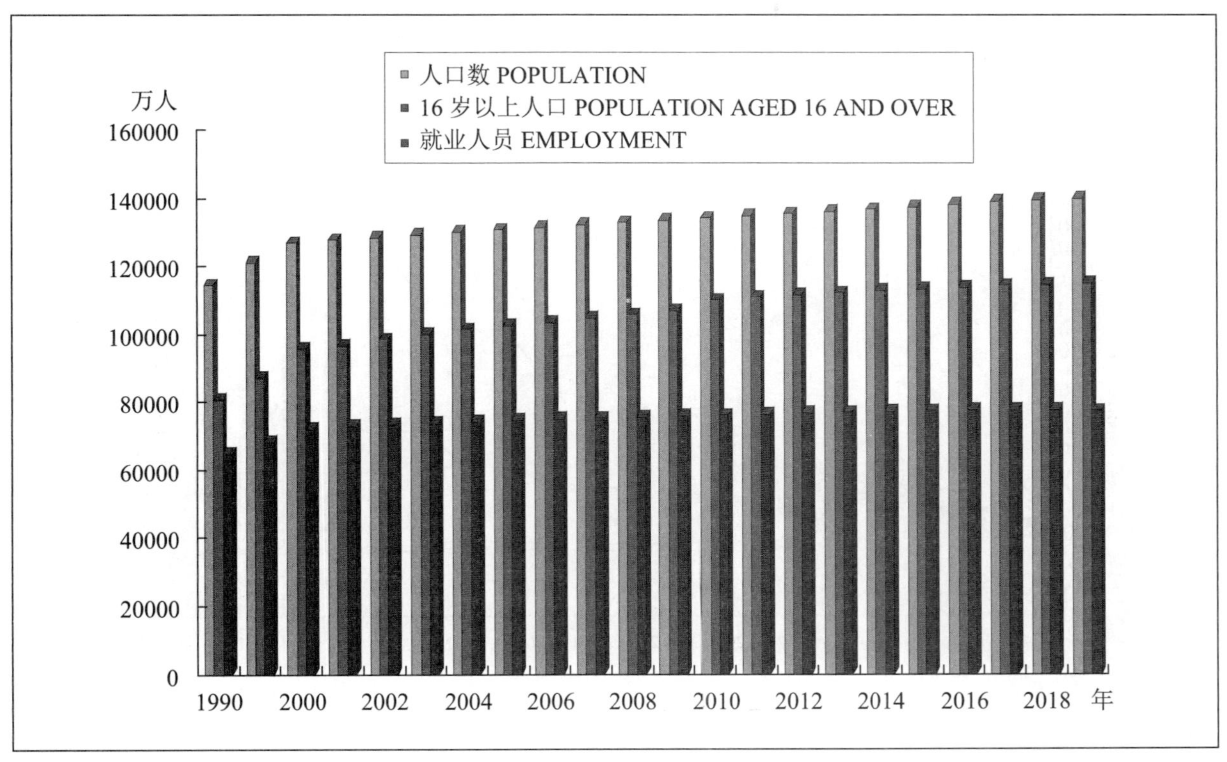

图2　就业人员产业构成
COMPOSITION OF EMPLOYMENT BY INDUSTRY

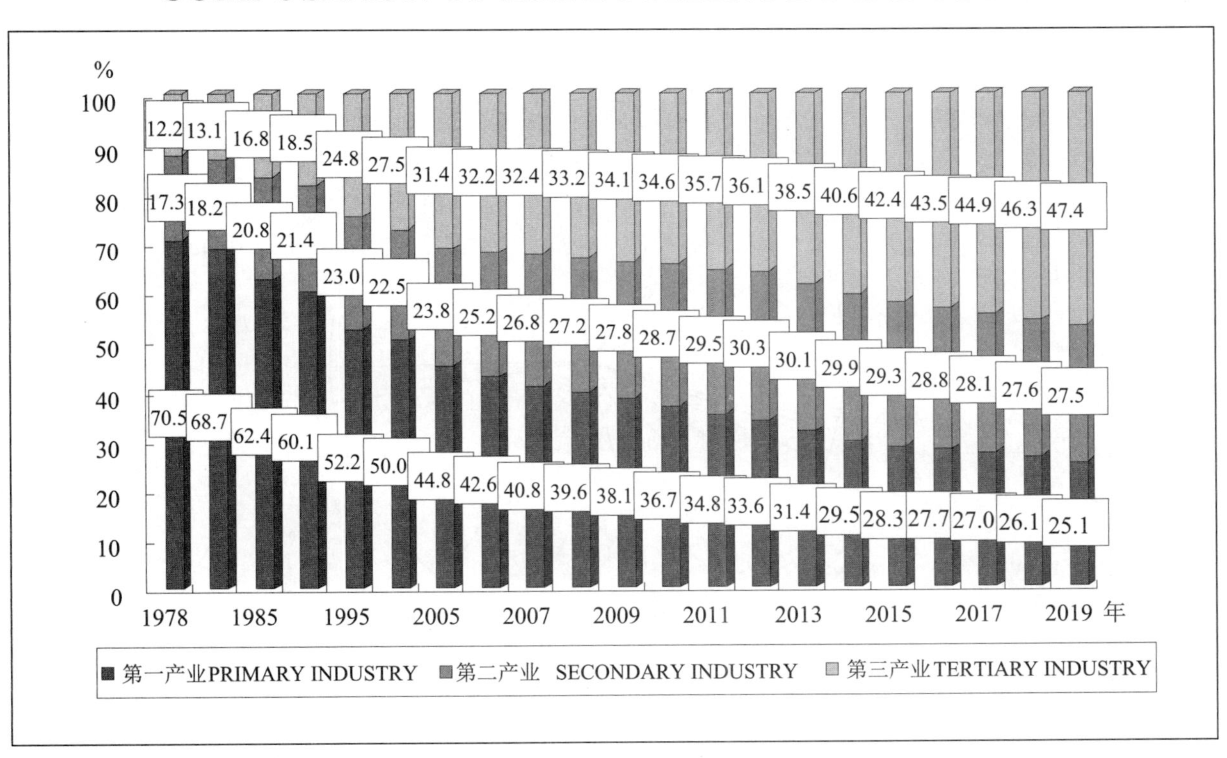

图3 城镇就业人员登记注册类型构成
COMPOSITION OF URBAN EMPLOYMENT BY OWNERSHIP

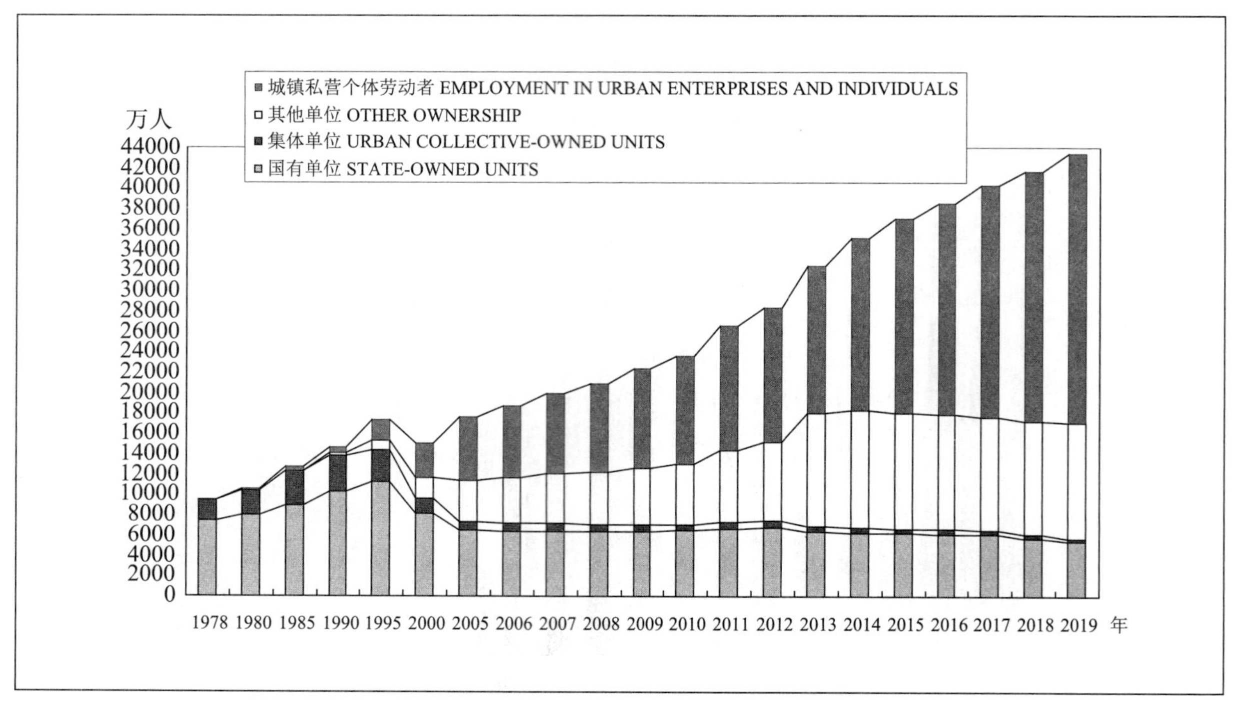

图4 2019年城镇单位就业人员行业构成
COMPOSITION OF EMPLOYMENT IN URBAN UNITS(2019)

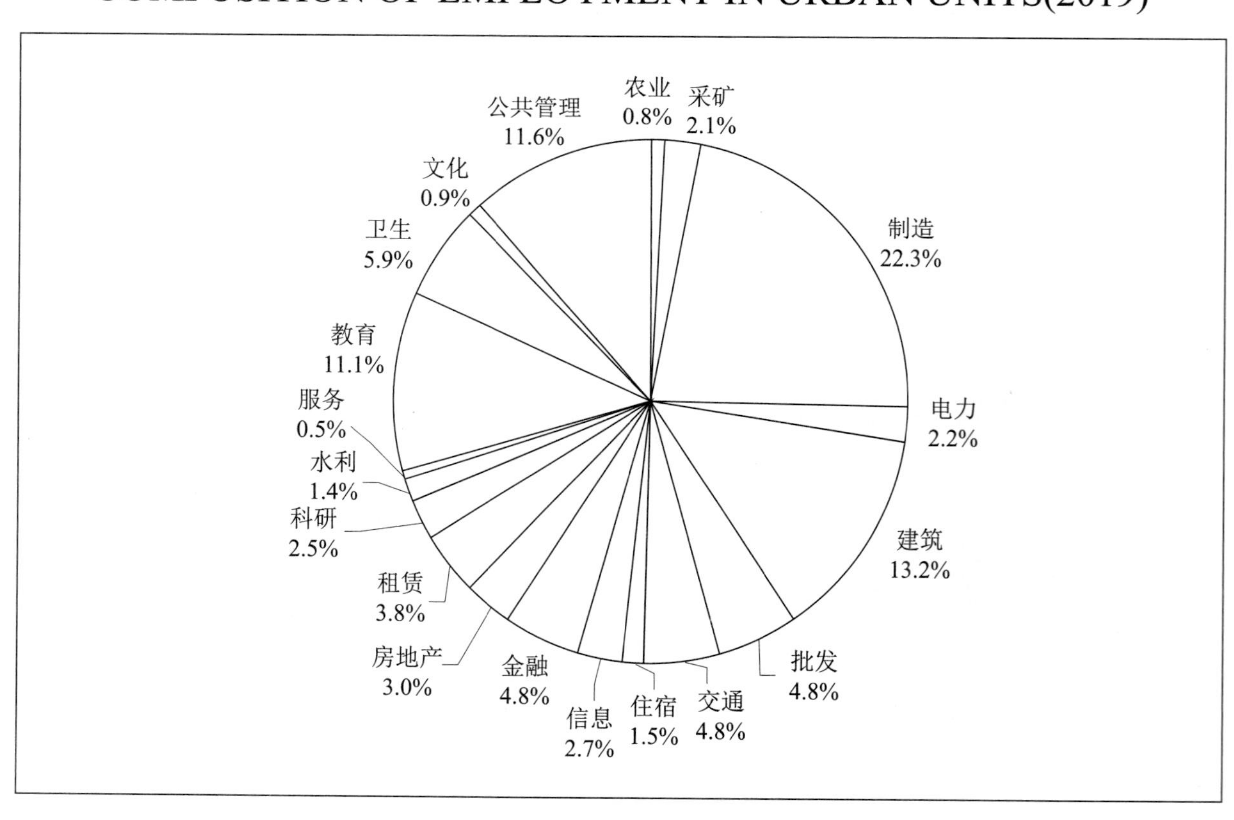

图5 2019年城镇单位女性就业人员占就业人员比重
PROPORTION OF FEMALE EMPLOYMENT IN URBAN UNITS BY SECTOR (2019)

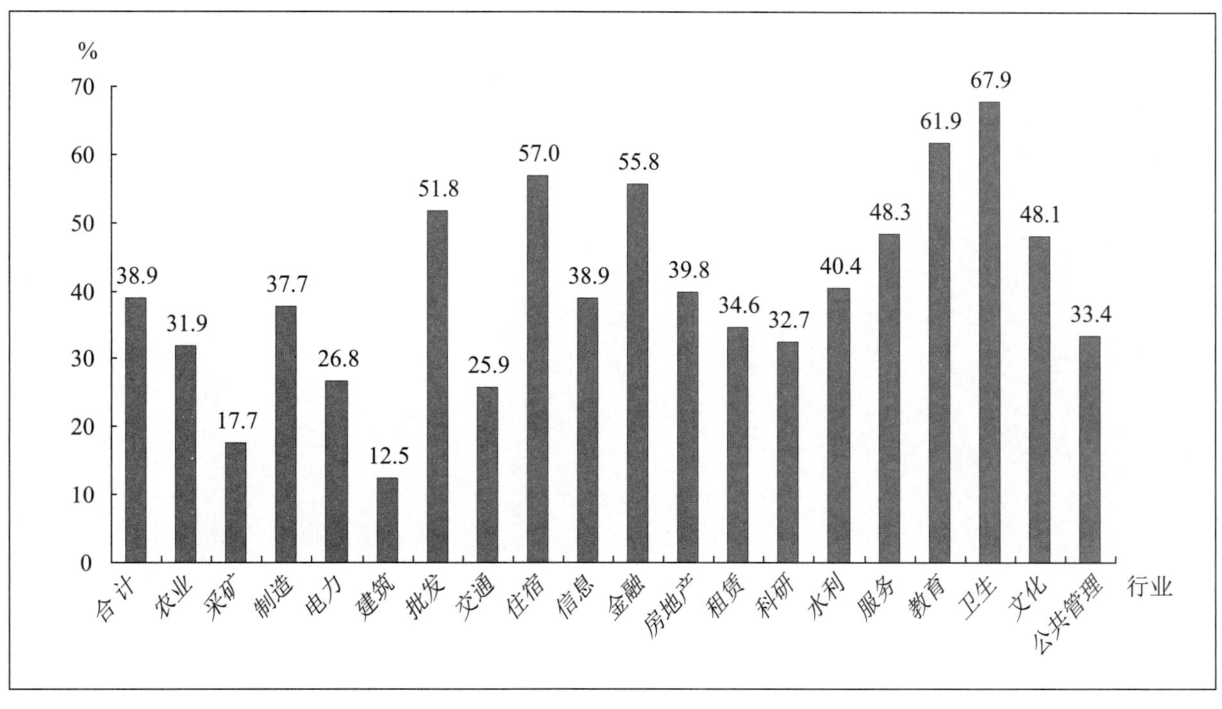

目　　录

CONTENTS

一、综　合

GENERAL SURVEY

二、就业与失业
EMPLOYMENT AND UNEMPLOYMENT

三、城镇非私营单位就业人员和工资总额
EMPLOYMENT AND TOTAL WAGES IN URBAN NON-PRIVATE UNITS

四、国有单位就业人员和工资总额
EMPLOYMENT AND TOTAL WAGES IN STATE-OWNED UNITS

五、城镇集体单位就业人员和工资总额
EMPLOYMENT AND TOTAL WAGES IN URBAN COLLECTIVE-OWNED UNITS

六、其他单位就业人员和工资总额
EMPLOYMENT AND TOTAL WAGES IN OTHER OWNERSHIP UNITS

七、职业培训与技能鉴定
VOCATIONAL TRAINING AND SKILL APPRAISAL

八、劳动关系
LABOUR RELATION

九、社会保障
SOCIAL SECURITY

十、工会工作
TRADE UNION WORKS

十一、香港资料
MAIN INDICATORS OF HONG KONG

十二、澳门资料
MAIN INDICATORS OF MACAO

十三、台湾资料
MAIN INDICATORS OF TAIWAN

附录一、国外有关资料
MAIN INDICATORS OF OTHER COUNTRIES

一、综　合

GENERAL SURVEY

1-1 全国劳动统计主要指标
MAIN INDICATORS OF NATIONAL LABOUR STATISTICS

指 标	Item	2018	2019	2019年比上年增长 % Increase Rate (2018=100)
总人口(万人)	**Total Population (10 000 persons)**	**139538**	**140005**	**0.3**
16岁以上人口数(万人)	**Population Above 16(10 000 persons)**	**114678**	**115028**	**0.3**
劳动力(万人)	**Labour Force(10 000 persons)**	**80525**	**81104**	**0.7**
全国就业人员年末人数(万人)	**Employment (end of year, 10 000 persons)**	**77586**	**77471**	**-0.1**
城镇就业人员	Urban Employment	43419	44247	1.9
乡村就业人员	Rural Employment	34167	33224	-2.8
按登记注册类型分城镇单位就业人员(万人)	**Number of Employed Person in Urban Units by Status of Registration(10 000 presons)**	**17258.2**	**17161.8**	**-0.6**
#国有单位	State-owned Units	5739.7	5472.7	-4.7
城镇集体单位	Urban Collective-owned Units	347.4	295.6	-14.9
其他单位	Other Ownership Units	11171.1	11393.5	2.0
工商登记注册的城镇私营和个体就业人员(万人)	**Number of Employed Person in Private Enterprises and Self-employed Individuals by Status of Industrial and Commercial Registration**	**24392**	**26258**	**7.7**
城镇单位就业人员工资总额(亿元)	**Total Wages of the Urban Units Employment (100 million yuan)**	**141480.0**	**154296.1**	**9.1**
#国有单位	State-owned Units	51126.6	53743.7	5.1
城镇集体单位	Urban Collective-owned Units	2082.3	1841.5	-11.6
其他单位	Other Ownership Units	88271.1	98710.9	11.8
城镇单位就业人员平均工资(元)	**Average Wage of the Urban Units Employment (yuan)**	**82413**	**90501**	**9.8**
#国有单位	State-owned Units	89474	98899	10.5
城镇集体单位	Urban Collective-owned Units	60664	62612	3.2
其他单位	Other Ownership Units	79453	87195	9.7
在岗职工平均工资(元)	**Average wage of staff and workers**	**84744**	**93383**	**10.2**
#国有单位	State-owned Units	92988	102709	10.5
城镇集体单位	Urban Collective-owned Units	62501	64499	3.2
其他单位	Other Ownership Units	81139	89570	10.4
城镇登记失业人员年末人数(万人)	**Urban Registered Unemployment (10 000 persons)**	**974**	**945**	**-3.0**
非劳动力(万人)	**Outside the Labour Force (10 000 persons)**	**34153**	**33924**	**-0.7**
城镇调查失业率(%)	**Surveyed Urban Unemployment Rate(%)**	**4.9**	**5.2**	

注：1)自2009年始，“城镇单位就业人员工资总额”和“城镇单位就业人员平均工资”即为2008年及以前的“城镇单位就业人员劳动报酬”和“城镇单位就业人员平均劳动报酬”。往年本年鉴及相关资料中1994—2008年城镇单位就业人员劳动报酬和平均劳动报酬指标与此指标统计口径相同。

2) 2013年部分经济类型单位、部分行业就业人员数、工资总额变动较大，系将原属于乡镇企业的规模以上法人单位纳入劳动工资统计范围所致(以下相关表同)。

3)2018年劳动力和非劳动力数据有所调整。

4)城镇调查失业率为每年12月份的数据。

Note: a)Since 2009, “Total wages of the urban units employment” and “Average wage of the urban units employment” refer to “Earnings of the urban units employment” and “Average earning of the urban units employment” before 2008. Statistical coverage of “Earnings of the urban units employment” and “Average earning of the urban units employment” in this previous yearbook and relevant books from 1994 to 2008 are the same with the indicators above.

b)In 2013, some units by status of registration, some employment by industry, total wages bill changed greatly, because legal persons above designated size originally belonged to township enterprises were taken into statistics of labour wages. The same applies to the relevant tables following.

c) The data of Labour Force and Outside the Labour Force in 2018 has been adjusted.

d)The data of surveyed urban unemployment rate is the data in December every year.

1-2 人口数及构成(年末数)
POPULATION AND COMPOSITION (End of Year)

单位：万人，% (10 000 persons,%)

年 份 Year	总人口 Total Population	按性别分 Grouped by Sex				按城乡分 Grouped by Residence			
		男 Male		女 Female		城镇 Urban		乡村 Rural	
		人口数 Population	比重 Proportion	人口数 Population	比重 Proportion	人口数 Population	比重 Proportion	人口数 Population	比重 Proportion
1949	54167	28145	52.0	26022	48.0	5765	10.6	48402	89.4
1950	55196	28669	51.9	26527	48.1	6169	11.2	49027	88.8
1951	56300	29231	51.9	27069	48.1	6632	11.8	49668	88.2
1955	61465	31809	51.8	29656	48.2	8285	13.5	53180	86.5
1960	66207	34283	51.8	31924	48.2	13073	19.7	53134	80.3
1965	72538	37128	51.2	35410	48.8	13045	18.0	59493	82.0
1970	82992	42686	51.4	40306	48.6	14424	17.4	68568	82.6
1971	85229	43819	51.4	41410	48.6	14711	17.3	70518	82.7
1972	87177	44813	51.4	42364	48.6	14935	17.1	72242	82.9
1973	89211	45876	51.4	43335	48.6	15345	17.2	73866	82.8
1974	90859	46727	51.4	44132	48.6	15595	17.2	75264	82.8
1975	92420	47564	51.5	44856	48.5	16030	17.3	76390	82.7
1976	93717	48257	51.5	45460	48.5	16341	17.4	77376	82.6
1977	94974	48908	51.5	46066	48.5	16669	17.6	78305	82.4
1978	96259	49567	51.5	46692	48.5	17245	17.9	79014	82.1
1979	97542	50192	51.5	47350	48.5	18495	19.0	79047	81.0
1980	98705	50785	51.5	47920	48.6	19140	19.4	79565	80.6
1981	100072	51519	51.5	48553	48.5	20171	20.2	79901	79.8
1982	101654	52352	51.5	49302	48.5	21480	21.1	80174	78.9
1983	103008	53152	51.6	49856	48.4	22274	21.6	80734	78.4
1984	104357	53848	51.6	50509	48.4	24017	23.0	80340	77.0
1985	105851	54725	51.7	51126	48.3	25094	23.7	80757	76.3
1986	107507	55581	51.7	51926	48.3	26366	24.5	81141	75.5
1987	109300	56290	51.5	53010	48.5	27674	25.3	81626	74.7
1988	111026	57201	51.5	53825	48.5	28661	25.8	82365	74.2
1989	112704	58099	51.6	54605	48.4	29540	26.2	83164	73.8
1990	114333	58904	51.5	55429	48.5	30195	26.4	84138	73.6
1991	115823	59466	51.3	56357	48.7	31203	26.9	84620	73.1
1992	117171	59811	51.1	57360	49.0	32175	27.5	84996	72.5
1993	118517	60472	51.0	58045	49.0	33173	28.0	85344	72.0
1994	119850	61246	51.1	58604	48.9	34169	28.5	85681	71.5
1995	121121	61808	51.0	59313	49.0	35174	29.0	85947	71.0
1996	122389	62200	50.8	60189	49.2	37304	30.5	85085	69.5
1997	123626	63131	51.1	60495	48.9	39449	31.9	84177	68.1
1998	124761	63940	51.3	60821	48.8	41608	33.4	83153	66.7
1999	125786	64692	51.4	61094	48.6	43748	34.8	82038	65.2
2000	126743	65437	51.6	61306	48.4	45906	36.2	80837	63.8
2001	127627	65672	51.5	61955	48.5	48064	37.7	79563	62.3
2002	128453	66115	51.5	62338	48.5	50212	39.1	78241	60.9
2003	129227	66556	51.5	62671	48.5	52376	40.5	76851	59.5
2004	129988	66976	51.5	63012	48.5	54283	41.8	75705	58.2
2005	130756	67375	51.5	63381	48.5	56212	43.0	74544	57.0
2006	131448	67728	51.5	63720	48.5	58288	44.3	73160	55.7
2007	132129	68048	51.5	64081	48.5	60633	45.9	71496	54.1
2008	132802	68357	51.5	64445	48.5	62403	47.0	70399	53.0
2009	133450	68647	51.4	64803	48.6	64512	48.3	68938	51.7
2010	134091	68748	51.3	65343	48.7	66978	50.0	67113	50.1
2011	134735	69068	51.3	65667	48.7	69079	51.3	65656	48.7
2012	135404	69395	51.3	66009	48.8	71182	52.6	64222	47.4
2013	136072	69728	51.2	66344	48.8	73111	53.7	62961	46.3
2014	136782	70079	51.2	66703	48.8	74916	54.8	61866	45.2
2015	137462	70414	51.2	67048	48.8	77116	56.1	60346	43.9
2016	138271	70815	51.2	67456	48.8	79298	57.4	58973	42.7
2017	139008	71137	51.2	67871	48.8	81347	58.5	57661	41.5
2018	139538	71351	51.1	68187	48.9	83137	59.6	56401	40.4
2019	140005	71527	51.1	68478	48.9	84843	60.6	55162	39.4

注：1.1981年及以前数据为户籍统计数；1982、1990、2000、2010年数据为当年人口普查数据推算数；其余年份数据为年度人口抽样调查推算数据(下相关表同)。

2.总人口和按性别分人口中包括现役军人，按城乡分人口中现役军人计入城镇人口。

Note: a)Figures 1981 (inclusive) are from household registrations;for the year 1982,1990,2000 and 2010 are the census year estimate;the rest of the data covered in those tables have been estimated on the basis of the annual nationall sample surveys of population.The same applies to the relevant tables following.

b)Total population and population by sex include the military personnel of the Chinese People's Liberation Army, the military personnel are classified as urban population in the item of population by residence.

1-3　国内生产总值及构成
GROSS DOMESTIC PRODUCT AND COMPOSITION

年　份 Year	国内生产总值 Gross Domestic Product	第一产业 Primary Industry	第二产业 Secondary Industry	第三产业 Tertiary Industry
一、绝对数(亿元) Value (100 million yuan)				
1978	3678.7	1018.5	1755.2	905.1
1980	4587.6	1359.5	2204.7	1023.4
1985	9098.9	2541.7	3886.5	2670.7
1990	18872.9	5017.2	7744.1	6111.6
1991	22005.6	5288.8	9129.6	7587.2
1992	27194.5	5800.3	11725.0	9669.2
1993	35673.2	6887.6	16472.7	12313.0
1994	48637.5	9471.8	22452.5	16713.1
1995	61339.9	12020.5	28676.7	20642.7
1996	71813.6	13878.3	33827.3	24108.0
1997	79715.0	14265.2	37545.0	27904.8
1998	85195.5	14618.7	39017.5	31559.3
1999	90564.4	14549.0	41079.9	34935.5
2000	100280.1	14717.4	45663.7	39899.1
2001	110863.1	15502.5	49659.4	45701.2
2002	121717.4	16190.2	54104.1	51423.1
2003	137422.0	16970.2	62695.8	57756.0
2004	161840.2	20904.3	74285.0	66650.9
2005	187318.9	21806.7	88082.2	77430.0
2006	219438.5	23317.0	104359.2	91762.2
2007	270092.3	27674.1	126630.5	115787.7
2008	319244.6	32464.1	149952.9	136827.5
2009	348517.7	33583.8	160168.8	154765.1
2010	412119.3	38430.8	191626.5	182061.9
2011	487940.2	44781.5	227035.1	216123.6
2012	538580.0	49084.6	244639.1	244856.2
2013	592963.2	53028.1	261951.6	277983.5
2014	643563.1	55626.3	277282.8	310654.0
2015	688858.2	57774.6	281338.9	349744.7
2016	746395.1	60139.2	295427.8	390828.1
2017	832035.9	62099.5	331580.5	438355.9
2018	919281.1	64745.2	364835.2	489700.8
2019	990865.1	70466.7	386165.3	534233.1

1-3 续表 continued

年 份 Year	国内生产总值 Gross Domestic Product	第一产业 Primary Industry	第二产业 Secondary Industry	第三产业 Tertiary Industry
二、构成(%)				
Composition (%)				
1978	100.0	27.7	47.7	24.6
1980	100.0	29.6	48.1	22.3
1985	100.0	27.9	42.7	29.4
1990	100.0	26.6	41.0	32.4
1991	100.0	24.0	41.5	34.5
1992	100.0	21.3	43.1	35.6
1993	100.0	19.3	46.2	34.5
1994	100.0	19.5	46.2	34.4
1995	100.0	19.6	46.8	33.7
1996	100.0	19.3	47.1	33.6
1997	100.0	17.9	47.1	35.0
1998	100.0	17.2	45.8	37.0
1999	100.0	16.1	45.4	38.6
2000	100.0	14.7	45.5	39.8
2001	100.0	14.0	44.8	41.2
2002	100.0	13.3	44.5	42.2
2003	100.0	12.3	45.6	42.0
2004	100.0	12.9	45.9	41.2
2005	100.0	11.6	47.0	41.3
2006	100.0	10.6	47.6	41.8
2007	100.0	10.2	46.9	42.9
2008	100.0	10.2	47.0	42.9
2009	100.0	9.6	46.0	44.4
2010	100.0	9.3	46.5	44.2
2011	100.0	9.2	46.5	44.3
2012	100.0	9.1	45.4	45.5
2013	100.0	8.9	44.2	46.9
2014	100.0	8.6	43.1	48.3
2015	100.0	8.4	40.8	50.8
2016	100.0	8.1	39.6	52.4
2017	100.0	7.5	39.9	52.7
2018	100.0	7.0	39.7	53.3
2019	100.0	7.1	39.0	53.9

1-4 国内生产总值指数、城镇单位就业人员平均工资和城镇居民消费价格指数

INDICES OF GROSS DOMESTIC PRODUCT, AVERAGE WAGE IN URBAN UNITS AND URBAN CONSUMER PRICE INDEX

(上年=100)　　(preceding year=100)

年份 Year	国内生产总值指数 Indices of Gross Domestic Product	城镇单位就业人员平均工资指数 Index of Average Wage of the Urban Units Employment		城市居民消费价格指数 Urban Consumer Price Index
		货币工资 Money Wage	实际工资 Real Wage	
1979	107.6	108.6	106.7	101.9
1980	107.8	114.1	106.1	107.5
1981	105.1	101.3	98.9	102.5
1982	109.0	103.4	101.5	102.0
1983	110.8	103.5	101.4	102.0
1984	115.2	117.9	114.7	102.7
1985	113.4	117.9	105.3	111.9
1986	108.9	115.8	108.3	107.0
1987	111.7	109.8	101.0	108.8
1988	111.2	119.7	99.2	120.7
1989	104.2	110.8	95.2	116.3
1990	103.9	110.6	109.2	101.3
1991	109.3	109.3	104.0	105.1
1992	114.2	115.9	106.7	108.6
1993	113.9	124.3	107.1	116.1
1994	113.0	134.6	107.7	125.0
1995	111.0	118.9	101.8	116.8
1996	109.9	111.8	102.8	108.8
1997	109.2	107.8	104.5	103.1
1998	107.8	115.5	116.2	99.4
1999	107.7	111.7	113.2	98.7
2000	108.5	112.2	111.3	100.8
2001	108.3	116.1	115.3	100.7
2002	109.1	114.2	115.4	99.0
2003	110.0	112.9	111.9	100.9
2004	110.1	114.0	109.7	103.3
2005	111.4	114.3	112.5	101.6
2006	112.7	114.6	112.9	101.5
2007	114.2	118.5	113.4	104.5
2008	109.7	116.9	110.7	105.6
2009	109.4	111.6	112.6	99.1
2010	110.6	113.3	109.8	103.2
2011	109.6	114.4	108.6	105.3
2012	107.9	111.9	109.0	102.7
2013	107.8	110.1	107.3	102.6
2014	107.4	109.5	107.2	102.1
2015	107.0	110.1	108.5	101.5
2016	106.8	108.9	106.7	102.1
2017	106.9	110.0	108.2	101.7
2018	106.7	110.9	108.6	102.1
2019	106.1	109.8	106.8	102.8

1-5 全国就业人员年末人数
NUMBER OF EMPLOYMENT AT THE YEAR-END

单位：万人，% (10 000 persons,%)

年 份 Year	就业人员 Employment 合 计 Total	占人口比重 Percentage of Total Population	城镇就业人员 Urban Employment	乡村就业人员 Rural Employment	按三次产业分 Group by Industry 第一产业 Primary Industry	第二产业 Secondary Industry	第三产业 Tertiary Industry	构成(以合计为100) Percentage(total=100) 第一产业 Primary Industry	第二产业 Secondary Industry	第三产业 Tertiary Industry
1952	20729	36.1	2486	18243	17317	1531	1881	83.5	7.4	9.1
1953	21364	36.3	2754	18610	17747	1715	1902	83.1	8.0	8.9
1954	21832	36.2	2744	19088	18151	1882	1799	83.1	8.6	8.3
1955	22328	36.3	2802	19526	18592	1913	1823	83.3	8.6	8.1
1956	23018	36.6	2993	20025	18544	2468	2006	80.6	10.7	8.7
1957	23771	36.8	3205	20566	19309	2142	2320	81.2	9.0	9.8
1958	26600	40.3	5300	21300	15490	7076	4034	58.2	26.6	15.2
1959	26173	38.9	5389	20784	16271	5402	4500	62.2	20.6	17.2
1960	25880	39.1	6119	19761	17016	4112	4752	65.7	15.9	18.4
1961	25590	38.9	5336	20254	19747	2856	2987	77.2	11.2	11.6
1962	25910	38.5	4537	21373	21276	2059	2575	82.1	8.0	9.9
1963	26640	38.5	4603	22037	21966	2038	2636	82.5	7.6	9.9
1964	27736	39.3	4828	22908	22801	2183	2752	82.2	7.9	9.9
1965	28670	39.5	5136	23534	23396	2408	2866	81.6	8.4	10.0
1966	29805	40.0	5354	24451	24297	2600	2908	81.5	8.7	9.8
1967	30814	40.3	5446	25368	25165	2661	2988	81.7	8.6	9.7
1968	31915	40.6	5630	26285	26063	2743	3109	81.7	8.6	9.7
1969	33225	41.2	5825	27400	27117	3030	3078	81.6	9.1	9.3
1970	34432	41.5	6312	28120	27811	3518	3103	80.8	10.2	9.0
1971	35620	41.8	6868	28752	28397	3990	3233	79.7	11.2	9.1
1972	35854	41.1	7200	28654	28283	4276	3295	78.9	11.9	9.2
1973	36652	41.1	7388	29264	28857	4492	3303	78.7	12.3	9.0
1974	37369	41.1	7687	29682	29218	4712	3439	78.2	12.6	9.2
1975	38168	41.3	8222	29946	29456	5152	3560	77.2	13.5	9.3
1976	38834	41.4	8692	30142	29443	5611	3780	75.8	14.5	9.7
1977	39377	41.5	9127	30250	29340	5831	4206	74.5	14.8	10.7
1978	40152	41.7	9514	30638	28318	6945	4890	70.5	17.3	12.2
1979	41024	42.1	9999	31025	28634	7214	5177	69.8	17.6	12.6
1980	42361	42.9	10525	31836	29122	7707	5532	68.7	18.2	13.1
1981	43725	43.7	11053	32672	29777	8003	5945	68.1	18.3	13.6
1982	45295	44.6	11428	33867	30859	8346	6090	68.1	18.4	13.5
1983	46436	45.1	11746	34690	31151	8679	6606	67.1	18.7	14.2
1984	48197	46.2	12229	35968	30868	9590	7739	64.0	19.9	16.1
1985	49873	47.1	12808	37065	31130	10384	8359	62.4	20.8	16.8

注：全国就业人员1990年及以后的数据根据劳动力调查、人口普查推算，2001年及以后数据根据第六次人口普查数据重新修订(下表同)。
Note: From 1990 to 2000, the total number of employed persons were estimated according to Labour Force Survey and Population Census, since 2001, were revised according to the 6th National Population Census. The same applies to the following tables.

1-5　续表　continued

单位：万人，%　　　　(10 000 persons,%)

年 份 Year	就业人员 Employment 合 计 Total	占人口比重 Percentage of Total Population	城镇就业人员 Urban Employment	乡村就业人员 Rural Employment	按三次产业分 Group by Industry 第一产业 Primary Industry	第二产业 Secondary Industry	第三产业 Tertiary Industry	构成(以合计为100) Percentage(total=100) 第一产业 Primary Industry	第二产业 Secondary Industry	第三产业 Tertiary Industry
1986	51282	47.7	13292	37990	31254	11216	8811	60.9	21.9	17.2
1987	52783	48.3	13783	39000	31663	11726	9395	60.0	22.2	17.8
1988	54334	48.9	14267	40067	32249	12152	9933	59.3	22.4	18.3
1989	55329	49.1	14390	40939	33225	11976	10129	60.1	21.6	18.3
1990	64749	56.6	17041	47708	38914	13856	11979	60.1	21.4	18.5
1991	65491	56.5	17465	48026	39098	14015	12378	59.7	21.4	18.9
1992	66152	56.5	17861	48291	38699	14355	13098	58.5	21.7	19.8
1993	66808	56.4	18262	48546	37680	14965	14163	56.4	22.4	21.2
1994	67455	56.3	18653	48802	36628	15312	15515	54.3	22.7	23.0
1995	68065	56.2	19040	49025	35530	15655	16880	52.2	23.0	24.8
1996	68950	56.3	19922	49028	34820	16203	17927	50.5	23.5	26.0
1997	69820	56.5	20781	49039	34840	16547	18432	49.9	23.7	26.4
1998	70637	56.6	21616	49021	35177	16600	18860	49.8	23.5	26.7
1999	71394	56.8	22412	48982	35768	16421	19205	50.1	23.0	26.9
2000	72085	56.9	23151	48934	36043	16219	19823	50.0	22.5	27.5
2001	72797	57.0	24123	48674	36399	16234	20165	50.0	22.3	27.7
2002	73280	57.0	25159	48121	36640	15682	20958	50.0	21.4	28.6
2003	73736	57.1	26230	47506	36204	15927	21605	49.1	21.6	29.3
2004	74264	57.1	27293	46971	34830	16709	22725	46.9	22.5	30.6
2005	74647	57.1	28389	46258	33442	17766	23439	44.8	23.8	31.4
2006	74978	57.0	29630	45348	31941	18894	24143	42.6	25.2	32.2
2007	75321	57.0	30953	44368	30731	20186	24404	40.8	26.8	32.4
2008	75564	56.9	32103	43461	29923	20553	25087	39.6	27.2	33.2
2009	75828	56.8	33322	42506	28890	21080	25857	38.1	27.8	34.1
2010	76105	56.8	34687	41418	27931	21842	26332	36.7	28.7	34.6
2011	76420	56.7	35914	40506	26594	22544	27282	34.8	29.5	35.7
2012	76704	56.6	37102	39602	25773	23241	27690	33.6	30.3	36.1
2013	76977	56.6	38240	38737	24171	23170	29636	31.4	30.1	38.5
2014	77253	56.5	39310	37943	22790	23099	31364	29.5	29.9	40.6
2015	77451	56.3	40410	37041	21919	22693	32839	28.3	29.3	42.4
2016	77603	56.1	41428	36175	21496	22350	33757	27.7	28.8	43.5
2017	77640	55.9	42462	35178	20944	21824	34872	27.0	28.1	44.9
2018	77586	55.6	43419	34167	20258	21390	35938	26.1	27.6	46.3
2019	77471	55.3	44247	33224	19445	21305	36721	25.1	27.5	47.4

1-6 各地区分登记注册类型城镇单位就业人员年末人数及构成(2019年)
URBAN EMPLOYMENT AND COMPOSITION AT THE YEAR-END BY REGISTRATION STATUS AND REGION (2019)

单位：万人 (10 000 persons)

地区	Region	合计 Total	国有单位 State-owned Units	城镇集体单位 Urban Collective-owned Units	其他单位 Other Ownership Units	构成（以合计为100） Composition(Total=100) 国有单位 State-owned Units	城镇集体单位 Urban Collective-owned Units	其他单位 Other Ownership Units
全国总计	**National**	**17161.8**	**5472.7**	**295.6**	**11393.5**	**31.9**	**1.7**	**66.4**
北京	Beijing	791.3	170.8	14.9	605.5	21.6	1.9	76.5
天津	Tianjin	269.4	62.9	2.3	204.1	23.3	0.9	75.8
河北	Hebei	576.0	262.7	12.1	301.3	45.6	2.1	52.3
山西	Shanxi	441.1	173.7	9.1	258.3	39.4	2.1	58.6
内蒙古	Inner Mongolia	280.9	138.1	1.8	141.1	49.2	0.6	50.2
辽宁	Liaoning	499.9	186.6	12.2	301.1	37.3	2.4	60.2
吉林	Jilin	277.3	126.4	1.4	149.5	45.6	0.5	53.9
黑龙江	Heilongjiang	349.6	176.9	2.9	169.7	50.6	0.8	48.6
上海	Shanghai	716.1	94.5	10.6	610.9	13.2	1.5	85.3
江苏	Jiangsu	1332.3	263.6	28.3	1040.3	19.8	2.1	78.1
浙江	Zhejiang	987.3	224.8	8.6	753.9	22.8	0.9	76.4
安徽	Anhui	581.0	170.1	8.0	402.9	29.3	1.4	69.3
福建	Fujian	639.6	147.1	9.3	483.1	23.0	1.5	75.5
江西	Jiangxi	451.7	164.7	9.2	277.8	36.5	2.0	61.5
山东	Shandong	1072.0	345.4	18.7	707.9	32.2	1.7	66.0
河南	Henan	968.0	323.8	19.1	625.1	33.5	2.0	64.6
湖北	Hubei	653.8	237.3	11.2	405.2	36.3	1.7	62.0
湖南	Hunan	596.7	243.3	14.0	339.4	40.8	2.3	56.9
广东	Guangdong	2064.6	385.1	37.9	1641.6	18.7	1.8	79.5
广西	Guangxi	404.1	195.5	10.2	198.4	48.4	2.5	49.1
海南	Hainan	102.2	41.9	1.0	59.2	41.0	1.0	58.0
重庆	Chongqing	374.4	105.8	4.8	263.9	28.3	1.3	70.5
四川	Sichuan	788.9	289.8	14.5	484.6	36.7	1.8	61.4
贵州	Guizhou	321.1	160.1	3.1	157.9	49.9	1.0	49.2
云南	Yunnan	367.5	178.3	7.7	181.5	48.5	2.1	49.4
西藏	Tibet	44.8	29.2	0.3	15.4	65.1	0.6	34.3
陕西	Shaanxi	501.3	187.1	13.2	301.0	37.3	2.6	60.0
甘肃	Gansu	253.0	136.1	5.6	111.3	53.8	2.2	44.0
青海	Qinghai	67.0	33.8	1.0	32.2	50.4	1.4	48.1
宁夏	Ningxia	70.0	33.7	0.6	35.7	48.2	0.8	51.0
新疆	Xinjiang	318.8	183.5	1.8	133.5	57.6	0.6	41.9

1-7　分登记注册类型城镇非私营单位就业人员年末人数及构成
EMPLOYMENT AND COMPOSITION IN URBAN NON-PRIVATE UNITS BY REGISTRATION STATUS(End of Year)

单位：万人　　(10 000 persons)

年　份 Yesr	合　计 Total	国有单位 State-owned Units	城镇集体单位 Urban Collective-owned Units	其他单位 Other Owner-ship Units	构成(以合计为100) Composition(Total=100)		
					国有单位 State-owned Units	城镇集体单位 Urban Collective-owned Units	其他单位 Other Owner-ship Units
1971	6787	5318	1469		78.4	21.6	
1975	8198	6426	1772		78.4	21.6	
1980	10444	8019	2425		76.8	23.2	
1981	10940	8372	2568		76.5	23.5	
1985	12358	8990	3324	44	72.7	26.9	0.4
1990	14059	10346	3549	164	73.6	25.2	1.2
1991	14508	10664	3628	216	73.5	25.0	1.5
1992	14792	10889	3621	282	73.6	24.5	1.9
1993	14849	10920	3393	536	73.5	22.9	3.6
1994	14849	10890	3211	747	73.3	21.6	5.0
1995	15301	11261	3147	894	73.6	20.6	5.8
1996	15221	11244	3016	962	73.9	19.8	6.3
1997	15036	11044	2883	1109	73.5	19.2	7.4
1998	12696	9058	1963	1675	71.3	15.5	13.2
1999	12130	8572	1712	1846	70.7	14.1	15.2
2000	11612	8102	1499	2011	69.8	12.9	17.3
2001	11166	7640	1291	2235	68.4	11.6	20.0
2002	10985	7163	1122	2700	65.2	10.2	24.6
2003	10970	6876	1000	3094	62.7	9.1	28.2
2004	11099	6710	897	3492	60.5	8.1	31.5
2005	11404	6488	810	4106	56.9	7.1	36.0
2006	11713	6430	764	4519	54.9	6.5	38.6
2007	12024	6424	718	4882	53.4	6.0	40.6
2008	12193	6447	662	5084	52.9	5.4	41.7
2009	12573	6420	618	5535	51.1	4.9	44.0
2010	13052	6516	597	5938	49.9	4.6	45.5
2011	14413	6704	603	7106	46.5	4.2	49.3
2012	15236	6839	590	7808	44.9	3.9	51.2
2013	18108	6365	566	11177	35.1	3.1	61.7
2014	18278	6312	537	11429	34.5	2.9	62.5
2015	18062	6208	481	11373	34.4	2.7	63.0
2016	17888	6170	453	11265	34.5	2.5	63.0
2017	17644	6064	406	11174	34.4	2.3	63.3
2018	17258	5740	347	11171	33.3	2.0	64.7
2019	17162	5473	296	11393	31.9	1.7	66.4

注：1994年及以前为职工数(以下各表同)。
Note: Data before 1994 are staff and workers figures(Same as the following tables).

1－8 分行业城镇非私营单位就业人员年末人数（1995－2002年）
URBAN NON-PRIVATE UNITS EMPLOYMENT BY SECTOR (1995-2002)

单位：万人 (10 000 persons)

登记注册类型 Registration Status 年 份 Year	合 计 Total	农、林、牧、渔业 Farming, Forestry, Animal Husbandry and Fishery	采掘业 Mining and Quarrying	制造业 Manufacturing	电力、煤气及水的生产和供应业 Production and Supply of Electricity, Gas and Water	建筑业 Construction	地质勘查业、水利管理业 Geological Prospecting and Water Conservancy	交通运输、仓储及邮电通信业 Transport, Storage, Post and Telecommunications
全 国 National								
1995	15300.8	669.4	921.4	5493.1	257.9	1090.1	134.6	848.5
1996	15221.1	631.3	891.8	5344.0	272.8	1069.7	128.9	853.2
1997	15036.2	629.2	856.8	5129.9	283.3	1037.4	129.0	850.5
1998	12695.7	562.5	707.3	3826.1	282.9	878.1	116.2	721.5
1999	12130.2	536.5	655.2	3554.3	285.0	814.8	111.4	704.2
2000	11612.5	516.4	585.2	3300.7	283.8	780.1	110.2	680.4
2001	11165.8	483.2	548.2	3070.1	287.8	774.0	104.9	651.6
2002	10985.2	455.2	542.7	2980.7	289.6	803.2	97.7	639.5
国有单位 State-owned Units								
1995	11260.5	642.6	839.0	3347.9	238.3	627.9	132.5	699.1
1996	11243.6	605.5	813.6	3238.6	251.2	616.1	126.7	705.6
1997	11044.2	605.1	776.8	3028.2	258.0	598.0	125.9	706.1
1998	9058.1	541.1	600.7	1900.7	243.2	462.8	114.0	601.5
1999	8572.1	517.2	529.0	1665.2	240.1	419.0	109.2	585.8
2000	8101.9	496.2	451.3	1432.1	234.1	391.7	108.0	566.5
2001	7639.9	464.5	404.6	1210.0	231.9	357.6	102.8	536.2
2002	7162.9	433.4	350.4	994.9	223.5	320.6	95.6	518.2
城镇集体单位 Urban Collective-owned Units								
1995	3146.7	23.7	78.3	1438.3	9.2	440.3	2.0	139.5
1996	3015.8	21.8	73.8	1364.8	10.8	424.0	2.1	135.7
1997	2882.7	19.9	73.1	1261.3	11.3	404.1	3.0	127.0
1998	1963.2	16.2	49.3	758.4	10.8	321.4	2.1	81.3
1999	1711.8	14.6	42.5	636.8	9.7	291.2	2.0	69.1
2000	1499.3	13.9	35.1	531.7	9.4	272.5	1.9	58.4
2001	1291.0	11.8	30.9	437.1	8.4	255.2	1.6	49.1
2002	1122.0	10.9	30.7	357.1	7.1	231.3	1.4	41.4
其他单位 Other Ownership Units								
1995	893.6	3.2	4.0	706.8	10.3	22.0		9.8
1996	961.7	4.0	4.4	740.5	10.8	29.5		12.0
1997	1109.4	4.2	6.9	840.4	14.1	35.3		17.4
1998	1674.5	5.2	57.3	1167.1	28.9	93.8	0.1	38.7
1999	1846.3	4.8	83.7	1252.2	35.2	104.6	0.2	49.2
2000	2011.3	6.4	98.8	1336.9	40.4	115.9	0.3	55.6
2001	2234.9	6.9	112.7	1423.0	47.5	161.2	0.5	66.2
2002	2700.3	10.9	161.6	1628.7	58.9	251.3	0.7	79.8

1-8 续表 continued

单位：万人 (10 000 persons)

登记注册类型 Registration Status 年 份 Year	批发和零售贸易、餐饮业 Wholesale and Retail Trade & Catering Services	金融、保险业 Finance and Insurance	房地产业 Real Estate Trade	社 会 服务业 Social Services	卫生、体育和社会福利业 Health Care, Sporting and Social Welfare	教育、文化艺术和广播电影电视业 Education, Culture and Arts, Radio, Film and Television	科学研究和综合技术服务业 Scientific Research and Polytechnical Services	国家机关政党机关和社会团体 Government Agencies, Party Agencies and Social Organizations	其 他 Others
全 国 National									
1995	1855.9	276.3	79.6	461.4	444.3	1476.1	181.9	1041.7	68.8
1996	1830.0	291.9	84.3	472.1	457.5	1512.6	182.7	1092.6	105.8
1997	1796.1	308.2	86.9	494.3	471.1	1556.7	185.8	1093.1	127.8
1998	1286.6	313.5	93.7	470.4	477.7	1573.3	177.5	1096.5	111.9
1999	1141.5	328.5	96.6	476.0	482.0	1567.8	173.6	1102.1	100.9
2000	1009.5	326.8	100.4	483.5	488.1	1565.8	174.5	1103.8	103.1
2001	874.2	335.9	107.5	491.4	493.0	1567.9	165.0	1100.9	110.1
2002	774.5	339.8	118.4	521.0	493.2	1565.1	162.7	1074.7	127.0
国有单位 State-owned Units									
1995	1072.2	204.8	62.9	321	383.2	1443	170	1033.1	43.1
1996	1064.7	210.7	64.6	335.4	394.8	1486.2	168.7	1084.3	76.9
1997	1045.7	217.6	65.3	352.6	407.6	1502.7	170.2	1087.2	97.2
1998	706.0	217.5	65.1	331.7	417.0	1519.7	159.5	1091.1	86.4
1999	620.3	226.5	64.0	330.7	422.6	1512.9	157.0	1097.2	75.4
2000	544.0	223.4	63.3	326.7	427.3	1508.4	151.2	1098.9	78.7
2001	460.6	221.7	63.4	322.6	433.4	1507.7	141.9	1097.0	83.9
2002	380.4	216.2	61.3	327.4	437.8	1497.2	139.1	1071.0	96.0
城镇集体单位 Urban Collective-owned Units									
1995	707.3	67.5	6.7	99.3	60.7	32.1	8.7	8.7	24.3
1996	678.5	73.2	7.7	90.3	62.1	25.0	10.4	8.4	27.5
1997	647.6	77.4	7.9	90.4	62.8	52.6	10.5	5.9	27.8
1998	424.5	72.1	7.2	72.4	59.6	51.7	9.7	5.3	21.2
1999	355.0	71.8	7.5	68.9	58.2	52.2	8.3	4.8	19.2
2000	292.5	70.4	6.8	64.2	59.4	53.3	7.9	4.9	17.0
2001	223.2	69.1	6.9	59.1	57.7	55.2	5.3	3.9	16.6
2002	174.7	66.9	8.0	52.9	52.5	58.3	4.8	3.4	20.5
其他单位 Other Ownership Units									
1995	76.3	3.9	9.9	41.2	0.4	0.9	3.1		1.4
1996	86.8	8.0	12.0	46.4	0.5	1.4	3.6		1.5
1997	102.8	13.3	13.7	51.3	0.6	1.5	5.1		2.7
1998	156.1	23.9	21.3	66.3	1.1	1.9	8.3		4.4
1999	166.3	30.2	25.1	76.4	1.2	2.7	8.3		6.3
2000	173.0	33.0	30.3	92.6	1.4	4.1	15.3		7.4
2001	190.4	45.1	37.2	109.7	1.9	5.0	17.8		9.7
2002	219.4	56.8	49.0	140.7	3.0	9.6	18.8		11.0

1—9 分行业城镇非私营单位就业人员年末人数(2003—2011年)
URBAN NON-PRIVATE UNITS EMPLOYMENT BY SECTOR(2003-2011)

单位：万人 (10 000 persons)

登记注册类型 Registration Status 年 份 Year	合 计 Total	农、林、牧、渔业 Agriculture, Forestry, Farming of Animals and Fishery	采矿业 Mining	制造业 Manufacturing	电力、燃气及水的生产和供应业 Production and Distribution of Electricity, Gas and Water	建筑业 Construction	交通运输、仓储和邮政业 Traffic, Transport, Storage and post
全 国 National							
2003	10969.7	484.5	488.3	2980.5	297.6	833.7	636.5
2004	11098.9	466.1	500.7	3050.8	300.6	841.0	631.8
2005	11404.0	446.3	509.2	3210.9	299.9	926.6	613.9
2006	11713.2	435.2	529.7	3351.6	302.5	988.7	612.7
2007	12024.4	426.3	535.0	3465.4	303.4	1050.8	623.1
2008	12192.5	410.1	540.4	3434.3	306.5	1072.6	627.3
2009	12573.0	373.7	553.7	3491.9	307.7	1177.5	634.4
2010	13051.5	375.7	562.0	3637.2	310.5	1267.5	631.1
2011	14413.3	359.5	611.6	4088.3	334.7	1724.8	662.8
国有单位 State-owned Units							
2003	6875.6	457.7	264.3	870.7	224.1	299.3	492.8
2004	6709.9	439.4	268.8	746.3	219.3	281.2	473.4
2005	6488.2	423.5	241.3	614.0	209.5	272.5	443.3
2006	6430.5	414.2	241.7	554.0	208.8	262.8	433.0
2007	6423.5	406.3	232.8	518.1	202.4	271.3	432.0
2008	6447.0	392.1	242.9	485.5	203.1	267.7	424.5
2009	6420.2	356.1	243.7	437.8	198.6	262.7	413.9
2010	6516.4	357.4	234.1	416.5	203.9	278.7	403.3
2011	6704.2	340.9	250.3	397.8	215.0	333.2	415.9
城镇集体单位 Urban Collective-owned Units							
2003	999.9	14.1	27.7	296.6	7.0	217.3	38.7
2004	897.2	12.5	27.1	259.6	6.6	198.1	34.1
2005	809.9	9.1	24.8	221.9	6.1	186.9	30.6
2006	763.6	7.1	25.1	203.9	6.0	184.9	27.2
2007	718.4	6.0	23.2	182.1	5.6	181.5	24.6
2008	661.8	4.9	22.2	165.2	5.1	169.2	22.2
2009	618.1	4.9	17.6	148.5	5.1	163.7	20.6
2010	597.5	4.4	18.8	134.4	5.2	161.7	19.8
2011	603.1	4.0	20.4	124.1	5.5	187.4	17.5
其他单位 Other Ownership Units							
2003	3094.3	12.7	196.3	1813.2	66.5	317.1	105.0
2004	3491.8	14.1	204.8	2044.9	74.7	361.7	124.4
2005	4105.9	13.7	243.1	2374.9	84.4	467.2	140.0
2006	4519.1	13.9	262.9	2593.7	87.8	540.9	152.6
2007	4882.4	14.1	279.0	2765.2	95.4	598.0	166.4
2008	5083.7	13.1	275.3	2783.6	98.4	635.6	180.6
2009	5534.7	12.6	292.4	2905.6	103.9	751.2	199.9
2010	5937.6	14.0	309.1	3086.2	101.4	827.1	208.0
2011	7106.0	14.6	340.9	3566.4	114.2	1204.2	229.4

1-9 续表 1 continued

单位：万人 (10 000 persons)

登记注册类型 Registration Status 年　份 Year	信息传输、计算机服务和软件业 Information Transfer, Computer and Software	批发和零售业 Wholesale and Retail Trade	住宿和餐饮业 Accommodation and Restaurants	金融业 Finance	房地产业 Real Estate	租赁和商务服务业 Tenancy and Business Services	科学研究、技术服务和地质勘查业 Scientific Research, Technical Service and Geologic Perambulation
全　国 National							
2003	116.8	628.1	172.1	353.3	120.2	183.5	221.9
2004	123.7	586.7	177.1	356.0	133.4	194.4	222.1
2005	130.1	544.0	181.2	359.3	146.5	218.5	227.7
2006	138.2	515.7	183.9	367.4	153.9	236.7	235.5
2007	150.2	506.9	185.8	389.7	166.5	247.2	243.4
2008	159.5	514.4	193.2	417.6	172.7	274.7	257.0
2009	173.8	520.8	202.1	449.0	190.9	290.5	272.6
2010	185.8	535.1	209.2	470.1	211.6	310.1	292.3
2011	212.8	647.5	242.7	505.3	248.6	286.6	298.5
国有单位 State-owned Units							
2003	72.0	301.0	73.4	208.1	52.2	106.0	185.1
2004	74.1	259.6	70.5	196.4	50.9	107.9	188.6
2005	65.8	214.7	67.5	177.5	47.5	114.6	188.5
2006	65.6	186.7	63.8	165.1	45.0	121.0	193.0
2007	62.5	174.1	58.6	161.4	45.2	120.5	197.5
2008	63.0	160.7	56.6	155.4	43.5	125.9	201.6
2009	64.6	144.2	55.2	146.0	43.5	125.4	209.4
2010	62.5	137.3	54.6	144.3	45.4	131.5	219.6
2011	67.0	145.7	56.3	146.3	47.6	127.9	218.2
城镇集体单位 Urban Collective-owned Units							
2003	1.8	128.6	16.2	67.0	7.4	30.2	4.8
2004	1.3	108.9	15.0	66.6	7.8	30.7	4.5
2005	1.4	89.9	13.7	63.8	8.2	35.2	3.8
2006	1.1	77.4	12.7	62.1	8.0	34.1	3.5
2007	0.9	69.0	11.6	61.3	7.7	34.4	3.4
2008	0.8	58.6	11.0	60.1	7.4	33.1	3.4
2009	1.1	52.5	10.4	53.1	8.7	36.7	4.2
2010	1.0	48.0	9.6	52.1	9.2	37.6	4.2
2011	1.3	46.8	10.0	50.2	8.6	31.8	3.7
其他单位 Other Ownership Units							
2003	43.0	198.6	82.5	78.3	60.6	47.3	32.0
2004	48.3	218.3	91.6	93.1	74.7	55.8	29.0
2005	62.8	239.4	100.1	117.9	90.9	68.7	35.5
2006	71.5	251.6	107.3	140.2	101.0	81.6	38.9
2007	86.8	263.8	115.7	167.0	113.6	92.3	42.5
2008	95.7	295.0	125.6	202.0	121.8	115.7	52.0
2009	108.1	324.2	136.5	249.9	138.7	128.4	59.0
2010	122.3	349.9	145.1	273.7	157.1	140.9	68.6
2011	144.5	455.0	176.5	308.9	192.4	126.9	76.5

1-9 续表 2 continued

单位：万人 (10 000 persons)

登记注册类型 Registration Status 年 份 Year	水利、环境和公共设施管理业 Management of Water Conservancy, Environment and Public Establishment	居民服务和其他服务业 Resident Services and Other Services	教 育 Education	卫生、社会保障和社会福利业 Sanitation, Social Security and Social Welfare	文化体育和娱乐业 Culture, Sports and Entertainment	公共管理和社会组织 Public Management and Social Organization
全 国 National						
2003	172.5	52.8	1442.8	485.8	127.8	1171.0
2004	176.1	54.2	1466.8	494.7	123.4	1199.0
2005	180.4	53.9	1483.2	508.9	122.5	1240.8
2006	187.0	56.6	1504.4	525.4	122.4	1265.6
2007	193.5	57.4	1520.9	542.8	125.0	1291.2
2008	197.3	56.5	1534.0	563.6	126.0	1335.0
2009	205.7	58.8	1550.4	595.8	129.5	1394.3
2010	218.9	60.2	1581.8	632.5	131.4	1428.5
2011	230.3	59.9	1617.8	679.1	135.0	1467.6
国有单位 State-owned Units						
2003	155.3	22.1	1378.3	430.9	117.0	1165.1
2004	158.0	24.2	1409.7	437.9	111.9	1191.8
2005	161.0	24.9	1424.9	452.4	110.5	1234.3
2006	165.4	27.7	1448.0	466.8	110.1	1257.5
2007	169.8	28.7	1462.9	483.2	111.3	1285.0
2008	172.8	28.8	1481.9	501.2	110.9	1328.8
2009	178.3	28.3	1490.6	529.9	111.9	1380.0
2010	189.9	28.9	1517.4	562.6	113.1	1415.6
2011	198.0	30.7	1540.9	606.0	113.8	1452.7
城镇集体单位 Urban Collective-owned Units						
2003	10.7	15.2	57.1	51.2	3.2	5.0
2004	10.2	13.5	43.1	50.0	2.8	4.8
2005	9.6	10.3	40.2	48.3	2.5	3.5
2006	10.0	9.8	36.0	48.8	2.3	3.6
2007	10.2	8.9	34.3	48.7	2.3	2.9
2008	10.8	8.8	24.6	49.8	2.3	2.4
2009	10.5	8.2	17.4	49.9	2.2	2.7
2010	10.5	7.8	17.5	51.4	2.2	2.2
2011	10.8	6.0	19.1	51.5	2.0	2.4
其他单位 Other Ownership Units						
2003	6.5	15.6	7.4	3.6	7.5	0.8
2004	7.9	16.5	14.0	6.8	8.7	2.5
2005	9.8	18.7	18.1	8.2	9.6	3.0
2006	11.6	19.0	20.4	9.8	10.0	4.4
2007	13.5	19.8	23.7	11.0	11.5	3.3
2008	13.7	19.0	27.5	12.6	12.7	3.8
2009	16.8	22.3	42.3	16.0	15.4	11.6
2010	18.5	23.5	46.8	18.6	16.2	10.7
2011	21.5	23.1	57.7	21.6	19.2	12.5

1-10 分行业城镇非私营单位就业人员年末人数(2012-2019年)
URBAN NON-PRIVATE UNITS EMPLOYMENT BY SECTOR(2012-2019)

单位：万人 (10 000 persons)

登记注册类型 Registration Status 年 份 Year	合 计 Total	农、林、牧、渔业 Agriculture, Forestry, Animal Husbandry and Fishery	采矿业 Mining	制造业 Manufacturing	电力、热力、燃气及水生产和供应业 Production and Supply of Electricity,Heat, Gas and Water	建筑业 Construction	批发和零售业 Wholesale and Retail Trades
全 国 National							
2012	15236.4	338.9	631.0	4262.2	344.6	2010.3	711.8
2013	18108.4	294.8	636.5	5257.9	404.5	2921.9	890.8
2014	18277.8	284.6	596.5	5243.1	403.7	2921.2	888.6
2015	18062.5	270.0	545.8	5068.7	396.0	2796.0	883.3
2016	17888.1	263.2	490.9	4893.8	387.6	2724.7	875.0
2017	17643.8	255.4	455.4	4635.5	377.0	2643.2	842.8
2018	17258.2	192.6	414.4	4178.3	369.2	2710.9	823.3
2019	17161.8	134.1	367.7	3832.0	373.1	2270.5	830.0
国有单位 State-owned Units							
2012	6839.0	320.5	256.2	369.5	218.3	345.8	148.5
2013	6365.1	280.3	97.2	232.6	199.0	267.5	110.1
2014	6312.3	262.9	71.6	207.8	192.9	237.1	99.9
2015	6208.3	248.4	54.8	180.8	178.8	192.9	90.8
2016	6169.8	242.3	44.6	158.8	176.3	184.6	82.0
2017	6063.8	236.1	34.0	124.0	159.9	154.2	72.0
2018	5739.7	172.7	17.3	73.3	134.1	113.1	60.6
2019	5472.7	99.9	14.7	38.5	113.8	80.4	42.9
城镇集体单位 Urban Collective-owned Units							
2012	589.7	5.0	20.6	113.7	5.1	185.0	40.9
2013	566.2	2.5	15.8	97.4	4.2	181.6	38.3
2014	536.7	2.6	13.3	87.9	4.0	173.7	35.0
2015	481.4	2.1	10.7	74.4	3.8	154.7	31.7
2016	453.3	1.9	9.4	66.5	3.5	149.1	28.0
2017	406.0	1.8	7.7	52.8	3.2	133.0	21.2
2018	347.4	1.6	4.1	38.4	2.9	116.8	17.8
2019	295.6	3.2	3.2	31.5	3.3	94.7	12.9
其他单位 Other Ownership Units							
2012	7807.7	13.4	354.2	3779.0	121.1	1479.4	522.4
2013	11177.2	12.1	523.4	4927.9	201.4	2472.8	742.4
2014	11428.8	19.1	511.7	4947.4	206.8	2510.3	753.6
2015	11372.8	19.4	480.3	4813.6	213.4	2448.4	760.9
2016	11264.9	19.0	436.9	4668.5	207.8	2391.1	765.1
2017	11174.0	17.5	413.6	4458.7	213.9	2356.1	749.6
2018	11171.1	18.4	393.0	4066.5	232.2	2481.0	744.9
2019	11393.5	31.0	349.9	3762.0	256.1	2095.4	774.3

1-10 续表 1 continued

单位：万人 (10 000 persons)

登记注册类型 Registration Status 年份 Year	交通运输、仓储和邮政业 Transport, Storage and Post	住宿和餐饮业 Hotels and Catering Services	信息传输、软件和信息技术服务业 Information Software and Information Technology	金融业 Financial Inter-mediation	房地产业 Real Estate	租赁和商务服务业 Leasing and Business Services	科学研究和技术服务业 Scientific Research, and Technical Services
全　国 National							
2012	667.5	265.1	222.8	527.8	273.7	292.3	330.7
2013	846.2	304.4	327.3	537.9	373.7	421.9	387.8
2014	861.4	289.3	336.3	566.3	402.2	449.4	408.0
2015	854.4	276.1	349.9	606.8	417.3	474.0	410.6
2016	849.5	269.7	364.1	665.2	431.7	488.4	419.6
2017	843.9	265.9	395.4	688.8	444.8	522.6	420.4
2018	819.0	269.8	424.3	699.3	466.0	529.5	411.5
2019	815.5	265.2	455.3	826.1	510.3	660.4	434.3
国有单位 State-owned Units							
2012	419.5	57.6	65.8	151.9	46.7	116.7	232.5
2013	410.3	45.7	49.5	147.9	37.1	123.6	223.7
2014	395.2	41.8	37.5	146.1	36.5	126.0	224.8
2015	373.4	37.4	35.5	146.6	33.1	120.6	213.2
2016	366.0	35.2	33.5	148.7	32.1	118.1	215.1
2017	353.0	31.7	26.9	143.1	26.3	116.8	206.2
2018	264.1	26.0	24.9	125.8	19.6	104.2	182.7
2019	131.8	20.9	19.9	89.3	15.7	98.5	150.3
城镇集体单位 Urban Collective-owned Units							
2012	17.7	9.3	1.3	50.1	8.7	33.7	5.4
2013	19.0	10.0	0.9	48.7	8.3	38.1	5.5
2014	17.4	6.7	0.8	47.0	8.9	36.0	5.4
2015	14.8	5.4	0.7	46.5	8.0	31.8	4.8
2016	13.7	4.9	0.6	44.9	8.0	29.1	4.6
2017	12.2	4.2	0.8	42.0	7.4	27.7	4.2
2018	9.3	3.9	0.6	33.1	7.2	23.3	3.9
2019	8.5	3.1	0.7	9.5	9.9	26.2	4.3
其他单位 Other Ownership Units							
2012	230.3	198.1	155.7	325.7	218.3	141.8	92.8
2013	417.0	248.7	276.9	341.3	328.3	260.2	158.5
2014	448.9	240.8	298.0	373.3	356.8	287.4	177.8
2015	466.2	233.3	313.6	413.7	376.2	321.7	192.6
2016	469.8	229.6	330.0	471.5	391.6	341.2	199.9
2017	478.7	230.0	367.7	503.7	411.0	378.1	210.0
2018	545.6	240.0	398.8	540.4	439.2	402.1	224.9
2019	675.2	241.3	434.6	727.3	484.7	535.6	279.7

1-10 续表 2 continued

单位：万人 (10 000 persons)

登记注册类型 Registration Status 年份 Year	水利、环境和公共设施管理业 Management of Water Conservancy, Environment and Public Facilities	居民服务、修理和其他服务业 Service to Households, Repair and Other Services	教育 Education	卫生和社会工作 Health and Social Service	文化、体育和娱乐业 Culture, Sports and Enter-tainment	公共管理、社会保障和社会组织 Public Management, Social Security and social Organization
全国 National						
2012	243.8	62.1	1653.4	719.3	137.7	1541.5
2013	259.2	72.3	1687.2	770.0	147.0	1567.0
2014	269.1	75.4	1727.3	810.4	145.5	1599.3
2015	273.3	75.2	1736.5	841.6	149.1	1637.8
2016	269.6	75.4	1729.2	867.0	150.8	1672.6
2017	268.5	78.2	1730.4	897.9	152.2	1725.6
2018	260.6	77.4	1735.6	912.4	146.6	1817.5
2019	244.5	86.3	1909.3	1006.2	151.2	1989.8
国有单位 State-owned Units						
2012	208.9	30.4	1567.2	639.5	115.0	1528.6
2013	207.7	22.9	1573.8	672.7	109.9	1553.6
2014	211.9	22.5	1602.7	703.9	106.3	1585.1
2015	210.7	22.0	1607.3	733.1	104.4	1624.4
2016	203.9	21.4	1593.9	752.5	102.6	1658.1
2017	195.9	18.5	1582.4	773.8	98.8	1710.3
2018	167.6	19.3	1564.8	786.2	91.5	1791.8
2019	129.9	12.3	1540.0	835.1	82.1	1956.7
城镇集体单位 Urban Collective-owned Units						
2012	10.6	6.1	19.0	52.6	2.5	2.3
2013	10.7	5.4	21.8	54.0	2.0	2.1
2014	11.2	5.7	22.2	54.9	1.9	2.1
2015	10.9	4.9	20.9	51.5	1.8	2.0
2016	10.6	4.2	19.0	51.2	1.8	2.3
2017	10.0	3.8	18.9	51.0	1.7	2.4
2018	8.0	3.3	22.9	46.2	1.3	3.0
2019	5.0	3.2	37.7	33.2	1.5	4.1
其他单位 Other Ownership Units						
2012	24.3	25.7	67.2	27.3	20.2	10.6
2013	40.8	44.1	91.6	43.3	35.0	11.3
2014	46.1	47.3	102.4	51.6	37.3	12.1
2015	51.7	48.3	108.3	57.0	42.8	11.4
2016	55.0	49.8	116.4	63.3	46.3	12.2
2017	62.6	56.0	129.1	73.2	51.7	12.9
2018	85.0	54.8	147.9	80.0	53.7	22.6
2019	109.6	70.8	331.6	137.9	67.5	29.1

1—11 各地区分登记注册类型城镇非私营单位女性就业人员年末人数
FEMALE EMPLOYMENT IN URBAN NON-PRIVATE UNITS BY REGISTRATION STATUS AND REGION (End of Year)

单位：万人 (10 000 persons)

年份 Year	地区 Region	合计 Total	国有单位 State-owned Units	城镇集体单位 Urban Collective-owned Units	其他单位 Other Ownership Units
	2011	5227.7	2522.4	195.9	2509.4
	2012	5458.9	2590.1	188.4	2680.4
	2013	6338.3	2472.3	179.1	3686.9
	2014	6546.2	2509.0	173.1	3864.1
	2015	6527.0	2531.9	156.5	3838.7
	2016	6517.6	2562.1	147.6	3807.8
	2017	6545.3	2583.1	137.9	3824.3
	2018	6427.6	2537.3	121.6	3768.7
	2019	6684.2	2532.9	108.4	4043.0
北京	Beijing	333.5	83.0	6.2	244.3
天津	Tianjin	106.1	29.9	0.9	75.3
河北	Hebei	238.7	129.4	5.4	103.8
山西	Shanxi	165.9	85.5	3.9	76.5
内蒙古	Inner Mongolia	112.6	64.1	0.8	47.7
辽宁	Liaoning	190.8	84.9	3.9	102.0
吉林	Jilin	111.0	59.9	0.7	50.5
黑龙江	Heilongjiang	132.1	76.0	1.0	55.2
上海	Shanghai	302.9	45.4	4.7	252.8
江苏	Jiangsu	474.5	120.9	14.7	338.8
浙江	Zhejiang	365.6	112.9	2.6	250.2
安徽	Anhui	207.4	72.5	3.0	131.9
福建	Fujian	245.7	69.5	4.0	172.2
江西	Jiangxi	176.9	73.3	2.3	101.3
山东	Shandong	406.7	157.7	6.5	242.5
河南	Henan	371.2	149.8	7.6	213.8
湖北	Hubei	232.8	97.8	3.6	131.4
湖南	Hunan	228.3	107.3	4.2	116.7
广东	Guangdong	861.6	178.1	13.8	669.6
广西	Guangxi	164.4	101.0	2.5	60.9
海南	Hainan	42.3	17.9	0.3	24.1
重庆	Chongqing	144.1	51.1	1.6	91.3
四川	Sichuan	305.8	134.6	3.5	167.6
贵州	Guizhou	123.5	71.5	0.8	51.2
云南	Yunnan	149.7	83.1	2.7	63.9
西藏	Tibet	17.5	12.3	0.1	5.0
陕西	Shaanxi	193.3	86.2	4.2	102.9
甘肃	Gansu	92.9	57.5	1.5	33.8
青海	Qinghai	27.4	16.1	0.4	11.0
宁夏	Ningxia	28.9	17.2	0.2	11.5
新疆	Xinjiang	130.3	86.3	0.7	43.2

1−12　各地区分行业城镇非私营单位女性就业人员年末人数(2019年)

FEMALE EMPLOYMENT IN URBAN NON-PRIVATE UNITS BY SECTOR AND REGION(2019)

单位：万人　　(10 000 persons)

地　区	Region	合　计 Total	农、林、牧、渔业 Agriculture, Forestry, Animal Husbandry and Fishery	采矿业 Mining	制造业 Manufacturing	电力、热力、燃气及水生产和供应业 Production and Supply of Electricity, Heat,Gas and Water	建筑业 Construction	批发和零售业 Wholesale and Retail Trades
全　国	**National**	**6684.2**	**42.7**	**65.1**	**1445.1**	**100.1**	**283.8**	**429.9**
北　京	Beijing	333.5	0.1	0.5	22.4	2.8	9.0	28.3
天　津	Tianjin	106.1	0.1	1.4	22.2	1.2	3.7	12.0
河　北	Hebei	238.7	0.8	2.9	28.6	5.1	6.5	11.3
山　西	Shanxi	165.9	0.2	12.2	17.1	4.5	5.0	6.0
内蒙古	Inner Mongolia	112.6	1.9	2.2	8.0	3.9	2.2	4.0
辽　宁	Liaoning	190.8	5.8	4.5	31.2	3.9	5.8	10.2
吉　林	Jilin	111.0	1.6	1.9	14.3	2.2	2.7	5.2
黑龙江	Heilongjiang	132.1	13.2	5.2	9.1	3.5	3.5	5.5
上　海	Shanghai	302.9	2.6	0.0	50.6	0.9	4.9	55.2
江　苏	Jiangsu	474.5	1.2	0.8	179.1	3.6	15.3	31.9
浙　江	Zhejiang	365.6	0.1	0.1	113.3	2.6	19.3	20.4
安　徽	Anhui	207.4	0.9	1.5	47.6	2.5	14.2	14.2
福　建	Fujian	245.7	0.4	0.2	79.0	3.0	24.8	12.8
江　西	Jiangxi	176.9	0.7	0.6	48.2	2.8	11.7	7.7
山　东	Shandong	406.7	0.4	6.3	96.5	6.8	17.7	25.2
河　南	Henan	371.2	0.7	5.0	85.8	6.9	19.9	18.6
湖　北	Hubei	232.8	3.0	1.1	48.3	4.2	14.9	19.4
湖　南	Hunan	228.3	0.4	0.7	34.3	4.4	11.7	11.6
广　东	Guangdong	861.6	0.8	0.3	347.1	6.0	18.6	56.7
广　西	Guangxi	164.4	1.8	0.4	19.2	2.8	6.4	6.8
海　南	Hainan	42.3	1.0	0.1	2.6	0.6	0.7	2.8
重　庆	Chongqing	144.1	0.3	0.3	23.7	2.0	11.5	12.6
四　川	Sichuan	305.8	0.4	2.4	44.8	6.3	23.0	15.2
贵　州	Guizhou	123.5	0.3	1.3	10.1	2.5	6.7	5.1
云　南	Yunnan	149.7	1.4	1.1	13.7	3.5	6.7	7.7
西　藏	Tibet	17.5	0.1	0.1	0.5	0.4	0.7	0.9
陕　西	Shaanxi	193.3	0.4	5.7	24.8	4.2	8.0	12.0
甘　肃	Gansu	92.9	0.6	1.3	7.8	3.1	4.4	4.2
青　海	Qinghai	27.4	0.2	0.8	2.4	0.6	0.9	1.2
宁　夏	Ningxia	28.9	0.2	0.9	2.3	0.9	0.6	1.4
新　疆	Xinjiang	130.3	1.1	3.2	10.5	2.4	2.9	4.0

1-12 续表 1 continued

单位：万人 (10 000 persons)

地 区 Region	交通运输、仓储和邮政业 Transport, Storage and Post	住宿和餐饮业 Hotels and Catering Services	信息传输、软件和信息技术服务业 Information Transmission, Software and Information Technology	金融业 Finance Intermediation	房地产业 Real Estate	租赁和商务服务业 Leasing and Business Services	科学研究和技术服务业 Scientific Research and Technical Services
全 国 National	**211.4**	**151.3**	**177.3**	**461.1**	**203.3**	**228.6**	**142.0**
北 京 Beijing	14.8	16.3	32.4	35.6	18.6	28.9	25.6
天 津 Tianjin	3.7	3.5	2.6	11.4	4.3	4.4	3.3
河 北 Hebei	6.6	2.6	4.4	20.0	4.1	4.4	4.6
山 西 Shanxi	5.0	2.1	2.3	18.1	2.3	3.5	2.7
内蒙古 Inner Mongolia	4.7	1.6	2.2	12.5	2.6	2.4	2.5
辽 宁 Liaoning	7.5	3.0	6.6	17.0	4.3	3.8	3.2
吉 林 Jilin	3.5	1.3	2.3	10.2	2.4	2.2	2.7
黑龙江 Heilongjiang	5.4	0.8	3.5	11.8	2.4	4.6	2.4
上 海 Shanghai	14.6	16.5	14.9	19.2	12.0	31.9	13.2
江 苏 Jiangsu	12.1	11.3	12.2	21.4	12.2	17.2	8.6
浙 江 Zhejiang	8.2	8.1	9.3	28.3	11.0	10.0	5.8
安 徽 Anhui	6.1	3.5	3.7	12.7	7.2	6.0	3.0
福 建 Fujian	5.8	5.2	4.0	14.5	6.6	6.6	2.3
江 西 Jiangxi	4.7	2.3	2.2	11.3	3.8	2.3	1.7
山 东 Shandong	11.5	6.5	7.6	31.6	10.4	7.3	5.6
河 南 Henan	11.8	4.6	6.0	16.2	10.9	7.8	5.6
湖 北 Hubei	8.1	5.4	7.2	9.6	7.3	5.5	4.9
湖 南 Hunan	7.0	4.0	3.3	21.3	5.5	4.6	4.0
广 东 Guangdong	21.6	22.1	25.1	46.0	31.5	40.0	16.6
广 西 Guangxi	4.9	2.7	1.9	11.3	4.1	3.9	2.6
海 南 Hainan	1.8	2.6	0.6	2.8	3.3	1.2	0.7
重 庆 Chongqing	6.0	2.8	1.7	12.1	5.8	4.8	2.3
四 川 Sichuan	9.4	7.7	7.7	19.8	10.3	7.8	4.6
贵 州 Guizhou	3.7	1.7	1.6	7.4	4.1	2.9	1.4
云 南 Yunnan	4.8	3.2	2.2	6.3	4.3	3.7	3.0
西 藏 Tibet	0.9	0.3	0.4	0.6	0.2	0.6	0.4
陕 西 Shaanxi	7.3	5.7	5.2	16.2	5.5	3.9	4.0
甘 肃 Gansu	3.2	1.7	1.7	5.1	2.4	1.1	1.9
青 海 Qinghai	1.5	0.4	0.5	1.6	0.6	0.5	0.6
宁 夏 Ningxia	1.1	0.3	0.3	2.2	0.7	1.0	0.4
新 疆 Xinjiang	4.1	1.5	1.6	6.8	2.7	3.8	2.2

1−12 续表 2 continued

单位：万人 (10 000 persons)

地 区 Region	水利、环境和公共设施管理业 Management of Water Conservancy, Environment and Public Establishment	居民服务、修理和其他服务业 Services to Household, Repair and Other Services	教育 Education	卫生和社会工作 Health and Social Service	文化、体育和娱乐业 Culture, Sports and Entertainment	公共管理、社会保障和社会组织 Public Management, Social Security and Social Organization
全 国 National	**98.8**	**41.7**	**1181.0**	**683.2**	**72.8**	**665.1**
北 京 Beijing	3.9	3.5	37.3	23.0	9.7	20.6
天 津 Tianjin	1.2	3.0	13.3	8.2	1.0	5.7
河 北 Hebei	3.6	1.0	66.2	31.0	2.4	32.6
山 西 Shanxi	3.2	0.4	37.9	17.3	2.2	24.0
内蒙古 Inner Mongolia	1.5	0.3	24.6	12.9	1.6	21.0
辽 宁 Liaoning	2.9	1.1	32.7	21.2	2.1	24.0
吉 林 Jilin	2.5	1.0	23.6	14.5	1.5	15.3
黑龙江 Heilongjiang	2.1	1.3	23.9	16.5	1.3	16.3
上 海 Shanghai	3.5	4.8	23.8	20.3	4.0	10.0
江 苏 Jiangsu	5.6	2.2	68.6	39.4	4.5	27.4
浙 江 Zhejiang	4.1	1.7	59.2	35.4	4.1	24.4
安 徽 Anhui	3.1	0.9	38.3	23.0	1.7	17.5
福 建 Fujian	2.9	2.3	38.7	17.8	2.0	16.8
江 西 Jiangxi	2.3	0.5	35.4	18.6	1.4	18.6
山 东 Shandong	7.2	1.3	73.0	47.6	3.2	41.0
河 南 Henan	5.8	1.3	76.5	43.7	3.1	41.0
湖 北 Hubei	4.6	1.3	36.9	25.6	2.6	22.8
湖 南 Hunan	3.7	0.9	50.7	31.2	2.9	26.2
广 东 Guangdong	7.4	6.6	106.6	56.3	6.0	46.2
广 西 Guangxi	3.9	0.5	42.8	24.9	1.6	22.1
海 南 Hainan	1.9	0.4	8.4	4.9	0.6	5.0
重 庆 Chongqing	1.9	0.5	27.4	14.0	1.3	13.1
四 川 Sichuan	4.4	1.4	62.0	38.7	2.6	37.3
贵 州 Guizhou	2.2	0.9	29.9	16.7	1.1	24.0
云 南 Yunnan	2.4	0.8	36.6	21.9	1.8	24.6
西 藏 Tibet	0.3	0.1	2.9	1.2	0.3	6.6
陕 西 Shaanxi	4.4	0.9	38.3	22.0	2.8	21.9
甘 肃 Gansu	2.8	0.3	20.4	11.6	1.3	17.9
青 海 Qinghai	0.4	0.1	5.2	3.7	0.4	6.0
宁 夏 Ningxia	0.7	0.0	5.9	3.8	0.4	5.7
新 疆 Xinjiang	2.3	0.3	33.9	16.0	1.3	29.7

1—13 分登记注册类型城镇非私营单位就业人员工资总额及指数
TOTAL WAGES AND INDEX OF EMPLOYED PERSONS IN URBAN NON-PRIVATE UNITS BY REGISTRATION STATUS

年份 Year	工资总额(亿元) Total Wages (100 million yuan)				指数(以上年为100) Index (preceding year=100)			
	合计 Total	国有单位 State-owned Units	城镇集体单位 Urban Collective-owned Units	其他单位 Other Owner-ship Units	合计 Total	国有单位 State-owned Units	城镇集体单位 Urban Collective-owned Units	其他单位 Other Owner-ship Units
1965	282.3	235.3	47.0		107.1	105.0	118.4	
1970	334.3	277.5	56.8		103.6	105.5	95.3	
1975	463.5	386.1	77.4		104.9	104.1	109.0	
1980	772.4	627.9	144.5		119.4	118.6	123.3	
1981	820.0	660.4	159.6		106.2	105.2	110.4	
1982	882.0	708.9	173.1		107.6	107.3	108.5	
1983	934.6	748.1	186.5		106.0	105.5	107.7	
1984	1133.4	875.8	254.0	3.6	121.3	117.1	136.2	
1985	1383.0	1064.8	312.3	5.9	122.0	121.6	123.0	163.9
1986	1659.7	1288.5	362.8	8.4	120.0	121.0	116.2	142.4
1987	1881.1	1459.3	409.1	12.7	113.3	113.3	112.8	151.2
1988	2316.2	1807.1	487.6	21.5	123.1	123.8	119.2	169.3
1989	2618.5	2050.2	534.4	33.9	113.1	113.5	109.6	157.7
1990	2951.1	2324.1	581.0	46.0	112.7	113.4	108.7	135.7
1991	3323.9	2594.9	658.6	70.4	112.6	111.7	113.4	153.0
1992	3939.2	3090.4	743.2	105.6	118.5	119.1	112.8	150.0
1993	4916.2	3812.7	849.9	253.6	124.8	123.4	114.4	240.2
1994	6656.4	5177.4	1023.3	455.6	135.4	135.8	120.4	179.7
1995	8055.8	6172.6	1210.6	672.6	119.0	117.4	115.6	142.2
1996	8964.4	6893.3	1269.4	801.7	111.3	111.7	104.9	119.2
1997	9602.4	7323.9	1283.9	994.5	107.1	106.2	101.1	124.0
1998	9540.2	6934.6	1054.9	1550.7	99.4	94.7	82.2	155.9
1999	10155.9	7289.9	995.8	1870.1	106.5	105.1	94.4	120.6
2000	10954.7	7744.9	950.7	2259.1	107.9	106.2	95.5	120.8
2001	12205.4	8515.2	898.5	2791.7	111.4	109.9	94.5	123.6
2002	13638.1	9138.0	863.9	3636.2	111.7	107.3	96.1	130.3
2003	15329.6	9911.9	867.1	4550.6	112.4	108.5	100.4	125.1
2004	17615.0	11038.2	876.2	5700.6	114.9	111.4	101.0	125.3
2005	20627.1	12291.7	906.4	7429.0	117.1	111.4	103.4	130.3
2006	24262.3	13920.6	983.8	9357.9	117.6	113.3	108.5	126.0
2007	29471.5	16689.1	1108.1	11674.3	121.5	119.9	112.6	124.8
2008	35289.5	19487.9	1203.2	14598.4	119.7	116.8	108.6	125.0
2009	40288.2	21862.7	1273.3	17152.1	114.2	112.2	105.8	117.5
2010	47269.9	24886.4	1433.7	20949.7	117.3	113.8	112.6	122.1
2011	59954.7	28954.8	1737.4	29262.4	126.8	116.3	121.2	139.7
2012	70914.2	32950.0	1990.4	35973.8	118.3	113.8	114.6	122.9
2013	93064.3	33359.6	2195.8	57508.9	131.2	101.2	110.3	159.9
2014	102817.2	36106.6	2302.7	64408.0	110.5	108.2	104.9	112.0
2015	112007.8	40387.9	2239.4	69380.5	108.9	111.9	97.3	107.7
2016	120074.8	44462.9	2268.6	73343.3	107.2	110.1	101.3	105.7
2017	129889.1	48884.1	2215.6	78789.3	108.2	109.9	97.7	107.4
2018	141480.0	51126.6	2082.3	88271.1	108.9	104.6	94.0	112.0
2019	154296.1	53743.7	1841.5	98710.9	109.1	105.1	88.4	111.8

1-14 分行业城镇非私营单位就业人员工资总额(1995-2002年)
TOTAL WAGES OF EMPLOYED PERSONS IN URBAN NON-PRIVATE UNITS BY SECTOR (1995-2002)

单位：亿元 (100 million yuan)

登记注册类型 Registration Status 年 份 Year	合 计 Total	农、林、牧、渔业 Farming, Forestry, Animal Husbandry and Fishery	采掘业 Mining and Quarrying	制造业 Manufacturing	电力、煤气及水的生产和供应业 Production and Supply of Electricity, Gas and Water	建筑业 Construction	地质勘查业、水利管理业 Geological Prospecting and Water Conservancy	交通运输、仓储及邮电通信业 Transport, Storage, Post and Telecommunications	批发和零售贸易、餐饮业 Wholesale and Retail Trade & Catering Services
全 国 National									
1995	8055.8	234.1	519.0	2804.2	197.5	629.2	80.2	577.7	771.9
1996	8964.4	251.3	568.8	2984.0	235.6	668.3	84.4	659.8	835.9
1997	9602.4	269.7	577.9	3044.6	269.8	696.9	92.0	719.1	864.0
1998	9540.2	257.8	517.6	2792.1	294.8	659.6	92.7	708.5	768.0
1999	10155.9	260.4	498.6	2836.4	325.6	662.2	98.0	768.5	745.6
2000	10954.7	268.9	498.4	2966.7	363.3	699.1	108.4	837.7	742.8
2001	12205.4	278.5	531.1	3088.5	416.7	750.9	115.4	918.9	732.5
2002	13638.1	289.9	597.6	3343.9	470.8	838.0	118.6	1016.7	745.5
国有单位 State-owned Units									
1995	6172.6	225.2	489.6	1764.3	180.0	412.0	79.3	518.4	477.8
1996	6893.3	240.4	538.2	1855.7	214.1	436.0	83.4	593.4	514.2
1997	7323.9	258.9	544.5	1813.7	243.0	451.5	90.1	644.3	530.3
1998	6934.6	247.9	457.1	1368.3	249.6	388.4	91.1	619.8	438.9
1999	7289.9	250.1	415.6	1293.4	267.5	377.5	96.4	659.0	417.5
2000	7744.9	255.7	382.5	1260.0	291.0	389.0	106.6	711.9	410.0
2001	8515.2	265.7	387.7	1190.5	325.2	378.9	113.6	762.7	384.4
2002	9138.0	272.7	372.5	1098.9	349.0	365.1	115.9	821.9	365.8
城镇集体单位 Urban Collective-owned Units									
1995	1210.6	6.8	27.4	523.7	6.7	202.5	0.8	49.0	239.6
1996	1269.4	8.0	28.3	534.1	8.9	212.1	1.0	52.1	254.8
1997	1283.9	7.7	29.8	513.5	9.9	218.8	1.9	51.0	249.9
1998	1054.9	7.0	22.3	389.3	10.1	188.7	1.5	42.0	196.0
1999	995.8	7.0	19.3	343.6	9.5	183.9	1.5	39.6	174.8
2000	950.7	7.7	17.5	309.3	9.9	188.7	1.4	34.5	154.6
2001	898.5	6.8	17.5	270.6	10.5	188.0	1.2	31.4	125.5
2002	863.9	7.0	18.6	244.8	9.1	179.0	1.4	28.8	107.9
其他单位 Other Ownership Units									
1995	672.6	2.2	2.0	516.1	10.7	14.7		10.3	54.5
1996	801.7	2.8	2.3	594.3	12.6	20.2		14.3	67.0
1997	994.5	3.0	3.7	717.4	16.9	26.6		23.8	83.8
1998	1550.7	3.0	38.2	1034.5	35.0	82.5		46.7	133.1
1999	1870.1	3.4	63.7	1199.5	48.5	100.9	0.2	69.9	153.3
2000	2259.1	5.5	98.4	1397.3	62.4	121.4	0.4	91.3	178.3
2001	2791.7	6.1	125.8	1627.4	81.0	184.0	0.6	124.8	222.6
2002	3636.2	10.2	206.6	2000.2	112.7	293.9	1.4	166.1	271.8

1-14 续表 continued

单位：亿元 (100 million yuan)

登记注册类型 Registration Status 年 份 Year	金融、保险业 Finance and Insurance	房地产业 Real Estate Trade	社 会 服务业 Social Services	卫生、体育和社会福利业 Health Care, Sporting and Social Welfare	教育、文化艺术和广播电影电视业 Education, Culture and Arts, Radio, Film and Television	科学研究和综合技术服务业 Scientific Research and Polytechnical Services	国家机关政党机关和社会团体 Government Agencies, Party Agencies and Social Organizations	其 他 Others
全 国 National								
1995	199.6	56.8	274.2	256.0	727.1	123.4	563.1	41.5
1996	243.4	69.2	317.3	306.1	849.0	145.3	676.8	69.3
1997	295.3	78.7	372.0	351.6	970.0	165.6	748.6	86.7
1998	332.4	95.5	399.6	400.3	1106.7	179.1	840.8	94.8
1999	388.5	110.4	446.6	460.6	1275.0	200.6	977.5	101.5
2000	434.3	124.7	502.5	525.4	1435.9	233.7	1097.5	115.3
2001	524.7	149.0	587.9	629.3	1746.1	267.7	1325.6	142.4
2002	612.4	180.5	701.0	718.7	2033.7	304.5	1485.9	180.4
国有单位 State-owned Units								
1995	152.3	42.1	188	226.3	714.2	115.5	558.6	28.9
1996	181.5	49.7	220.7	271.2	836.2	134.0	672.7	52.2
1997	213.9	54.8	258.0	311.9	946.4	152.1	745.0	65.4
1998	235.3	60.4	269.8	358.0	1080.8	161.7	837.1	70.3
1999	267.0	65.5	296.6	413.4	1244.3	181.0	973.6	71.8
2000	300.4	72.1	319.0	473.6	1401.5	199.5	1093.1	78.9
2001	350.2	80.9	358.4	571.2	1699.0	229.6	1322.0	95.3
2002	398.1	86.2	392.6	658.0	1970.7	261.0	1482.1	127.7
城镇集体单位 Urban Collective-owned Units								
1995	42.6	4.3	45.2	29.3	12.0	4.9	4.5	11.1
1996	49.4	5.0	44.1	34.3	11.6	6.6	4.1	15.0
1997	58.1	5.9	50.1	38.9	22.1	6.6	3.6	16.3
1998	58.4	6.3	44.6	40.4	23.6	6.2	3.7	15.0
1999	64.2	7.9	46.3	45.0	27.3	6.4	3.8	15.7
2000	67.4	7.1	46.6	49.4	29.6	7.0	4.3	15.5
2001	74.3	7.2	47.3	54.6	39.2	4.6	3.7	16.2
2002	81.9	9.0	46.5	56.0	46.3	4.6	3.4	19.6
其他单位 Other Ownership Units								
1995	4.7	10.4	41.0	0.4	0.8	3.0		1.5
1996	12.5	14.5	52.5	0.6	1.3	4.7		2.1
1997	23.3	17.9	63.9	0.8	1.5	6.8		5.0
1998	38.7	28.8	85.2	1.9	2.3	11.3		9.5
1999	57.2	37.1	103.7	2.2	3.4	13.1		13.9
2000	66.5	45.5	136.8	2.4	4.8	27.2		21.0
2001	100.3	60.8	182.2	3.6	7.9	33.6		31.0
2002	132.4	85.3	261.9	4.7	16.7	38.8		33.5

1-15 分行业城镇非私营单位就业人员工资总额(2003-2011年)
TOTAL WAGES OF EMPLOYED PERSONS IN URBAN NON-PRIVATE UNITS BY SECTOR (2003-2011)

单位：亿元 (100 million yuan)

登记注册类型 Registration Status / 年 份 Year	合 计 Total	农、林、牧、渔业 Agriculture, Forestry, Farming of Animals and Fishery	采矿业 Mining	制造业 Manufacturing	电力、燃气及水的生产和供应业 Production & Distribution of Electricity Gas & Water	建筑业 Construction	交通运输、仓储和邮政业 Traffic, Transport, Storage and post
全 国 National							
2003	15329.6	335.8	662.9	3772.7	552.0	965.9	1008.0
2004	17615.0	351.2	831.8	4316.4	646.8	1081.3	1144.7
2005	20627.1	368.7	1031.2	5056.6	741.8	1324.7	1279.5
2006	24262.3	403.3	1259.6	6035.8	858.0	1612.1	1471.5
2007	29471.5	464.6	1500.5	7241.2	1012.7	1946.2	1727.9
2008	35289.5	516.4	1847.3	8498.9	1180.4	2313.6	2006.3
2009	40288.2	537.4	2089.1	9302.2	1283.5	2837.9	2234.9
2010	47269.9	627.1	2458.8	11140.8	1468.3	3471.5	2541.9
2011	59954.7	697.7	3174.2	15031.4	1755.7	5596.4	3074.1
国有单位 State-owned Units							
2003	9911.9	314.4	368.5	1111.8	403.8	384.3	793.0
2004	11038.2	327.6	463.2	1082.7	459.1	404.6	853.6
2005	12291.7	346.5	500.3	1048.1	505.4	442.4	918.3
2006	13920.6	378.8	588.6	1126.3	586.1	488.3	1024.3
2007	16689.1	437.1	675.5	1231.2	673.6	571.1	1185.9
2008	19487.9	486.8	854.8	1353.5	781.8	643.8	1329.6
2009	21862.7	505.1	932.2	1391.9	836.7	731.9	1446.8
2010	24886.4	590.0	1041.5	1525.7	974.9	892.2	1612.6
2011	28954.8	654.1	1333.5	1720.5	1141.3	1218.4	1939.6
城镇集体单位 Urban Collective-owned Units							
2003	867.1	8.6	19.9	227.8	10.2	180.2	31.6
2004	876.2	8.6	23.4	224.9	11.1	181.2	30.1
2005	906.4	7.2	27.9	215.6	11.1	188.9	30.3
2006	983.8	6.8	34.6	225.5	11.8	210.8	30.3
2007	1108.1	7.0	40.1	237.9	13.0	246.5	32.4
2008	1203.2	6.6	44.4	259.6	13.9	265.6	33.8
2009	1273.3	7.6	35.4	265.4	15.1	284.9	36.4
2010	1433.7	8.0	44.5	281.1	17.7	327.7	39.6
2011	1737.4	8.8	61.1	313.4	19.8	471.8	43.7
其他单位 Other Ownership Units							
2003	4550.6	12.8	274.5	2433.0	138.0	401.4	183.4
2004	5700.6	15.0	345.3	3008.8	176.6	495.5	261.0
2005	7429.0	15.0	503.1	3792.9	225.4	693.3	330.9
2006	9357.9	17.7	636.3	4683.9	260.2	913.0	416.9
2007	11674.3	20.5	784.9	5772.0	326.1	1128.6	509.6
2008	14598.4	23.0	948.0	6885.9	384.7	1404.2	643.0
2009	17152.1	24.7	1121.5	7644.9	431.6	1821.1	751.7
2010	20949.7	29.1	1372.8	9334.0	475.7	2251.6	889.8
2011	29262.4	34.7	1779.6	12997.5	594.7	3906.2	1090.7

1-15 续表 1 continued

单位：亿元 (100 million yuan)

登记注册类型 Registration Status / 年 份 Year	信息传输、计算机服务和软件业 Information Transfer, Computer and Software	批发和零售业 Wholesale and Retail Trade	住宿和餐饮业 Accommodation and Restaurants	金融业 Finance	房地产业 Real Estate	租赁和商务服务业 Tenancy and Business Services	科学研究、技术服务和地质勘查业 Scientific Research, Technical Service & Geologic Perambulation
全 国 National							
2003	356.0	696.3	190.9	734.4	202.7	305.2	454.4
2004	404.3	770.5	221.2	866.7	243.3	351.4	514.6
2005	491.8	832.0	249.8	1047.7	293.0	449.8	614.0
2006	587.4	920.0	280.0	1292.9	338.4	565.6	736.9
2007	699.1	1061.8	314.6	1670.3	426.2	668.9	923.9
2008	862.8	1323.9	371.2	2202.9	520.8	893.7	1154.6
2009	996.2	1509.2	418.9	2658.8	607.8	1021.4	1350.6
2010	1171.7	1783.0	484.6	3219.0	745.6	1198.5	1619.3
2011	1475.6	2594.8	655.2	4007.0	1052.5	1325.3	1879.6
国有单位 State-owned Units							
2003	179.0	338.0	76.6	447.4	82.2	157.7	368.5
2004	200.6	336.7	85.5	497.2	87.3	174.9	426.6
2005	193.8	338.2	90.2	542.1	92.2	213.0	488.3
2006	212.6	349.9	95.5	573.8	96.0	246.3	575.5
2007	223.9	376.0	96.6	697.9	112.0	281.2	713.0
2008	242.5	423.6	108.8	805.6	121.6	344.3	850.4
2009	273.2	451.6	117.4	822.5	132.6	380.2	980.1
2010	289.8	499.6	130.8	940.3	152.9	435.3	1151.7
2011	336.9	607.8	161.8	1077.7	205.1	498.8	1294.2
城镇集体单位 Urban Collective-owned Units							
2003	2.3	87.0	13.8	93.9	8.8	32.5	6.2
2004	2.3	80.8	14.1	107.8	9.9	35.2	6.1
2005	3.4	74.6	13.8	118.6	11.0	45.3	6.8
2006	2.9	71.8	14.6	134.8	12.4	47.9	8.2
2007	2.6	74.0	14.8	157.7	14.0	54.6	8.4
2008	2.2	76.4	16.8	187.1	15.3	57.1	10.4
2009	3.5	78.3	17.4	197.1	19.5	69.3	14.1
2010	3.8	80.9	18.1	228.3	22.7	77.8	15.5
2011	5.3	93.1	23.4	263.5	25.2	77.7	17.7
其他单位 Other Ownership Units							
2003	174.7	271.3	100.5	193.2	111.7	115.1	79.7
2004	201.4	353.1	121.6	261.7	146.0	141.2	82.0
2005	294.5	419.2	145.8	386.9	189.8	191.5	118.8
2006	372.0	498.3	170.0	584.3	230.0	271.3	153.2
2007	472.6	611.8	203.1	814.8	300.2	333.1	202.6
2008	618.2	823.9	245.7	1210.3	383.9	492.3	293.9
2009	719.5	979.3	284.0	1639.2	455.7	571.9	356.4
2010	878.1	1202.5	335.7	2050.4	570.0	685.4	452.1
2011	1133.4	1893.8	470.0	2665.8	822.3	748.8	567.7

1-15 续表 2 continued

单位：亿元 (100 million yuan)

登记注册类型 Registration Status 年 份 Year	水利、环境和公共设施管理业 Management of Water Conservancy, Environment & Public Establishment	居民服务和其他服务业 Resident Services and Other Services	教 育 Education	卫生、社会保障和社会福利业 Sanitation, Social Security and Social Welfare	文化体育和娱乐业 Culture, Sports and Entertainment	公共管理和社会组织 Public Management and Social Organization
全 国 National						
2003	202.6	66.4	2035.9	782.1	217.9	1787.6
2004	226.1	71.8	2346.2	902.3	251.5	2072.7
2005	257.3	85.1	2690.8	1047.8	275.8	2489.6
2006	289.8	102.5	3127.8	1226.1	314.9	2839.7
2007	352.2	115.8	3917.2	1496.6	378.1	3553.8
2008	413.8	132.1	4556.1	1789.3	429.3	4276.0
2009	474.3	146.8	5338.6	2095.3	488.5	4896.8
2010	555.9	168.4	6136.5	2506.4	543.7	5428.8
2011	659.8	197.9	6938.8	3078.6	642.1	6118.1
国有单位 State-owned Units						
2003	182.5	32.6	1970.1	717.2	202.5	1781.7
2004	202.3	37.4	2274.2	827.5	233.2	2064.1
2005	229.0	43.3	2604.2	962.0	253.6	2480.9
2006	254.4	57.4	3027.3	1121.2	288.9	2829.5
2007	308.0	62.5	3782.4	1371.4	345.6	3544.3
2008	360.7	75.8	4416.4	1637.6	386.9	4263.5
2009	411.9	81.7	5154.6	1910.9	432.3	4869.2
2010	481.2	92.6	5919.7	2277.1	478.5	5400.2
2011	566.0	113.8	6651.3	2803.9	550.1	6079.9
城镇集体单位 Urban Collective-owned Units						
2003	10.6	13.1	53.0	59.4	3.0	5.2
2004	10.5	12.1	45.2	64.3	3.1	5.5
2005	10.4	11.3	50.8	71.3	3.4	4.6
2006	11.8	12.2	55.1	83.9	3.2	5.1
2007	13.4	12.8	71.6	98.6	4.0	5.0
2008	16.5	14.2	55.6	118.6	4.6	4.7
2009	17.8	15.2	48.0	136.2	5.0	7.1
2010	19.4	16.4	54.7	166.3	5.4	5.9
2011	22.5	14.9	68.2	192.9	6.1	8.4
其他单位 Other Ownership Units						
2003	9.5	20.7	12.8	5.4	12.3	0.7
2004	13.3	22.4	26.8	10.4	15.3	3.1
2005	17.9	30.5	35.8	14.5	18.8	4.1
2006	23.6	33.0	45.4	21.0	22.7	5.1
2007	30.8	40.6	63.2	26.6	28.6	4.5
2008	36.6	42.1	84.1	33.1	37.9	7.8
2009	44.6	50.0	136.1	48.1	51.1	20.6
2010	55.3	59.5	162.1	63.0	59.9	22.7
2011	71.3	69.2	219.3	81.8	85.9	29.8

1−16 分行业城镇非私营单位就业人员工资总额(2012−2019年)
TOTAL WAGES OF EMPLOYED PERSONS IN URBAN NON-PRIVATE UNITS BY SECTOR (2012-2019)

单位：亿元 (100 million yuan)

登记注册类型 Registration Status 年份 Year	合计 Total	农、林、牧、渔业 Agriculture, Forestry, Animal Husbandry and Fishery	采矿业 Mining	制造业 Manufacturing	电力、热力、燃气及水生产和供应业 Production and Supply of Electricity,Heat, Gas and Water	建筑业 Construction	批发和零售业 Wholesale and Retail Trades
全　国 National							
2012	70914.2	760.8	3600.7	17668.1	1999.6	7392.7	3271.3
2013	93064.3	758.0	3833.2	24566.6	2715.3	12315.1	4451.9
2014	102817.2	808.9	3728.2	27011.4	2965.8	13389.4	4931.4
2015	112007.8	862.6	3318.2	28341.6	3137.4	13619.3	5324.6
2016	120074.8	882.1	3038.1	29088.9	3235.7	13969.2	5681.2
2017	129889.1	949.9	3208.6	29740.5	3406.6	14283.9	5980.1
2018	141480.0	716.1	3413.4	30385.0	3704.0	15949.5	6628.5
2019	154296.1	535.1	3388.2	30197.5	4030.1	14431.7	7402.2
国有单位 State-owned Units							
2012	32950.0	713.5	1513.3	1765.0	1278.7	1422.7	708.9
2013	33359.6	709.9	550.2	1288.9	1361.9	1166.2	622.7
2014	36106.6	730.5	433.6	1313.8	1454.0	1133.0	643.0
2015	40387.9	776.4	332.0	1207.7	1442.2	951.5	631.1
2016	44462.9	797.4	285.8	1148.4	1479.2	946.3	608.7
2017	48884.1	862.4	243.9	983.6	1466.3	832.0	591.5
2018	51126.6	615.9	143.3	587.1	1306.6	630.9	558.4
2019	53743.7	378.2	133.2	345.0	1197.7	441.2	479.4
城镇集体单位 Urban Collective-owned Units							
2012	1990.4	10.8	73.6	339.3	20.3	550.6	94.4
2013	2195.8	6.6	60.6	342.2	18.9	610.8	99.9
2014	2302.7	7.9	55.5	342.1	19.7	648.0	101.7
2015	2239.4	8.4	45.4	316.9	20.6	605.8	100.0
2016	2268.6	8.2	39.8	298.9	20.2	601.6	93.7
2017	2215.6	8.1	34.3	258.2	19.2	547.3	74.4
2018	2082.3	7.2	22.5	197.3	18.6	518.1	69.0
2019	1841.5	8.1	20.2	177.1	16.8	444.1	55.4
其他单位 Other Ownership Units							
2012	35973.8	36.5	2013.8	15563.7	700.7	5419.4	2467.9
2013	57508.9	41.4	3222.4	22935.5	1334.5	10538.1	3729.3
2014	64408.0	70.4	3239.0	25355.6	1492.1	11608.4	4186.8
2015	69380.5	77.8	2940.8	26817.0	1674.6	12062.0	4593.5
2016	73343.3	76.5	2712.5	27641.6	1736.4	12421.2	4978.8
2017	78789.3	79.4	2930.4	28498.8	1921.1	12904.6	5314.2
2018	88271.1	93.0	3247.5	29600.6	2378.8	14800.5	6001.1
2019	98710.9	148.9	3234.8	29675.4	2815.7	13546.5	6867.3

1-16 续表 1 continued

单位：亿元 (100 million yuan)

登记注册类型 Registration Status / 年 份 Year	交通运输、仓储和邮政业 Transport, Storage and Post	住宿和餐饮业 Hotels and Catering Services	信息传输、软件和信息技术服务业 Information Software and Information Technology	金融业 Financial Inter-mediation	房地产业 Real Estate	租赁和商务服务业 Leasing and Business Services	科学研究和技术服务业 Scientific Research, and Technical Services
全 国 National							
2012	3531.5	824.4	1769.4	4669.0	1271.3	1531.2	2259.4
2013	4834.6	1038.3	2957.7	5269.0	1882.3	2629.4	2940.3
2014	5435.4	1079.1	3375.8	6017.4	2220.5	2985.9	3339.7
2015	5898.0	1130.0	3912.7	6730.1	2493.0	3399.9	3665.8
2016	6238.7	1167.9	4431.8	7557.3	2802.1	3704.3	4037.3
2017	6754.1	1211.9	5198.4	8295.0	3059.3	4176.0	4491.5
2018	7273.3	1293.0	6204.1	8907.3	3507.8	4453.3	5045.1
2019	7913.9	1330.5	7281.1	10711.3	4057.4	5727.2	5740.5
国有单位 State-owned Units							
2012	2258.7	192.5	372.4	1237.8	204.3	517.8	1477.6
2013	2388.4	168.0	298.3	1288.8	168.3	580.9	1546.2
2014	2585.2	169.7	239.0	1374.5	183.7	617.3	1664.7
2015	2671.5	164.5	252.9	1453.6	184.9	662.7	1717.5
2016	2769.9	166.3	258.7	1499.0	199.7	686.4	1915.3
2017	2951.7	161.5	222.4	1547.2	178.4	725.2	2040.2
2018	2346.2	142.4	237.3	1483.6	144.0	685.9	2059.3
2019	1112.8	117.3	211.9	1226.5	119.9	676.3	1906.3
城镇集体单位 Urban Collective-owned Units							
2012	50.4	25.8	4.8	305.6	30.0	98.2	24.9
2013	60.4	40.3	3.5	339.3	31.2	127.2	28.6
2014	60.9	23.7	3.5	359.9	36.1	132.5	30.9
2015	55.9	20.4	3.7	383.3	35.4	128.5	28.3
2016	56.3	20.6	3.2	401.4	37.7	131.6	30.7
2017	52.3	19.0	6.3	416.4	36.7	133.6	31.6
2018	43.9	16.0	4.4	362.2	39.5	116.9	33.2
2019	41.2	15.1	5.1	110.7	54.2	126.0	38.1
其他单位 Other Ownership Units							
2012	1222.3	606.2	1392.2	3125.6	1037.0	915.2	756.8
2013	2385.8	830.1	2655.9	3640.9	1682.8	1921.3	1365.5
2014	2789.2	885.8	3133.3	4283.0	2000.7	2236.0	1644.1
2015	3170.6	945.1	3656.1	4893.2	2272.8	2608.7	1920.0
2016	3412.5	981.0	4169.8	5656.9	2564.7	2886.2	2091.2
2017	3750.1	1031.4	4969.6	6331.5	2844.1	3317.3	2419.8
2018	4883.2	1134.6	5962.4	7061.5	3324.3	3650.5	2952.6
2019	6759.9	1198.1	7064.1	9374.1	3883.3	4924.9	3796.1

1-16 续表 2 continued

单位：亿元 (100 million yuan)

登记注册类型 Registration Status 年 份 Year	水利、环境和公共设施管理业 Management of Water Conservancy, Environment and Public Facilities	居民服务、修理和其他服务业 Service to Households, Repair and Other Services	教 育 Education	卫生和社会工作 Health and Social Service	文化、体育和娱乐业 Culture, Sports and Entertainment	公共管理、社会保障和社会组织 Public Management, Social Security and social Organization
全 国 National						
2012	784.6	217.1	7851.0	3718.5	735.4	7058.3
2013	933.7	277.2	8721.1	4397.8	867.8	7675.0
2014	1049.9	312.9	9722.5	5057.8	936.8	8448.6
2015	1177.7	336.1	11492.1	5941.3	1086.0	10141.4
2016	1278.2	357.8	12787.1	6825.6	1204.4	11787.2
2017	1394.3	390.2	14324.4	7930.8	1339.9	13753.5
2018	1456.5	423.8	15928.1	8857.8	1450.7	15882.8
2019	1491.2	520.1	18445.3	10812.9	1628.7	18651.1
国有单位 State-owned Units						
2012	669.0	113.9	7486.8	3373.4	624.6	7019.0
2013	728.4	96.4	8193.9	3924.3	651.4	7626.4
2014	803.2	102.8	9093.1	4490.5	683.3	8391.6
2015	894.5	108.9	10780.4	5309.9	767.4	10078.4
2016	955.9	117.3	11992.4	6109.5	814.6	11712.0
2017	1008.7	113.8	13342.1	7075.9	869.2	13668.2
2018	955.9	130.0	14593.5	7873.2	894.7	15738.3
2019	833.5	94.1	15756.1	9411.0	910.9	18392.3
城镇集体单位 Urban Collective-owned Units						
2012	25.7	16.6	77.3	224.3	8.2	9.5
2013	29.5	16.5	102.7	260.4	7.7	9.6
2014	34.9	21.3	112.6	293.1	8.1	10.4
2015	35.6	20.8	115.7	294.6	9.1	11.0
2016	38.8	17.9	120.6	322.9	10.4	14.1
2017	41.3	17.2	139.5	354.7	9.5	16.0
2018	36.1	16.3	186.9	360.2	8.9	25.1
2019	27.8	17.2	340.5	298.2	10.2	35.6
其他单位 Other Ownership Units						
2012	89.9	86.6	286.8	120.7	102.6	29.9
2013	175.7	164.3	424.6	213.1	208.7	39.0
2014	211.8	188.7	516.8	274.2	245.4	46.6
2015	247.6	206.4	596.0	336.8	309.4	52.1
2016	283.5	222.6	674.1	393.2	379.5	61.1
2017	344.3	259.2	842.7	500.2	461.2	69.3
2018	464.4	277.5	1147.8	624.4	547.1	119.4
2019	629.9	408.8	2348.6	1103.8	707.6	223.2

1—17 分行业城镇非私营单位就业人员平均工资(1995—2002年)
AVERAGE WAGE OF EMPLOYED PERSONS IN URBAN NON-PRIVATE UNITS BY SECTOR (1995-2002)

单位：元 (yuan)

登记注册类型 Registration Status 年 份 Year	合 计 Total	农、林、牧、渔业 Farming, Forestry, Animal Husbandry and Fishery	采掘业 Mining and Quarrying	制造业 Manufacturing	电力、煤气及水的生产和供应业 Production and Supply of Electricity, Gas and Water	建筑业 Construction	地质勘查业、水利管理业 Geological Prospecting and Water Conservancy	交通运输、仓储及邮电通信业 Transport, Storage, Post and Telecommunications	批发和零售贸易、餐饮业 Wholesale and Retail Trade & Catering Services
全 国 National									
1995	5348	3516	5743	5199	7829	5755	5953	6910	4260
1996	5980	4045	6477	5673	8803	6242	6571	7833	4674
1997	6444	4306	6825	5979	9641	6652	7147	8527	4872
1998	7446	4532	7228	7118	10457	7434	7916	9714	5884
1999	8319	4808	7507	7874	11487	7945	8793	10825	6436
2000	9333	5142	8317	8836	12801	8668	9590	12170	7188
2001	10834	5676	9541	9891	14471	9415	10904	13987	8207
2002	12373	6314	10992	11152	16296	10212	12226	15818	9439
国有单位 State-owned Units									
1995	5553	3520	5933	5347	7720	6453	5977	7511	4567
1996	6207	4031	6709	5792	8686	6961	6601	8482	4941
1997	6679	4297	7086	6006	9527	7363	7166	9189	5141
1998	7579	4525	7485	6950	10298	8129	7934	10180	6132
1999	8443	4787	7718	7578	11210	8686	8815	11141	6647
2000	9441	5087	8258	8513	12419	9431	9617	12418	7364
2001	11045	5633	9426	9550	14001	10189	10952	14099	8162
2002	12701	6234	10580	10825	15636	11139	12219	15758	9371
城镇集体单位 Urban Collective-owned Units									
1995	3934	2926	3675	3730	7438	4673	4283	3593	3461
1996	4312	3805	3956	4018	8315	5103	4780	3977	3838
1997	4516	3939	4160	4134	9045	5476	6343	4067	3901
1998	5314	4359	4577	5004	9434	5940	6966	5130	4530
1999	5758	4863	4556	5326	9795	6279	7555	5682	4820
2000	6241	5529	4867	5726	10680	6822	7464	5807	5110
2001	6851	5626	5515	6101	12233	7225	7622	6311	5450
2002	7636	6434	6036	6757	12912	7698	9579	6895	6017
其他单位 Other Ownership Units									
1995	7728	7264	5221	7483	10740	6862	5503	10825	7403
1996	8521	7514	5238	8175	12036	7044	5870	12240	7976
1997	9092	7192	5385	8640	12204	7617	5961	14095	8264
1998	9241	5817	6745	8797	12179	8988	7070	12077	8492
1999	10142	6877	7646	9592	13843	9508	8953	14366	9137
2000	11238	8600	9827	10450	15513	10330	13483	16399	10235
2001	12437	8649	11087	11361	17192	11120	11583	18826	11634
2002	13486	9392	12846	12338	19212	11291	18115	20900	12349

1-17 续表 continued

单位：元 (yuan)

登记注册类型 Registration Status 年 份 Year	金融、保险业 Finance and Insurance	房地产业 Real Estate Trade	社 会 服务业 Social Services	卫生、体育和社会福利业 Health Care, Sporting and Social Welfare	教育、文化艺术和广播电影电视业 Education, Culture and Arts, Radio, Film and Television	科学研究和综合技术服务业 Scientific Research and Polytechnical Services	国家机关政党机关和社会团体 Government Agencies, Party Agencies and Social Organizations	其 他 Others
全 国 National								
1995	7357	7351	6037	5831	4999	6818	5484	6250
1996	8402	8405	6839	6758	5699	7981	6286	7143
1997	9665	9269	7642	7566	6332	8953	6939	6862
1998	10595	10402	8523	8445	7101	10112	7721	8497
1999	11901	11579	9393	9625	8188	11501	8920	10153
2000	13178	12551	10386	10832	9224	13374	9978	11205
2001	15628	14074	11996	12821	11210	16220	12061	12862
2002	18023	15384	13582	14652	13073	18792	13844	14212
国有单位 State-owned Units								
1995	7558	6861	5932	5980	5026	6807	5486	6827
1996	8638	7861	6676	6932	5714	7941	6296	7563
1997	9904	8554	7406	7757	6402	8921	6943	6854
1998	10801	9368	8142	8651	7182	10061	7725	8178
1999	11865	10374	8975	9856	8278	11440	8925	9635
2000	13215	11462	9709	11156	9341	13059	9983	10049
2001	15678	12897	11130	13243	11339	16048	12071	11293
2002	18313	14144	12067	15121	13237	18792	13858	13258
城镇集体单位 Urban Collective-owned Units								
1995	6432	6643	4659	4869	3722	5871	5213	4848
1996	6858	6740	4979	5602	4609	6738	5009	5667
1997	7570	7654	5676	6264	4226	6805	6166	5761
1998	8074	9056	6195	6846	4556	7000	6952	7049
1999	8941	10391	6640	7775	5310	7921	7922	8124
2000	9571	10270	7221	8347	5642	9198	8811	9007
2001	10707	10516	7902	9474	7192	9522	9304	9638
2002	12283	11315	8849	10680	8042	10228	10199	9642
其他单位 Other Ownership Units								
1995	13035	10996	10189	9518	9149	10080		11629
1996	16495	12426	11708	12182	9592	13372		14185
1997	18194	13726	12747	13914	10386	14659		18939
1998	16419	14142	13012	16691	12367	14773		22038
1999	19375	15021	13777	18281	13477	16240		22977
2000	20904	15402	15086	18158	12413	18916		28972
2001	23300	16791	16839	18482	16449	19523		32267
2002	23772	17613	18947	16114	17854	20879		31279

1-18 分行业城镇非私营单位就业人员平均工资(2003-2011年)
AVERAGE WAGE OF EMPLOYED PERSONS IN URBAN NON-PRIVATE UNITS BY SECTOR (2003-2011)

单位：元 (yuan)

登记注册类型 Registration Status 年 份 Year	合 计 Total	农、林、牧、渔业 Agriculture, Forestry, Farming of Animals and Fishery	采矿业 Mining	制造业 Manufacturing	电力、燃气及水的生产和供应业 Production & Distribution of Electricity, Gas & Water	建筑业 Construction	交通运输、仓储和邮政业 Traffic, Transport, Storage and post
全 国 National							
2003	13969	6884	13627	12671	18574	11328	15753
2004	15920	7497	16774	14251	21543	12578	18071
2005	18200	8207	20449	15934	24750	14112	20911
2006	20856	9269	24125	18225	28424	16164	24111
2007	24721	10847	28185	21144	33470	18482	27903
2008	28898	12560	34233	24404	38515	21223	32041
2009	32244	14356	38038	26810	41869	24161	35315
2010	36539	16717	44196	30916	47309	27529	40466
2011	41799	19469	52230	36665	52723	32103	47078
国有单位 State-owned Units							
2003	14358	6819	13819	12520	18030	12495	15973
2004	16445	7417	17198	14374	20933	14076	17938
2005	18978	8122	20843	16831	24105	16032	20716
2006	21706	9145	24827	20117	28145	18166	23723
2007	26100	10706	29177	23671	33355	20963	27606
2008	30287	12384	35564	27471	38567	23394	31259
2009	34130	14160	38626	31142	42160	27750	34976
2010	38359	16522	44904	36386	47724	31777	40097
2011	43483	19253	53387	43031	53333	36071	47318
城镇集体单位 Urban Collective-owned Units							
2003	8627	6127	7194	7594	14774	8311	8100
2004	9723	7027	8628	8581	16898	9111	8777
2005	11176	8042	11067	9671	18323	10071	9920
2006	12866	9789	13626	10978	19880	11428	11062
2007	15444	11490	17131	12985	23237	13611	13102
2008	18103	13546	19813	15455	27603	15641	15062
2009	20607	15392	20075	17620	29369	17565	17538
2010	24010	18156	23791	20841	33851	20210	19882
2011	28791	21887	30114	25031	36122	25027	24927
其他单位 Other Ownership Units							
2003	14843	10077	14285	13596	20805	12227	17573
2004	16519	10332	17308	14944	23757	13271	21165
2005	18362	10952	21044	16294	26822	14593	23968
2006	21004	12677	24513	18394	29663	16780	27578
2007	24271	14686	28291	21210	34314	18825	30892
2008	28552	17400	34246	24401	38968	21767	36041
2009	31350	19456	38640	26617	41931	24325	37883
2010	35801	21359	44907	30609	47164	27522	43176
2011	41323	23851	52703	36360	52377	32097	48362

1-18 续表 1 continued

单位：元 (yuan)

登记注册类型 Registration Status / 年 份 Year	信息传输、计算机服务和软件业 Information Transfer, Computer and Software	批发和零售业 Wholesale and Retail Trade	住宿和餐饮业 Accommodation and Restaurants	金融业 Finance	房地产业 Real Estate	租赁和商务服务业 Tenancy and Business Services	科学研究、技术服务和地质勘查业 Scientific Research, Technical Service & Geologic Perambulation
全 国 National							
2003	30897	10894	11198	20780	17085	17020	20442
2004	33449	13012	12618	24299	18467	18723	23351
2005	38799	15256	13876	29229	20253	21233	27155
2006	43435	17796	15236	35495	22238	24510	31644
2007	47700	21074	17046	44011	26085	27807	38432
2008	54906	25818	19321	53897	30118	32915	45512
2009	58154	29139	20860	60398	32242	35494	50143
2010	64436	33635	23382	70146	35870	39566	56376
2011	70918	40654	27486	81109	42837	46976	64252
国有单位 State-owned Units							
2003	24969	10937	10482	21267	15749	15042	19775
2004	27389	12724	12137	25063	17215	16470	22711
2005	29935	15492	13428	30396	19449	19076	25989
2006	32747	18444	14851	34727	21324	20804	30023
2007	36277	21450	16432	43465	25073	23800	36456
2008	38947	25983	19091	52309	27683	27418	42643
2009	42379	30908	21177	56719	30800	30431	47277
2010	46402	35814	23864	66014	33967	33680	53235
2011	50401	41337	28756	74650	43814	39447	60316
城镇集体单位 Urban Collective-owned Units							
2003	12486	6610	8356	14023	12002	10896	12962
2004	17633	7312	9311	16209	12793	11639	13441
2005	24524	8261	10145	18560	13259	13230	18053
2006	24058	9256	11453	21694	15625	14204	23058
2007	24875	10686	12897	25881	18557	16329	24823
2008	27892	12906	15149	31358	20856	17547	29988
2009	30904	14777	16569	37453	22516	19276	33025
2010	37576	16816	18808	44154	24617	20981	37538
2011	40344	19982	23327	52984	29661	24499	47764
其他单位 Other Ownership Units							
2003	41911	13665	12425	25374	18898	25742	25591
2004	43474	16265	13553	28513	19933	27581	29233
2005	48602	17709	14692	33307	21331	29040	34523
2006	53807	19959	15922	42687	23181	34514	40707
2007	56392	23594	17780	51553	27004	37443	48861
2008	65686	28358	19800	62044	31556	43406	57827
2009	68067	30717	21064	67574	33311	45078	61697
2010	74178	35109	23505	77445	37102	50179	67716
2011	81005	42596	27313	88882	43183	60406	76446

1-18 续表 2 continued

单位：元 (yuan)

登记注册类型 Registration Status / 年 份 Year	水利、环境和公共设施管理业 Management of Water Conservancy, Environment and Public Establishment	居民服务和其他服务业 Resident Services and Other Services	教 育 Education	卫生、社会保障和社会福利业 Sanitation, Social Security and Social Welfare	文化体育和娱乐业 Culture, Sports and Entertainment	公共管理和社会组织 Public Management and Social Organization
全 国 National						
2003	11774	12665	14189	16185	17098	15355
2004	12884	13680	16085	18386	20522	17372
2005	14322	15747	18259	20808	22670	20234
2006	15630	18030	20918	23590	25847	22546
2007	18383	20370	25908	27892	30430	27731
2008	21103	22858	29831	32185	34158	32296
2009	23159	25172	34543	35662	37755	35326
2010	25544	28206	38968	40232	41428	38242
2011	28868	33169	43194	46206	47878	42062
国有单位 State-owned Units						
2003	11782	14419	14371	16741	17340	15382
2004	12850	16366	16217	19061	20955	17406
2005	14254	17323	18388	21500	23110	20270
2006	15517	20548	21027	24298	26374	22608
2007	18293	21744	25997	28719	31210	27790
2008	21000	26443	29925	33075	34993	32350
2009	23161	28874	34678	36575	38749	35491
2010	25478	32417	39166	41112	42367	38387
2011	28812	36923	43436	47185	48690	42230
城镇集体单位 Urban Collective-owned Units						
2003	10030	8683	9330	11610	9424	10293
2004	10433	8910	10559	12869	10953	11454
2005	11051	10690	12670	14826	13635	12906
2006	11948	12170	15338	17325	14169	14129
2007	13312	14476	21010	20442	17414	17002
2008	15413	16412	22645	24028	19686	18941
2009	16891	18509	27515	27618	22177	26039
2010	18551	20818	31486	32645	24796	26957
2011	20987	24834	36355	37853	30051	35277
其他单位 Other Ownership Units						
2003	14392	14038	17986	15110	16565	8763
2004	16645	13893	19964	15789	18002	12617
2005	18681	16502	20664	18084	19926	14036
2006	20388	17410	23099	21225	22712	11765
2007	23390	21014	27494	24600	25384	13994
2008	26869	20566	31211	28831	29567	21586
2009	27154	22877	32663	30579	32898	17849
2010	30217	25536	35282	34672	37107	21392
2011	33331	30287	38912	38803	44958	23891

1-19　分行业城镇非私营单位就业人员平均工资(2012-2019年)
AVERAGE WAGE OF EMPLOYED PERSONS IN URBAN NON-PRIVATE UNITS BY SECTOR (2012-2019)

单位：元 (yuan)

登记注册类型 Registration Status 年 份 Year	合 计 Total	农、林、牧、渔业 Agriculture, Forestry, Animal Husbandry and Fishery	采矿业 Mining	制造业 Manufacturing	电力、热力、燃气及水生产和供应业 Production and Supply of Electricity,Heat, Gas and Water	建筑业 Construction	批发和零售业 Wholesale and Retail Trades
全 国 National							
2012	46769	22687	56946	41650	58202	36483	46340
2013	51483	25820	60138	46431	67085	42072	50308
2014	56360	28356	61677	51369	73339	45804	55838
2015	62029	31947	59404	55324	78886	48886	60328
2016	67569	33612	60544	59470	83863	52082	65061
2017	74318	36504	69500	64452	90348	55568	71201
2018	82413	36466	81429	72088	100162	60501	80551
2019	90501	39340	91068	78147	107733	65580	89047
国有单位 State-owned Units							
2012	48357	22484	58534	47367	58589	40116	47377
2013	52657	25444	56317	54094	68146	43849	55980
2014	57296	27782	59765	61600	74914	46409	64186
2015	65296	31374	59673	64931	80066	49544	69300
2016	72538	33069	61638	71130	83931	52551	74088
2017	81114	35886	71402	77649	91375	55623	81907
2018	89474	35037	81234	78142	97148	57324	92297
2019	98899	36915	89567	88864	103998	56617	111296
城镇集体单位 Urban Collective-owned Units							
2012	33784	22592	35953	29538	39587	29607	23096
2013	38905	26754	39007	34689	45082	33893	26200
2014	42742	30809	41092	38350	49023	36932	29069
2015	46607	39049	42900	42026	54395	39276	31804
2016	50527	41121	42768	44753	57804	41141	33629
2017	55243	44392	44930	48202	60259	42608	35094
2018	60664	46395	55637	50643	64236	45846	38885
2019	62612	25458	65177	54677	51051	47659	43064
其他单位 Other Ownership Units							
2012	46360	27612	57001	41453	58293	36476	47882
2013	51453	34310	61475	46297	66489	42476	50700
2014	56485	35689	62481	51163	72330	46367	55971
2015	60906	38153	59729	55162	78327	49442	60433
2016	65531	39606	60802	59278	84245	52725	65237
2017	71304	43907	69792	64271	90026	56291	71190
2018	79453	48844	81701	72181	102353	61332	80589
2019	87195	48960	91358	78238	110144	66747	88574

1-19　续表 1　continued

单位：元　(yuan)

登记注册类型 Registration Status 年　份 Year	交通运输、仓储和邮政业 Transport, Storage and Post	住宿和餐饮业 Hotels and Catering Services	信息传输、软件和信息技术服务业 Information Software and Information Technology	金融业 Financial Inter-mediation	房地产业 Real Estate	租赁和商务服务业 Leasing and Business Services	科学研究和技术服务业 Scientific Research, and Technical Services
全　国 National							
2012	53391	31267	80510	89743	46764	53162	69254
2013	57993	34044	90915	99653	51048	62538	76602
2014	63416	37264	100845	108273	55568	67131	82259
2015	68822	40806	112042	114777	60244	72489	89410
2016	73650	43382	122478	117418	65497	76782	96638
2017	80225	45751	133150	122851	69277	81393	107815
2018	88508	48260	147678	129837	75281	85147	123343
2019	97050	50346	161352	131405	80157	88190	133459
国有单位 State-owned Units							
2012	54342	33376	57056	82040	43464	44875	64206
2013	59516	36298	60182	87732	45435	46542	69501
2014	65417	40103	63629	94943	50597	49286	73844
2015	70908	43621	69858	100672	55922	55016	80409
2016	75878	46953	77402	102117	62560	58828	89093
2017	83848	50816	82762	109128	67632	62843	99164
2018	88833	54437	95683	118497	72646	65981	112775
2019	84757	55594	106432	137810	75984	69085	127665
城镇集体单位 Urban Collective-owned Units							
2012	28474	27535	38770	61756	34365	29583	46890
2013	31772	39491	40268	70249	37155	33296	52204
2014	35018	34925	42253	77236	40429	36833	56711
2015	37461	37197	50901	82944	44062	40731	58849
2016	40771	41873	53981	89811	47305	45810	66959
2017	42549	44613	83191	99635	49486	48536	75188
2018	46818	43388	75603	109373	54359	50652	85103
2019	47869	49222	74246	116739	54683	48448	88454
其他单位 Other Ownership Units							
2012	53592	30827	90839	97706	47983	65637	83362
2013	57720	33400	96618	109161	52052	74632	87590
2014	62749	36830	105724	117537	56459	78859	93884
2015	68138	40436	117076	123640	60976	82287	100210
2016	72883	42862	127198	125115	66112	85638	105510
2017	78523	45068	136988	128781	69743	89619	117092
2018	89064	47656	151050	133812	75747	92189	132685
2019	100067	49899	164030	130804	80820	93715	137290

1-19 续表 2 continued

单位：元 (yuan)

登记注册类型 Registration Status 年份 Year	水利、环境和公共设施管理业 Management of Water Conservancy, Environment and Public Facilities	居民服务、修理和其他服务业 Service to Households, Repair and Other Services	教育 Education	卫生和社会工作 Health and Social Service	文化、体育和娱乐业 Culture, Sports and Entertainment	公共管理、社会保障和社会组织 Public Management, Social Security and Social Organization
全国 National						
2012	32343	35135	47734	52564	53558	46074
2013	36123	38429	51950	57979	59336	49259
2014	39198	41882	56580	63267	64375	53110
2015	43528	44802	66592	71624	72764	62323
2016	47750	47577	74498	80026	79875	70959
2017	52229	50552	83412	89648	87803	80372
2018	56670	55343	92383	98118	98621	87932
2019	61158	60232	97681	108903	107708	94369
国有单位 State-owned Units						
2012	32152	37642	47995	53653	54398	46207
2013	35155	41416	52283	59200	59437	49371
2014	38008	45242	56974	64631	64245	53230
2015	42705	49144	67442	73490	73447	62452
2016	47154	54178	75710	82522	79538	71122
2017	51735	61592	84860	92796	87850	80589
2018	56971	66916	93780	101168	97613	88387
2019	64191	76690	103270	114177	110916	94640
城镇集体单位 Urban Collective-owned Units						
2012	24432	27415	41061	43265	33433	41285
2013	27855	31005	47610	48990	37715	45859
2014	31291	37642	51166	54122	41647	48465
2015	33262	41566	55810	57917	49577	55179
2016	36706	43106	64833	63920	56222	60861
2017	41348	45646	74102	70485	56948	67206
2018	45363	50593	82160	78734	66732	82918
2019	55515	53167	91164	90742	66103	87631
其他单位 Other Ownership Units						
2012	37466	33992	43473	45020	51217	28113
2013	43213	37738	47194	50173	60288	34486
2014	46682	40752	51494	54309	65926	38391
2015	49130	43131	55937	60027	72093	45462
2016	52119	45060	59216	63362	81552	50677
2017	55535	47177	66762	69649	88709	54082
2018	57156	51456	79022	79240	101118	52761
2019	57804	57702	72214	81282	104755	77153

1-20 分行业城镇非私营单位就业人员平均货币工资指数(1995-2002年)
INDICES OF MONEY AVERAGE EARNING OF EMPLOYED PERSONS IN URBAN NON-PRIVATE UNITS BY SECTOR (1995-2002)

上年=100 (preceding year=100)

登记注册类型 Registration Status 年 份 Year	合 计 Total	农、林、牧、渔业 Farming, Forestry, Animal Husbandry and Fishery	采掘业 Mining and Quarrying	制造业 Manufacturing	电力、煤气及水的生产和供应业 Production and Supply of Electricity, Gas and Water	建筑业 Construction	地质勘查业、水利管理业 Geological Prospecting and Water Conservancy	交通运输、仓储及邮电通信业 Transport, Storage, Post and Telecommunications	批发和零售贸易、餐饮业 Wholesale and Retail Trade & Catering Services
全 国 National									
1995	118.9	124.5	123.2	121.2	127.3	118.1	109.5	121.9	120.3
1996	111.8	115.0	112.8	109.1	112.4	108.5	110.4	113.4	109.7
1997	107.8	106.5	105.4	105.4	109.5	106.6	108.8	108.9	104.2
1998	115.5	105.2	105.9	119.1	108.5	111.8	110.8	113.9	120.8
1999	111.7	106.1	103.9	110.6	109.8	106.9	111.1	111.4	109.4
2000	112.2	106.9	110.8	112.2	111.4	109.1	109.1	112.4	111.7
2001	116.1	110.4	114.7	111.9	113.0	108.6	113.7	114.9	114.2
2002	114.2	111.2	115.2	112.7	112.6	108.5	112.1	113.1	115.0
国有单位 State-owned Units									
1995	117.3	124.6	122.4	118.8	126.3	118.3	109.4	121.6	118.5
1996	111.8	114.5	113.1	108.3	112.5	107.9	110.4	112.9	108.2
1997	107.6	106.6	105.6	103.7	109.7	105.8	108.6	108.3	104.0
1998	113.5	105.3	105.6	115.7	108.1	110.4	110.7	110.8	119.3
1999	111.4	105.8	103.1	109.0	108.9	106.9	111.1	109.4	108.4
2000	111.8	106.3	107.0	112.3	110.8	108.6	109.1	111.5	110.8
2001	117.0	110.7	114.1	112.2	112.7	108.0	113.9	113.5	110.8
2002	115.0	110.7	112.2	113.4	111.7	109.3	111.6	111.8	114.8
城镇集体单位 Urban Collective-owned Units									
1995	121.1	116.2	131.5	121.1	129.9	118.7	115.9	115.5	122.2
1996	109.6	130.0	107.6	107.7	111.8	109.2	111.6	110.7	110.9
1997	104.7	103.5	105.2	102.9	108.8	107.3	132.7	102.3	101.6
1998	117.7	110.7	110.0	121.0	104.3	108.5	109.8	126.1	116.1
1999	108.4	111.6	99.5	106.4	103.8	105.7	108.5	110.8	106.4
2000	108.4	113.7	106.8	107.5	109.0	108.6	98.8	102.2	106.0
2001	109.8	101.8	113.3	106.5	114.5	105.9	102.1	108.7	106.7
2002	111.5	114.4	109.4	110.8	105.6	106.5	125.7	109.3	110.4
其他单位 Other Ownership Units									
1995	119.9	129.2	123.1	120.8	131.6	116.0	126.2	120.3	112.2
1996	110.3	103.4	100.3	109.2	112.1	102.7	106.7	113.1	107.7
1997	106.7	95.7	102.8	105.7	101.4	108.1	101.6	115.2	103.6
1998	101.6	80.9	125.3	101.8	99.8	118.0	118.6	85.7	102.8
1999	109.8	118.2	113.4	109.0	113.7	105.8	126.6	119.0	107.6
2000	110.8	125.1	128.5	108.9	112.1	108.6	150.6	114.2	112.0
2001	110.7	100.6	112.8	108.7	110.8	107.6	85.9	114.8	113.7
2002	108.4	108.6	115.9	108.6	111.7	101.5	156.4	111.0	106.1

1-20 续表 continued

上年=100 (preceding year=100)

登记注册类型 Registration Status 年份 Year	金融、保险业 Finance and Insurance	房地产业 Real Estate Trade	社会服务业 Social Services	卫生、体育和社会福利业 Health Care, Sporting and Social Welfare	教育、文化艺术和广播电影电视业 Education, Culture and Arts, Radio, Film and Television	科学研究和综合技术服务业 Scientific Research and Polytechnical Services	国家机关政党机关和社会团体 Government Agencies, Party Agencies and Social Organizations	其他 Others
全国 National								
1995	109.9	117.1	119.3	114.4	111.2	111.3	111.5	120.5
1996	114.2	114.3	113.3	115.9	114.0	117.1	114.6	114.3
1997	115.0	110.3	111.7	112.0	111.1	112.2	110.4	96.1
1998	109.6	112.2	111.5	111.6	112.1	112.9	111.3	123.8
1999	112.3	111.3	110.2	114.0	115.3	113.7	115.5	119.5
2000	110.7	108.4	110.6	112.5	112.7	116.3	111.9	110.4
2001	118.6	112.1	115.5	118.4	121.5	121.3	120.9	114.8
2002	115.3	109.3	113.2	114.3	116.6	115.9	114.8	110.5
国有单位 State-owned Units								
1995	108.3	115.0	116.7	114.1	111.4	110.1	111.4	119.3
1996	114.3	114.6	112.5	115.9	113.7	116.7	114.8	110.8
1997	114.7	108.8	110.9	111.9	112.0	112.3	110.3	90.6
1998	109.1	109.5	109.9	111.5	112.2	112.8	111.3	119.3
1999	109.9	110.7	110.2	113.9	115.3	113.7	115.5	117.8
2000	111.4	110.5	108.2	113.2	112.8	114.2	111.9	104.3
2001	118.6	112.5	114.6	118.7	121.4	122.9	120.9	112.4
2002	116.8	109.7	108.4	114.2	116.7	117.1	114.8	117.4
城镇集体单位 Urban Collective-owned Units								
1995	114.0	126.8	125.7	115.6	109.1	125.5	120.8	120.1
1996	106.6	101.5	106.9	115.1	123.8	114.8	96.1	116.9
1997	110.4	113.6	114.0	111.8	91.7	101.0	123.1	101.7
1998	106.7	118.3	109.1	109.3	107.8	102.9	112.7	122.4
1999	110.7	114.7	107.2	113.6	116.5	113.2	114.0	115.3
2000	107.0	98.8	108.8	107.4	106.3	116.1	111.2	110.9
2001	111.9	102.4	109.4	113.5	127.5	103.5	105.6	107.0
2002	114.7	107.6	112.0	112.7	111.8	107.4	109.6	100.0
其他单位 Other Ownership Units								
1995	120.7	113.3	115.7	130.8	111.0	125.3		117.6
1996	126.5	113.0	114.9	128.0	104.8	132.7		122.0
1997	110.3	110.5	108.9	114.2	108.3	109.6		133.5
1998	90.2	103.0	102.1	120.0	119.1	100.8		116.4
1999	118.0	106.2	105.9	109.5	109.0	109.9		104.3
2000	107.9	102.5	109.5	99.3	92.1	116.5		126.1
2001	111.5	109.0	111.6	101.8	132.5	103.2		111.4
2002	102.0	104.9	112.5	87.2	108.5	106.9		96.9

1-21 分行业城镇非私营单位就业人员平均货币工资指数(2004-2011年)
INDICES OF MONEY AVERAGE EARNING OF EMPLOYED PERSONS IN URBAN NON-PRIVATE UNITS BY SECTOR (2004-2011)

上年=100 (preceding year=100)

登记注册类型 Registration Status 年 份 Year	合 计 Total	农、林、牧、渔业 Agriculture, Forestry, Farming of Animals and Fishery	采矿业 Mining	制造业 Manufacturing	电力、燃气及水的生产和供应业 Production & Distribution of Electricity, Gas & Water	建筑业 Construction	交通运输、仓储和邮政业 Traffic, Transport, Storage and Post
全 国 National							
2004	114.0	108.9	123.1	112.5	116.0	111.0	114.7
2005	114.3	109.5	121.9	111.8	114.9	112.2	115.7
2006	114.6	112.9	118.0	114.4	114.8	114.5	115.3
2007	118.5	117.0	116.8	116.0	117.8	114.3	115.7
2008	116.9	115.8	121.5	115.4	115.1	114.8	114.8
2009	111.6	114.3	111.1	109.9	108.7	113.8	110.2
2010	113.3	116.4	116.2	115.3	113.0	113.9	114.6
2011	114.4	116.5	118.2	118.6	111.4	116.6	116.3
国有单位 State-owned Units							
2004	114.5	108.8	124.5	114.8	116.1	112.7	112.3
2005	115.4	109.5	121.2	117.1	115.2	113.9	115.5
2006	114.4	112.6	119.1	119.5	116.8	113.3	114.5
2007	120.2	117.1	117.5	117.7	118.5	115.4	116.4
2008	116.0	115.7	121.9	116.1	115.6	111.6	113.2
2009	112.7	114.3	108.6	113.4	109.3	118.6	111.9
2010	112.4	116.7	116.3	116.8	113.2	114.5	114.6
2011	113.4	116.5	118.9	118.3	111.8	113.5	118.0
城镇集体单位 Urban Collective-owned Units							
2004	112.7	114.7	119.9	113.0	114.4	109.6	108.4
2005	114.9	114.4	128.3	112.7	108.4	110.5	113.0
2006	115.1	121.7	123.1	113.5	108.5	113.5	111.5
2007	120.0	117.4	125.7	118.3	116.9	119.1	118.4
2008	117.2	117.9	115.7	119.0	118.8	114.9	115.0
2009	113.8	113.8	113.8	113.8	113.8	113.8	113.8
2010	116.5	118.0	118.5	118.3	115.3	115.1	113.4
2011	119.9	120.5	126.6	120.1	106.7	123.8	125.4
其他单位 Other Ownership Units							
2004	111.3	102.5	121.2	109.9	114.2	108.5	120.4
2005	111.2	106.0	121.6	109.0	112.9	110.0	113.2
2006	114.4	115.8	116.5	112.9	110.6	115.0	115.1
2007	115.6	115.8	115.4	115.3	115.7	112.2	112.0
2008	117.6	118.5	121.0	115.0	113.6	115.6	116.7
2009	109.8	111.8	112.8	109.1	107.6	111.8	105.1
2010	114.2	109.8	116.2	115.0	112.5	113.1	114.0
2011	115.4	115.4	115.4	115.4	115.4	115.4	115.4

1-21 续表 1 continued

上年=100 (preceding year=100)

登记注册类型 Registration Status / 年份 Year	信息传输、计算机服务和软件业 Information Transfer, Computer and Software	批发和零售业 Wholesale and Retail Trade	住宿和餐饮业 Accommodation and Restaurants	金融业 Finance	房地产业 Real Estate	租赁和商务服务业 Tenancy and Business Services	科学研究、技术服务和地质勘查业 Scientific Research, Technical Service & Geologic Perambulation
全 国 National							
2004	108.3	119.4	112.7	116.9	108.1	110.0	114.2
2005	116.0	117.2	110.0	120.3	109.7	113.4	116.3
2006	111.9	116.6	109.8	121.4	109.8	115.4	116.5
2007	109.8	118.4	111.9	124.0	117.3	113.5	121.5
2008	115.1	122.5	113.3	122.5	115.5	118.4	118.4
2009	105.9	112.9	108.0	112.1	107.1	107.8	110.2
2010	110.8	115.4	112.1	116.1	111.3	111.5	112.4
2011	110.1	120.9	117.6	115.6	119.4	118.7	114.0
国有单位 State-owned Units							
2004	109.7	116.3	115.8	117.8	109.3	109.5	114.8
2005	109.3	121.8	110.6	121.3	113.0	115.8	114.4
2006	109.4	119.1	110.6	114.2	109.6	109.1	115.5
2007	110.8	116.3	110.6	125.2	117.6	114.4	121.4
2008	107.4	121.1	116.2	120.3	110.4	115.2	117.0
2009	108.8	119.0	110.9	108.4	111.3	111.0	110.9
2010	109.5	115.9	112.7	116.4	110.3	110.7	112.6
2011	108.6	115.4	120.5	113.1	129.0	117.1	113.3
城镇集体单位 Urban Collective-owned Units							
2004	141.2	110.6	111.4	115.6	106.6	106.8	103.7
2005	139.1	113.0	109.0	114.5	103.6	113.7	134.3
2006	98.1	112.0	112.9	116.9	117.8	107.4	127.7
2007	103.4	115.4	112.6	119.3	118.8	115.0	107.7
2008	112.1	120.8	117.5	121.2	112.4	107.5	120.8
2009	110.8	114.5	109.4	119.4	108.0	109.9	110.1
2010	121.6	113.8	113.5	117.9	109.3	108.8	113.7
2011	107.4	118.8	124.0	120.0	120.5	116.8	127.2
其他单位 Other Ownership Units							
2004	103.7	119.0	109.1	112.4	105.5	107.1	114.2
2005	111.8	108.9	108.4	116.8	107.0	105.3	118.1
2006	110.7	112.7	108.4	128.2	108.7	118.8	117.9
2007	104.8	118.2	111.7	120.8	116.5	108.5	120.0
2008	116.5	120.2	111.4	120.3	116.9	115.9	118.4
2009	103.6	108.3	106.4	108.9	105.6	103.9	106.7
2010	109.0	114.3	111.6	114.6	111.4	111.3	109.8
2011	109.2	121.3	116.2	114.8	116.4	120.4	112.9

1-21　续表 2　continued

上年=100　(preceding year=100)

登记注册类型 Registration Status / 年份 Year	水利、环境和公共设施管理业 Management of Water Conservancy, Environment and Public Establishment	居民服务和其他服务业 Resident Services and Other Services	教育 Education	卫生、社会保障和社会福利业 Sanitation, Social Security and Social Welfare	文化体育和娱乐业 Culture, Sports and Entertainment	公共管理和社会组织 Public Management and Social Organization
全国 National						
2004	109.4	108.0	113.4	113.6	120.0	113.1
2005	111.2	115.1	113.5	113.2	110.5	116.5
2006	109.1	114.5	114.6	113.4	114.0	111.4
2007	117.6	113.0	123.9	118.2	117.7	123.0
2008	114.8	112.2	115.1	115.4	112.3	116.5
2009	109.7	110.1	115.8	110.8	110.5	109.4
2010	110.3	112.1	112.8	112.8	109.7	108.3
2011	113.0	117.6	110.8	114.8	115.6	110.0
国有单位 State-owned Units						
2004	109.1	113.5	112.8	113.9	120.8	113.2
2005	110.9	105.8	113.4	112.8	110.3	116.5
2006	108.9	118.6	114.4	113.0	114.1	111.5
2007	117.9	105.8	123.6	118.2	118.3	122.9
2008	114.8	121.6	115.1	115.2	112.1	116.4
2009	110.3	109.2	115.9	110.6	110.7	109.7
2010	110.0	112.3	112.9	112.4	109.3	108.2
2011	113.1	113.9	110.9	114.8	114.9	110.0
城镇集体单位 Urban Collective-owned Units						
2004	104.0	102.6	113.2	110.8	116.2	111.3
2005	105.9	120.0	120.0	115.2	124.5	112.7
2006	108.1	113.8	121.1	116.9	103.9	109.5
2007	111.4	118.9	137.0	118.0	122.9	120.3
2008	115.8	113.4	107.8	117.5	113.0	111.4
2009	109.6	112.8	121.5	114.9	112.7	137.5
2010	109.8	112.5	114.4	118.2	111.8	103.5
2011	113.1	119.3	115.5	116.0	121.2	130.9
其他单位 Other Ownership Units						
2004	115.7	99.0	111.0	104.5	108.7	144.0
2005	112.2	118.8	103.5	114.5	110.7	111.2
2006	109.1	105.5	111.8	117.4	114.0	83.8
2007	114.7	120.7	119.0	115.9	111.8	118.9
2008	114.9	97.9	113.5	117.2	116.5	154.3
2009	101.1	111.2	104.7	106.1	111.3	82.7
2010	111.3	111.6	108.0	113.4	112.8	119.8
2011	110.3	118.6	110.3	111.9	121.2	111.7

1-22 分行业城镇非私营单位就业人员平均货币工资指数(2013-2019年)
INDICES OF MONEY AVERAGE EARNING OF EMPLOYED PERSONS IN URBAN NON-PRIVATE UNITS BY SECTOR (2013-2019)

上年=100 (preceding year=100)

登记注册类型 Registration Status / 年 份 Year	合 计 Total	农、林、牧、渔业 Agriculture, Forestry, Animal Husbandry and Fishery	采矿业 Mining	制造业 Manufacturing	电力、热力、燃气及水生产和供应业 Production and Supply of Electricity,Heat, Gas and Water	建筑业 Construction	批发和零售业 Wholesale and Retail Trades
全 国 National							
2013	110.1	113.8	105.6	111.5	115.3	115.3	108.6
2014	109.5	109.8	102.6	110.6	109.3	108.9	111.0
2015	110.1	112.7	96.3	107.7	107.6	106.7	108.0
2016	108.9	105.2	101.9	107.5	106.3	106.5	107.8
2017	110.0	108.6	114.8	108.4	107.7	106.7	109.4
2018	110.9	99.9	117.2	111.8	110.9	108.9	113.1
2019	109.8	107.9	111.8	108.4	107.6	108.4	110.5
国有单位 State-owned Units							
2013	108.9	113.2	96.2	114.2	116.3	109.3	118.2
2014	108.8	109.2	106.1	113.9	109.9	105.8	114.7
2015	114.0	112.9	99.8	105.4	106.9	106.8	108.0
2016	111.1	105.4	103.3	109.5	104.8	106.1	106.9
2017	111.8	108.5	115.8	109.2	108.9	105.8	110.6
2018	110.3	97.6	113.8	100.6	106.3	103.1	112.7
2019	110.5	105.4	110.3	113.7	107.1	98.8	120.6
城镇集体单位 Urban Collective-owned Units							
2013	115.2	118.4	108.5	117.4	113.9	114.5	113.4
2014	109.9	115.2	105.3	110.6	108.7	109.0	111.0
2015	109.0	126.7	104.4	109.6	111.0	106.3	109.4
2016	108.4	105.3	99.7	106.5	106.3	104.7	105.7
2017	109.3	108.0	105.1	107.7	104.2	103.6	104.4
2018	109.8	104.5	123.8	105.1	106.6	107.6	110.8
2019	103.2	54.9	117.1	108.0	79.5	104.0	110.7
其他单位 Other Ownership Units							
2013	111.0	124.3	107.8	111.7	114.1	116.4	105.9
2014	109.7	104.0	101.6	110.5	108.8	109.2	110.4
2015	107.8	106.9	95.6	107.8	108.3	106.6	108.0
2016	107.6	103.8	101.8	107.5	107.6	106.6	107.9
2017	108.8	110.9	114.8	108.4	106.9	106.8	109.1
2018	111.4	111.2	117.1	112.3	113.7	109.0	113.2
2019	109.7	100.2	111.8	108.4	107.6	108.8	109.9

1-22 续表 1 continued

上年=100 (preceding year=100)

登记注册类型 Registration Status 年 份 Year	交通运输、仓储和邮政业 Transport, Storage and Post	住宿和餐饮业 Hotels and Catering Services	信息传输、软件和信息技术服务业 Information Software and Information Technology	金融业 Financial Inter-mediation	房地产业 Real Estate	租赁和商务服务业 Leasing and Business Services	科学研究和技术服务业 Scientific Research, and Technical Services
全 国 National							
2013	108.6	108.9	112.9	111.0	109.2	117.6	110.6
2014	109.4	109.5	110.9	108.7	108.9	107.3	107.4
2015	108.5	109.5	111.1	106.0	108.4	108.0	108.7
2016	107.0	106.3	109.3	102.3	108.7	105.9	108.1
2017	108.9	105.5	108.7	104.6	105.8	106.0	111.6
2018	110.3	105.5	110.9	105.7	108.7	104.6	114.4
2019	109.7	104.3	109.3	101.2	106.5	103.6	108.2
国有单位 State-owned Units							
2013	109.5	108.8	105.5	106.9	104.5	103.7	108.2
2014	109.9	110.5	105.7	108.2	111.4	105.9	106.2
2015	108.4	108.8	109.8	106.0	110.5	111.6	108.9
2016	107.0	107.6	110.8	101.4	111.9	106.9	110.8
2017	110.5	108.2	106.9	106.9	108.1	106.8	111.3
2018	105.9	107.1	115.6	108.6	107.4	105.0	113.7
2019	95.4	102.1	111.2	116.3	104.6	104.7	113.2
城镇集体单位 Urban Collective-owned Units							
2013	111.6	143.4	103.9	113.8	108.1	112.6	111.3
2014	110.2	88.4	104.9	109.9	108.8	110.6	108.6
2015	107.0	106.5	120.5	107.4	109.0	110.6	103.8
2016	108.8	112.6	106.1	108.3	107.4	112.5	113.8
2017	104.4	106.5	154.1	110.9	104.6	106.0	116.4
2018	110.0	97.3	90.9	109.8	109.8	104.4	113.2
2019	102.2	113.4	98.2	106.7	100.6	95.6	103.9
其他单位 Other Ownership Units							
2013	107.7	108.3	106.4	111.7	108.5	113.7	105.1
2014	108.7	110.3	109.4	107.7	108.5	105.7	107.2
2015	108.6	109.8	110.7	105.2	108.0	104.3	106.7
2016	107.0	106.0	108.6	101.2	108.4	104.1	105.3
2017	107.7	105.1	107.7	102.9	105.5	104.6	111.0
2018	113.4	105.7	110.3	103.9	108.6	102.9	113.3
2019	112.4	104.7	108.6	97.8	106.7	101.7	103.5

1-22 续表 2 continued

上年=100 (preceding year=100)

登记注册类型 Registration Status 年 份 Year	水利、环境和公共设施管理业 Management of Water Conservancy, Environment and Public Facilities	居民服务、修理和其他服务业 Service to Households, Repair and Other Services	教 育 Education	卫生和社会工作 Health and Social Service	文化、体育和娱乐业 Culture, Sports and Entertainment	公共管理、社会保障和社会组织 Public Management, Social Security and Social Organization
全 国 National						
2013	111.7	109.4	108.8	110.3	110.8	106.9
2014	108.5	109.0	108.9	109.1	108.5	107.8
2015	111.0	107.0	117.7	113.2	113.0	117.3
2016	109.7	106.2	111.9	111.7	109.8	113.9
2017	109.4	106.3	112.0	112.0	109.9	113.3
2018	108.5	109.5	110.8	109.4	112.3	109.4
2019	107.9	108.8	105.7	111.0	109.2	107.3
国有单位 State-owned Units						
2013	109.3	110.0	108.9	110.3	109.3	106.8
2014	108.1	109.2	109.0	109.2	108.1	107.8
2015	112.4	108.6	118.4	113.7	114.3	117.3
2016	110.4	110.2	112.3	112.3	108.3	113.9
2017	109.7	113.7	112.1	112.5	110.5	113.3
2018	110.1	108.6	110.5	109.0	111.1	109.7
2019	112.7	114.6	110.1	112.9	113.6	107.1
城镇集体单位 Urban Collective-owned Units						
2013	114.0	113.1	115.9	113.2	112.8	111.1
2014	112.3	121.4	107.5	110.5	110.4	105.7
2015	106.3	110.4	109.1	107.0	119.0	113.9
2016	110.4	103.7	116.2	110.4	113.4	110.3
2017	121.4	107.7	116.9	113.7	103.9	114.3
2018	109.7	110.8	110.9	111.7	117.2	123.4
2019	122.4	105.1	111.0	115.3	99.1	105.7
其他单位 Other Ownership Units						
2013	115.3	111.0	108.6	111.4	117.7	122.7
2014	108.0	108.0	109.1	108.2	109.4	111.3
2015	105.2	105.8	108.6	110.5	109.4	118.4
2016	106.1	104.5	105.9	105.6	113.1	111.5
2017	106.6	104.7	112.7	109.9	108.8	106.7
2018	102.9	109.1	118.4	113.8	114.0	97.6
2019	101.1	112.1	91.4	102.6	103.6	146.2

1－23 分行业城镇非私营单位就业人员平均实际工资指数(1995－2002年)
INDICES OF REAL AVERAGE WAGE OF EMPLOYED PERSONS IN URBAN NON-PRIVATE UNITS BY SECTOR (1995-2002)

上年=100 (preceding year=100)

登记注册类型 Registration Status 年 份 Year	合 计 Total	农、林、牧、渔业 Farming, Forestry, Animal Husbandry and Fishery	采掘业 Mining and Quarrying	制造业 Manufacturing	电力、煤气及水的生产和供应业 Production and Supply of Electricity, Gas and Water	建筑业 Construction	地质勘查业、水利管理业 Geological Prospecting and Water Conservancy	交通运输、仓储及邮电通信业 Transport, Storage, Post and Telecommunications	批发和零售贸易、餐饮业 Wholesale and Retail Trade & Catering Services
全 国 National									
1995	101.8	106.6	105.5	103.8	109.0	101.1	93.8	104.3	103.0
1996	102.8	105.7	103.7	100.3	103.3	99.7	101.5	104.2	100.8
1997	104.5	103.3	102.2	102.2	106.2	103.4	105.5	105.6	101.1
1998	116.2	105.9	106.5	119.8	109.1	112.4	111.4	114.6	121.5
1999	113.2	107.5	105.2	112.1	111.3	108.3	112.5	112.9	110.8
2000	111.3	106.1	109.9	111.3	110.6	108.2	108.2	111.5	110.8
2001	115.3	109.6	113.9	111.2	112.3	107.9	112.9	114.1	113.4
2002	115.4	112.4	116.4	113.9	113.7	109.6	113.3	114.2	116.2
国有单位 State-owned Units									
1995	100.4	106.7	104.8	101.7	108.1	101.2	93.7	104.1	101.5
1996	102.7	105.3	103.9	99.6	103.4	99.1	101.5	103.8	99.4
1997	104.4	103.4	102.4	100.6	106.4	102.6	105.3	105.1	100.9
1998	114.2	105.9	106.3	116.4	108.7	111.1	111.4	111.5	120.0
1999	112.9	107.2	104.5	110.5	110.3	108.3	112.6	110.9	109.8
2000	110.9	105.4	106.1	111.4	109.9	107.7	108.2	110.6	109.9
2001	116.2	110.0	113.4	111.4	112.0	107.3	113.1	112.7	110.1
2002	116.2	111.8	113.4	114.5	112.8	110.4	112.7	112.9	116.0
城镇集体单位 Urban Collective-owned Units									
1995	103.7	99.5	112.6	103.7	111.3	101.6	99.2	98.8	104.6
1996	100.7	119.5	98.9	99.0	102.7	100.4	102.6	101.7	101.9
1997	101.6	100.4	102.0	99.8	105.5	104.1	128.7	99.2	98.6
1998	118.4	111.3	110.7	121.8	104.9	109.1	110.5	126.9	116.8
1999	109.8	113.0	100.9	107.8	105.2	107.1	109.9	112.2	107.8
2000	107.5	112.8	106.0	106.7	108.2	107.8	98.0	101.4	105.2
2001	109.0	101.0	112.5	105.8	113.7	105.2	101.4	107.9	105.9
2002	112.6	115.5	110.6	111.9	106.6	107.6	126.9	110.4	111.5
其他单位 Other Ownership Units									
1995	102.6	110.6	105.4	103.4	112.7	99.3	108.1	103.0	96.0
1996	101.3	95.1	92.2	100.4	103.0	94.3	98.0	103.9	99.0
1997	103.5	92.8	99.7	102.5	98.3	104.9	98.5	111.7	100.5
1998	102.3	81.4	126.0	102.4	100.4	118.7	119.3	86.2	103.4
1999	111.2	119.8	114.9	110.5	115.2	107.2	128.3	120.5	109.0
2000	109.9	124.1	127.5	108.1	111.2	107.8	149.4	113.2	111.1
2001	109.9	99.9	112.0	108.0	110.1	106.9	85.3	114.0	112.9
2002	109.5	109.7	117.0	109.7	112.9	102.6	158.0	112.1	107.2

1-23 续表 continued

上年=100 (preceding year=100)

登记注册类型 Registration Status 年份 Year	金融、保险业 Finance and Insurance	房地产业 Real Estate Trade	社会服务业 Social Services	卫生、体育和社会福利业 Health Care, Sporting and Social Welfare	教育、文化艺术和广播电影电视业 Education, Culture and Arts, Radio, Film and Television	科学研究和综合技术服务业 Scientific Research and Polytechnical Services	国家机关政党机关和社会团体 Government Agencies, Party Agencies and Social Organizations	其他 Others
全国 National								
1995	94.1	100.3	102.1	97.9	95.2	95.3	95.4	103.1
1996	105.0	105.1	104.1	106.5	104.8	107.6	105.4	105.0
1997	111.6	107.0	108.4	108.6	107.8	108.8	107.1	93.2
1998	110.3	112.9	112.2	112.3	112.8	113.6	111.9	124.6
1999	113.8	112.8	111.7	115.5	116.8	115.2	117.1	121.1
2000	109.9	107.5	109.7	111.6	111.8	115.4	111.0	109.5
2001	117.8	111.4	114.7	117.5	120.7	120.4	120.0	114.0
2002	116.5	110.4	114.4	115.4	117.8	117.0	115.9	111.6
国有单位 State-owned Units								
1995	92.7	98.4	100.0	97.7	95.4	94.3	95.3	102.1
1996	105.0	105.3	103.4	106.5	104.5	107.2	105.5	101.8
1997	111.2	105.5	107.6	108.5	108.7	109.0	107.0	87.9
1998	109.7	110.2	110.6	112.2	112.9	113.5	111.9	120.0
1999	111.3	112.2	111.7	115.4	116.8	115.2	117.1	119.4
2000	110.5	109.6	107.3	112.3	111.9	113.2	111.0	103.5
2001	117.8	111.7	113.8	117.9	120.5	122.0	120.1	111.6
2002	118.0	110.8	109.5	115.3	117.9	118.3	116.0	118.6
城镇集体单位 Urban Collective-owned Units								
1995	97.6	108.6	107.6	99.0	93.4	107.5	103.4	102.8
1996	98.0	93.3	98.2	105.7	113.8	105.5	88.3	107.4
1997	107.1	110.1	110.6	108.5	88.9	98.0	119.4	98.6
1998	107.3	119.0	109.8	110.0	108.5	103.5	113.4	123.1
1999	112.2	116.3	108.6	115.1	118.1	114.6	115.5	116.8
2000	106.2	98.1	107.9	106.5	105.4	115.2	110.3	110.0
2001	111.1	101.7	108.7	112.7	126.6	102.8	104.9	106.3
2002	115.9	108.7	113.1	113.9	112.9	108.5	110.7	101.1
其他单位 Other Ownership Units								
1995	103.4	97.0	99.0	112.0	95.0	107.3		100.7
1996	116.3	103.9	105.6	117.6	96.4	121.9		112.1
1997	107.0	107.1	105.6	110.8	105.0	106.3		129.5
1998	90.8	103.7	102.7	120.7	119.8	101.4		117.1
1999	119.6	107.6	107.3	111.0	110.4	111.4		105.6
2000	107.0	101.7	108.6	98.5	91.4	115.6		125.1
2001	110.7	108.3	110.8	101.1	131.6	102.5		110.6
2002	103.1	106.0	113.7	88.1	109.6	108.0		97.9

1－24　分行业城镇非私营单位就业人员平均实际工资指数(2004－2011年)
INDICES OF REAL AVERAGE EARNING OF EMPLOYED PERSONS IN URBAN NON-PRIVATE UNITS BY SECTOR (2004-2011)

上年=100　　(preceding year=100)

登记注册类型 Registration Status / 年　份 Year	合　计 Total	农、林、牧、渔业 Agriculture, Forestry, Farming of Animals and Fishery	采矿业 Mining	制造业 Manufacturing	电力、燃气及水的生产和供应业 Production & Distribution of Electricity, Gas & Water	建筑业 Construction	交通运输、仓储和邮政业 Traffic, Transport, Storage and Post
全　国 National							
2004	110.3	105.4	119.2	108.9	112.3	107.5	111.1
2005	112.5	107.7	120.0	110.0	113.1	110.4	113.9
2006	112.9	111.3	116.3	112.7	113.2	112.9	113.6
2007	113.4	112.0	111.8	111.0	112.7	109.4	110.8
2008	110.7	109.7	115.0	109.3	109.0	108.7	108.7
2009	112.6	115.3	112.1	110.8	109.6	114.8	111.2
2010	109.8	112.8	112.6	111.7	109.5	110.4	111.0
2011	108.6	110.6	112.2	112.6	105.8	110.7	110.5
国有单位 State-owned Units							
2004	110.9	105.3	120.5	111.1	112.4	109.1	108.7
2005	113.6	107.8	119.3	115.2	113.3	112.1	113.7
2006	112.7	111.0	117.4	117.8	115.1	111.7	112.9
2007	115.1	112.0	112.5	112.6	113.4	110.4	111.4
2008	109.8	109.5	115.4	109.9	109.5	105.7	107.2
2009	113.7	115.3	109.5	114.3	110.3	119.6	112.9
2010	108.9	113.1	112.6	113.2	109.7	111.0	111.1
2011	107.7	110.7	112.9	112.3	106.1	107.8	112.1
城镇集体单位 Urban Collective-owned Units							
2004	109.1	111.0	116.1	109.4	110.7	106.1	104.9
2005	113.1	112.6	126.2	110.9	106.7	108.8	111.2
2006	113.4	120.0	121.3	111.9	106.9	111.8	109.9
2007	114.8	112.3	120.3	113.2	111.9	114.0	113.4
2008	111.0	111.6	109.5	112.7	112.5	108.8	108.9
2009	114.8	114.8	114.8	114.8	114.8	114.8	114.8
2010	112.9	114.3	114.8	114.6	111.7	111.5	109.9
2011	113.9	114.5	120.2	114.1	101.3	117.6	119.1
其他单位 Other Ownership Units							
2004	107.7	99.3	117.3	106.4	110.5	105.1	116.6
2005	109.4	104.3	119.7	107.3	111.1	108.2	111.5
2006	112.7	114.1	114.8	111.2	109.0	113.3	113.4
2007	110.6	110.9	110.5	110.4	110.7	107.4	107.2
2008	111.4	112.2	114.6	108.9	107.5	109.5	110.5
2009	110.8	112.8	113.8	110.0	108.5	112.7	106.0
2010	110.7	106.4	112.6	111.4	109.0	109.6	110.4
2011	109.6	109.6	109.6	109.6	109.6	109.6	109.6

1−24 续表 1 continued

上年=100 (preceding year=100)

登记注册类型 Registration Status / 年份 Year	信息传输、计算机服务和软件业 Information Transfer, Computer and Software	批发和零售业 Wholesale and Retail Trade	住宿和餐饮业 Accommodation and Restaurants	金融业 Finance	房地产业 Real Estate	租赁和商务服务业 Tenancy and Business Services	科学研究、技术服务和地质勘查业 Scientific Research, Technical Service & Geologic Perambulation
全 国 National							
2004	104.8	115.6	109.1	113.2	104.6	106.5	110.6
2005	114.2	115.4	108.2	118.4	107.9	111.6	114.5
2006	110.3	115.0	108.2	119.7	108.2	113.8	114.8
2007	105.1	113.3	107.1	118.7	112.3	108.6	116.2
2008	109.0	116.0	107.3	116.0	109.3	112.1	112.1
2009	106.8	113.8	108.9	113.0	108.0	108.8	111.1
2010	107.4	111.9	108.6	112.5	107.8	108.0	108.9
2011	104.5	114.8	111.6	109.8	113.4	112.8	108.2
国有单位 State-owned Units							
2004	106.2	112.6	112.1	114.1	105.8	106.0	111.2
2005	107.6	119.8	108.9	119.4	111.2	114.0	112.6
2006	107.8	117.3	109.0	112.6	108.0	107.5	113.8
2007	106.0	111.3	105.9	119.8	112.5	109.5	116.2
2008	101.7	114.7	110.0	114.0	104.6	109.1	110.8
2009	109.7	120.0	111.9	109.4	112.2	111.9	111.8
2010	106.1	112.3	109.2	112.8	106.9	107.2	109.1
2011	103.2	109.6	114.4	107.4	122.5	111.2	107.6
城镇集体单位 Urban Collective-owned Units							
2004	136.7	107.1	107.9	111.9	103.2	103.4	100.4
2005	136.9	111.2	107.2	112.7	102.0	111.9	132.2
2006	96.7	110.4	111.2	115.2	116.1	105.8	125.8
2007	98.9	110.5	107.8	114.2	113.7	110.0	103.0
2008	106.2	114.4	111.2	114.7	106.4	101.8	114.4
2009	111.8	115.5	110.4	120.5	108.9	110.9	111.1
2010	117.8	110.3	110.0	114.2	105.9	105.5	110.1
2011	102.0	112.8	117.8	114.0	114.4	110.9	120.8
其他单位 Other Ownership Units							
2004	100.4	115.2	105.6	108.8	102.1	103.7	110.6
2005	110.0	107.2	106.7	115.0	105.3	103.6	116.2
2006	109.1	111.1	106.8	126.3	107.1	117.1	116.2
2007	100.3	113.1	106.9	115.6	111.5	103.8	114.9
2008	110.3	113.8	105.5	114.0	110.7	109.8	112.1
2009	104.5	109.3	107.3	109.9	106.5	104.7	107.6
2010	105.6	110.8	108.1	111.1	107.9	107.9	106.4
2011	103.7	115.2	110.4	109.0	110.5	114.3	107.2

1-24 续表 2 continued

上年=100 (preceding year=100)

登记注册类型 Registration Status / 年 份 Year	水利、环境和公共设施管理业 Management of Water Conservancy, Environment and Public Establishment	居民服务和其他服务业 Resident Services and Other Services	教 育 Education	卫生、社会保障和社会福利业 Sanitation, Social Security and Social Welfare	文化体育和娱乐业 Culture, Sports and Entertainment	公共管理和社会组织 Public Management and Social Organization
全 国 National						
2004	105.9	104.6	109.7	110.0	116.2	109.5
2005	109.4	113.3	111.7	111.4	108.7	114.6
2006	107.5	112.8	112.9	111.7	112.4	109.8
2007	112.6	108.1	118.5	113.2	112.7	117.7
2008	108.7	106.3	109.0	109.3	106.3	110.3
2009	110.7	111.1	116.8	111.8	111.5	110.3
2010	106.9	108.6	109.3	109.3	106.3	104.9
2011	107.3	111.7	105.3	109.1	109.8	104.5
国有单位 State-owned Units						
2004	105.6	109.9	109.2	110.2	117.0	109.5
2005	109.2	104.2	111.6	111.0	108.5	114.6
2006	107.3	116.9	112.7	111.4	112.5	109.9
2007	112.8	101.3	118.3	113.1	113.3	117.6
2008	108.7	115.2	109.0	109.1	106.2	110.2
2009	110.7	111.1	116.8	111.8	111.5	110.3
2010	106.6	108.8	109.4	108.9	105.9	104.8
2011	107.4	108.2	105.3	109.0	109.1	104.5
城镇集体单位 Urban Collective-owned Units						
2004	100.7	99.3	109.6	107.3	112.5	107.7
2005	104.3	118.1	118.1	113.4	122.5	110.9
2006	106.5	112.2	119.3	115.1	102.4	107.9
2007	106.6	113.8	131.1	112.9	117.6	115.2
2008	109.6	107.4	102.1	111.3	107.1	105.5
2009	110.6	113.8	122.6	116.0	113.7	138.7
2010	106.4	109.0	110.9	114.5	108.3	100.3
2011	107.4	113.3	109.7	110.1	115.1	124.3
其他单位 Other Ownership Units						
2004	112.0	95.8	107.5	101.2	105.2	139.4
2005	110.5	116.9	101.9	112.7	108.9	109.5
2006	107.6	104.0	110.2	115.7	112.3	82.6
2007	109.8	115.5	113.9	110.9	107.0	113.8
2008	108.8	92.7	107.5	111.0	110.3	146.1
2009	102.0	112.2	105.6	107.0	112.3	83.4
2010	107.8	108.2	104.7	109.9	109.3	116.1
2011	104.8	112.6	104.7	106.3	115.1	106.1

1−25 分行业城镇非私营单位就业人员平均实际工资指数(2013−2019年)
INDICES OF REAL AVERAGE EARNING OF EMPLOYED PERSONS IN URBAN NON-PRIVATE UNITS BY SECTOR (2013-2019)

上年=100 (preceding year=100)

登记注册类型 Registration Status 年份 Year	合计 Total	农、林、牧、渔业 Agriculture, Forestry, Animal Husbandry and Fishery	采矿业 Mining	制造业 Manufacturing	电力、热力、燃气及水生产和供应业 Production and Supply of Electricity,Heat, Gas and Water	建筑业 Construction	批发和零售业 Wholesale and Retail Trades
全国							
National							
2013	107.3	110.9	102.9	108.7	112.3	112.4	105.8
2014	107.2	107.6	100.4	108.4	107.1	106.6	108.7
2015	108.5	111.0	94.9	106.1	106.0	105.2	106.4
2016	106.7	103.0	99.8	105.3	104.1	104.3	105.6
2017	108.1	106.8	112.9	106.6	105.9	104.9	107.6
2018	108.6	97.8	114.8	109.5	108.6	106.6	110.8
2019	106.8	104.9	108.8	105.5	104.6	105.4	107.5
国有单位							
State-owned Units							
2013	106.1	110.3	93.8	111.3	113.4	106.5	115.2
2014	106.6	106.9	103.9	111.5	107.7	103.7	112.3
2015	112.3	111.3	98.4	103.8	105.3	105.2	106.4
2016	108.8	103.2	101.2	107.3	102.7	103.9	104.7
2017	110.0	106.7	113.9	107.3	107.0	104.1	108.7
2018	108.0	95.6	111.4	98.6	104.1	100.9	110.4
2019	107.5	102.5	107.3	110.6	104.1	96.1	117.3
城镇集体单位							
Urban Collective-owned Units							
2013	112.2	115.4	105.7	114.5	111.0	111.6	110.6
2014	107.6	112.8	103.2	108.3	106.5	106.7	108.7
2015	107.4	124.9	102.9	108.0	109.3	104.8	107.8
2016	106.2	103.1	97.6	104.3	104.1	102.6	103.6
2017	107.5	106.2	103.3	105.9	102.5	101.8	102.6
2018	107.6	102.4	121.3	102.9	104.4	105.4	108.5
2019	100.4	53.4	114.0	105.0	77.3	101.1	107.7
其他单位							
Other Ownership Units							
2013	108.2	121.1	105.1	108.9	111.2	113.5	103.2
2014	107.4	101.9	99.5	108.2	106.5	106.9	108.1
2015	106.2	105.3	94.2	106.2	106.7	105.1	106.4
2016	105.4	101.7	99.7	105.3	105.3	104.4	105.7
2017	107.0	109.0	112.9	106.6	105.1	105.0	107.3
2018	109.1	109.0	114.7	110.0	111.4	106.7	110.9
2019	106.8	97.5	108.8	105.4	104.7	105.9	106.9

1-25 续表 1 continued

上年=100 (preceding year=100)

登记注册类型 Registration Status 年 份 Year	交通运输、仓储和邮政业 Transport, Storage and Post	住宿和餐饮业 Hotels and Catering Services	信息传输、软件和信息技术服务业 Information Software and Information Technology	金融业 Financial Inter-mediation	房地产业 Real Estate	租赁和商务服务业 Leasing and Business Services	科学研究和技术服务业 Scientific Research, and Technical Services
全 国 National							
2013	105.9	106.1	110.1	108.2	106.4	114.7	107.8
2014	107.1	107.2	108.6	106.4	106.6	105.1	105.2
2015	106.9	107.9	109.5	104.4	106.8	106.4	107.1
2016	104.8	104.1	107.1	100.2	106.5	103.7	105.9
2017	107.1	103.7	106.9	102.9	104.0	104.2	109.7
2018	108.1	103.3	108.6	103.5	106.4	102.5	112.0
2019	106.7	101.5	106.3	98.5	103.6	100.8	105.3
国有单位 State-owned Units							
2013	106.7	106.0	102.8	104.2	101.9	101.1	105.5
2014	107.7	108.2	103.6	106.0	109.1	103.7	104.1
2015	106.8	107.2	108.2	104.5	108.9	110.0	107.3
2016	104.8	105.4	108.5	99.3	109.6	104.7	108.5
2017	108.7	106.4	105.1	105.1	106.3	105.0	109.4
2018	103.8	104.9	113.2	106.4	105.2	102.8	111.4
2019	92.8	99.3	108.2	113.1	101.7	101.9	110.1
城镇集体单位 Urban Collective-owned Units							
2013	108.8	139.8	101.2	110.9	105.4	109.7	108.5
2014	107.9	86.6	102.8	107.7	106.6	108.3	106.4
2015	105.4	104.9	118.7	105.8	107.4	108.9	102.2
2016	106.6	110.3	103.9	106.1	105.2	110.2	111.4
2017	102.6	104.8	151.5	109.1	102.9	104.2	114.5
2018	107.8	95.3	89.0	107.5	107.6	102.2	110.9
2019	99.5	110.4	95.5	103.8	97.9	93.0	101.1
其他单位 Other Ownership Units							
2013	105.0	105.6	103.7	108.9	105.7	110.8	102.4
2014	106.5	108.0	107.2	105.5	106.2	103.5	105.0
2015	107.0	108.2	109.1	103.6	106.4	102.8	105.2
2016	104.8	103.8	106.4	99.1	106.2	101.9	103.1
2017	105.9	103.4	105.9	101.2	103.7	102.9	109.1
2018	111.1	103.6	108.0	101.8	106.4	100.8	111.0
2019	109.3	101.9	105.6	95.1	103.8	98.9	100.7

1—25 续表 2 continued

上年=100 (preceding year=100)

登记注册类型 Registration Status 年 份 Year	水利、环境和公共设施管理业 Management of Water Conservancy, Environment and Public Facilities	居民服务、修理和其他服务业 Service to Households, Repair and Other Services	教 育 Education	卫生和社会工作 Health and Social Service	文化、体育和娱乐业 Culture, Sports and Enter-tainment	公共管理、社会保障和社会组织 Public Management, Social Security and Social Organization
全 国 National						
2013	108.9	106.6	106.1	107.5	108.0	104.2
2014	106.3	106.7	106.7	106.9	106.3	105.6
2015	109.4	105.4	116.0	111.5	111.4	115.6
2016	107.4	104.0	109.6	109.4	107.5	111.5
2017	107.6	104.5	110.1	110.2	108.1	111.4
2018	106.3	107.2	108.5	107.2	110.0	107.2
2019	105.0	105.9	102.9	108.0	106.2	104.4
国有单位 State-owned Units						
2013	106.6	107.2	106.2	107.5	106.5	104.1
2014	105.9	107.0	106.7	106.9	105.9	105.6
2015	110.7	107.0	116.6	112.0	112.6	115.6
2016	108.1	108.0	110.0	110.0	106.1	111.5
2017	107.9	111.8	110.2	110.6	108.6	111.4
2018	107.9	106.4	108.2	106.8	108.8	107.4
2019	109.6	111.5	107.1	109.8	110.5	104.2
城镇集体单位 Urban Collective-owned Units						
2013	111.1	110.2	113.0	110.4	109.9	108.3
2014	110.0	118.9	105.3	108.2	108.2	103.5
2015	104.7	108.8	107.5	105.4	117.3	112.2
2016	108.1	101.6	113.8	108.1	111.1	108.0
2017	119.4	105.9	114.9	111.8	102.2	112.4
2018	107.5	108.6	108.6	109.4	114.8	120.8
2019	119.0	102.2	107.9	112.1	96.4	102.8
其他单位 Other Ownership Units						
2013	112.4	108.2	105.8	108.6	114.7	119.6
2014	105.8	105.8	106.9	106.0	107.1	109.0
2015	103.7	104.3	107.0	108.9	107.7	116.7
2016	103.9	102.3	103.7	103.4	110.8	109.2
2017	104.8	102.9	110.9	108.1	107.0	104.9
2018	100.8	106.8	115.9	111.4	111.6	95.6
2019	98.4	109.1	88.9	99.8	100.8	142.2

1-26 全国分地区就业人员受教育程度构成
EDUCATIONAL ATTAINMENT OF EMPLOYED PERSONS BY REGION

单位：% (%)

地 区	Region	就业人员 Employed Persons	男 Male	女 Female	未上过学 No Schooling	小 学 Primary School	初 中 Junior Secondary School	高 中 Senior Secondary School	大学专科 College	大学本科 University	研究生 Graduate and Higher Level
全 国	**National Total**	**100.0**	**56.8**	**43.2**	**2.2**	**15.7**	**40.6**	**18.7**	**12.0**	**9.7**	**1.1**
北 京	Beijing	100.0	55.0	45.0	0.2	1.9	17.4	18.3	21.5	31.1	9.6
天 津	Tianjin	100.0	65.0	35.0	0.4	6.0	29.6	20.9	17.7	22.0	3.5
河 北	Hebei	100.0	57.7	42.3	1.0	12.4	49.0	18.9	10.8	7.1	0.8
山 西	Shanxi	100.0	59.3	40.7	0.9	11.1	42.8	20.8	13.3	10.2	0.8
内蒙古	Inner Mongolia	100.0	57.6	42.4	1.7	15.3	40.1	17.5	13.7	11.0	0.7
辽 宁	Liaoning	100.0	56.4	43.6	0.4	11.5	48.3	16.3	11.2	11.3	1.1
吉 林	Jilin	100.0	55.3	44.7	0.5	16.7	44.9	17.0	10.0	10.0	0.8
黑龙江	Heilongjiang	100.0	58.3	41.7	0.7	14.6	46.6	16.7	11.5	9.4	0.6
上 海	Shanghai	100.0	58.4	41.6	0.4	4.9	26.3	17.4	19.6	25.3	5.9
江 苏	Jiangsu	100.0	56.8	43.2	2.2	13.6	36.9	19.6	14.7	11.7	1.3
浙 江	Zhejiang	100.0	56.8	43.2	1.5	14.9	34.2	18.8	15.5	13.7	1.4
安 徽	Anhui	100.0	56.5	43.5	6.7	18.0	42.5	14.0	10.4	7.8	0.7
福 建	Fujian	100.0	59.1	40.9	2.2	17.4	39.8	19.0	10.6	10.2	0.8
江 西	Jiangxi	100.0	56.8	43.2	1.9	18.6	45.2	18.0	9.6	6.2	0.5
山 东	Shandong	100.0	57.0	43.0	2.3	14.2	44.4	19.7	10.1	8.3	0.9
河 南	Henan	100.0	54.8	45.2	2.0	12.1	47.4	20.7	10.6	6.7	0.6
湖 北	Hubei	100.0	56.4	43.6	2.6	16.4	39.6	20.8	11.3	8.1	1.3
湖 南	Hunan	100.0	56.2	43.8	1.1	12.2	41.0	23.7	12.7	8.5	0.7
广 东	Guangdong	100.0	60.5	39.5	0.5	10.7	39.1	25.7	13.2	9.8	1.0
广 西	Guangxi	100.0	55.7	44.3	1.2	17.2	50.7	15.5	8.8	6.0	0.5
海 南	Hainan	100.0	53.4	46.6	1.5	9.8	46.4	21.2	12.0	8.5	0.6
重 庆	Chongqing	100.0	55.2	44.8	1.9	19.3	32.6	20.5	14.5	10.1	1.0
四 川	Sichuan	100.0	53.9	46.1	3.6	25.6	36.7	15.4	10.5	7.2	0.9
贵 州	Guizhou	100.0	57.9	42.1	7.4	29.5	37.4	10.9	7.3	7.0	0.3
云 南	Yunnan	100.0	54.3	45.7	4.1	31.7	37.5	12.0	7.7	6.4	0.5
西 藏	Tibet	100.0	52.5	47.5	13.2	55.4	12.3	5.6	5.8	7.4	0.2
陕 西	Shaanxi	100.0	57.7	42.3	2.3	11.7	41.3	20.1	14.3	9.4	0.9
甘 肃	Gansu	100.0	56.3	43.7	5.1	25.5	36.8	14.7	9.3	7.9	0.7
青 海	Qinghai	100.0	59.9	40.1	5.7	20.7	35.2	14.3	12.6	11.0	0.4
宁 夏	Ningxia	100.0	58.1	41.9	5.0	12.7	37.0	16.2	16.2	12.1	0.8
新 疆	Xinjiang	100.0	52.8	47.2	1.0	16.2	38.8	17.4	14.9	11.0	0.7

注：为与教育部学历分类保持一致，对受教育程度分类进行了合并调整，其中高中包括中等职业教育，大学专科包括高等职业教育。
资料来源：2019年劳动力调查资料(下表同)。

Note: In order to be consistent with the education classification of the Ministry of Education, the classification of educational attainment has been merged and adjusted. Senior secondary school include medium vocational education and college include high vocational education.
Data Source: 2019 Labor Force Survey. The same applies to the tables following.

1－27 全国分地区男性就业人员受教育程度构成
EDUCATIONAL ATTAINMENT OF MALE EMPLOYED PERSONS BY REGION

单位：% (%)

地 区	Region	男性就业人员 Male Employed Persons	未上过学 No Schooling	小学 Primary School	初中 Junior Secondary School	高中 Senior Secondary School	大学专科 College	大学本科 University	研究生 Graduate and Higher Level
全 国	**National Total**	**100.0**	**1.0**	**13.6**	**42.9**	**20.7**	**11.7**	**9.1**	**1.1**
北 京	Beijing	100.0	0.1	1.8	20.2	19.9	20.5	28.2	9.3
天 津	Tianjin	100.0	0.2	5.9	31.0	22.5	17.6	19.9	2.9
河 北	Hebei	100.0	0.3	10.4	52.5	20.0	9.9	6.2	0.6
山 西	Shanxi	100.0	0.6	9.9	45.3	22.5	12.3	8.9	0.6
内蒙古	Inner Mongolia	100.0	0.9	13.5	42.3	18.8	14.1	9.8	0.7
辽 宁	Liaoning	100.0	0.2	10.4	48.4	17.7	11.3	10.9	1.0
吉 林	Jilin	100.0	0.3	14.7	46.7	18.4	10.1	9.3	0.7
黑龙江	Heilongjiang	100.0	0.4	13.4	48.2	17.1	11.5	8.7	0.5
上 海	Shanghai	100.0	0.2	4.3	28.0	20.0	19.0	22.8	5.7
江 苏	Jiangsu	100.0	0.8	10.4	38.8	22.2	15.1	11.3	1.3
浙 江	Zhejiang	100.0	0.9	13.6	36.2	20.9	14.7	12.3	1.4
安 徽	Anhui	100.0	3.1	15.4	45.9	16.5	10.3	8.2	0.6
福 建	Fujian	100.0	0.8	13.8	43.3	20.9	10.3	9.9	0.9
江 西	Jiangxi	100.0	0.9	16.1	47.4	19.8	9.2	6.2	0.4
山 东	Shandong	100.0	0.9	11.6	47.1	21.6	9.8	8.0	0.9
河 南	Henan	100.0	0.8	10.3	48.4	22.9	10.6	6.5	0.5
湖 北	Hubei	100.0	1.1	13.5	42.1	23.1	11.2	7.6	1.3
湖 南	Hunan	100.0	0.4	11.3	42.8	25.5	11.9	7.6	0.5
广 东	Guangdong	100.0	0.2	8.7	40.0	28.1	12.6	9.5	0.9
广 西	Guangxi	100.0	0.4	14.5	53.4	17.2	8.6	5.4	0.5
海 南	Hainan	100.0	0.5	7.5	47.6	23.6	11.8	8.4	0.6
重 庆	Chongqing	100.0	1.0	17.4	34.9	22.1	13.8	9.9	1.0
四 川	Sichuan	100.0	1.7	23.7	39.8	17.2	9.7	6.9	1.0
贵 州	Guizhou	100.0	2.4	27.8	43.6	12.1	7.3	6.5	0.3
云 南	Yunnan	100.0	2.0	28.7	41.8	13.2	7.6	6.3	0.5
西 藏	Tibet	100.0	10.1	55.0	15.8	6.1	6.1	6.6	0.2
陕 西	Shaanxi	100.0	1.2	10.3	42.7	22.0	14.1	8.8	0.9
甘 肃	Gansu	100.0	2.3	22.0	40.5	17.5	9.4	7.7	0.7
青 海	Qinghai	100.0	3.4	18.7	39.3	15.0	12.5	10.7	0.4
宁 夏	Ningxia	100.0	2.8	12.6	40.4	17.5	14.9	11.0	0.7
新 疆	Xinjiang	100.0	1.0	15.0	39.4	19.1	14.5	10.2	0.7

1-28　全国分地区女性就业人员受教育程度构成
EDUCATIONAL ATTAINMENT OF FEMALE EMPLOYED PERSONS BY REGION

单位：%　　　　(%)

地　区	Region	女性就业人员 Female Employed Persons	未上过学 No Schooling	小学 Primary School	初中 Junior Secondary School	高中 Senior Secondary School	大学专科 College	大学本科 University	研究生 Graduate and Higher Level
全　国	**National Total**	**100.0**	**3.8**	**18.5**	**37.6**	**16.2**	**12.4**	**10.4**	**1.2**
北　京	Beijing	100.0	0.3	2.0	14.0	16.4	22.6	34.7	10.0
天　津	Tianjin	100.0	0.7	6.1	26.8	18.0	17.8	26.0	4.6
河　北	Hebei	100.0	1.8	15.0	44.2	17.3	12.1	8.4	1.1
山　西	Shanxi	100.0	1.4	12.9	39.3	18.5	14.8	12.1	1.1
内蒙古	Inner Mongolia	100.0	2.8	17.7	37.0	15.8	13.2	12.6	0.9
辽　宁	Liaoning	100.0	0.6	12.9	48.1	14.5	11.0	11.7	1.3
吉　林	Jilin	100.0	0.8	19.3	42.8	15.3	10.0	10.9	0.9
黑龙江	Heilongjiang	100.0	1.1	16.2	44.2	16.1	11.4	10.2	0.8
上　海	Shanghai	100.0	0.7	5.9	24.0	13.8	20.5	28.8	6.3
江　苏	Jiangsu	100.0	4.0	17.7	34.5	16.2	14.1	12.2	1.3
浙　江	Zhejiang	100.0	2.3	16.6	31.6	16.0	16.6	15.5	1.4
安　徽	Anhui	100.0	11.3	21.5	38.1	10.7	10.4	7.3	0.7
福　建	Fujian	100.0	4.2	22.6	34.8	16.2	10.9	10.6	0.7
江　西	Jiangxi	100.0	3.2	21.8	42.3	15.7	10.2	6.2	0.6
山　东	Shandong	100.0	4.2	17.6	40.9	17.1	10.5	8.7	0.9
河　南	Henan	100.0	3.4	14.2	46.1	17.9	10.5	7.1	0.8
湖　北	Hubei	100.0	4.7	20.1	36.3	17.7	11.4	8.7	1.2
湖　南	Hunan	100.0	2.0	13.5	38.6	21.5	13.7	9.7	1.0
广　东	Guangdong	100.0	1.0	13.9	37.6	22.1	14.1	10.1	1.2
广　西	Guangxi	100.0	2.3	20.7	47.3	13.4	9.0	6.8	0.5
海　南	Hainan	100.0	2.7	12.3	45.1	18.5	12.1	8.5	0.8
重　庆	Chongqing	100.0	3.0	21.6	29.9	18.6	15.4	10.5	1.1
四　川	Sichuan	100.0	5.8	27.8	33.2	13.3	11.6	7.6	0.7
贵　州	Guizhou	100.0	14.4	31.9	28.9	9.4	7.3	7.7	0.4
云　南	Yunnan	100.0	6.6	35.3	32.5	10.6	7.9	6.6	0.5
西　藏	Tibet	100.0	16.7	55.9	8.4	5.1	5.5	8.2	0.2
陕　西	Shaanxi	100.0	3.7	13.6	39.4	17.5	14.7	10.2	0.9
甘　肃	Gansu	100.0	8.8	29.9	32.1	11.1	9.3	8.1	0.7
青　海	Qinghai	100.0	9.2	23.6	29.2	13.3	12.9	11.4	0.4
宁　夏	Ningxia	100.0	8.0	12.8	32.3	14.3	18.0	13.6	1.0
新　疆	Xinjiang	100.0	1.1	17.5	38.2	15.4	15.3	11.9	0.7

1-29 全国按年龄、性别分的就业人员受教育程度构成
EDUCATIONAL ATTAINMENT OF EMPLOYED PERSONS BY AGE AND SEX

单位：% (%)

年 龄 Age	就业人员 Employed Persons	未上过学 No Schooling	小学 Primary School	初中 Junior Secondary School	高中 Senior Secondary School	大学专科 College	大学本科 University	研究生 Graduate and Higher Level
总计 Total	**100.0**	**2.2**	**15.7**	**40.6**	**18.7**	**12.0**	**9.7**	**1.1**
16-19	100.0	0.1	3.1	55.6	34.4	5.4	1.3	
20-24	100.0	0.1	2.3	30.1	27.4	25.5	14.2	0.4
25-29	100.0	0.1	2.9	31.6	25.1	19.6	18.7	2.0
30-34	100.0	0.2	4.4	37.4	21.8	18.0	16.0	2.1
35-39	100.0	0.4	7.0	42.6	19.3	14.5	14.0	2.2
40-44	100.0	0.9	12.0	45.8	19.3	11.7	9.1	1.2
45-49	100.0	1.4	18.1	48.6	16.6	8.7	6.0	0.6
50-54	100.0	2.1	24.4	49.7	13.2	5.9	4.2	0.5
55-59	100.0	2.9	23.8	45.8	19.2	4.8	3.2	0.3
60-64	100.0	8.2	42.3	36.0	12.1	0.9	0.4	0.1
65+	100.0	16.4	57.1	21.7	4.1	0.5	0.2	0.0
男 Male	**100.0**	**1.0**	**13.6**	**42.9**	**20.7**	**11.7**	**9.1**	**1.1**
16-19	100.0	0.0	2.9	57.9	34.1	4.4	0.7	
20-24	100.0	0.1	2.7	34.9	29.3	22.0	10.8	0.2
25-29	100.0	0.1	2.9	34.1	26.8	18.2	16.4	1.4
30-34	100.0	0.1	4.1	38.0	23.2	17.7	15.0	1.9
35-39	100.0	0.2	6.1	42.9	20.5	14.3	13.7	2.2
40-44	100.0	0.4	9.9	46.9	20.2	11.7	9.5	1.4
45-49	100.0	0.7	14.8	50.2	17.9	9.3	6.5	0.8
50-54	100.0	0.8	19.2	51.7	16.1	6.8	4.8	0.6
55-59	100.0	0.9	16.6	47.6	23.8	6.3	4.4	0.4
60-64	100.0	3.2	35.5	43.4	15.9	1.3	0.5	0.1
65+	100.0	7.7	55.8	29.4	6.1	0.7	0.3	0.0
女 Female	**100.0**	**3.8**	**18.5**	**37.6**	**16.2**	**12.4**	**10.4**	**1.2**
16-19	100.0	0.3	3.5	51.7	34.9	7.3	2.4	
20-24	100.0	0.1	1.8	23.5	24.8	30.3	18.8	0.6
25-29	100.0	0.1	2.8	28.4	22.8	21.5	21.8	2.6
30-34	100.0	0.2	4.8	36.8	20.1	18.4	17.3	2.3
35-39	100.0	0.6	8.1	42.2	17.7	14.7	14.3	2.2
40-44	100.0	1.5	14.4	44.6	18.2	11.7	8.6	1.1
45-49	100.0	2.2	22.3	46.7	15.0	8.1	5.3	0.5
50-54	100.0	4.0	31.8	46.7	9.2	4.7	3.3	0.3
55-59	100.0	6.6	36.3	42.6	11.2	2.1	1.1	0.2
60-64	100.0	15.6	52.3	25.0	6.5	0.4	0.1	0.0
65+	100.0	28.5	58.8	11.0	1.3	0.3	0.1	

1-30 全国按受教育程度、性别分的就业人员年龄构成
AGE COMPOSITION OF EMPLOYED PERSONS BY EDUCATIONAL ATTAINMENT AND SEX

单位：%　　(%)

年 龄 Age	就业人员 Employed Persons	未上过学 No Schooling	小学 Primary School	初中 Junior Secondary School	高中 Senior Secondary School	大学专科 College	大学本科 University	研究生 Graduate and Higher Level
总计 Total	**100.0**	**100.0**	**100.0**	**100.0**	**100.0**	**100.0**	**100.0**	**100.0**
16-19	1.0	0.1	0.2	1.4	1.9	0.5	0.1	
20-24	6.6	0.3	1.0	4.9	9.6	14.0	9.6	2.2
25-29	12.1	0.6	2.2	9.4	16.1	19.8	23.4	20.9
30-34	13.9	1.1	3.9	12.8	16.1	20.9	22.9	25.9
35-39	11.7	2.1	5.2	12.2	12.0	14.1	16.8	23.3
40-44	11.5	4.6	8.8	13.0	11.8	11.3	10.8	12.6
45-49	13.7	8.6	15.8	16.4	12.1	10.0	8.4	7.6
50-54	11.7	11.5	18.1	14.3	8.2	5.8	5.1	5.0
55-59	7.7	10.4	11.7	8.7	7.9	3.1	2.5	2.2
60-64	4.6	17.3	12.3	4.0	2.9	0.4	0.2	0.2
65+	5.7	43.3	20.8	3.0	1.3	0.2	0.1	0.1
男 Male	**100.0**	**100.0**	**100.0**	**100.0**	**100.0**	**100.0**	**100.0**	**100.0**
16-19	1.2	0.1	0.2	1.6	1.9	0.4	0.1	
20-24	6.7	0.6	1.3	5.4	9.5	12.6	7.9	1.2
25-29	11.9	0.9	2.6	9.5	15.5	18.6	21.4	16.1
30-34	13.5	1.6	4.1	11.9	15.1	20.4	22.1	24.3
35-39	11.2	2.4	5.0	11.2	11.1	13.7	16.8	23.7
40-44	11.0	4.5	8.0	12.0	10.7	11.1	11.4	14.4
45-49	13.2	9.1	14.4	15.5	11.4	10.5	9.4	9.4
50-54	12.1	10.3	17.2	14.6	9.4	7.0	6.4	7.0
55-59	8.6	7.8	10.5	9.5	9.9	4.7	4.1	3.3
60-64	4.8	15.9	12.5	4.8	3.7	0.5	0.3	0.3
65+	5.9	46.9	24.1	4.0	1.7	0.4	0.2	0.2
女 Female	**100.0**	**100.0**	**100.0**	**100.0**	**100.0**	**100.0**	**100.0**	**100.0**
16-19	0.9	0.1	0.2	1.2	1.9	0.5	0.2	
20-24	6.4	0.2	0.6	4.0	9.8	15.7	11.6	3.2
25-29	12.2	0.5	1.9	9.2	17.2	21.2	25.6	26.5
30-34	14.4	0.9	3.7	14.1	17.9	21.5	23.9	27.6
35-39	12.3	2.1	5.4	13.8	13.5	14.7	16.9	22.8
40-44	12.2	4.7	9.5	14.4	13.6	11.5	10.1	10.6
45-49	14.3	8.5	17.2	17.7	13.2	9.3	7.3	5.4
50-54	11.1	11.9	19.1	13.8	6.3	4.2	3.5	2.8
55-59	6.5	11.3	12.8	7.4	4.5	1.1	0.7	1.0
60-64	4.3	17.8	12.1	2.8	1.7	0.1	0.1	0.1
65+	5.5	42.1	17.6	1.6	0.4	0.1	0.1	

1－31　全国按行业、性别分的就业人员受教育程度构成 EDUCATIONAL ATTAINMENT OF EMPLOYED PERSONS BY SECTOR AND SEX

单位：%　　(%)

受教育程度	Educational Attainment	就业人员 Employed Persons	农、林、牧、渔业 Agriculture, Forestry, Animal Husbandry and Fishery	采矿业 Mining	制造业 Manu-facturing	电力、热力、燃气及水生产和供应业 Production and Supply of Electricity Power, Heat Power, Gas and Water	建筑业 Construction	批发和零售业 Wholesale and Retail Trades
总　计	**Total**	**100.0**	**100.0**	**100.0**	**100.0**	**100.0**	**100.0**	**100.0**
未上过学	No Schooling	2.2	7.4	0.4	0.8	0.2	1.0	0.6
小　学	Primary School	15.7	38.8	7.4	11.0	4.0	17.9	7.7
初　中	Junior Secondary School	40.6	45.9	40.4	48.8	26.3	55.2	42.1
高　中	Senior Secondary School	18.7	6.8	25.1	22.1	24.7	14.9	28.9
大学专科	College	12.0	0.8	15.7	10.7	24.1	6.6	14.1
大学本科	University	9.7	0.2	10.0	6.0	19.2	4.2	6.3
研究生	Graduate and Higher Level	1.1	0.0	0.9	0.6	1.5	0.2	0.3
男	**Male**	**100.0**	**100.0**	**100.0**	**100.0**	**100.0**	**100.0**	**100.0**
未上过学	No Schooling	1.0	3.6	0.3	0.3	0.1	0.7	0.3
小　学	Primary School	13.6	35.4	7.8	8.2	4.3	17.0	7.2
初　中	Junior Secondary School	42.9	50.6	43.0	46.8	28.0	57.4	40.2
高　中	Senior Secondary School	20.7	9.0	25.0	25.3	25.6	15.3	29.8
大学专科	College	11.7	1.1	14.3	12.0	23.0	5.9	14.9
大学本科	University	9.1	0.3	8.7	6.6	17.5	3.6	7.3
研究生	Graduate and Higher Level	1.1	0.0	0.8	0.7	1.5	0.1	0.4
女	**Female**	**100.0**	**100.0**	**100.0**	**100.0**	**100.0**	**100.0**	**100.0**
未上过学	No Schooling	3.8	10.9	0.6	1.5	0.3	2.7	0.9
小　学	Primary School	18.5	42.0	5.3	15.1	2.8	23.8	8.2
初　中	Junior Secondary School	37.6	41.7	26.1	51.6	20.2	39.9	43.8
高　中	Senior Secondary School	16.2	4.7	25.5	17.4	21.5	11.7	28.1
大学专科	College	12.4	0.6	23.2	8.8	28.2	12.2	13.5
大学本科	University	10.4	0.2	17.5	5.1	25.4	9.0	5.4
研究生	Graduate and Higher Level	1.2	0.0	1.8	0.5	1.7	0.7	0.2

1—31 续表 1 continued

单位：% (%)

受教育程度	Educational Attainment	交通运输、仓储和邮政业 Transport, Storage and Post	住宿和餐饮业 Hotels and Catering Services	信息传输、软件和信息技术服务业 Information Transmission, Software and Information Technical Services	金融业 Financial Intermediation	房地产业 Real Estate	租赁和商务服务业 Leasing and Business Services	科学研究和技术服务业 Scientific Research and Technical Services
总 计	**Total**	**100.0**	**100.0**	**100.0**	**100.0**	**100.0**	**100.0**	**100.0**
未上过学	No Schooling	0.2	0.8	0.0	0.0	0.4	0.2	0.1
小 学	Primary School	7.4	11.2	0.7	0.8	5.5	3.9	1.1
初 中	Junior Secondary School	47.4	53.5	10.5	9.7	26.6	24.4	9.9
高 中	Senior Secondary School	26.1	24.3	18.2	19.2	28.6	23.8	15.7
大学专科	College	12.1	7.7	31.2	28.6	23.7	25.0	25.8
大学本科	University	6.5	2.4	34.9	36.5	14.1	20.4	36.7
研究生	Graduate and Higher Level	0.2	0.0	4.4	5.2	1.1	2.2	10.7
男	**Male**	**100.0**	**100.0**	**100.0**	**100.0**	**100.0**	**100.0**	**100.0**
未上过学	No Schooling	0.2	0.3	0.0	0.0	0.2	0.1	0.0
小 学	Primary School	7.7	6.9	0.8	0.8	5.3	4.4	0.9
初 中	Junior Secondary School	50.3	52.9	10.7	8.2	28.0	29.2	10.7
高 中	Senior Secondary School	26.3	28.8	18.7	18.6	29.4	25.5	17.2
大学专科	College	10.3	8.6	29.9	28.9	21.7	21.5	25.6
大学本科	University	5.0	2.5	35.3	37.9	14.4	17.7	35.4
研究生	Graduate and Higher Level	0.2	0.0	4.6	5.7	1.1	1.7	10.1
女	**Female**	**100.0**	**100.0**	**100.0**	**100.0**	**100.0**	**100.0**	**100.0**
未上过学	No Schooling	0.5	1.3	0.0	0.0	0.7	0.2	0.2
小 学	Primary School	5.6	15.2	0.6	0.9	5.7	3.3	1.7
初 中	Junior Secondary School	30.9	54.0	10.1	11.0	24.5	17.7	8.5
高 中	Senior Secondary School	25.1	20.3	17.2	19.7	27.4	21.6	12.7
大学专科	College	22.2	6.9	33.7	28.3	26.7	30.0	26.1
大学本科	University	15.1	2.3	34.1	35.3	13.8	24.3	39.1
研究生	Graduate and Higher Level	0.7	0.0	4.1	4.7	1.2	3.0	11.9

1-31 续表 2 continued

单位：% (%)

受教育程度	Educational Attainment	水利、环境和公共设施管理业 Management of Water Conservancy, Environment and Public Facilities	居民服务、修理和其他服务业 Services to Households, Repair and Other Services	教 育 Education	卫生和社会工作 Health and Society	文化、体育和娱乐业 Culture, Sports and Entertainment	公共管理、社会保障和社会组织 Public Management Social Security and Social Organizations
总 计	**Total**	**100.0**	**100.0**	**100.0**	**100.0**	**100.0**	**100.0**
未上过学	No Schooling	2.8	1.3	0.1	0.3	0.3	0.2
小 学	Primary School	18.2	12.1	1.7	2.2	4.5	2.3
初 中	Junior Secondary School	35.7	49.0	9.8	9.2	24.1	12.0
高 中	Senior Secondary School	18.7	24.8	14.0	19.7	24.9	19.5
大学专科	College	13.0	9.2	26.3	33.4	21.6	28.9
大学本科	University	10.4	3.4	40.8	30.8	22.3	33.9
研究生	Graduate and Higher Level	1.2	0.1	7.4	4.3	2.3	3.1
男	**Male**	**100.0**	**100.0**	**100.0**	**100.0**	**100.0**	**100.0**
未上过学	No Schooling	1.4	0.6	0.1	0.2	0.1	0.1
小 学	Primary School	15.3	10.7	1.6	2.7	3.3	2.3
初 中	Junior Secondary School	37.0	49.3	9.8	12.6	23.4	13.1
高 中	Senior Secondary School	21.4	27.1	12.7	21.9	27.2	21.1
大学专科	College	13.2	8.9	24.4	26.5	21.6	28.7
大学本科	University	10.7	3.3	42.0	30.1	22.2	31.9
研究生	Graduate and Higher Level	1.0	0.1	9.4	6.1	2.1	2.7
女	**Female**	**100.0**	**100.0**	**100.0**	**100.0**	**100.0**	**100.0**
未上过学	No Schooling	5.2	2.1	0.1	0.3	0.4	0.3
小 学	Primary School	23.5	13.8	1.7	2.0	6.0	2.2
初 中	Junior Secondary School	33.5	48.7	9.8	7.6	25.0	10.0
高 中	Senior Secondary School	13.9	22.0	14.6	18.6	22.1	16.6
大学专科	College	12.6	9.5	27.2	36.8	21.6	29.2
大学本科	University	9.9	3.6	40.2	31.2	22.4	37.7
研究生	Graduate and Higher Level	1.4	0.2	6.3	3.5	2.6	4.0

1－32 全国按职业、性别分的就业人员受教育程度构成
EDUCATIONAL ATTAINMENT OF EMPLOYED PERSONS BY OCCUPATION AND SEX

单位：% (%)

受教育程度	Educational Attainment	就业人员 Employed Persons	单位负责人 Unit Heads	专业技术人员 Technical Personnel	办事人员和有关人员 Clerk and Related Workers	商业、服务业人员 Business Service Personnel	农林牧渔水利业生产人员 Producers of Agriculture, Forestry, Animal Husbandry, Fishery and Water Conservancy	生产运输设备操作人员及有关人员 Production, Transport Equipment Operators and Related Workers	其他 Others
总 计	**Total**	**100.0**	**100.0**	**100.0**	**100.0**	**100.0**	**100.0**	**100.0**	**100.0**
未上过学	No Schooling	2.2	0.1	0.1	0.2	0.7	7.5	1.0	3.0
小 学	Primary School	15.7	3.1	1.0	2.9	9.1	39.1	15.7	21.3
初 中	Junior Secondary School	40.6	23.1	9.3	17.3	44.4	46.0	57.7	47.0
高 中	Senior Secondary School	18.7	26.0	16.3	23.0	26.2	6.6	18.4	18.2
大学专科	College	12.0	23.0	29.5	27.7	12.6	0.7	5.4	7.1
大学本科	University	9.7	21.9	37.6	26.4	6.5	0.2	1.7	2.7
研究生	Graduate and Higher Level	1.1	2.8	6.3	2.5	0.5	0.0	0.1	0.7
男	**Male**	**100.0**	**100.0**	**100.0**	**100.0**	**100.0**	**100.0**	**100.0**	**100.0**
未上过学	No Schooling	1.0	0.1	0.1	0.1	0.3	3.6	0.6	1.4
小 学	Primary School	13.6	2.9	1.4	3.5	7.6	35.8	14.0	18.2
初 中	Junior Secondary School	42.9	23.7	12.2	19.8	43.8	50.7	57.5	49.8
高 中	Senior Secondary School	20.7	26.1	16.7	24.0	27.6	8.8	20.0	18.6
大学专科	College	11.7	22.7	25.7	25.9	13.1	0.9	5.9	8.9
大学本科	University	9.1	21.7	36.8	24.5	7.1	0.2	1.9	2.2
研究生	Graduate and Higher Level	1.1	2.8	7.1	2.2	0.5	0.0	0.1	1.0
女	**Female**	**100.0**	**100.0**	**100.0**	**100.0**	**100.0**	**100.0**	**100.0**	**100.0**
未上过学	No Schooling	3.8	0.1	0.0	0.2	1.3	10.9	2.1	6.0
小 学	Primary School	18.5	3.6	0.7	2.1	10.9	42.1	20.0	27.0
初 中	Junior Secondary School	37.6	21.2	6.9	13.5	45.1	41.7	58.4	41.8
高 中	Senior Secondary School	16.2	25.8	16.0	21.4	24.5	4.6	14.2	17.5
大学专科	College	12.4	24.2	32.5	30.4	12.0	0.5	3.9	3.8
大学本科	University	10.4	22.3	38.2	29.4	5.8	0.1	1.3	3.7
研究生	Graduate and Higher Level	1.2	2.8	5.6	3.0	0.4	0.0	0.1	0.2

1−33 全国按受教育程度、性别分的就业人员职业构成
OCCUPATION OF EMPLOYED PERSONS BY EDUCATIONAL ATTAINMENT AND SEX

单位：% (%)

受教育程度	Educational Attainment	就业人员 Employed Persons	单位负责人 Unit Heads	专业技术人员 Technical Personnel	办事人员和有关人员 Clerk and Related Workers	商业、服务业人员 Business Service Personnel	农林牧渔水利业生产人员 Producers of Agriculture, Forestry, Animal Husbandry, Fishery and Water Conservancy	生产运输设备操作人员及有关人员 Production, Transport Equipment Operators and Related	其他 Others
总计	**Total**	**100.0**	**1.7**	**9.8**	**11.6**	**32.8**	**22.5**	**21.4**	**0.2**
未上过学	No Schooling	100.0	0.1	0.2	0.9	11.2	77.4	9.9	0.3
小学	Primary School	100.0	0.3	0.7	2.2	19.0	56.1	21.4	0.3
初中	Junior Secondary School	100.0	1.0	2.2	5.0	35.8	25.5	30.3	0.2
高中	Senior Secondary School	100.0	2.4	8.5	14.3	45.7	7.9	20.9	0.2
大学专科	College	100.0	3.3	24.2	26.9	34.6	1.3	9.6	0.1
大学本科	University	100.0	3.8	38.2	31.7	22.1	0.4	3.8	0.1
研究生	Graduate and Higher Level	100.0	4.2	54.7	25.9	13.3	0.1	1.8	0.1
男	**Male**	**100.0**	**2.3**	**7.6**	**12.4**	**31.8**	**18.8**	**26.8**	**0.2**
未上过学	No Schooling	100.0	0.1	0.5	1.8	11.0	70.5	15.7	0.3
小学	Primary School	100.0	0.5	0.8	3.2	17.8	49.5	27.8	0.3
初中	Junior Secondary School	100.0	1.3	2.2	5.7	32.5	22.2	35.9	0.3
高中	Senior Secondary School	100.0	2.9	6.2	14.4	42.3	8.0	26.0	0.2
大学专科	College	100.0	4.4	16.8	27.6	35.8	1.4	13.7	0.2
大学本科	University	100.0	5.4	30.7	33.3	24.6	0.5	5.4	0.1
研究生	Graduate and Higher Level	100.0	6.0	51.1	25.5	14.5	0.1	2.6	0.2
女	**Female**	**100.0**	**0.9**	**12.7**	**10.6**	**34.0**	**27.4**	**14.1**	**0.2**
未上过学	No Schooling	100.0	0.0	0.2	0.6	11.3	79.7	7.9	0.3
小学	Primary School	100.0	0.2	0.5	1.2	20.1	62.5	15.3	0.2
初中	Junior Secondary School	100.0	0.5	2.4	3.8	40.8	30.4	21.9	0.2
高中	Senior Secondary School	100.0	1.5	12.6	14.0	51.4	7.9	12.4	0.2
大学专科	College	100.0	1.8	33.5	26.1	33.1	1.0	4.5	0.1
大学本科	University	100.0	2.0	46.9	30.0	19.1	0.2	1.8	0.1
研究生	Graduate and Higher Level	100.0	2.1	58.8	26.3	11.8	0.1	0.8	0.0

1-34　全国按年龄、性别分的就业人员就业身份构成
EMPLOYMENT STATUS OF EMPLOYED PERSONS BY AGE AND SEX

单位：%　　(%)

年　龄 Age	就业人员 Employed Persons	雇　员 Employee	雇　主 Employer	自营劳动者 Self-Employed	家庭帮工 Unpaid Familial Worker
总计　Total	**100.0**	**62.3**	**2.2**	**33.8**	**1.8**
16-19	100.0	78.5	0.7	17.3	3.4
20-24	100.0	84.7	0.9	12.8	1.6
25-29	100.0	79.7	1.8	17.2	1.3
30-34	100.0	73.4	2.6	22.7	1.3
35-39	100.0	68.8	3.0	27.0	1.2
40-44	100.0	64.8	2.9	31.1	1.2
45-49	100.0	60.6	2.6	35.2	1.6
50-54	100.0	53.1	2.2	42.7	2.1
55-59	100.0	48.2	1.7	47.7	2.4
60-64	100.0	31.0	1.1	64.6	3.4
65+	100.0	18.1	0.7	76.9	4.3
男　Male	**100.0**	**64.1**	**2.6**	**32.1**	**1.1**
16-19	100.0	77.2	0.8	18.3	3.7
20-24	100.0	83.5	1.2	13.6	1.7
25-29	100.0	79.3	2.2	17.6	0.9
30-34	100.0	73.5	3.3	22.6	0.6
35-39	100.0	68.8	3.6	27.1	0.6
40-44	100.0	65.2	3.6	30.7	0.5
45-49	100.0	62.2	3.3	33.8	0.8
50-54	100.0	59.0	2.7	37.3	1.0
55-59	100.0	57.6	1.9	39.2	1.3
60-64	100.0	37.9	1.4	58.4	2.3
65+	100.0	22.0	0.9	73.7	3.4
女　Female	**100.0**	**59.8**	**1.5**	**35.9**	**2.7**
16-19	100.0	81.0	0.5	15.5	3.0
20-24	100.0	86.4	0.5	11.6	1.5
25-29	100.0	80.2	1.2	16.7	1.9
30-34	100.0	73.3	1.8	22.8	2.2
35-39	100.0	68.9	2.4	26.9	1.9
40-44	100.0	64.4	2.0	31.5	2.1
45-49	100.0	58.6	1.7	37.1	2.7
50-54	100.0	44.5	1.4	50.4	3.7
55-59	100.0	32.0	1.3	62.4	4.4
60-64	100.0	20.9	0.6	73.5	5.0
65+	100.0	12.7	0.5	81.3	5.6

1−35 全国按就业身份、性别分的就业人员年龄构成
AGE COMPOSITION OF EMPLOYED PERSONS BY EMPLOYMENT STATUS AND SEX

单位：% (%)

年 龄 Age	就业人员 Employed Persons	雇 员 Employee	雇 主 Employer	自营劳动者 Self-Employed	家庭帮工 Unpaid Familial Worker
总计 Total	**100.0**	**100.0**	**100.0**	**100.0**	**100.0**
16−19	1.0	1.3	0.3	0.5	2.0
20−24	6.6	8.9	2.7	2.5	5.9
25−29	12.1	15.4	9.9	6.2	8.8
30−34	13.9	16.3	17.0	9.3	9.9
35−39	11.7	12.9	16.5	9.3	7.5
40−44	11.5	12.0	15.3	10.6	7.9
45−49	13.7	13.3	16.3	14.3	12.2
50−54	11.7	9.9	11.8	14.8	13.3
55−59	7.7	6.0	5.9	10.9	10.3
60−64	4.6	2.3	2.3	8.7	8.5
65+	5.7	1.7	1.9	13.0	13.7
男 Male	**100.0**	**100.0**	**100.0**	**100.0**	**100.0**
16−19	1.2	1.4	0.4	0.7	3.9
20−24	6.7	8.7	3.0	2.8	10.4
25−29	11.9	14.8	10.0	6.6	9.5
30−34	13.5	15.4	16.9	9.5	7.1
35−39	11.2	12.0	15.1	9.4	5.6
40−44	11.0	11.2	14.9	10.5	5.5
45−49	13.2	12.8	16.6	13.9	9.2
50−54	12.1	11.1	12.5	14.1	10.4
55−59	8.6	7.7	6.1	10.5	10.3
60−64	4.8	2.8	2.5	8.7	9.9
65+	5.9	2.0	2.0	13.4	18.1
女 Female	**100.0**	**100.0**	**100.0**	**100.0**	**100.0**
16−19	0.9	1.2	0.3	0.4	1.0
20−24	6.4	9.2	2.2	2.1	3.5
25−29	12.2	16.4	9.8	5.7	8.4
30−34	14.4	17.6	17.2	9.1	11.4
35−39	12.3	14.1	19.7	9.2	8.4
40−44	12.2	13.1	16.1	10.7	9.2
45−49	14.3	14.0	15.7	14.7	13.9
50−54	11.1	8.3	10.1	15.6	14.8
55−59	6.5	3.5	5.4	11.3	10.4
60−64	4.3	1.5	1.8	8.8	7.8
65+	5.5	1.2	1.7	12.5	11.4

1-36 全国按受教育程度、性别分的就业人员就业身份构成
EMPLOYMENT STATUS OF EMPLOYED PERSONS BY EDUCATIONAL ATTAINMENT AND SEX

单位：% (%)

受教育程度	Educational Attainment	就业人员 Employed Persons	雇员 Employee	雇主 Employer	自营劳动者 Self-Employed	家庭帮工 Unpaid Familial Worker
总 计	**Total**	**100.0**	**62.3**	**2.2**	**33.8**	**1.8**
未上过学	No Schooling	100.0	19.2	0.7	76.4	3.7
小 学	Primary School	100.0	34.0	1.2	61.1	3.7
初 中	Junior Secondary School	100.0	55.5	2.2	40.3	2.0
高 中	Senior Secondary School	100.0	71.9	3.0	23.8	1.3
大学专科	College	100.0	87.0	2.5	9.9	0.6
大学本科	University	100.0	93.3	1.8	4.7	0.3
研究生	Graduate and Higher Level	100.0	96.6	1.1	2.2	0.1
男	**Male**	**100.0**	**64.1**	**2.6**	**32.1**	**1.1**
未上过学	No Schooling	100.0	24.9	0.9	71.8	2.3
小 学	Primary School	100.0	38.7	1.6	57.2	2.5
初 中	Junior Secondary School	100.0	57.4	2.6	38.9	1.1
高 中	Senior Secondary School	100.0	70.9	3.4	24.9	0.8
大学专科	College	100.0	85.2	3.2	11.1	0.5
大学本科	University	100.0	91.7	2.4	5.7	0.3
研究生	Graduate and Higher Level	100.0	95.1	1.7	3.2	0.1
女	**Female**	**100.0**	**59.8**	**1.5**	**35.9**	**2.7**
未上过学	No Schooling	100.0	17.2	0.7	77.9	4.2
小 学	Primary School	100.0	29.4	0.9	64.9	4.8
初 中	Junior Secondary School	100.0	52.5	1.6	42.6	3.3
高 中	Senior Secondary School	100.0	73.6	2.3	22.0	2.0
大学专科	College	100.0	89.1	1.7	8.3	0.8
大学本科	University	100.0	95.1	1.1	3.5	0.3
研究生	Graduate and Higher Level	100.0	98.3	0.5	1.1	0.1

1-37 全国按就业身份、性别分的就业人员受教育程度构成
EDUCATIONAL ATTAINMENT OF EMPLOYED PERSONS BY EMPLOYMENT STATUS AND SEX

单位：% (%)

受教育程度	Educational Attainment	就业人员 Employed Persons	雇员 Employee	雇主 Employer	自营劳动者 Self-Employed	家庭帮工 Unpaid Familial Worker
总计	**Total**	**100.0**	**100.0**	**100.0**	**100.0**	**100.0**
未上过学	No Schooling	2.2	0.7	0.7	4.9	4.5
小学	Primary School	15.7	8.6	9.0	28.4	31.7
初中	Junior Secondary School	40.6	36.2	41.8	48.6	44.7
高中	Senior Secondary School	18.7	21.7	26.0	13.2	13.3
大学专科	College	12.0	16.7	14.0	3.5	4.3
大学本科	University	9.7	14.5	8.0	1.3	1.5
研究生	Graduate and Higher Level	1.1	1.7	0.6	0.1	0.1
男	**Male**	**100.0**	**100.0**	**100.0**	**100.0**	**100.0**
未上过学	No Schooling	1.0	0.4	0.3	2.2	2.0
小学	Primary School	13.6	8.2	8.1	24.1	30.5
初中	Junior Secondary School	42.9	38.4	42.1	51.9	44.6
高中	Senior Secondary School	20.7	22.9	26.5	16.0	15.4
大学专科	College	11.7	15.5	13.9	4.0	5.3
大学本科	University	9.1	13.1	8.3	1.6	2.1
研究生	Graduate and Higher Level	1.1	1.6	0.7	0.1	0.1
女	**Female**	**100.0**	**100.0**	**100.0**	**100.0**	**100.0**
未上过学	No Schooling	3.8	1.1	1.6	8.2	5.8
小学	Primary School	18.5	9.1	10.9	33.4	32.4
初中	Junior Secondary School	37.6	33.0	40.9	44.6	44.7
高中	Senior Secondary School	16.2	19.9	24.8	9.9	12.1
大学专科	College	12.4	18.4	14.1	2.9	3.8
大学本科	University	10.4	16.5	7.3	1.0	1.2
研究生	Graduate and Higher Level	1.2	2.0	0.4	0.0	0.0

1-38　城镇按年龄、性别分的就业人员就业身份构成
EMPLOYMENT STATUS OF URBAN EMPLOYED PERSONS BY AGE AND SEX

单位：%　　(%)

年　龄 Age	城　镇 就业人员 Urban Employed Persons	雇　员 Employee	雇　主 Employer	自营劳动者 Self-Employed	家庭帮工 Unpaid Familial Worker
总计　Total	**100.0**	**73.7**	**2.7**	**22.3**	**1.3**
16-19	100.0	87.4	0.5	9.9	2.2
20-24	100.0	89.3	0.9	8.5	1.3
25-29	100.0	83.4	2.0	13.6	1.0
30-34	100.0	78.5	3.0	17.5	1.0
35-39	100.0	75.5	3.5	20.2	0.8
40-44	100.0	73.2	3.4	22.5	1.0
45-49	100.0	71.2	3.2	24.5	1.2
50-54	100.0	67.1	2.7	28.7	1.6
55-59	100.0	64.3	2.2	31.6	1.9
60-64	100.0	46.7	1.5	48.2	3.6
65+	100.0	31.3	1.1	62.4	5.1
男　Male	**100.0**	**73.4**	**3.2**	**22.8**	**0.7**
16-19	100.0	86.1	0.5	10.7	2.7
20-24	100.0	87.8	1.2	9.7	1.3
25-29	100.0	81.8	2.5	15.0	0.7
30-34	100.0	77.1	3.7	18.9	0.3
35-39	100.0	73.6	4.0	22.1	0.3
40-44	100.0	71.5	4.2	24.0	0.3
45-49	100.0	70.2	4.1	25.3	0.4
50-54	100.0	70.1	3.1	26.2	0.6
55-59	100.0	70.9	2.3	25.9	0.9
60-64	100.0	52.6	1.8	43.3	2.3
65+	100.0	36.6	1.3	58.4	3.7
女　Female	**100.0**	**74.2**	**1.9**	**21.7**	**2.2**
16-19	100.0	89.7	0.5	8.4	1.3
20-24	100.0	91.3	0.5	7.0	1.2
25-29	100.0	85.4	1.4	11.7	1.4
30-34	100.0	80.2	2.1	15.9	1.8
35-39	100.0	77.7	2.8	18.0	1.4
40-44	100.0	75.1	2.4	20.7	1.8
45-49	100.0	72.4	2.0	23.4	2.1
50-54	100.0	62.0	1.9	32.8	3.2
55-59	100.0	48.2	1.9	45.6	4.3
60-64	100.0	36.1	0.8	57.2	5.9
65+	100.0	22.6	0.8	69.3	7.4

1-39 城镇按就业身份、性别分的就业人员年龄构成
AGE COMPOSITION OF URBAN EMPLOYED PERSONS BY EMPLOYMENT STATUS AND SEX

单位：% (%)

年 龄 Age	城 镇 就业人员 Urban Employed Persons	雇 员 Employee	雇 主 Employer	自营劳动者 Self-Employed	家庭帮工 Unpaid Familial Worker
总计 Total	**100.0**	**100.0**	**100.0**	**100.0**	**100.0**
16-19	0.8	0.9	0.2	0.4	1.3
20-24	6.8	8.2	2.3	2.6	6.5
25-29	13.7	15.5	10.4	8.3	10.4
30-34	16.2	17.3	18.3	12.7	12.1
35-39	13.2	13.5	17.2	12.0	8.4
40-44	12.8	12.7	16.2	12.9	9.4
45-49	14.2	13.7	16.9	15.5	12.9
50-54	10.7	9.7	10.8	13.8	12.9
55-59	6.6	5.7	5.4	9.3	9.3
60-64	2.6	1.6	1.4	5.5	7.0
65+	2.5	1.0	1.0	6.9	9.6
男 Male	**100.0**	**100.0**	**100.0**	**100.0**	**100.0**
16-19	0.9	1.0	0.1	0.4	3.5
20-24	6.7	8.0	2.5	2.9	12.6
25-29	13.2	14.8	10.3	8.7	13.0
30-34	15.5	16.3	18.0	12.9	7.0
35-39	12.5	12.6	15.6	12.1	6.1
40-44	12.1	11.8	15.9	12.8	4.7
45-49	13.8	13.2	17.5	15.3	8.7
50-54	11.7	11.1	11.4	13.4	10.1
55-59	8.1	7.8	5.9	9.2	10.1
60-64	2.9	2.0	1.6	5.4	9.5
65+	2.7	1.3	1.1	6.8	14.6
女 Female	**100.0**	**100.0**	**100.0**	**100.0**	**100.0**
16-19	0.7	0.8	0.2	0.3	0.4
20-24	7.0	8.6	1.9	2.2	3.9
25-29	14.3	16.5	10.6	7.8	9.3
30-34	17.1	18.5	18.7	12.5	14.4
35-39	14.2	14.9	20.7	11.8	9.4
40-44	13.7	13.9	16.9	13.1	11.4
45-49	14.7	14.3	15.4	15.9	14.6
50-54	9.4	7.9	9.4	14.3	14.2
55-59	4.5	2.9	4.5	9.5	9.0
60-64	2.2	1.0	0.9	5.7	5.9
65+	2.2	0.7	0.9	6.9	7.5

1-40　城镇按受教育程度、性别分的就业人员就业身份构成
EMPLOYMENT STATUS OF URBAN EMPLOYED PERSONS BY EDUCATIONAL ATTAINMENT AND SEX

单位：%　　(%)

受教育程度	Educational Attainment	城镇就业人员 Urban Employed Persons	雇员 Employee	雇主 Employer	自营劳动者 Self-Employed	家庭帮工 Unpaid Familial Worker
总　计	**Total**	**100.0**	**73.7**	**2.7**	**22.3**	**1.3**
未上过学	No Schooling	100.0	33.3	1.4	60.3	4.9
小　学	Primary School	100.0	48.3	1.9	46.4	3.3
初　中	Junior Secondary School	100.0	62.7	2.8	32.7	1.8
高　中	Senior Secondary School	100.0	74.9	3.4	20.6	1.1
大学专科	College	100.0	87.2	2.6	9.6	0.6
大学本科	University	100.0	93.4	1.8	4.6	0.2
研究生	Graduate and Higher Level	100.0	96.6	1.2	2.1	0.1
男	**Male**	**100.0**	**73.4**	**3.2**	**22.8**	**0.7**
未上过学	No Schooling	100.0	39.1	2.4	55.5	3.0
小　学	Primary School	100.0	51.6	2.5	44.2	1.8
初　中	Junior Secondary School	100.0	63.3	3.2	32.7	0.8
高　中	Senior Secondary School	100.0	73.8	3.8	21.7	0.6
大学专科	College	100.0	85.5	3.3	10.8	0.4
大学本科	University	100.0	91.8	2.5	5.6	0.2
研究生	Graduate and Higher Level	100.0	95.2	1.7	3.0	0.1
女	**Female**	**100.0**	**74.2**	**1.9**	**21.7**	**2.2**
未上过学	No Schooling	100.0	31.2	1.0	62.1	5.7
小　学	Primary School	100.0	45.1	1.4	48.7	4.9
初　中	Junior Secondary School	100.0	61.8	2.3	32.7	3.3
高　中	Senior Secondary School	100.0	76.6	2.6	18.9	1.9
大学专科	College	100.0	89.3	1.9	8.1	0.7
大学本科	University	100.0	95.2	1.1	3.4	0.3
研究生	Graduate and Higher Level	100.0	98.3	0.5	1.0	0.1

1–41 城镇按就业身份、性别分的就业人员受教育程度构成
EDUCATIONAL ATTAINMENT OF URBAN EMPLOYED PERSONS BY EMPLOYMENT STATUS AND SEX

单位：% (%)

受教育程度	Educational Attainment	城镇就业人员 Urban Employed Persons	雇员 Employee	雇主 Employer	自营劳动者 Self-Employed	家庭帮工 Unpaid Familial Worker
总计	**Total**	**100.0**	**100.0**	**100.0**	**100.0**	**100.0**
未上过学	No Schooling	0.7	0.3	0.4	1.9	2.7
小学	Primary School	7.7	5.1	5.6	16.1	19.8
初中	Junior Secondary School	33.6	28.6	35.9	49.3	46.7
高中	Senior Secondary School	23.7	24.1	29.8	22.0	20.5
大学专科	College	17.5	20.7	17.3	7.5	7.5
大学本科	University	14.9	18.9	10.2	3.0	2.7
研究生	Graduate and Higher Level	1.8	2.4	0.8	0.2	0.1
男	**Male**	**100.0**	**100.0**	**100.0**	**100.0**	**100.0**
未上过学	No Schooling	0.3	0.2	0.2	0.8	1.4
小学	Primary School	6.7	4.7	5.2	13.0	17.2
初中	Junior Secondary School	35.0	30.2	35.4	50.2	43.1
高中	Senior Secondary School	25.5	25.6	30.3	24.3	24.1
大学专科	College	16.9	19.7	17.2	8.0	10.6
大学本科	University	13.9	17.4	10.7	3.4	3.5
研究生	Graduate and Higher Level	1.7	2.2	0.9	0.2	0.2
女	**Female**	**100.0**	**100.0**	**100.0**	**100.0**	**100.0**
未上过学	No Schooling	1.2	0.5	0.7	3.5	3.2
小学	Primary School	9.1	5.5	6.4	20.5	20.9
初中	Junior Secondary School	31.8	26.5	36.9	47.9	48.2
高中	Senior Secondary School	21.3	22.0	28.8	18.6	19.0
大学专科	College	18.3	22.1	17.5	6.9	6.2
大学本科	University	16.2	20.8	9.1	2.5	2.4
研究生	Graduate and Higher Level	2.0	2.6	0.5	0.1	0.1

1-42　城镇按年龄、性别分的就业人员行业构成
URBAN EMPLOYED PERSONS BY AGE, SEX AND SECTOR

单位：%　　(%)

年　龄 Age	城　镇 就业人员 Urban Employed Persons	农、林、牧、渔业 Agriculture, Forestry, Animal Husbandry and Fishery	采矿业 Mining	制造业 Manu-facturing	电力、热力、燃气及水生产和供应业 Production and Supply of Electricity Power, Heat Power, Gas and Water	建筑业 Construction	批发和零售业 Wholesale and Retail Trades
总计　Total	**100.0**	**7.8**	**1.0**	**17.9**	**1.4**	**8.2**	**17.1**
16–19	100.0	5.3	0.1	20.4	0.3	4.0	17.5
20–24	100.0	2.4	0.3	16.9	1.0	6.2	16.5
25–29	100.0	2.3	0.6	18.4	1.2	6.9	17.8
30–34	100.0	2.9	0.8	20.2	1.3	7.1	19.2
35–39	100.0	3.6	1.1	19.3	1.4	7.3	19.1
40–44	100.0	4.9	1.2	18.9	1.7	8.6	18.5
45–49	100.0	7.3	1.5	18.5	1.8	9.5	17.2
50–54	100.0	12.1	1.4	16.4	1.7	11.3	14.4
55–59	100.0	17.4	1.1	13.9	1.8	10.3	12.8
60–64	100.0	34.9	0.3	12.0	0.6	9.0	12.1
65+	100.0	54.9	0.2	8.5	0.2	5.0	9.2
男　Male	**100.0**	**6.7**	**1.4**	**19.0**	**1.9**	**12.4**	**13.7**
16–19	100.0	5.8	0.1	23.0	0.4	5.6	14.0
20–24	100.0	2.4	0.5	20.4	1.4	9.2	15.1
25–29	100.0	2.1	0.9	21.4	1.7	10.5	14.7
30–34	100.0	2.5	1.2	21.8	1.8	11.1	15.3
35–39	100.0	3.2	1.6	20.2	1.9	11.2	15.1
40–44	100.0	4.3	1.7	19.1	2.1	13.4	13.7
45–49	100.0	6.1	2.2	18.5	2.2	14.6	13.5
50–54	100.0	8.8	2.1	17.1	2.2	16.0	11.9
55–59	100.0	11.8	1.5	14.5	2.3	13.7	11.3
60–64	100.0	27.6	0.4	13.2	0.9	13.4	11.6
65+	100.0	48.9	0.2	9.1	0.3	7.7	9.0
女　Female	**100.0**	**9.3**	**0.4**	**16.4**	**0.8**	**2.5**	**21.6**
16–19	100.0	4.2		15.8		1.0	23.6
20–24	100.0	2.4	0.0	12.3	0.5	2.2	18.4
25–29	100.0	2.6	0.2	14.7	0.7	2.3	21.8
30–34	100.0	3.4	0.4	18.1	0.8	2.3	24.2
35–39	100.0	4.0	0.5	18.1	0.9	2.6	23.8
40–44	100.0	5.6	0.5	18.6	1.1	2.8	24.3
45–49	100.0	8.9	0.7	18.5	1.2	2.9	21.9
50–54	100.0	17.9	0.3	15.2	0.7	3.3	18.6
55–59	100.0	31.0	0.2	12.3	0.4	2.2	16.4
60–64	100.0	48.0	0.1	9.8	0.1	1.2	13.1
65+	100.0	64.9	0.0	7.5	0.0	0.5	9.6

1-42 续表 1 continued

单位：% (%)

年 龄 Age	交通运输、仓储和邮政业 Transport, Storage and Post	住宿和餐饮业 Hotels and Catering Services	信息传输、软件和信息技术服务业 Information Transmission, Software and Information Technical Services	金融业 Financial Intermediation	房地产业 Real Estate	租赁和商务服务业 Leasing and Business Services	科学研究和技术服务业 Scientific Research and Technical Services
总计 Total	**5.8**	**5.8**	**2.3**	**2.6**	**2.0**	**3.0**	**1.4**
16-19	2.6	17.9	2.6	0.4	1.1	2.6	0.3
20-24	4.7	7.9	4.5	3.0	2.3	4.4	1.9
25-29	5.2	5.8	4.5	3.7	2.3	4.1	2.0
30-34	5.8	5.7	3.5	3.6	2.1	3.6	1.7
35-39	6.5	5.6	2.5	2.8	1.9	3.2	1.7
40-44	7.1	5.8	1.6	2.2	1.6	2.7	1.1
45-49	6.8	6.2	1.0	2.3	1.7	2.4	0.9
50-54	6.2	5.7	0.7	1.8	1.9	2.2	0.9
55-59	5.4	4.8	0.5	1.4	2.2	2.5	0.9
60-64	2.9	4.1	0.2	0.3	2.7	1.6	0.4
65+	1.2	2.4	0.0	0.1	1.8	1.1	0.2
男 Male	**8.5**	**4.9**	**2.6**	**2.1**	**2.0**	**3.1**	**1.5**
16-19	3.3	20.0	2.4	0.3	1.1	2.1	0.4
20-24	6.4	9.0	5.2	2.6	2.4	3.9	2.0
25-29	7.4	5.9	5.3	3.2	2.4	3.7	2.2
30-34	8.4	5.5	4.0	3.1	2.0	3.6	2.0
35-39	9.8	4.9	2.9	2.2	2.0	3.2	2.0
40-44	10.7	4.4	1.9	1.6	1.6	2.8	1.3
45-49	10.2	4.2	1.2	1.7	1.6	2.7	1.2
50-54	9.0	3.4	0.9	1.7	2.0	2.6	1.0
55-59	7.3	3.0	0.7	1.7	2.5	3.0	1.0
60-64	4.2	3.1	0.2	0.3	3.2	2.1	0.5
65+	1.8	2.1	0.1	0.2	2.1	1.3	0.3
女 Female	**2.2**	**7.1**	**1.9**	**3.2**	**1.9**	**3.0**	**1.1**
16-19	1.4	14.2	3.0	0.6	1.1	3.4	0.3
20-24	2.5	6.4	3.7	3.7	2.3	5.1	1.7
25-29	2.3	5.7	3.4	4.3	2.1	4.7	1.8
30-34	2.5	5.9	2.8	4.1	2.2	3.6	1.4
35-39	2.4	6.5	2.0	3.6	1.7	3.2	1.3
40-44	2.7	7.5	1.3	3.0	1.7	2.5	0.8
45-49	2.5	8.7	0.8	3.0	1.8	2.0	0.6
50-54	1.5	9.5	0.3	2.1	1.9	1.4	0.6
55-59	0.9	9.2	0.2	0.8	1.5	1.3	0.6
60-64	0.6	5.8	0.1	0.3	1.6	0.8	0.1
65+	0.3	2.9	0.0	0.1	1.2	0.7	0.1

1-42　续表 2　continued

单位：%　　　　(%)

年　龄 Age	水利、环境和公共设施管理业 Management of Water Conservancy, Environment and Public Facilities	居民服务、修理和其他服务业 Services to Households, Repair and Other Services	教　育 Education	卫生和社会工作 Health and Society	文化、体育和娱乐业 Culture, Sports and Entertainment	公共管理、社会保障和社会组织 Public Management Social Security and Social Organizations
总计　Total	**1.0**	**5.7**	**5.8**	**3.3**	**1.2**	**6.7**
16−19	0.2	14.0	5.4	1.2	2.7	1.5
20−24	0.5	6.5	8.3	5.0	2.1	5.5
25−29	0.6	5.2	6.6	4.7	1.7	6.4
30−34	0.6	5.0	5.5	3.5	1.5	6.3
35−39	0.7	5.1	6.9	3.4	1.1	6.9
40−44	1.0	5.4	6.3	3.1	0.8	7.6
45−49	1.1	5.7	5.2	2.8	0.9	7.4
50−54	1.3	6.2	5.3	2.3	0.8	7.4
55−59	1.7	6.6	4.7	2.3	0.9	8.7
60−64	2.5	8.1	1.9	2.0	0.7	3.7
65+	2.0	6.7	1.4	1.9	0.6	2.5
男　Male	**1.1**	**5.2**	**3.4**	**1.8**	**1.1**	**7.5**
16−19	0.3	14.7	0.8	0.8	2.8	1.9
20−24	0.6	6.9	2.9	1.3	2.1	5.8
25−29	0.7	5.5	2.6	1.9	1.5	6.5
30−34	0.7	4.7	2.5	1.6	1.4	6.6
35−39	0.9	4.6	3.8	2.0	1.1	7.5
40−44	1.1	4.8	4.2	2.0	0.7	8.5
45−49	1.2	4.5	3.7	2.0	0.8	8.2
50−54	1.3	5.0	4.1	1.7	0.7	8.6
55−59	1.7	5.6	4.8	2.0	0.9	10.7
60−64	2.4	7.6	2.2	1.7	0.6	4.6
65+	2.3	6.9	1.7	2.2	0.6	3.2
女　Female	**0.8**	**6.4**	**9.1**	**5.3**	**1.3**	**5.7**
16−19		12.7	13.5	2.1	2.3	0.8
20−24	0.4	6.0	15.4	9.7	2.2	5.0
25−29	0.5	5.0	11.6	8.2	1.8	6.3
30−34	0.4	5.4	9.3	5.7	1.5	6.0
35−39	0.5	5.7	10.6	5.2	1.2	6.1
40−44	0.7	6.3	8.8	4.3	1.0	6.6
45−49	1.1	7.2	7.0	3.8	1.0	6.4
50−54	1.2	8.3	7.4	3.4	1.0	5.3
55−59	1.6	9.3	4.4	3.2	0.7	3.8
60−64	2.6	9.0	1.5	2.4	0.7	2.1
65+	1.7	6.3	0.8	1.6	0.6	1.4

1-43 城镇按行业、性别分的就业人员年龄构成
AGE COMPOSITION OF URBAN EMPLOYED PERSONS BY SECTOR AND SEX

单位：% (%)

年 龄 Age	城 镇 就业人员 Urban Employed Persons	农、林、牧、渔业 Agriculture, Forestry, Animal Husbandry and Fishery	采矿业 Mining	制造业 Manu-facturing	电力、热力、燃气及水生产和供应业 Production and Supply of Electricity Power, Heat Power, Gas and Water	建筑业 Construction	批发和零售业 Wholesale and Retail Trades
总计 Total	**100.0**	**100.0**	**100.0**	**100.0**	**100.0**	**100.0**	**100.0**
16-19	0.8	0.5	0.1	0.9	0.2	0.4	0.8
20-24	6.8	2.1	1.8	6.4	4.9	5.1	6.6
25-29	13.7	4.0	8.6	14.1	11.9	11.5	14.3
30-34	16.2	6.0	13.8	18.3	15.1	14.1	18.3
35-39	13.2	6.1	14.9	14.3	13.1	11.7	14.8
40-44	12.8	8.0	14.9	13.5	15.1	13.4	13.9
45-49	14.2	13.3	21.5	14.6	17.6	16.4	14.3
50-54	10.7	16.6	15.6	9.8	12.5	14.8	9.0
55-59	6.6	14.6	7.5	5.1	8.1	8.3	4.9
60-64	2.6	11.4	0.9	1.7	1.1	2.8	1.8
65+	2.5	17.3	0.4	1.2	0.4	1.5	1.3
男 Male	**100.0**	**100.0**	**100.0**	**100.0**	**100.0**	**100.0**	**100.0**
16-19	0.9	0.8	0.1	1.1	0.2	0.4	0.9
20-24	6.7	2.4	2.1	7.2	5.0	5.0	7.3
25-29	13.2	4.2	8.5	14.9	11.8	11.2	14.2
30-34	15.5	5.9	13.2	17.9	14.9	13.9	17.3
35-39	12.5	6.0	13.9	13.3	12.3	11.3	13.8
40-44	12.1	7.7	14.2	12.2	13.8	13.1	12.1
45-49	13.8	12.4	20.9	13.4	16.3	16.2	13.5
50-54	11.7	15.2	17.3	10.5	13.9	15.1	10.1
55-59	8.1	14.2	8.5	6.2	10.0	9.0	6.6
60-64	2.9	11.7	0.9	2.0	1.4	3.1	2.4
65+	2.7	19.4	0.4	1.3	0.4	1.7	1.8
女 Female	**100.0**	**100.0**	**100.0**	**100.0**	**100.0**	**100.0**	**100.0**
16-19	0.7	0.3		0.7		0.3	0.7
20-24	7.0	1.8	0.5	5.2	4.5	6.1	5.9
25-29	14.3	3.9	8.8	12.9	12.4	13.2	14.5
30-34	17.1	6.2	16.9	19.0	15.9	15.4	19.1
35-39	14.2	6.2	19.3	15.7	15.6	14.7	15.7
40-44	13.7	8.2	18.6	15.5	19.4	15.2	15.4
45-49	14.7	14.1	24.8	16.6	21.7	17.2	14.9
50-54	9.4	18.0	7.5	8.7	7.9	12.5	8.1
55-59	4.5	15.1	2.7	3.4	2.1	3.9	3.4
60-64	2.2	11.1	0.7	1.3	0.3	1.0	1.3
65+	2.2	15.1	0.2	1.0	0.1	0.4	1.0

1-43　续表 1　continued

单位：%　　(%)

年　龄 Age	交通运输、仓储和邮政业 Transport, Storage and Post	住宿和餐饮业 Hotels and Catering Services	信息传输、软件和信息技术服务业 Information Transmission, Software and Information Technical Services	金融业 Financial Intermediation	房地产业 Real Estate	租赁和商务服务业 Leasing and Business Services	科学研究和技术服务业 Scientific Research and Technical Services
总计　Total	**100.0**	**100.0**	**100.0**	**100.0**	**100.0**	**100.0**	**100.0**
16–19	0.4	2.4	0.9	0.1	0.4	0.7	0.2
20–24	5.5	9.1	13.3	8.0	8.0	9.8	9.4
25–29	12.1	13.6	26.7	19.6	15.7	18.6	20.2
30–34	16.0	15.7	24.4	22.4	17.4	19.4	20.8
35–39	14.6	12.7	14.5	14.6	12.5	13.9	16.6
40–44	15.5	12.8	9.1	11.2	10.4	11.3	10.4
45–49	16.5	15.0	6.3	12.4	12.2	11.0	10.0
50–54	11.4	10.4	3.0	7.5	10.4	7.7	6.9
55–59	6.1	5.4	1.5	3.7	7.5	5.4	4.4
60–64	1.3	1.8	0.2	0.3	3.4	1.4	0.7
65+	0.5	1.0	0.1	0.1	2.2	0.9	0.4
男　Male	**100.0**	**100.0**	**100.0**	**100.0**	**100.0**	**100.0**	**100.0**
16–19	0.3	3.6	0.8	0.1	0.5	0.6	0.2
20–24	5.1	12.2	13.1	8.0	7.7	8.4	8.6
25–29	11.6	16.0	26.7	19.8	15.3	15.7	18.7
30–34	15.4	17.3	23.9	22.8	15.5	18.4	20.3
35–39	14.5	12.5	14.0	13.0	12.1	13.0	16.5
40–44	15.3	10.9	8.9	9.3	9.3	11.1	10.3
45–49	16.5	11.7	6.4	10.8	10.9	11.9	10.7
50–54	12.4	8.0	3.8	9.1	11.3	10.0	7.7
55–59	6.9	4.9	2.1	6.4	10.0	7.9	5.5
60–64	1.4	1.8	0.2	0.4	4.5	1.9	0.9
65+	0.6	1.1	0.1	0.3	2.8	1.1	0.6
女　Female	**100.0**	**100.0**	**100.0**	**100.0**	**100.0**	**100.0**	**100.0**
16–19	0.4	1.4	1.1	0.1	0.4	0.8	0.2
20–24	7.8	6.3	13.7	8.0	8.3	11.9	11.0
25–29	15.0	11.5	26.6	19.5	16.2	22.6	23.2
30–34	19.2	14.2	25.4	22.1	20.1	20.9	21.7
35–39	15.5	12.9	15.3	16.0	13.0	15.1	16.9
40–44	16.4	14.6	9.4	12.9	12.0	11.6	10.4
45–49	16.6	18.0	6.3	13.8	13.9	9.6	8.6
50–54	6.4	12.7	1.6	6.1	9.2	4.6	5.3
55–59	1.8	5.9	0.4	1.1	3.7	1.9	2.4
60–64	0.6	1.7	0.2	0.2	1.8	0.6	0.3
65+	0.3	0.9	0.0	0.0	1.3	0.5	0.1

1-43 续表 2 continued

单位：% (%)

年 龄 Age	水利、环境和公共设施管理业 Management of Water Conservancy, Environment and Public Facilities	居民服务、修理和其他服务业 Services to Households, Repair and Other Services	教 育 Education	卫生和社会工作 Health and Society	文化、体育和娱乐业 Culture, Sports and Entertainment	公共管理、社会保障和社会组织 Public Management Social Security and Social Organizations
总计 Total	**100.0**	**100.0**	**100.0**	**100.0**	**100.0**	**100.0**
16-19	0.1	1.9	0.7	0.3	1.8	0.2
20-24	3.9	7.7	9.7	10.3	12.2	5.5
25-29	8.6	12.5	15.5	19.4	19.3	13.0
30-34	9.9	14.2	15.4	17.1	20.0	15.2
35-39	10.1	11.7	15.6	13.8	12.6	13.5
40-44	12.8	12.1	13.9	11.9	9.0	14.4
45-49	17.0	14.0	12.6	11.9	10.5	15.5
50-54	14.4	11.6	9.8	7.6	7.1	11.7
55-59	11.5	7.6	5.3	4.7	4.8	8.5
60-64	6.6	3.6	0.9	1.5	1.4	1.4
65+	5.3	2.9	0.6	1.4	1.2	0.9
男 Male	**100.0**	**100.0**	**100.0**	**100.0**	**100.0**	**100.0**
16-19	0.2	2.5	0.2	0.4	2.3	0.2
20-24	3.9	8.8	5.6	4.9	12.4	5.2
25-29	8.8	13.8	10.2	13.6	18.5	11.5
30-34	10.1	14.0	11.3	13.9	20.4	13.7
35-39	10.2	10.9	13.9	13.6	12.4	12.5
40-44	12.9	11.0	15.0	13.6	7.8	13.7
45-49	14.8	11.7	15.2	14.8	9.5	15.1
50-54	14.4	11.0	14.1	10.7	7.1	13.4
55-59	12.7	8.6	11.3	8.8	6.7	11.7
60-64	6.3	4.1	1.8	2.7	1.6	1.8
65+	5.6	3.5	1.4	3.2	1.4	1.1
女 Female	**100.0**	**100.0**	**100.0**	**100.0**	**100.0**	**100.0**
16-19		1.4	1.0	0.3	1.2	0.1
20-24	3.8	6.5	11.7	12.9	11.9	6.1
25-29	8.2	11.1	18.2	22.2	20.2	15.8
30-34	9.6	14.4	17.5	18.6	19.6	17.9
35-39	9.9	12.6	16.5	14.0	12.8	15.2
40-44	12.5	13.4	13.3	11.1	10.5	15.7
45-49	20.9	16.6	11.3	10.5	11.5	16.3
50-54	14.3	12.3	7.6	6.1	7.1	8.7
55-59	9.1	6.5	2.2	2.7	2.6	3.0
60-64	7.1	3.0	0.4	1.0	1.2	0.8
65+	4.6	2.2	0.2	0.6	1.1	0.5

1—44　城镇按受教育程度、性别分的就业人员行业构成
URBAN EMPLOYED PERSONS BY SEX, EDUCATIONAL ATTAINMENT AND SECTOR

单位：%　　(%)

受教育程度	Educational Attainment	城镇就业人员 Urban Employed Persons	农、林、牧、渔业 Agriculture, Forestry, Animal Husbandry and Fishery	采矿业 Mining	制造业 Manu-facturing	电力、热力、燃气及水生产和供应业 Production and Supply of Electricity Power, Heat Power, Gas and Water	建筑业 Construction	批发和零售业 Wholesale and Retail Trades
总　计	**Total**	**100.0**	**7.8**	**1.0**	**17.9**	**1.4**	**8.2**	**17.1**
未上过学	No Schooling	100.0	54.4	0.3	10.3	0.0	6.4	8.8
小　学	Primary School	100.0	31.4	0.6	17.2	0.4	12.8	12.9
初　中	Junior Secondary School	100.0	11.8	0.9	22.1	0.8	12.1	19.2
高　中	Senior Secondary School	100.0	3.5	1.2	19.8	1.6	6.7	22.8
大学专科	College	100.0	0.8	1.1	15.0	2.3	5.1	15.9
大学本科	University	100.0	0.4	0.9	10.2	2.2	4.0	8.6
研究生	Graduate and Higher Level	100.0	0.3	0.7	9.5	1.5	1.7	3.2
男	**Male**	**100.0**	**6.7**	**1.4**	**19.0**	**1.9**	**12.4**	**13.7**
未上过学	No Schooling	100.0	48.0	0.5	10.1	0.1	16.4	6.4
小　学	Primary School	100.0	26.4	1.0	15.4	0.6	21.6	10.7
初　中	Junior Secondary School	100.0	10.4	1.4	21.2	1.1	18.3	14.0
高　中	Senior Secondary School	100.0	3.6	1.6	21.7	2.1	9.6	17.5
大学专科	College	100.0	1.0	1.6	17.8	3.1	7.1	13.8
大学本科	University	100.0	0.5	1.2	12.5	2.8	5.5	8.7
研究生	Graduate and Higher Level	100.0	0.5	0.9	12.0	2.0	1.8	3.8
女	**Female**	**100.0**	**9.3**	**0.4**	**16.4**	**0.8**	**2.5**	**21.6**
未上过学	No Schooling	100.0	56.7	0.2	10.4	0.0	2.8	9.7
小　学	Primary School	100.0	36.5	0.1	19.1	0.1	4.0	15.1
初　中	Junior Secondary School	100.0	13.9	0.2	23.4	0.3	2.7	27.0
高　中	Senior Secondary School	100.0	3.3	0.5	16.8	0.9	1.9	31.5
大学专科	College	100.0	0.6	0.6	11.6	1.4	2.6	18.6
大学本科	University	100.0	0.3	0.5	7.6	1.4	2.3	8.5
研究生	Graduate and Higher Level	100.0	0.1	0.4	6.7	0.8	1.6	2.6

1−44 续表 1 continued

单位：% (%)

受教育程度 Educational Attainment	交通运输、仓储和邮政业 Transport, Storage and Post	住宿和餐饮业 Hotels and Catering Services	信息传输、软件和信息技术服务业 Information Transmission, Software and Information Technical Services	金融业 Financial Intermediation	房地产业 Real Estate	租赁和商务服务业 Leasing and Business Services	科学研究和技术服务业 Scientific Research and Technical Services
总 计 Total	**5.8**	**5.8**	**2.3**	**2.6**	**2.0**	**3.0**	**1.4**
未上过学 No Schooling	1.3	5.3	0.0	0.1	1.0	0.5	0.1
小 学 Primary School	3.8	6.9	0.1	0.2	1.2	1.0	0.1
初 中 Junior Secondary School	7.0	8.5	0.5	0.6	1.4	1.8	0.3
高 中 Senior Secondary School	7.4	6.9	1.6	2.0	2.4	3.1	0.9
大学专科 College	5.2	3.3	4.2	4.3	2.9	4.7	2.0
大学本科 University	3.2	1.2	5.8	6.6	2.1	4.6	3.5
研究生 Graduate and Higher Level	1.1	0.2	6.3	8.0	1.4	4.4	8.7
男 Male	**8.5**	**4.9**	**2.6**	**2.1**	**2.0**	**3.1**	**1.5**
未上过学 No Schooling	3.3	2.6	0.0	0.1	0.9	1.0	0.2
小 学 Primary School	6.7	4.1	0.2	0.1	1.3	1.3	0.1
初 中 Junior Secondary School	10.5	6.7	0.6	0.4	1.5	2.2	0.4
高 中 Senior Secondary School	10.3	6.3	1.8	1.5	2.4	3.2	1.0
大学专科 College	6.8	3.2	4.9	3.7	2.8	4.3	2.4
大学本科 University	3.9	1.1	7.2	6.1	2.3	4.4	4.1
研究生 Graduate and Higher Level	1.2	0.1	8.2	8.0	1.5	3.7	10.2
女 Female	**2.2**	**7.1**	**1.9**	**3.2**	**1.9**	**3.0**	**1.1**
未上过学 No Schooling	0.5	6.3	0.1	0.1	1.1	0.4	0.1
小 学 Primary School	0.8	9.7	0.1	0.2	1.1	0.8	0.1
初 中 Junior Secondary School	1.8	11.4	0.4	0.9	1.3	1.4	0.2
高 中 Senior Secondary School	2.8	8.0	1.4	2.9	2.5	3.0	0.7
大学专科 College	3.2	3.3	3.4	5.0	2.9	5.2	1.6
大学本科 University	2.4	1.3	4.3	7.2	1.8	4.8	2.7
研究生 Graduate and Higher Level	0.9	0.3	4.2	8.0	1.3	5.2	6.9

1-44 续表 2 continued

单位：% (%)

受教育程度 Educational Attainment		水利、环境和公共设施管理业 Management of Water Conservancy, Environment and Public Facilities	居民服务、修理和其他服务业 Services to Households, Repair and Other Services	教 育 Education	卫生和社会工作 Health and Society	文化、体育和娱乐业 Culture, Sports and Entertainment	公共管理、社会保障和社会组织 Public Management Social Security and Social Organizations
总　计	**Total**	**1.0**	**5.7**	**5.8**	**3.3**	**1.2**	**6.7**
未上过学	No Schooling	2.1	6.7	0.5	0.8	0.3	0.9
小　学	Primary School	1.5	6.8	0.8	0.7	0.5	1.0
初　中	Junior Secondary School	0.9	7.6	1.3	0.7	0.7	1.7
高　中	Senior Secondary School	0.9	7.0	3.1	2.4	1.3	5.2
大学专科	College	1.0	3.9	8.6	6.4	1.6	11.8
大学本科	University	0.9	1.8	17.4	7.6	2.0	17.0
研究生	Graduate and Higher Level	0.8	0.6	27.5	9.1	1.8	13.2
男	**Male**	**1.1**	**5.2**	**3.4**	**1.8**	**1.1**	**7.5**
未上过学	No Schooling	2.4	5.5	0.3	0.3	0.2	1.7
小　学	Primary School	1.5	6.1	0.5	0.5	0.3	1.3
初　中	Junior Secondary School	0.9	6.7	0.8	0.5	0.6	2.0
高　中	Senior Secondary School	1.1	6.3	1.6	1.4	1.2	5.8
大学专科	College	1.1	3.7	4.7	3.0	1.5	13.6
大学本科	University	1.1	1.7	11.1	4.6	2.0	19.2
研究生	Graduate and Higher Level	0.9	0.4	22.0	7.9	1.7	13.2
女	**Female**	**0.8**	**6.4**	**9.1**	**5.3**	**1.3**	**5.7**
未上过学	No Schooling	2.0	7.2	0.5	1.0	0.3	0.6
小　学	Primary School	1.5	7.5	1.0	0.8	0.6	0.8
初　中	Junior Secondary School	0.8	8.9	2.1	1.0	0.8	1.3
高　中	Senior Secondary School	0.6	8.0	5.6	4.1	1.4	4.3
大学专科	College	0.7	4.2	13.5	10.7	1.6	9.4
大学本科	University	0.7	1.8	24.8	11.1	2.0	14.4
研究生	Graduate and Higher Level	0.7	0.8	33.9	10.5	2.0	13.2

1—45 城镇按行业、性别分的就业人员受教育程度构成
EDUCATIONAL ATTAINMENT OF URBAN EMPLOYED PERSONS BY SECTOR AND SEX

单位：%　(%)

受教育程度	Educational Attainment	城镇就业人员 Urban Employed Persons	农、林、牧、渔业 Agriculture, Forestry, Animal Husbandry and Fishery	采矿业 Mining	制造业 Manu-facturing	电力、热力、燃气及水生产和供应业 Production and Supply of Electricity Power, Heat Power, Gas and Water	建筑业 Construction	批发和零售业 Wholesale and Retail Trades
总　计	**Total**	**100.0**	**100.0**	**100.0**	**100.0**	**100.0**	**100.0**	**100.0**
未上过学	No Schooling	0.7	4.9	0.2	0.4	0.0	0.6	0.4
小　学	Primary School	7.7	31.1	4.6	7.5	2.0	12.1	5.8
初　中	Junior Secondary School	33.6	50.8	31.9	41.5	18.4	49.6	37.9
高　中	Senior Secondary School	23.7	10.6	29.0	26.3	26.8	19.3	31.7
大学专科	College	17.5	1.8	20.0	14.7	28.3	10.8	16.4
大学本科	University	14.9	0.7	13.1	8.5	22.7	7.3	7.5
研究生	Graduate and Higher Level	1.8	0.1	1.3	1.0	1.8	0.4	0.3
男	**Male**	**100.0**	**100.0**	**100.0**	**100.0**	**100.0**	**100.0**	**100.0**
未上过学	No Schooling	0.3	2.3	0.1	0.2	0.0	0.4	0.2
小　学	Primary School	6.7	26.3	5.0	5.5	2.1	11.7	5.3
初　中	Junior Secondary School	35.0	54.2	34.6	39.1	19.8	51.9	35.8
高　中	Senior Secondary School	25.5	13.5	29.3	29.2	28.1	19.8	32.5
大学专科	College	16.9	2.5	18.4	15.8	27.4	9.7	17.1
大学本科	University	13.9	1.0	11.4	9.2	20.8	6.2	8.8
研究生	Graduate and Higher Level	1.7	0.1	1.1	1.1	1.8	0.2	0.5
女	**Female**	**100.0**	**100.0**	**100.0**	**100.0**	**100.0**	**100.0**	**100.0**
未上过学	No Schooling	1.2	7.5	0.7	0.8	0.0	1.4	0.5
小　学	Primary School	9.1	35.8	2.9	10.6	1.6	14.5	6.4
初　中	Junior Secondary School	31.8	47.5	18.6	45.4	13.7	33.7	39.7
高　中	Senior Secondary School	21.3	7.6	27.0	21.8	22.9	15.7	31.0
大学专科	College	18.3	1.1	27.8	13.0	31.3	18.8	15.7
大学本科	University	16.2	0.5	20.9	7.6	28.5	14.7	6.4
研究生	Graduate and Higher Level	2.0	0.0	2.2	0.8	1.9	1.2	0.2

1-45　续表 1　continued

单位：%　(%)

受教育程度	Educational Attainment	交通运输、仓储和邮政业 Transport, Storage and Post	住宿和餐饮业 Hotels and Catering Services	信息传输、软件和信息技术服务业 Information Transmission, Software and Information Technical Services	金融业 Financial Intermediation	房地产业 Real Estate	租赁和商务服务业 Leasing and Business Services	科学研究和技术服务业 Scientific Research and Technical Services
总　计	**Total**	**100.0**	**100.0**	**100.0**	**100.0**	**100.0**	**100.0**	**100.0**
未上过学	No Schooling	0.2	0.6	0.0	0.0	0.4	0.1	0.1
小　学	Primary School	5.0	9.1	0.5	0.5	4.8	2.6	0.8
初　中	Junior Secondary School	40.5	49.3	7.8	8.3	23.8	20.4	7.8
高　中	Senior Secondary School	30.1	28.1	17.0	18.5	28.9	24.4	15.3
大学专科	College	15.6	9.8	32.1	28.9	25.2	27.2	26.3
大学本科	University	8.3	3.0	37.7	38.2	15.7	22.6	38.2
研究生	Graduate and Higher Level	0.3	0.0	4.9	5.6	1.3	2.6	11.6
男	**Male**	**100.0**	**100.0**	**100.0**	**100.0**	**100.0**	**100.0**	**100.0**
未上过学	No Schooling	0.1	0.2	0.0	0.0	0.1	0.1	0.0
小　学	Primary School	5.3	5.6	0.5	0.4	4.4	2.9	0.6
初　中	Junior Secondary School	43.4	47.4	7.8	7.1	25.1	24.6	8.5
高　中	Senior Secondary School	30.9	32.5	17.4	17.8	29.9	26.7	16.6
大学专科	College	13.6	11.1	31.2	28.9	23.5	23.7	26.2
大学本科	University	6.5	3.1	37.9	39.5	15.8	20.0	37.0
研究生	Graduate and Higher Level	0.2	0.0	5.2	6.3	1.2	2.0	11.1
女	**Female**	**100.0**	**100.0**	**100.0**	**100.0**	**100.0**	**100.0**	**100.0**
未上过学	No Schooling	0.3	1.1	0.0	0.0	0.7	0.2	0.1
小　学	Primary School	3.2	12.5	0.4	0.6	5.4	2.3	1.1
初　中	Junior Secondary School	25.7	51.0	7.6	9.3	21.9	14.6	6.4
高　中	Senior Secondary School	26.5	23.9	16.1	19.1	27.5	21.2	13.0
大学专科	College	25.8	8.5	34.0	28.9	27.7	32.0	26.6
大学本科	University	17.6	2.9	37.3	37.0	15.4	26.3	40.3
研究生	Graduate and Higher Level	0.8	0.1	4.4	5.0	1.4	3.4	12.5

1-45 续表 2 continued

单位：% (%)

受教育程度	Educational Attainment	水利、环境和公共设施管理业 Management of Water Conservancy, Environment and Public Facilities	居民服务、修理和其他服务业 Services to Households, Repair and Other Services	教育 Education	卫生和社会工作 Health and Society	文化、体育和娱乐业 Culture, Sports and Entertainment	公共管理、社会保障和社会组织 Public Management Social Security and Social Organizations
总计	**Total**	**100.0**	**100.0**	**100.0**	**100.0**	**100.0**	**100.0**
未上过学	No Schooling	1.6	0.8	0.1	0.2	0.2	0.1
小学	Primary School	12.3	9.2	1.0	1.6	3.1	1.2
初中	Junior Secondary School	30.9	44.5	7.4	7.2	19.3	8.6
高中	Senior Secondary School	22.2	28.8	12.7	17.6	26.0	18.5
大学专科	College	17.5	11.9	25.7	34.1	23.4	30.6
大学本科	University	14.1	4.6	44.6	34.3	25.3	37.6
研究生	Graduate and Higher Level	1.5	0.2	8.5	5.0	2.7	3.5
男	**Male**	**100.0**	**100.0**	**100.0**	**100.0**	**100.0**	**100.0**
未上过学	No Schooling	0.7	0.3	0.0	0.1	0.1	0.1
小学	Primary School	9.6	7.8	1.0	1.8	2.0	1.1
初中	Junior Secondary School	30.6	44.5	7.8	9.3	18.1	9.4
高中	Senior Secondary School	25.4	30.8	11.9	19.6	28.5	19.9
大学专科	College	18.1	11.9	23.1	27.4	23.5	30.8
大学本科	University	14.2	4.6	45.3	34.6	25.3	35.8
研究生	Graduate and Higher Level	1.4	0.1	10.8	7.2	2.5	3.0
女	**Female**	**100.0**	**100.0**	**100.0**	**100.0**	**100.0**	**100.0**
未上过学	No Schooling	3.2	1.4	0.1	0.2	0.3	0.1
小学	Primary School	17.3	10.8	1.0	1.4	4.4	1.3
初中	Junior Secondary School	31.4	44.5	7.3	6.2	20.8	7.1
高中	Senior Secondary School	16.4	26.5	13.1	16.7	23.1	16.0
大学专科	College	16.3	12.0	27.1	37.3	23.2	30.2
大学本科	University	13.8	4.6	44.2	34.2	25.2	40.8
研究生	Graduate and Higher Level	1.7	0.2	7.3	3.9	3.0	4.5

1-46　城镇按年龄、性别分的就业人员职业构成
OCCUPATION OF URBAN EMPLOYED PERSONS BY AGE AND SEX

单位：%　　(%)

年　龄 Age	城　镇就业人员 Urban Employed Persons	单　位负责人 Unit Heads	专业技术人　员 Technical Personnel	办事人员和有关人　员 Clerk and Related Workers	商业、服务业人　员 Business Service Personnel	农林牧渔水利业生产人员 Producers of Agriculture, Forestry, Animal Husbandry, Fishery and Water Conservancy	生产运输设备操作人员及有关人员 Production, Transport Equipment Operators and Related Workers	其　他 Others
总计　Total	**100.0**	**2.5**	**13.9**	**16.7**	**40.0**	**7.5**	**19.2**	**0.2**
16-19	100.0	0.3	8.4	7.5	58.2	5.0	20.4	0.2
20-24	100.0	0.7	20.8	16.7	43.7	2.4	15.6	0.1
25-29	100.0	1.5	19.0	17.9	42.1	2.1	17.2	0.2
30-34	100.0	2.5	16.2	17.9	42.1	2.7	18.5	0.1
35-39	100.0	3.2	16.7	18.3	40.3	3.4	18.0	0.2
40-44	100.0	3.3	13.8	17.3	40.5	4.6	20.2	0.2
45-49	100.0	3.2	10.6	16.2	40.3	7.0	22.4	0.3
50-54	100.0	2.9	9.4	15.2	37.5	11.7	23.0	0.3
55-59	100.0	2.8	7.7	18.0	34.5	16.9	19.8	0.3
60-64	100.0	1.4	3.2	10.1	33.5	34.6	16.8	0.3
65+	100.0	0.7	2.8	6.4	24.9	54.3	10.4	0.4
男　Male	**100.0**	**3.3**	**10.6**	**17.4**	**38.1**	**6.4**	**24.1**	**0.2**
16-19	100.0	0.3	3.7	7.6	57.8	5.5	24.8	0.3
20-24	100.0	0.9	12.5	15.2	47.1	2.3	21.7	0.2
25-29	100.0	1.9	13.0	16.1	43.4	1.9	23.4	0.2
30-34	100.0	3.2	12.2	17.0	41.3	2.3	23.8	0.2
35-39	100.0	4.2	12.8	18.5	39.1	2.9	22.4	0.2
40-44	100.0	4.5	11.4	18.4	37.0	4.0	24.6	0.2
45-49	100.0	4.4	9.0	17.7	35.9	5.6	27.1	0.3
50-54	100.0	3.6	8.4	18.2	33.0	8.2	28.2	0.3
55-59	100.0	3.4	8.3	22.6	30.7	11.3	23.4	0.3
60-64	100.0	2.0	3.6	13.7	31.8	27.4	21.1	0.4
65+	100.0	1.0	3.3	9.0	25.2	48.2	12.9	0.5
女　Female	**100.0**	**1.4**	**18.4**	**15.8**	**42.7**	**9.1**	**12.4**	**0.2**
16-19	100.0	0.3	16.8	7.2	58.9	4.1	12.7	0.0
20-24	100.0	0.5	31.7	18.6	39.2	2.4	7.5	0.1
25-29	100.0	1.0	26.5	20.2	40.5	2.4	9.4	0.1
30-34	100.0	1.6	21.2	19.0	43.1	3.2	11.9	0.1
35-39	100.0	2.0	21.3	18.0	41.8	3.9	12.8	0.1
40-44	100.0	1.9	16.7	16.1	44.8	5.4	14.9	0.2
45-49	100.0	1.6	12.7	14.4	46.1	8.7	16.4	0.2
50-54	100.0	1.5	11.2	10.2	45.1	17.6	14.1	0.2
55-59	100.0	1.2	6.3	6.7	43.6	30.7	11.2	0.2
60-64	100.0	0.4	2.6	3.5	36.4	47.8	8.9	0.3
65+	100.0	0.4	2.0	2.2	24.4	64.5	6.2	0.3

1-47 城镇按职业、性别分的就业人员年龄构成
AGE COMPOSITION OF URBAN EMPLOYED PERSONS BY OCCUPATION AND SEX

单位：% (%)

年龄 Age	城镇就业人员 Urban Employed Persons	单位负责人 Unit Heads	专业技术人员 Technical Personnel	办事人员和有关人员 Clerk and Related Workers	商业、服务业人员 Business Service Personnel	农林牧渔水利业生产人员 Producers of Agriculture, Forestry, Animal Husbandry, Fishery and Water Conservancy	生产运输设备操作人员及有关人员 Production, Transport Equipment Operators and Related Workers	其他 Others
总计 Total	**100.0**	**100.0**	**100.0**	**100.0**	**100.0**	**100.0**	**100.0**	**100.0**
16-19	0.8	0.1	0.5	0.4	1.2	0.5	0.8	0.8
20-24	6.8	2.0	10.2	6.8	7.4	2.1	5.5	4.2
25-29	13.7	8.1	18.8	14.7	14.4	3.9	12.3	11.7
30-34	16.2	16.1	19.0	17.3	17.1	5.7	15.6	11.8
35-39	13.2	17.1	15.9	14.5	13.3	5.9	12.4	9.9
40-44	12.8	17.0	12.8	13.3	13.0	7.8	13.5	11.7
45-49	14.2	17.9	10.9	13.8	14.3	13.1	16.6	18.0
50-54	10.7	12.3	7.3	9.8	10.0	16.7	12.8	13.3
55-59	6.6	7.3	3.7	7.1	5.7	14.8	6.8	9.4
60-64	2.6	1.5	0.6	1.5	2.1	11.8	2.2	4.4
65+	2.5	0.7	0.5	0.9	1.5	17.7	1.3	4.9
男 Male	**100.0**	**100.0**	**100.0**	**100.0**	**100.0**	**100.0**	**100.0**	**100.0**
16-19	0.9	0.1	0.3	0.4	1.3	0.8	0.9	1.2
20-24	6.7	1.9	7.9	5.8	8.3	2.4	6.0	4.6
25-29	13.2	7.6	16.3	12.2	15.1	4.0	12.8	12.7
30-34	15.5	15.3	18.0	15.2	16.9	5.6	15.3	12.4
35-39	12.5	16.1	15.2	13.3	12.9	5.7	11.6	9.5
40-44	12.1	16.5	13.1	12.8	11.8	7.5	12.4	10.0
45-49	13.8	18.5	11.8	14.0	13.0	12.2	15.5	16.0
50-54	11.7	13.0	9.3	12.2	10.1	15.0	13.6	12.8
55-59	8.1	8.4	6.3	10.5	6.5	14.3	7.8	11.3
60-64	2.9	1.8	1.0	2.2	2.4	12.3	2.5	4.3
65+	2.7	0.8	0.8	1.4	1.8	20.2	1.4	5.2
女 Female	**100.0**	**100.0**	**100.0**	**100.0**	**100.0**	**100.0**	**100.0**	**100.0**
16-19	0.7	0.1	0.6	0.3	0.9	0.3	0.7	0.2
20-24	7.0	2.3	12.0	8.2	6.4	1.8	4.2	3.4
25-29	14.3	9.5	20.7	18.4	13.6	3.7	10.8	9.6
30-34	17.1	18.5	19.7	20.6	17.3	5.9	16.5	10.5
35-39	14.2	20.1	16.5	16.3	13.9	6.1	14.6	10.7
40-44	13.7	18.5	12.5	14.0	14.4	8.1	16.4	15.2
45-49	14.7	16.0	10.1	13.4	15.9	13.9	19.4	21.9
50-54	9.4	10.1	5.7	6.1	9.9	18.2	10.7	14.4
55-59	4.5	3.8	1.6	1.9	4.6	15.2	4.1	5.4
60-64	2.2	0.6	0.3	0.5	1.8	11.3	1.5	4.5
65+	2.2	0.5	0.2	0.3	1.2	15.4	1.1	4.2

1-48　城镇按受教育程度、性别分的就业人员职业构成
OCCUPATION OF URBAN EMPLOYED PERSONS BY EDUCATIONAL ATTAINMENT AND SEX

单位：%　　　　(%)

受教育程度	Educational Attainment	城镇就业人员 Urban Employed Persons	单位负责人 Unit Heads	专业技术人员 Technical Personnel	办事人员和有关人员 Clerk and Related Workers	商业、服务业人员 Business Service Personnel	农林牧渔水利业生产人员 Producers in the Sectors of Agriculture, Forestry,Animal Husbandry, Fishery and Water Conservancy	生产运输设备操作人员及有关人员 Production, Transport Equipment Operators and Related Workers	其他 Others
总　计	**Total**	**100.0**	**2.5**	**13.9**	**16.7**	**40.0**	**7.5**	**19.2**	**0.2**
未上过学	No Schooling	100.0	0.2	0.6	1.9	27.7	53.9	15.4	0.3
小　学	Primary School	100.0	0.8	1.0	3.8	35.1	31.1	27.7	0.4
初　中	Junior Secondary School	100.0	1.5	2.7	6.9	46.8	11.5	30.3	0.3
高　中	Senior Secondary School	100.0	2.7	8.8	16.1	49.6	3.2	19.4	0.2
大学专科	College	100.0	3.5	23.6	28.2	35.0	0.5	9.1	0.1
大学本科	University	100.0	4.0	38.0	32.6	21.8	0.2	3.4	0.1
研究生	Graduate and Higher Level	100.0	4.3	54.5	26.1	13.3	0.1	1.6	0.1
男	**Male**	**100.0**	**3.3**	**10.6**	**17.4**	**38.1**	**6.4**	**24.1**	**0.2**
未上过学	No Schooling	100.0	0.3	1.2	3.8	21.7	46.9	25.5	0.5
小　学	Primary School	100.0	1.1	1.1	5.4	31.1	26.0	34.8	0.5
初　中	Junior Secondary School	100.0	1.9	2.6	7.9	41.4	10.0	35.9	0.3
高　中	Senior Secondary School	100.0	3.3	6.5	16.4	45.9	3.3	24.4	0.2
大学专科	College	100.0	4.7	16.5	29.0	36.2	0.7	12.9	0.2
大学本科	University	100.0	5.6	30.6	34.3	24.2	0.3	5.0	0.1
研究生	Graduate and Higher Level	100.0	6.1	50.9	25.6	14.7	0.1	2.3	0.2
女	**Female**	**100.0**	**1.4**	**18.4**	**15.8**	**42.7**	**9.1**	**12.4**	**0.2**
未上过学	No Schooling	100.0	0.1	0.4	1.2	29.9	56.4	11.8	0.2
小　学	Primary School	100.0	0.5	0.8	2.2	39.2	36.3	20.7	0.4
初　中	Junior Secondary School	100.0	0.9	2.9	5.4	55.0	13.7	21.9	0.2
高　中	Senior Secondary School	100.0	1.7	12.5	15.6	55.7	3.1	11.2	0.2
大学专科	College	100.0	2.0	32.6	27.3	33.4	0.4	4.3	0.1
大学本科	University	100.0	2.1	46.6	30.6	18.9	0.1	1.6	0.1
研究生	Graduate and Higher Level	100.0	2.2	58.7	26.7	11.7	0.0	0.7	0.0

1—49 城镇按职业、性别分的就业人员受教育程度构成
EDUCATIONAL ATTAINMENT OF URBAN EMPLOYED PERSONS BY OCCUPATION AND SEX

单位：%　　(%)

受教育程度	Educational Attainment	城镇就业人员 Urban Employed Persons	单位负责人 Unit Heads	专业技术人员 Technical Personnel	办事人员和有关人员 Clerk and Related Workers	商业、服务业人员 Business Service Personnel	农林牧渔水利业生产人员 Producers in the Sectors of Agriculture, Forestry,Animal Husbandry, Fishery and Water Conservancy	生产运输设备操作人员及有关人员 Production, Transport Equipment Operators and Related Workers	其他 Others
总　计	**Total**	**100.0**	**100.0**	**100.0**	**100.0**	**100.0**	**100.0**	**100.0**	**100.0**
未上过学	No Schooling	0.7	0.0	0.0	0.1	0.5	5.0	0.6	1.1
小　学	Primary School	7.7	2.4	0.5	1.8	6.8	32.0	11.2	16.9
初　中	Junior Secondary School	33.6	20.4	6.6	13.9	39.4	51.3	53.2	45.9
高　中	Senior Secondary School	23.7	25.9	15.1	22.9	29.4	10.1	23.9	20.9
大学专科	College	17.5	24.3	29.8	29.6	15.3	1.2	8.3	9.8
大学本科	University	14.9	23.9	40.8	29.0	8.1	0.4	2.7	4.2
研究生	Graduate and Higher Level	1.8	3.1	7.1	2.8	0.6	0.0	0.1	1.2
男	**Male**	**100.0**	**100.0**	**100.0**	**100.0**	**100.0**	**100.0**	**100.0**	**100.0**
未上过学	No Schooling	0.3	0.0	0.0	0.1	0.2	2.4	0.3	0.7
小　学	Primary School	6.7	2.2	0.7	2.1	5.5	27.4	9.7	15.2
初　中	Junior Secondary School	35.0	20.6	8.7	15.9	38.1	54.9	52.1	47.1
高　中	Senior Secondary School	25.5	26.0	15.8	24.0	30.7	13.0	25.8	20.2
大学专科	College	16.9	24.1	26.3	28.1	16.1	1.7	9.0	11.5
大学本科	University	13.9	23.9	40.3	27.4	8.8	0.6	2.9	3.6
研究生	Graduate and Higher Level	1.7	3.1	8.1	2.5	0.6	0.0	0.2	1.6
女	**Female**	**100.0**	**100.0**	**100.0**	**100.0**	**100.0**	**100.0**	**100.0**	**100.0**
未上过学	No Schooling	1.2	0.1	0.0	0.1	0.9	7.6	1.2	1.7
小　学	Primary School	9.1	3.2	0.4	1.3	8.4	36.3	15.2	20.4
初　中	Junior Secondary School	31.8	19.8	5.0	10.8	40.9	47.8	55.9	43.6
高　中	Senior Secondary School	21.3	25.5	14.5	21.2	27.7	7.3	19.1	22.3
大学专科	College	18.3	24.9	32.5	31.8	14.3	0.7	6.3	6.2
大学本科	University	16.2	23.6	41.2	31.5	7.2	0.2	2.1	5.4
研究生	Graduate and Higher Level	2.0	3.0	6.3	3.3	0.5	0.0	0.1	0.4

1-50　城镇就业人员调查周平均工作时间
WEEKLY WORKING HOURS OF URBAN EMPLOYED PERSONS

单位：小时／周　(hours/per week)

分　组	Group	2014	2015	2016	2017	2018	2019
全　部	**Total**	**46.6**	**45.5**	**46.1**	**46.2**	**46.5**	**46.8**
一、按年龄分组	**By Age**						
	16-19	49.3	48.4	48.4	48.6	48.3	48.1
	20-24	47.7	46.2	46.7	46.5	46.8	46.3
	25-29	47.2	45.8	46.3	46.5	46.6	46.9
	30-34	47.0	45.7	46.4	46.5	46.8	47.5
	35-39	47.5	45.9	46.4	46.6	46.9	47.2
	40-44	47.5	46.1	46.6	46.7	47.0	47.5
	45-49	46.7	45.7	46.3	46.4	46.8	47.6
	50-54	45.6	44.9	45.6	45.9	46.4	46.9
	55-59	44.1	43.9	44.7	44.8	45.2	45.7
	60-64	41.2	42.4	42.8	43.3	44.1	43.9
	65+	35.6	37.2	38.4	38.9	39.1	39.0
二、按职业分组	**By Occupation**						
单位负责人	Unit Head	48.4	46.9	47.8	47.5	47.8	48.3
专业技术人员	Technical Personnel	43.9	42.9	43.4	43.0	43.2	43.5
办事人员和有关人员	Clerk and Related Workers	43.8	43.1	43.7	43.5	43.6	44.2
商业、服务业人员	Business Service Personnel	49.9	47.7	48.4	48.3	48.5	49.1
农林牧渔水利业生产人员	Producers in the Sectors of Agriculture, Forestry, Animal Husbandry, Fishery and Water Conservancy	37.6	38.9	39.4	39.2	39.4	38.7
生产、运输设备操作人员及有关人员	Production, Transport Equipment Operators and Related Workers	49.5	47.9	48.5	48.9	49.2	49.8
其　他	Others	44.0	44.6	50.6	44.6	44.9	47.6
三、按受教育程度分组	**By Educational Attainment**						
未上过学	No Schooling	40.1	42.1	41.9	41.8	42	41.5
小　学	Primary School	44.6	45.3	46.1	46.2	46.5	46.4
初　中	Junior Secondary School	48.7	48.1	48.6	48.9	49.2	49.5
高　中	Senior Secondary School	47.8	46.0	46.7	46.9	47.3	47.9
大学专科	College	44.5	43.4	44.0	44.0	44.3	44.7
大学本科	University	42.6	41.7	42.3	42.1	42.3	42.7
研究生	Graduate and Higher Level	41.4	41.0	41.7	41.5	41.5	42.0

注：高中包括中等职业教育，大学专科包括高等职业教育，2015—2018年的数据依据此分类重新计算(下表同)。

Note: Senior secondary school include medium vocational education, and college include high vocational education. The data from 2015 to 2018 are recalculated according to this classification. The same applies to the tables following.

1-51 城镇男性就业人员调查周平均工作时间
WEEKLY WORKING HOURS OF URBAN MALE EMPLOYED PERSONS

单位：小时／周 (hours/per week)

分组	Group	2014	2015	2016	2017	2018	2019
全部	**Total**	**47.5**	**46.1**	**46.8**	**47.0**	**47.3**	**47.8**
一、按年龄分组	**By Age**						
	16-19	49.8	49.1	48.9	49.2	49.2	48.9
	20-24	48.5	46.9	47.5	47.4	47.6	47.5
	25-29	48.1	46.6	47.1	47.3	47.5	48.2
	30-34	47.8	46.4	47.2	47.3	47.8	48.7
	35-39	48.2	46.5	47.2	47.5	47.8	48.2
	40-44	48.3	46.7	47.2	47.3	47.6	48.4
	45-49	47.7	46.2	46.9	47.1	47.5	48.4
	50-54	46.5	45.3	46.1	46.4	46.9	47.6
	55-59	45.5	44.6	45.3	45.4	45.8	46.4
	60-64	43.8	44.2	44.6	45.2	45.7	45.6
	65+	37.9	39.0	40.1	40.6	40.8	40.7
二、按职业分组	**By Occupation**						
单位负责人	Unit Head	48.5	47.0	47.8	47.7	48.0	48.4
专业技术人员	Technical Personnel	44.5	43.4	44.0	43.6	43.9	44.3
办事人员和有关人员	Clerk and Related Workers	44.4	43.6	44.3	44.1	44.2	45.0
商业、服务业人员	Business Service Personnel	50.3	48.2	49.0	48.8	49.1	49.7
农林牧渔水利业生产人员	Producers in the Sectors of Agriculture, Forestry, Animal Husbandry, Fishery and Water Conservancy	40.5	40.9	41.3	41.2	41.4	40.8
生产、运输设备操作人员及有关人员	Production, Transport Equipment Operators and Related Workers	49.6	47.9	48.6	49.0	49.3	50
其他	Others	45.6	45.2	51.1	45.3	45.9	49.1
三、按受教育程度分组	**By Educational Attainment**						
未上过学	No Schooling	43.3	44.3	44.7	44.2	43.6	43.4
小学	Primary School	46.3	46.3	47.2	47.4	47.6	48.0
初中	Junior Secondary School	49.8	48.7	49.3	49.6	50.0	50.3
高中	Senior Secondary School	48.2	46.5	47.2	47.5	47.9	48.7
大学专科	College	44.9	43.8	44.4	44.5	44.9	45.5
大学本科	University	43.0	42.0	42.6	42.4	42.7	43.2
研究生	Graduate and Higher Level	41.5	41.2	42.0	41.7	41.8	42.4

1-52　城镇女性就业人员调查周平均工作时间
WEEKLY WORKING HOURS OF URBAN FEMALE EMPLOYED PERSONS

单位：小时／周　　　　(hours/per week)

分　组	Group	2014	2015	2016	2017	2018	2019
全　部	**Total**	**45.5**	**44.7**	**45.2**	**45.2**	**45.5**	**45.5**
一、按年龄分组	**By Age**						
	16-19	48.5	47.6	47.7	47.6	46.8	46.8
	20-24	46.7	45.4	45.7	45.4	45.7	44.6
	25-29	46.1	44.8	45.3	45.4	45.4	45.3
	30-34	46.2	44.8	45.4	45.6	45.7	46.1
	35-39	46.6	45.2	45.5	45.6	45.8	46.0
	40-44	46.6	45.2	45.8	45.8	46.1	46.5
	45-49	45.5	45.1	45.6	45.6	46.0	46.7
	50-54	44.0	44.0	44.6	44.8	45.4	45.7
	55-59	40.8	42.0	42.9	43.3	43.9	44.1
	60-64	37.0	39.1	39.8	40.3	41.6	40.7
	65+	31.9	33.9	35.5	36.1	36.3	36.2
二、按职业分组	**By Occupation**						
单位负责人	Unit Head	48.2	46.7	47.9	46.9	47.5	47.7
专业技术人员	Technical Personnel	43.4	42.3	42.8	42.4	42.6	42.8
办事人员和有关人员	Clerk and Related Workers	42.8	42.3	42.7	42.6	42.8	43.0
商业、服务业人员	Business Service Personnel	49.5	47.2	47.8	47.7	47.8	48.4
农林牧渔水利业生产人员	Producers in the Sectors of Agriculture, Forestry, Animal Husbandry, Fishery and Water Conservancy	34.9	37.1	37.5	37.4	37.6	36.7
生产、运输设备操作人员及有关人员	Production, Transport Equipment Operators and Related Workers	49.1	47.7	48.1	48.7	49	49.4
其　他	Others	42.0	43.9	49.8	43.5	43.5	44.8
三、按受教育程度分组	**By Educational Attainment**						
未上过学	No Schooling	38.4	41.0	40.6	40.7	41.3	40.8
小　学	Primary School	42.9	44.3	44.9	44.9	45.3	44.9
初　中	Junior Secondary School	47.3	47.3	47.6	47.8	48.0	48.2
高　中	Senior Secondary School	47.3	45.3	45.9	46.0	46.5	46.7
大学专科	College	44.0	42.8	43.4	43.3	43.6	43.7
大学本科	University	42.0	41.2	41.9	41.7	41.9	42.1
研究生	Graduate and Higher Level	41.2	40.8	41.3	41.2	41.2	41.5

1—53 城镇按行业、性别分的就业人员调查周平均工作时间
WEEKLY WORKING HOURS IN URBAN AREA BY SECTOR AND SEX

单位：小时／周 (hours/per week)

行　业	Sector	2019	男 Male	女 Female
总　计	**National Total**	**46.8**	**47.8**	**45.5**
农、林、牧、渔业	Farming, Forestry, Animal Husbandry and Fishery	39.0	41.2	36.9
采矿业	Mining	47.9	48.6	44.2
制造业	Manufacturing	48.9	49.2	48.3
电力、热力、燃气及水生产和供应业	Production and Supply of Electricity,Heat,Gas and Water	44.3	44.6	43.1
建筑业	Construction	48.9	49.4	45.7
批发和零售业	Wholesale and Retail Trades	49.7	50.5	49.0
交通运输、仓储和邮政业	Transport, Storage and Post	49.1	49.8	45.4
住宿和餐饮业	Hotels and Catering Services	51.9	53.0	50.8
信息传输、软件和信息技术服务业	Information Transmission, Software and Information Technology	44.2	44.7	43.2
金融业	Financial Intermediation	42.8	43.2	42.4
房地产业	Real Estate	46.2	47.3	44.7
租赁和商务服务业	Leasing and Business Services	45.2	46.2	43.7
科学研究和技术服务业	Scientific Research and Technical Service	43.5	43.8	42.7
水利、环境和公共设施管理业	Management of Water Conservancy,Environment and Public Establishment	45.4	45.8	44.5
居民服务、修理和其他服务业	Services to Household,Repair and Other Services	48.9	50.0	47.8
教育	Education	42.1	42.6	41.9
卫生和社会工作	Health and Social Service	44.6	45.6	44.1
文化体育和娱乐业	Culture, Sports and Entertainment	45.3	45.7	44.8
公共管理、社会保障和社会组织	Public Management,Social Security and Social Organization	42.6	43.2	41.5

1－54 城镇按年龄、性别分的就业人员工作时间构成
WORKING HOURS OF URBAN EMPLOYED PERSONS BY AGE AND SEX

单位：% (%)

年 龄 Age	城 镇 就业人员 Urban Employed Persons	1－8小时 1-8 Hours	9－19小时 9-19 Hours	20－39小时 20-39 Hours	40小时 40 Hours	41－48小时 41-48 Hours	48小时以上 48 Hours Above
总计 Total	**100.0**	**0.9**	**1.0**	**5.3**	**40.4**	**20.7**	**31.8**
16－19	100.0	1.7	1.8	5.2	27.7	24.2	39.4
20－24	100.0	1.0	0.7	3.9	41.6	25.0	27.9
25－29	100.0	0.6	0.4	3.8	41.9	23.7	29.6
30－34	100.0	0.5	0.4	3.3	41.3	22.3	32.1
35－39	100.0	0.6	0.5	3.5	43.5	20.9	31.1
40－44	100.0	0.8	0.6	3.9	41.9	19.7	33.2
45－49	100.0	0.8	0.7	5.0	39.5	19.7	34.4
50－54	100.0	1.0	1.2	7.1	38.3	18.7	33.7
55－59	100.0	1.4	1.8	9.1	39.0	17.1	31.6
60－64	100.0	2.4	4.0	15.6	29.8	16.5	31.6
65+	100.0	4.3	7.7	23.1	30.5	12.0	22.4
男 Male	**100.0**	**0.8**	**0.8**	**4.5**	**38.4**	**20.7**	**34.9**
16－19	100.0	1.3	1.4	4.8	26.2	24.9	41.3
20－24	100.0	0.8	0.6	3.6	37.3	25.2	32.5
25－29	100.0	0.5	0.3	3.0	37.8	24.2	34.1
30－34	100.0	0.4	0.3	2.6	38.5	21.9	36.4
35－39	100.0	0.5	0.4	3.0	40.4	21.1	34.6
40－44	100.0	0.7	0.4	3.2	40.2	19.4	36.1
45－49	100.0	0.8	0.5	4.1	38.1	19.5	37.1
50－54	100.0	0.8	0.8	5.6	38.5	19.1	35.3
55－59	100.0	1.0	1.2	6.8	41.3	17.7	31.9
60－64	100.0	1.7	3.0	12.6	29.6	17.8	35.2
65+	100.0	3.3	6.7	21.4	29.7	13.0	25.9
女 Female	**100.0**	**1.1**	**1.3**	**6.4**	**43.1**	**20.7**	**27.5**
16－19	100.0	2.3	2.6	5.7	30.4	23.0	36.0
20－24	100.0	1.1	0.9	4.2	47.1	24.7	21.9
25－29	100.0	0.7	0.5	4.7	47.1	23.0	24.0
30－34	100.0	0.7	0.7	4.2	44.8	22.9	26.8
35－39	100.0	0.7	0.6	4.1	47.1	20.6	26.9
40－44	100.0	0.9	0.7	4.7	43.9	20.1	29.7
45－49	100.0	0.8	1.0	6.1	41.2	19.9	31.0
50－54	100.0	1.3	1.9	9.6	38.0	18.2	31.1
55－59	100.0	2.3	3.5	14.6	33.3	15.7	30.7
60－64	100.0	3.5	5.9	21.2	30.2	14.1	25.1
65+	100.0	6.0	9.4	25.9	31.9	10.4	16.4

1-55 城镇按受教育程度、性别分的就业人员工作时间构成
WORKING HOURS OF URBAN EMPLOYED PERSONS BY EDUCATIONAL ATTAINMENT AND SEX

单位：% (%)

受教育程度	Educational Attainment	城镇就业人员 Urban Employed Persons	1-8小时 1-8 Hours	9-19小时 9-19 Hours	20-39小时 20-39 Hours	40小时 40 Hours	41-48小时 41-48 Hours	48小时以上 48 Hours Above
总　计	**Total**	**100.0**	**0.9**	**1.0**	**5.3**	**40.4**	**20.7**	**31.8**
未上过学	No Schooling	100.0	3.5	7.2	20.3	28.2	12.7	28.1
小　学	Primary School	100.0	2.1	3.3	13.5	25.5	16.4	39.2
初　中	Junior Secondary School	100.0	1.0	1.3	6.8	25.8	20.3	44.8
高　中	Senior Secondary School	100.0	0.7	0.6	3.9	36.5	23.5	34.8
大学专科	College	100.0	0.5	0.3	2.8	54.2	22.8	19.4
大学本科	University	100.0	0.6	0.2	2.8	67.4	17.8	11.2
研究生	Graduate and Higher Level	100.0	0.6	0.4	2.1	74.6	14.7	7.6
男	**Male**	**100.0**	**0.8**	**0.8**	**4.5**	**38.4**	**20.7**	**34.9**
未上过学	No Schooling	100.0	2.7	5.0	19.2	27.6	13.1	32.4
小　学	Primary School	100.0	1.7	2.7	11.3	24.3	16.6	43.5
初　中	Junior Secondary School	100.0	0.9	1.0	5.9	25.0	19.8	47.4
高　中	Senior Secondary School	100.0	0.6	0.5	3.4	34.8	23.1	37.5
大学专科	College	100.0	0.5	0.3	2.5	51.0	23.2	22.6
大学本科	University	100.0	0.5	0.2	2.5	65.9	18.2	12.8
研究生	Graduate and Higher Level	100.0	0.4	0.4	1.9	72.8	16.0	8.5
女	**Female**	**100.0**	**1.1**	**1.3**	**6.4**	**43.1**	**20.7**	**27.5**
未上过学	No Schooling	100.0	3.8	8.0	20.6	28.4	12.5	26.6
小　学	Primary School	100.0	2.5	3.9	15.8	26.7	16.2	34.9
初　中	Junior Secondary School	100.0	1.2	1.6	8.2	27.0	21.1	40.8
高　中	Senior Secondary School	100.0	0.8	0.7	4.7	39.2	24.2	30.5
大学专科	College	100.0	0.6	0.4	3.1	58.2	22.4	15.3
大学本科	University	100.0	0.8	0.3	3.2	69.1	17.3	9.4
研究生	Graduate and Higher Level	100.0	0.8	0.4	2.4	76.6	13.2	6.6

1－56　城镇按户口性质、性别分的就业人员工作时间构成
WORKING HOURS OF URBAN EMPLOYED PERSONS BY HOUSEHOLD REGISTRATION AND SEX

单位：%　　(%)

户口性质	Household Registration	城镇就业人员 Urban Employed Persons	1－8小时 1-8 Hours	9－19小时 9-19 Hours	20－39小时 20-39 Hours	40小时 40 Hours	41－48小时 41-48 Hours	48小时以上 48 Hours Above
总　计	**Total**	**100.0**	**0.9**	**1.0**	**5.3**	**40.4**	**20.7**	**31.8**
农　业	Agriculture	100.0	1.1	1.7	8.3	28.3	20.3	40.3
非农业	Non-Agriculture	100.0	0.7	0.5	3.3	48.7	20.9	25.8
男	**Male**	**100.0**	**0.8**	**0.8**	**4.5**	**38.4**	**20.7**	**34.9**
农　业	Agriculture	100.0	0.8	1.3	6.8	26.6	20.4	44.1
非农业	Non-Agriculture	100.0	0.7	0.4	2.9	47.0	20.9	28.2
女	**Female**	**100.0**	**1.1**	**1.3**	**6.4**	**43.1**	**20.7**	**27.5**
农　业	Agriculture	100.0	1.5	2.3	10.5	30.8	20.2	34.6
非农业	Non-Agriculture	100.0	0.8	0.6	3.8	51.0	20.9	22.8

注：农业人口是指本人户口所在家庭拥有农村土地承包权的人口。
Note:Agricultural population refer to the people who register in the families which own farmland contracts.

1－57　城镇按就业身份、性别分的就业人员工作时间构成
WORKING HOURS OF URBAN EMPLOYED PERSONS BY EMPLOYMENT STATUS AND SEX

单位：%　　(%)

就业身份	Employment Status	城镇就业人员 Urban Employed Persons	1－8小时 1-8 Hours	9－19小时 9-19 Hours	20－39小时 20-39 Hours	40小时 40 Hours	41－48小时 41-48 Hours	48小时以上 48 Hours Above
总　计	**Total**	**100.0**	**0.9**	**1.0**	**5.3**	**40.4**	**20.7**	**31.8**
雇　员	Employee	100.0	0.6	0.4	3.3	45.1	22.5	28.2
雇　主	Employer	100.0	0.4	0.6	3.4	30.8	18.1	46.7
自营劳动者	Self-Employed	100.0	1.7	2.6	11.7	26.5	15.7	41.8
家庭帮工	Unpaid Familial Worker	100.0	3.8	6.6	17.0	30.0	10.1	32.5
男	**Male**	**100.0**	**0.8**	**0.8**	**4.5**	**38.4**	**20.7**	**34.9**
雇　员	Employee	100.0	0.6	0.3	2.9	42.7	22.2	31.3
雇　主	Employer	100.0	0.3	0.4	2.9	30.4	18.4	47.5
自营劳动者	Self-Employed	100.0	1.2	2.0	9.5	25.8	16.7	44.9
家庭帮工	Unpaid Familial Worker	100.0	4.6	7.1	19.2	32.1	10.2	26.8
女	**Female**	**100.0**	**1.1**	**1.3**	**6.4**	**43.1**	**20.7**	**27.5**
雇　员	Employee	100.0	0.7	0.4	3.8	48.3	22.9	23.9
雇　主	Employer	100.0	0.7	1.1	4.3	31.6	17.4	44.8
自营劳动者	Self-Employed	100.0	2.3	3.6	14.7	27.7	14.2	37.5
家庭帮工	Unpaid Familial Worker	100.0	3.5	6.3	16.0	29.0	10.1	35.0

1-58 城镇按行业、性别分的就业人员工作时间构成
WORKING HOURS OF URBAN EMPLOYED PERSONS BY SECTOR AND SEX

单位：% (%)

项目	Item	城镇就业人员 Urban Employed Persons	1-8小时 1-8 Hours	9-19小时 9-19 Hours	20-39小时 20-39 Hours	40小时 40 Hours	41-48小时 41-48 Hours	48小时以上 48 Hours Above
总　计	**National Total**	**100.0**	**0.9**	**1.0**	**5.3**	**40.4**	**20.7**	**31.8**
农、林、牧、渔业	Agriculture, Forestry, Animal Husbandry and Fishery	100.0	3.5	6.4	23.7	33.2	13.4	19.9
采矿业	Mining	100.0	0.5	0.8	1.3	40.0	18.1	39.4
制造业	Manufacturing	100.0	0.5	0.4	3.1	33.2	24.8	38.0
电力、热力、燃气及水生产和供应业	Production and Supply of Electricity Power, Heat Power, Gas and Water	100.0	0.5	0.2	3.5	58.8	17.3	19.7
建筑业	Construction	100.0	0.8	0.5	4.9	30.3	20.8	42.7
批发和零售业	Wholesale and Retail Trades	100.0	0.7	0.6	4.0	30.6	22.5	41.5
交通运输、仓储和邮政业	Transport, Storage and Post	100.0	0.7	0.5	4.3	35.7	20.2	38.7
住宿和餐饮业	Hotels and Catering Services	100.0	0.7	0.7	3.7	25.1	21.0	48.8
信息传输、软件和信息技术服务业	Information Transmission, Software and Information Technical Services	100.0	0.3	0.2	2.2	58.6	23.0	15.7
金融业	Financial Intermediation	100.0	0.4	0.5	3.4	64.3	19.5	12.0
房地产业	Real Estate	100.0	0.5	0.2	2.5	43.4	29.3	24.0
租赁和商务服务业	Leasing and Business Services	100.0	0.6	0.4	3.1	52.3	21.8	21.9
科学研究和技术服务业	Scientific Research and Technical Services	100.0	0.6	0.3	2.3	62.5	20.7	13.7
水利、环境和公共设施管理业	Management of Water Conservancy, Environment and Public Facilities	100.0	0.8	0.5	4.6	46.4	20.2	27.4
居民服务、修理和其他服务业	Services to Households, Repair and Other Services	100.0	1.0	1.2	5.3	31.0	21.1	40.5
教育	Education	100.0	0.9	0.6	4.0	67.4	15.8	11.3
卫生和社会工作	Health and Society	100.0	0.6	0.3	3.3	53.9	22.1	19.9
文化体育和娱乐业	Culture, Sports and Entertainment	100.0	0.8	0.7	5.7	47.4	20.5	24.8
公共管理、社会保障和社会组织	Public Management, Social Security and Social	100.0	0.7	0.2	3.8	68.0	14.4	12.8
男	**Male**	**100.0**	**0.8**	**0.8**	**4.5**	**38.4**	**20.7**	**34.9**
农、林、牧、渔业	Agriculture, Forestry, Animal Husbandry and Fishery	100.0	2.6	5.3	20.7	31.8	14.7	24.8
采矿业	Mining	100.0	0.4	0.8	1.3	36.3	18.4	42.9
制造业	Manufacturing	100.0	0.5	0.3	2.4	32.9	24.9	39.0
电力、热力、燃气及水生产和供应业	Production and Supply of Electricity Power, Heat Power, Gas and Water	100.0	0.5	0.2	3.5	56.7	17.9	21.3
建筑业	Construction	100.0	0.8	0.5	4.8	28.5	20.6	44.8
批发和零售业	Wholesale and Retail Trades	100.0	0.6	0.5	3.6	30.2	21.5	43.6
交通运输、仓储和邮政业	Transport, Storage and Post	100.0	0.7	0.4	4.3	33.1	19.9	41.6
住宿和餐饮业	Hotels and Catering Services	100.0	0.6	0.7	2.6	24.1	20.4	51.6
信息传输、软件和信息技术服务业	Information Transmission, Software and Information Technical Services	100.0	0.4	0.2	2.1	56.0	23.4	17.9

1-58　续表　continued

单位：%　　(%)

项　目	Item	城镇就业人员 Urban Employed Persons	1-8小时 1-8 Hours	9-19小时 9-19 Hours	20-39小时 20-39 Hours	40小时 40 Hours	41-48小时 41-48 Hours	48小时以上 48 Hours Above
金融业	Financial Intermediation	100.0	0.3	0.3	2.8	64.2	19.1	13.3
房地产业	Real Estate	100.0	0.6	0.2	2.2	40.5	28.8	27.8
租赁和商务服务业	Leasing and Business Services	100.0	0.6	0.4	2.9	47.8	22.3	26.0
科学研究和技术服务业	Scientific Research and Technical Services	100.0	0.6	0.2	2.3	61.0	20.2	15.7
水利、环境和公共设施管理业	Management of Water Conservancy, Environment and Public Facilities	100.0	0.5	0.4	3.8	47.2	20.2	27.9
居民服务、修理和其他服务业	Services to Households, Repair and Other Services	100.0	0.9	0.9	4.0	29.9	20.7	43.6
教育	Education	100.0	0.8	0.6	4.0	65.3	16.3	13.0
卫生和社会工作	Health and Society	100.0	0.6	0.4	3.2	51.0	20.1	24.8
文化体育和娱乐业	Culture, Sports and Entertainment	100.0	0.8	0.6	5.1	47.5	19.6	26.4
公共管理、社会保障和社会组织	Public Management, Social Security and Social Organizations	100.0	0.6	0.2	3.5	65.5	15.3	14.9
女	**Female**	**100.0**	**1.1**	**1.3**	**6.4**	**43.1**	**20.7**	**27.5**
农、林、牧、渔业	Agriculture, Forestry, Animal Husbandry and Fishery	100.0	4.4	7.5	26.6	34.5	12.1	14.9
采矿业	Mining	100.0	0.6	0.8	1.4	58.4	16.8	22.1
制造业	Manufacturing	100.0	0.6	0.5	4.3	33.5	24.7	36.4
电力、热力、燃气及水生产和供应业	Production and Supply of Electricity Power, Heat Power, Gas and Water	100.0	0.4	0.2	3.6	65.4	15.6	14.6
建筑业	Construction	100.0	0.9	0.6	5.8	42.4	21.8	28.5
批发和零售业	Wholesale and Retail Trades	100.0	0.8	0.7	4.4	31.0	23.4	39.8
交通运输、仓储和邮政业	Transport, Storage and Post	100.0	0.8	0.7	4.5	49.2	21.4	23.5
住宿和餐饮业	Hotels and Catering Services	100.0	0.7	0.8	4.7	26.1	21.7	46.1
信息传输、软件和信息技术服务业	Information Transmission, Software and Information Technical Services	100.0	0.2	0.3	2.5	63.5	22.1	11.4
金融业	Financial Intermediation	100.0	0.6	0.6	3.9	64.3	19.8	10.8
房地产业	Real Estate	100.0	0.4	0.3	3.1	47.8	30.1	18.3
租赁和商务服务业	Leasing and Business Services	100.0	0.6	0.3	3.2	58.6	21.2	16.1
科学研究和技术服务业	Scientific Research and Technical Services	100.0	0.5	0.4	2.4	65.2	21.7	9.8
水利、环境和公共设施管理业	Management of Water Conservancy, Environment and Public Facilities	100.0	1.4	0.7	6.1	45.0	20.2	26.6
居民服务、修理和其他服务业	Services to Households, Repair and Other Services	100.0	1.2	1.5	6.8	32.2	21.4	36.9
教育	Education	100.0	1.0	0.7	3.9	68.4	15.6	10.4
卫生和社会工作	Health and Society	100.0	0.6	0.2	3.3	55.3	23.1	17.5
文化体育和娱乐业	Culture, Sports and Entertainment	100.0	0.7	0.8	6.5	47.3	21.7	23.0
公共管理、社会保障和社会组织	Public Management, Social Security and Social Organizations	100.0	1.0	0.2	4.4	72.6	12.7	9.1

1-59 城镇按职业、性别分的就业人员工作时间构成
WORKING HOURS OF URBAN EMPLOYED PERSONS BY OCCUPATION AND SEX

单位：% (%)

职 业	Occupation	城镇就业人员 Urban Employed Persons	1-8小时 1-8 Hours	9-19小时 9-19 Hours	20-39小时 20-39 Hours	40小时 40 Hours	41-48小时 41-48 Hours	48小时以上 48 Hours Above
合 计	**Total**	**100.0**	**0.9**	**1.0**	**5.3**	**40.4**	**20.7**	**31.8**
单位负责人	Unit Head	100.0	0.4	0.2	2.3	45.0	18.4	33.6
专业技术人员	Technical Personnel	100.0	0.7	0.4	3.1	60.6	19.9	15.2
办事人员和有关人员	Clerk and Related Workers	100.0	0.5	0.2	3.0	59.1	19.8	17.5
商业、服务业人员	Business Service Personnel	100.0	0.7	0.7	4.2	32.8	22.0	39.6
农林牧渔水利业生产人员	Producers in the Sectors of Agriculture, Forestry, Animal Husbandry, Fishery and Water Conservancy	100.0	3.6	6.6	24.4	33.0	13.3	19.1
生产运输设备操作人员及有关人员	Production, Transport Equipment Operators and Related Workers	100.0	0.7	0.6	4.3	27.6	22.4	44.4
其 他	Others	100.0	2.1	1.2	8.4	28.8	17.1	42.4
男	**Male**	**100.0**	**0.8**	**0.8**	**4.5**	**38.4**	**20.7**	**34.9**
单位负责人	Unit Head	100.0	0.4	0.2	2.1	44.4	18.5	34.3
专业技术人员	Technical Personnel	100.0	0.6	0.4	2.8	57.3	20.5	18.4
办事人员和有关人员	Clerk and Related Workers	100.0	0.5	0.2	2.7	56.2	19.6	20.7
商业、服务业人员	Business Service Personnel	100.0	0.7	0.5	3.6	32.4	21.5	41.3
农林牧渔水利业生产人员	Producers in the Sectors of Agriculture, Forestry, Animal Husbandry, Fishery and Water Conservancy	100.0	2.7	5.5	21.6	31.6	14.6	23.9
生产运输设备操作人员及有关人员	Production, Transport Equipment Operators and Related Workers	100.0	0.6	0.5	3.8	27.6	22.2	45.2
其 他	Others	100.0	2.0	0.7	6.8	26.8	17.9	45.8
女	**Female**	**100.0**	**1.1**	**1.3**	**6.4**	**43.1**	**20.7**	**27.5**
单位负责人	Unit Head	100.0	0.5	0.4	3.0	46.7	18.1	31.3
专业技术人员	Technical Personnel	100.0	0.8	0.4	3.4	63.3	19.4	12.7
办事人员和有关人员	Clerk and Related Workers	100.0	0.5	0.2	3.4	63.4	20.0	12.5
商业、服务业人员	Business Service Personnel	100.0	0.8	0.8	4.9	33.2	22.7	37.5
农林牧渔水利业生产人员	Producers in the Sectors of Agriculture, Forestry, Animal Husbandry, Fishery and Water Conservancy	100.0	4.5	7.6	27.1	34.3	12.0	14.5
生产运输设备操作人员及有关人员	Production, Transport Equipment Operators and Related Workers	100.0	0.7	0.7	5.5	27.8	23.0	42.3
其 他	Others	100.0	2.4	2.1	11.6	32.7	15.6	35.6

1-60 城镇按年龄、性别分的失业人员结束上一份工作原因构成
REASON FOR ENDING PREVIOUS JOB OF URBAN UNEMPLOYED PERSONS BY AGE AND SEX

单位：% (%)

年 龄 Age	城 镇 失业人员 Urban Unemployed Persons	从没工作过 Never worked	健康或 身体原因 Health or Physical Reasons	退 休 Retired	辞 职 Resignation	被解聘 Dismissed
总计 Total	**100.0**	**17.5**	**8.2**	**4.0**	**37.0**	**3.0**
16-19	100.0	55.8	1.5		26.4	1.5
20-24	100.0	51.3	2.5		31.1	0.8
25-29	100.0	18.5	7.9		51.5	2.0
30-34	100.0	8.4	9.4		53.5	2.7
35-39	100.0	7.8	9.6		47.2	2.5
40-44	100.0	7.6	9.4		42.4	3.9
45-49	100.0	8.7	9.8	1.0	31.6	4.4
50-54	100.0	5.2	11.3	16.5	19.8	4.3
55-59	100.0	6.5	10.8	17.1	17.8	4.4
60-64	100.0	5.6	6.1	33.4	11.7	6.8
65+	100.0	11.7	14.3	19.5	11.3	4.6
男 Male	**100.0**	**17.1**	**6.9**	**2.5**	**33.0**	**3.9**
16-19	100.0	56.9	1.9		23.3	2.3
20-24	100.0	49.1	1.4		30.9	0.9
25-29	100.0	19.1	3.2		50.7	2.6
30-34	100.0	5.8	4.5		49.6	4.1
35-39	100.0	3.8	7.5		39.0	4.2
40-44	100.0	2.7	9.7		38.0	5.9
45-49	100.0	2.0	10.1	0.4	28.5	5.2
50-54	100.0	1.8	14.8	1.4	18.6	5.4
55-59	100.0	3.2	13.6	8.4	17.4	6.3
60-64	100.0	1.2	7.3	35.3	10.2	7.3
65+	100.0	5.9	12.9	22.2	11.9	6.5
女 Female	**100.0**	**17.8**	**9.3**	**5.2**	**40.3**	**2.2**
16-19	100.0	53.5	0.6		33.0	
20-24	100.0	54.1	3.9		31.4	0.7
25-29	100.0	18.1	11.8		52.2	1.4
30-34	100.0	9.8	12.0		55.6	2.0
35-39	100.0	9.9	10.7		51.4	1.7
40-44	100.0	10.5	9.3		44.9	2.7
45-49	100.0	12.7	9.7	1.3	33.5	3.9
50-54	100.0	7.9	8.6	28.5	20.8	3.4
55-59	100.0	10.9	7.0	28.6	18.4	2.0
60-64	100.0	13.0	4.2	30.2	14.2	5.9
65+	100.0	19.1	16.1	16.2	10.5	2.2

注：根据劳动力调查制度调整，原失业人员未工作原因调整为结束上一份工作原因数据表(下表同)。
Note:According to the adjustment of the Labor Force Survey, the table of the reason for unemployment of urban unemployed persons is adjusted to the unemployed persons. The same applies to the tables following.

1-60 续表 continued

单位：% (%)

年 龄 Age	单位/个体经营户倒闭停产 Unit/Self-employed Individuals Closed down or Stopped Production	季节性歇业 Seasonal Shut down	上一份工作任务完成(包括打零工) Last Job Task Completed (Including Part-time Job)	承包土地被征用或流转 Land Expropriated or Transferred	其 他 Others
总计 Total	**11.8**	**3.6**	**11.2**	**0.8**	**3.0**
16-19	2.4	0.6	10.2		1.6
20-24	2.6	1.2	7.7	0.1	2.6
25-29	7.7	2.0	7.0	0.2	3.2
30-34	10.2	3.0	9.0	0.1	3.7
35-39	14.4	3.4	10.9	0.6	3.5
40-44	16.8	5.5	11.1	0.5	2.7
45-49	19.9	5.2	14.9	1.2	3.3
50-54	16.8	5.9	15.9	1.7	2.6
55-59	17.4	5.1	16.3	1.9	2.6
60-64	7.6	6.4	18.6	1.8	1.9
65+	7.5	6.9	14.1	8.9	1.1
男 Male	**13.8**	**4.3**	**15.2**	**0.8**	**2.6**
16-19	2.9	0.6	10.7		1.5
20-24	3.1	1.7	9.9		3.0
25-29	8.8	2.6	10.1	0.3	2.6
30-34	14.0	5.1	15.1	0.0	1.9
35-39	19.0	5.6	17.5	0.7	2.8
40-44	18.6	6.1	16.3	0.4	2.3
45-49	23.4	6.3	20.0	0.8	3.2
50-54	24.0	7.7	22.2	1.5	2.6
55-59	23.0	4.0	19.3	2.2	2.6
60-64	7.7	6.1	20.7	1.9	2.3
65+	8.8	7.0	16.8	7.5	0.6
女 Female	**10.2**	**3.0**	**7.9**	**0.8**	**3.3**
16-19	1.3	0.6	9.0		2.0
20-24	2.0	0.6	5.0	0.2	2.2
25-29	6.8	1.4	4.4	0.1	3.8
30-34	8.2	1.8	5.8	0.2	4.6
35-39	12.1	2.2	7.6	0.6	3.8
40-44	15.7	5.2	8.2	0.6	2.9
45-49	17.7	4.5	11.8	1.5	3.4
50-54	11.1	4.4	10.9	1.8	2.7
55-59	10.0	6.6	12.3	1.5	2.8
60-64	7.5	6.7	15.2	1.7	1.4
65+	5.8	6.8	10.7	10.7	1.9

1-61 城镇按结束上一份工作原因、性别分的失业人员年龄构成
AGE COMPOSITION OF URBAN UNEMPLOYED PERSONS BY REASON AND SEX

单位：% (%)

年 龄 Age	城 镇 失业人员 Urban Unemployed Persons	从没工作过 Never worked	健康或 身体原因 Health or Physical Reasons	退 休 Retired	辞 职 Resignation	被解聘 Dismissed
总计 Total	**100.0**	**100.0**	**100.0**	**100.0**	**100.0**	**100.0**
16-19	2.7	8.5	0.5		1.9	1.4
20-24	16.2	47.6	4.9		13.7	4.4
25-29	14.1	15.0	13.6		19.7	9.4
30-34	13.1	6.3	15.0		18.9	11.8
35-39	11.0	4.9	12.8		14.0	9.3
40-44	10.2	4.5	11.7		11.7	13.3
45-49	12.3	6.1	14.7	3.0	10.5	18.2
50-54	10.2	3.0	14.1	42.2	5.5	14.8
55-59	6.3	2.3	8.2	26.9	3.0	9.4
60-64	2.4	0.8	1.8	20.4	0.8	5.6
65+	1.5	1.0	2.6	7.5	0.5	2.4
男 Male	**100.0**	**100.0**	**100.0**	**100.0**	**100.0**	**100.0**
16-19	4.1	13.5	1.1		2.9	2.4
20-24	20.5	58.9	4.3		19.2	4.7
25-29	14.6	16.2	6.8		22.4	9.8
30-34	10.1	3.4	6.6		15.2	10.6
35-39	8.4	1.9	9.1		9.9	9.0
40-44	8.3	1.3	11.7		9.6	12.6
45-49	10.4	1.2	15.3	1.6	9.0	14.1
50-54	10.2	1.1	21.9	5.5	5.7	14.2
55-59	8.1	1.5	15.9	27.2	4.2	12.9
60-64	3.4	0.2	3.6	48.5	1.1	6.4
65+	1.9	0.7	3.6	17.1	0.7	3.2
女 Female	**100.0**	**100.0**	**100.0**	**100.0**	**100.0**	**100.0**
16-19	1.5	4.6	0.1		1.3	
20-24	12.8	38.8	5.3		10.0	4.0
25-29	13.8	14.0	17.6		17.9	8.8
30-34	15.4	8.5	19.9		21.3	13.6
35-39	13.0	7.2	15.0		16.6	9.7
40-44	11.7	6.9	11.7		13.1	14.3
45-49	13.8	9.9	14.4	3.5	11.5	24.0
50-54	10.3	4.6	9.5	56.3	5.3	15.6
55-59	4.9	3.0	3.7	26.8	2.2	4.4
60-64	1.6	1.2	0.7	9.6	0.6	4.4
65+	1.2	1.3	2.1	3.8	0.3	1.2

1-61 续表 continued

单位：% (%)

年 龄 Age	单位/个体经营户倒闭停产 Unit/Self-employed Individuals Closed down or Stopped Production	季节性歇业 Seasonal Shut down	上一份工作任务完成(包括打零工) Last Job Task Completed (Including Part-time Job)	承包土地被征用或流转 Land Expropriated or Transferred	其 他 Others
总计 Total	**100.0**	**100.0**	**100.0**	**100.0**	**100.0**
16-19	0.5	0.4	2.4		1.5
20-24	3.6	5.3	11.2	1.9	14.5
25-29	9.3	7.8	8.9	3.1	15.5
30-34	11.4	10.7	10.5	2.4	16.1
35-39	13.4	10.2	10.7	8.8	12.8
40-44	14.6	15.5	10.1	6.8	9.3
45-49	20.8	17.6	16.4	19.0	13.6
50-54	14.6	16.5	14.5	21.3	9.0
55-59	9.3	8.9	9.2	14.6	5.6
60-64	1.6	4.3	4.1	5.4	1.6
65+	1.0	2.9	1.9	16.8	0.6
男 Male	**100.0**	**100.0**	**100.0**	**100.0**	**100.0**
16-19	0.9	0.5	2.9		2.4
20-24	4.6	7.8	13.4		24.2
25-29	9.3	8.8	9.6	5.9	14.6
30-34	10.3	11.9	10.1	0.4	7.6
35-39	11.6	10.7	9.6	7.3	9.2
40-44	11.3	11.6	8.9	4.3	7.5
45-49	17.8	15.2	13.7	11.6	12.9
50-54	17.7	18.0	14.8	20.1	10.1
55-59	13.5	7.4	10.2	23.2	8.1
60-64	1.9	4.8	4.6	8.4	3.1
65+	1.2	3.1	2.1	18.9	0.4
女 Female	**100.0**	**100.0**	**100.0**	**100.0**	**100.0**
16-19	0.2	0.3	1.7		0.9
20-24	2.5	2.4	8.0	3.2	8.4
25-29	9.2	6.5	7.7	1.0	16.0
30-34	12.5	9.3	11.3	3.8	21.4
35-39	15.5	9.5	12.4	9.9	15.0
40-44	18.1	19.9	12.0	8.7	10.4
45-49	24.1	20.3	20.5	24.3	14.1
50-54	11.2	14.9	14.1	22.2	8.3
55-59	4.8	10.5	7.5	8.4	4.1
60-64	1.2	3.6	3.1	3.2	0.7
65+	0.7	2.7	1.6	15.3	0.7

1-62　城镇按受教育程度、性别分的失业人员结束上一份工作原因构成
REASON FOR ENDING PREVIOUS JOB OF URBAN UNEMPLOYED PERSONS BY EDUCATIONAL ATTAINMENT AND SEX

单位：%　　(%)

受教育程度	Educational Attainment	城镇失业人员 Urban Unemployed Persons	从没工作过 Never worked	健康或身体原因 Health or Physical Reasons	退休 Retired	辞职 Resignation	被解聘 Dismissed
总　计	**Total**	**100.0**	**17.5**	**8.2**	**4.0**	**37.0**	**3.0**
未上过学	No Schooling	100.0	21.7	10.8	0.9	21.1	4.6
小　学	Primary School	100.0	10.8	12.6	2.9	25.8	3.7
初　中	Junior Secondary School	100.0	10.5	10.0	4.0	35.0	3.1
高　中	Senior Secondary School	100.0	13.8	8.0	6.4	38.1	3.4
大学专科	College	100.0	25.9	4.7	3.1	45.5	2.5
大学本科	University	100.0	39.9	4.4	1.2	40.3	1.6
研究生	Graduate and Higher Level	100.0	56.5	1.0	0.7	29.1	
男	**Male**	**100.0**	**17.1**	**6.9**	**2.5**	**33.0**	**3.9**
未上过学	No Schooling	100.0	13.0	17.1	1.2	23.0	5.4
小　学	Primary School	100.0	4.6	14.2	2.5	18.0	5.2
初　中	Junior Secondary School	100.0	7.6	9.7	2.6	29.0	4.2
高　中	Senior Secondary School	100.0	14.5	5.6	3.3	35.5	4.4
大学专科	College	100.0	29.2	3.0	1.9	41.2	3.0
大学本科	University	100.0	42.0	1.0	1.4	38.9	2.2
研究生	Graduate and Higher Level	100.0	60.1			32.0	
女	**Female**	**100.0**	**17.8**	**9.3**	**5.2**	**40.3**	**2.2**
未上过学	No Schooling	100.0	25.3	8.2	0.8	20.3	4.3
小　学	Primary School	100.0	15.1	11.5	3.2	31.3	2.6
初　中	Junior Secondary School	100.0	12.7	10.2	5.1	39.5	2.3
高　中	Senior Secondary School	100.0	13.1	10.1	9.0	40.3	2.5
大学专科	College	100.0	22.6	6.4	4.3	49.8	2.0
大学本科	University	100.0	38.1	7.2	1.1	41.4	1.1
研究生	Graduate and Higher Level	100.0	54.4	1.5	1.1	27.4	

1-62 续表 continued

单位：% (%)

受教育程度	Educational Attainment	单位/个体经营户倒闭停产 Unit/Self-employed Individuals Closed down or Stopped Production	季节性歇业 Seasonal Shut down	上一份工作任务完成(包括打零工) Last Job Task Completed (Including Part-time Job)	承包土地被征用或流转 Land Expropriated or Transferred	其 他 Others
总 计	**Total**	**11.8**	**3.6**	**11.2**	**0.8**	**3.0**
未上过学	No Schooling	5.9	9.9	20.4	3.1	1.6
小 学	Primary School	10.8	7.0	20.7	2.3	3.4
初 中	Junior Secondary School	13.7	5.5	14.2	1.2	2.7
高 中	Senior Secondary School	14.3	2.5	9.2	0.3	4.0
大学专科	College	9.7	1.0	5.3	0.1	2.3
大学本科	University	4.4	0.3	5.6	0.1	2.2
研究生	Graduate and Higher Level	1.9		5.3		5.6
男	**Male**	**13.8**	**4.3**	**15.2**	**0.8**	**2.6**
未上过学	No Schooling	5.2	7.6	23.2	3.3	1.1
小 学	Primary School	13.0	9.0	30.3	1.6	1.5
初 中	Junior Secondary School	16.9	6.8	20.2	1.3	1.7
高 中	Senior Secondary School	16.7	3.2	11.9	0.5	4.4
大学专科	College	9.8	1.3	8.1	0.0	2.5
大学本科	University	5.1	0.6	6.7	0.1	2.0
研究生	Graduate and Higher Level			4.2		3.6
女	**Female**	**10.2**	**3.0**	**7.9**	**0.8**	**3.3**
未上过学	No Schooling	6.1	10.9	19.3	3.1	1.7
小 学	Primary School	9.2	5.5	13.9	2.8	4.8
初 中	Junior Secondary School	11.3	4.6	9.8	1.2	3.4
高 中	Senior Secondary School	12.3	2.0	6.9	0.2	3.6
大学专科	College	9.5	0.6	2.5	0.2	2.1
大学本科	University	3.9	0.2	4.6		2.4
研究生	Graduate and Higher Level	3.0		6.0		6.7

1-63 城镇按结束上一份工作原因、性别分的失业人员受教育程度构成
EDUCATIONAL ATTAINMENT OF URBAN UNEMPLOYED PERSONS BY REASON AND SEX

单位：% (%)

受教育程度	Educational Attainment	城镇失业人员 Urban Unemployed Persons	从没工作过 Never worked	健康或身体原因 Health or Physical Reasons	退休 Retired	辞职 Resignation	被解聘 Dismissed
总 计	**Total**	**100.0**	**100.0**	**100.0**	**100.0**	**100.0**	**100.0**
未上过学	No Schooling	1.1	1.3	1.4	0.2	0.6	1.6
小 学	Primary School	9.4	5.8	14.4	6.8	6.5	11.7
初 中	Junior Secondary School	36.7	22.1	44.6	36.9	34.7	38.6
高 中	Senior Secondary School	25.0	19.7	24.4	39.8	25.7	28.4
大学专科	College	16.5	24.5	9.4	12.9	20.4	14.0
大学本科	University	10.5	23.9	5.7	3.2	11.4	5.7
研究生	Graduate and Higher Level	0.8	2.7	0.1	0.1	0.7	
男	**Male**	**100.0**	**100.0**	**100.0**	**100.0**	**100.0**	**100.0**
未上过学	No Schooling	0.7	0.5	1.7	0.3	0.5	1.0
小 学	Primary School	8.7	2.3	17.9	8.6	4.7	11.7
初 中	Junior Secondary School	35.3	15.7	49.9	36.7	31.0	38.1
高 中	Senior Secondary School	25.8	21.9	21.0	34.4	27.8	29.0
大学专科	College	18.3	31.2	7.9	13.9	22.9	14.3
大学本科	University	10.6	25.9	1.6	6.0	12.5	6.0
研究生	Graduate and Higher Level	0.7	2.4			0.7	
女	**Female**	**100.0**	**100.0**	**100.0**	**100.0**	**100.0**	**100.0**
未上过学	No Schooling	1.3	1.9	1.2	0.2	0.7	2.6
小 学	Primary School	9.9	8.4	12.3	6.1	7.7	11.8
初 中	Junior Secondary School	37.9	27.0	41.4	36.9	37.1	39.3
高 中	Senior Secondary School	24.4	18.0	26.5	41.9	24.4	27.5
大学专科	College	15.1	19.3	10.3	12.5	18.7	13.6
大学本科	University	10.4	22.4	8.1	2.2	10.7	5.2
研究生	Graduate and Higher Level	1.0	3.0	0.2	0.2	0.7	

1-63 续表 continued

单位：% (%)

受教育程度	Educational Attainment	单位/个体经营户倒闭停产 Unit/Self-employed Individuals Closed down or Stopped Production	季节性歇业 Seasonal Shut down	上一份工作任务完成(包括打零工) Last Job Task Completed (Including Part-time Job)	承包土地被征用或流转 Land Expropriated or Transferred	其 他 Others
总 计	**Total**	**100.0**	**100.0**	**100.0**	**100.0**	**100.0**
未上过学	No Schooling	0.5	2.9	1.9	4.1	0.6
小 学	Primary School	8.6	18.0	17.3	27.0	10.8
初 中	Junior Secondary School	42.8	56.2	46.8	55.2	33.1
高 中	Senior Secondary School	30.4	17.6	20.6	10.5	33.4
大学专科	College	13.6	4.4	7.8	2.5	12.7
大学本科	University	3.9	1.0	5.2	0.7	7.8
研究生	Graduate and Higher Level	0.1		0.4		1.6
男	**Male**	**100.0**	**100.0**	**100.0**	**100.0**	**100.0**
未上过学	No Schooling	0.3	1.2	1.0	3.0	0.3
小 学	Primary School	8.2	18.1	17.3	18.9	5.1
初 中	Junior Secondary School	43.4	54.8	46.9	59.5	23.2
高 中	Senior Secondary School	31.2	18.9	20.1	16.5	44.6
大学专科	College	13.0	5.7	9.8	0.4	17.7
大学本科	University	3.9	1.3	4.7	1.7	8.2
研究生	Graduate and Higher Level			0.2		1.0
女	**Female**	**100.0**	**100.0**	**100.0**	**100.0**	**100.0**
未上过学	No Schooling	0.8	4.8	3.3	4.8	0.7
小 学	Primary School	8.9	18.0	17.4	32.9	14.4
初 中	Junior Secondary School	42.2	57.8	46.6	52.1	39.4
高 中	Senior Secondary School	29.5	16.0	21.2	6.2	26.3
大学专科	College	14.2	2.9	4.7	4.0	9.6
大学本科	University	4.0	0.6	6.1		7.6
研究生	Graduate and Higher Level	0.3		0.7		2.0

1-64　城镇按年龄、性别分的失业人员受教育程度构成
EDUCATIONAL ATTAINMENT OF URBAN UNEMPLOYED PERSONS BY AGE AND SEX

单位：%　　　　(%)

年　龄 Age	城　镇 失业人员 Urban Unemployed Persons	未　上 过　学 No Schooling	小　学 Primary School	初　中 Junior Secondary School	高　中 Senior Secondary School	大　学 专　科 College	大　学 本　科 University	研究生 Graduate and Higher Level
总计　Total	**100.0**	**1.1**	**9.4**	**36.7**	**25.0**	**16.5**	**10.5**	**0.8**
16-19	100.0		2.4	35.8	39.7	13.6	8.4	
20-24	100.0		1.1	14.7	22.5	34.3	26.3	1.2
25-29	100.0	0.1	3.0	27.4	24.8	21.5	19.8	3.5
30-34	100.0	0.2	5.3	38.5	25.4	19.8	10.1	0.8
35-39	100.0	0.1	5.8	42.7	26.6	15.6	8.8	0.4
40-44	100.0	0.7	10.7	43.1	29.3	11.6	4.5	0.1
45-49	100.0	1.2	15.3	49.2	24.0	8.6	1.7	0.1
50-54	100.0	2.7	20.5	48.8	21.8	5.1	1.1	0.1
55-59	100.0	1.9	15.2	47.6	27.8	6.2	1.3	0.0
60-64	100.0	5.8	25.9	39.1	23.5	4.1	1.6	
65+	100.0	16.3	47.0	27.6	5.7	2.7	0.6	
男　Male	**100.0**	**0.7**	**8.7**	**35.3**	**25.8**	**18.3**	**10.6**	**0.7**
16-19	100.0		2.2	36.9	42.0	11.9	7.0	
20-24	100.0		1.3	15.7	23.7	37.4	21.4	0.4
25-29	100.0	0.1	3.2	26.6	24.9	21.4	20.9	2.8
30-34	100.0	0.2	4.5	37.9	25.9	21.7	8.7	1.0
35-39	100.0	0.1	5.6	43.5	25.7	15.0	9.5	0.7
40-44	100.0	0.5	9.8	42.4	29.5	11.4	6.1	0.2
45-49	100.0	1.2	14.6	44.8	24.5	11.8	3.0	0.1
50-54	100.0	2.2	20.7	47.5	22.2	6.1	1.3	
55-59	100.0	0.5	11.1	49.8	30.8	6.3	1.4	0.1
60-64	100.0	1.9	20.2	43.1	27.0	5.3	2.6	
65+	100.0	7.6	47.5	34.0	6.1	4.4	0.4	
女　Female	**100.0**	**1.3**	**9.9**	**37.9**	**24.4**	**15.1**	**10.4**	**1.0**
16-19	100.0		2.7	33.6	34.8	17.4	11.4	
20-24	100.0		0.8	13.4	20.8	30.2	32.7	2.1
25-29	100.0	0.1	2.7	28.0	24.7	21.6	18.9	4.0
30-34	100.0	0.1	5.8	38.8	25.1	18.8	10.8	0.6
35-39	100.0	0.1	5.9	42.3	27.0	15.9	8.5	0.2
40-44	100.0	0.8	11.3	43.4	29.1	11.7	3.6	0.0
45-49	100.0	1.2	15.8	51.8	23.6	6.6	1.0	0.1
50-54	100.0	3.1	20.3	49.8	21.5	4.2	1.0	0.1
55-59	100.0	3.7	20.7	44.7	23.7	6.0	1.2	
60-64	100.0	12.2	35.5	32.4	17.7	2.1		
65+	100.0	27.5	46.5	19.4	5.2	0.6	0.9	

1-65 城镇按受教育程度、性别分的失业人员年龄构成
AGE COMPOSITION OF URBAN UNEMPLOYED PERSONS BY EDUCATIONAL ATTAINMENT AND SEX

单位：% (%)

年龄 Age	城镇失业人员 Urban Unemployed Persons	未上过学 No Schooling	小学 Primary School	初中 Junior Secondary School	高中 Senior Secondary School	大学专科 College	大学本科 University	研究生 Graduate and Higher Level
总计 Total	**100.0**	**100.0**	**100.0**	**100.0**	**100.0**	**100.0**	**100.0**	**100.0**
16-19	2.7		0.7	2.6	4.2	2.2	2.1	
20-24	16.2		1.9	6.5	14.6	33.6	40.7	22.1
25-29	14.1	1.4	4.5	10.5	14.0	18.4	26.7	57.8
30-34	13.1	2.1	7.5	13.7	13.3	15.7	12.5	11.7
35-39	11.0	1.2	6.8	12.8	11.6	10.3	9.2	5.0
40-44	10.2	6.8	11.7	12.0	11.9	7.1	4.4	1.3
45-49	12.3	14.1	20.1	16.5	11.8	6.4	2.0	1.1
50-54	10.2	26.1	22.4	13.6	8.9	3.1	1.1	0.7
55-59	6.3	11.3	10.2	8.1	7.0	2.4	0.8	0.4
60-64	2.4	13.4	6.7	2.6	2.3	0.6	0.4	
65+	1.5	23.7	7.6	1.1	0.3	0.2	0.1	
男 Male	**100.0**	**100.0**	**100.0**	**100.0**	**100.0**	**100.0**	**100.0**	**100.0**
16-19	4.1		1.0	4.2	6.6	2.6	2.7	
20-24	20.5		3.0	9.1	18.9	42.0	41.7	12.1
25-29	14.6	2.9	5.4	11.0	14.1	17.0	28.8	59.5
30-34	10.1	3.2	5.3	10.9	10.2	12.0	8.3	14.8
35-39	8.4	0.9	5.4	10.3	8.3	6.9	7.6	8.3
40-44	8.3	6.5	9.4	10.0	9.5	5.2	4.8	2.7
45-49	10.4	17.7	17.6	13.3	9.9	6.7	2.9	1.7
50-54	10.2	32.2	24.2	13.7	8.8	3.4	1.3	
55-59	8.1	5.9	10.3	11.4	9.6	2.8	1.0	1.0
60-64	3.4	9.5	7.9	4.2	3.6	1.0	0.8	
65+	1.9	21.2	10.4	1.8	0.5	0.5	0.1	
女 Female	**100.0**	**100.0**	**100.0**	**100.0**	**100.0**	**100.0**	**100.0**	**100.0**
16-19	1.5		0.4	1.4	2.2	1.8	1.7	
20-24	12.8		1.0	4.5	10.9	25.5	39.9	27.8
25-29	13.8	0.8	3.8	10.2	14.0	19.8	25.0	56.8
30-34	15.4	1.7	9.0	15.8	15.9	19.2	15.9	9.8
35-39	13.0	1.3	7.8	14.6	14.5	13.7	10.6	3.2
40-44	11.7	7.0	13.3	13.4	14.0	9.1	4.1	0.5
45-49	13.8	12.5	21.9	18.8	13.4	6.0	1.3	0.8
50-54	10.3	23.5	21.1	13.5	9.0	2.9	0.9	1.1
55-59	4.9	13.5	10.1	5.7	4.7	1.9	0.6	
60-64	1.6	15.0	5.9	1.4	1.2	0.2		
65+	1.2	24.7	5.7	0.6	0.3	0.0	0.1	

1-66　城镇按年龄、性别分的失业人员寻找工作方式构成
METHODS OF JOB-SEEKING OF URBAN UNEMPLOYED PERSONS BY AGE AND SEX

单位：%　　　(%)

年　龄 Age	城　镇 失业人员 Urban Unemployed Persons	为自己经营做准备 Prepare for Own Business	为找到工作参加培训、实习、招考 Participate in Training, Internships, and Exams to Find a Job	委托亲戚朋友介绍 Ask Friends Relatives about Job	查询招聘网站或广告 Check Recruitment Website or Advertisement	直接联系雇主或单位 Contact Directly with Employers	联系就业服务机构 Contact with Employment Agency Office	参加招聘会 Take Part in Employment Advertise Meeting	其　他 Others
总计　Total	**100.0**	**7.3**	**5.6**	**48.2**	**18.5**	**7.2**	**1.4**	**4.2**	**7.7**
16−19	100.0	2.8	10.3	47.0	17.8	7.5	1.2	3.6	9.9
20−24	100.0	5.5	16.9	23.3	27.1	6.6	1.6	9.9	9.1
25−29	100.0	7.9	9.8	33.6	26.1	5.6	1.0	5.4	10.5
30−34	100.0	8.7	2.8	46.4	23.5	7.7	0.9	2.7	7.3
35−39	100.0	9.4	2.5	49.2	20.1	6.1	1.7	4.0	7.0
40−44	100.0	9.5	2.3	54.0	16.8	6.7	1.0	2.7	7.0
45−49	100.0	8.9	1.5	58.2	12.2	8.9	1.2	2.6	6.5
50−54	100.0	5.6	0.8	67.8	7.9	7.9	1.6	2.0	6.4
55−59	100.0	4.3	0.6	69.5	7.8	8.3	2.0	1.4	6.0
60−64	100.0	2.6	0.2	74.8	3.6	9.7	1.8	1.0	6.3
65+	100.0	6.7		76.5	3.3	8.1	1.5		3.9
男　Male	**100.0**	**8.5**	**6.2**	**44.4**	**18.4**	**8.0**	**1.4**	**5.0**	**8.1**
16−19	100.0	1.9	10.4	49.7	17.2	6.2	1.8	3.0	9.8
20−24	100.0	5.4	15.8	27.1	24.7	7.4	1.3	10.4	8.0
25−29	100.0	8.3	10.9	28.7	27.5	7.7	1.1	6.8	9.0
30−34	100.0	11.5	3.9	39.4	22.5	8.7	0.9	3.0	10.0
35−39	100.0	15.4	2.1	42.1	18.5	7.1	1.8	5.9	7.0
40−44	100.0	13.3	1.7	49.4	17.4	6.1	0.7	1.8	9.5
45−49	100.0	12.0	1.3	52.5	13.7	9.0	1.6	2.9	7.0
50−54	100.0	7.2	0.7	61.1	8.9	9.4	1.8	3.0	8.0
55−59	100.0	4.0	0.5	66.5	9.8	8.5	2.3	2.3	6.2
60−64	100.0	3.2	0.1	71.9	4.5	10.2	0.7	1.1	8.2
65+	100.0	4.7		80.5	1.9	9.2	1.5		2.2
女　Female	**100.0**	**6.4**	**5.1**	**51.2**	**18.6**	**6.6**	**1.3**	**3.5**	**7.4**
16−19	100.0	4.7	10.0	41.1	19.0	10.1		4.9	10.0
20−24	100.0	5.7	18.3	18.4	30.3	5.7	1.9	9.1	10.5
25−29	100.0	7.6	8.9	37.8	24.9	3.8	0.9	4.3	11.8
30−34	100.0	7.2	2.2	50.1	24.1	7.2	0.9	2.5	5.9
35−39	100.0	6.3	2.6	52.8	20.9	5.5	1.6	3.1	7.0
40−44	100.0	7.3	2.7	56.6	16.5	6.9	1.2	3.2	5.6
45−49	100.0	7.0	1.7	61.7	11.2	8.8	1.0	2.3	6.2
50−54	100.0	4.4	0.8	73.2	7.1	6.8	1.4	1.1	5.1
55−59	100.0	4.6	0.9	73.5	5.1	8.1	1.7	0.4	5.7
60−64	100.0	1.4	0.4	79.7	2.0	9.0	3.7	0.8	3.1
65+	100.0	9.3		71.4	5.0	6.6	1.6		6.1

注：失业人员寻找工作方式分类根据劳动力调查制度进行了调整(下表同)。

Note:The classification of the Job-seeking methods of Urban Unemployed Persons has been adjusted according to the Labor Force Survey. The same applies to the tables following.

1-67 城镇按受教育程度、性别分的失业人员寻找工作方式构成
METHODS OF JOB-SEEKING OF URBAN UNEMPLOYED PERSONS BY EDUCATIONAL ATTAINMENT AND SEX

单位：% (%)

受教育程度	Educational Attainment	城镇失业人员 Urban Unemployed Persons	为自己经营做准备 Prepare for Own Business	为找到工作参加培训、实习、招考 Participate in Training, Internships, and Exams to Find a Job	委托亲戚朋友介绍 Ask Friends Relatives about Job	查询招聘网站或广告 Check Recruitment Website or Advertisement
总　计	**Total**	**100.0**	**7.3**	**5.6**	**48.2**	**18.5**
未上过学	No Schooling	100.0	3.9		72.7	2.7
小　学	Primary School	100.0	6.6	1.3	66.4	4.5
初　中	Junior Secondary School	100.0	7.8	1.8	61.2	10.5
高　中	Senior Secondary School	100.0	7.5	3.7	50.1	20.1
大学专科	College	100.0	7.8	9.9	27.4	30.7
大学本科	University	100.0	5.6	19.8	15.6	36.0
研究生	Graduate and Higher Level	100.0	4.8	20.4	4.3	38.2
男	**Male**	**100.0**	**8.5**	**6.2**	**44.4**	**18.4**
未上过学	No Schooling	100.0	1.5		72.0	4.5
小　学	Primary School	100.0	6.7	1.7	63.5	3.9
初　中	Junior Secondary School	100.0	9.4	1.8	58.0	9.3
高　中	Senior Secondary School	100.0	8.6	5.0	46.2	20.9
大学专科	College	100.0	8.5	10.4	25.7	29.6
大学本科	University	100.0	7.0	19.5	12.7	34.9
研究生	Graduate and Higher Level	100.0	13.1	26.6	1.6	30.2
女	**Female**	**100.0**	**6.4**	**5.1**	**51.2**	**18.6**
未上过学	No Schooling	100.0	4.9		73.0	2.0
小　学	Primary School	100.0	6.6	1.0	68.4	4.9
初　中	Junior Secondary School	100.0	6.6	1.8	63.6	11.3
高　中	Senior Secondary School	100.0	6.7	2.7	53.5	19.4
大学专科	College	100.0	7.1	9.4	29.1	31.8
大学本科	University	100.0	4.5	20.0	17.9	36.9
研究生	Graduate and Higher Level	100.0		16.8	5.9	42.8

1-67 续表 continued

单位：%　　　　(%)

受教育程度 Educational Attainment		直接联系雇主或单位 Contact Directly with Employers	联系就业服务机构 Contact with Employment Agency Office	参加招聘会 Take Part in Employment Advertise Meeting	其　他 Others
总　计	**Total**	**7.2**	**1.4**	**4.2**	**7.7**
未上过学	No Schooling	12.0	1.7	0.0	6.9
小　学	Primary School	11.3	1.1	1.4	7.4
初　中	Junior Secondary School	8.1	1.1	2.3	7.3
高　中	Senior Secondary School	6.8	1.6	2.8	7.2
大学专科	College	5.5	2.0	8.0	8.7
大学本科	University	3.9	0.7	9.5	8.9
研究生	Graduate and Higher Level	3.2	2.2	17.9	9.1
男	**Male**	**8.0**	**1.4**	**5.0**	**8.1**
未上过学	No Schooling	11.7	2.1		8.3
小　学	Primary School	13.1	1.2	0.9	9.0
初　中	Junior Secondary School	9.8	1.1	2.8	7.8
高　中	Senior Secondary School	7.0	1.5	3.8	7.0
大学专科	College	5.9	2.2	9.3	8.5
大学本科	University	3.8	0.7	11.1	10.2
研究生	Graduate and Higher Level	3.2		14.3	10.9
女	**Female**	**6.6**	**1.3**	**3.5**	**7.4**
未上过学	No Schooling	12.2	1.6	0.1	6.3
小　学	Primary School	10.0	0.9	1.8	6.3
初　中	Junior Secondary School	6.9	1.1	1.9	6.9
高　中	Senior Secondary School	6.6	1.7	2.0	7.4
大学专科	College	5.1	1.9	6.7	8.9
大学本科	University	4.0	0.6	8.3	7.8
研究生	Graduate and Higher Level	3.2	3.4	19.9	8.0

1-68 城镇按年龄、性别分的失业人员失业前的行业构成
SECTOR OF URBAN UNEMPLOYED PERSONS (PRIOR TO UNEMPLOYMENT) BY AGE AND SEX

单位：%　　(%)

年　龄 Age	城　镇 失业人员 Urban Unemployed Persons	农、林、牧、渔业 Agriculture, Forestry, Animal Husbandry and Fishery	采矿业 Mining	制造业 Manufacturing	电力、热力、燃气及水生产和供应业 Production and Supply of Electricity Power, Heat Power, Gas and Water	建筑业 Construction	批发和零售业 Wholesale and Retail Trades
总计　Total	**100.0**	**4.3**	**0.9**	**23.0**	**0.7**	**8.8**	**21.5**
16-19	100.0	0.3		16.2		6.0	21.6
20-24	100.0	0.7	0.2	21.2	0.4	7.2	14.9
25-29	100.0	1.6	0.3	20.4	0.6	5.7	22.5
30-34	100.0	2.4	0.7	22.6	0.3	5.8	28.8
35-39	100.0	2.6	0.4	21.2	0.8	7.6	27.6
40-44	100.0	4.5	0.7	22.6	0.7	7.3	27.6
45-49	100.0	4.8	1.0	25.2	0.8	10.8	22.3
50-54	100.0	7.2	1.6	28.7	1.0	12.6	14.3
55-59	100.0	9.0	2.3	25.1	0.7	15.7	12.0
60-64	100.0	11.9	3.9	24.1	1.0	12.9	7.9
65+	100.0	25.2	3.6	14.4	0.7	13.6	6.6
男　Male	**100.0**	**3.8**	**1.4**	**22.6**	**0.9**	**15.5**	**13.5**
16-19	100.0	0.0		17.5		6.4	19.3
20-24	100.0	0.5	0.2	21.8	0.6	10.1	10.4
25-29	100.0	1.1	0.6	20.8	0.8	9.2	16.1
30-34	100.0	3.3	1.1	22.1	1.0	13.1	17.3
35-39	100.0	2.6	0.6	21.7	0.5	15.7	15.9
40-44	100.0	3.7	1.5	23.0	1.0	14.4	14.8
45-49	100.0	3.9	1.5	25.2	1.4	19.2	11.9
50-54	100.0	6.1	2.0	25.0	1.4	22.6	13.0
55-59	100.0	6.8	3.6	23.6	1.0	22.9	9.7
60-64	100.0	8.6	3.5	24.0	1.3	16.6	9.6
65+	100.0	19.4	4.5	14.3	0.8	20.8	7.3
女　Female	**100.0**	**4.8**	**0.5**	**23.4**	**0.4**	**3.4**	**27.9**
16-19	100.0	0.8		13.7		5.1	26.0
20-24	100.0	1.0	0.1	20.2	0.1	3.0	21.4
25-29	100.0	2.1	0.1	20.0	0.4	2.8	27.8
30-34	100.0	1.8	0.4	22.8		1.8	35.1
35-39	100.0	2.5	0.2	20.9	0.9	3.2	34.0
40-44	100.0	4.9	0.2	22.4	0.5	2.9	35.5
45-49	100.0	5.4	0.7	25.1	0.4	5.1	29.4
50-54	100.0	8.1	1.2	31.8	0.7	4.2	15.3
55-59	100.0	12.1	0.5	27.2	0.2	5.3	15.2
60-64	100.0	18.2	4.7	24.2	0.5	6.0	4.7
65+	100.0	33.9	2.3	14.5	0.6	2.9	5.6

1-68　续表 1　continued

单位：%　　(%)

年　龄 Age	交通运输、仓储和邮政业 Transport, Storage and Post	住宿和餐饮业 Hotels and Catering Services	信息传输、软件和信息技术服务业 Information Transmission, Software and Information Technical Services	金融业 Financial Intermediation	房地产业 Real Estate	租赁和商务服务业 Leasing and Business Services	科学研究和技术服务业 Scientific Research and Technical Services
总计　Total	**5.0**	**9.9**	**1.8**	**2.1**	**1.9**	**3.2**	**0.9**
16-19	2.1	19.2	3.9	0.3	0.3	5.2	0.9
20-24	3.7	15.3	4.8	2.6	2.1	5.1	1.8
25-29	4.4	10.0	4.1	3.3	2.9	4.5	1.6
30-34	4.8	9.6	2.3	2.8	1.7	3.0	1.1
35-39	5.9	10.0	1.2	2.6	1.5	3.5	1.0
40-44	5.5	9.3	1.1	1.9	1.5	3.4	0.3
45-49	5.5	8.7	0.2	1.7	2.3	2.1	0.3
50-54	5.5	9.8	0.5	1.0	1.1	1.9	0.4
55-59	5.7	7.5	0.7	1.0	2.3	1.6	0.6
60-64	4.4	4.2		0.6	2.4	2.6	0.4
65+	3.3	4.6		0.4	4.2	2.1	0.1
男　Male	**8.8**	**8.2**	**2.3**	**1.8**	**2.3**	**3.3**	**0.9**
16-19	3.1	17.3	4.7	0.5	0.5	5.0	
20-24	5.4	14.8	5.6	2.6	1.6	4.0	2.4
25-29	7.2	11.2	5.2	2.9	2.8	4.3	1.0
30-34	9.7	9.1	3.3	2.6	2.6	2.9	0.6
35-39	12.5	8.2	1.6	1.8	1.4	4.2	1.2
40-44	11.8	6.7	1.4	1.7	2.0	4.9	0.6
45-49	10.5	5.9	0.3	1.1	3.3	2.2	0.5
50-54	9.5	5.6	0.4	1.0	1.2	2.1	0.2
55-59	8.0	3.7	0.5	0.8	3.4	2.1	0.7
60-64	5.7	1.5		0.7	3.4	2.6	0.6
65+	4.1	3.0			3.9	3.1	0.2
女　Female	**2.0**	**11.2**	**1.4**	**2.4**	**1.6**	**3.0**	**0.9**
16-19		22.9	2.2			5.6	2.7
20-24	1.3	16.0	3.7	2.6	2.8	6.6	1.1
25-29	1.9	8.9	3.2	3.6	2.9	4.6	2.1
30-34	2.1	9.9	1.7	3.0	1.3	3.0	1.3
35-39	2.3	11.0	1.0	3.0	1.5	3.1	0.9
40-44	1.5	10.9	0.9	2.0	1.2	2.6	0.1
45-49	2.0	10.6	0.2	2.1	1.6	2.0	0.2
50-54	2.0	13.4	0.6	1.0	0.9	1.8	0.6
55-59	2.3	13.1	1.0	1.2	0.8	0.8	0.4
60-64	2.0	9.4		0.4	0.5	2.5	
65+	2.2	7.0		1.1	4.5	0.7	

1-68 续表 2 continued

单位：% (%)

年 龄 Age	水利、环境和公共设施管理业 Management of Water Conservancy, Environment and Public Facilities	居民服务、修理和其他服务业 Services to Households, Repair and Other Services	教 育 Education	卫生和社会工作 Health and Society	文化、体育和娱乐业 Culture, Sports and Entertainment	公共管理、社会保障和社会组织 Public Management Social Security and Social Organizations
总计 Total	**0.7**	**7.0**	**3.0**	**1.1**	**1.6**	**2.6**
16-19		13.0	2.4		4.1	4.6
20-24	0.3	5.5	5.3	1.5	3.9	3.6
25-29	0.2	6.3	4.7	1.7	1.7	3.6
30-34	0.2	6.3	3.5	0.9	1.5	1.8
35-39	0.4	6.6	2.5	1.0	2.1	1.6
40-44	0.8	7.2	1.5	0.9	1.2	2.0
45-49	0.9	7.7	1.7	0.6	0.9	2.4
50-54	1.0	7.3	2.0	0.7	0.7	2.8
55-59	1.0	7.1	2.8	1.6	1.0	2.3
60-64	2.6	9.6	3.0	1.3	0.9	6.3
65+	4.6	12.1	2.2	0.2	0.4	1.6
男 Male	**0.9**	**6.5**	**1.3**	**0.6**	**1.8**	**3.3**
16-19		16.9	0.4		2.2	6.1
20-24	0.5	6.9	2.5	0.9	4.8	4.5
25-29	0.3	6.8	2.3	0.7	2.0	4.7
30-34	0.5	6.3	0.4	0.5	1.6	2.0
35-39	0.9	5.3	0.4	0.7	2.4	2.5
40-44	1.0	6.1	0.6	0.8	1.5	2.5
45-49	1.0	6.2	1.0	0.2	0.7	3.8
50-54	0.8	4.9	1.2	0.6	0.7	1.7
55-59	0.9	6.4	1.9	0.2	1.1	2.7
60-64	2.6	8.8	1.1	1.2	1.0	7.3
65+	4.8	8.0	2.4	0.3	0.7	2.3
女 Female	**0.5**	**7.5**	**4.3**	**1.4**	**1.4**	**2.0**
16-19		5.2	6.3		7.9	1.6
20-24		3.6	9.4	2.3	2.5	2.4
25-29	0.2	5.9	6.7	2.5	1.5	2.7
30-34		6.3	5.2	1.1	1.5	1.7
35-39	0.1	7.4	3.7	1.2	2.0	1.1
40-44	0.6	7.9	2.2	1.0	1.1	1.7
45-49	0.8	8.8	2.1	0.9	1.0	1.5
50-54	1.2	9.4	2.7	0.8	0.7	3.7
55-59	1.3	8.1	4.1	3.6	1.0	1.7
60-64	2.5	11.3	6.7	1.3	0.7	4.4
65+	4.4	18.2	1.8			0.4

1-69 城镇按受教育程度、性别分的失业人员失业前的行业构成
SECTOR OF URBAN UNEMPLOYED PERSONS (PRIOR TO UNEMPLOYMENT) BY EDUCATIONAL ATTAINMENT AND SEX

单位：%　　(%)

受教育程度	Educational Attainment	城镇失业人员 Urban Unemployed Persons	农、林、牧、渔业 Agriculture, Forestry, Animal Husbandry and Fishery	采矿业 Mining	制造业 Manufacturing	电力、热力、燃气及水生产和供应业 Production and Supply of Electricity Power, Heat Power, Gas and Water	建筑业 Construction	批发和零售业 Wholesale and Retail Trades
总　计	**Total**	**100.0**	**4.3**	**0.9**	**23.0**	**0.7**	**8.8**	**21.5**
未上过学	No Schooling	100.0	24.3		24.2		15.5	6.4
小　学	Primary School	100.0	13.6	0.5	23.4	0.3	16.8	13.0
初　中	Junior Secondary School	100.0	5.7	1.1	26.2	0.7	11.4	21.4
高　中	Senior Secondary School	100.0	1.3	1.1	22.8	0.7	5.7	26.0
大学专科	College	100.0	0.5	0.7	17.9	0.9	4.5	23.8
大学本科	University	100.0	0.2	0.4	17.1	0.5	4.1	15.5
研究生	Graduate and Higher Level	100.0			20.1			7.7
男	**Male**	**100.0**	**3.8**	**1.4**	**22.6**	**0.9**	**15.5**	**13.5**
未上过学	No Schooling	100.0	22.3		28.0		22.8	6.2
小　学	Primary School	100.0	11.4	0.8	17.1	0.7	30.0	9.5
初　中	Junior Secondary School	100.0	5.2	1.8	23.8	1.1	21.3	11.8
高　中	Senior Secondary School	100.0	1.7	1.6	24.5	1.0	9.8	15.9
大学专科	College	100.0	0.2	1.0	20.9	1.1	6.8	17.0
大学本科	University	100.0	0.1	0.8	20.7	0.4	4.9	12.5
研究生	Graduate and Higher Level	100.0			9.2			22.9
女	**Female**	**100.0**	**4.8**	**0.5**	**23.4**	**0.4**	**3.4**	**27.9**
未上过学	No Schooling	100.0	25.3		22.4		12.0	6.5
小　学	Primary School	100.0	15.4	0.3	28.4		6.3	15.8
初　中	Junior Secondary School	100.0	6.2	0.5	28.0	0.4	3.5	29.0
高　中	Senior Secondary School	100.0	1.1	0.8	21.3	0.5	2.3	34.6
大学专科	College	100.0	0.7	0.4	15.3	0.7	2.4	29.9
大学本科	University	100.0	0.3	0.1	14.3	0.5	3.4	17.8
研究生	Graduate and Higher Level	100.0			25.6			

1-69 续表 1 continued

单位：% (%)

受教育程度	Educational Attainment	交通运输、仓储和邮政业 Transport, Storage and Post	住宿和餐饮业 Hotels and Catering Services	信息传输、软件和信息技术服务业 Information Transmission, Software and Information Technical Services	金融业 Financial Intermediation	房地产业 Real Estate	租赁和商务服务业 Leasing and Business Services	科学研究和技术服务业 Scientific Research and Technical Services
总　计	**Total**	**5.0**	**9.9**	**1.8**	**2.1**	**1.9**	**3.2**	**0.9**
未上过学	No Schooling	0.9	7.6			0.8	0.2	0.3
小　学	Primary School	4.6	10.9	0.2	0.1	1.4	0.7	0.1
初　中	Junior Secondary School	5.7	11.5	0.5	0.7	1.3	1.5	0.2
高　中	Senior Secondary School	5.2	10.4	1.2	2.1	2.2	3.5	0.6
大学专科	College	4.6	7.1	4.6	4.3	3.3	6.6	1.4
大学本科	University	2.6	4.4	7.5	7.5	2.7	7.4	4.8
研究生	Graduate and Higher Level	7.0		11.1	7.0	3.8	8.9	6.8
男	**Male**	**8.8**	**8.2**	**2.3**	**1.8**	**2.3**	**3.3**	**0.9**
未上过学	No Schooling	2.8	3.0				0.5	
小　学	Primary School	8.7	7.5	0.3	0.1	2.0	0.8	0.1
初　中	Junior Secondary School	10.6	8.0	0.6	0.4	1.5	2.4	0.2
高　中	Senior Secondary School	9.1	9.8	1.4	1.7	2.4	3.3	0.7
大学专科	College	6.6	8.3	6.1	3.7	4.5	5.9	1.4
大学本科	University	3.5	4.8	9.6	7.3	2.4	6.1	5.0
研究生	Graduate and Higher Level	14.0		12.6	3.7		14.8	3.9
女	**Female**	**2.0**	**11.2**	**1.4**	**2.4**	**1.6**	**3.0**	**0.9**
未上过学	No Schooling		9.8			1.2	0.0	0.5
小　学	Primary School	1.4	13.6	0.1	0.1	0.9	0.5	0.1
初　中	Junior Secondary School	1.8	14.2	0.4	0.9	1.2	0.8	0.3
高　中	Senior Secondary School	2.0	11.0	1.0	2.5	1.9	3.6	0.6
大学专科	College	2.8	6.0	3.2	4.8	2.2	7.2	1.5
大学本科	University	1.9	4.0	5.8	7.7	2.9	8.4	4.7
研究生	Graduate and Higher Level	3.4		10.4	8.6	5.7	5.9	8.3

1-69　续表 2　continued

单位：%　　　　(%)

受教育程度	Educational Attainment	水利、环境和公共设施管理业 Management of Water Conservancy, Environment and Public Facilities	居民服务、修理和其他服务业 Services to Households, Repair and Other Services	教　育 Education	卫生和社会工作 Health and Society	文化、体育和娱乐业 Culture, Sports and Entertainment	公共管理、社会保障和社会组织 Public Management Social Security and Social Organizations
总　计	**Total**	**0.7**	**7.0**	**3.0**	**1.1**	**1.6**	**2.6**
未上过学	No Schooling	5.2	12.5			0.6	1.4
小　学	Primary School	1.1	9.7	1.3	0.4	0.7	1.2
初　中	Junior Secondary School	0.8	7.4	1.3	0.3	1.1	1.2
高　中	Senior Secondary School	0.4	7.3	2.7	1.2	1.9	3.6
大学专科	College	0.6	5.3	5.7	2.2	2.0	4.1
大学本科	University	0.1	3.7	8.8	3.1	3.7	6.0
研究生	Graduate and Higher Level			18.6	1.6	6.2	1.2
男	**Male**	**0.9**	**6.5**	**1.3**	**0.6**	**1.8**	**3.3**
未上过学	No Schooling	3.6	5.7			1.7	3.4
小　学	Primary School	1.6	6.8	0.5	0.2	1.1	0.8
初　中	Junior Secondary School	1.0	6.5	0.6	0.1	1.3	1.6
高　中	Senior Secondary School	0.4	8.3	1.1	0.6	2.4	4.4
大学专科	College	1.0	5.0	2.4	0.8	1.9	5.4
大学本科	University	0.1	2.9	4.3	2.8	3.5	8.1
研究生	Graduate and Higher Level			6.5	4.6	7.7	
女	**Female**	**0.5**	**7.5**	**4.3**	**1.4**	**1.4**	**2.0**
未上过学	No Schooling	6.1	15.8				0.4
小　学	Primary School	0.7	12.0	1.8	0.6	0.4	1.5
初　中	Junior Secondary School	0.6	8.2	1.9	0.5	0.9	0.9
高　中	Senior Secondary School	0.3	6.4	4.0	1.8	1.5	3.0
大学专科	College	0.2	5.5	8.7	3.3	2.0	2.9
大学本科	University	0.1	4.2	12.1	3.3	3.9	4.4
研究生	Graduate and Higher Level			24.6		5.5	1.8

1—70 城镇按年龄、性别分的失业人员失业前的职业构成
OCCUPATION OF URBAN UNEMPLOYED PERSONS (PRIOR TO UNEMPLOYMENT) BY AGE AND SEX

单位：% (%)

年 龄 Age	城镇失业人员 Urban Unemployed Persons	单位负责人 Unit Heads	专业技术人员 Technical Personnel	办事人员和有关人员 Clerk and Related Workers	商业、服务业人员 Business Service Personnel	农林牧渔水利业生产人员 Producers in the Sectors of Agriculture, Forestry, Animal Husbandry, Fishery and Water Conservancy	生产运输设备操作人员及有关人员 Production, Transport Equipment Operators and Related Workers	其 他 Others
总计 Total	**100.0**	**1.0**	**7.7**	**12.1**	**49.5**	**4.1**	**25.1**	**0.4**
16—19	100.0	0.2	4.0	16.8	55.4	0.3	22.6	0.8
20—24	100.0	0.5	12.9	13.1	52.4	0.7	19.7	0.8
25—29	100.0	0.7	11.9	15.3	52.0	1.4	18.3	0.3
30—34	100.0	0.8	9.1	11.5	53.6	2.2	22.5	0.3
35—39	100.0	1.5	8.3	12.1	53.7	2.5	21.5	0.4
40—44	100.0	1.3	5.9	10.4	53.6	4.2	24.2	0.4
45—49	100.0	1.2	4.8	10.2	49.3	4.7	29.5	0.4
50—54	100.0	1.1	4.3	9.8	43.2	7.0	34.2	0.4
55—59	100.0	1.3	5.3	13.9	37.1	8.4	33.5	0.4
60—64	100.0	0.8	5.7	16.1	34.8	11.2	31.1	0.3
65+	100.0	0.8	3.1	10.4	37.7	24.8	23.2	
男 Male	**100.0**	**1.5**	**5.8**	**12.7**	**43.9**	**3.6**	**31.8**	**0.6**
16—19	100.0	0.3	2.8	16.9	52.6	0.0	26.2	1.2
20—24	100.0	0.6	10.8	10.3	52.4	0.5	24.3	1.0
25—29	100.0	0.9	9.0	14.0	51.6	1.1	23.0	0.3
30—34	100.0	1.0	4.7	10.1	49.9	2.8	31.2	0.3
35—39	100.0	2.2	5.5	12.2	47.2	2.5	29.5	0.9
40—44	100.0	1.9	5.1	11.2	44.8	3.6	32.8	0.6
45—49	100.0	2.4	4.2	13.2	40.0	3.9	35.9	0.4
50—54	100.0	2.1	3.6	9.6	36.1	5.6	42.4	0.6
55—59	100.0	2.2	3.9	18.1	29.4	6.0	40.0	0.5
60—64	100.0	1.1	4.2	20.4	33.3	7.6	33.2	0.2
65+	100.0	1.3	3.0	15.1	31.6	19.8	29.3	
女 Female	**100.0**	**0.6**	**9.2**	**11.6**	**54.1**	**4.6**	**19.6**	**0.3**
16—19	100.0		6.3	16.5	60.9	0.8	15.5	
20—24	100.0	0.2	16.0	17.0	52.3	1.0	13.1	0.4
25—29	100.0	0.6	14.4	16.4	52.4	1.7	14.3	0.2
30—34	100.0	0.7	11.6	12.3	55.6	1.9	17.6	0.3
35—39	100.0	1.2	9.8	12.0	57.2	2.5	17.2	0.1
40—44	100.0	0.9	6.4	9.9	59.1	4.6	18.8	0.3
45—49	100.0	0.4	5.2	8.1	55.7	5.2	25.0	0.3
50—54	100.0	0.3	4.8	10.1	49.1	8.2	27.3	0.2
55—59	100.0	0.1	7.4	7.9	48.3	11.9	24.2	0.3
60—64	100.0	0.3	8.5	7.9	37.8	17.9	27.1	0.5
65+	100.0		3.4	3.5	46.7	32.2	14.1	

1－71　城镇按受教育程度、性别分的失业人员失业前的职业构成
OCCUPATION OF URBAN UNEMPLOYED PERSONS (PRIOR TO UNEMPLOYMENT) BY EDUCATIONAL ATTAINMENT AND SEX

单位：%　　(%)

受教育程度	Educational Attainment	城镇失业人员 Urban Unemployed Persons	单位负责人 Unit Heads	专业技术人员 Technical Personnel	办事人员和有关人员 Clerk and Related Workers	商业、服务业人员 Business Service Personnel	农林牧渔水利业生产人员 Producers in the Sectors of Agriculture, Forestry, Animal Husbandry, Fishery and Water Conservancy	生产运输设备操作人员及有关人员 Production, Transport Equipment Operators and Related Workers	其他 Others
总　计	**Total**	**100.0**	**1.0**	**7.7**	**12.1**	**49.5**	**4.1**	**25.1**	**0.4**
未上过学	No Schooling	100.0		1.0	2.2	37.2	22.7	36.9	
小　学	Primary School	100.0	0.3	1.3	4.1	42.5	13.5	37.8	0.3
初　中	Junior Secondary School	100.0	0.8	2.5	6.5	51.3	5.5	33.0	0.4
高　中	Senior Secondary School	100.0	0.9	6.8	14.4	54.4	1.2	21.8	0.5
大学专科	College	100.0	2.4	16.7	21.6	48.5	0.3	10.2	0.3
大学本科	University	100.0	0.8	27.5	26.1	38.2	0.0	7.2	0.3
研究生	Graduate and Higher Level	100.0	0.8	48.5	25.9	24.8			
男	**Male**	**100.0**	**1.5**	**5.8**	**12.7**	**43.9**	**3.6**	**31.8**	**0.6**
未上过学	No Schooling	100.0		1.0	2.1	30.5	17.2	49.2	
小　学	Primary School	100.0	0.5	1.3	6.0	34.5	11.3	45.9	0.5
初　中	Junior Secondary School	100.0	1.5	2.2	8.6	41.9	4.9	40.5	0.4
高　中	Senior Secondary School	100.0	1.2	4.1	15.3	47.5	1.6	29.3	1.0
大学专科	College	100.0	3.4	11.7	19.1	50.0	0.0	15.4	0.4
大学本科	University	100.0	0.8	23.6	21.8	43.2	0.0	10.2	0.4
研究生	Graduate and Higher Level	100.0	2.5	50.0	22.1	25.4			
女	**Female**	**100.0**	**0.6**	**9.2**	**11.6**	**54.1**	**4.6**	**19.6**	**0.3**
未上过学	No Schooling	100.0		1.0	2.2	40.4	25.4	31.0	
小　学	Primary School	100.0	0.2	1.3	2.7	48.9	15.3	31.4	0.2
初　中	Junior Secondary School	100.0	0.3	2.7	4.9	58.7	6.0	27.0	0.4
高　中	Senior Secondary School	100.0	0.7	9.1	13.6	60.1	1.0	15.4	0.1
大学专科	College	100.0	1.5	21.2	23.8	47.2	0.5	5.5	0.3
大学本科	University	100.0	0.7	30.5	29.4	34.3		4.9	0.2
研究生	Graduate and Higher Level	100.0		47.7	27.8	24.5			

1-72 城镇按受教育程度、性别分的失业人员失业时间构成
UNEMPLOYMENT DURATION OF URBAN UNEMPLOYED PERSONS BY EDUCATIONAL ATTAINMENT AND SEX

单位：% (%)

受教育程度	Educational Attainment	城镇失业人员 Urban Unemployed Persons	1个月 1 Month	2-3个月 2-3 Months	4-6个月 4-6 Months	7-12个月 7-12 Months	13-24个月 13-24 Months	25个月以上 25+ Months+
总 计	**Total**	**100.0**	**25.6**	**37.0**	**18.1**	**12.5**	**4.3**	**2.5**
未上过学	No Schooling	100.0	35.0	34.1	12.5	10.4	4.4	3.6
小 学	Primary School	100.0	29.9	37.6	16.9	10.7	2.4	2.5
初 中	Junior Secondary School	100.0	28.2	36.0	16.9	12.5	4.0	2.4
高 中	Senior Secondary School	100.0	23.3	36.0	19.1	13.8	5.0	2.8
大学专科	College	100.0	22.0	37.8	20.1	12.9	4.5	2.9
大学本科	University	100.0	22.3	40.8	19.1	10.9	5.5	1.4
研究生	Graduate and Higher Level	100.0	32.5	41.6	14.6	7.9	2.5	0.9
男	**Male**	**100.0**	**26.0**	**35.1**	**18.1**	**13.2**	**4.7**	**2.9**
未上过学	No Schooling	100.0	35.4	30.7	14.8	9.6	8.1	1.4
小 学	Primary School	100.0	32.0	35.9	15.9	10.3	3.3	2.6
初 中	Junior Secondary School	100.0	29.4	33.7	16.9	13.3	4.0	2.7
高 中	Senior Secondary School	100.0	22.7	33.8	19.4	15.6	5.3	3.3
大学专科	College	100.0	21.9	37.8	19.8	12.0	5.0	3.4
大学本科	University	100.0	23.9	36.9	18.6	12.5	6.6	1.5
研究生	Graduate and Higher Level	100.0	32.3	42.8	11.3	8.4	3.5	1.7
女	**Female**	**100.0**	**25.2**	**38.5**	**18.1**	**11.9**	**4.0**	**2.1**
未上过学	No Schooling	100.0	34.9	35.5	11.6	10.7	2.8	4.5
小 学	Primary School	100.0	28.4	38.9	17.6	11.0	1.9	2.4
初 中	Junior Secondary School	100.0	27.3	37.7	16.9	12.0	4.0	2.1
高 中	Senior Secondary School	100.0	23.9	37.9	18.9	12.4	4.8	2.3
大学专科	College	100.0	22.0	37.7	20.3	13.7	4.0	2.3
大学本科	University	100.0	20.9	44.0	19.6	9.6	4.7	1.3
研究生	Graduate and Higher Level	100.0	32.5	40.9	16.5	7.7	1.9	0.5

1-73　城镇按年龄、性别分的失业人员失业时间构成
UNEMPLOYMENT DURATION OF URBAN UNEMPLOYED PERSONS BY AGE AND SEX

单位：%　(%)

年龄 Age	城镇失业人员 Urban Unemployed Persons	1个月 1 Months	2-3个月 2-3 Months	4-6个月 4-6 Months	7-12个月 7-12 Months	13-24个月 13-24 Months	25个月以上 25+ Months+
总计 Total	**100.0**	**25.6**	**37.0**	**18.1**	**12.5**	**4.3**	**2.5**
16-19	100.0	35.1	41.1	13.3	6.8	3.7	
20-24	100.0	24.0	43.2	18.5	9.6	3.9	0.9
25-29	100.0	27.9	37.9	16.1	11.7	4.1	2.3
30-34	100.0	27.0	37.7	18.6	10.9	3.6	2.1
35-39	100.0	26.2	36.7	18.2	13.1	3.9	2.0
40-44	100.0	24.2	33.9	19.6	15.2	4.8	2.3
45-49	100.0	22.5	33.9	19.5	14.5	5.8	3.9
50-54	100.0	24.5	34.3	18.2	14.4	5.0	3.6
55-59	100.0	24.1	33.0	19.6	15.1	4.0	4.2
60-64	100.0	28.1	35.6	15.7	13.7	3.7	3.2
65+	100.0	32.2	32.8	14.1	11.6	5.0	4.3
男 Male	**100.0**	**26.0**	**35.1**	**18.1**	**13.2**	**4.7**	**2.9**
16-19	100.0	34.1	41.1	12.9	7.9	4.0	
20-24	100.0	23.6	41.6	18.3	11.1	4.3	1.1
25-29	100.0	28.0	35.8	16.0	12.7	4.4	3.1
30-34	100.0	28.6	35.2	18.5	11.4	4.0	2.4
35-39	100.0	27.3	34.7	18.6	14.2	3.7	1.5
40-44	100.0	24.0	32.7	21.0	15.3	4.0	3.0
45-49	100.0	24.0	30.6	19.7	14.2	7.0	4.6
50-54	100.0	25.8	29.3	19.0	14.7	6.3	4.9
55-59	100.0	22.4	31.4	19.3	17.6	4.6	4.7
60-64	100.0	28.7	32.7	15.3	16.2	3.9	3.2
65+	100.0	31.6	31.8	14.1	11.3	6.0	5.2
女 Female	**100.0**	**25.2**	**38.5**	**18.1**	**11.9**	**4.0**	**2.1**
16-19	100.0	37.2	41.0	14.1	4.5	3.2	
20-24	100.0	24.5	45.2	18.7	7.7	3.3	0.6
25-29	100.0	27.8	39.7	16.2	10.7	3.8	1.7
30-34	100.0	26.1	39.1	18.7	10.7	3.4	1.9
35-39	100.0	25.6	37.8	17.9	12.5	3.9	2.3
40-44	100.0	24.2	34.6	18.8	15.2	5.2	1.9
45-49	100.0	21.6	36.0	19.3	14.7	5.0	3.4
50-54	100.0	23.5	38.2	17.5	14.2	4.0	2.6
55-59	100.0	26.4	35.2	20.0	11.7	3.3	3.5
60-64	100.0	27.3	40.4	16.5	9.4	3.3	3.1
65+	100.0	32.9	34.0	14.2	12.0	3.8	3.2

1-74 各地区居民消费价格指数和商品零售价格指数
CONSUMER PRICE INDICES AND RETAIL PRICE INDICES BY REGION

(上年=100) (preceding year=100)

年份 Year / 地区 Region	居民消费价格 Consumer Price Index			商品零售价格 Retail Price Index		
	总指数 General	城市 Urban Household	农村 Rural Household	总指数 General	城市 Urban Household	农村 Rural Household
1994	124.1	125.0	123.4	121.7	120.9	122.9
1995	117.1	116.8	117.5	114.8	113.5	116.4
2000	100.4	100.8	99.9	98.5	98.5	98.5
2005	101.8	101.6	102.2	100.8	100.5	101.4
2010	103.3	103.2	103.6	103.1	102.8	103.6
2011	105.4	105.3	105.8	104.9	104.7	105.5
2012	102.6	102.7	102.5	102.0	101.9	102.2
2013	102.6	102.6	102.8	101.4	101.3	101.8
2014	102.0	102.1	101.8	101.0	101.0	101.0
2015	101.4	101.5	101.3	100.1	100.0	100.3
2016	102.0	102.1	101.9	100.7	100.7	100.9
2017	101.6	101.7	101.3	101.1	101.1	101.3
2018	102.1	102.1	102.1	101.9	101.9	102.1
2019	102.9	102.8	103.2	102.0	101.9	102.5
北京 Beijing	102.3	102.3		100.5	100.5	
天津 Tianjin	102.7	102.7		101.7	101.7	
河北 Hebei	103.0	102.8	103.2	101.8	101.7	102.2
山西 Shanxi	102.7	102.6	103.0	101.8	101.6	102.4
内蒙古 Inner Mongolia	102.4	102.3	102.8	101.5	101.4	102.1
辽宁 Liaoning	102.4	102.3	102.6	101.7	101.6	102.2
吉林 Jilin	103.0	102.8	103.4	102.1	102.1	102.2
黑龙江 Heilongjiang	102.8	102.7	103.2	102.1	102.1	102.2
上海 Shanghai	102.5	102.5		100.4	100.4	
江苏 Jiangsu	103.1	103.1	103.4	102.6	102.5	103.4
浙江 Zhejiang	102.9	102.8	103.2	102.5	102.5	102.5
安徽 Anhui	102.7	102.7	102.8	101.9	101.8	102.0
福建 Fujian	102.6	102.6	102.7	101.9	101.8	102.0
江西 Jiangxi	102.9	102.9	102.8	101.9	102.0	101.4
山东 Shandong	103.2	103.1	103.6	102.2	102.0	102.9
河南 Henan	103.0	102.9	103.1	102.4	102.5	102.2
湖北 Hubei	103.1	103.0	103.2	102.6	102.6	102.6
湖南 Hunan	102.9	102.8	103.1	102.3	102.2	102.4
广东 Guangdong	103.4	103.1	104.6	101.4	101.3	102.3
广西 Guangxi	103.7	103.5	104.1	103.2	103.1	103.5
海南 Hainan	103.4	103.2	104.0	102.5	102.4	103.4
重庆 Chongqing	102.7	102.7		101.6	101.6	
四川 Sichuan	103.2	103.1	103.3	102.7	102.5	103.1
贵州 Guizhou	102.4	102.2	102.6	101.7	101.7	101.9
云南 Yunnan	102.5	102.4	102.7	101.5	101.4	102.0
西藏 Tibet	102.3	102.4	102.3	102.0	102.0	101.8
陕西 Shaanxi	102.9	102.9	102.9	102.4	102.4	102.4
甘肃 Gansu	102.3	102.2	102.4	101.9	102.0	101.3
青海 Qinghai	102.5	102.4	102.5	102.0	101.9	102.8
宁夏 Ningxia	102.1	102.0	102.1	101.1	101.2	101.1
新疆 Xinjiang	101.9	101.9	102.1	101.3	101.3	101.7

1−75 商品零售价格分类指数（2019年）
RETAIL PRICE INDICES BY CATEGORY (2019)

（上年=100） (preceding year=100)

项 目	Item	全国 National Indices	城市 Urban Indices	农村 Rural Indices
商品零售价格指数	**Retail Price Index**	**102.0**	**101.9**	**102.5**
食品	**Food**	**107.8**	**107.6**	**109.0**
粮食	Grain	100.6	100.6	100.4
食用油	Edible Oil and Fats	101.1	100.9	101.7
菜	Vegetables	103.9	103.9	103.8
畜肉类	Meat of Livestock	129.2	128.5	132.7
禽肉类	Meat of Poultry	110.1	110.2	109.8
水产品	Aquatic Products	100.1	100.1	100.5
蛋类	Eggs	105.0	105.0	105.1
奶类	Milk	101.7	101.7	101.6
干鲜瓜果类	Dried and Fresh Melons and Fruits	109.7	109.5	110.5
糖果糕点类	Candy and Cake	100.7	100.7	100.8
调味品	Flavoring	101.3	101.2	101.6
其他食品类	Other Foods	101.4	101.4	101.3
在外餐饮	Dining Out	103.3	103.3	103.6
饮料、烟酒	**Beverages, Tobacco and Liquor**	**101.3**	**101.3**	**101.1**
茶及饮料	Tea and Beverages	101.5	101.5	101.6
酒类	Liquor	102.1	102.1	101.9
服装、鞋帽	**Garments, Shoes and Hats**	**101.6**	**101.6**	**101.3**
服装	Garments	101.8	101.9	101.4
鞋帽袜	Footgear and Hat	100.8	100.8	101.0
纺织品	**Textiles**	**100.7**	**100.7**	**100.6**
服装材料	Clothing	102.0	102.0	101.9
床上用品	Bedding	100.4	100.4	100.2
家用电器及音像器材	**Household Appliances, Music and Video Equipment**	**98.8**	**98.7**	**99.5**
文化办公用品	**Cultural and Office Appliances**	**99.9**	**99.7**	**100.8**
日用品	**Articles for Daily Use**	**100.7**	**100.7**	**101.1**
日用百货	General Merchandise for Daily Use	100.6	100.5	101.1
体育娱乐用品	**Sports and Recreation Articles**	**100.3**	**100.3**	**100.5**
交通、通信用品	**Transportation and Communication Appliances**	**98.4**	**98.4**	**98.5**
家具	**Furniture**	**101.1**	**101.1**	**100.7**
化妆品	**Cosmetics**	**101.5**	**101.5**	**101.3**
金银饰品	**Gold and Silver Ornaments**	**108.3**	**108.5**	**106.4**
中西药品及医疗保健用品	**Traditional Chinese and Western Medicines and Health Care Articles**	**103.9**	**103.8**	**104.3**
医疗卫生器具	Medical Instrument	100.6	100.7	100.0
中药	Traditional Chinese Medicines	104.9	104.9	104.6
西药	Western Medicines	104.3	104.1	105.0
书报杂志及电子出版物	**Books, Newspapers, Magazines and Electronic Publications**	**104.6**	**104.6**	**104.3**
燃料	**Fuels**	**97.0**	**96.9**	**97.3**
建筑材料及五金电料	**Building Materials and Hardware**	**101.0**	**101.0**	**101.2**
建筑装璜材料	Building Decoration Materials	101.1	101.1	101.1
五金水暖	Hardware	101.0	100.9	101.6

1-76 各地区商品零售价格分类指数(2019年)
RETAIL PRICE INDICES BY CATEGORY OF COMMODITIES BY REGION (2019)

(上年=100) (preceding year=100)

地区	Region	总指数 General Index	食品 Food	#粮食 Grain	#菜 Vegetables	#畜肉 Meat of Livestock	#禽肉 Meat of Poultry
全国	**National**	**102.0**	**107.8**	**100.6**	**103.9**	**129.2**	**110.1**
北京	Beijing	100.5	105.6	99.6	100.6	120.8	111.2
天津	Tianjin	101.7	105.1	102.1	100.5	124.1	108.8
河北	Hebei	101.8	106.7	100.9	102.0	129.2	113.6
山西	Shanxi	101.8	106.7	100.3	103.0	128.0	113.6
内蒙古	Inner Mongolia	101.5	106.0	101.2	100.2	122.1	113.8
辽宁	Liaoning	101.7	106.9	100.9	103.9	127.9	112.1
吉林	Jilin	102.1	108.1	101.0	105.8	127.7	113.3
黑龙江	Heilongjiang	102.1	108.8	102.0	105.7	130.5	115.6
上海	Shanghai	100.4	105.2	100.7	103.5	118.7	111.3
江苏	Jiangsu	102.6	108.0	101.2	103.8	127.4	111.8
浙江	Zhejiang	102.5	106.8	100.2	104.4	126.0	107.4
安徽	Anhui	101.9	108.0	100.3	102.9	132.9	110.1
福建	Fujian	101.9	108.5	99.3	103.3	132.0	109.9
江西	Jiangxi	101.9	108.9	100.8	110.0	129.9	108.0
山东	Shandong	102.2	109.3	100.0	103.5	137.5	109.9
河南	Henan	102.4	107.2	100.2	103.8	133.0	110.7
湖北	Hubei	102.6	108.7	100.2	105.1	128.5	109.8
湖南	Hunan	102.3	108.2	100.3	106.1	130.2	109.0
广东	Guangdong	101.4	107.8	100.9	104.1	126.8	108.5
广西	Guangxi	103.2	111.5	100.7	107.0	137.0	112.8
海南	Hainan	102.5	108.6	100.3	105.6	125.7	110.4
重庆	Chongqing	101.6	107.4	97.7	101.9	133.1	110.8
四川	Sichuan	102.7	110.6	100.7	102.1	136.1	110.9
贵州	Guizhou	101.7	107.5	99.9	101.5	123.4	107.5
云南	Yunnan	101.5	107.9	101.4	107.6	119.6	108.7
西藏	Tibet	102.0	103.5	102.2	101.1	107.3	111.7
陕西	Shaanxi	102.4	106.4	100.7	101.2	131.3	112.7
甘肃	Gansu	101.9	106.1	100.7	104.1	121.8	113.0
青海	Qinghai	102.0	106.1	101.5	102.7	116.2	113.6
宁夏	Ningxia	101.1	104.7	100.3	102.0	117.1	111.1
新疆	Xinjiang	101.3	105.8	100.3	105.7	113.8	108.6

1-76　续表 1　continued

(上年=100)　　(preceding year=100)

地　区	Region	#水产品 Aquatic Products	#蛋 Eggs	#干　鲜 瓜　果 Dried and Fresh Melons and Fruits	饮料烟酒 Beverages, Tobacco and Liquor	服装鞋帽 Garments, Shoes and Hats	纺 织 品 Textiles
全　国	**National**	**100.1**	**105.0**	**109.7**	**101.3**	**101.6**	**100.7**
北　京	Beijing	98.4	103.8	108.8	101.1	101.7	99.5
天　津	Tianjin	96.3	105.1	107.5	101.5	101.8	100.7
河　北	Hebei	95.9	104.4	105.4	100.8	101.1	100.7
山　西	Shanxi	99.0	107.3	108.4	101.3	100.9	98.5
内蒙古	Inner Mongolia	100.7	107.4	107.1	101.1	101.6	100.7
辽　宁	Liaoning	101.3	103.5	107.2	100.9	101.9	100.1
吉　林	Jilin	99.7	102.7	111.9	101.4	102.0	101.5
黑龙江	Heilongjiang	100.3	104.7	110.7	100.6	101.1	99.7
上　海	Shanghai	100.3	105.2	107.4	101.0	103.1	99.1
江　苏	Jiangsu	99.2	106.2	110.3	102.1	102.8	102.4
浙　江	Zhejiang	98.5	104.0	112.5	101.3	101.5	103.7
安　徽	Anhui	99.0	102.8	112.0	100.9	102.2	100.8
福　建	Fujian	100.5	103.8	117.1	100.3	102.5	102.1
江　西	Jiangxi	98.3	105.4	112.3	100.6	101.2	100.4
山　东	Shandong	100.5	105.1	109.0	101.1	100.9	99.4
河　南	Henan	99.1	105.9	107.6	101.9	100.8	100.3
湖　北	Hubei	100.5	105.2	112.8	101.1	101.5	101.3
湖　南	Hunan	99.2	105.7	106.3	101.4	101.0	100.8
广　东	Guangdong	102.4	105.4	110.4	102.1	101.6	99.4
广　西	Guangxi	105.2	104.5	114.4	101.0	101.8	100.4
海　南	Hainan	102.8	104.5	116.0	100.0	101.7	99.8
重　庆	Chongqing	101.4	104.7	105.7	99.9	100.2	100.6
四　川	Sichuan	100.2	103.4	109.1	101.6	101.4	101.3
贵　州	Guizhou	101.0	104.9	111.0	100.6	100.2	99.3
云　南	Yunnan	99.3	106.6	116.6	101.1	100.2	98.4
西　藏	Tibet	99.3	102.5	107.2	101.1	104.4	100.6
陕　西	Shaanxi	98.6	106.6	103.7	101.1	102.1	104.0
甘　肃	Gansu	100.6	105.7	110.4	100.8	100.9	101.0
青　海	Qinghai	96.9	107.0	101.7	101.0	100.7	99.3
宁　夏	Ningxia	97.5	105.2	109.9	101.0	99.8	101.6
新　疆	Xinjiang	98.4	104.8	107.6	101.8	99.7	99.2

1-76 续表 2 continued

(上年=100) (preceding year=100)

地 区	Region	家用电器及音像器材 Household Appliances, Music and Video Equipment	文化办公用品 Cultural and Office Appliances	日用品 Articles for Daily Use	体育娱乐用品 Sports and Recreation Articles	交通、通信用品 Transportation and Communication Appliances	家具 Furniture
全 国	**National**	**98.8**	**99.9**	**100.7**	**100.3**	**98.4**	**101.1**
北 京	Beijing	94.8	98.3	98.3	99.6	97.0	100.8
天 津	Tianjin	99.4	100.8	100.9	102.8	100.2	99.3
河 北	Hebei	99.8	100.0	100.6	100.6	96.6	101.9
山 西	Shanxi	99.5	100.0	100.3	100.2	99.5	100.6
内蒙古	Inner Mongolia	100.4	100.3	100.9	100.0	97.6	100.3
辽 宁	Liaoning	98.6	100.2	100.2	100.5	98.2	100.2
吉 林	Jilin	98.0	99.6	101.1	101.1	96.8	102.8
黑龙江	Heilongjiang	99.3	98.6	99.6	100.4	98.6	99.6
上 海	Shanghai	99.5	97.8	101.4	99.5	95.6	100.9
江 苏	Jiangsu	100.5	101.8	101.8	100.6	100.3	102.8
浙 江	Zhejiang	99.0	100.3	102.4	101.3	99.7	102.2
安 徽	Anhui	99.4	98.6	100.7	100.1	97.0	101.2
福 建	Fujian	98.7	99.8	101.2	99.4	97.4	99.8
江 西	Jiangxi	98.4	100.2	100.7	100.0	98.2	101.4
山 东	Shandong	99.9	100.3	100.5	100.9	98.0	101.0
河 南	Henan	98.3	103.2	100.9	100.8	102.1	101.9
湖 北	Hubei	97.3	98.2	100.4	100.8	99.9	101.7
湖 南	Hunan	100.0	100.8	100.4	100.2	99.5	100.0
广 东	Guangdong	97.3	97.8	99.5	99.0	98.1	100.1
广 西	Guangxi	98.9	99.8	101.0	99.6	98.6	100.7
海 南	Hainan	100.4	99.3	101.9	98.9	99.4	100.6
重 庆	Chongqing	95.9	100.7	101.5	101.5	98.0	102.8
四 川	Sichuan	97.5	99.2	101.1	100.8	96.0	101.8
贵 州	Guizhou	97.9	99.7	100.5	100.5	99.2	99.4
云 南	Yunnan	98.4	100.1	100.3	100.2	97.7	100.9
西 藏	Tibet	100.3	100.0	101.1	100.2	99.5	101.5
陕 西	Shaanxi	98.8	100.3	101.8	100.8	99.2	101.8
甘 肃	Gansu	99.1	99.9	101.0	100.7	98.2	100.3
青 海	Qinghai	96.6	100.4	100.2	100.7	100.6	101.8
宁 夏	Ningxia	98.2	99.3	101.4	99.7	97.4	100.5
新 疆	Xinjiang	99.0	99.2	99.7	101.6	96.1	100.9

1-76 续表 3 continued

(上年=100)　　(preceding year=100)

地　区	Region	化妆品 Cosmetics	金银饰品 Gold and Silver Ornaments	中西药品及医疗保健用品 Traditional Chinese and Western Medicines and Health Care Articles	书报杂志及电子出版物 Books, Newspapers, Magazines and Electronic Publications	燃　料 Fuels	建筑材料及五金电料 Building Materials and Hardware
全　国	**National**	**101.5**	**108.3**	**103.9**	**104.6**	**97.0**	**101.0**
北　京	Beijing	101.6	110.9	101.7	104.7	96.4	100.3
天　津	Tianjin	100.6	112.6	102.0	102.4	96.3	101.5
河　北	Hebei	102.8	106.6	108.2	103.0	97.6	100.2
山　西	Shanxi	101.4	105.7	104.9	106.0	96.6	102.0
内蒙古	Inner Mongolia	100.4	104.4	104.2	106.2	97.7	101.4
辽　宁	Liaoning	101.5	107.3	103.8	102.5	96.8	100.4
吉　林	Jilin	102.1	112.3	103.9	109.4	98.8	100.6
黑龙江	Heilongjiang	102.8	106.6	104.7	102.9	98.3	100.1
上　海	Shanghai	101.7	109.6	103.1	105.8	94.5	102.3
江　苏	Jiangsu	103.4	107.1	102.3	109.2	97.0	102.1
浙　江	Zhejiang	102.8	108.3	107.6	104.5	96.4	101.1
安　徽	Anhui	102.0	107.7	102.7	101.5	98.0	100.9
福　建	Fujian	101.1	110.3	104.2	104.8	94.4	100.2
江　西	Jiangxi	100.9	107.6	101.7	104.2	95.7	101.0
山　东	Shandong	101.3	108.6	103.5	104.9	97.1	101.2
河　南	Henan	101.0	107.9	103.9	106.4	96.1	100.9
湖　北	Hubei	101.9	107.7	103.5	106.8	98.2	100.8
湖　南	Hunan	100.5	108.9	104.3	100.7	97.2	101.1
广　东	Guangdong	100.9	108.7	103.0	103.9	95.8	101.1
广　西	Guangxi	100.5	109.4	104.7	103.5	98.4	101.1
海　南	Hainan	100.7	109.9	103.6	100.4	95.5	102.0
重　庆	Chongqing	100.7	104.9	101.7	103.3	101.3	100.4
四　川	Sichuan	100.1	107.8	103.7	102.7	99.4	100.7
贵　州	Guizhou	101.3	106.8	104.6	104.3	96.7	100.6
云　南	Yunnan	101.1	106.4	103.1	103.5	95.0	101.7
西　藏	Tibet	100.0	106.7	107.5	99.8	98.0	101.5
陕　西	Shaanxi	99.9	108.3	102.3	104.6	99.6	102.1
甘　肃	Gansu	101.0	107.9	104.7	100.2	98.6	100.8
青　海	Qinghai	101.7	111.3	102.4	104.8	97.8	99.9
宁　夏	Ningxia	100.3	105.2	102.5	104.0	97.7	100.7
新　疆	Xinjiang	99.4	106.5	104.3	104.6	97.7	99.1

1-77 居民消费价格分类指数（2019年）
CONSUMER PRICE INDICES BY CATEGORY (2019)

(上年=100) (preceding year=100)

项目	Item	全国 National Indices	城市 Urban Indices	农村 Rural Indices
居民消费价格总指数	**Consumer Price Index**	**102.9**	**102.8**	**103.2**
食品烟酒	**Food, Tobacco and Liquor**	**107.0**	**106.7**	**107.9**
食品	Food	109.2	108.8	110.3
粮食	Grain	100.5	100.6	100.5
薯类	Tubers	102.5	102.5	102.7
豆类	Beans	101.7	101.8	101.6
食用油	Edible Oil and Fats	101.3	100.9	102.1
菜	Vegetables	103.9	103.9	104.0
#鲜菜	Fresh Vegetables	104.1	104.1	104.2
畜肉类	Meat of Livestock	129.1	127.9	131.9
禽肉类	Meat of Poultry	110.0	110.0	110.1
水产品	Aquatic Products	100.3	100.1	100.9
蛋类	Eggs	105.1	105.0	105.4
奶类	Milk	101.6	101.6	101.5
干鲜瓜果类	Dried and Fresh Melons and Fruits	109.8	109.5	110.8
#鲜瓜果	Fresh Melons and Fruits	112.3	112.0	113.5
糖果糕点类	Candy and Cake	100.7	100.7	100.7
调味品	Flavoring	101.2	101.1	101.4
其他食品类	Other Foods	101.4	101.4	101.3
茶及饮料	Tea and Beverages	101.5	101.5	101.5
烟酒	Tobacco and Liquor	101.2	101.3	100.9
在外餐饮	Dining Out	103.3	103.3	103.3
衣着	**Clothing**	**101.6**	**101.7**	**101.2**
服装	Garments	101.8	101.9	101.3
服装材料	Garments Material	101.7	101.7	101.9
其他衣着及配件	Other Clothing and Parts	100.2	100.0	101.1
衣着加工服务费	Clothing Manufacturing Services	104.1	104.4	102.9
鞋类	Footwear	100.9	101.0	100.8
居住	**Residence**	**101.4**	**101.3**	**101.5**
租赁房房租	Rent of Rental Housing	101.8	101.8	101.8
住房保养维修及管理	Housing Maintenance and Management	101.8	101.8	101.7
水电燃料	Water, Electricity and Fuels	100.6	100.5	100.7
生活用品及服务	**Articles for Daily Use and Services**	**100.9**	**100.9**	**100.8**
家具及室内装饰品	Furniture and Interior Decorations	100.9	101.0	100.6
家用器具	Home Appliances	99.4	99.1	100.0
家用纺织品	Home Textiles	100.5	100.4	100.6
家庭日用杂品	Daily Use Household Articles	100.9	100.8	101.0
个人护理用品	Personal-care Supplies	101.1	101.2	100.9
家庭服务	Household Services	104.8	104.9	103.9
交通和通信	**Transport and Communications**	**98.3**	**98.2**	**98.6**
交通	Transport	98.0	98.0	98.2
交通工具	Transport Facility	98.5	98.3	98.8
交通工具用燃料	Fuels for Transport Facility	94.0	93.9	94.1
交通工具使用和维修	Use and Maintenance of Transport Facility	102.3	102.5	101.6
交通费	Traffic Fee	100.4	100.3	100.7
通信	Communications	98.8	98.7	99.3
教育文化和娱乐	**Education, Culture and Recreation**	**102.2**	**102.3**	**101.9**
教育	Education	103.1	103.3	102.5
教育用品	Education Articles	102.8	103.1	102.1
教育服务	Education Services	103.1	103.4	102.5
文化娱乐	Culture and Recreation	101.0	101.1	100.5
文娱耐用消费品	Durable Consumer Goods for Culture and Recreation	98.7	98.6	99.1
其他文娱用品	Other Articles	102.0	102.0	102.2
文化娱乐服务	Services for Culture and Recreation	101.0	101.1	100.5
旅游	Touring and Outing	101.8	101.9	101.0
医疗保健	**Health Care**	**102.4**	**102.5**	**102.1**
药品及医疗器具	Medicine and Medical Instrument	103.6	103.5	104.0
医疗服务	Medical Services	101.6	101.8	101.1
其他用品和服务	**Other Articles and Services**	**103.4**	**103.5**	**103.1**
其他用品类	Other Articles	104.5	104.8	103.3
其他服务类	Other Services	102.6	102.5	102.9

1−78　各地区居民消费价格分类指数(2019年)
CONSUMER PRICE INDICES BY CATEGORY AND REGION(2019)

(上年=100)

地　区	Region	总指数 General Index	食品烟酒 Food, Tobacco and Liquor	食品 Food	粮食 Grain	薯类 Tubers	豆类 Beans	食用油 Edible Oil and Fats
全　国	**National**	**102.9**	**107.0**	**109.2**	**100.5**	**102.5**	**101.7**	**101.3**
北　京	Beijing	102.3	105.2	106.2	99.6	101.8	102.1	99.6
天　津	Tianjin	102.7	104.6	106.0	101.8	91.6	102.2	100.4
河　北	Hebei	103.0	105.9	107.6	100.9	97.7	100.5	99.1
山　西	Shanxi	102.7	106.3	108.0	100.3	100.1	100.8	99.6
内蒙古	Inner Mongolia	102.4	105.4	107.1	101.7	100.1	100.6	100.8
辽　宁	Liaoning	102.4	106.1	107.8	100.8	98.5	100.2	100.4
吉　林	Jilin	103.0	107.5	109.4	100.4	97.6	100.7	99.6
黑龙江	Heilongjiang	102.8	107.4	109.6	101.0	97.8	99.9	99.9
上　海	Shanghai	102.5	105.0	106.4	100.7	109.6	111.3	100.6
江　苏	Jiangsu	103.1	107.1	109.5	101.1	106.3	101.1	101.8
浙　江	Zhejiang	102.9	106.2	108.0	100.2	102.9	104.9	102.0
安　徽	Anhui	102.7	107.1	109.6	100.4	101.1	101.5	103.9
福　建	Fujian	102.6	107.3	110.0	99.4	103.1	101.3	101.6
江　西	Jiangxi	102.9	107.8	110.6	101.0	108.7	103.3	100.6
山　东	Shandong	103.2	107.9	110.6	100.1	102.7	100.1	101.0
河　南	Henan	103.0	107.4	110.0	100.0	102.4	100.7	99.2
湖　北	Hubei	103.1	107.0	109.4	100.4	105.2	102.9	101.1
湖　南	Hunan	102.9	107.3	109.9	100.4	104.7	100.4	103.1
广　东	Guangdong	103.4	108.1	110.3	100.9	102.4	101.0	99.3
广　西	Guangxi	103.7	109.5	112.9	100.5	106.3	101.8	100.3
海　南	Hainan	103.4	108.1	110.5	100.1	110.3	101.8	105.3
重　庆	Chongqing	102.7	106.8	109.6	97.7	98.1	102.0	102.9
四　川	Sichuan	103.2	108.9	112.1	100.3	101.2	101.8	104.9
贵　州	Guizhou	102.4	106.4	108.3	99.8	104.1	100.6	106.1
云　南	Yunnan	102.5	106.6	109.1	101.5	109.9	102.7	104.1
西　藏	Tibet	102.3	103.3	103.9	102.4	102.1	104.5	101.8
陕　西	Shaanxi	102.9	105.6	107.2	100.7	101.1	100.6	100.5
甘　肃	Gansu	102.3	105.4	107.5	100.7	103.5	100.6	101.9
青　海	Qinghai	102.5	105.3	106.3	101.1	102.1	99.0	101.3
宁　夏	Ningxia	102.1	104.8	106.0	100.5	99.3	100.9	99.1
新　疆	Xinjiang	101.9	104.9	106.3	100.6	102.5	100.7	101.2

1-78 续表 1 continued

(上年=100)

地区	Region	菜 Vegetables	#鲜菜 Fresh Vegetables	畜肉类 Meat of Livestock	禽肉类 Meat of Poultry	水产品 Aquatic Products	蛋类 Eggs	奶类 Milk
全国	**National**	**103.9**	**104.1**	**129.1**	**110.0**	**100.3**	**105.1**	**101.6**
北京	Beijing	100.6	100.7	120.9	111.2	98.4	103.8	101.0
天津	Tianjin	100.5	100.3	124.1	108.8	96.4	105.1	101.6
河北	Hebei	102.2	102.2	129.1	113.1	96.5	104.1	100.4
山西	Shanxi	103.1	103.2	128.7	113.9	99.3	107.3	101.0
内蒙古	Inner Mongolia	101.1	101.2	123.5	113.2	99.6	106.5	100.2
辽宁	Liaoning	104.0	104.4	127.0	112.3	101.4	103.9	101.6
吉林	Jilin	105.5	105.9	130.6	113.4	99.9	103.2	101.5
黑龙江	Heilongjiang	106.2	106.7	130.7	115.2	101.2	103.5	100.5
上海	Shanghai	103.5	103.8	118.7	111.3	100.3	105.2	101.6
江苏	Jiangsu	103.6	103.8	128.0	111.3	99.1	105.9	104.0
浙江	Zhejiang	104.8	105.1	126.3	107.3	98.7	103.9	102.5
安徽	Anhui	102.5	102.8	132.8	110.4	99.5	102.8	100.8
福建	Fujian	104.0	104.5	131.9	109.1	100.6	103.9	102.4
江西	Jiangxi	109.2	110.0	131.5	107.5	98.7	105.7	101.3
山东	Shandong	103.6	103.8	136.9	109.7	100.6	105.3	101.0
河南	Henan	103.4	103.4	133.9	110.4	99.3	106.1	100.6
湖北	Hubei	105.2	105.5	127.8	110.0	99.5	105.8	102.3
湖南	Hunan	105.5	106.0	131.2	110.7	98.7	106.3	100.9
广东	Guangdong	104.4	104.7	128.9	108.5	102.9	105.6	101.9
广西	Guangxi	107.2	107.8	138.4	112.5	104.7	104.7	101.3
海南	Hainan	105.3	105.6	126.4	110.8	103.0	104.4	99.2
重庆	Chongqing	101.9	101.5	133.1	110.8	101.4	104.7	100.9
四川	Sichuan	102.2	102.2	137.0	110.2	100.8	103.5	101.8
贵州	Guizhou	102.1	102.1	122.7	107.4	100.4	105.0	100.0
云南	Yunnan	107.5	108.0	119.0	110.1	100.8	107.3	100.3
西藏	Tibet	100.4	99.8	106.5	108.8	101.1	102.7	102.4
陕西	Shaanxi	100.9	100.8	128.1	112.1	98.6	106.7	103.0
甘肃	Gansu	103.4	103.6	122.3	110.7	100.6	105.5	101.3
青海	Qinghai	103.1	103.3	116.6	110.8	97.7	106.7	97.9
宁夏	Ningxia	101.1	101.1	116.3	110.6	97.9	103.7	101.5
新疆	Xinjiang	105.3	105.3	113.4	107.7	98.4	106.1	104.0

1-78 续表 2 continued

(上年=100)

地　区	Region	干鲜瓜果类 Dried and Fresh Melons and Fruits	#鲜瓜果 Fresh Melons & Fruits	糖果糕点类 Candy and Cake	调味品 Flavoring	其他食品类 Other Foods	茶及饮料 Tea and Beverages	烟酒 Tobacco and Liquor
全　国	**National**	**109.8**	**112.3**	**100.7**	**101.2**	**101.4**	**101.5**	**101.2**
北　京	Beijing	108.8	111.2	100.0	101.3	101.8	102.2	100.5
天　津	Tianjin	107.5	109.0	101.3	101.4	100.3	101.5	101.5
河　北	Hebei	106.6	108.6	99.8	101.5	101.3	102.2	100.5
山　西	Shanxi	108.7	111.1	100.0	101.1	101.2	101.2	101.2
内蒙古	Inner Mongolia	107.4	110.1	99.8	100.7	100.7	100.6	101.2
辽　宁	Liaoning	107.4	108.8	100.9	100.7	101.0	101.7	100.7
吉　林	Jilin	112.8	114.9	101.9	101.0	101.2	102.0	100.9
黑龙江	Heilongjiang	111.5	113.9	100.5	101.3	100.8	102.6	100.2
上　海	Shanghai	107.4	109.9	100.7	100.2	102.3	101.6	101.0
江　苏	Jiangsu	110.4	112.6	101.8	103.4	103.4	102.0	102.0
浙　江	Zhejiang	112.3	115.4	100.9	102.8	101.3	102.2	101.0
安　徽	Anhui	111.6	114.2	101.7	101.0	101.4	102.7	100.3
福　建	Fujian	116.6	120.9	100.7	100.1	101.0	100.7	100.3
江　西	Jiangxi	111.8	115.1	100.8	100.5	101.0	100.8	100.5
山　东	Shandong	109.6	112.4	100.5	100.7	99.9	100.6	101.3
河　南	Henan	107.0	109.1	100.0	102.9	101.7	101.7	101.8
湖　北	Hubei	113.1	116.9	100.7	101.4	101.2	100.9	100.7
湖　南	Hunan	107.4	109.6	100.6	101.4	100.7	100.5	101.9
广　东	Guangdong	111.6	114.2	100.6	99.8	101.3	101.7	102.4
广　西	Guangxi	113.1	115.0	101.9	100.5	101.0	101.2	100.8
海　南	Hainan	116.3	118.7	99.6	100.2	101.4	101.6	99.4
重　庆	Chongqing	105.7	107.8	100.6	101.2	102.3	100.6	99.7
四　川	Sichuan	108.2	110.5	100.5	100.4	102.3	101.0	101.6
贵　州	Guizhou	111.2	114.0	100.0	100.4	102.1	100.9	100.4
云　南	Yunnan	116.1	120.2	100.9	102.1	102.2	101.3	101.0
西　藏	Tibet	108.9	111.3	101.8	103.5	103.0	102.6	100.6
陕　西	Shaanxi	105.1	106.5	100.5	100.9	101.1	101.3	100.9
甘　肃	Gansu	109.7	112.8	100.6	100.4	101.7	100.8	100.4
青　海	Qinghai	102.2	103.2	101.5	102.1	99.2	100.9	100.7
宁　夏	Ningxia	110.3	114.0	101.1	101.0	101.7	102.0	100.2
新　疆	Xinjiang	106.5	108.5	101.5	101.5	101.6	102.7	101.2

1-78 续表 3 continued

(上年=100)

地 区	Region	在外餐饮 Dining Out	衣着 Clothing	服装 Garments	服装材料 Garments Material	其他衣着及配件 Other Clothing and Parts	衣着加工服务费 Clothing Manufacturing Service Fees	鞋类 Footwear
全 国	**National**	**103.3**	**101.6**	**101.8**	**101.7**	**100.2**	**104.1**	**100.9**
北 京	Beijing	104.3	101.9	102.7	102.8	100.5	109.1	99.4
天 津	Tianjin	102.4	102.1	102.0	102.2	98.4	110.8	102.2
河 北	Hebei	102.6	101.2	101.7	100.3	100.3	101.3	100.1
山 西	Shanxi	102.9	101.1	101.4	101.0	100.6	103.1	100.1
内蒙古	Inner Mongolia	101.6	101.8	102.0	100.5	100.5	103.9	101.2
辽 宁	Liaoning	102.2	101.8	101.9	99.7	100.0	102.3	102.2
吉 林	Jilin	103.6	102.1	102.3	101.5	102.0	104.2	101.4
黑龙江	Heilongjiang	103.1	100.9	101.5	100.2	99.8	95.7	99.7
上 海	Shanghai	102.8	103.2	103.6	102.5	98.1	107.5	102.1
江 苏	Jiangsu	103.4	102.8	103.1	102.1	101.4	104.4	101.8
浙 江	Zhejiang	104.0	101.8	102.1	102.3	101.1	104.5	100.3
安 徽	Anhui	103.0	102.1	102.4	100.8	100.0	102.9	101.0
福 建	Fujian	103.1	102.7	102.9	107.8	100.8	101.5	102.4
江 西	Jiangxi	103.2	100.9	100.7	103.3	100.6	103.7	101.1
山 东	Shandong	103.7	101.2	101.1	101.1	101.0	102.2	101.1
河 南	Henan	102.7	100.7	100.7	101.2	100.6	103.0	100.4
湖 北	Hubei	103.2	101.6	101.8	104.7	100.1	102.5	101.0
湖 南	Hunan	101.6	101.1	101.2	101.8	100.0	104.4	100.4
广 东	Guangdong	104.3	102.1	102.4	101.2	98.2	106.1	101.3
广 西	Guangxi	104.1	101.7	101.6	99.9	100.5	106.6	101.5
海 南	Hainan	103.7	102.1	102.4	97.3	99.0	100.4	102.0
重 庆	Chongqing	102.6	100.2	100.2	100.6	99.3	100.7	100.2
四 川	Sichuan	103.6	101.2	101.3	104.4	101.0	105.2	100.9
贵 州	Guizhou	103.9	100.2	100.1	103.1	100.2	105.2	99.9
云 南	Yunnan	102.9	99.9	99.9	101.3	98.5	104.3	100.0
西 藏	Tibet	103.2	104.0	103.6	101.4	102.9	111.9	102.5
陕 西	Shaanxi	104.0	102.1	102.3	102.8	101.8	100.7	101.4
甘 肃	Gansu	101.6	100.7	100.8	101.3	102.6	104.6	99.8
青 海	Qinghai	104.4	100.4	99.3	100.7	101.0	106.7	103.6
宁 夏	Ningxia	103.3	100.4	101.1	102.5	99.9	101.1	98.2
新 疆	Xinjiang	102.4	99.9	99.7	100.1	99.9	103.3	100.3

1-78 续表 4 continued

(上年=100)

地 区	Region	居住 Residence	租赁房房租 Rent of Rental Housing	住房保养维修及管理 Housing Maintenance and Management	水电燃料 Water, Electricity and Fuels	生活用品及服务 Articles for Daily Use and Services	家具及室内装饰品 Furniture and Interior Decorations	家用器具 Home Appliances
全 国	**National**	**101.4**	**101.8**	**101.8**	**100.6**	**100.9**	**100.9**	**99.4**
北 京	Beijing	101.3	101.7	100.8	101.1	99.7	100.4	95.2
天 津	Tianjin	102.4	103.0	103.3	100.4	100.9	99.4	99.5
河 北	Hebei	101.6	100.7	101.3	102.5	101.2	101.8	100.7
山 西	Shanxi	101.7	103.2	103.2	100.3	100.4	100.4	99.3
内蒙古	Inner Mongolia	101.8	103.0	101.6	101.4	100.8	100.1	101.0
辽 宁	Liaoning	100.7	100.3	101.9	100.4	100.7	100.3	99.5
吉 林	Jilin	102.3	105.1	101.1	101.3	101.5	102.4	99.9
黑龙江	Heilongjiang	99.6	98.9	100.0	100.8	100.3	99.2	98.7
上 海	Shanghai	101.9	101.8	102.8	99.4	100.9	100.9	98.7
江 苏	Jiangsu	101.9	102.2	103.6	101.0	102.3	102.5	101.3
浙 江	Zhejiang	100.6	100.6	102.2	100.1	101.8	101.7	99.9
安 徽	Anhui	100.8	101.7	101.4	100.5	101.3	101.3	100.5
福 建	Fujian	100.5	100.6	100.8	100.3	100.6	99.6	99.6
江 西	Jiangxi	101.0	100.7	103.0	99.2	100.3	101.2	98.3
山 东	Shandong	102.2	104.0	102.1	100.5	100.9	100.8	100.7
河 南	Henan	100.8	100.0	101.3	100.7	100.6	101.5	99.2
湖 北	Hubei	101.9	102.7	101.8	101.2	100.4	101.0	97.8
湖 南	Hunan	101.5	101.7	101.6	100.6	100.5	100.2	100.0
广 东	Guangdong	100.8	101.7	101.1	99.5	100.6	100.1	98.3
广 西	Guangxi	101.7	103.0	102.1	100.9	101.1	100.7	99.6
海 南	Hainan	101.1	103.1	101.2	98.6	101.0	100.6	101.5
重 庆	Chongqing	102.0	101.5	100.6	101.9	100.6	102.4	96.6
四 川	Sichuan	101.5	102.4	100.9	101.7	100.2	100.9	98.2
贵 州	Guizhou	101.1	101.7	101.4	100.8	100.1	99.4	98.8
云 南	Yunnan	101.5	101.6	102.9	99.8	100.6	100.5	100.2
西 藏	Tibet	101.9	106.8	104.1	99.6	103.7	103.4	101.8
陕 西	Shaanxi	102.4	103.4	102.8	101.0	101.3	101.0	99.1
甘 肃	Gansu	101.7	101.6	102.2	100.5	100.8	100.5	99.1
青 海	Qinghai	100.7	100.8	100.0	101.7	100.5	101.1	98.3
宁 夏	Ningxia	101.1	100.7	101.4	102.5	100.0	99.3	99.1
新 疆	Xinjiang	101.7	100.5	100.6	100.7	101.3	100.2	98.2

1-78 续表 5 continued

(上年=100)

地 区	Region	家用纺织品 Home Textiles	家庭日用杂品 Household Articles for Daily Use	个人护理用品 Personal-care Supplies	家庭服务 Household Services	交通和通信 Transport and Communications	交通 Transport	交通工具 Transport Facility
全 国	**National**	**100.5**	**100.9**	**101.1**	**104.8**	**98.3**	**98.0**	**98.5**
北 京	Beijing	98.8	98.9	101.2	105.6	97.2	97.9	97.1
天 津	Tianjin	100.3	101.0	100.5	106.1	99.3	98.7	98.9
河 北	Hebei	100.4	100.5	102.1	104.7	97.9	97.6	97.7
山 西	Shanxi	98.8	100.7	101.5	103.6	98.7	97.9	98.8
内蒙古	Inner Mongolia	100.4	101.1	100.5	102.5	98.8	98.5	97.4
辽 宁	Liaoning	100.3	100.6	101.0	104.9	98.2	97.5	97.2
吉 林	Jilin	101.0	101.8	101.7	103.8	96.6	95.8	93.1
黑龙江	Heilongjiang	99.6	100.7	101.9	102.2	99.3	100.0	102.1
上 海	Shanghai	99.2	100.7	101.6	104.2	97.8	97.5	96.4
江 苏	Jiangsu	102.8	101.2	102.7	106.3	98.9	99.2	100.8
浙 江	Zhejiang	103.2	102.4	102.3	103.7	99.0	98.4	98.9
安 徽	Anhui	101.1	100.8	101.9	105.2	97.5	96.7	97.0
福 建	Fujian	100.5	101.1	100.8	104.1	97.8	96.7	99.5
江 西	Jiangxi	100.6	101.2	100.3	102.1	97.8	97.2	97.1
山 东	Shandong	99.5	100.6	100.9	103.8	97.8	97.1	97.0
河 南	Henan	99.9	100.9	101.0	103.6	99.0	99.0	100.0
湖 北	Hubei	99.9	100.5	101.6	105.9	99.3	99.0	99.3
湖 南	Hunan	100.3	100.7	100.5	102.4	98.6	98.3	99.4
广 东	Guangdong	99.3	100.1	100.4	105.5	98.3	98.0	98.2
广 西	Guangxi	100.6	101.7	100.8	105.0	98.1	98.1	99.3
海 南	Hainan	100.2	101.2	101.3	99.7	99.1	98.8	101.0
重 庆	Chongqing	100.8	101.3	100.5	106.3	98.6	98.5	96.4
四 川	Sichuan	100.1	100.9	99.9	104.0	97.1	97.1	96.2
贵 州	Guizhou	99.6	100.7	100.5	103.6	98.5	98.1	96.8
云 南	Yunnan	99.4	100.6	100.9	104.5	98.2	98.0	98.8
西 藏	Tibet	100.1	106.9	101.8	107.4	98.7	98.5	100.4
陕 西	Shaanxi	102.9	102.1	100.1	104.9	98.8	98.6	98.9
甘 肃	Gansu	101.0	101.3	101.0	103.5	99.0	99.3	99.6
青 海	Qinghai	99.9	100.1	101.6	103.2	98.8	97.7	97.0
宁 夏	Ningxia	101.1	100.2	100.1	102.9	98.1	98.2	97.3
新 疆	Xinjiang	100.7	100.5	100.7	113.3	98.2	98.2	98.3

1-78 续表 6 continued

(上年=100)

地 区	Region	交通工具用燃料 Fuels for Transport Facility	交通工具使用和维修 Use and Maintenance of Transport Facility	交通费 Traffic Fee	通信 Commu-nications	教育文化和娱乐 Education, Culture and Recreation	教育 Education	教育用品 Education Articles
全 国	**National**	**94.0**	**102.3**	**100.4**	**98.8**	**102.2**	**103.1**	**102.8**
北 京	Beijing	94.2	103.2	100.5	95.5	101.0	102.9	100.8
天 津	Tianjin	94.2	107.2	100.0	100.3	104.2	104.5	101.6
河 北	Hebei	93.7	102.5	100.7	98.3	103.4	104.6	103.2
山 西	Shanxi	94.3	105.1	97.4	100.4	102.9	103.5	102.9
内蒙古	Inner Mongolia	94.3	102.7	103.8	99.4	101.2	100.8	103.1
辽 宁	Liaoning	94.2	100.3	99.9	99.4	101.7	101.7	102.8
吉 林	Jilin	94.2	103.1	99.1	97.9	102.1	101.7	103.9
黑龙江	Heilongjiang	94.7	100.4	100.7	98.1	103.5	105.2	102.4
上 海	Shanghai	93.7	104.0	100.7	98.3	101.2	103.9	107.6
江 苏	Jiangsu	94.1	103.4	102.7	98.5	102.6	102.7	105.6
浙 江	Zhejiang	94.1	102.5	101.7	100.2	103.7	104.4	101.6
安 徽	Anhui	91.5	100.9	101.2	99.0	102.2	102.7	103.3
福 建	Fujian	89.5	101.3	98.2	99.5	101.4	101.9	102.7
江 西	Jiangxi	94.3	100.5	101.2	98.9	102.4	102.6	102.1
山 东	Shandong	94.1	101.4	100.6	99.1	102.5	102.5	105.2
河 南	Henan	94.4	101.9	99.9	99.0	102.7	103.7	104.4
湖 北	Hubei	94.1	102.7	102.4	99.9	102.5	103.4	101.1
湖 南	Hunan	94.2	101.2	100.5	99.3	102.0	102.5	100.2
广 东	Guangdong	94.1	103.8	98.9	98.9	102.2	103.5	103.4
广 西	Guangxi	94.3	101.1	100.1	98.3	102.1	103.3	103.0
海 南	Hainan	94.7	103.9	98.4	99.6	101.4	102.3	101.5
重 庆	Chongqing	94.2	102.5	101.7	98.6	101.9	104.4	102.7
四 川	Sichuan	94.6	101.5	99.6	96.9	100.8	102.9	101.1
贵 州	Guizhou	94.2	101.3	103.2	99.2	100.6	102.4	101.6
云 南	Yunnan	94.6	101.3	100.3	98.4	101.9	103.2	101.3
西 藏	Tibet	96.0	101.7	97.0	99.1	100.2	100.3	100.9
陕 西	Shaanxi	94.1	101.1	99.6	99.3	102.8	103.4	103.8
甘 肃	Gansu	94.8	100.7	101.5	98.4	100.7	101.1	100.0
青 海	Qinghai	94.5	101.1	100.8	101.4	103.7	106.0	102.7
宁 夏	Ningxia	95.4	100.1	101.2	98.0	100.3	101.8	102.5
新 疆	Xinjiang	94.8	101.8	98.9	98.3	100.8	100.9	101.2

1−78 续表 7 continued

(上年=100)

地 区	Region	教育服务 Education Services	文化娱乐 Cultural and Recreational Articles	文娱耐用消费品 Durable Consumer Goods for Culture and Recreation	其他文娱用品 Other Articles	文化娱乐服务 Cultural and Recreational Services	旅游 Touring and Outing
全 国	**National**	**103.1**	**101.0**	**98.7**	**102.0**	**101.0**	**101.8**
北 京	Beijing	103.0	99.7	95.6	101.9	101.6	101.6
天 津	Tianjin	104.6	104.0	100.6	102.8	103.6	106.2
河 北	Hebei	104.7	101.1	98.4	101.5	100.2	103.6
山 西	Shanxi	103.5	101.7	100.6	102.3	100.7	102.6
内蒙古	Inner Mongolia	100.4	101.9	99.9	102.8	100.1	104.2
辽 宁	Liaoning	101.7	101.6	98.6	101.2	100.4	104.4
吉 林	Jilin	101.6	102.8	98.8	104.6	99.2	106.5
黑龙江	Heilongjiang	105.3	100.1	98.3	100.8	101.9	99.9
上 海	Shanghai	103.8	99.4	100.1	100.4	103.1	97.8
江 苏	Jiangsu	102.5	102.6	101.2	103.0	102.1	103.3
浙 江	Zhejiang	104.5	102.6	99.7	103.9	101.4	103.8
安 徽	Anhui	102.7	101.3	98.0	99.9	101.6	103.5
福 建	Fujian	101.8	100.7	99.4	101.5	100.1	101.2
江 西	Jiangxi	102.7	102.1	97.7	102.6	100.2	105.1
山 东	Shandong	102.4	102.4	99.8	102.0	101.0	104.2
河 南	Henan	103.7	101.1	100.8	103.0	100.0	101.1
湖 北	Hubei	103.7	101.0	97.9	103.9	100.5	102.0
湖 南	Hunan	102.7	101.1	100.6	100.6	100.3	102.2
广 东	Guangdong	103.5	100.1	96.9	101.5	101.1	100.5
广 西	Guangxi	103.4	100.2	99.4	101.9	101.0	99.1
海 南	Hainan	102.3	100.1	99.4	99.1	103.5	98.2
重 庆	Chongqing	104.4	99.7	95.9	102.5	100.9	100.0
四 川	Sichuan	103.1	98.6	96.3	101.8	100.2	98.2
贵 州	Guizhou	102.5	98.5	97.7	101.9	99.7	96.8
云 南	Yunnan	103.3	100.3	98.7	101.7	102.2	100.0
西 藏	Tibet	100.1	100.2	100.5	100.0	99.9	100.3
陕 西	Shaanxi	103.3	101.9	98.5	103.0	100.5	105.0
甘 肃	Gansu	101.2	99.8	98.9	100.7	99.5	100.3
青 海	Qinghai	106.1	100.0	97.6	100.8	99.7	103.1
宁 夏	Ningxia	101.7	97.7	98.0	100.6	98.0	95.2
新 疆	Xinjiang	100.9	100.5	98.7	102.4	101.3	98.7

1-78 续表 8 continued

(上年=100)

地 区	Region	医疗保健 Health Care	药品及医疗器具 Medicine and Medical Instrument	医疗服务 Medical Services	其他用品和服务 Other Articles and Services	其他用品类 Other Articles	其他服务类 Other Services
全 国	**National**	**102.4**	**103.6**	**101.6**	**103.4**	**104.5**	**102.6**
北 京	Beijing	108.4	101.3	121.6	103.2	106.5	101.1
天 津	Tianjin	100.9	101.8	100.1	105.0	107.8	102.8
河 北	Hebei	104.4	107.5	102.3	104.6	103.1	105.7
山 西	Shanxi	101.8	104.4	100.1	102.5	102.8	102.3
内蒙古	Inner Mongolia	101.7	103.4	100.5	102.5	102.9	102.2
辽 宁	Liaoning	101.6	103.4	100.5	102.8	104.0	101.9
吉 林	Jilin	101.7	104.1	100.0	103.6	106.8	101.2
黑龙江	Heilongjiang	102.0	104.2	100.6	102.9	103.7	102.3
上 海	Shanghai	103.3	102.9	103.6	103.3	105.8	101.8
江 苏	Jiangsu	101.0	102.3	100.4	104.2	104.6	103.9
浙 江	Zhejiang	104.8	107.1	103.3	103.2	104.8	102.1
安 徽	Anhui	101.5	102.9	100.8	103.0	104.0	102.1
福 建	Fujian	101.4	103.6	100.3	103.1	105.1	101.6
江 西	Jiangxi	101.0	101.8	100.7	102.9	104.5	101.4
山 东	Shandong	102.0	104.1	100.2	104.1	104.8	103.5
河 南	Henan	101.9	103.4	100.9	105.2	106.7	104.0
湖 北	Hubei	101.8	102.9	101.2	102.6	104.2	101.3
湖 南	Hunan	101.4	103.5	100.1	102.5	103.7	101.6
广 东	Guangdong	103.9	102.8	104.7	103.5	104.4	102.8
广 西	Guangxi	101.8	104.2	100.4	103.0	103.1	102.9
海 南	Hainan	101.5	103.2	100.0	104.1	105.0	103.4
重 庆	Chongqing	100.7	101.7	100.0	102.8	103.1	102.6
四 川	Sichuan	102.8	103.5	102.2	103.2	104.2	102.6
贵 州	Guizhou	102.9	103.7	102.4	101.9	102.7	101.2
云 南	Yunnan	102.0	103.9	100.3	102.3	102.6	101.9
西 藏	Tibet	103.0	106.0	101.0	102.7	103.5	102.0
陕 西	Shaanxi	101.4	103.0	100.2	104.0	103.9	104.1
甘 肃	Gansu	102.0	104.1	100.5	102.8	104.0	101.8
青 海	Qinghai	102.1	103.7	100.9	103.5	106.4	100.6
宁 夏	Ningxia	104.0	102.9	105.2	103.9	104.1	103.7
新 疆	Xinjiang	101.1	103.6	100.1	103.2	102.8	103.5

1-79 城镇居民人均收支情况
PER CAPITA INCOME AND CONSUMPTION EXPENDITURE OF URBAN HOUSEHOLDS

单位：元 (yuan)

指 标	Item	2015	2016	2017	2018	2019
城镇居民人均收入	**Per Capita Income of Urban Households**					
可支配收入	Disposable Income	31194.8	33616.2	36396.2	39250.8	42358.8
1.工资性收入	1.Income of Wages and Salaries	19337.1	20665.0	22200.9	23792.2	25564.8
2.经营净收入	2.Net Business Income	3476.1	3770.1	4064.7	4442.6	4840.4
3.财产净收入	3.Net Income from Property	3041.9	3271.3	3606.9	4027.7	4390.6
4.转移净收入	4.Net Income from Transfer	5339.7	5909.8	6523.6	6988.3	7563.0
现金可支配收入	Cash Disposable Income	29042.0	31270.0	33757.3	36316.2	39147.6
1.工资性收入	1.Income of Wages and Salaries	19214.8	20541.7	22072.7	23670.9	25439.1
2.经营净收入	2.Net Business Income	3714.0	4032.3	4321.9	4808.0	5180.9
3.财产净收入	3.Net Income from Property	1072.8	1139.6	1234.1	1311.6	1494.7
4.转移净收入	4.Net Income from Transfer	5040.4	5556.4	6128.5	6525.7	7032.9
城镇居民人均支出	**Per Capita Expenditure of Urban Households**					
消费支出	Consumption Expenditure	21392.4	23078.9	24445.0	26112.3	28063.4
#服务性消费	Consumption Expenditure on Services	9192.4	10068.1	10854.5	12130.4	13517.7
1.食品烟酒	1.Food,Tobacco and Liquor	6359.7	6762.4	7001.0	7239.0	7732.6
2.衣着	2.Clothing	1701.1	1739.0	1757.9	1808.2	1831.9
3.居住	3.Residence	4726.0	5113.7	5564.0	6255.0	6780.2
4.生活用品及服务	4.Household Facilities, Articles and Services	1306.5	1426.8	1525.0	1629.4	1689.3
5.交通通信	5.Transport and Communications	2895.4	3173.9	3321.5	3473.5	3671.3
6.教育文化娱乐	6.Education, Cultural and Recreation	2382.8	2637.6	2846.6	2974.1	3328.0
7.医疗保健	7.Health Care and Medical Services	1443.4	1630.8	1777.4	2045.7	2282.7
8.其他用品及服务	8.Miscellaneous Goods and Services	577.5	594.7	651.5	687.4	747.2
现金消费支出	Cash Consumption Expenditure	17887.0	19284.1	20329.4	21287.1	22798.0
1.食品烟酒	1.Food, Tobacco and Liquor	6224.8	6627.7	6861.2	7099.2	7583.9
2.衣着	2.Clothing	1700.5	1738.4	1757.3	1807.5	1831.3
3.居住	3.Residence	1665.9	1810.4	1986.8	2045.2	2223.5
4.生活用品及服务	4.Household Facilities, Articles and Services	1298.7	1417.8	1514.5	1617.5	1676.2
5.交通通信	5.Transport and Communications	2889.8	3166.5	3315.6	3466.0	3665.0
6.教育文化娱乐	6.Education, Cultural and Recreation	2381.0	2636.3	2845.4	2972.1	3326.0
7.医疗保健	7.Health Care and Medical Services	1153.7	1298.7	1403.7	1604.0	1754.6
8.其他用品及服务	8.Miscellaneous Goods and Services	572.6	588.3	644.8	675.5	737.6

1-80 各地区城镇居民人均可支配收入来源(2019年)

PER CAPITA DISPOSABLE INCOME OF URBAN HOUSEHOLDS BY SOURCES AND REGION (2019)

单位：元 (yuan)

地 区	Region	可支配收入 Disposable Income	工资性收入 Income from Wages and Salaries	经营净收入 Net Business Income	财产净收入 Net Income from Properties	转移净收入 Net Income from Transfers
全 国	**National Average**	**42358.8**	**25564.8**	**4840.4**	**4390.6**	**7563.0**
北 京	Beijing	73848.5	44327.0	1034.0	12689.6	15797.9
天 津	Tianjin	46118.9	29588.2	2696.8	4514.7	9319.3
河 北	Hebei	35737.7	22792.8	2749.9	3225.4	6969.6
山 西	Shanxi	33262.4	19697.2	2860.4	2252.9	8451.9
内蒙古	Inner Mongolia	40782.5	24459.4	7945.4	2344.4	6033.3
辽 宁	Liaoning	39777.2	22120.5	4461.3	2094.3	11101.1
吉 林	Jilin	32299.2	20570.5	2857.7	1636.2	7234.9
黑龙江	Heilongjiang	30944.6	17828.5	3422.3	1367.3	8326.5
上 海	Shanghai	73615.3	42328.2	2192.0	11063.8	18031.3
江 苏	Jiangsu	51056.1	30415.7	5298.2	6201.6	9140.7
浙 江	Zhejiang	60182.3	33663.0	9115.4	8201.9	9202.0
安 徽	Anhui	37540.0	22547.6	5982.5	3192.4	5817.5
福 建	Fujian	45620.5	27992.2	6210.9	5512.0	5905.4
江 西	Jiangxi	36545.9	23167.6	3055.3	3187.9	7135.2
山 东	Shandong	42329.2	26610.9	6046.5	3574.7	6097.1
河 南	Henan	34201.0	19146.4	5212.3	3188.3	6654.0
湖 北	Hubei	37601.4	20810.6	5340.9	3302.0	8147.9
湖 南	Hunan	39841.9	21534.1	5946.8	3950.9	8410.1
广 东	Guangdong	48117.6	34151.9	5473.8	6686.2	1805.7
广 西	Guangxi	34744.9	19343.9	5965.2	2932.3	6503.5
海 南	Hainan	36016.7	23059.3	3574.2	3455.9	5927.4
重 庆	Chongqing	37938.6	22119.0	4361.2	2724.5	8733.9
四 川	Sichuan	36153.7	20479.2	4392.8	2890.9	8390.9
贵 州	Guizhou	34404.2	18959.7	5714.0	3432.5	6298.0
云 南	Yunnan	36237.7	20346.9	4106.9	4959.4	6824.5
西 藏	Tibet	37410.0	27906.0	1095.2	3478.9	4929.9
陕 西	Shaanxi	36098.2	20982.9	2760.2	2644.3	9710.8
甘 肃	Gansu	32323.4	21707.5	2483.9	2539.2	5592.9
青 海	Qinghai	33830.3	22872.3	2306.8	1878.1	6773.2
宁 夏	Ningxia	34328.5	23406.1	3530.2	1421.2	5971.0
新 疆	Xinjiang	34663.7	23199.3	3624.4	1509.3	6330.6

1−81 农村居民人均收支情况
PER CAPITA INCOME AND CONSUMPTION EXPENDITURE OF RURAL HOUSEHOLDS

单位：元 (yuan)

指　　标	Item	2015	2016	2017	2018	2019
农村居民人均收入	**Per Capita Income of Rural Households**					
可支配收入	Disposable Income	11421.7	12363.4	13432.4	14617.0	16020.7
1.工资性收入	1.Income of Wages and Salaries	4600.3	5021.8	5498.4	5996.1	6583.5
2.经营净收入	2.Net Business Income	4503.6	4741.3	5027.8	5358.4	5762.2
3.财产净收入	3.Net Income from Property	251.5	272.1	303.0	342.1	377.3
4.转移净收入	4.Net Income from Transfer	2066.3	2328.2	2603.2	2920.5	3297.8
现金可支配收入	Cash Disposable Income	10577.8	11600.6	12703.9	13912.8	15279.8
1.工资性收入	1.Income of Wages and Salaries	4583.9	5000.8	5470.9	5961.3	6540.2
2.经营净收入	2.Net Business Income	3861.3	4203.9	4547.0	4969.5	5382.2
3.财产净收入	3.Net Income from Property	251.5	272.1	303.0	342.1	377.3
4.转移净收入	4.Net Income from Transfer	1881.2	2123.8	2383.0	2639.9	2980.2
农村居民人均支出	**Per Capita Expenditure of Rural Households**					
消费支出	Consumption Expenditure	9222.6	10129.8	10954.5	12124.3	13327.7
#服务性消费	Consumption Expenditure on Services	3337.4	3750.9	4130.2	4644.7	5290.2
1.食品烟酒	1.Food,Tobacco and Liquor	3048.0	3266.1	3415.4	3645.6	3998.2
2.衣着	2.Clothing	550.5	575.4	611.6	647.7	713.3
3.居住	3.Residence	1926.2	2147.1	2353.5	2660.6	2871.3
4.生活用品及服务	4.Household Facilities, Articles and Services	545.6	595.7	634.0	720.5	763.9
5.交通通信	5.Transport and Communications	1163.1	1359.9	1509.1	1690.0	1836.8
6.教育文化娱乐	6.Education, Cultural and Recreation	969.3	1070.3	1171.3	1301.6	1481.8
7.医疗保健	7.Health Care and Medical Services	846.0	929.2	1058.7	1240.1	1420.8
8.其他用品及服务	8.Miscellaneous Goods and Services	174.0	186.0	200.9	218.3	241.5
现金消费支出	Cash Consumption Expenditure	7392.1	8127.3	8856.5	9862.0	10854.5
1.食品烟酒	1.Food, Tobacco and Liquor	2540.0	2763.4	2921.2	3226.3	3538.2
2.衣着	2.Clothing	549.9	575.0	610.9	647.2	712.9
3.居住	3.Residence	779.0	832.8	956.0	1084.0	1163.8
4.生活用品及服务	4.Household Facilities, Articles and Services	538.3	589.7	624.9	709.0	748.9
5.交通通信	5.Transport and Communications	1162.6	1357.8	1508.1	1685.0	1835.5
6.教育文化娱乐	6.Education, Cultural and Recreation	969.0	1069.9	1170.7	1300.5	1481.3
7.医疗保健	7.Health Care and Medical Services	681.4	755.8	868.2	997.4	1137.9
8.其他用品及服务	8.Miscellaneous Goods and Services	172.0	183.0	196.3	212.7	236.0

1-82　农村居民分地区人均可支配收入来源(2019年)
PER CAPITA DISPOSABLE INCOME OF RURAL HOUSEHOLDS BY SOURCES AND REGION (2019)

单位：元　(yuan)

地　区	Region	可支配收入 Disposable Income	工资性收入 Income from Wages and Salaries	经营净收入 Net Business Income	财产净收入 Net Income from Properties	转移净收入 Net Income from Transfers
全　国	**National Average**	**16020.7**	**6583.5**	**5762.2**	**377.3**	**3297.8**
北　京	Beijing	28928.4	21376.0	2262.2	2127.4	3162.8
天　津	Tianjin	24804.1	14750.5	4984.6	1033.8	4035.3
河　北	Hebei	15373.1	8120.0	5099.1	323.0	1831.0
山　西	Shanxi	12902.4	6098.1	3396.0	210.3	3197.9
内蒙古	Inner Mongolia	15282.8	3173.8	8067.1	522.9	3519.1
辽　宁	Liaoning	16108.3	6223.6	7012.7	284.5	2587.5
吉　林	Jilin	14936.0	3933.2	8264.3	307.2	2431.4
黑龙江	Heilongjiang	14982.1	3329.7	7196.1	758.7	3697.6
上　海	Shanghai	33195.2	20019.8	2355.8	1295.4	9524.2
江　苏	Jiangsu	22675.4	11076.7	6291.5	825.0	4482.2
浙　江	Zhejiang	29875.8	18479.6	7296.5	851.8	3248.0
安　徽	Anhui	15416.0	5462.5	5952.6	283.0	3717.9
福　建	Fujian	19568.4	8949.3	7178.6	344.6	3095.8
江　西	Jiangxi	15796.3	6699.2	5701.2	257.4	3138.5
山　东	Shandong	17775.5	7165.2	7799.3	456.4	2354.5
河　南	Henan	15163.7	5866.6	5076.8	231.3	3989.0
湖　北	Hubei	16390.9	5352.9	6807.7	210.7	4019.6
湖　南	Hunan	15394.8	6224.0	5268.3	208.8	3693.6
广　东	Guangdong	18818.4	9698.7	4446.9	541.0	4131.7
广　西	Guangxi	13675.7	4258.5	5619.1	340.3	3457.8
海　南	Hainan	15113.1	6316.6	5865.4	282.8	2648.4
重　庆	Chongqing	15133.3	5316.7	5209.5	367.4	4239.6
四　川	Sichuan	14670.1	4662.1	5641.1	456.5	3910.5
贵　州	Guizhou	10756.3	4774.1	3427.5	121.0	2433.7
云　南	Yunnan	11902.4	3600.6	6214.2	188.5	1899.0
西　藏	Tibet	12951.0	3907.0	6364.5	436.5	2243.1
陕　西	Shaanxi	12325.7	5024.6	3791.5	214.4	3295.1
甘　肃	Gansu	9628.9	2769.2	4322.0	129.5	2408.3
青　海	Qinghai	11499.4	3617.3	4296.7	409.9	3175.5
宁　夏	Ningxia	12858.4	4962.7	4976.1	388.1	2531.6
新　疆	Xinjiang	13121.7	3409.2	6762.4	259.8	2690.3

二、就业与失业

EMPLOYMENT AND UNEMPLOYMENT

2-1 年末城镇登记失业人数及登记失业率
URBAN REGISTERED UNEMPLOYMENT AND UNEMPLOYMENT RATE AT THE YEAR-END

单位：万人，%　　　　(10 000 persons,%)

年　份 Year	登记失业人数 Urban Registered Unemployment		比上年增长 Increase over Preceeding year		登记失业率 Registered Unemployment Rate
	合　计 Total	#失业青年 Youth	合　计 Total	#失业青年 Youth	
1978	530.0	249.1			5.3
1979	567.6	258.2	7.1	3.7	5.4
1980	541.5	382.5	-4.6	48.1	4.9
1981	439.5	343.0	-18.8	-10.3	3.8
1982	379.4	293.8	-13.7	-14.3	3.2
1983	271.4	222.0	-28.5	-24.4	2.3
1984	235.7	195.9	-13.2	-11.8	1.9
1985	238.5	196.9	1.2	0.5	1.8
1986	264.4	209.3	10.9	6.3	2.0
1987	276.6	235.1	4.6	12.3	2.0
1988	296.2	245.3	7.1	4.3	2.0
1989	377.9	309.0	27.6	26.0	2.6
1990	383.2	312.7	1.4	1.2	2.5
1991	352.2	288.4	-8.1	-7.8	2.3
1992	363.9	299.8	3.3	4.0	2.3
1993	420.1	331.9	15.4	10.7	2.6
1994	476.4	301.0	13.4	-9.3	2.8
1995	519.6	310.2	9.1	3.1	2.9
1996	552.8		6.3		3.0
1997	576.8		4.3		3.1
1998	571.0		-1.0		3.1
1999	575.0		0.7		3.1
2000	595.0		3.5		3.1
2001	681.0		14.4		3.6
2002	770.0		13.1		4.0
2003	800.0		3.9		4.3
2004	827.0		3.4		4.2
2005	839.0		1.5		4.2
2006	847.0		1.0		4.1
2007	830.0		-2.0		4.0
2008	886.0		6.7		4.2
2009	921.0		4.0		4.3
2010	908.0		-1.4		4.1
2011	922.0		1.5		4.1
2012	917.0		-0.5		4.1
2013	926.0		1.0		4.05
2014	952.0		2.8		4.09
2015	966.0		1.5		4.05
2016	982.0		1.7		4.02
2017	972.0		-1.0		3.90
2018	974.0		0.2		3.80
2019	945.0		-3.0		3.62

2-2 各地区年末城镇登记失业人数及登记失业率
URBAN REGISTERED UNEMPLOYMENT AND UNEMPLOYMENT RATE AT THE YEAR-END BY REGION

单位：万人，% (10 000 persons,%)

地区	Region	登记失业人员 Unemployment 2005	2006	2007	2008	2009	2010	2011	2012	2013	2014	2015	2016	2017	2018	2019
北京	Beijing	10.6	10.4	10.6	10.3	8.2	7.7	8.1	8.1	7.5	7.4	7.8	8.0	8.1	7.9	7.4
天津	Tianjin	11.7	11.7	15.0	13.0	15.0	16.1	20.1	20.4	21.7	22.5	25.1	25.8	26.0	25.8	26.1
河北	Hebei	27.8	28.7	29.3	32.2	34.5	35.1	36.0	36.8	37.2	38.3	39.4	39.7	39.9	38.0	36.0
山西	Shanxi	14.3	15.6	16.1	17.5	21.6	20.4	21.1	21.0	21.1	24.5	25.6	26.1	26.5	24.6	21.3
内蒙古	Inner Mongolia	17.7	18.0	18.5	19.9	20.1	20.8	21.8	23.1	23.8	24.8	25.9	26.7	27.1	27.0	28.1
辽宁	Liaoning	60.4	54.1	44.5	41.7	41.6	38.9	39.4	38.1	39.6	41.0	46.2	47.3	42.7	44.4	45.6
吉林	Jilin	27.6	26.3	23.9	24.3	23.4	22.7	22.2	22.3	22.6	23.2	23.9	25.7	26.3	26.8	23.9
黑龙江	Heilongjiang	31.3	31.2	31.5	32.1	31.4	36.2	35.0	41.3	41.4	39.9	41.0	39.6	39.7	39.4	34.7
上海	Shanghai	27.5	27.8	26.7	26.6	27.9	27.6	27.0	26.7	25.3	25.6	24.8	24.3	22.1	19.4	19.3
江苏	Jiangsu	41.6	40.4	39.3	41.1	40.7	40.6	41.4	40.5	37.6	36.6	36.0	35.2	34.7	34.4	35.1
浙江	Zhejiang	29.0	29.1	28.6	30.7	30.7	31.1	31.7	33.4	33.4	33.1	33.7	33.9	33.8	34.1	34.4
安徽	Anhui	27.8	28.2	28.0	29.3	30.1	26.9	33.1	31.3	32.4	31.5	30.9	30.4	29.0	28.1	26.8
福建	Fujian	14.9	15.1	14.9	15.0	15.2	14.5	14.6	14.5	14.7	14.3	15.4	16.3	17.1	17.3	16.8
江西	Jiangxi	22.8	25.3	24.3	26.0	27.3	26.3	24.6	25.7	27.4	29.4	29.9	31.3	32.3	35.1	27.5
山东	Shandong	42.9	43.7	43.5	45.0	45.1	44.5	45.1	43.4	42.2	43.1	43.7	45.8	45.7	46.5	44.2
河南	Henan	33.0	35.4	33.1	36.5	38.5	38.2	38.4	38.3	40.2	40.0	42.5	43.6	40.7	48.6	49.4
湖北	Hubei	52.6	52.6	54.1	55.1	55.3	55.7	55.1	42.3	40.2	37.9	33.4	32.9	37.1	36.1	37.6
湖南	Hunan	41.9	43.3	44.4	47.0	47.8	43.2	43.1	44.1	45.6	47.3	45.1	44.9	44.5	40.4	31.1
广东	Guangdong	34.5	36.2	36.2	38.1	39.5	39.3	38.8	39.6	38.0	36.8	37.0	38.0	37.1	36.6	36.9
广西	Guangxi	18.5	20.0	18.5	18.8	19.1	19.1	18.8	18.9	18.0	18.7	18.1	18.1	14.7	16.7	19.7
海南	Hainan	5.1	5.2	5.4	5.6	5.3	4.8	2.9	3.6	3.9	4.3	4.8	5.1	5.5	5.5	5.6
重庆	Chongqing	16.9	15.4	14.1	13.0	13.4	13.0	13.0	12.4	12.1	13.4	14.3	15.7	14.3	13.1	17.5
四川	Sichuan	34.3	36.1	34.8	37.9	36.3	34.6	36.9	40.7	42.9	54.4	54.6	56.3	55.8	53.3	50.4
贵州	Guizhou	12.1	12.1	12.1	12.5	12.3	12.2	12.5	12.6	13.7	14.1	14.5	14.8	14.9	15.1	15.3
云南	Yunnan	13.0	13.8	14.0	14.8	15.4	15.7	16.0	17.4	18.1	19.2	19.5	20.1	19.8	20.9	22.9
西藏	Tibet					2.0	2.1	1.0	1.6	1.6	1.7	1.8	1.8	1.9	2.1	2.1
陕西	Shaanxi	21.5	21.5	21.0	20.8	21.5	21.4	20.9	19.5	21.1	22.3	22.3	22.7	23.4	24.1	23.8
甘肃	Gansu	9.3	9.7	9.5	9.4	10.3	10.7	10.8	9.8	9.3	9.7	9.5	9.8	9.6	10.0	10.8
青海	Qinghai	3.6	3.7	3.7	3.9	4.1	4.2	4.4	4.1	4.2	4.2	4.4	4.6	4.7	4.6	3.1
宁夏	Ningxia	4.4	4.2	4.4	4.8	4.8	4.8	5.2	4.6	4.7	5.0	4.9	5.1	5.1	5.4	5.0
新疆	Xinjiang	11.1	11.6	11.7	11.8	11.9	11.0	11.1	11.8	11.9	11.2	10.3	9.7	10.0	9.5	8.4
新疆兵团	Xingjiang Production and Construction Crops	2.7	3.0	2.6	2.8	3.0	2.5	2.8	2.9	3.0	3.4	3.3	3.2	3.9	3.7	3.7

2-2 续表 continued

单位：万人，% (10 000 persons,%)

地区	Region	登记失业率 Unemployment Rate														
		2005	2006	2007	2008	2009	2010	2011	2012	2013	2014	2015	2016	2017	2018	2019
北京	Beijing	2.1	2.0	1.8	1.8	1.4	1.4	1.4	1.3	1.2	1.3	1.4	1.4	1.4	1.4	1.3
天津	Tianjin	3.7	3.6	3.6	3.6	3.6	3.6	3.6	3.6	3.6	3.5	3.5	3.5	3.5	3.5	3.5
河北	Hebei	3.9	3.8	3.8	4.0	3.9	3.9	3.8	3.7	3.7	3.6	3.6	3.7	3.7	3.3	3.1
山西	Shanxi	3.0	3.2	3.2	3.3	3.9	3.6	3.5	3.3	3.1	3.4	3.5	3.5	3.4	3.3	2.7
内蒙古	Inner Mongolia	4.3	4.1	4.0	4.1	4.0	3.9	3.8	3.7	3.7	3.6	3.7	3.7	3.6	3.6	3.7
辽宁	Liaoning	5.6	5.1	4.3	3.9	3.9	3.6	3.7	3.6	3.4	3.4	3.4	3.8	3.8	3.9	4.2
吉林	Jilin	4.2	4.2	3.9	4.0	4.0	3.8	3.7	3.7	3.7	3.4	3.5	3.5	3.5	3.5	3.1
黑龙江	Heilongjiang	4.4	4.4	4.3	4.2	4.3	4.3	4.1	4.2	4.4	4.5	4.5	4.2	4.2	4.0	3.5
上海	Shanghai		4.4	4.2	4.2	4.3	4.4	3.5	3.1	4.0	4.1	4.0	4.1	3.9	3.5	3.6
江苏	Jiangsu	3.6	3.4	3.2	3.3	3.2	3.2	3.2	3.1	3.0	3.0	3.0	3.0	3.0	3.0	3.0
浙江	Zhejiang	3.7	3.5	3.3	3.5	3.3	3.2	3.1	3.0	3.0	3.0	2.9	2.9	2.7	2.6	2.5
安徽	Anhui	4.4	4.3	4.1	3.9	3.9	3.7	3.7	3.7	3.4	3.2	3.1	3.2	2.9	2.8	2.6
福建	Fujian	4.0	3.9	3.9	3.9	3.9	3.8	3.7	3.6	3.6	3.5	3.7	3.9	3.9	3.7	3.5
江西	Jiangxi	3.5	3.6	3.4	3.4	3.4	3.3	3.0	3.0	3.2	3.3	3.4	3.4	3.3	3.4	2.9
山东	Shandong	3.3	3.3	3.2	3.7	3.4	3.4	3.4	3.3	3.2	3.3	3.4	3.5	3.4	3.4	3.3
河南	Henan	3.5	3.5	3.4	3.4	3.5	3.4	3.4	3.1	3.1	3.0	3.0	3.0	2.8	3.0	3.2
湖北	Hubei	4.3	4.2	4.2	4.2	4.2	4.2	4.1	3.8	3.5	3.1	2.6	2.4	2.6	2.6	2.4
湖南	Hunan	4.3	4.3	4.3	4.2	4.1	4.2	4.2	4.2	4.2	4.1	4.1	4.2	4.0	3.6	2.7
广东	Guangdong	2.6	2.6	2.5	2.6	2.6	2.5	2.5	2.5	2.4	2.4	2.5	2.5	2.5	2.4	2.3
广西	Guangxi	4.2	4.2	3.8	3.8	3.7	3.7	3.5	3.4	3.3	3.2	2.9	2.9	2.2	2.3	2.6
海南	Hainan	3.6	3.6	3.5	3.7	3.5	3.0	1.7	2.0	2.2	2.3	2.3	2.4	2.3	2.3	2.3
重庆	Chongqing	4.1	4.0	4.0	4.0	4.0	3.9	3.5	3.3	3.4	3.5	3.6	3.7	3.4	3.0	2.6
四川	Sichuan	4.6	4.5	4.2	4.6	4.3	4.1	4.2	4.0	4.1	4.2	4.1	4.2	4.0	3.5	3.3
贵州	Guizhou	4.2	4.1	4.0	4.0	3.8	3.6	3.6	3.3	3.3	3.3	3.3	3.2	3.2	3.2	3.1
云南	Yunnan	4.2	4.3	4.2	4.2	4.3	4.2	4.1	4.0	4.0	4.0	4.0	3.6	3.2	3.4	3.3
西藏	Tibet					3.8	4.0	3.2	2.6	2.5	2.5	2.5	2.6	2.7	2.8	2.9
陕西	Shaanxi	4.2	4.0	4.0	3.9	3.9	3.9	3.6	3.2	3.3	3.3	3.4	3.3	3.3	3.2	3.2
甘肃	Gansu	3.3	3.6	3.3	3.2	3.3	3.2	3.1	2.7	2.3	2.2	2.1	2.2	2.7	2.8	3.0
青海	Qinghai	3.9	3.9	3.8	3.8	3.8	3.8	3.8	3.4	3.3	3.2	3.2	3.1	3.1	3.0	2.2
宁夏	Ningxia	4.5	4.3	4.3	4.4	4.4	4.4	4.4	4.2	4.1	4.0	4.0	3.9	3.9	3.9	3.7
新疆	Xinjiang	3.9	3.9	3.9	3.7	3.8	3.2	3.2	3.4	3.4	3.2	2.9	2.5	2.6	2.4	2.1
新疆兵团	Xingjiang Production and Construction Crops	2.8	3.0	2.6	2.8	2.9	2.4	2.6	2.5	2.6	2.6	2.6	2.3	2.7	2.5	2.5

2–3 各地区城镇登记失业人员情况(2019年)
BASIC CONDITIONS OF URBAN REGISTERED UNEMPLOYMENT BY REGION (2019)

单位：万人 (10000person)

地区	Region	上年末结转登记失业人员 Unemployment at Last Year-end	本年新登记的失业人员 Unemployment Newly Regis-tered This Year	#女性 Female	#就业转失业人数 Unemployed	本年失业人员就业人数 From the Unemployed This Year	#女性 Female	本年末登记失业人数 Unemployment at the Year-end	#女性 Female	#长期失业者 Long-term Unemployment
北京	Beijing	7.9	15.8	6.4	13.7	15.6	6.2	7.4	3.0	0.1
天津	Tianjin	25.8	7.4	3.2	5.2	7.1	2.9	26.1	12.5	0.0
河北	Hebei	35.6	40.7	17.3	8.7	40.3	16.6	36.0	14.9	2.3
山西	Shanxi	24.6	17.4	7.2	3.9	18.6	7.7	21.3	6.7	2.3
内蒙古	Inner Mongolia	27.0	21.6	11.0	7.0	18.4	8.7	28.1	13.9	4.1
辽宁	Liaoning	44.4	73.7	33.4	45.8	62.4	29.6	45.6	21.7	11.3
吉林	Jilin	26.8	21.3	9.6	4.7	22.2	10.1	23.9	10.9	1.4
黑龙江	Heilongjiang	39.3	40.0	17.9	15.3	41.9	18.0	34.7	15.0	0.9
上海	Shanghai	19.4	30.7	12.8	20.3	30.8	14.3	19.3	7.1	7.0
江苏	Jiangsu	34.4	130.3	59.9	92.7	129.1	63.5	35.1	14.8	1.9
浙江	Zhejiang	34.1	50.3	24.1	28.0	42.5	20.3	34.4	15.2	4.2
安徽	Anhui	28.1	19.8	10.6	5.7	20.4	10.9	26.8	7.3	0.6
福建	Fujian	17.3	19.9	10.7	13.6	18.6	9.8	16.8	8.6	1.1
江西	Jiangxi	27.9	15.7	7.0	2.4	15.6	6.9	27.5	12.4	1.4
山东	Shandong	45.7	65.7	29.8	37.6	62.8	28.0	44.2	18.9	2.3
河南	Henan	48.6	31.2	10.8	5.2	26.5	9.8	49.4	17.7	2.0
湖北	Hubei	36.1	49.1	24.3	11.7	39.0	18.5	37.6	18.2	4.2
湖南	Hunan	40.4	85.6	11.0	5.3	22.3	11.1	31.1	15.4	3.4
广东	Guangdong	36.6	49.2	24.9	25.8	44.8	23.2	36.9	16.8	1.8
广西	Guangxi	16.7	15.9	8.7	5.1	11.9	6.2	19.7	10.4	1.6
海南	Hainan	5.5	2.9	1.3	2.0	2.8	1.2	5.6	2.6	0.2
重庆	Chongqing	17.3	47.6	26.0	18.5	27.4	14.7	17.5	8.1	0.3
四川	Sichuan	53.3	46.7	23.6	24.4	44.7	22.6	50.4	23.8	1.4
贵州	Guizhou	15.1	13.8	6.1	2.3	13.5	6.0	15.3	6.5	0.9
云南	Yunnan	20.9	49.7	21.3	12.7	46.3	20.2	22.9	10.0	2.9
西藏	Tibet	2.1	0.4	0.2	0.0	0.3	0.2	2.1	1.1	0.4
陕西	Shaanxi	23.2	21.8	10.0	2.6	21.0	10.3	23.8	8.3	1.9
甘肃	Gansu	10.0	23.4	12.0	10.1	23.6	11.5	10.8	5.5	1.9
青海	Qinghai	4.6	3.1	1.6	1.1	3.3	1.6	3.1	1.5	0.5
宁夏	Ningxia	5.4	7.6	4.0	3.5	8.0	3.7	5.0	2.7	0.1
新疆	Xinjiang	9.5	32.7	16.4	4.9	33.0	16.8	8.4	4.1	0.6
新疆兵团	Xingjiang Production and Construction Crops	3.7	5.3	2.5	2.5	5.2	2.7	3.7	1.8	0.1

2-4 公共就业服务工作情况(2019年)
SITUATIONS OF PUBLIC EMPLOYMENT SERVICES (2019)

单位：人 (person)

项目	Item	本期单位登记招聘人数 Total Registered Job Vacancies This Year	本期登记求职人数 Total Registered Job-seekers This Year	#女性 Female	#应届高校毕业生 College Graduates	本期接受职业指导人次 Person-times of Vocational Guidance This Year	#女性 Female	本期接受创业服务人次 Person-times of Vocational Guidance
总计	**Total**	**51053645**	**33654010**	**13099406**	**4935767**	**17480076**	**6658980**	**3864061**
市(地、州)及以上公共就业人才服务机构	Public Employment (Talent) Services Institution of City (Prefecture) and Above	18515033	11970846	4447541	2092513	5077730	1603566	1236353
区(县)公共就业人才服务机构	Public Employment (Talent) Services Institution of District (County)	25194162	16593995	6422339	2286678	9334596	3672703	2046279
街道(乡镇)公共就业和人才服务平台	Public Employment (Talent) Services Platform of Street (Town)	5685155	3723665	1620830	392469	2065689	950800	423518
社区(行政村)公共就业服务窗口	Public Employment Services Window of Community (Administrative Village)	1659296	1365505	608697	164107	1002061	431911	157911

2–5 各地区公共就业服务工作情况(2019年)
SITUATIONS OF PUBLIC EMPLOYMENT SERVICES BY REGION (2019)

单位：人

地 区	Region	本期单位登记招聘人数 Total Registered Job Vacancies This Year	本期登记求职人数 Total Registered Job-seekers This Year	#女性 Female	#应届高校毕业生 College Graduates	#农村劳动者 Rural Labours	本期接受职业指导人次 Person-times of Vocational Guidance This Year	#女性 Female	本期接受创业服务人数 Person-times of Vocational Guidance
总 计	**National Total**	**51053645**	**33654010**	**13099406**	**4935767**	**11504090**	**17480076**	**6658980**	**3864061**
北 京	Beijing	617860	32521	13718	54	6974	56322	24085	50821
天 津	Tianjin	411194	250186	80408	24059	39387	110402	37280	53944
河 北	Hebei	1404438	988221	322877	131638	331205	643919	213752	105380
山 西	Shanxi	1200511	1071559	442868	193267	356769	578766	241352	55561
内蒙古	Inner Mongolia	409603	262769	102759	44709	62905	179003	82536	17952
辽 宁	Liaoning	2157837	1492512	449431	168659	310081	142832	56008	126010
吉 林	Jilin	485041	301891	148469	12831	67606	173318	79376	34505
黑龙江	Heilongjiang	967149	855456	354559	76423	173205	583991	236759	95523
上 海	Shanghai	1269588	916078	347599	74207	8620	24338	9551	66562
江 苏	Jiangsu	6106145	4961827	2058254	716499	960243	3060047	981852	637899
浙 江	Zhejiang	4595987	2243651	902228	299472	980616	1309283	550320	281413
安 徽	Anhui	2933284	1789628	701397	212682	514317	828173	337249	156799
福 建	Fujian	2422069	1630011	704984	55391	1275853	197990	80064	18434
江 西	Jiangxi	1041290	694036	325592	65710	327265	384014	183499	130686
山 东	Shandong	2419057	1843443	579773	412653	727127	1480802	425267	253710
河 南	Henan	2563011	1908444	495730	352447	789052	967632	328397	321543
湖 北	Hubei	1964388	1141275	467082	88806	460819	953424	381780	133983
湖 南	Hunan	2924504	1762163	782787	219234	624784	1092361	397945	230102
广 东	Guangdong	5428000	3228467	1194821	374011	1242522	798546	355683	133032
广 西	Guangxi	1711528	1205618	494843	782188	230817	359092	149566	276454
海 南	Hainan	321753	97717	22311	15161	22488	36957	11797	9564
重 庆	Chongqing	757484	481622	199536	39177	167675	435039	155663	80345
四 川	Sichuan	2015486	1102848	503704	67489	447202	829589	371198	149658
贵 州	Guizhou	1250778	514804	211823	106654	157952	294971	126280	76368
云 南	Yunnan	1188467	807700	311624	90185	343089	730052	249318	137525
西 藏	Tibet	66290	41693	17808	14062	10531	41063	18871	
陕 西	Shaanxi	804744	627880	256785	128742	218212	338858	144749	57358
甘 肃	Gansu	540941	484455	203889	81303	177138	230486	104804	57492
青 海	Qinghai	182157	282461	103033	28875	181905	41961	64551	9940
宁 夏	Ningxia	173115	43188	19597	5303	12962	38169	12250	33146
新 疆	Xinjiang	651918	474274	218099	45766	230024	485766	218538	70232
兵 团	Xinjiang Production Construction Corps	68028	115612	61018	8110	44745	52910	28640	2120

三、城镇非私营单位就业人员和工资总额

EMPLOYMENT AND TOTAL WAGES IN URBAN NON-PRIVATE UNITS

3-1 分行业城镇非私营单位就业人员和工资总额(2019年) EMPLOYMENT AND TOTAL WAGES IN URBAN NON-PRIVATE UNITS BY SECTOR(2019)

项 目	Item	年末人数(千人) Year-end Figures (1000 persons)	#女 性 Female	工资总额(亿元) Total Wages (100 million yuan)	平均工资(元) Average Wage (yuan)
全国总计	**National Total**	**171618**	**66842**	**154296.1**	**90501**
农、林、牧、渔业	**Agriculture, Forestry, Animal Husbandry and Fishery**	**1341**	**427**	**535.1**	**39340**
农业	Farming	607	217	201.4	31413
林业	Forestry	393	101	166.8	44690
畜牧业	Animal Husbandry	75	26	37.6	50661
渔业	Fishery	47	14	22.2	47106
农、林、牧、渔专业及辅助性活动	Professional and Support Activities for Agriculture, Forestry, Animal Husbandry and Fishery	219	68	107.2	47704
采矿业	**Mining**	**3677**	**651**	**3388.2**	**91068**
煤炭开采和洗选业	Mining and Washing of Coal	2390	328	2002.7	82866
石油和天然气开采业	Extraction of Petroleum and Natural Gas	603	179	785.2	128880
黑色金属矿采选业	Mining and Processing of Ferrous Metal Ores	145	26	109.8	74667
有色金属矿采选业	Mining and Processing of Non-Ferrous Metal Ores	163	31	118.1	72061
非金属矿采选业	Mining and Processing of Non-metal Ores	111	23	71.0	63894
开采专业及辅助性活动	Professional and Support Activities for Mining	263	64	300.1	110929
其他采矿业	Mining of Other Ores	2	0	1.3	69832
制造业	**Manufacturing**	**38320**	**14451**	**30197.5**	**78147**
农副食品加工业	Processing of Food from Agricultural Products	1235	531	714.0	58257
食品制造业	Manufacture of Foods	974	489	656.6	68913
酒、饮料和精制茶制造业	Manufacture of Liquor, Beverages and Refined Tea	752	276	562.1	75161
烟草制品业	Manufacture of Tobacco	162	49	315.7	197628
纺织业	Manufacture of Textile	1198	689	700.5	57868
纺织服装、服饰业	Manufacture of Textile, Wearing Apparel and Accessories	1454	1031	831.5	56200
皮革、毛皮、羽毛及其制品和制鞋业	Manufacture of Leather, Fur, Feather and Related Products and Footwear	942	576	513.1	53551
木材加工和木、竹、藤、棕、草制品业	Processing of Timber, Manufacture of Wood, Bamboo, Rattan, Palm and Straw Products	202	76	108.1	53559
家具制造业	Manufacture of Furniture	416	148	273.6	65314
造纸及纸制品业	Manufacture of Paper and Paper Products	478	171	326.6	68005
印刷和记录媒介复制业	Printing and Reproduction of Recording Media	456	197	322.8	69748
文教、工美、体育和娱乐用品制造业	Manufacture of Articles for Culture, Education, Arts and Crafts, Sport and Entertainment Activities	919	523	537.1	55965
石油、煤炭及其他燃料加工业	Processing of Petroleum, Coal and Other Fuels	565	136	592.1	104442
化学原料和化学制品制造业	Manufacture of Raw Chemical Materials and Chemical Products	1886	545	1599.7	84740
医药制造业	Manufacture of Medicines	1376	650	1205.8	88523
化学纤维制造业	Manufacture of Chemical Fibres	238	80	175.4	73297
橡胶和塑料制品业	Manufacture of Rubber and Plastics Products	1451	589	1002.9	67979
非金属矿物制品业	Manufacture of Non-metallic Mineral Products	1728	488	1153.0	66471
黑色金属冶炼和压延加工业	Smelting and Pressing of Ferrous Metals	1232	209	1051.3	84898
有色金属冶炼和压延加工业	Smelting and Pressing of Non-ferrous Metals	985	206	721.2	73022
金属制品业	Manufacture of Metal Products	1513	464	1066.7	69410
通用设备制造业	Manufacture of General Purpose Machinery	2197	614	1859.1	84272
专用设备制造业	Manufacture of Special Purpose Machinery	1834	530	1570.6	85503
汽车制造业	Manufacture of Automobiles	2901	764	2835.3	96259
铁路、船舶、航空航天和其他运输设备制造业	Manufacture of Railway, Ship, Aerospace and Other Transport Equipments	774	192	745.9	96085

3-1 续表 1 continued

项 目	Item	年末人数（千人）Year-end Figures (1000 persons)	#女 性 Female	工资总额（亿元）Total Wages (100 million yuan)	平均工资（元）Average Wage (yuan)
电气机械和器材制造业	Manufacture of Electrical Machinery and Apparatus	3041	1215	2409.5	77554
计算机、通信和其他电子设备制造业	Manufacture of Computers, Communication and Other Electronic Equipment	6464	2669	5500.3	84209
仪器仪表制造业	Manufacture of Measuring Instruments and Machinery	550	218	513.0	91873
其他制造业	Other Manufacture	166	81	109.2	65441
废弃资源综合利用业	Utilization of Waste Resources	79	21	52.1	68296
金属制品、机械和设备修理业	Repair Service of Metal Products, Machinery and Equipment	152	27	172.8	114644
电力、热力、燃气及水生产和供应业	**Production and Supply of Electricity, Heat, Gas and Water**	**3731**	**1001**	**4030.1**	**107733**
电力、热力生产和供应业	Production and Supply of Electric Power and Heat Power	2779	669	3268.0	117050
燃气生产和供应业	Production and Supply of Gas	302	98	268.6	89478
水的生产和供应业	Production and Supply of Water	650	234	493.5	76080
建筑业	**Construction**	**22705**	**2838**	**14431.7**	**65580**
房屋建筑业	Construction of Buildings	15317	1742	9135.9	61892
土木工程建筑业	Civil Engineering	4900	745	3650.9	75713
建筑安装业	Building Installation	1174	167	846.2	74642
建筑装饰、装修和其他建筑业	Building Decoration and Other Constructions	1314	183	798.7	61942
批发和零售业	**Wholesale and Retail Trades**	**8300**	**4299**	**7402.2**	**89047**
批发业	Wholesale Trade	4106	1801	4781.4	116163
零售业	Retail Trade	4195	2498	2620.8	62451
交通运输、仓储和邮政业	**Transport, Storage and Post**	**8155**	**2114**	**7913.9**	**97050**
铁路运输业	Railway Transport	1916	293	2328.2	120984
道路运输业	Road Transport	3647	944	2629.6	72119
水上运输业	Water Transport	319	56	398.9	123872
航空运输业	Air Transport	624	237	1019.8	166908
管道运输业	Transport Via Pipelines	27	6	40.8	154770
多式联运和运输代理业	Intermodality and Forwarding Agency	319	136	347.6	107787
装卸搬运和仓储业	Loading, Unloading and Storage	468	120	357.7	75957
邮政业	Post	834	322	791.1	95215
住宿和餐饮业	**Hotels and Catering Services**	**2652**	**1513**	**1330.5**	**50346**
住宿业	Hotels	1173	652	667.2	56484
餐饮业	Catering Services	1480	861	663.3	45385
信息传输、软件和信息技术服务业	**Information Transmission, Software and Information Technology**	**4553**	**1773**	**7281.1**	**161352**
电信、广播电视和卫星传输服务	Telecommunication, Radio and Television and Satellite Transmission Service	1583	666	1916.0	120756
互联网和相关服务	Internet and Related Service	583	247	1209.4	209195
软件和信息技术服务业	Software and Information Technology	2386	860	4155.7	177006
金融业	**Financial Intermediation**	**8261**	**4611**	**10711.3**	**131405**
货币金融服务	Monetary and Financial Service	3638	1843	6549.7	180722
资本市场服务	Capital Market Service	296	132	849.5	287095
保险业	Insurance	4206	2585	2941.2	71528
其他金融业	Other Financial Activities	121	51	370.9	310673
房地产业	**Real Estate**	**5103**	**2033**	**4057.4**	**80157**
#房地产开发经营	Development and Management of Real Estate	1823	682	1984.2	109092
物业管理	Property Management	2554	1063	1403.9	55543
房地产中介服务	Agency Services of Real Estate	29	12	258.7	93370

3-1 续表 2 continued

项目	Item	年末人数(千人) Year-end Figures (1000 persons)	#女性 Female	工资总额(亿元) Total Wages (100 million yuan)	平均工资(元) Average Wage (yuan)
租赁和商务服务业	**Leasing and Business Services**	**6604**	**2286**	**5727.2**	**88190**
租赁业	Leasing	152	35	128.7	84261
商务服务业	Business Services	6451	2251	5598.5	88284
科学研究和技术服务业	**Scientific Research and Technical Services**	**4343**	**1420**	**5740.5**	**133459**
研究和试验发展	Research and Experimental Development	742	286	1234.1	168762
专业技术服务业	Professional Technical Services	2974	898	3741.6	127026
科技推广和应用服务业	Science and Technology Popularization and Application Services	628	236	764.9	122465
水利、环境和公共设施管理业	**Management of Water Conservancy, Environment and Public Facilities**	**2445**	**988**	**1491.2**	**61158**
水利管理业	Management of Water Conservancy	323	88	275.5	85237
生态保护和环境治理业	Ecological Protection and Environmental Treatment	160	45	133.5	84469
公共设施管理业	Management of Public Facilities	1904	834	1021.5	53722
土地管理业	Management of Land	58	22	60.7	109260
居民服务、修理和其他服务业	**Service to Households, Repair and Other Services**	**863**	**417**	**520.1**	**60232**
居民服务业	Service to Households	365	183	234.7	65030
机动车、电子产品和日用产品修理业	Repair of Motor Vehicle, Electronics and Household Products	122	31	93.9	75198
其他服务业	Other Services	376	203	191.5	50700
教育	**Education**	**19093**	**11810**	**18445.3**	**97681**
#初等教育	Primary Education	5949	3980	5397.2	91706
中等教育	Secondary Education	7502	4184	7492.0	100748
高等教育	Senior Education	2384	1188	3330.5	141699
卫生和社会工作	**Health and Social Service**	**10062**	**6832**	**10812.9**	**108903**
卫生	Health	9628	6550	10556.5	111130
社会工作	Social Service	434	282	256.4	59670
文化、体育和娱乐业	**Culture, Sports and Entertainment**	**1512**	**728**	**1628.7**	**107708**
新闻和出版业	Journalism and Publishing Activities	293	146	391.2	133224
广播、电视、电影和录音制作业	Radio, Television, Motion Picture and Audio-visual Programme Production Services	401	182	459.4	114630
文化艺术业	Cultural and Art Activities	480	244	423.4	88403
体育	Sports Activities	138	60	206.2	149966
娱乐业	Entertainment	199	95	148.5	73765
公共管理、社会保障和社会组织	**Public Management, Social Security and Social Organization**	**19898**	**6651**	**18651.1**	**94369**
#中国共产党机关	Organs of Communist Party of China	872	273	923.4	108249
国家机构	Government Agencies	18409	6095	17146.0	93714
人民政协、民主党派	People's Political Consultative Conference and Democratic Parties	105	32	129.1	123388
社会保障	Social Security	154	78	143.7	93727
群众团体、社会团体和其他成员组织	Non-Governmental Organizations, Social Organizations and Membership Organizations	242	124	237.9	98937

3–2 各地区分行业城镇非私营单位就业人员和工资总额(2019年) EMPLOYMENT AND TOTAL WAGES IN URBAN NON-PRIVATE UNITS BY SECTOR AND REGION(2019)

地 区	Region	总计 Total 年末人数(人) Year-end Figures (person)	#女性 Female	工资总额(千元) Total Wages (1000 yuan)	平均工资(元) Average Wage (yuan)	农、林、牧、渔业 Agriculture, Forestry, Animal Husbandry and Fishery 年末人数(人) Year-end Figures (person)	#女性 Female	工资总额(千元) Total Wages (1000 yuan)	平均工资(元) Average Wage (yuan)
全 国	**National**	**171617786**	**66842431**	**15429607035**	**90501**	**1340931**	**427327**	**53511156**	**39340**
北 京	Beijing	7912978	3335020	1319321219	166803	3585	1339	344279	93835
天 津	Tianjin	2693543	1060779	292590727	108002	2620	807	171618	64859
河 北	Hebei	5760277	2387141	418754079	72956	26534	8470	726273	27537
山 西	Shanxi	4410689	1658612	306033879	69551	9769	2488	456031	45934
内蒙古	Inner Mongolia	2809049	1126443	225700445	80563	86179	19404	4388811	54445
辽 宁	Liaoning	4998966	1908385	366597059	72891	171776	57558	2984134	17327
吉 林	Jilin	2773403	1110016	205168897	73813	70077	16137	2937311	41750
黑龙江	Heilongjiang	3495740	1321445	242120266	68416	407217	131867	13656014	31754
上 海	Shanghai	7160584	3028883	1071136450	149377	76301	25681	4630991	60642
江 苏	Jiangsu	13323202	4744902	1267922391	96527	27116	11786	1392958	51095
浙 江	Zhejiang	9873397	3656472	971940697	99654	5171	1426	408931	79112
安 徽	Anhui	5810480	2074420	452112147	79037	31548	9277	1486144	46917
福 建	Fujian	6395845	2457308	515283454	81814	14847	4292	748825	51430
江 西	Jiangxi	4517245	1768651	328485533	73725	21353	6670	1008464	47217
山 东	Shandong	10720031	4066834	868888588	81446	12003	3910	793785	66884
河 南	Henan	9679689	3711619	638913626	67268	20638	7397	967886	47272
湖 北	Hubei	6537565	2327722	513029516	79303	89990	30029	3287046	36612
湖 南	Hunan	5966972	2282982	436650353	74316	13519	3535	689917	51094
广 东	Guangdong	20645877	8615728	2051002463	98889	23974	7815	1371221	57306
广 西	Guangxi	4041163	1643976	301754641	76479	54293	17504	2628946	48490
海 南	Hainan	1021915	422972	83250293	82227	29276	10165	1454796	46118
重 庆	Chongqing	3744194	1440782	320013422	86559	6719	2606	388597	56904
四 川	Sichuan	7889352	3057639	649279373	83367	14285	4216	882371	64875
贵 州	Guizhou	3210847	1234919	263576706	83298	7120	2922	356261	50757
云 南	Yunnan	3675100	1496690	313847024	86585	35203	13658	1366448	38748
西 藏	Tibet	448191	174597	52855189	118118	1628	570	93682	61270
陕 西	Shaanxi	5013092	1933042	388896440	78361	13471	4020	831552	62010
甘 肃	Gansu	2530403	928751	185320057	73607	19804	6259	1017971	51011
青 海	Qinghai	670094	274253	60647596	90929	5549	1715	300406	53169
宁 夏	Ningxia	700100	288661	58834346	83947	7313	2398	320303	42833
新 疆	Xinjiang	3187803	1302787	259680159	79421	32053	11406	1419184	44477

3-2 续表 1 continued

地区 Region	农业 Farming				林业 Forestry			
	年末人数(人) Year-end Figures (person)	#女性 Female	工资总额(千元) Total Wages (1000 yuan)	平均工资(元) Average Wage (yuan)	年末人数(人) Year-end Figures (person)	#女性 Female	工资总额(千元) Total Wages (1000 yuan)	平均工资(元) Average Wage (yuan)
全国 National	**607326**	**217287**	**20135941**	**31413**	**392901**	**101348**	**16681564**	**44690**
北京 Beijing	259	154	41627	151371	168	72	8945	52929
天津 Tianjin	859	245	53414	62546	353	100	35035	97591
河北 Hebei	15559	5058	157822	10141	3991	998	213177	52623
山西 Shanxi	1769	460	72006	38119	4191	981	216603	51807
内蒙古 Inner Mongolia	24517	8301	997431	40204	39700	6729	2118917	59833
辽宁 Liaoning	137512	46066	1907736	13876	4037	1094	177547	43828
吉林 Jilin	7893	2716	183896	23302	55277	11584	2451141	44132
黑龙江 Heilongjiang	156987	57770	5613284	29542	180466	50828	5747188	35060
上海 Shanghai	43838	14627	2591996	59098	4195	647	195809	46533
江苏 Jiangsu	17666	9061	754473	42289	1278	393	80951	63942
浙江 Zhejiang	1649	606	91599	55280	1038	204	116408	115255
安徽 Anhui	11765	3172	517689	43540	2997	835	163539	53097
福建 Fujian	5144	2401	151342	30680	8610	1653	542156	63656
江西 Jiangxi	10596	4339	459095	43599	6570	1309	294635	45127
山东 Shandong	2746	1094	113710	41851	1174	310	86672	69116
河南 Henan	11076	4361	484673	43941	1599	653	74953	46729
湖北 Hubei	75572	26053	2553027	33832	3975	1231	198730	50210
湖南 Hunan	2275	655	100663	45161	3343	894	174805	51534
广东 Guangdong	10410	3683	490817	47717	3353	839	230483	67650
广西 Guangxi	17722	6114	662782	37884	28603	8917	1489113	51374
海南 Hainan	4777	1702	143316	29914	3814	1041	198131	50725
重庆 Chongqing	2315	1042	80623	33961	912	256	75533	80354
四川 Sichuan	1731	780	77139	45780	5468	1388	415141	75936
贵州 Guizhou	3066	1505	121824	40008	1041	271	64443	61845
云南 Yunnan	10140	5114	378547	36642	14039	4650	483408	34180
西藏 Tibet	1106	363	57458	55248	12		1573	131083
陕西 Shaanxi	1107	475	34074	31261	3361	944	214339	64154
甘肃 Gansu	9642	3293	387820	39883	6828	1871	439908	63589
青海 Qinghai	824	211	41766	48396	602	183	33924	55613
宁夏 Ningxia	5237	1855	212363	38689	722	161	48257	64515
新疆 Xinjiang	11567	4011	601929	50680	1184	312	90100	72138

3-2 续表 2 continued

地 区 Region	畜牧业 Animal Husbandry				渔 业 Fishery			
	年末人数(人) Year-end Figures (person)	#女 性 Female	工资总额(千元) Total Wages (1000 yuan)	平均工资(元) Average Wage (yuan)	年末人数(人) Year-end Figures (person)	#女 性 Female	工资总额(千元) Total Wages (1000 yuan)	平均工资(元) Average Wage (yuan)
全 国 National	**75132**	**26247**	**3759727**	**50661**	**46673**	**14302**	**2218130**	**47106**
北 京 Beijing	2599	970	251656	95578				
天 津 Tianjin	892	288	50606	54887	414	134	22963	56282
河 北 Hebei	4817	1894	245048	53364	174	48	7592	46293
山 西 Shanxi	2028	443	94271	44238	54	18	2962	54852
内蒙古 Inner Mongolia	2541	544	123843	49498	52	6	2307	44365
辽 宁 Liaoning	6846	2196	125642	18406	20334	7221	624953	30062
吉 林 Jilin	979	315	25158	25671	758	229	15338	20182
黑龙江 Heilongjiang	2579	627	83499	32925	893	111	32195	36379
上 海 Shanghai	12988	5189	994280	76483	11136	3001	706420	63345
江 苏 Jiangsu	2212	746	112461	51188	1435	251	74606	53025
浙 江 Zhejiang	490	176	31364	59855	740	128	46605	63930
安 徽 Anhui	1666	500	73667	46244	536	140	19189	37405
福 建 Fujian	107	28	1919	18104	351	90	22678	63524
江 西 Jiangxi	527	133	36739	58223	435	100	24899	57108
山 东 Shandong	1953	563	130236	71245	3106	845	274149	85645
河 南 Henan	1733	491	77854	45396	223	66	11407	53807
湖 北 Hubei	794	219	44213	56538	2433	1044	144866	60311
湖 南 Hunan	868	301	41657	49182	1274	224	60966	48501
广 东 Guangdong	2149	683	206874	94119	924	230	52778	59771
广 西 Guangxi	5127	1649	282484	58053	396	133	26835	67765
海 南 Hainan	1338	588	61493	50528	15	4	854	38818
重 庆 Chongqing	1748	728	96977	55895	211	63	8841	42100
四 川 Sichuan	197	66	9404	47736	116	41	7146	59550
贵 州 Guizhou	1463	569	71482	51022	116	21	5443	41869
云 南 Yunnan	2530	1002	99102	40057	193	56	10020	51649
西 藏 Tibet	98	35	6375	64394				
陕 西 Shaanxi	748	229	35166	47780	67	15	4094	61104
甘 肃 Gansu	759	207	40356	53310	234	76	5983	25568
青 海 Qinghai	420	103	20172	43195				
宁 夏 Ningxia	769	189	34968	53550				
新 疆 Xinjiang	11167	4576	250761	22654	53	7	2041	37796

3-2 续表 3 continued

地 区 Region	农、林、牧、渔专业及辅助性活动 Professional and Support Activities for Agriculture, Forestry, Animal Husbandry and Fishery				采矿业 Mining			
	年末人数（人）Year-end Figures (person)	#女 性 Female	工资总额（千元）Total Wages (1000 yuan)	平均工资（元）Average Wage (yuan)	年末人数（人）Year-end Figures (person)	#女 性 Female	工资总额（千元）Total Wages (1000 yuan)	平均工资（元）Average Wage (yuan)
全 国 National	**218899**	**68143**	**10715794**	**47704**	**3676930**	**651163**	**338818581**	**91068**
北 京 Beijing	559	143	42051	71032	31784	5336	4320619	134956
天 津 Tianjin	102	40	9600	93204	58440	14171	8319852	140055
河 北 Hebei	1993	472	102634	51189	164847	29292	14197265	82243
山 西 Shanxi	1727	586	70189	41954	815141	121751	66684129	81324
内蒙古 Inner Mongolia	19369	3824	1146313	64280	144562	21811	17431882	120107
辽 宁 Liaoning	3047	981	148256	48135	196287	44708	16159286	79183
吉 林 Jilin	5170	1293	261778	50527	86412	18974	6209942	71210
黑龙江 Heilongjiang	66292	22531	2179848	29981	234219	52262	21413276	90004
上 海 Shanghai	4144	2217	142486	34359	1186	236	335731	271188
江 苏 Jiangsu	4525	1335	370467	81403	40259	7907	3959973	94090
浙 江 Zhejiang	1254	312	122955	98443	4490	833	386836	87460
安 徽 Anhui	14584	4630	712060	48771	142775	14953	14741507	101890
福 建 Fujian	635	120	30730	47496	13991	2441	839266	61314
江 西 Jiangxi	3225	789	193096	59745	30402	6312	1974929	60070
山 东 Shandong	3024	1098	189018	65906	297468	63005	29161283	96161
河 南 Henan	6007	1826	318999	53940	296008	50427	21504750	71822
湖 北 Hubei	7216	1482	346210	48246	40208	10599	3491205	82779
湖 南 Hunan	5759	1461	311826	53968	49950	6951	2874650	57568
广 东 Guangdong	7138	2380	390269	54553	17478	3263	2498655	142341
广 西 Guangxi	2445	691	167732	67825	13677	3907	982778	63921
海 南 Hainan	19332	6830	1051002	48637	4560	927	308443	65584
重 庆 Chongqing	1533	517	126623	80652	30832	3470	2319806	74446
四 川 Sichuan	6773	1941	373541	60917	128733	23642	13066884	103207
贵 州 Guizhou	1434	556	93069	66430	117717	12511	8248688	71133
云 南 Yunnan	8301	2836	395371	48673	66380	11489	4664341	70534
西 藏 Tibet	412	172	28276	74804	5880	1198	636469	105201
陕 西 Shaanxi	8188	2357	543879	66521	338186	57073	33852989	100597
甘 肃 Gansu	2341	812	143904	61947	76683	12592	6603174	85432
青 海 Qinghai	3703	1218	204544	55133	31343	8471	4174416	130239
宁 夏 Ningxia	585	193	24715	42032	56075	8902	7217520	128875
新 疆 Xinjiang	8082	2500	474353	61934	140957	31749	20238037	141572

3-2 续表 4 continued

地 区	Region	煤炭开采和洗选业 Mining and Washing of Coal 年末人数(人) Year-end Figures (person)	#女 性 Female	工资总额(千元) Total Wages (1000 yuan)	平均工资(元) Average Wage (yuan)	石油和天然气开采业 Extraction of Petroleum and Natural Gas 年末人数(人) Year-end Figures (person)	#女 性 Female	工资总额(千元) Total Wages (1000 yuan)	平均工资(元) Average Wage (yuan)
全 国	**National**	**2390329**	**327597**	**200274656**	**82866**	**603290**	**178940**	**78515979**	**128880**
北 京	Beijing	19	5	1658	87263	1602	357	348240	222518
天 津	Tianjin	115	18	11119	88246	19602	5856	3466642	176942
河 北	Hebei	110663	17200	8863777	75979	24398	7397	3179329	127525
山 西	Shanxi	802650	119535	65734784	81425	5689	1424	530009	93592
内蒙古	Inner Mongolia	124400	15846	15603341	125489	3095	735	422175	134622
辽 宁	Liaoning	79749	8499	5295266	65627	41212	14243	5181367	116344
吉 林	Jilin	36456	4096	1659825	46357	26956	8165	2947722	105540
黑龙江	Heilongjiang	116187	10508	7405977	62115	102720	36971	12896545	124969
上 海	Shanghai					1186	236	335731	271188
江 苏	Jiangsu	24036	3619	2442987	95452	7519	2411	844734	110538
浙 江	Zhejiang					489	142	91313	189054
安 徽	Anhui	122254	10472	12791198	103210				
福 建	Fujian	7116	786	484689	66007				
江 西	Jiangxi	14337	2863	894971	53202				
山 东	Shandong	169766	30338	14787969	84430	73097	23276	9111900	124350
河 南	Henan	237948	38656	15885849	66017	31552	8113	3716235	115282
湖 北	Hubei	573	42	27805	48525	11813	3470	1374730	109934
湖 南	Hunan	25151	2563	1390606	53640				
广 东	Guangdong					5972	770	1379131	231904
广 西	Guangxi	705	88	170648	72186	123	3	12150	98780
海 南	Hainan					77	24	11145	144740
重 庆	Chongqing	25188	2034	1856449	72705	1792	611	202448	113036
四 川	Sichuan	45571	5891	3001254	64564	33825	10410	5008546	163823
贵 州	Guizhou	108221	10590	7717053	72497	170	38	22148	131833
云 南	Yunnan	34333	5599	2308929	68156	4		149	37250
西 藏	Tibet	130	23	13122	97925				
陕 西	Shaanxi	155168	14461	15934456	105120	116222	27062	11961579	102021
甘 肃	Gansu	48843	8676	4441826	89997	17822	2285	1512632	84903
青 海	Qinghai	5435	772	411120	76859	19460	6490	3286962	164069
宁 夏	Ningxia	55404	8818	7161409	129450	61	10	3120	51148
新 疆	Xinjiang	39911	5599	3976569	98819	56832	18441	10669297	185718

3-2 续表 5 continued

地区 Region	黑色金属矿采选业 Mining and Processing of Ferrous Metal Ores				有色金属矿采选业 Mining and Processing of Non-ferrous Metal Ores			
	年末人数(人) Year-end Figures (person)	#女性 Female	工资总额(千元) Total Wages (1000 yuan)	平均工资(元) Average Wage (yuan)	年末人数(人) Year-end Figures (person)	#女性 Female	工资总额(千元) Total Wages (1000 yuan)	平均工资(元) Average Wage (yuan)
全 国 National	**144989**	**25851**	**10979719**	**74667**	**162882**	**31198**	**11810740**	**72061**
北 京 Beijing	14166	2676	1724969	120653				
天 津 Tianjin	12	4	654	54500				
河 北 Hebei	20558	2959	1334730	64708	291	89	7485	25117
山 西 Shanxi	3088	366	214524	65866	3007	319	157432	51872
内蒙古 Inner Mongolia	7233	3162	635225	85529	6428	1294	527126	78070
辽 宁 Liaoning	17933	1864	1243241	67450	7589	1060	358149	45479
吉 林 Jilin	2699	363	166981	61617	5888	750	345473	58239
黑龙江 Heilongjiang	152	8	5756	37868	1219	277	45971	38664
上 海 Shanghai								
江 苏 Jiangsu	1715	300	107843	62122	695	137	69583	98980
浙 江 Zhejiang					910	186	62635	65932
安 徽 Anhui	10328	2074	1004599	96143	4137	894	326405	77697
福 建 Fujian	1477	66	64024	54396	784	94	44018	57166
江 西 Jiangxi	352	79	21681	61594	12198	2608	860264	70123
山 东 Shandong	15082	2520	1070863	70244	15013	2714	1358500	89422
河 南 Henan	1646	265	96155	58991	7927	1364	447278	56783
湖 北 Hubei	8978	1601	614408	66646	1937	501	150320	77087
湖 南 Hunan	341	25	19674	61674	16501	2951	1048160	66101
广 东 Guangdong	632	92	30493	49907	5150	1194	494973	94932
广 西 Guangxi	4818	1775	339920	70699	6432	1791	391196	59643
海 南 Hainan	3390	572	234919	66948	372	119	23715	64973
重 庆 Chongqing	6	3	522	87000	201	23	14400	68246
四 川 Sichuan	6630	1439	478708	70689	4659	1136	355551	73981
贵 州 Guizhou	4408	760	168107	37982	678	98	41284	59919
云 南 Yunnan	3502	587	270360	77846	21258	3676	1607197	75212
西 藏 Tibet	856	180	106121	121559	4033	872	439147	104236
陕 西 Shaanxi	7238	1019	381127	52817	19415	4455	1425561	73665
甘 肃 Gansu	2352	227	191374	73975	4683	832	290277	63518
青 海 Qinghai	671	126	49875	75454	3311	485	291336	85186
宁 夏 Ningxia	36	10	2902	80611				
新 疆 Xinjiang	4690	729	399964	79500	8166	1279	627304	75743

3-2 续表 6 continued

地区 Region	非金属矿采选业 Mining and Processing of Non-metal Ores 年末人数(人) Year-end Figures (person)	#女性 Female	工资总额(千元) Total Wages (1000 yuan)	平均工资(元) Average Wage (yuan)	开采专业及辅助性活动 Professional and Support Activities for Mining 年末人数(人) Year-end Figures (person)	#女性 Female	工资总额(千元) Total Wages (1000 yuan)	平均工资(元) Average Wage (yuan)
全　国 National	**110527**	**23448**	**7097574**	**63894**	**262948**	**63724**	**30007163**	**110929**
北　京 Beijing	19	4	854	44947	15967	2292	2243784	139331
天　津 Tianjin	5095	873	477762	89351	33603	7415	4362667	127140
河　北 Hebei	7171	1469	623314	86849	1766	178	188630	64335
山　西 Shanxi	358	41	14178	38423	349	66	33202	94593
内蒙古 Inner Mongolia	3247	752	219619	66071	159	22	24396	155389
辽　宁 Liaoning	4235	830	230262	53662	45543	18209	3850221	79830
吉　林 Jilin	339	93	10558	31994	14074	5507	1079383	74445
黑龙江 Heilongjiang	1789	481	66797	37760	11887	3950	980998	81007
上　海 Shanghai								
江　苏 Jiangsu	6271	1429	493352	77219	13	3	789	60692
浙　江 Zhejiang	3091	505	232888	77889				
安　徽 Anhui	5213	1152	570166	108314	762	351	45357	60155
福　建 Fujian	4582	1486	245240	56158	21	6	735	36750
江　西 Jiangxi	3486	759	196994	57770				
山　东 Shandong	5109	1049	261384	52539	19354	3087	2568073	132587
河　南 Henan	3379	649	138871	41318	13556	1380	1220362	89182
湖　北 Hubei	7227	1814	376788	51878	8839	3056	871618	88823
湖　南 Hunan	7903	1408	411882	52941				
广　东 Guangdong	4213	987	300115	69311	1443	203	291287	210467
广　西 Guangxi	1433	219	64833	44805				
海　南 Hainan	602	159	29782	47049				
重　庆 Chongqing	3644	798	245943	67978	1	1	44	44000
四　川 Sichuan	9290	1600	473368	50444	28758	3166	3749457	131150
贵　州 Guizhou	4163	999	293712	70706	35	16	3592	102629
云　南 Yunnan	7132	1580	471374	64581	89	23	4024	82122
西　藏 Tibet	528	106	41297	80344	265	3	31000	125000
陕　西 Shaanxi	4798	833	225372	47487	35345	9243	3924894	107895
甘　肃 Gansu	2569	492	143187	56108	406	80	23518	58213
青　海 Qinghai	1918	519	104130	52777	547	79	30957	50419
宁　夏 Ningxia	230	28	14297	63261	344	36	35792	99699
新　疆 Xinjiang	1493	334	119255	66884	29822	5352	4442383	147602

3-2 续表 7 continued

地 区 Region	其他采矿业 Mining of Other Ores				制造业 Manufacturing			
	年末人数（人） Year-end Figures (person)	#女 性 Female	工资总额（千元） Total Wages (1000 yuan)	平均工资（元） Average Wage (yuan)	年末人数（人） Year-end Figures (person)	#女 性 Female	工资总额（千元） Total Wages (1000 yuan)	平均工资（元） Average Wage (yuan)
全 国 National	**1965**	**405**	**132750**	**69832**	**38320304**	**14450500**	**3019749331**	**78147**
北 京 Beijing	11	2	1114	101273	653864	223604	92162059	138312
天 津 Tianjin	13	5	1008	77538	673285	221931	63500628	93132
河 北 Hebei					950671	285534	65729506	68754
山 西 Shanxi					563525	171336	32415654	57348
内蒙古 Inner Mongolia					307896	79863	23207661	75457
辽 宁 Liaoning	26	3	780	30000	1103992	311511	81484194	73247
吉 林 Jilin					508180	142789	42260880	82545
黑龙江 Heilongjiang	265	67	11232	42385	301119	90767	21002181	69173
上 海 Shanghai					1434850	506335	183787037	125664
江 苏 Jiangsu	10	8	685	68500	4537372	1791150	395989655	86366
浙 江 Zhejiang					2867839	1133367	232164300	80483
安 徽 Anhui	81	10	3782	47873	1276915	476073	89455675	70475
福 建 Fujian	11	3	560	50909	1707936	790328	123455475	71641
江 西 Jiangxi	29	3	1019	40760	1075153	482354	67873881	64009
山 东 Shandong	47	21	2594	55191	2717305	964952	189290250	69354
河 南 Henan					2220790	857598	124269363	56691
湖 北 Hubei	841	115	75536	88657	1342883	483256	94515308	70883
湖 南 Hunan	54	4	4328	80148	943008	343463	65751351	70427
广 东 Guangdong	68	17	2656	39059	8358409	3471497	679944430	79087
广 西 Guangxi	166	31	4031	54473	499975	191531	32616361	65825
海 南 Hainan	119	53	8882	74639	72665	26273	5310780	73015
重 庆 Chongqing					645231	237039	49138743	75994
四 川 Sichuan					1238169	447815	91316262	73407
贵 州 Guizhou	42	10	2792	64930	295720	100546	23118417	80284
云 南 Yunnan	62	24	2308	39793	421395	136631	31658598	75585
西 藏 Tibet	68	14	5782	85029	14431	4644	1298703	91137
陕 西 Shaanxi					803849	247974	58464891	72846
甘 肃 Gansu	8		360	45000	281307	78247	20639719	73138
青 海 Qinghai	1		36	36000	89094	23987	6582983	72550
宁 夏 Ningxia					89078	22861	6429762	72097
新 疆 Xinjiang	43	15	3265	47319	324398	105244	24914624	77518

3-2 续表 8 continued

地 区 Region	农副食品加工业 Processing of Food from Agricultural Products 年末人数(人) Year-end Figures (person)	#女性 Female	工资总额(千元) Total Wages (1000 yuan)	平均工资(元) Average Wage (yuan)	食品制造业 Manufacture of Foods 年末人数(人) Year-end Figures (person)	#女性 Female	工资总额(千元) Total Wages (1000 yuan)	平均工资(元) Average Wage (yuan)
全 国 National	**1235072**	**531351**	**71398781**	**58257**	**973903**	**489335**	**65658913**	**68913**
北 京 Beijing	14767	5738	1312501	87599	32375	15547	3555098	108394
天 津 Tianjin	10465	3167	923845	88449	20355	8946	1578832	77760
河 北 Hebei	36265	16177	2069566	57418	33987	17030	2147336	64992
山 西 Shanxi	10630	3839	435055	41039	6629	3197	317986	48049
内蒙古 Inner Mongolia	14697	5240	907641	60948	39133	12893	2462883	64006
辽 宁 Liaoning	48995	21518	2882776	58661	16512	7816	960566	58607
吉 林 Jilin	27883	12171	1429117	49084	11737	5901	518067	45552
黑龙江 Heilongjiang	33782	12555	1696294	49894	14746	6384	790713	52518
上 海 Shanghai	11957	5195	1207080	97416	50422	25333	5880191	115982
江 苏 Jiangsu	44211	18190	3522090	78905	46466	22493	3719876	79831
浙 江 Zhejiang	32212	14568	2195990	67065	43876	25588	2919019	78113
安 徽 Anhui	44851	20544	2286877	53448	21964	11984	1200980	54006
福 建 Fujian	57004	31834	3552254	62242	45072	25344	2702308	61231
江 西 Jiangxi	32998	10929	1959731	61347	20669	12115	958061	48231
山 东 Shandong	222700	109873	12209583	55687	78105	36624	4640443	59441
河 南 Henan	172627	78908	8724004	50905	135518	70523	6504515	50763
湖 北 Hubei	57814	19350	3374148	58138	41804	22024	2160011	53750
湖 南 Hunan	51726	20416	2533507	49726	31332	19693	1516288	50001
广 东 Guangdong	87389	32166	5907619	67820	138671	68673	12795169	92592
广 西 Guangxi	52604	19150	2760966	54795	13381	6976	762559	61230
海 南 Hainan	11067	5012	593309	56078	5573	2089	350090	62018
重 庆 Chongqing	15239	7060	957716	62719	10945	6274	753878	68175
四 川 Sichuan	38225	15500	2419481	63150	37563	21250	2162453	58339
贵 州 Guizhou	6956	3440	335056	49085	4625	2452	210789	45894
云 南 Yunnan	36281	15215	1939030	53235	14151	6179	766824	54578
西 藏 Tibet	582	235	39226	68938	450	194	28937	63738
陕 西 Shaanxi	27013	11510	1312254	49159	26542	13021	1352699	51685
甘 肃 Gansu	10192	3550	540756	54200	4978	2407	246993	50448
青 海 Qinghai	903	409	38229	42430	1607	754	72841	44442
宁 夏 Ningxia	2294	931	115486	49994	7206	2637	423016	58589
新 疆 Xinjiang	20743	6961	1217594	61473	17509	6994	1199492	67906

3-2 续表 9 continued

地 区 Region	酒、饮料和精制茶制造业 Manufacture of Liquor, Beverages and Refined Tea				烟草制品业 Manufacture of Tobacco			
	年末人数(人) Year-end Figures (person)	#女 性 Female	工资总额(千元) Total Wages (1000 yuan)	平均工资(元) Average Wage (yuan)	年末人数(人) Year-end Figures (person)	#女 性 Female	工资总额(千元) Total Wages (1000 yuan)	平均工资(元) Average Wage (yuan)
全 国 National	**752324**	**275522**	**56208075**	**75161**	**162260**	**48790**	**31567768**	**197628**
北 京 Beijing	24994	8649	2237750	89489	813	236	235514	284781
天 津 Tianjin	7330	2489	591691	83631	753	163	225041	291882
河 北 Hebei	13604	5011	888081	63753	4945	887	738785	147110
山 西 Shanxi	21529	7913	1111671	58666	913	300	202556	221373
内蒙古 Inner Mongolia	8648	3142	417275	46210	2556	719	436713	167323
辽 宁 Liaoning	12030	3774	847596	67505	1809	502	296627	163701
吉 林 Jilin	12041	3762	742657	61483	3717	999	583725	159444
黑龙江 Heilongjiang	9445	3366	540958	57196	5295	1066	716669	134384
上 海 Shanghai	11084	3552	1148114	104109	3639	779	1715059	462031
江 苏 Jiangsu	39404	12986	2901362	73406	5324	1483	1072244	197285
浙 江 Zhejiang	22162	7450	2053059	89357	3584	1107	1062759	296116
安 徽 Anhui	30899	11441	1711760	56512	7595	1685	1442987	187938
福 建 Fujian	35446	14887	2623339	70416	5775	2503	796771	154593
江 西 Jiangxi	15066	6273	836467	54951	5219	1745	571153	109416
山 东 Shandong	48397	17185	3165640	66616	8233	2381	1171679	143115
河 南 Henan	52849	22813	2534937	48667	16195	5004	2546383	171832
湖 北 Hubei	41985	17189	2586985	63489	7807	2082	1109091	142264
湖 南 Hunan	22738	10151	1229880	53260	12249	4241	2505749	219034
广 东 Guangdong	54252	18652	5205205	95501	8486	2572	2371132	273740
广 西 Guangxi	14272	5998	816050	57387	3504	1255	683141	205394
海 南 Hainan	3961	1507	222101	56299	557	147	116356	205213
重 庆 Chongqing	7713	3223	616611	79707	4813	2167	558406	124228
四 川 Sichuan	119086	38367	10285988	86230	4966	1356	1011849	203632
贵 州 Guizhou	49025	17207	6477652	139182	8141	1963	1734139	210122
云 南 Yunnan	23710	10155	1227354	52429	22789	7085	5828170	252597
西 藏 Tibet	1717	640	166137	95811				
陕 西 Shaanxi	26224	9285	1488720	57758	7903	2676	1139723	147499
甘 肃 Gansu	11281	4245	677345	60022	3513	1340	479181	136714
青 海 Qinghai	2837	1121	203315	70792				
宁 夏 Ningxia	1220	460	86455	71098	415	138	73941	174389
新 疆 Xinjiang	7375	2629	565920	75557	752	209	142225	189381

3-2 续表 10 continued

地 区	Region	纺织业 Manufacture of Textile 年末人数(人) Year-end Figures (person)	#女 性 Female	工资总额(千元) Total Wages (1000 yuan)	平均工资(元) Average Wage (yuan)	纺织服装、服饰业 Manufacture of Textile, Wearing Apparel and Accessories 年末人数(人) Year-end Figures (person)	#女 性 Female	工资总额(千元) Total Wages (1000 yuan)	平均工资(元) Average Wage (yuan)
全 国	**National**	**1198115**	**689076**	**70049982**	**57868**	**1454274**	**1031233**	**83145765**	**56200**
北 京	Beijing	1773	750	144340	79790	19262	15872	1358257	68686
天 津	Tianjin	5636	3097	364160	62143	4314	3262	201040	46623
河 北	Hebei	16071	8829	729475	44759	14929	8928	711223	48284
山 西	Shanxi	2084	1209	75327	36889	5955	3387	289453	48202
内蒙古	Inner Mongolia	2039	1216	83803	40800	7364	4966	367854	46599
辽 宁	Liaoning	5135	2994	249839	47834	33816	24662	1623566	47945
吉 林	Jilin	2213	1543	95636	42886	14912	11375	534536	34453
黑龙江	Heilongjiang	4402	2874	154471	35413	1385	1016	52327	37457
上 海	Shanghai	14683	8178	1134174	75864	32898	24313	1987884	59315
江 苏	Jiangsu	205372	122671	13736709	65525	204108	154942	12751231	60807
浙 江	Zhejiang	191388	92582	13589008	70230	200499	140762	13294986	65353
安 徽	Anhui	38100	24342	1905551	49882	75404	57858	3672253	48935
福 建	Fujian	86097	46542	5596647	65486	154418	103525	9272840	59353
江 西	Jiangxi	24651	16274	1214817	49219	66248	46186	3249359	48981
山 东	Shandong	177249	103115	9206122	50590	85189	66602	4213219	48589
河 南	Henan	79181	53944	3443946	44714	84773	58651	3854403	45934
湖 北	Hubei	71437	47657	3544108	49467	37971	29098	1753759	46524
湖 南	Hunan	15356	9992	726480	46827	11485	8829	567944	50394
广 东	Guangdong	143829	69917	8881663	60911	341290	227735	21018884	59331
广 西	Guangxi	15236	11453	665849	42603	6900	4886	253224	37598
海 南	Hainan	714	260	46991	65175	131	65	7796	60906
重 庆	Chongqing	3942	2878	208527	54065	4406	3393	227800	49233
四 川	Sichuan	21441	13960	1189368	55058	14979	10744	731997	45744
贵 州	Guizhou	1101	716	49101	44556	2809	1991	122679	43720
云 南	Yunnan	2608	2052	97722	37847	3405	2353	169669	56575
西 藏	Tibet	232	105	18697	80591	540	165	21327	40700
陕 西	Shaanxi	17714	11763	726146	38427	4873	3422	215596	42566
甘 肃	Gansu	2875	1913	92212	32085	1044	313	54054	51529
青 海	Qinghai	34	21	1271	39719	1718	520	201180	113661
宁 夏	Ningxia	3202	2093	150114	43211	1607	1317	80451	41836
新 疆	Xinjiang	42320	24136	1927708	46743	15642	10095	284974	20039

3-2 续表 11 continued

地区	Region	皮革、毛皮、羽毛及其制品和制鞋业 Manufacture of Leather, Fur, Feather and Related Products and Footwear				木材加工和木、竹、藤、棕、草制品业 Processing of Timbers,Manufacture of Wood, Bamboo, Rattan, Palm, and Straw Products			
		年末人数（人） Year-end Figures (person)	#女性 Female	工资总额（千元） Total Wages (1000 yuan)	平均工资（元） Average Wage (yuan)	年末人数（人） Year-end Figures (person)	#女性 Female	工资总额（千元） Total Wages (1000 yuan)	平均工资（元） Average Wage (yuan)
全国	**National**	**942109**	**575916**	**51306151**	**53551**	**202265**	**76014**	**10810073**	**53559**
北京	Beijing	594	340	41336	56937	467	139	27395	58662
天津	Tianjin	3281	1530	169371	49264	875	276	65241	61202
河北	Hebei	15953	11121	669279	42559	1985	735	108025	55143
山西	Shanxi	17	4	330	19412	44	21	1048	23818
内蒙古	Inner Mongolia	94	54	4058	43634	1128	313	44531	43445
辽宁	Liaoning	5369	3090	280868	56707	6539	3038	344298	52953
吉林	Jilin	950	485	62297	63960	11938	4514	513277	45099
黑龙江	Heilongjiang	119	79	4343	38777	4524	2002	164258	35309
上海	Shanghai	11049	6228	691932	64139	3719	1127	316955	82583
江苏	Jiangsu	32813	23047	1865740	56260	14671	5770	907823	61352
浙江	Zhejiang	63514	32111	3653936	56096	14904	5732	1037360	71033
安徽	Anhui	20733	13800	995650	48363	11697	4655	565078	48450
福建	Fujian	274065	156660	16327533	59610	11900	5714	712237	55661
江西	Jiangxi	56304	45307	2380825	41819	8912	3308	435417	49078
山东	Shandong	29692	20796	1441538	46649	13947	4789	752234	53384
河南	Henan	40342	25726	1990627	49567	14899	5064	660569	47093
湖北	Hubei	12995	10204	538087	40093	13299	4828	670837	51127
湖南	Hunan	49339	33119	2371234	48677	9965	3538	425329	43441
广东	Guangdong	288178	168514	16164440	53670	24592	8157	1523375	60241
广西	Guangxi	10258	8238	406494	40520	10910	4562	487379	44940
海南	Hainan	34	7	1124	33059	1376	525	57489	41963
重庆	Chongqing	2672	1735	97455	38489	3008	1158	169647	61024
四川	Sichuan	16116	9118	683443	41035	5993	1895	332129	57353
贵州	Guizhou	2318	1364	124979	53296	3055	1531	122832	38883
云南	Yunnan	2330	1508	200862	79048	4739	1803	200822	42057
西藏	Tibet	72	25	6477	89958	22	3	1027	51350
陕西	Shaanxi	2334	1558	111634	48368	2545	618	132552	52936
甘肃	Gansu	537	133	19405	32504	71	20	3112	43831
青海	Qinghai					10		180	36000
宁夏	Ningxia	37	15	854	23081				
新疆	Xinjiang					531	179	27617	52206

3-2 续表 12 continued

地 区 Region	家具制造业 Manufacture of Furniture				造纸和纸制品业 Manufacture of Paper and Paper Products			
	年末人数(人) Year-end Figures (person)	#女 性 Female	工资总额(千元) Total Wages (1000 yuan)	平均工资(元) Average Wage (yuan)	年末人数(人) Year-end Figures (person)	#女 性 Female	工资总额(千元) Total Wages (1000 yuan)	平均工资(元) Average Wage (yuan)
全 国 National	**415685**	**147958**	**27357810**	**65314**	**477815**	**170820**	**32659786**	**68005**
北 京 Beijing	3608	1108	306779	82158	3817	1329	344948	88721
天 津 Tianjin	12962	4254	857248	62391	9297	2914	683559	73296
河 北 Hebei	5846	2194	301214	55178	7301	2438	664907	91346
山 西 Shanxi	137	32	3719	27346	737	237	26603	37103
内蒙古 Inner Mongolia	295	133	12367	43241	3641	1156	246350	69219
辽 宁 Liaoning	9785	4165	558134	58291	7329	2292	383368	52893
吉 林 Jilin	1268	505	45724	35445	3426	980	140174	40951
黑龙江 Heilongjiang	3444	1298	138243	40059	3152	783	174024	57624
上 海 Shanghai	17857	5816	1955309	105124	12874	4772	1214012	91403
江 苏 Jiangsu	21881	8441	1586262	71402	42070	13952	4200824	99946
浙 江 Zhejiang	76629	29108	5422342	71185	41123	12990	2976730	70549
安 徽 Anhui	10555	3700	581401	56502	8975	3734	538811	60663
福 建 Fujian	24104	9114	1651248	68264	33797	13873	2370468	69670
江 西 Jiangxi	6189	2118	332473	54710	10681	3236	605572	59242
山 东 Shandong	13792	4970	734382	53718	53104	16869	3190364	59860
河 南 Henan	14793	6220	653567	47124	23637	10004	1205691	51936
湖 北 Hubei	6372	2041	373633	57350	17501	6139	956721	54937
湖 南 Hunan	2940	989	142432	48397	13810	5044	859374	62093
广 东 Guangdong	161401	54318	10653893	64435	120771	41960	8327837	67445
广 西 Guangxi	1347	508	71398	54669	10669	4239	519276	49021
海 南 Hainan	103	32	3358	32602	3935	1094	339633	83674
重 庆 Chongqing	2978	1033	182908	66536	11311	4854	882016	78576
四 川 Sichuan	13087	4639	555745	43218	17267	8203	913013	55034
贵 州 Guizhou	857	212	72998	84684	1742	586	101113	59548
云 南 Yunnan	804	235	32907	39647	5721	2241	336121	58507
西 藏 Tibet	372	61	20321	56447	109	33	6275	51016
陕 西 Shaanxi	1780	589	88269	50817	6577	3521	257190	39856
甘 肃 Gansu	260	70	8156	32237	244	99	5885	24318
青 海 Qinghai					5	4	175	35000
宁 夏 Ningxia					1909	780	104513	55622
新 疆 Xinjiang	239	55	11380	45339	1283	464	84239	64551

3-2 续表 13 continued

地 区	Region	印刷和记录媒介复制业 Printing and Reproduction of Recording Media				文教、工美、体育和娱乐用品制造业 Manufacture of Articles for Culture, Education, Arts and Crafts,Sport and Entertainment Activities			
		年末人数 (人) Year-end Figures (person)	#女 性 Female	工资总额 (千元) Total Wages (1000 yuan)	平均工资 (元) Average Wage (yuan)	年末人数 (人) Year-end Figures (person)	#女 性 Female	工资总额 (千元) Total Wages (1000 yuan)	平均工资 (元) Average Wage (yuan)
全 国	**National**	**456054**	**196508**	**32282363**	**69748**	**918825**	**523076**	**53710310**	**55965**
北 京	Beijing	17120	5659	1993113	114376	4702	2183	415501	84917
天 津	Tianjin	6572	2368	462967	70317	7903	4001	463544	58491
河 北	Hebei	11021	4729	738971	65645	7454	4282	299298	40056
山 西	Shanxi	4108	1724	178971	43450	999	492	31390	30775
内蒙古	Inner Mongolia	1665	729	85041	52985	427	105	14161	33242
辽 宁	Liaoning	4976	2110	237396	47517	3139	1699	151515	46620
吉 林	Jilin	3052	1256	142807	47038	1283	948	47211	36233
黑龙江	Heilongjiang	2687	852	122876	45493	1246	833	42780	32984
上 海	Shanghai	17616	7042	1832164	103273	18591	9394	1609663	85393
江 苏	Jiangsu	43932	20410	3317260	77688	82053	50915	5135399	61419
浙 江	Zhejiang	28693	11188	1956828	69492	74490	39951	4902148	62980
安 徽	Anhui	13742	5700	844598	62805	18562	11723	836971	45567
福 建	Fujian	16925	6901	1179253	69152	93266	46279	5692646	60474
江 西	Jiangxi	11414	5588	680787	60714	32772	20838	1508538	44909
山 东	Shandong	24959	10880	1542880	61631	49165	29126	2559697	50706
河 南	Henan	19419	9875	1076992	55498	43025	28643	1841976	44088
湖 北	Hubei	18603	8964	1131060	60970	13727	7978	638942	46885
湖 南	Hunan	11979	5529	745281	62361	13616	8756	753018	55668
广 东	Guangdong	139026	60266	9875008	67334	422504	236094	25334032	55470
广 西	Guangxi	4043	1656	278957	66529	10250	7303	348038	36010
海 南	Hainan	1135	445	83987	75664	207	174	9522	46000
重 庆	Chongqing	7934	3284	576497	72506	4806	3390	242734	47390
四 川	Sichuan	13983	6401	1113435	78048	4067	2548	230529	56419
贵 州	Guizhou	3239	1269	205620	63424	969	626	38337	39563
云 南	Yunnan	9995	3944	635379	61825	5897	2754	410881	69125
西 藏	Tibet	861	377	85019	100614	373	86	19793	54376
陕 西	Shaanxi	11310	4849	847992	75700	1636	844	69046	44317
甘 肃	Gansu	2108	873	96478	44542	694	542	17157	24097
青 海	Qinghai	621	302	31144	47840	666	426	30493	47057
宁 夏	Ningxia	1450	629	76868	54984				
新 疆	Xinjiang	1866	709	106734	56117	336	143	15350	45549

3-2 续表 14 continued

地 区 Region	石油、煤炭及其他燃料加工业 Processing of Petroleum, Coal and Other Fuels				化学原料和化学制品制造业 Manufacture of Raw Chemical Material and Chemical Products			
	年末人数（人） Year-end Figures (person)	#女 性 Female	工资总额（千元） Total Wages (1000 yuan)	平均工资（元） Average Wage (yuan)	年末人数（人） Year-end Figures (person)	#女 性 Female	工资总额（千元） Total Wages (1000 yuan)	平均工资（元） Average Wage (yuan)
全 国 National	**565260**	**135870**	**59212495**	**104442**	**1885555**	**544526**	**159971941**	**84740**
北 京 Beijing	8627	2502	1339623	163868	17103	8404	2129105	118448
天 津 Tianjin	11247	3746	1596074	139712	36110	9160	3625235	97773
河 北 Hebei	24092	5401	2034722	83257	52635	15122	3341525	63255
山 西 Shanxi	48989	11453	2584426	52258	60476	16561	3235263	52757
内蒙古 Inner Mongolia	15185	3048	1464045	97825	49020	12548	4273006	88472
辽 宁 Liaoning	69661	17239	7799713	109577	47375	11477	3207574	67576
吉 林 Jilin	3337	597	162962	48645	43814	10658	3774633	83338
黑龙江 Heilongjiang	34806	9710	3713912	105311	21158	6461	1476901	69315
上 海 Shanghai	13104	2848	2683056	199202	74466	24567	12404686	164737
江 苏 Jiangsu	14161	2884	1816963	131407	203925	56174	22026674	107265
浙 江 Zhejiang	16941	3200	2616582	168258	124225	32048	12533062	101067
安 徽 Anhui	7060	1172	729043	102250	73208	20317	5448258	74320
福 建 Fujian	2694	459	256415	95749	28924	10216	2504898	85623
江 西 Jiangxi	12912	4017	927780	71915	41774	11833	2798206	67974
山 东 Shandong	70759	15194	6924507	96637	178960	47790	14020129	78112
河 南 Henan	12171	3666	893192	73242	109863	31082	5817987	54844
湖 北 Hubei	5864	1398	532060	90348	102042	27957	6837179	67168
湖 南 Hunan	10366	3067	1262026	120710	48288	16125	3194846	66641
广 东 Guangdong	24607	6059	3925109	158834	189861	69120	18084986	94610
广 西 Guangxi	2861	747	369606	126188	19211	7274	1057413	52190
海 南 Hainan	2128	331	364816	170794	3169	771	408175	122025
重 庆 Chongqing	725	217	85700	118044	31071	8681	2600317	83186
四 川 Sichuan	4651	1027	288914	61120	62904	18127	4535921	71574
贵 州 Guizhou	2811	824	200777	71223	32962	8715	2389475	71588
云 南 Yunnan	10277	2430	714392	69568	47221	13574	2787270	61256
西 藏 Tibet	25	4	2000	80000	1439	354	120156	88807
陕 西 Shaanxi	55480	12602	4489727	82350	60149	15216	4748171	79985
甘 肃 Gansu	27115	7317	3353451	121722	22910	7197	1698564	73186
青 海 Qinghai	215	61	10525	46366	24706	7490	2129231	86016
宁 夏 Ningxia	15643	1917	1383799	90456	13536	3393	1094346	81900
新 疆 Xinjiang	36746	10733	4686578	126661	63050	16114	5668749	91108

3-2 续表 15 continued

地 区 Region	医药制造业 Manufacture of Medicines				化学纤维制造业 Manufacture of Chemical Fibres			
	年末人数（人）Year-end Figures (person)	#女 性 Female	工资总额（千元）Total Wages (1000 yuan)	平均工资（元）Average Wage (yuan)	年末人数（人）Year-end Figures (person)	#女 性 Female	工资总额（千元）Total Wages (1000 yuan)	平均工资（元）Average Wage (yuan)
全 国 National	**1376191**	**649639**	**120581934**	**88523**	**238334**	**80353**	**17538581**	**73297**
北 京 Beijing	73414	37045	12840106	175548	866	333	67465	77103
天 津 Tianjin	40465	18760	6102295	153671	288	66	28389	97223
河 北 Hebei	61083	28779	3737968	65128	20267	6184	1768137	87350
山 西 Shanxi	22550	9586	1185325	52956	490	166	20706	43869
内蒙古 Inner Mongolia	11997	4884	727896	59816				
辽 宁 Liaoning	22996	10299	1963579	84945	2016	709	97618	48663
吉 林 Jilin	42462	21636	2284863	53765	8475	2114	443152	53168
黑龙江 Heilongjiang	30639	14247	1901503	61553				
上 海 Shanghai	45552	21343	6862414	152454	1197	419	95270	79524
江 苏 Jiangsu	143951	63437	15791814	112044	57097	17720	4620823	80699
浙 江 Zhejiang	105246	45088	10029370	94620	59992	21621	4773084	79173
安 徽 Anhui	41763	19550	2387317	56924	5178	1837	340436	65418
福 建 Fujian	18691	10117	1610339	87149	15839	5700	1050827	65957
江 西 Jiangxi	37943	17236	2817330	74328	3397	1150	296128	86943
山 东 Shandong	156442	70210	11292331	72668	10073	2996	678494	67478
河 南 Henan	73313	38645	3837303	53173	15828	5729	910239	57100
湖 北 Hubei	68202	34898	4176234	61603	3428	1391	143752	41861
湖 南 Hunan	28096	13168	1719318	61935	1380	683	83218	60390
广 东 Guangdong	112913	52705	11404962	102028	8589	3021	626419	73094
广 西 Guangxi	21376	11304	1244430	57969	45	13	2361	52467
海 南 Hainan	14924	8169	1051648	69933				
重 庆 Chongqing	24297	12070	1932028	80575	10	4	652	72444
四 川 Sichuan	68309	33330	5400033	81380	12323	5010	694589	55328
贵 州 Guizhou	23372	12112	1527884	67761	88	32	3356	38136
云 南 Yunnan	25871	12338	1935141	74200	405	60	30511	76087
西 藏 Tibet	1640	904	181371	114070				
陕 西 Shaanxi	36050	17699	2928709	80839	752	255	81157	108065
甘 肃 Gansu	10391	4859	852568	82741	300	60	19340	64467
青 海 Qinghai	3039	1552	151502	49885				
宁 夏 Ningxia	2185	875	127376	61033	582	160	33178	62482
新 疆 Xinjiang	7019	2794	576977	82863	9429	2920	629280	64767

3-2 续表 16 continued

地 区 Region	橡胶和塑料制品业 Manufacture of Rubber and Plastics Products				非金属矿物制品业 Manufacture of Non-metallic Mineral Products			
	年末人数 (人) Year-end Figures (person)	#女 性 Female	工资总额 (千元) Total Wages (1000 yuan)	平均工资 (元) Average Wage (yuan)	年末人数 (人) Year-end Figures (person)	#女 性 Female	工资总额 (千元) Total Wages (1000 yuan)	平均工资 (元) Average Wage (yuan)
全 国 National	**1450702**	**588566**	**100285133**	**67979**	**1728210**	**488341**	**115301201**	**66471**
北 京 Beijing	6961	2813	603161	85216	24142	5152	2587775	100231
天 津 Tianjin	26044	8959	1997890	75182	18849	4155	1607078	85981
河 北 Hebei	21565	8737	1349819	60639	44056	11562	2566752	57930
山 西 Shanxi	4025	1741	168953	41768	32692	8509	1604976	49238
内蒙古 Inner Mongolia	2873	1001	176531	60601	19499	3391	1389286	71348
辽 宁 Liaoning	34013	10924	2023962	58338	36600	8203	1995373	54014
吉 林 Jilin	8779	2788	505046	57509	13042	2927	701714	52060
黑龙江 Heilongjiang	4300	1387	195563	44844	14579	3275	676036	47006
上 海 Shanghai	59856	27410	6317121	101776	27750	7721	3313287	115458
江 苏 Jiangsu	173377	71705	14364348	81629	98610	29858	8316794	83839
浙 江 Zhejiang	135061	54452	9391783	69756	75932	19444	5962965	78633
安 徽 Anhui	62426	23798	4181316	68093	70532	18847	4501946	64536
福 建 Fujian	72624	31157	5201074	69517	77903	26919	5644873	72046
江 西 Jiangxi	20359	9536	1032247	50735	80185	27878	4749366	58685
山 东 Shandong	100004	30158	6376490	64298	134791	38395	8419076	61977
河 南 Henan	44212	17299	2084287	47418	164120	48046	8755345	53933
湖 北 Hubei	24492	10736	1392792	56391	88027	23348	5343657	61421
湖 南 Hunan	13033	4395	763819	59105	85069	25970	5070651	60239
广 东 Guangdong	523708	227845	35299978	65265	253422	80997	17823872	69220
广 西 Guangxi	10767	4748	581037	52502	40508	10041	2552029	62845
海 南 Hainan	2179	880	129117	60732	8497	1864	563007	66715
重 庆 Chongqing	11187	4604	777001	68392	37216	11463	2857225	76433
四 川 Sichuan	29544	12865	1637259	55234	74981	21499	4990246	66858
贵 州 Guizhou	10257	2785	650037	62848	38251	9653	2348047	61435
云 南 Yunnan	7844	2979	286025	35874	43875	10331	2952979	67410
西 藏 Tibet	180	57	14699	82579	4883	1159	489506	101747
陕 西 Shaanxi	30213	9707	2101185	69716	48872	11932	2597394	53017
甘 肃 Gansu	3337	1106	201731	59315	29009	5888	1800698	61850
青 海 Qinghai	93	35	3136	33720	6827	1770	428942	61780
宁 夏 Ningxia	667	189	34152	50521	4882	1127	392075	77839
新 疆 Xinjiang	6722	1770	443574	66653	30609	7017	2298231	73379

3-2 续表 17 continued

地 区 Region	黑色金属冶炼和压延加工业 Smelting and Pressing of Ferrous Metals				有色金属冶炼和压延加工业 Smelting and Pressing of Non-ferrous Metals			
	年末人数（人） Year-end Figures (person)	#女 性 Female	工资总额（千元） Total Wages (1000 yuan)	平均工资（元） Average Wage (yuan)	年末人数（人） Year-end Figures (person)	#女 性 Female	工资总额（千元） Total Wages (1000 yuan)	平均工资（元） Average Wage (yuan)
全 国 National	**1231598**	**208625**	**105133872**	**84898**	**984578**	**205636**	**72115613**	**73022**
北 京 Beijing	1592	251	157128	97534	2517	634	295047	116160
天 津 Tianjin	44349	6185	3481016	78888	6583	1690	549651	84549
河 北 Hebei	164116	24713	11991665	72187	10345	2108	669042	63476
山 西 Shanxi	51990	7600	4021073	81721	30794	5230	1948707	60236
内蒙古 Inner Mongolia	54609	11755	4254603	78633	43391	5836	3720713	85685
辽 宁 Liaoning	135722	15168	10321383	74724	24957	3825	1561925	62375
吉 林 Jilin	15441	2026	884592	57233	5053	1026	304131	57765
黑龙江 Heilongjiang	11379	1974	741923	66973	4565	760	333449	72144
上 海 Shanghai	21577	1909	5047146	228491	7962	2438	930944	115344
江 苏 Jiangsu	82291	15983	7830549	94932	47976	14028	3987294	83192
浙 江 Zhejiang	18938	3075	1741858	90200	26511	6409	2259618	84358
安 徽 Anhui	43203	6247	3830555	85042	34690	6932	2501012	71603
福 建 Fujian	39567	6434	3278302	87615	25432	5188	2763254	106623
江 西 Jiangxi	41027	9473	5140067	124345	60876	13752	5101034	84049
山 东 Shandong	98439	15319	9142125	93238	97096	19942	6518932	64977
河 南 Henan	72843	14811	4950580	67866	131991	22142	7116861	55250
湖 北 Hubei	43993	6916	4328750	93743	21894	5252	1426675	65094
湖 南 Hunan	33304	5734	3327249	96518	42083	8757	2753294	66031
广 东 Guangdong	35594	6184	3273780	91232	72491	18341	5347636	73472
广 西 Guangxi	23548	5175	2753043	114296	24900	4865	1793797	72738
海 南 Hainan	35	9	1871	56697	513	51	40922	80397
重 庆 Chongqing	10629	2245	852761	80177	14540	3540	1089275	74618
四 川 Sichuan	61746	13883	4585616	73576	15273	3286	1237261	81356
贵 州 Guizhou	12758	2921	838136	65123	15051	2418	1229175	82628
云 南 Yunnan	28604	8130	1948266	68036	59853	13512	4995354	83015
西 藏 Tibet	26	3	1890	72692	38	9	4738	92902
陕 西 Shaanxi	28188	5168	2153664	76676	48611	11531	3280987	68227
甘 肃 Gansu	27072	3908	2144236	78980	56287	12577	4490053	78685
青 海 Qinghai	10954	1716	715725	63569	24043	5123	1791374	73519
宁 夏 Ningxia	2521	728	162072	64881	8665	1442	601969	69025
新 疆 Xinjiang	15543	2982	1232248	78492	19597	2992	1471489	76941

3-2 续表 18 continued

地 区 Region	金属制品业 Manufacture of Metal Products				通用设备制造业 Manufacture of General Purpose Machinery			
	年末人数（人）Year-end Figures (person)	#女 性 Female	工资总额（千元）Total Wages (1000 yuan)	平均工资（元）Average Wage (yuan)	年末人数（人）Year-end Figures (person)	#女 性 Female	工资总额（千元）Total Wages (1000 yuan)	平均工资（元）Average Wage (yuan)
全 国 National	**1513437**	**464005**	**106672402**	**69410**	**2196777**	**614098**	**185908876**	**84272**
北 京 Beijing	20134	5371	2281754	110684	38768	10342	5265014	133062
天 津 Tianjin	35505	7898	2741190	74034	44154	10846	4361490	97732
河 北 Hebei	45308	10484	2951000	64910	34489	8550	2224999	63302
山 西 Shanxi	20967	5659	1180808	54978	20274	5928	1054021	51411
内蒙古 Inner Mongolia	3541	756	226982	66779	4212	913	272874	65375
辽 宁 Liaoning	66641	14231	4157450	61893	112042	28207	7719325	68716
吉 林 Jilin	5652	1138	280464	50074	12562	3147	781651	62925
黑龙江 Heilongjiang	6621	1964	377188	55789	23129	4054	1719229	72673
上 海 Shanghai	62002	19959	6374794	99854	158180	40285	21886286	135623
江 苏 Jiangsu	174482	54021	15008796	83258	387941	112732	37764491	97003
浙 江 Zhejiang	124283	43196	8797061	69551	285223	86349	22995460	80722
安 徽 Anhui	44364	11474	2960035	67411	84618	21688	6172202	74083
福 建 Fujian	55150	18262	4237896	75796	59763	22026	4409269	73917
江 西 Jiangxi	24425	7698	1506306	61359	39033	11838	2438172	62225
山 东 Shandong	102742	24505	6741477	65003	187970	43994	14201037	75734
河 南 Henan	63306	16269	3133554	50106	111196	29537	6435058	59166
湖 北 Hubei	45241	11639	3000361	66265	44275	12049	2903355	65734
湖 南 Hunan	25822	6212	1500765	58471	36861	8004	2627627	72783
广 东 Guangdong	461746	171075	31022816	65884	332316	109715	27245447	80717
广 西 Guangxi	7108	2011	408532	56938	16415	3029	1464115	89205
海 南 Hainan	1146	392	52251	49810	278	100	14610	51263
重 庆 Chongqing	15389	4407	1055782	68331	30758	8119	2257239	73010
四 川 Sichuan	45100	12274	2983795	65999	54347	13255	4291874	77884
贵 州 Guizhou	10095	2198	602623	58377	4001	961	308915	75456
云 南 Yunnan	8100	1885	506955	64506	5018	960	325766	64026
西 藏 Tibet	297	59	24089	68048	31	4	2614	84323
陕 西 Shaanxi	25491	6268	1733828	67114	51296	13259	3719751	71814
甘 肃 Gansu	5365	1234	324887	60761	10297	2683	550320	51902
青 海 Qinghai	1266	263	85248	66548	2083	506	134397	64243
宁 夏 Ningxia	2046	283	139974	65195	4831	897	333841	67266
新 疆 Xinjiang	4102	920	273741	64123	416	121	28427	65349

3-2 续表 19 continued

地 区 Region	专用设备制造业 Manufacture of Special Purpose Machinery				汽车制造业 Manufacture of Automobiles			
	年末人数(人) Year-end Figures (person)	#女 性 Female	工资总额(千元) Total Wages (1000 yuan)	平均工资(元) Average Wage (yuan)	年末人数(人) Year-end Figures (person)	#女 性 Female	工资总额(千元) Total Wages (1000 yuan)	平均工资(元) Average Wage (yuan)
全 国 National	**1834052**	**530146**	**157055389**	**85503**	**2900637**	**763773**	**283526618**	**96259**
北 京 Beijing	54807	17618	7439792	136723	97996	17527	14583443	144881
天 津 Tianjin	40911	10671	4276218	103769	106607	33088	10319764	95741
河 北 Hebei	53847	13345	3774634	69544	95942	21005	8009056	81704
山 西 Shanxi	56116	16379	3570342	63077	15163	3266	966466	59154
内蒙古 Inner Mongolia	2983	780	227823	75588	3590	494	264662	71880
辽 宁 Liaoning	87527	19017	5519808	62680	109338	26465	10913899	99372
吉 林 Jilin	9497	2183	546396	55253	210222	39828	23371556	111059
黑龙江 Heilongjiang	21270	3947	1643621	77129	10497	2214	803818	77972
上 海 Shanghai	88536	25462	12009753	135396	176506	46682	29298744	164024
江 苏 Jiangsu	261631	82950	25756557	99255	297050	95685	30965031	102303
浙 江 Zhejiang	124995	38490	10495938	83221	204634	65027	17703962	84864
安 徽 Anhui	55436	15025	4077026	74090	123089	31133	9849185	79659
福 建 Fujian	48389	16504	3263769	66062	65774	18927	4663409	69555
江 西 Jiangxi	18594	7536	1088384	59274	70297	19187	5949385	80351
山 东 Shandong	148133	37077	10958401	74012	195111	45117	15027535	76385
河 南 Henan	112619	31335	6971766	61940	96507	20864	7027978	72229
湖 北 Hubei	53774	14213	4074724	77419	254983	70914	22295255	88159
湖 南 Hunan	51620	9876	4775291	95403	65624	12987	5231140	75073
广 东 Guangdong	377673	128444	33608029	88108	328375	99515	34916506	103819
广 西 Guangxi	23241	6186	1619791	70255	66721	14917	5773023	88014
海 南 Hainan	767	354	46847	59754	2240	447	115554	44291
重 庆 Chongqing	15023	4266	1344475	88001	134958	37133	12397685	89466
四 川 Sichuan	52140	12341	4365277	83767	74613	19076	5972110	77982
贵 州 Guizhou	5096	1419	322621	62914	6899	2051	548377	75306
云 南 Yunnan	6597	1577	457637	68694	11093	2315	485263	43654
西 藏 Tibet	51	13	3736	73255				
陕 西 Shaanxi	42100	9113	3338376	78713	72984	16885	5820168	77424
甘 肃 Gansu	14244	2868	963483	68260	1363	277	69969	53249
青 海 Qinghai	99	35	6598	68021				
宁 夏 Ningxia	3552	655	289706	80007	248	81	17645	58234
新 疆 Xinjiang	2784	467	218570	75604	2213	666	166030	73923

3-2 续表 20 continued

地 区	Region	铁路、船舶、航空航天和其他运输设备制造业 Manufacture of Railway, Ship, Aerospace and Other Transport Equipments				电气机械和器材制造业 Manufacture of Electrical Machinery and apparatus			
		年末人数 (人) Year-end Figures (person)	#女 性 Female	工资总额 (千元) Total Wages (1000 yuan)	平均工资 (元) Average Wage (yuan)	年末人数 (人) Year-end Figures (person)	#女 性 Female	工资总额 (千元) Total Wages (1000 yuan)	平均工资 (元) Average Wage (yuan)
全 国	**National**	**774354**	**191611**	**74590969**	**96085**	**3041261**	**1214599**	**240950028**	**77554**
北 京	Beijing	28764	7791	5204898	179356	31565	10503	4885006	150697
天 津	Tianjin	23051	7109	1925222	83796	43538	13920	4045983	92231
河 北	Hebei	31666	7821	2604836	81274	46187	12937	2891209	62542
山 西	Shanxi	18748	3878	1543844	81676	14363	4281	975392	70293
内蒙古	Inner Mongolia	1244	219	100690	79283	3449	729	229769	59143
辽 宁	Liaoning	80504	16155	7194379	88764	46747	18098	3069464	65412
吉 林	Jilin	19980	3029	2423514	119074	3740	1163	207658	54834
黑龙江	Heilongjiang	14221	2273	1254305	86863	11481	2751	933159	76822
上 海	Shanghai	40991	8452	6219590	153241	102653	46482	12546471	119243
江 苏	Jiangsu	115984	29163	10538364	90193	423540	164763	39009009	90599
浙 江	Zhejiang	34417	9007	2716416	77188	341263	142328	26996487	77997
安 徽	Anhui	9652	2106	781088	83575	140951	54891	10676590	74596
福 建	Fujian	11441	3575	800126	69245	108386	44935	9491557	84891
江 西	Jiangxi	3072	871	215600	70389	89650	41945	5697803	62226
山 东	Shandong	64075	11278	6716265	106164	125595	40138	9279239	73365
河 南	Henan	44577	18015	3093676	69888	123979	39245	7616325	61886
湖 北	Hubei	24121	5559	1921633	81398	80099	29635	6045242	76323
湖 南	Hunan	38769	8906	4835464	125950	44650	15957	3054957	68126
广 东	Guangdong	71823	18867	6317306	86922	1052898	460444	77895296	71245
广 西	Guangxi	2590	900	238213	93016	12652	5669	726324	55529
海 南	Hainan	256	153	11162	43097	4427	947	326302	72095
重 庆	Chongqing	26239	8705	1849834	69449	32553	12723	2257342	72007
四 川	Sichuan	25562	6710	2450813	96527	56211	20535	4355740	75922
贵 州	Guizhou	5320	1495	479957	87122	11266	4088	739086	63896
云 南	Yunnan	2960	663	275284	93317	7611	2219	470146	61943
西 藏	Tibet					66	23	4815	72955
陕 西	Shaanxi	32743	8465	2771928	84422	50783	15280	4167547	80859
甘 肃	Gansu	1052	309	57438	73263	13465	4471	687527	53363
青 海	Qinghai	102	20	6023	59049	5193	1407	394545	66254
宁 夏	Ningxia	105	25	10169	99696	2429	501	165787	68309
新 疆	Xinjiang	325	92	32932	102913	9871	1591	1108251	110505

3-2 续表 21 continued

地 区	Region	计算机、通信和其他电子设备制造业 Manufacture of Computers, Communication and Other Electronic Equipment				仪器仪表制造业 Manufacture of Measuring Instrument and Machinery			
		年末人数（人） Year-end Figures (person)	#女 性 Female	工资总额（千元） Total Wages (1000 yuan)	平均工资（元） Average Wage (yuan)	年末人数（人） Year-end Figures (person)	#女 性 Female	工资总额（千元） Total Wages (1000 yuan)	平均工资（元） Average Wage (yuan)
全 国	**National**	**6463906**	**2668642**	**550033519**	**84209**	**550450**	**217582**	**51303690**	**91873**
北 京	Beijing	79896	28524	13673867	163814	22837	7491	3486121	149966
天 津	Tianjin	89626	43159	8748914	94456	9462	3727	953283	98287
河 北	Hebei	51965	18836	3965693	72954	10961	3644	795137	74132
山 西	Shanxi	103126	46055	5117910	48472	2595	711	182451	71493
内蒙古	Inner Mongolia	6198	1955	507386	79353	80	37	4647	51633
辽 宁	Liaoning	45444	24256	3443018	74639	11977	4942	793808	66667
吉 林	Jilin	6678	2812	426478	63511	2642	670	193253	73564
黑龙江	Heilongjiang	1801	603	134569	76634	5276	1662	438242	82469
上 海	Shanghai	279742	109871	27338839	94408	28521	11277	4161234	141717
江 苏	Jiangsu	1169810	488499	92990308	78501	82215	28469	8760841	105780
浙 江	Zhejiang	286499	108303	28265404	98641	78625	29449	7529527	96369
安 徽	Anhui	149397	61241	12377040	83942	7724	2277	676146	88109
福 建	Fujian	196720	84311	18659049	93154	14249	7770	925508	63434
江 西	Jiangxi	222215	116501	12274790	60654	8930	4241	552371	62197
山 东	Shandong	206719	88390	15251062	72862	24935	7583	2279417	90846
河 南	Henan	310830	131950	18331104	58472	18937	7319	1274747	68642
湖 北	Hubei	107591	37226	8850231	84249	17484	8000	1262153	72969
湖 南	Hunan	158110	69644	10040255	66291	6291	1781	602117	98675
广 东	Guangdong	2349534	929183	226661565	93883	152554	70464	12564033	78710
广 西	Guangxi	64868	34970	3246772	51146	1888	889	101014	54426
海 南	Hainan	680	215	74520	113425				
重 庆	Chongqing	163434	72627	10738267	66388	13699	4838	1315073	97125
四 川	Sichuan	272057	113932	19776760	72058	12103	4188	1139848	94593
贵 州	Guizhou	29394	14479	1156087	49141	1386	391	86411	63584
云 南	Yunnan	17893	6729	1083859	66364	2444	852	210707	85410
西 藏	Tibet	10	2	825	82500				
陕 西	Shaanxi	65064	25097	5265703	84861	10251	4125	856560	81237
甘 肃	Gansu	17255	7207	905120	52150	499	182	18552	37939
青 海	Qinghai	878	123	70913	82649	435	201	32754	74781
宁 夏	Ningxia	5498	936	352744	66343	1315	372	99212	80139
新 疆	Xinjiang	4974	1006	304467	67211	135	30	8523	64568

3-2 续表 22 continued

地 区 Region	其他制造业 Other Manufacture 年末人数(人) Year-end Figures (person)	#女 性 Female	工资总额(千元) Total Wages (1000 yuan)	平均工资(元) Average Wage (yuan)	废弃资源综合利用业 Utilization of Waste Resources 年末人数(人) Year-end Figures (person)	#女 性 Female	工资总额(千元) Total Wages (1000 yuan)	平均工资(元) Average Wage (yuan)
全 国 National	**165881**	**80679**	**10917878**	**65441**	**78593**	**21449**	**5209523**	**68296**
北 京 Beijing	3805	1071	633524	166410	656	193	59791	95513
天 津 Tianjin	2359	1657	144271	57024	1616	294	128577	79762
河 北 Hebei	2202	1472	111663	48634	3291	685	208226	60566
山 西 Shanxi	255	61	10799	43024	858	174	48922	58033
内蒙古 Inner Mongolia	31	18	1335	43065	2305	423	151558	63281
辽 宁 Liaoning	6180	2881	356092	58156	2758	709	133211	47849
吉 林 Jilin	188	44	9646	53293	1175	342	58160	52681
黑龙江 Heilongjiang	593	212	26537	43935	194	24	10762	57860
上 海 Shanghai	7021	3743	633232	88083	2144	544	285281	128853
江 苏 Jiangsu	11357	5969	815286	69820	4619	1156	396354	86126
浙 江 Zhejiang	20755	10167	1273265	60396	5482	1739	470738	77975
安 徽 Anhui	7292	3155	442638	64412	7655	2108	327436	62179
福 建 Fujian	20085	12656	1121255	55026	1210	444	82587	69343
江 西 Jiangxi	4014	2342	187239	45657	4812	1177	341711	69922
山 东 Shandong	5455	2542	289839	62277	2573	517	159105	63770
河 南 Henan	4531	2853	207211	46753	5587	1682	231385	41986
湖 北 Hubei	916	382	58553	65349	6574	2178	452232	68272
湖 南 Hunan	1519	438	97147	64678	3742	1063	253891	70663
广 东 Guangdong	58017	25748	3695747	62402	8225	2435	585533	71459
广 西 Guangxi	1335	891	50122	38000	3442	1113	247417	75455
海 南 Hainan	30	7	2953	98433	36	10	1297	39303
重 庆 Chongqing	372	159	18592	50659	1452	478	89615	59743
四 川 Sichuan	4381	1108	541397	122627	2052	727	130552	67330
贵 州 Guizhou	985	464	29274	40322	59	23	2783	47983
云 南 Yunnan	178	66	9593	53893	1106	282	54243	47749
西 藏 Tibet	34	7	2483	73029	115	39	11040	101284
陕 西 Shaanxi	1775	514	132784	77245	2733	506	152809	58235
甘 肃 Gansu	177	39	13166	75234	1086	154	76926	71228
青 海 Qinghai	20	6	843	42150	46	12	895	19457
宁 夏 Ningxia	6	2	699	69900	527	132	27098	60084
新 疆 Xinjiang	13	5	693	53308	463	86	29388	69640

3-2 续表 23 continued

地 区 Region	金属制品、机械和设备修理业 Repair Service of Metal Products, Machinery and Equipment				电力、热力、燃气及水生产和供应业 Production and Supply of Electricity, Heat, Gas and Water			
	年末人数(人) Year-end Figures (person)	#女 性 Female	工资总额(千元) Total Wages (1000 yuan)	平均工资(元) Average Wage (yuan)	年末人数(人) Year-end Figures (person)	#女 性 Female	工资总额(千元) Total Wages (1000 yuan)	平均工资(元) Average Wage (yuan)
全 国 National	**151827**	**26761**	**17283892**	**114644**	**3731169**	**1001353**	**403011394**	**107733**
北 京 Beijing	15122	2489	2656907	177791	95549	27590	16615205	176707
天 津 Tianjin	2778	374	281549	106890	41725	11945	6505750	156392
河 北 Hebei	7293	1788	667263	87099	187187	51237	18813118	100405
山 西 Shanxi	5272	1743	321161	60619	158309	44684	13681682	87122
内蒙古 Inner Mongolia	2002	410	131178	68074	146253	39146	14654672	101391
辽 宁 Liaoning	6060	1046	396064	65443	157557	39358	12404332	78854
吉 林 Jilin	1021	222	45783	45195	103665	22371	9296678	89574
黑龙江 Heilongjiang	383	141	23508	60588	144566	34584	11598146	80297
上 海 Shanghai	30701	3194	4686352	153495	34752	9003	7135539	204287
江 苏 Jiangsu	5050	654	512539	99658	142893	36256	20434664	142745
浙 江 Zhejiang	5743	838	547555	103254	110641	26378	14340266	129352
安 徽 Anhui	5600	1109	613489	111280	104110	24633	11782565	113122
福 建 Fujian	7226	1552	1013524	141831	113779	29908	13646940	119694
江 西 Jiangxi	515	226	26762	52168	94250	28159	8035762	85041
山 东 Shandong	2901	597	187008	65987	279260	68268	29965004	107732
河 南 Henan	7122	1734	543155	74425	235358	68855	21032482	88544
湖 北 Hubei	8568	2011	633088	76349	146028	42283	16236161	103188
湖 南 Hunan	1846	399	181760	88147	151016	43782	14340191	94307
广 东 Guangdong	13674	2311	1587153	118400	257061	59765	36741783	142631
广 西 Guangxi	3125	565	333991	105095	100094	27738	10224929	101726
海 南 Hainan	2567	216	273972	113776	21938	5738	2173916	100756
重 庆 Chongqing	1912	311	145685	76798	61662	20133	5755785	92949
四 川 Sichuan	3099	661	308827	101957	209088	63276	22845924	108932
贵 州 Guizhou	832	160	60101	70790	94512	24817	10476496	110790
云 南 Yunnan	2015	205	283466	143454	120762	34975	12556769	102867
西 藏 Tibet	266	83	21505	81458	13795	4114	1401102	104040
陕 西 Shaanxi	3863	696	382622	101036	135027	41547	14268946	105701
甘 肃 Gansu	2286	406	170956	73121	113119	31460	9387784	83511
青 海 Qinghai	694	110	41504	64248	20809	5532	2123653	102656
宁 夏 Ningxia	500	146	52222	101996	34672	9329	4150448	120341
新 疆 Xinjiang	1791	364	153243	79814	101732	24489	10384702	103826

3-2 续表 24 continued

地区 Region	电力、热力生产和供应业 Production and Supply of Electric Power and Heat Power				燃气生产和供应业 Production and Supply of Gas			
	年末人数（人） Year-end Figures (person)	#女性 Female	工资总额（千元） Total Wages (1000 yuan)	平均工资（元） Average Wage (yuan)	年末人数（人） Year-end Figures (person)	#女性 Female	工资总额（千元） Total Wages (1000 yuan)	平均工资（元） Average Wage (yuan)
全　国 National	**2779150**	**669379**	**326798001**	**117050**	**301922**	**97830**	**26863116**	**89478**
北　京 Beijing	69453	19847	12932609	188560	11244	3185	1874070	170883
天　津 Tianjin	26935	7158	4834022	179323	6739	2060	719633	106739
河　北 Hebei	137431	32818	15537999	112945	18945	6040	1345687	71492
山　西 Shanxi	110051	27151	10998324	100592	23654	7841	1411599	60693
内蒙古 Inner Mongolia	119715	29474	12952308	109546	6468	2033	439983	69060
辽　宁 Liaoning	111454	24194	9514644	86232	17295	5876	1184590	68296
吉　林 Jilin	80834	15137	7991745	98894	5674	1595	365142	63514
黑龙江 Heilongjiang	116212	25106	10088848	86978	6318	2114	452072	71036
上　海 Shanghai	18695	3984	4574713	244402	6417	1771	1080838	168644
江　苏 Jiangsu	84166	16508	14907868	176640	17507	5453	1844894	105725
浙　江 Zhejiang	67434	13454	10112294	149204	10010	2719	1048233	106204
安　徽 Anhui	74190	14548	9580273	128679	10070	2927	796622	78803
福　建 Fujian	91325	22158	11776287	128763	4825	1335	497139	103077
江　西 Jiangxi	67125	17146	6063838	89738	6591	2345	550860	83628
山　东 Shandong	221594	47681	25407201	115254	20714	7167	1880775	91176
河　南 Henan	177199	44743	17590102	98014	20741	7713	1255160	60788
湖　北 Hubei	111438	28622	13687160	111591	8728	3271	691098	78374
湖　南 Hunan	115254	30715	11781397	101235	5965	1912	443179	74710
广　东 Guangdong	174370	35383	28232496	160781	18664	5262	2319905	125049
广　西 Guangxi	81137	21164	8862871	108584	4209	1319	304149	73007
海　南 Hainan	13652	3165	1649691	121650	1768	403	157507	89138
重　庆 Chongqing	39229	11541	3615192	91327	7832	2815	867671	111268
四　川 Sichuan	153220	42530	17986992	116519	22851	8258	2100438	92424
贵　州 Guizhou	76378	18547	9034509	118319	3685	1200	329146	87936
云　南 Yunnan	101354	27925	11088881	107744	6079	1947	505329	85187
西　藏 Tibet	12638	3633	1300356	105437	234	82	17275	83454
陕　西 Shaanxi	100991	29139	11805852	116638	15644	5029	1259155	81599
甘　肃 Gansu	97425	25515	8426671	87023	3069	1061	236495	79016
青　海 Qinghai	17493	4354	1856890	106485	610	240	52176	84019
宁　夏 Ningxia	29443	7331	3729156	127340	1734	683	119484	71121
新　疆 Xinjiang	81315	18708	8876812	111369	7638	2174	712812	92417

3-2 续表 25 continued

地 区 Region	水的生产和供应业 Production and Supply of Water				建筑业 Construction			
	年末人数（人） Year-end Figures (person)	#女 性 Female	工资总额（千元） Total Wages (1000 yuan)	平均工资（元） Average Wage (yuan)	年末人数（人） Year-end Figures (person)	#女 性 Female	工资总额（千元） Total Wages (1000 yuan)	平均工资（元） Average Wage (yuan)
全 国 National	**650097**	**234144**	**49350277**	**76080**	**22704989**	**2837798**	**1443171738**	**65580**
北 京 Beijing	14852	4558	1808526	124950	451159	90217	57187503	127711
天 津 Tianjin	8051	2727	952095	120518	250550	37000	22425545	90037
河 北 Hebei	30811	12379	1929432	62282	432055	65112	26716573	60547
山 西 Shanxi	24604	9692	1271759	52023	289929	49840	17248353	60309
内蒙古 Inner Mongolia	20070	7639	1262381	63344	129394	21698	7452138	54811
辽 宁 Liaoning	28808	9288	1705098	57558	323985	58406	20029539	59362
吉 林 Jilin	17157	5639	939791	54550	149271	26672	8596671	54213
黑龙江 Heilongjiang	22036	7364	1057226	47873	174291	34561	10062806	52767
上 海 Shanghai	9640	3248	1479988	150988	323785	48650	36400984	114798
江 苏 Jiangsu	41220	14295	3681902	89133	2700651	153064	174124996	69783
浙 江 Zhejiang	33197	10205	3179739	95726	2123613	193164	127288291	61899
安 徽 Anhui	19850	7158	1405670	71725	1110593	141761	67174311	63074
福 建 Fujian	17629	6415	1373514	77447	1636852	247640	100749757	64846
江 西 Jiangxi	20534	8668	1421064	69890	834108	116743	48273476	60087
山 东 Shandong	36952	13420	2677028	72212	1504759	176630	98138044	66282
河 南 Henan	37418	16399	2187220	58446	1530621	199282	80999218	54972
湖 北 Hubei	25862	10390	1857903	71811	1196865	149070	76768877	66459
湖 南 Hunan	29797	11155	2115615	71115	1050239	116850	55912103	56072
广 东 Guangdong	64027	19120	6189382	97544	1327743	185718	92673293	72193
广 西 Guangxi	14748	5255	1057909	71840	718537	64391	40346978	61181
海 南 Hainan	6518	2170	366718	58694	61500	7295	2922742	49564
重 庆 Chongqing	14601	5777	1272922	87540	786599	114530	47560797	62887
四 川 Sichuan	33017	12488	2758494	84539	1516530	230128	86783668	59331
贵 州 Guizhou	14449	5070	1112841	76949	433561	66598	30706747	72739
云 南 Yunnan	13329	5103	962559	72827	389169	67401	22422074	59815
西 藏 Tibet	923	399	83471	90044	42586	7205	2769904	63748
陕 西 Shaanxi	18392	7379	1203939	65628	586876	79932	36540138	64735
甘 肃 Gansu	12625	4884	724618	57564	345873	44266	18380998	54097
青 海 Qinghai	2706	938	214587	81654	45538	9326	3207562	69924
宁 夏 Ningxia	3495	1315	301808	85644	34102	5972	2271142	58762
新 疆 Xinjiang	12779	3607	795078	63096	203655	28676	21036510	67447

3-2 续表 26 continued

地 区 Region	房屋建筑业 Construction of Buildings 年末人数(人) Year-end Figures (person)	#女 性 Female	工资总额(千元) Total Wages (1000 yuan)	平均工资(元) Average Wage (yuan)	土木工程建筑业 Civil Engineering 年末人数(人) Year-end Figures (person)	#女 性 Female	工资总额(千元) Total Wages (1000 yuan)	平均工资(元) Average Wage (yuan)
全 国 National	**15316536**	**1742214**	**913588251**	**61892**	**4900424**	**745433**	**365092609**	**75713**
北 京 Beijing	183780	41045	25540210	140819	153093	29539	20199873	135140
天 津 Tianjin	74992	11273	5936376	76488	105022	16574	11058381	109707
河 北 Hebei	218216	28948	10489219	46526	153437	27303	12406826	79866
山 西 Shanxi	114823	19455	5544896	50562	143037	24318	9767580	68593
内蒙古 Inner Mongolia	71216	10543	3854541	51548	45682	8719	2689212	55005
辽 宁 Liaoning	122406	19547	6924382	52669	122036	24347	8591496	67449
吉 林 Jilin	68446	11430	4075823	51885	47406	8880	2645062	55632
黑龙江 Heilongjiang	79702	15622	3738680	43688	77747	15572	5523252	62843
上 海 Shanghai	144602	18103	15964498	114829	82632	13835	10908607	132182
江 苏 Jiangsu	2151406	92021	137684379	69892	301733	34983	20034735	69518
浙 江 Zhejiang	1603556	141551	94228500	60253	363566	36519	21552765	64088
安 徽 Anhui	655108	90324	37486757	60107	254607	30960	18115321	72967
福 建 Fujian	1215399	195508	75870011	65587	261406	31385	16472731	69292
江 西 Jiangxi	623748	86455	36012020	60334	169615	23453	9695911	58183
山 东 Shandong	1025528	108001	63901352	63295	310333	51108	24823060	79970
河 南 Henan	962525	108260	48964061	53071	392072	65279	22365606	58600
湖 北 Hubei	801372	84999	45832638	59875	279771	49204	23329640	84995
湖 南 Hunan	752512	79113	37681535	52825	220650	27590	14265388	67481
广 东 Guangdong	789421	100372	48048623	62767	276987	41346	24319069	91776
广 西 Guangxi	581830	42473	30285445	57467	111226	17600	8417592	78514
海 南 Hainan	47803	4237	2143659	47013	4319	912	322232	71528
重 庆 Chongqing	547403	82633	32209357	60883	157149	20559	10859600	69938
四 川 Sichuan	1150837	166326	59482652	54006	276007	48882	21075457	77356
贵 州 Guizhou	286884	39598	20699876	74870	106460	19618	7599456	71636
云 南 Yunnan	251345	41899	12377885	52283	107597	19119	8052591	74403
西 藏 Tibet	26357	4217	1517363	56468	11252	1700	970707	81292
陕 西 Shaanxi	348942	44933	18476479	55167	203154	29366	15685788	79920
甘 肃 Gansu	246008	29514	12954768	53474	69335	10204	3921282	55187
青 海 Qinghai	15004	3084	784549	50747	25759	5087	2140033	83847
宁 夏 Ningxia	19347	3359	1253214	52714	12715	2457	918788	71730
新 疆 Xinjiang	136018	17371	13624503	64793	54619	9015	6364568	72025

3-2 续表 27 continued

地 区 Region	建筑安装业 Building Installation				建筑装饰、装修和其他建筑业 Building Decoration and Other Constructions			
	年末人数（人）Year-end Figures (person)	#女 性 Female	工资总额（千元）Total Wages (1000 yuan)	平均工资（元）Average Wage (yuan)	年末人数（人）Year-end Figures (person)	#女 性 Female	工资总额（千元）Total Wages (1000 yuan)	平均工资（元）Average Wage (yuan)
全 国 National	**1173539**	**166848**	**84623786**	**74642**	**1314490**	**183303**	**79867092**	**61942**
北 京 Beijing	60397	11197	6529809	110035	53889	8436	4917611	85369
天 津 Tianjin	40616	6299	3514619	88628	29920	2854	1916169	61808
河 北 Hebei	33049	5706	2310356	68824	27353	3155	1510172	56161
山 西 Shanxi	18708	3742	993432	56615	13361	2325	942445	57508
内蒙古 Inner Mongolia	5936	1281	364754	62054	6560	1155	543631	84731
辽 宁 Liaoning	56007	10124	3210512	57990	23536	4388	1303149	56161
吉 林 Jilin	20637	3709	1224030	60131	12782	2653	651756	53802
黑龙江 Heilongjiang	12479	2400	570515	44422	4363	967	230359	52426
上 海 Shanghai	42006	8163	5225160	126772	54545	8549	4302719	79219
江 苏 Jiangsu	122192	10826	8475433	72780	125320	15234	7930449	65734
浙 江 Zhejiang	52003	5476	4582381	92836	104488	9618	6924645	64808
安 徽 Anhui	58658	7799	3684196	66399	142220	12678	7888037	57330
福 建 Fujian	28431	5145	2021069	71074	131616	15602	6385946	48848
江 西 Jiangxi	19682	2570	1489085	77307	21063	4265	1076460	52240
山 东 Shandong	118744	9855	6774139	60876	50154	7666	2639493	53482
河 南 Henan	78847	12656	4955198	64804	97177	13087	4714353	50849
湖 北 Hubei	64553	8270	4720145	72352	51169	6597	2886454	57797
湖 南 Hunan	43913	7124	2424425	58221	33164	3023	1540755	50062
广 东 Guangdong	93142	14358	8109918	89485	168193	29642	12195683	75020
广 西 Guangxi	13844	1590	863766	62819	11637	2728	780175	67794
海 南 Hainan	4649	833	241577	53036	4729	1313	215274	49924
重 庆 Chongqing	37154	4463	2110914	64635	44893	6875	2380926	60543
四 川 Sichuan	46984	8086	3559113	76497	42702	6834	2666446	63013
贵 州 Guizhou	23756	2118	1579343	66303	16461	5264	828072	52513
云 南 Yunnan	13883	2781	997484	73828	16344	3602	994114	60750
西 藏 Tibet	1536	408	107852	70308	3441	880	173982	56033
陕 西 Shaanxi	24359	3833	1912713	81437	10421	1800	465158	47533
甘 肃 Gansu	23519	3344	1076694	54858	7011	1204	428254	62684
青 海 Qinghai	3912	981	230782	57855	863	174	52198	57998
宁 夏 Ningxia	1863	115	89903	48231	177	41	9237	45502
新 疆 Xinjiang	8080	1596	674469	80486	4938	694	372970	76554

3-2 续表 28 continued

地 区 Region	批发和零售业 Wholesale and Retail Trades				批发业 Wholesale Trade			
	年末人数（人）Year-end Figures (person)	#女 性 Female	工资总额（千元）Total Wages (1000 yuan)	平均工资（元）Average Wage (yuan)	年末人数（人）Year-end Figures (person)	#女 性 Female	工资总额（千元）Total Wages (1000 yuan)	平均工资（元）Average Wage (yuan)
全 国 National	**8300475**	**4299287**	**740216799**	**89047**	**4105533**	**1801011**	**478140267**	**116163**
北 京 Beijing	596265	283245	92541222	150238	351812	154850	70505350	194903
天 津 Tianjin	199640	119842	17758004	87672	137503	85180	13347170	95994
河 北 Hebei	205701	112956	11587210	56341	75379	29361	5312815	69687
山 西 Shanxi	136106	59829	8111025	59115	77557	27201	5500576	70368
内蒙古 Inner Mongolia	82533	39842	5418596	66035	30739	10676	2673112	87859
辽 宁 Liaoning	188089	101891	11612957	61051	68666	27713	5532464	80008
吉 林 Jilin	104203	52079	5865631	56243	41302	16096	2921637	70610
黑龙江 Heilongjiang	111888	54700	6737081	60286	46295	16600	3586659	77441
上 海 Shanghai	989864	551952	156667741	157242	631568	321870	123300338	195269
江 苏 Jiangsu	604790	318652	53569716	88790	313364	138846	34264443	110122
浙 江 Zhejiang	396667	203980	37641567	94838	205862	91618	23486632	113959
安 徽 Anhui	269985	141747	16410234	62075	103968	39025	7994806	77238
福 建 Fujian	247294	127754	20481664	82363	113653	47783	12323899	103585
江 西 Jiangxi	159695	77475	9885149	62094	79856	28653	5652987	70503
山 东 Shandong	467200	251577	29998810	63856	190118	73523	15836125	83124
河 南 Henan	368204	185743	20303794	56584	144414	54909	9780915	68740
湖 北 Hubei	369327	193503	23849959	64448	164494	71125	13269402	80506
湖 南 Hunan	216982	116147	13329290	61756	69779	26207	6136514	87140
广 东 Guangdong	1147228	567474	98189331	85209	653105	297782	64202699	98028
广 西 Guangxi	129596	67809	8493522	65962	57309	25090	4748472	82087
海 南 Hainan	56217	28260	4051125	71902	24449	11075	2089878	85525
重 庆 Chongqing	222986	125632	16629186	74946	82819	39251	7419959	89894
四 川 Sichuan	281296	152003	20471349	72470	112233	46065	9997951	89061
贵 州 Guizhou	111028	50856	8703339	79656	52559	16792	5396129	103596
云 南 Yunnan	158138	76844	11579821	74293	72376	28510	7060819	100050
西 藏 Tibet	24100	8881	2110607	88566	12335	4386	1233762	101947
陕 西 Shaanxi	226534	120201	13416265	59383	77746	29471	6190719	79338
甘 肃 Gansu	78385	42101	4257035	55159	28076	11236	1815609	64732
青 海 Qinghai	23679	12144	1684479	70163	12631	5685	1108105	87074
宁 夏 Ningxia	23334	14078	1330213	57625	8354	3521	631763	77223
新 疆 Xinjiang	103521	40090	7530877	76349	65212	20911	4818558	79685

3-2 续表 29 continued

地 区 Region	零售业 Retail Trade 年末人数(人) Year-end Figures (person)	#女性 Female	工资总额(千元) Total Wages (1000 yuan)	平均工资(元) Average Wage (yuan)	交通运输、仓储和邮政业 Transport, Storage and Post 年末人数(人) Year-end Figures (person)	#女性 Female	工资总额(千元) Total Wages (1000 yuan)	平均工资(元) Average Wage (yuan)
全 国 National	**4194942**	**2498276**	**262076532**	**62451**	**8154941**	**2114042**	**791385911**	**97050**
北 京 Beijing	244453	128395	22035872	86681	589525	148209	74231050	123277
天 津 Tianjin	62137	34662	4410834	69453	149341	37280	15507670	103289
河 北 Hebei	130322	83595	6274395	48479	274703	66140	23879142	87130
山 西 Shanxi	58549	32628	2610449	44216	210564	50454	19685095	93627
内蒙古 Inner Mongolia	51794	29166	2745484	53175	199034	46861	18349769	91513
辽 宁 Liaoning	119423	74178	6080493	50224	329225	74989	28627081	85944
吉 林 Jilin	62901	35983	2943994	46795	163199	35261	12509879	77879
黑龙江 Heilongjiang	65593	38100	3150422	48144	257628	54174	21654718	83090
上 海 Shanghai	358296	230082	33367403	91441	504331	145586	67723292	134369
江 苏 Jiangsu	291426	179806	19305273	66073	483382	121197	47637308	98468
浙 江 Zhejiang	190805	112362	14154935	74184	312307	81972	30271068	96986
安 徽 Anhui	166017	102722	8415428	52317	237028	60768	19144000	80896
福 建 Fujian	133641	79971	8157765	62897	228697	57620	20534882	90085
江 西 Jiangxi	79839	48822	4232162	53562	183204	47186	16085834	87032
山 东 Shandong	277082	178054	14162685	50712	446500	114590	40593220	90940
河 南 Henan	223790	130834	10522879	48597	411917	117845	31038494	75865
湖 北 Hubei	204833	122378	10580557	51552	309869	81412	26473051	86428
湖 南 Hunan	147203	89940	7192776	49463	259488	69681	21991846	85170
广 东 Guangdong	494123	269692	33986632	68329	825844	216014	89011585	107503
广 西 Guangxi	72287	42719	3745050	52810	190555	49303	17024886	89805
海 南 Hainan	31768	17185	1961247	61470	72898	18413	7039588	97580
重 庆 Chongqing	140167	86381	9209227	66092	214978	60054	19042315	89459
四 川 Sichuan	169063	105938	10473398	61528	319899	93515	31162406	98084
贵 州 Guizhou	58469	34064	3307210	57845	131662	36932	11879680	91525
云 南 Yunnan	85762	48334	4519002	52981	162998	47964	16404649	100869
西 藏 Tibet	11765	4495	876845	74759	26178	8973	2793047	108836
陕 西 Shaanxi	148788	90730	7225546	48855	271497	73027	24232148	89883
甘 肃 Gansu	50309	30865	2441426	49694	131580	32498	11087461	84638
青 海 Qinghai	11048	6459	576374	51088	51946	14537	5053372	99865
宁 夏 Ningxia	14980	10557	698450	46866	38387	10567	3321587	87961
新 疆 Xinjiang	38309	19179	2712319	71065	166577	41020	17395788	104646

3–2 续表 30 continued

地 区	Region	铁路运输业 Railway Transport 年末人数(人) Year-end Figures (person)	#女 性 Female	工资总额(千元) Total Wages (1000 yuan)	平均工资(元) Average Wage (yuan)	道路运输业 Road Transport 年末人数(人) Year-end Figures (person)	#女 性 Female	工资总额(千元) Total Wages (1000 yuan)	平均工资(元) Average Wage (yuan)
全 国	**National**	**1915824**	**293135**	**232819461**	**120984**	**3647405**	**943620**	**262962897**	**72119**
北 京	Beijing	103262	13964	13864795	133116	262211	56072	23626375	87321
天 津	Tianjin	28282	3674	3664198	127490	58793	13743	4551050	77733
河 北	Hebei	88090	7806	10704638	120189	117971	34924	6964094	59193
山 西	Shanxi	102588	11926	13724587	134306	75783	24388	3724421	49238
内蒙古	Inner Mongolia	108116	15534	11969203	109669	57632	19371	3407793	58996
辽 宁	Liaoning	112596	11533	12894862	112279	115587	33207	6090197	52460
吉 林	Jilin	62565	5682	6787329	106916	61878	18096	2931386	50053
黑龙江	Heilongjiang	137316	16058	13937809	99582	60614	16921	3171115	51452
上 海	Shanghai	33685	5288	5510483	161593	179731	29564	17607230	96692
江 苏	Jiangsu	63962	11889	8967267	138288	233644	57705	19038598	81455
浙 江	Zhejiang	3996	819	448228	125836	202173	50333	17209652	85796
安 徽	Anhui	47294	6035	6250699	129887	132343	35837	8196515	62493
福 建	Fujian	33462	6316	3965293	116905	96020	19733	6797665	71514
江 西	Jiangxi	56340	8683	6877751	118476	89676	23765	6207077	69342
山 东	Shandong	88039	12863	10877219	121928	203676	56694	13260526	65629
河 南	Henan	110841	16988	13051422	117026	229495	71560	12279427	54155
湖 北	Hubei	78615	13411	9758841	128455	159683	42635	10081794	62919
湖 南	Hunan	77840	12057	9339307	120738	129511	38789	8288642	63764
广 东	Guangdong	72094	14206	10132775	140435	388267	84428	34033430	87785
广 西	Guangxi	66436	10573	7718161	116110	66832	20637	4500890	67483
海 南	Hainan	6485	1152	877309	135933	19442	4190	1157132	58598
重 庆	Chongqing	27194	5634	3110433	113205	123672	28841	9038706	73881
四 川	Sichuan	70829	14662	8390324	117041	166837	46841	11411490	69153
贵 州	Guizhou	33450	6282	3839407	114561	59640	17836	4259416	71360
云 南	Yunnan	39036	7396	5086862	131525	75190	22237	5560772	73327
西 藏	Tibet	708	163	128065	197327	15372	5394	1361650	89055
陕 西	Shaanxi	97418	18268	11652182	120365	111013	30055	7118308	64586
甘 肃	Gansu	64837	13092	6928025	107097	44324	11548	2583484	58544
青 海	Qinghai	23341	5010	2844432	125826	19558	6060	1370552	70462
宁 夏	Ningxia	19741	4374	1976156	103410	11089	3354	723922	64521
新 疆	Xinjiang	57366	11797	7541399	135044	79748	18862	6409588	78860

3-2 续表 31 continued

地区 Region	水上运输业 Water Transport				航空运输业 Air Transport			
	年末人数（人） Year-end Figures (person)	#女性 Female	工资总额（千元） Total Wages (1000 yuan)	平均工资（元） Average Wage (yuan)	年末人数（人） Year-end Figures (person)	#女性 Female	工资总额（千元） Total Wages (1000 yuan)	平均工资（元） Average Wage (yuan)
全　国 National	**319477**	**56261**	**39893471**	**123872**	**623543**	**237285**	**101983189**	**166908**
北　京 Beijing	278	44	58278	202354	80757	35019	17088065	216143
天　津 Tianjin	10860	2128	1842510	173347	8896	3273	1355710	154691
河　北 Hebei	18039	3300	2292502	128051	5716	2501	678679	123914
山　西 Shanxi	30	7	789	26300	5051	1892	474575	94405
内蒙古 Inner Mongolia	2	1	165	82500	7407	2384	1147666	160087
辽　宁 Liaoning	28394	4953	3080864	105872	18345	8321	2292288	127626
吉　林 Jilin	36	7	2622	72833	3773	1064	422529	110871
黑龙江 Heilongjiang	648	117	33048	50225	10855	3384	1211177	111117
上　海 Shanghai	31571	4762	7228235	229913	82811	33506	16635279	207770
江　苏 Jiangsu	51663	9669	5089306	98041	16798	5605	3315289	200162
浙　江 Zhejiang	28954	4845	3956174	134982	10806	3278	1727455	161158
安　徽 Anhui	8420	1593	564813	67120	3995	1472	464283	117154
福　建 Fujian	14619	2438	1728865	117331	27767	9524	3172408	118542
江　西 Jiangxi	3358	805	239805	71032	4732	1602	536196	114793
山　东 Shandong	38377	5865	4063861	104167	19734	7328	3788867	200300
河　南 Henan	2097	444	121189	59290	9368	3483	1408068	150579
湖　北 Hubei	13201	2654	1211016	91102	7983	3222	1182036	150310
湖　南 Hunan	3233	700	257044	78511	6718	2513	732679	110293
广　东 Guangdong	41430	7234	5944801	141176	127911	50267	20032824	157450
广　西 Guangxi	4385	1200	332352	74736	8631	2589	985783	113087
海　南 Hainan	6083	1057	722105	114784	24943	7733	3009805	124821
重　庆 Chongqing	12140	2041	1016362	84220	15112	6083	2043298	136941
四　川 Sichuan	716	136	56823	79141	35845	13388	7012013	202379
贵　州 Guizhou	193	60	8415	39882	15109	5053	2136663	145957
云　南 Yunnan	245	69	14508	59459	26144	10072	4248076	166840
西　藏 Tibet					7207	2501	1012391	147643
陕　西 Shaanxi	21	8	1256	59810	12497	4117	1573940	127023
甘　肃 Gansu	183	52	11080	60879	3826	1357	381076	99472
青　海 Qinghai	9	3	1467	146700	2473	804	285898	115701
宁　夏 Ningxia	186	53	8297	42768	2800	889	277921	102896
新　疆 Xinjiang	106	16	4919	46406	9533	3061	1350252	144489

3-2 续表 32 continued

地 区 Region	管道运输业 Transport Via Pipelines				多式联运和运输代理业 Intermodality and Forwarding Agency			
	年末人数（人）Year-end Figures (person)	#女 性 Female	工资总额（千元）Total Wages (1000 yuan)	平均工资（元）Average Wage (yuan)	年末人数（人）Year-end Figures (person)	#女 性 Female	工资总额（千元）Total Wages (1000 yuan)	平均工资（元）Average Wage (yuan)
全 国 National	**26514**	**5888**	**4082673**	**154770**	**319437**	**135579**	**34758882**	**107787**
北 京 Beijing	4522	619	919020	207407	28773	12843	4026709	140720
天 津 Tianjin	608	142	110338	182377	13624	5394	1383805	100450
河 北 Hebei	113	14	6995	61903	2052	825	174727	86115
山 西 Shanxi	259	91	13603	52521	2168	525	121947	52928
内蒙古 Inner Mongolia	185	70	19212	105560	659	208	45674	64330
辽 宁 Liaoning	757	140	78822	104262	12158	4049	1185616	94577
吉 林 Jilin	172	32	17762	102671	1741	273	111403	61925
黑龙江 Heilongjiang	579	99	73915	123604	264	116	22744	88498
上 海 Shanghai	944	146	178831	193960	100470	53162	12808530	127548
江 苏 Jiangsu	7545	2053	1093045	144392	20493	6965	1875408	94427
浙 江 Zhejiang	77	16	13565	178487	12907	5272	1394878	105785
安 徽 Anhui	27	4	1598	59185	5984	1229	523138	84884
福 建 Fujian	33	8	2299	69667	10074	3338	1066429	103678
江 西 Jiangxi	245	50	37190	147579	898	434	60840	69931
山 东 Shandong	2787	629	359264	127489	17391	6763	1707454	98794
河 南 Henan	526	212	30498	64478	4033	1449	266208	63323
湖 北 Hubei	806	247	120585	149239	3238	1199	260152	83089
湖 南 Hunan	394	128	27554	69934	1999	639	142374	70974
广 东 Guangdong	524	52	79150	163196	59252	24272	5859189	95009
广 西 Guangxi					1664	545	155655	95377
海 南 Hainan	28	4	2726	97357	1907	649	183385	94285
重 庆 Chongqing	72	14	9233	126479	2873	1107	239549	84497
四 川 Sichuan	140	42	26497	197739	3777	1152	372004	97999
贵 州 Guizhou	141	14	22396	158837	300	152	25364	84547
云 南 Yunnan	288	55	30893	107267	2415	634	151430	59548
西 藏 Tibet					53	12	4045	76321
陕 西 Shaanxi	721	202	78058	115641	5492	1532	362676	65323
甘 肃 Gansu	256	63	38100	145420	645	160	57602	89167
青 海 Qinghai					430	159	22831	73648
宁 夏 Ningxia					156	24	7896	49660
新 疆 Xinjiang	3765	742	691524	181836	1547	498	139220	87067

3-2 续表 33 continued

地 区 Region	装卸搬运和仓储业 Loading, Unloading and Storage 年末人数(人) Year-end Figures (person)	#女 性 Female	工资总额(千元) Total Wages (1000 yuan)	平均工资(元) Average Wage (yuan)	邮政业 Post 年末人数(人) Year-end Figures (person)	#女 性 Female	工资总额(千元) Total Wages (1000 yuan)	平均工资(元) Average Wage (yuan)
全 国 National	**468481**	**120102**	**35771362**	**75957**	**834260**	**322172**	**79113976**	**95215**
北 京 Beijing	13333	4479	1442413	105447	96389	25169	13205395	130292
天 津 Tianjin	14915	3896	1423527	87629	13363	5030	1176532	91687
河 北 Hebei	13128	3933	913970	66757	29594	12837	2143537	76190
山 西 Shanxi	8708	2558	424437	47992	15977	9067	1200736	75253
内蒙古 Inner Mongolia	8574	2217	522848	59870	16459	7076	1237208	73565
辽 宁 Liaoning	25338	4547	1812439	70564	16050	8239	1191993	73973
吉 林 Jilin	12702	2600	713533	56643	20332	7507	1523315	75535
黑龙江 Heilongjiang	20141	4375	1058344	53304	27211	13104	2146566	80233
上 海 Shanghai	41833	11022	4572222	106875	33286	8136	3182482	98884
江 苏 Jiangsu	45658	12012	3639235	80078	43619	15299	4619160	105323
浙 江 Zhejiang	19957	5263	1953440	96195	33437	12146	3567676	103802
安 徽 Anhui	15828	4167	890459	56880	23137	10431	2252495	97321
福 建 Fujian	14760	3301	1206241	81968	31962	12962	2595682	80003
江 西 Jiangxi	8605	2371	526446	61407	19350	9476	1600529	81999
山 东 Shandong	33728	6588	2553032	75915	42768	17860	3982997	91660
河 南 Henan	26579	8305	1414888	54134	28978	15404	2466794	86101
湖 北 Hubei	13678	3918	860395	62688	32665	14126	2998232	95864
湖 南 Hunan	12864	2624	750127	59881	26929	12231	2454119	94295
广 东 Guangdong	48195	13090	4329009	88981	88171	22465	8600407	97735
广 西 Guangxi	13877	3498	1107691	79793	28730	10261	2224354	80220
海 南 Hainan	3547	486	243415	68703	10463	3142	843711	84194
重 庆 Chongqing	6126	1537	462314	75951	27789	14797	3122420	115393
四 川 Sichuan	12734	3159	894415	69909	29021	14135	2998840	103716
贵 州 Guizhou	4887	1532	304437	65232	17942	6003	1283582	77157
云 南 Yunnan	7299	1708	393814	53859	12381	5793	918294	74816
西 藏 Tibet	636	198	41621	65648	2202	705	245275	112511
陕 西 Shaanxi	11812	4147	651965	56437	32523	14698	2793763	86273
甘 肃 Gansu	3780	1018	258193	69146	13729	5208	829901	61361
青 海 Qinghai	892	268	69665	76555	5243	2233	458527	94659
宁 夏 Ningxia	1092	335	74694	67050	3323	1538	252701	77421
新 疆 Xinjiang	3275	950	262133	81005	11237	5094	996753	90417

3-2 续表 34 continued

地区 Region	住宿和餐饮业 Hotels and Catering Services 年末人数(人) Year-end Figures (person)	#女性 Female	工资总额(千元) Total Wages (1000 yuan)	平均工资(元) Average Wage (yuan)	住宿业 Hotels 年末人数(人) Year-end Figures (person)	#女性 Female	工资总额(千元) Total Wages (1000 yuan)	平均工资(元) Average Wage (yuan)
全国 National	**2652268**	**1512878**	**133049940**	**50346**	**1172581**	**651982**	**66717541**	**56484**
北京 Beijing	304980	162650	18804082	60870	96761	45890	8120526	82141
天津 Tianjin	63306	35055	2404300	37875	11587	6149	730273	61762
河北 Hebei	44919	25795	2126483	46577	30816	17625	1525597	48058
山西 Shanxi	35494	21018	1257999	35024	20208	11529	791152	38585
内蒙古 Inner Mongolia	28506	16483	1259524	44381	14297	8684	651707	45734
辽宁 Liaoning	50737	29582	2121666	40960	25034	14021	1186289	46743
吉林 Jilin	23217	13066	978045	42157	16071	9505	690723	43041
黑龙江 Heilongjiang	14195	8142	577196	40192	11696	6573	496499	41984
上海 Shanghai	299079	164515	17994658	60022	62361	29090	5630881	89024
江苏 Jiangsu	191693	113009	9924770	51977	68573	38339	4217385	60894
浙江 Zhejiang	145986	80858	7946642	54896	79166	41640	4874324	61400
安徽 Anhui	57873	34524	2600287	45613	30427	18508	1449969	47315
福建 Fujian	91868	52353	4253587	46387	51317	28562	2879216	55893
江西 Jiangxi	35608	22984	1553568	44047	25361	16358	1138528	44983
山东 Shandong	116374	64815	5588975	48369	63718	35079	3251464	51385
河南 Henan	77918	46468	3309517	43111	51907	30793	2242821	43604
湖北 Hubei	88370	54299	4253649	48571	33764	19814	1638660	48544
湖南 Hunan	62874	39504	2494567	39842	36340	23062	1644275	45133
广东 Guangdong	406078	221303	20501169	50378	144185	75400	8686596	59598
广西 Guangxi	43678	27162	1795419	40913	26216	15986	1271524	48026
海南 Hainan	55370	26409	3131481	55411	50924	24187	2930426	56341
重庆 Chongqing	44703	28191	2170263	48759	20504	12304	1104210	54117
四川 Sichuan	125106	76588	5321644	47076	46608	29161	2303457	49293
贵州 Guizhou	27911	17065	1254279	45082	20121	12419	912198	45212
云南 Yunnan	54402	32228	2372726	43571	38540	23048	1795452	46399
西藏 Tibet	5881	3275	395354	66964	5095	2853	344266	67017
陕西 Shaanxi	92580	57120	3790008	41146	46942	28780	2095521	44753
甘肃 Gansu	28030	17458	1128859	40319	17782	11037	770584	43391
青海 Qinghai	5752	3516	265701	45724	4397	2656	204382	45774
宁夏 Ningxia	4632	2776	207857	44066	3360	1947	160245	46773
新疆 Xinjiang	25148	14667	1265665	50008	18503	10983	978391	52579

3-2 续表 35 continued

地 区	Region	餐饮业 Catering Services 年末人数(人) Year-end Figures (person)	#女 性 Female	工资总额(千元) Total Wages (1000 yuan)	平均工资(元) Average Wage (yuan)	信息传输、软件和信息技术服务业 Information Transmission, Software and Information Technology 年末人数(人) Year-end Figures (person)	#女 性 Female	工资总额(千元) Total Wages (1000 yuan)	平均工资(元) Average Wage (yuan)
全 国	**National**	**1479687**	**860896**	**66332399**	**45385**	**4552578**	**1772737**	**728112332**	**161352**
北 京	Beijing	208219	116760	10683556	50860	859131	324154	201061663	234121
天 津	Tianjin	51719	28906	1674027	32407	65728	25899	9695485	144510
河 北	Hebei	14103	8170	600886	43198	101197	43881	9283172	94052
山 西	Shanxi	15286	9489	466847	30287	52343	23001	4434204	84761
内蒙古	Inner Mongolia	14209	7799	607817	43016	46988	22411	4303020	91272
辽 宁	Liaoning	25703	15561	935377	35404	136899	66110	14455507	106814
吉 林	Jilin	7146	3561	287322	40174	56054	22743	4648551	82785
黑龙江	Heilongjiang	2499	1569	80697	31833	88156	35154	6306568	71471
上 海	Shanghai	236718	135425	12363777	52267	417680	149180	96867534	237405
江 苏	Jiangsu	123120	74670	5707385	46902	324252	122212	47590994	147409
浙 江	Zhejiang	66820	39218	3072318	46998	243579	93402	53547561	223499
安 徽	Anhui	27446	16016	1150318	43635	92564	37377	8459761	91580
福 建	Fujian	40551	23791	1374371	34201	107821	39694	13398530	124370
江 西	Jiangxi	10247	6626	415040	41666	54661	21972	4886972	88865
山 东	Shandong	52656	29736	2337511	44719	173099	76296	17406742	101077
河 南	Henan	26011	15675	1066696	42110	166283	60072	12417714	79992
湖 北	Hubei	54606	34485	2614989	48588	180833	71799	18824860	104540
湖 南	Hunan	26534	16442	850292	32480	81410	32755	7759810	95989
广 东	Guangdong	261893	145903	11814573	45233	662368	250743	115069876	175333
广 西	Guangxi	17462	11176	523895	30095	45243	18798	4845063	107824
海 南	Hainan	4446	2222	201055	44659	21825	6450	2464771	113936
重 庆	Chongqing	24199	15887	1066053	44224	47360	17168	6181220	131356
四 川	Sichuan	78498	47427	3018187	45514	200094	77356	24678619	125696
贵 州	Guizhou	7790	4646	342081	44740	39940	16164	4197813	104948
云 南	Yunnan	15862	9180	577274	36629	53321	21719	4899958	92629
西 藏	Tibet	786	422	51088	66608	8862	3703	1150783	130430
陕 西	Shaanxi	45638	28340	1694487	37416	133833	52096	20542997	152088
甘 肃	Gansu	10248	6421	358275	34991	37413	16721	3052286	80909
青 海	Qinghai	1355	860	61319	45556	9480	4525	1038171	107050
宁 夏	Ningxia	1272	829	47612	36880	7947	3433	850896	104328
新 疆	Xinjiang	6645	3684	287274	42870	36214	15749	3791231	104606

3-2 续表 36 continued

地 区 Region	电信、广播电视和卫星传输服务 Telecommunication, Radio and Television and Satellite Transmission Service				互联网和相关服务 Internet and Related Service			
	年末人数(人) Year-end Figures (person)	#女 性 Female	工资总额(千元) Total Wages (1000 yuan)	平均工资(元) Average Wage (yuan)	年末人数(人) Year-end Figures (person)	#女 性 Female	工资总额(千元) Total Wages (1000 yuan)	平均工资(元) Average Wage (yuan)
全 国 National	**1583306**	**665804**	**191597330**	**120756**	**583455**	**246609**	**120941628**	**209195**
北 京 Beijing	84089	32952	22329190	271338	151424	65034	39557046	252433
天 津 Tianjin	16603	6886	2234874	132846	8674	4470	1172226	130508
河 北 Hebei	69397	29692	7247160	104088	4276	1903	355339	90532
山 西 Shanxi	40817	19361	3661425	89440	2272	1207	148026	69528
内蒙古 Inner Mongolia	40449	19250	3793559	93793	1107	446	68866	65400
辽 宁 Liaoning	53003	23300	4994752	94487	3696	1816	324268	85087
吉 林 Jilin	41874	17219	3651161	86635	1385	548	96189	74335
黑龙江 Heilongjiang	76609	30234	5330529	69641	1196	637	60078	50699
上 海 Shanghai	40360	15527	7693675	191595	95270	32666	27338862	293695
江 苏 Jiangsu	130241	56384	19463900	149454	48807	18193	5601444	119727
浙 江 Zhejiang	61643	26027	9426437	152110	31190	13565	9333939	303602
安 徽 Anhui	49320	19797	4567029	92521	5712	2892	435634	77419
福 建 Fujian	51519	20674	5650328	108610	9098	3705	1145005	118801
江 西 Jiangxi	38922	15554	3639847	92277	2280	939	208776	86954
山 东 Shandong	63844	27334	7031610	109146	19389	10067	1847537	97085
河 南 Henan	80778	36006	7497432	91808	20559	10668	1656314	91343
湖 北 Hubei	60290	24230	5497127	90835	44497	21646	4076742	92015
湖 南 Hunan	55497	22539	5358765	96391	10704	5481	733681	68415
广 东 Guangdong	134652	52576	19582809	144599	90619	39962	23163256	263356
广 西 Guangxi	38420	16116	4266319	111617	1084	476	115454	106116
海 南 Hainan	9039	3301	1085582	120286	6785	1167	414993	63649
重 庆 Chongqing	23395	9646	2959688	127304	3624	1266	689957	192242
四 川 Sichuan	114558	47515	13032719	113680	9119	3346	1390295	153201
贵 州 Guizhou	28663	11941	3139032	109473	1929	734	190233	98977
云 南 Yunnan	36596	15305	3580572	97798	2698	1106	228890	89340
西 藏 Tibet	7722	3304	1028013	133804	171	85	16423	98934
陕 西 Shaanxi	61192	28448	6702471	108780	4311	1964	452574	109265
甘 肃 Gansu	32987	15386	2603673	78153	516	211	34424	63513
青 海 Qinghai	7706	3824	812673	102805	101	56	9141	77466
宁 夏 Ningxia	6397	2981	717115	109216	85	37	5877	69964
新 疆 Xinjiang	26724	12495	3017864	113275	877	316	70139	86485

3-2 续表 37 continued

地 区 Region	软件和信息技术服务业 Software and Information Technology				金融业 Financial Intermediation			
	年末人数(人) Year-end Figures (person)	#女 性 Female	工资总额(千元) Total Wages (1000 yuan)	平均工资(元) Average Wage (yuan)	年末人数(人) Year-end Figures (person)	#女 性 Female	工资总额(千元) Total Wages (1000 yuan)	平均工资(元) Average Wage (yuan)
全 国 National	**2385817**	**860324**	**415573374**	**177006**	**8260620**	**4611179**	**1071131424**	**131405**
北 京 Beijing	623618	226168	139175427	224550	644776	356496	159912323	256979
天 津 Tianjin	40451	14543	6288385	152309	198017	114136	26133562	138234
河 北 Hebei	27524	12286	1680673	66818	370462	199697	30639614	86168
山 西 Shanxi	9254	2433	624753	67555	299985	180715	24149623	80289
内蒙古 Inner Mongolia	5432	2715	440595	78037	206547	124952	17788020	88020
辽 宁 Liaoning	80200	40994	9136487	116152	335277	170496	30350940	90944
吉 林 Jilin	12795	4976	901201	70883	174926	101999	15581350	88059
黑龙江 Heilongjiang	10351	4283	915961	87135	234283	118426	16874117	69860
上 海 Shanghai	282050	100987	61834997	225031	378824	191813	96843271	258161
江 苏 Jiangsu	145204	47635	22525650	154463	388932	214247	62464326	162687
浙 江 Zhejiang	150746	53810	34787185	236852	475622	283322	69661489	151017
安 徽 Anhui	37532	14688	3457098	92468	232291	126874	20383875	89847
福 建 Fujian	47204	15315	6603197	143333	251568	145396	28791098	116732
江 西 Jiangxi	13459	5479	1038349	78980	202209	113321	19156800	95100
山 东 Shandong	89866	38895	8527595	96076	556364	316283	53366408	95721
河 南 Henan	64946	13398	3263968	58875	295124	161936	35916973	124240
湖 北 Hubei	76046	25923	9250991	122935	202045	95938	20423247	102798
湖 南 Hunan	15209	4735	1667364	114809	356776	213046	32015473	91162
广 东 Guangdong	437097	158205	72323811	167064	843755	460278	137370431	163491
广 西 Guangxi	5739	2206	463290	82377	195976	112995	19605429	103138
海 南 Hainan	6001	1982	964196	158376	51360	27903	6535176	131952
重 庆 Chongqing	20341	6256	2531575	125208	206355	121098	26087704	127222
四 川 Sichuan	76417	26495	10255605	141231	326992	197841	31717929	94818
贵 州 Guizhou	9348	3489	868548	92369	145226	73762	18595244	132008
云 南 Yunnan	14027	5308	1090496	79453	118991	62737	16324687	137161
西 藏 Tibet	969	314	106347	109186	13704	6322	2893556	211502
陕 西 Shaanxi	68330	21684	13387952	193144	277888	162235	25150068	92560
甘 肃 Gansu	3910	1124	414189	107081	95629	50922	7512632	78914
青 海 Qinghai	1673	645	216357	129168	28961	15635	3320399	117992
宁 夏 Ningxia	1465	415	127904	84930	39427	22034	3738127	95062
新 疆 Xinjiang	8613	2938	703228	80003	112328	68324	11827533	107334

3-2 续表 38 continued

地 区 Region	货币金融服务 Monetary and Financial Service				资本市场服务 Capital Market Service			
	年末人数（人）Year-end Figures (person)	#女 性 Female	工资总额（千元）Total Wages (1000 yuan)	平均工资（元）Average Wage (yuan)	年末人数（人）Year-end Figures (person)	#女 性 Female	工资总额（千元）Total Wages (1000 yuan)	平均工资（元）Average Wage (yuan)
全 国 National	**3638441**	**1843065**	**654971573**	**180722**	**295654**	**132253**	**84953923**	**287095**
北 京 Beijing	217299	116675	77768160	362755	73401	35250	26188985	351601
天 津 Tianjin	115138	59725	18449568	159629	2649	1236	656499	247549
河 北 Hebei	154870	75194	20668844	133929	2942	1259	456195	155168
山 西 Shanxi	121618	61935	14802680	121361	4059	1748	621380	157113
内蒙古 Inner Mongolia	94197	49335	12614530	133222	497	209	42998	86865
辽 宁 Liaoning	164091	79365	20969227	127732	2283	894	368061	161007
吉 林 Jilin	90641	46691	10917198	120239	1890	901	275984	144192
黑龙江 Heilongjiang	86498	38809	9634795	110797	238	94	20821	86754
上 海 Shanghai	163660	95282	47920665	293837	78754	34537	22633749	288155
江 苏 Jiangsu	211833	109702	45584211	216785	9900	4392	2292913	230954
浙 江 Zhejiang	235835	131436	47329092	203149	11327	4947	2833810	249565
安 徽 Anhui	104090	47848	14183910	136524	2053	811	256879	128055
福 建 Fujian	108191	54775	19135522	177607	3638	1679	858905	237201
江 西 Jiangxi	98128	48721	13160377	134523	2719	1106	345564	127750
山 东 Shandong	242260	114628	35681560	147082	4885	2239	840937	174758
河 南 Henan	161435	78953	24578546	152996	1440	558	301048	210818
湖 北 Hubei	88343	40567	11801677	134322	6467	2881	1054850	164256
湖 南 Hunan	116111	59242	17422687	149667	11269	5392	2517032	221122
广 东 Guangdong	335251	168224	77846351	233088	55878	23796	17246537	312064
广 西 Guangxi	96460	47710	14053260	147871	974	428	176878	177767
海 南 Hainan	21763	10990	3704380	173882	581	217	177182	314710
重 庆 Chongqing	82101	43353	16199624	198435	4330	1394	1043437	234691
四 川 Sichuan	115711	59740	18647614	161735	990	368	144660	142522
贵 州 Guizhou	71137	33710	12787289	180811	2730	1270	1153571	434326
云 南 Yunnan	74810	37945	12942393	174280	2020	966	391985	199281
西 藏 Tibet	9795	4477	2300397	235263	1711	845	332814	195084
陕 西 Shaanxi	98560	48720	14425773	146563	5381	2573	1637209	299526
甘 肃 Gansu	55758	25126	5176101	93033	164	62	9410	51141
青 海 Qinghai	20519	10653	2790178	136787	78	30	11247	140588
宁 夏 Ningxia	22364	11786	2797160	125783	221	96	32337	150405
新 疆 Xinjiang	59974	31748	8677804	146350	185	75	30046	170716

3-2 续表 39 continued

地区 Region	保险业 Insurance 年末人数（人） Year-end Figures (person)	#女性 Female	工资总额（千元） Total Wages (1000 yuan)	平均工资（元） Average Wage (yuan)	其他金融业 Other Financial Activities 年末人数（人） Year-end Figures (person)	#女性 Female	工资总额（千元） Total Wages (1000 yuan)	平均工资（元） Average Wage (yuan)
全 国 National	**4205886**	**2584572**	**294115254**	**71528**	**120639**	**51289**	**37090674**	**310673**
北 京 Beijing	316940	188958	40162682	135490	37136	15613	15792496	426997
天 津 Tianjin	78085	52166	6453820	93872	2145	1009	573675	276870
河 北 Hebei	212431	123164	9490278	47908	219	80	24297	110441
山 西 Shanxi	166466	113422	6975810	41767	7842	3610	1749753	223183
内蒙古 Inner Mongolia	111269	75161	5070534	47686	584	247	59958	104094
辽 宁 Liaoning	167919	89794	8894735	53494	984	443	118917	118090
吉 林 Jilin	81688	54092	4318971	51712	707	315	69197	97187
黑龙江 Heilongjiang	147256	79388	7189403	46677	291	135	29098	91792
上 海 Shanghai	106291	49856	18469357	178576	30119	12138	7819500	260061
江 苏 Jiangsu	165373	99256	14182652	87582	1826	897	404550	222647
浙 江 Zhejiang	225016	145374	18284971	85573	3444	1565	1213616	371023
安 徽 Anhui	123527	77209	5595011	47263	2621	1006	348075	134236
福 建 Fujian	138064	88178	8450565	63254	1675	764	346106	205526
江 西 Jiangxi	99797	62788	5391802	54232	1565	706	259057	174802
山 东 Shandong	306948	198381	16295350	52920	2271	1035	548561	250370
河 南 Henan	131240	81995	10663533	84616	1009	430	373846	375347
湖 北 Hubei	106257	52136	7455205	72096	978	354	111515	113213
湖 南 Hunan	228278	147881	11967903	53833	1118	531	107851	99402
广 东 Guangdong	443181	264535	38974489	88239	9445	3723	3303054	355435
广 西 Guangxi	96786	64117	5131865	55612	1756	740	243426	136833
海 南 Hainan	28835	16624	2624370	95539	181	72	29244	153110
重 庆 Chongqing	117080	75134	8359727	71944	2844	1217	484916	174682
四 川 Sichuan	207630	136482	11885119	55109	2661	1251	1040536	410306
贵 州 Guizhou	69688	37993	4047644	61380	1671	789	606740	393221
云 南 Yunnan	41088	23291	2876321	68938	1073	535	113988	106931
西 藏 Tibet	2078	934	234219	112605	120	66	26126	223299
陕 西 Shaanxi	171273	109690	7996005	48380	2674	1252	1091081	427875
甘 肃 Gansu	39532	25658	2308972	58905	175	76	18149	100271
青 海 Qinghai	7447	4540	424029	62348	917	412	94945	110145
宁 夏 Ningxia	16728	10092	902181	53839	114	60	6449	57071
新 疆 Xinjiang	51695	36283	3037731	60461	474	218	81952	170733

3-2 续表 40 continued

地 区 Region	房地产业 Real Estate 年末人数(人) Year-end Figures (person)	#女 性 Female	工资总额(千元) Total Wages (1000 yuan)	平均工资(元) Average Wage (yuan)	房地产开发经营 Development and Management of Real Estate 年末人数(人) Year-end Figures (person)	#女 性 Female	工资总额(千元) Total Wages (1000 yuan)	平均工资(元) Average Wage (yuan)
全 国 National	**5102621**	**2033072**	**405744121**	**80157**	**1822768**	**682475**	**198422208**	**109092**
北 京 Beijing	474197	186009	51466214	110044	56117	22699	13886890	242672
天 津 Tianjin	107976	42639	9575783	89958	27856	10204	4689835	167369
河 北 Hebei	104200	41400	6487461	62631	51872	19520	4296246	83080
山 西 Shanxi	54959	22835	2888162	53620	21618	8057	1765933	82540
内蒙古 Inner Mongolia	56656	26454	2838924	50721	18874	7310	1333240	71209
辽 宁 Liaoning	106964	42830	6783419	63703	30706	11678	3207220	103382
吉 林 Jilin	60516	24180	3143805	52865	22333	8071	1637194	71731
黑龙江 Heilongjiang	57983	23601	2989503	51173	20261	7320	1585755	76378
上 海 Shanghai	301223	120241	33220771	109697	52249	21152	12101985	228762
江 苏 Jiangsu	290991	121523	24449718	83674	93732	34975	13581146	142482
浙 江 Zhejiang	267975	109940	22441268	84757	67467	26694	10534430	156716
安 徽 Anhui	176204	71927	11955042	68129	89780	31956	8057138	89540
福 建 Fujian	173543	66219	13908305	81052	71491	25747	7964621	114033
江 西 Jiangxi	94151	38449	6120766	65562	52146	19169	3951425	75487
山 东 Shandong	259873	104024	17828750	69520	133975	47369	12222426	92181
河 南 Henan	280112	108635	16771996	60973	188513	66299	12245878	66447
湖 北 Hubei	177026	72834	12085029	68818	81520	28412	7195733	90038
湖 南 Hunan	140727	54822	9626095	69065	84838	31033	6807744	81398
广 东 Guangdong	859619	314651	78463333	91931	179887	68067	27795849	152527
广 西 Guangxi	90944	40606	7076637	78247	48979	21648	5024315	103194
海 南 Hainan	81636	33224	6057492	74132	35488	14110	3783176	104884
重 庆 Chongqing	137469	57906	11196840	82135	51572	20484	6513698	127535
四 川 Sichuan	251557	103165	17791126	72432	99032	39997	9576492	96809
贵 州 Guizhou	106758	41374	6903159	64267	63583	21913	4828302	74270
云 南 Yunnan	103781	43228	6648009	65138	60163	22778	4739397	80847
西 藏 Tibet	4572	1814	424513	91668	1446	555	114479	84424
陕 西 Shaanxi	138234	55196	8977751	64840	62700	23274	5185272	82420
甘 肃 Gansu	54447	23725	2704645	49226	24460	9167	1478970	60529
青 海 Qinghai	13751	5730	720394	53146	4786	1870	356157	75633
宁 夏 Ningxia	14397	6889	898698	63217	6570	2923	538170	82872
新 疆 Xinjiang	60180	27002	3300513	54761	18754	8024	1423092	76564

3-2 续表 41 continued

地 区 Region	物业管理 Property Management				房地产中介服务 Agency Services of Real Estate			
	年末人数（人）Year-end Figures (person)	#女 性 Female	工资总额（千元）Total Wages (1000 yuan)	平均工资（元）Average Wage (yuan)	年末人数（人）Year-end Figures (person)	#女 性 Female	工资总额（千元）Total Wages (1000 yuan)	平均工资（元）Average Wage (yuan)
全 国 National	**2554332**	**1062694**	**140385139**	**55543**	**289377**	**118958**	**25866020**	**93370**
北 京 Beijing	282381	110690	21794975	76655	58629	21815	5480911	115704
天 津 Tianjin	64057	25900	3378159	54097	4184	2005	497508	117670
河 北 Hebei	40371	16901	1533156	37805	5251	2070	293021	63700
山 西 Shanxi	22238	10118	719347	33646	1337	600	65987	51836
内蒙古 Inner Mongolia	34194	17480	1292723	38330	712	422	35971	51241
辽 宁 Liaoning	62301	25720	2476953	40330	2505	1046	212294	84311
吉 林 Jilin	32928	13875	1200437	38298	1564	732	77723	49442
黑龙江 Heilongjiang	33386	14427	1190420	35771	1075	671	47590	44435
上 海 Shanghai	191383	75714	14467524	75244	11902	5205	1775853	149094
江 苏 Jiangsu	168975	75093	8343173	49577	10994	4904	921552	82348
浙 江 Zhejiang	161728	69570	8534276	53829	12739	4585	958307	74938
安 徽 Anhui	70512	33135	2876903	41713	9107	4390	681490	69469
福 建 Fujian	83901	32511	4360605	52560	4274	2255	359366	72790
江 西 Jiangxi	32417	15492	1423627	45363	3507	1584	253076	71551
山 东 Shandong	95182	43921	3658596	39174	12381	5114	788501	64409
河 南 Henan	71601	34004	3099462	43816	8948	4028	680754	75665
湖 北 Hubei	80845	38240	3808740	47499	6872	3382	556255	72495
湖 南 Hunan	45234	19158	2073726	46528	3881	1921	295244	67935
广 东 Guangdong	506124	178708	32303320	64916	74327	30818	8097726	110454
广 西 Guangxi	31987	14472	1368997	43261	3363	1797	198707	56952
海 南 Hainan	34935	14577	1514212	43232	7061	3164	558899	78829
重 庆 Chongqing	76582	33278	3932874	52281	5358	2680	435550	72531
四 川 Sichuan	114697	50615	5485004	49033	28669	8788	1815132	70859
贵 州 Guizhou	36834	16963	1703137	46825	1008	420	76731	77117
云 南 Yunnan	34070	16249	1378952	40446	4363	1967	270362	64418
西 藏 Tibet	2262	897	181325	79112	441	225	93835	168465
陕 西 Shaanxi	64289	27394	3008474	46864	2841	1435	225667	77283
甘 肃 Gansu	26376	13119	1039235	38645	906	362	37375	41390
青 海 Qinghai	8242	3616	320335	39436	97	49	4347	46245
宁 夏 Ningxia	7382	3762	332645	45731	103	65	6374	60705
新 疆 Xinjiang	36918	17095	1583827	42667	978	459	63912	65484

3-2 续表 42 continued

地 区 Region	租赁和商务服务业 Leasing and Business Services 年末人数(人) Year-end Figures (person)	#女 性 Female	工资总额(千元) Total Wages (1000 yuan)	平均工资(元) Average Wage (yuan)	租赁业 Leasing 年末人数(人) Year-end Figures (person)	#女 性 Female	工资总额(千元) Total Wages (1000 yuan)	平均工资(元) Average Wage (yuan)
全 国 National	**6603662**	**2285796**	**572716235**	**88190**	**152449**	**35283**	**12867708**	**84261**
北 京 Beijing	737063	289366	109366246	148567	15723	4159	2194217	134072
天 津 Tianjin	152941	43615	12389803	74780	7185	1984	738731	103900
河 北 Hebei	161055	43879	8376219	52085	3843	733	191843	51076
山 西 Shanxi	118158	35034	5746337	49040	2454	669	113083	45635
内蒙古 Inner Mongolia	70842	24134	4048870	57182	922	177	56522	50064
辽 宁 Liaoning	133524	38336	6830113	51148	3058	486	240646	86346
吉 林 Jilin	64404	22245	3504242	53882	1789	505	75352	41266
黑龙江 Heilongjiang	135422	45924	8808892	70901	616	117	38225	62054
上 海 Shanghai	763978	318571	123371870	161663	21508	3482	2162603	99700
江 苏 Jiangsu	461441	171507	32293205	71335	10373	2566	835136	81804
浙 江 Zhejiang	356162	100092	27133770	79585	7305	2065	861892	108893
安 徽 Anhui	183302	59718	11200317	62201	7554	1865	398340	54974
福 建 Fujian	198956	66308	12194877	62639	1895	513	112248	59834
江 西 Jiangxi	72558	23012	4425287	61645	2000	359	105984	54101
山 东 Shandong	228604	72791	16262779	72605	5861	1479	384493	65412
河 南 Henan	264078	78082	12653706	49706	6961	2003	416639	59494
湖 北 Hubei	177327	55125	10345582	59369	4268	590	273471	67159
湖 南 Hunan	138981	46095	8479229	61921	2100	461	100548	48224
广 东 Guangdong	1125514	399865	94060508	86456	24104	5420	2086334	86945
广 西 Guangxi	112717	39144	7016632	63424	2118	442	157690	77680
海 南 Hainan	30901	12076	2068648	68451	1323	389	77494	58752
重 庆 Chongqing	142933	48467	8334010	59727	1780	353	99153	55704
四 川 Sichuan	254065	78480	14198223	57667	2838	629	212865	77321
贵 州 Guizhou	81684	28768	5061227	63973	1533	460	96228	63559
云 南 Yunnan	118865	36518	6420302	55920	2565	704	140727	56178
西 藏 Tibet	15020	5712	1282795	73190	1637	357	132289	79740
陕 西 Shaanxi	110115	39371	6487509	58692	3787	863	207371	55910
甘 肃 Gansu	38375	10868	1886227	50130	1966	281	98228	50116
青 海 Qinghai	15858	4873	955289	61323	1716	523	120540	69717
宁 夏 Ningxia	30168	10203	1584659	53948	44	36	3158	71773
新 疆 Xinjiang	108651	37617	5928862	54636	1623	613	135658	79239

3-2 续表 43 continued

地 区 Region	商务服务业 Business Services 年末人数(人) Year-end Figures (person)	#女 性 Female	工资总额(千元) Total Wages (1000 yuan)	平均工资(元) Average Wage (yuan)	科学研究和技术服务业 Scientific Research and Technical Services 年末人数(人) Year-end Figures (person)	#女 性 Female	工资总额(千元) Total Wages (1000 yuan)	平均工资(元) Average Wage (yuan)
全 国 National	**6451213**	**2250513**	**559848527**	**88284**	**4343238**	**1420216**	**574051512**	**133459**
北 京 Beijing	721340	285207	107172029	148896	689448	255841	134729933	196767
天 津 Tianjin	145756	41631	11651072	73474	110839	32721	18956677	172063
河 北 Hebei	157212	43146	8184376	52110	163756	46302	14521487	90917
山 西 Shanxi	115704	34365	5633254	49113	77318	26871	6043077	79001
内蒙古 Inner Mongolia	69920	23957	3992348	57297	70176	24866	6207182	88303
辽 宁 Liaoning	130466	37850	6589467	50398	98107	31640	9604034	98090
吉 林 Jilin	62615	21740	3428890	54247	78456	26552	6455966	82234
黑龙江 Heilongjiang	134806	45807	8770667	70945	86370	23543	8235935	94140
上 海 Shanghai	742470	315089	121209267	163476	362050	132247	66296886	184920
江 苏 Jiangsu	451068	168941	31458069	71094	272684	86237	35239136	128141
浙 江 Zhejiang	348857	98027	26271878	78889	180276	57741	27696525	154576
安 徽 Anhui	175748	57853	10801977	62504	106239	29571	10106224	95977
福 建 Fujian	197061	65795	12082629	62667	78782	22864	9263071	118649
江 西 Jiangxi	70558	22653	4319303	61856	63819	16709	6245498	97846
山 东 Shandong	222743	71312	15878286	72799	181539	56301	18534069	103794
河 南 Henan	257117	76079	12237067	49430	175704	55538	15445179	89322
湖 北 Hubei	173059	54535	10072111	59182	169692	49034	18939062	114627
湖 南 Hunan	136881	45634	8378681	62133	133530	39530	11569999	87971
广 东 Guangdong	1101410	394445	91974174	86445	472907	165529	66921257	144174
广 西 Guangxi	110599	38702	6858942	63157	73981	26281	6950387	95268
海 南 Hainan	29578	11687	1991154	68893	21407	7286	1968915	92199
重 庆 Chongqing	141153	48114	8234857	59779	75870	22757	9644042	128155
四 川 Sichuan	251227	77851	13985358	57445	152866	45852	20156553	133828
贵 州 Guizhou	80151	28308	4964999	63981	47983	13713	4590786	95520
云 南 Yunnan	116300	35814	6279575	55914	93538	29899	9711961	104725
西 藏 Tibet	13383	5355	1150506	72505	12240	4157	1628899	134475
陕 西 Shaanxi	106328	38508	6280138	58788	129391	39820	12547845	98029
甘 肃 Gansu	36409	10587	1787999	50130	66032	19133	6510259	99718
青 海 Qinghai	14142	4350	834749	60275	18078	5796	1823843	100798
宁 夏 Ningxia	30124	10167	1581501	53921	14111	4311	1299937	93039
新 疆 Xinjiang	107028	37004	5793204	54241	66049	21574	6206888	95077

3-2 续表 44 continued

地 区 Region	研究和试验发展 Research and Experimental Development 年末人数(人) Year-end Figures (person)	#女 性 Female	工资总额(千元) Total Wages (1000 yuan)	平均工资(元) Average Wage (yuan)	专业技术服务业 Professional Technical Services 年末人数(人) Year-end Figures (person)	#女 性 Female	工资总额(千元) Total Wages (1000 yuan)	平均工资(元) Average Wage (yuan)
全 国 National	**741561**	**286214**	**123406363**	**168762**	**2974128**	**897540**	**374159869**	**127026**
北 京 Beijing	195685	76968	43879063	227264	320444	109529	58512841	183010
天 津 Tianjin	8819	3642	1700961	188598	89360	23867	15716326	177698
河 北 Hebei	10399	4270	845937	84594	140229	37253	12741047	93065
山 西 Shanxi	10784	4118	1001467	93013	59212	19958	4557550	77968
内蒙古 Inner Mongolia	10310	5695	1301043	127453	52045	16284	4257446	81431
辽 宁 Liaoning	19086	6125	2455495	129277	64258	21675	5799792	91034
吉 林 Jilin	11396	4133	1205991	105400	52709	17013	4282172	81128
黑龙江 Heilongjiang	6611	2470	585638	88679	70021	17907	6992778	98277
上 海 Shanghai	116260	49972	23818156	208911	204612	67437	34586965	170644
江 苏 Jiangsu	51952	17651	7630022	149175	186530	55163	23807161	125279
浙 江 Zhejiang	25395	9114	4679938	177264	133764	39363	19900290	151263
安 徽 Anhui	9797	3300	945963	98048	82146	21160	8203693	100447
福 建 Fujian	7678	2712	999884	131064	65550	18226	7728888	119027
江 西 Jiangxi	5639	1930	608448	109060	52357	12798	5230726	99791
山 东 Shandong	24090	9554	2966382	124257	142236	41390	14321606	102455
河 南 Henan	27242	8304	3230791	119615	122783	37155	10531934	87217
湖 北 Hubei	22560	8226	2127443	98886	122329	32445	15050165	126000
湖 南 Hunan	14966	5551	1623217	109484	84835	22994	8376330	100309
广 东 Guangdong	74423	28830	11720913	163501	350185	116771	49636658	144390
广 西 Guangxi	12427	5578	1090541	88518	50804	16905	5017407	100232
海 南 Hainan	3175	1334	294184	92221	15925	5070	1489660	93920
重 庆 Chongqing	9451	3371	1347209	139189	56008	16214	7235675	131026
四 川 Sichuan	19356	7412	2432637	127738	122276	34371	16620851	138132
贵 州 Guizhou	4178	1619	433739	104164	39947	10901	3814977	95398
云 南 Yunnan	8965	3697	1086107	122447	59913	17942	6483011	109154
西 藏 Tibet	958	370	116985	122241	9581	2964	1308683	138412
陕 西 Shaanxi	12923	4328	1555704	123753	100053	29063	9804435	99069
甘 肃 Gansu	10186	3516	1016426	100003	48201	12737	4853316	102395
青 海 Qinghai	780	282	107141	137891	15129	4666	1491446	98771
宁 夏 Ningxia	1210	490	111818	91280	10501	2958	972444	94120
新 疆 Xinjiang	4860	1652	487120	100437	50185	15361	4833596	97830

3-2 续表 45 continued

地 区	Region	科技推广和应用服务业 Science and Technology Popularization and Application Services				水利、环境和公共设施管理业 Management of Water Conservancy, Environment and Public Facilites			
		年末人数（人） Year-end Figures (person)	#女 性 Female	工资总额（千元） Total Wages (1000 yuan)	平均工资（元） Average Wage (yuan)	年末人数（人） Year-end Figures (person)	#女 性 Female	工资总额（千元） Total Wages (1000 yuan)	平均工资（元） Average Wage (yuan)
全 国	**National**	**627549**	**236462**	**76485280**	**122465**	**2444517**	**988239**	**149121133**	**61158**
北 京	Beijing	173319	69344	32338029	188101	123799	39456	13490942	107790
天 津	Tianjin	12660	5212	1539390	121116	36809	12026	3672219	96918
河 北	Hebei	13128	4779	934503	72906	90527	35852	4080218	44546
山 西	Shanxi	7322	2795	484060	66556	79533	31840	2812381	35325
内蒙古	Inner Mongolia	7821	2887	648693	83134	38688	14875	2099465	52386
辽 宁	Liaoning	14763	3840	1348747	88698	74397	28883	3182478	42631
吉 林	Jilin	14351	5406	967803	67764	67759	25352	2705766	40285
黑龙江	Heilongjiang	9738	3166	657519	67590	67099	21213	2735359	41454
上 海	Shanghai	41178	14838	7891765	188708	106200	35412	10215603	95860
江 苏	Jiangsu	34202	13423	3801953	112414	132263	55731	10352176	78242
浙 江	Zhejiang	21117	9264	3116297	146891	112703	40534	9179154	82758
安 徽	Anhui	14296	5111	956568	68434	83198	31371	4172710	50926
福 建	Fujian	5554	1926	534299	97004	69203	29313	4247395	62162
江 西	Jiangxi	5823	1981	406324	69648	50664	22791	2124518	43321
山 东	Shandong	15213	5357	1246081	83579	178065	72052	8189318	46300
河 南	Henan	25679	10079	1682454	66897	135669	57734	6595238	49073
湖 北	Hubei	24803	8363	1761454	72598	117521	45608	7264907	62704
湖 南	Hunan	33729	10985	1570452	47318	95226	37335	5102232	53697
广 东	Guangdong	48299	19928	5563686	114209	180497	74379	13146871	73361
广 西	Guangxi	10750	3798	842439	79641	73613	38601	3698179	50297
海 南	Hainan	2307	882	185071	80326	35760	18651	1867078	51710
重 庆	Chongqing	10411	3172	1061158	102517	40584	18814	2875020	69792
四 川	Sichuan	11234	4069	1103065	98094	97675	43633	6111404	62968
贵 州	Guizhou	3858	1193	342070	87553	43230	22086	2169636	50574
云 南	Yunnan	24660	8260	2142843	87552	60876	24441	3472189	56631
西 藏	Tibet	1701	823	203231	119477	5096	3242	305633	62810
陕 西	Shaanxi	16415	6429	1187706	72140	103472	44313	5179548	50203
甘 肃	Gansu	7645	2880	640517	82915	59999	27929	3359996	55910
青 海	Qinghai	2169	848	225256	101604	9545	4270	658577	69544
宁 夏	Ningxia	2400	863	215675	89306	16542	7346	933075	56335
新 疆	Xinjiang	11004	4561	886172	80378	58305	23156	3121848	52537

3-2 续表 46 continued

地 区	Region	水利管理业 Management of Water Conservancy 年末人数(人) Year-end Figures (person)	#女性 Female	工资总额(千元) Total Wages (1000 yuan)	平均工资(元) Average Wage (yuan)	生态保护和环境治理业 Ecological Protection and Environmental Treatment 年末人数(人) Year-end Figures (person)	#女性 Female	工资总额(千元) Total Wages (1000 yuan)	平均工资(元) Average Wage (yuan)
全 国	**National**	**322969**	**87646**	**27552545**	**85237**	**159809**	**44772**	**13346490**	**84469**
北 京	Beijing	9926	2938	1628664	161382	10955	3440	1709373	151567
天 津	Tianjin	4510	1436	595979	131302	2072	754	255704	125100
河 北	Hebei	10209	3191	741169	72571	4263	1310	275003	65932
山 西	Shanxi	11020	3505	584257	53109	6270	1908	360052	58082
内蒙古	Inner Mongolia	6518	1984	530671	81006	4675	1536	317092	68398
辽 宁	Liaoning	10092	2491	576591	57054	5221	1578	330342	63042
吉 林	Jilin	8573	2453	523259	60423	1269	353	68468	54906
黑龙江	Heilongjiang	9044	2235	552934	60836	8025	1647	315852	46627
上 海	Shanghai	4997	1462	861601	172978	6554	1656	989513	152092
江 苏	Jiangsu	18246	4654	2140307	117008	5429	1506	487719	90419
浙 江	Zhejiang	8325	2118	1089080	130055	6935	1930	636656	92807
安 徽	Anhui	11499	2850	1046919	90918	3927	1477	248391	63755
福 建	Fujian	4807	1161	380595	78167	3512	877	293590	84147
江 西	Jiangxi	2417	594	194195	80780	1466	393	83730	58267
山 东	Shandong	27252	3720	2644030	97390	5054	1362	374015	77356
河 南	Henan	16879	5205	1219427	73002	5219	1511	336950	64674
湖 北	Hubei	32830	10450	2305265	70340	6209	1743	590453	93175
湖 南	Hunan	17727	4710	1057077	59406	6669	1909	442498	64882
广 东	Guangdong	19152	4334	2050749	107161	13094	3313	1486332	113983
广 西	Guangxi	9716	2656	684921	70480	3472	997	220670	63814
海 南	Hainan	2526	591	178393	68666	1747	505	106122	60745
重 庆	Chongqing	3093	1010	250303	78811	5258	2074	465087	88151
四 川	Sichuan	8564	2698	754361	88498	8552	2480	764488	89908
贵 州	Guizhou	3026	947	232318	76698	1960	557	137435	75638
云 南	Yunnan	6364	1748	566812	88661	13550	2564	803004	58945
西 藏	Tibet	221	72	27784	126291	390	109	24532	57722
陕 西	Shaanxi	19009	6366	1350884	71054	6207	1701	423348	68161
甘 肃	Gansu	14994	4095	1119023	75017	5103	1702	335656	69193
青 海	Qinghai	2009	582	213475	106418	1229	313	109650	89219
宁 夏	Ningxia	3571	914	319007	88392	1695	542	105189	62837
新 疆	Xinjiang	15853	4476	1132495	71672	3828	1025	249576	66060

3-2 续表 47 continued

地 区 Region	公共设施管理业 Management of Public Facilities				土地管理业 Management of Land			
	年末人数（人）Year-end Figures (person)	#女 性 Female	工资总额（千元）Total Wages (1000 yuan)	平均工资（元）Average Wage (yuan)	年末人数（人）Year-end Figures (person)	#女 性 Female	工资总额（千元）Total Wages (1000 yuan)	平均工资（元）Average Wage (yuan)
全 国 National	**1903757**	**834175**	**102149874**	**53722**	**57982**	**21646**	**6072224**	**109260**
北 京 Beijing	101007	32298	9665206	94818	1911	780	487699	262769
天 津 Tianjin	28974	9337	2549031	84880	1253	499	271505	212778
河 北 Hebei	75185	30913	2993746	39177	870	438	70300	88206
山 西 Shanxi	61101	25920	1792548	29290	1142	507	75524	62262
内蒙古 Inner Mongolia	26857	11089	1198399	42393	638	266	53303	85834
辽 宁 Liaoning	57924	24294	2204278	37903	1160	520	71267	61971
吉 林 Jilin	57432	22313	2081309	36661	485	233	32730	67346
黑龙江 Heilongjiang	49391	17058	1826298	36903	639	273	40275	63525
上 海 Shanghai	93659	31880	8151407	86625	990	414	213082	217209
江 苏 Jiangsu	105288	48219	7342338	69709	3300	1352	381812	115911
浙 江 Zhejiang	85539	33414	6226412	72627	11904	3072	1227006	123317
安 徽 Anhui	66991	26739	2805077	42661	781	305	72323	93441
福 建 Fujian	58848	26398	3300613	56981	2036	877	272597	133299
江 西 Jiangxi	46160	21573	1800888	40402	621	231	45705	73011
山 东 Shandong	144133	66240	5018692	35026	1626	730	152581	94948
河 南 Henan	110715	50045	4856791	44280	2856	973	182070	65048
湖 北 Hubei	76909	32871	4210682	55993	1573	544	158507	102197
湖 南 Hunan	64719	28584	3123094	48507	6111	2132	479563	79662
广 东 Guangdong	146427	65889	9327616	64219	1824	843	282174	158169
广 西 Guangxi	58763	34177	2671700	45489	1662	771	120888	74714
海 南 Hainan	30583	17205	1522614	49331	904	350	59949	66833
重 庆 Chongqing	26838	13658	1621503	59244	5395	2072	538127	100173
四 川 Sichuan	77407	37069	4246949	55248	3152	1386	345606	109404
贵 州 Guizhou	37331	20283	1718934	46274	913	299	80949	89249
云 南 Yunnan	40165	19814	2034284	50233	797	315	68089	85218
西 藏 Tibet	4394	3029	246073	59524	91	32	7244	83264
陕 西 Shaanxi	76182	35429	3207105	42247	2074	817	198211	97401
甘 肃 Gansu	39525	21938	1878438	47022	377	194	26879	70549
青 海 Qinghai	6065	3289	318534	52921	242	86	16918	78324
宁 夏 Ningxia	11089	5759	498599	44947	187	131	10280	54973
新 疆 Xinjiang	38156	17451	1710716	43431	468	204	29061	64011

3-2 续表 48 continued

地 区 Region	居民服务、修理和其他服务业 Service to Households, Repair and Other Services				居民服务业 Service to Households			
	年末人数（人）Year-end Figures (person)	#女 性 Female	工资总额（千元）Total Wages (1000 yuan)	平均工资（元）Average Wage (yuan)	年末人数（人）Year-end Figures (person)	#女 性 Female	工资总额（千元）Total Wages (1000 yuan)	平均工资（元）Average Wage (yuan)
全 国 National	**863239**	**416935**	**52011005**	**60232**	**364810**	**182715**	**23468341**	**65030**
北 京 Beijing	68324	34924	5767344	81465	22515	12743	1886774	83726
天 津 Tianjin	65130	29918	4246189	60854	6876	3256	460636	67800
河 北 Hebei	25084	9827	1028207	41923	15279	6051	721480	47385
山 西 Shanxi	8444	4093	382494	47450	3113	1494	128002	41954
内蒙古 Inner Mongolia	7663	3270	348175	45347	4580	2355	200579	42941
辽 宁 Liaoning	22809	10830	1071164	45855	10439	3877	536885	48959
吉 林 Jilin	18181	10232	715102	40297	6653	3136	326443	49710
黑龙江 Heilongjiang	28329	13220	1920369	65339	5560	1570	265761	47188
上 海 Shanghai	109277	48244	7969875	71832	57189	25694	4302662	74890
江 苏 Jiangsu	49492	21870	3209637	64189	22740	10311	1406321	61597
浙 江 Zhejiang	36820	17464	2448173	69723	17050	8561	1285420	78850
安 徽 Anhui	21977	9261	1082251	49472	10633	4946	593698	56505
福 建 Fujian	34723	22580	2174057	66063	27148	19237	1796436	69398
江 西 Jiangxi	8830	4815	415141	50235	4830	2885	262700	55387
山 东 Shandong	33423	13335	1709355	49649	17207	7857	949939	54752
河 南 Henan	27419	13378	1256502	46858	12749	6250	675167	54195
湖 北 Hubei	25269	13145	1368553	57156	9574	4830	618396	65012
湖 南 Hunan	23016	9435	1479494	66351	15684	6264	1144005	75562
广 东 Guangdong	129351	66421	7381159	58257	42632	23414	2946629	71858
广 西 Guangxi	9913	4747	555523	55714	3495	1667	207263	57557
海 南 Hainan	7316	4270	302182	40725	1242	610	81104	62920
重 庆 Chongqing	9957	4967	532793	55001	5613	3073	332838	58712
四 川 Sichuan	27545	14028	1436981	52735	9714	5210	543445	56568
贵 州 Guizhou	15982	9031	740611	46821	6955	3514	376186	54135
云 南 Yunnan	15930	7965	697730	43858	7049	3845	352161	49047
西 藏 Tibet	2374	866	190555	81087	665	353	46846	70234
陕 西 Shaanxi	18598	8562	958859	52337	10182	5323	608411	61994
甘 肃 Gansu	5226	2720	235806	44366	3375	2095	162583	46989
青 海 Qinghai	1372	620	65792	47641	632	332	27517	44670
宁 夏 Ningxia	312	128	15960	51987	292	115	15217	53206
新 疆 Xinjiang	5153	2769	304972	59241	3145	1847	206837	66315

3-2 续表 49 continued

地 区	Region	机动车、电子产品和日用产品修理业 Repair of Motor Vehicle, Electronics and Household Products				其他服务业 Other Services			
		年末人数（人）Year-end Figures (person)	#女 性 Female	工资总额（千元）Total Wages (1000 yuan)	平均工资（元）Average Wage (yuan)	年末人数（人）Year-end Figures (person)	#女 性 Female	工资总额（千元）Total Wages (1000 yuan)	平均工资（元）Average Wage (yuan)
全 国	**National**	**122457**	**31279**	**9391264**	**75198**	**375972**	**202941**	**19151400**	**50700**
北 京	Beijing	15351	4374	2113184	131630	30458	17807	1767386	54878
天 津	Tianjin	1640	455	164235	58593	56614	26207	3621318	60175
河 北	Hebei	2361	640	109941	47145	7444	3136	196786	28241
山 西	Shanxi	731	283	29642	39575	4600	2316	224850	52769
内蒙古	Inner Mongolia	1348	228	81186	60723	1735	687	66410	39766
辽 宁	Liaoning	2578	719	96554	37323	9792	6234	437725	44634
吉 林	Jilin	1953	474	83428	42828	9575	6622	305231	33066
黑龙江	Heilongjiang	677	203	39722	39212	22092	11447	1614886	70996
上 海	Shanghai	19036	3442	1778037	91684	33052	19108	1889176	55393
江 苏	Jiangsu	10016	3101	839557	81479	16736	8458	963759	57135
浙 江	Zhejiang	4734	1166	361338	80872	15036	7737	801415	55875
安 徽	Anhui	4156	1112	194066	47252	7188	3203	294487	40552
福 建	Fujian	3489	920	229738	68825	4086	2423	147883	40131
江 西	Jiangxi	1377	465	74776	52995	2623	1465	77665	36808
山 东	Shandong	4542	1274	316770	67715	11674	4204	442646	35694
河 南	Henan	4873	1531	235870	49119	9797	5597	345465	36155
湖 北	Hubei	3267	942	189206	57667	12428	7373	560951	50305
湖 南	Hunan	1271	316	63193	50074	6061	2855	272296	46183
广 东	Guangdong	18433	4617	1274714	69599	68286	38390	3159816	46896
广 西	Guangxi	1139	255	61083	53818	5279	2825	287177	54857
海 南	Hainan	723	240	31306	44980	5351	3420	189772	34917
重 庆	Chongqing	1896	457	103205	53753	2448	1437	96750	46115
四 川	Sichuan	5122	1250	348177	66586	12709	7568	545359	43935
贵 州	Guizhou	1366	349	66318	48620	7661	5168	298107	39721
云 南	Yunnan	3609	925	149363	42050	5272	3195	196206	37900
西 藏	Tibet	1026	199	76513	76437	683	314	67196	98528
陕 西	Shaanxi	3304	721	162636	48260	5112	2518	187812	36561
甘 肃	Gansu	1031	282	42627	41385	820	343	30596	37086
青 海	Qinghai	354	87	15359	43634	386	201	22916	55487
宁 夏	Ningxia	14	10	467	31133	6	3	276	46000
新 疆	Xinjiang	1040	242	59053	56727	968	680	39082	39557

3−2 续表 50 continued

地 区 Region	教育 Education 年末人数(人) Year-end Figures (person)	#女性 Female	工资总额(千元) Total Wages (1000 yuan)	平均工资(元) Average Wage (yuan)	初等教育 Primary Education 年末人数(人) Year-end Figures (person)	#女性 Female	工资总额(千元) Total Wages (1000 yuan)	平均工资(元) Average Wage (yuan)
全 国 National	**19093201**	**11809926**	**1844528742**	**97681**	**5949017**	**3979664**	**539720829**	**91706**
北 京 Beijing	575765	373361	102358180	181240	75204	58484	16051130	215956
天 津 Tianjin	202407	133484	27979563	139432	52770	38984	7265463	139608
河 北 Hebei	959900	661706	75555865	79379	367393	272575	27532158	75459
山 西 Shanxi	552415	378877	38675858	70640	166510	125950	11359646	68649
内蒙古 Inner Mongolia	379095	245824	33429575	88682	121533	81286	10961850	90472
辽 宁 Liaoning	509774	327304	42223216	83173	128797	91836	10223675	79573
吉 林 Jilin	371826	236085	30535598	82399	114574	78689	8811184	77171
黑龙江 Heilongjiang	396144	238715	33352312	84227	105322	69378	8349512	79266
上 海 Shanghai	400520	238265	54513005	136449	62672	39867	7964621	127452
江 苏 Jiangsu	1103491	685859	136057000	124443	315151	217731	39050554	125170
浙 江 Zhejiang	876427	592321	110033582	127038	230850	169282	29977216	131296
安 徽 Anhui	694866	382979	66988091	97702	199274	121446	18946148	96156
福 建 Fujian	607427	387156	57708356	96557	215308	153166	18305305	86471
江 西 Jiangxi	600572	353509	47747004	80709	234723	157581	16442090	71125
山 东 Shandong	1213782	729785	118417878	98875	376586	246719	34328345	92472
河 南 Henan	1214592	765059	87917471	73598	422667	285625	28452362	68181
湖 北 Hubei	705748	368868	64252700	91587	188227	110802	14668160	78376
湖 南 Hunan	840888	506632	64514212	77474	217220	146315	14999039	69765
广 东 Guangdong	1623588	1066449	188638969	117500	500389	349300	57670140	116702
广 西 Guangxi	687030	428185	52542847	77881	301824	202452	21793733	73338
海 南 Hainan	143988	83762	13981789	98265	47579	26392	4763712	100439
重 庆 Chongqing	455633	273795	47406051	105418	150272	96823	15264084	102856
四 川 Sichuan	1044491	620430	93173937	90160	355697	223942	29829532	84706
贵 州 Guizhou	538691	298976	46874681	87861	187578	108462	16085055	86530
云 南 Yunnan	633713	365999	61607142	98360	247851	144706	24569753	100027
西 藏 Tibet	53692	29444	7559007	141847	21871	12626	3125201	143463
陕 西 Shaanxi	614329	382710	47778442	78636	171935	116775	12443158	73059
甘 肃 Gansu	391520	203989	33807449	86761	115664	65686	9582198	83562
青 海 Qinghai	86212	52066	8530273	99905	26054	16093	2679157	103630
宁 夏 Ningxia	95746	59255	8289752	87161	34312	22653	2884367	84289
新 疆 Xinjiang	518929	339077	42078937	82439	193210	128038	15342281	81435

3-2 续表 51 continued

地区 Region	中等教育 Secondary Education				高等教育 Senior Education			
	年末人数(人) Year-end Figures (person)	#女性 Female	工资总额(千元) Total Wages (1000 yuan)	平均工资(元) Average Wage (yuan)	年末人数(人) Year-end Figures (person)	#女性 Female	工资总额(千元) Total Wages (1000 yuan)	平均工资(元) Average Wage (yuan)
全 国 National	**7502440**	**4184210**	**749196488**	**100748**	**2384312**	**1188209**	**333051576**	**141699**
北 京 Beijing	106539	73419	23663490	223908	168368	85835	36832558	220528
天 津 Tianjin	58041	38756	8761017	151764	53514	27303	8244830	156413
河 北 Hebei	400191	261129	32993995	83266	79636	41533	8454700	107592
山 西 Shanxi	236950	152057	16961886	72147	62007	33714	6180941	101402
内蒙古 Inner Mongolia	151159	90995	14093945	93725	38793	20591	4232064	109938
辽 宁 Liaoning	213818	134619	17575608	82383	94648	47514	10384671	110867
吉 林 Jilin	145143	90422	11807019	81562	66465	33406	7176029	108457
黑龙江 Heilongjiang	179994	107338	14794888	82053	66358	32561	7277458	110084
上 海 Shanghai	104161	65923	16686169	160458	91458	46149	18140521	201106
江 苏 Jiangsu	391715	206294	54533213	139975	165795	77960	24573590	149885
浙 江 Zhejiang	295650	171461	43518520	148369	113491	56696	18480845	165185
安 徽 Anhui	320131	147732	32569299	102845	75740	36620	9978643	133127
福 建 Fujian	212822	106260	22033255	104640	65365	32781	10243661	159812
江 西 Jiangxi	236599	115187	19087281	81908	67009	31864	8744899	132166
山 东 Shandong	534404	291286	55084808	104109	128547	64790	17823769	140890
河 南 Henan	536060	319018	39284135	74312	110165	55124	11865278	111850
湖 北 Hubei	302712	137560	27243931	90326	119762	56311	15404734	129265
湖 南 Hunan	418241	228993	32264487	77887	90356	44698	11493128	128444
广 东 Guangdong	583311	332260	74861824	129087	163734	81083	30618443	190948
广 西 Guangxi	274563	154533	21562622	80119	59119	30184	6429249	111445
海 南 Hainan	57685	30495	5908713	103457	16564	8717	2086330	128279
重 庆 Chongqing	175570	92676	19575825	112976	64588	32694	8738262	137452
四 川 Sichuan	423251	224923	39491465	94197	126936	64341	14954070	119569
贵 州 Guizhou	235479	115954	21464349	91871	44530	22745	4735698	107971
云 南 Yunnan	237987	125767	24481121	104160	54706	27598	6745373	126410
西 藏 Tibet	20321	10522	2987337	148380	4903	1945	679469	139093
陕 西 Shaanxi	209207	114081	16467720	79267	100803	48170	12404038	125222
甘 肃 Gansu	162223	74576	13976723	86481	40627	19389	4937700	122248
青 海 Qinghai	38970	21343	4313121	111499	6944	3492	824316	120040
宁 夏 Ningxia	40328	23053	3796637	94923	10493	5823	911209	87616
新 疆 Xinjiang	199215	125578	17352085	88334	32888	16578	3455100	106458

3-2 续表 52 continued

地区 Region	卫生和社会工作 Health and Social Service				卫生 Health			
	年末人数(人) Year-end Figures (person)	#女性 Female	工资总额(千元) Total Wages (1000 yuan)	平均工资(元) Average Wage (yuan)	年末人数(人) Year-end Figures (person)	#女性 Female	工资总额(千元) Total Wages (1000 yuan)	平均工资(元) Average Wage (yuan)
全国 National	**10062298**	**6831542**	**1081294916**	**108903**	**9628068**	**6549628**	**1055652252**	**111130**
北京 Beijing	325307	230459	66890171	208481	301879	215395	65007043	218507
天津 Tianjin	116909	81596	17032663	148016	111720	78304	16699448	151871
河北 Hebei	453302	310105	33465434	74784	438518	300868	32806502	75803
山西 Shanxi	246515	172554	17303971	71111	238162	167526	16948549	72109
内蒙古 Inner Mongolia	192406	128954	15380758	80379	184604	124243	14988995	81627
辽宁 Liaoning	315333	212455	24912431	79344	305074	205979	24496870	80642
吉林 Jilin	212478	144997	16644519	78940	201915	138718	16196298	80863
黑龙江 Heilongjiang	249073	165074	18237347	73454	240446	160101	17854941	74481
上海 Shanghai	283931	203098	50193864	178711	224866	161131	46621635	210221
江苏 Jiangsu	593721	394056	75399777	128624	558897	371177	73250667	132775
浙江 Zhejiang	512784	354436	77702921	154261	487013	336479	76112346	159144
安徽 Anhui	355789	229802	36938640	105423	341911	221635	36288615	107748
福建 Fujian	257549	177974	30416228	119961	250563	173400	30001897	121612
江西 Jiangxi	280304	186350	26695686	96226	271560	181370	26291603	97825
山东 Shandong	705907	476256	69785739	100037	683782	462279	68621441	101530
河南 Henan	660548	436556	52755512	81520	645280	427707	51977994	82217
湖北 Hubei	416712	256230	38406724	93189	404526	249026	37663772	94157
湖南 Hunan	459319	312156	44921103	98446	442775	301862	44005011	100029
广东 Guangdong	829139	562993	120800044	148119	779916	528760	116869935	152278
广西 Guangxi	353294	248543	34960764	100523	345964	243263	34420876	101090
海南 Hainan	73125	49451	7082077	98159	71784	48577	6992420	98785
重庆 Chongqing	209404	140270	23846212	114811	200508	134530	23364094	117478
四川 Sichuan	570591	386843	61289729	109055	552534	375677	60290936	110806
贵州 Guizhou	249559	167463	22514405	91883	241710	162435	22136866	93292
云南 Yunnan	301683	219366	27807216	94059	293341	214081	27324883	95076
西藏 Tibet	19021	12104	2403634	127751	18257	11613	2335780	129377
陕西 Shaanxi	315951	220327	25202089	80942	301751	211584	24520520	82488
甘肃 Gansu	170374	115937	12903987	76480	166943	113937	12714931	76913
青海 Qinghai	53559	37264	4875842	92817	50881	35372	4745257	94947
宁夏 Ningxia	52373	37563	5294361	102088	51087	36661	5214376	103088
新疆 Xinjiang	226338	160310	19231068	86131	219901	155938	18887751	87076

3-2 续表 53 continued

地区	Region	社会工作 Social Service 年末人数(人) Year-end Figures (person)	#女性 Female	工资总额(千元) Total Wages (1000 yuan)	平均工资(元) Average Wage (yuan)	文化、体育和娱乐业 Culture, Sports and Entertainment 年末人数(人) Year-end Figures (person)	#女性 Female	工资总额(千元) Total Wages (1000 yuan)	平均工资(元) Average Wage (yuan)
全国	**National**	**434230**	**281914**	**25642664**	**59670**	**1511620**	**727711**	**162868932**	**107708**
北京	Beijing	23428	15064	1883128	80679	186057	96608	38418243	205405
天津	Tianjin	5189	3292	333215	65145	21479	10015	3643280	165288
河北	Hebei	14784	9237	658932	44795	51821	24253	3728982	71743
山西	Shanxi	8353	5028	355422	42832	44305	21826	2590003	58952
内蒙古	Inner Mongolia	7802	4711	391763	50714	31843	15869	2529518	78895
辽宁	Liaoning	10259	6476	415561	40701	45307	21336	3126945	68134
吉林	Jilin	10563	6279	448221	42457	33031	15380	2151022	65789
黑龙江	Heilongjiang	8627	4973	382406	44700	28254	12546	1799898	63598
上海	Shanghai	59065	41967	3572229	60452	75051	39603	12260646	161284
江苏	Jiangsu	34824	22879	2149110	62273	92305	44623	10017719	108370
浙江	Zhejiang	25771	17957	1590575	62503	80038	40937	8976602	116297
安徽	Anhui	13878	8167	650025	47824	37389	17156	2687148	72342
福建	Fujian	6986	4574	414331	60486	41867	19884	3580743	84160
江西	Jiangxi	8744	4980	404083	46634	30167	14237	2413878	80511
山东	Shandong	22125	13977	1164298	53590	68575	31751	6016581	87556
河南	Henan	15268	8849	777518	52036	67773	31368	4865363	73108
湖北	Hubei	12186	7204	742952	61269	58967	26435	4974449	83183
湖南	Hunan	16544	10294	916092	55931	61982	29395	6069726	98085
广东	Guangdong	49223	34233	3930109	81738	134073	60039	17421590	130164
广西	Guangxi	7330	5280	539888	74049	31996	15605	2502425	78402
海南	Hainan	1341	874	89657	65683	13417	6112	1049157	79343
重庆	Chongqing	8896	5740	482118	54674	27473	13244	2260932	82344
四川	Sichuan	18057	11166	998793	55820	54651	26063	4699763	86139
贵州	Guizhou	7849	5028	377539	48727	22815	11085	1974368	86338
云南	Yunnan	8342	5285	482333	58557	37673	17872	3213086	85090
西藏	Tibet	764	491	67854	89164	6029	2759	680722	113757
陕西	Shaanxi	14200	8743	681569	48338	57443	28074	3763993	65406
甘肃	Gansu	3431	2000	189056	55474	27926	13338	1965100	68623
青海	Qinghai	2678	1892	130585	51130	8242	3807	632435	78602
宁夏	Ningxia	1286	902	79985	62537	8156	3964	689109	82955
新疆	Xinjiang	6437	4372	343317	53930	25515	12527	2165506	84009

3-2 续表 54 continued

地 区	Region	新闻和出版业 Journalism and Publishing Activities 年末人数(人) Year-end Figures (person)	#女 性 Female	工资总额(千元) Total Wages (1000 yuan)	平均工资(元) Average Wage (yuan)	广播、电视、电影和录音制作业 Radio, Television, Motion Picture and Audio-visual Programme Production Services 年末人数(人) Year-end Figures (person)	#女 性 Female	工资总额(千元) Total Wages (1000 yuan)	平均工资(元) Average Wage (yuan)
全 国	**National**	**293182**	**146322**	**39120066**	**133224**	**400715**	**181678**	**45936907**	**114630**
北 京	Beijing	68690	38371	14320278	209846	45794	22408	12184894	261816
天 津	Tianjin	3633	1789	393357	107328	6672	3094	1021889	148703
河 北	Hebei	9231	4121	737590	79550	20127	9540	1483655	73361
山 西	Shanxi	7797	4096	532419	68761	11254	5261	698356	62683
内蒙古	Inner Mongolia	5319	2905	442205	83482	7342	3377	656541	86971
辽 宁	Liaoning	12661	6098	981851	76207	12786	5589	931982	72415
吉 林	Jilin	6571	3225	453327	69465	8945	3997	563403	62740
黑龙江	Heilongjiang	6398	2743	413674	63108	6298	2423	386131	61039
上 海	Shanghai	14242	7829	2690546	188704	12538	6173	2125871	165579
江 苏	Jiangsu	13626	6739	1742019	127406	23960	11098	2767113	116119
浙 江	Zhejiang	11365	5891	1858869	161993	33325	16646	3216489	104843
安 徽	Anhui	6562	2867	624703	95360	8844	3776	617435	69996
福 建	Fujian	5903	2687	761873	129328	11269	5072	1016145	87014
江 西	Jiangxi	6308	2803	734470	116954	8078	3469	588260	72696
山 东	Shandong	12505	5641	1371484	109169	19760	8788	1765433	89150
河 南	Henan	14137	7122	1200518	83888	16568	7189	958857	59244
湖 北	Hubei	11022	5115	1220752	110067	18383	7543	1584424	84856
湖 南	Hunan	7852	3697	822527	104025	20164	8949	3194891	158461
广 东	Guangdong	17072	7268	2532454	147639	33177	12729	3545859	106005
广 西	Guangxi	6578	3234	600150	92317	7902	3290	719774	90006
海 南	Hainan	2774	1311	260287	95030	3171	1435	307910	95803
重 庆	Chongqing	5076	2488	536337	105912	5898	2760	606232	103171
四 川	Sichuan	9158	4359	1002032	110029	16714	7641	1536369	90996
贵 州	Guizhou	4862	2235	519541	107100	4488	2373	411020	92013
云 南	Yunnan	4775	2337	556230	116757	7898	3551	692959	87672
西 藏	Tibet	262	127	33004	126452	1946	853	238648	121141
陕 西	Shaanxi	6629	3340	653036	98810	9818	4441	619292	61670
甘 肃	Gansu	4579	2123	390042	83307	6214	3048	462427	73965
青 海	Qinghai	1149	551	120929	106171	1155	539	100989	88665
宁 夏	Ningxia	1731	828	186787	107103	2074	976	190803	90989
新 疆	Xinjiang	4715	2382	426775	88104	8153	3650	742856	90769

3–2 续表 55 continued

地 区 Region	文化艺术业 Cultural and Art Activities 年末人数(人) Year-end Figures (person)	#女 性 Female	工资总额(千元) Total Wages (1000 yuan)	平均工资(元) Average Wage (yuan)	体 育 Sports Activities 年末人数(人) Year-end Figures (person)	#女 性 Female	工资总额(千元) Total Wages (1000 yuan)	平均工资(元) Average Wage (yuan)
全 国 National	**480493**	**244234**	**42342194**	**88403**	**138297**	**60128**	**20622035**	**149966**
北 京 Beijing	37256	19682	6078080	162838	19034	7714	3749147	196940
天 津 Tianjin	6978	3421	768339	107115	2449	872	1308140	507424
河 北 Hebei	16098	8050	1017944	63179	3012	1227	323570	105604
山 西 Shanxi	20446	10495	1102542	54062	2225	860	106134	52935
内蒙古 Inner Mongolia	15186	8041	1173288	77486	1967	665	128863	65579
辽 宁 Liaoning	12502	6185	797676	64407	2089	938	152421	72929
吉 林 Jilin	11295	5878	758659	67067	4109	1402	261510	70851
黑龙江 Heilongjiang	10215	5410	727767	71322	2231	756	131329	60576
上 海 Shanghai	16418	8494	2251388	137565	12879	6642	3304095	254376
江 苏 Jiangsu	30403	15433	3193038	105548	9453	4311	1196777	123864
浙 江 Zhejiang	23313	13132	2739701	117685	5783	2437	672791	118742
安 徽 Anhui	13956	6790	979789	71185	2399	944	145164	61904
福 建 Fujian	14212	7493	1089507	76189	5460	2150	403081	72601
江 西 Jiangxi	9817	5155	708301	72624	1771	752	127866	72651
山 东 Shandong	21285	10350	1805299	84800	5492	2300	501399	92407
河 南 Henan	25797	11930	1560162	62771	4028	1580	816496	203108
湖 北 Hubei	18308	8597	1429102	78217	2083	727	143681	68485
湖 南 Hunan	18956	9445	1170552	61882	3762	1590	242602	64197
广 东 Guangdong	28137	14655	3203985	113742	25395	12579	5331000	211531
广 西 Guangxi	11803	6241	822199	69802	2808	1437	187650	66779
海 南 Hainan	2591	1160	212611	80995	2513	1267	88839	39344
重 庆 Chongqing	9451	4652	762065	80839	1987	877	97437	49385
四 川 Sichuan	19742	9935	1600120	81489	3676	1506	247107	70886
贵 州 Guizhou	7768	3851	614258	79516	2544	988	249744	94136
云 南 Yunnan	15395	7714	1393751	90899	3305	1385	249651	73276
西 藏 Tibet	3076	1478	330736	110466	178	71	21695	123267
陕 西 Shaanxi	32297	16301	2032143	63214	2383	989	140974	59634
甘 肃 Gansu	13360	6574	914378	66544	1079	401	72465	66543
青 海 Qinghai	2906	1490	232724	84843	949	355	77144	82595
宁 夏 Ningxia	2608	1431	199655	76438	240	106	14457	61519
新 疆 Xinjiang	8918	4771	672435	75208	1014	300	128806	125176

3-2 续表 56 continued

地 区 Region	娱乐业 Entertainment 年末人数(人) Year-end Figures (person)	#女 性 Female	工资总额(千元) Total Wages (1000 yuan)	平均工资(元) Average Wage (yuan)	公共管理、社会保障和社会组织 Public Management, Social Security and Social Organization 年末人数(人) Year-end Figures (person)	#女 性 Female	工资总额(千元) Total Wages (1000 yuan)	平均工资(元) Average Wage (yuan)
全 国 National	**198933**	**95349**	**14847730**	**73765**	**19898185**	**6650730**	**1865111833**	**94369**
北 京 Beijing	15283	8433	2085844	131251	502400	206156	79653941	159193
天 津 Tianjin	1747	839	151555	86405	176401	56699	22672136	129927
河 北 Hebei	3353	1315	166223	50294	992356	325703	67811850	68850
山 西 Shanxi	2583	1114	150552	56791	657877	239566	41467801	63262
内蒙古 Inner Mongolia	2029	881	128621	60987	583788	209726	44563885	76524
辽 宁 Liaoning	5269	2526	263015	46428	698927	240162	48633623	69647
吉 林 Jilin	2111	878	114123	52182	427548	152902	30427939	71691
黑龙江 Heilongjiang	3112	1214	140997	46259	479504	162972	34158548	71516
上 海 Shanghai	18974	10465	1888746	96527	297702	100251	44707152	150631
江 苏 Jiangsu	14863	7042	1118772	74471	885474	274016	123814663	140128
浙 江 Zhejiang	6252	2831	488752	80294	764297	244305	112671751	148439
安 徽 Anhui	5628	2779	320057	56507	595834	174648	55343365	93753
福 建 Fujian	5023	2482	310137	60503	519142	167584	54890398	106176
江 西 Jiangxi	4193	2058	254981	62236	625537	185603	53562920	86107
山 东 Shandong	9533	4672	572966	59461	1279931	410213	117841598	92833
河 南 Henan	7243	3547	329330	45874	1230933	409646	88892468	73221
湖 北 Hubei	9171	4453	596490	61691	722885	228255	67269147	93390
湖 南 Hunan	11248	5714	639154	57488	888041	261868	67729065	76565
广 东 Guangdong	30292	12808	2808292	94020	1421251	461532	190796958	135313
广 西 Guangxi	2905	1403	172652	60986	616051	221126	47886936	78328
海 南 Hainan	2368	939	179510	75203	166756	50307	13480137	83064
重 庆 Chongqing	5061	2467	258861	50588	377446	130641	38643106	102768
四 川 Sichuan	5361	2622	314135	57671	1075719	372765	102174601	95421
贵 州 Guizhou	3153	1638	179805	56685	699748	240250	55210869	79535
云 南 Yunnan	6300	2885	320495	50448	728282	245756	70019318	97777
西 藏 Tibet	567	230	56639	97151	173102	65614	22836224	133347
陕 西 Shaanxi	6316	3003	318548	49882	645818	219444	46910402	73127
甘 肃 Gansu	2694	1192	125788	43798	508681	178588	38878669	76736
青 海 Qinghai	2083	872	100649	48134	151326	60439	14634009	97769
宁 夏 Ningxia	1503	623	97407	60165	133328	56652	9990940	75518
新 疆 Xinjiang	2715	1424	194634	70037	872100	297341	57537414	66383

3−2 续表 57 continued

地 区 Region	中国共产党机关 Organs of Communist Party of China				国家机构 Government Agencies			
	年末人数(人) Year-end Figures (person)	#女 性 Female	工资总额(千元) Total Wages (1000 yuan)	平均工资(元) Average Wage (yuan)	年末人数(人) Year-end Figures (person)	#女 性 Female	工资总额(千元) Total Wages (1000 yuan)	平均工资(元) Average Wage (yuan)
全 国 National	**871671**	**272640**	**92336806**	**108249**	**18408966**	**6094681**	**1714601665**	**93714**
北 京 Beijing	14001	4684	2497576	183174	416871	169055	70178878	169100
天 津 Tianjin	7747	2583	1245716	171138	164741	52233	20861680	127697
河 北 Hebei	40950	12048	3209770	79702	934312	305688	63313791	68246
山 西 Shanxi	32114	10671	2375810	74876	607122	219147	37852132	62549
内蒙古 Inner Mongolia	30156	10214	2587194	86909	536549	190791	40544777	75713
辽 宁 Liaoning	26615	9056	1990742	77536	643866	215419	45057812	69939
吉 林 Jilin	14400	4651	1103473	78741	403820	143649	28641203	71397
黑龙江 Heilongjiang	21030	6852	1516421	73709	446703	150397	31878997	71584
上 海 Shanghai	6745	2555	1086578	161910	231067	73817	38614253	167747
江 苏 Jiangsu	33214	9226	5382250	166278	834870	256726	115910555	139014
浙 江 Zhejiang	25541	7658	4609231	187033	706958	220761	103846972	147811
安 徽 Anhui	25797	6731	2776517	110109	557636	162513	51375940	92928
福 建 Fujian	33721	10726	3962299	120791	467442	147747	49097169	105303
江 西 Jiangxi	22422	5889	2319962	105611	589258	173167	49923981	85147
山 东 Shandong	55919	15351	6298446	115365	1205821	387597	109519851	91498
河 南 Henan	48477	14847	3870171	81465	1159683	384980	83236681	72764
湖 北 Hubei	73197	22646	8949213	122772	599991	188271	52734795	88272
湖 南 Hunan	39375	11451	3194106	81995	824999	240098	62776139	76369
广 东 Guangdong	44985	14236	6696318	153251	1349675	434041	180512701	134733
广 西 Guangxi	25231	9180	2182934	89656	569816	200995	44165393	78061
海 南 Hainan	7842	2395	654568	80961	154708	45974	12487290	83138
重 庆 Chongqing	14206	4793	1617947	117592	355507	122172	36240999	102198
四 川 Sichuan	54883	18590	5989583	111163	996236	342248	93732575	94453
贵 州 Guizhou	25738	7989	2363263	93617	660735	226344	51776710	78859
云 南 Yunnan	37083	12636	4176768	117483	668804	222330	63463763	96381
西 藏 Tibet	13428	4780	1807548	136367	155895	59126	20505965	132931
陕 西 Shaanxi	25920	7334	2026028	79390	602218	203676	43609293	72889
甘 肃 Gansu	20644	5840	1761192	85795	477398	168431	36239098	76210
青 海 Qinghai	6554	2331	740840	114575	140482	56065	13475959	96975
宁 夏 Ningxia	5446	1738	510614	96964	123939	52923	9135745	74217
新 疆 Xinjiang	38290	12959	2833728	77008	821844	278300	53890568	65854

3-2 续表 58 continued

地 区 Region	人民政协、民主党派 People's Political Consultative Conference and Democratic Parties				社会保障 Social Security			
	年末人数（人）Year-end Figures (person)	#女 性 Female	工资总额（千元）Total Wages (1000 yuan)	平均工资（元）Average Wage (yuan)	年末人数（人）Year-end Figures (person)	#女 性 Female	工资总额（千元）Total Wages (1000 yuan)	平均工资（元）Average Wage (yuan)
全 国 National	**105118**	**31699**	**12910173**	**123388**	**153993**	**78257**	**14368742**	**93727**
北 京 Beijing	2377	907	474902	200974	1081	649	159702	147191
天 津 Tianjin	682	253	111450	166343	1937	913	298325	156766
河 北 Hebei	4331	1216	403158	93151	4755	2672	316560	68180
山 西 Shanxi	3322	1059	280646	84481	7896	4701	465794	59299
内蒙古 Inner Mongolia	3401	1060	346322	101979	6478	3808	533726	81410
辽 宁 Liaoning	3639	1156	301515	83824	4755	2348	310893	65506
吉 林 Jilin	2233	739	215613	97211	3372	1921	191719	57921
黑龙江 Heilongjiang	1948	585	169201	87307	5219	2832	306104	58855
上 海 Shanghai	784	310	147646	188324	3293	2142	466331	141355
江 苏 Jiangsu	3830	1109	758643	198079	5754	3137	651786	112981
浙 江 Zhejiang	4047	1224	940521	232802	4204	2512	544165	127201
安 徽 Anhui	2960	775	376848	128354	3081	1556	277038	89831
福 建 Fujian	3333	1085	502719	150380	4038	2444	361392	89876
江 西 Jiangxi	3275	918	396148	121704	5049	2809	388404	77993
山 东 Shandong	5303	1227	703860	133484	4201	1999	437225	107904
河 南 Henan	5200	1501	478513	92825	8238	3895	537520	66018
湖 北 Hubei	8425	2913	790211	93849	26117	7822	3643583	141273
湖 南 Hunan	4542	1329	406226	89813	7996	3918	572460	71683
广 东 Guangdong	4671	1578	847095	183473	6330	3371	934969	145046
广 西 Guangxi	3026	1060	324979	107680	9241	5349	584607	61299
海 南 Hainan	501	180	60313	124614	665	374	43732	65467
重 庆 Chongqing	2215	692	260602	118888	2075	1088	203865	98868
四 川 Sichuan	7351	2283	934987	127452	6342	3643	518753	82604
贵 州 Guizhou	3786	1051	426418	112958	1022	544	68963	74878
云 南 Yunnan	6324	1905	866282	138849	5908	3522	560255	96413
西 藏 Tibet	1353	436	211525	157502	159	105	15896	101897
陕 西 Shaanxi	3717	1066	323466	87305	7064	3762	459038	64836
甘 肃 Gansu	3993	894	355844	89050	2335	1211	175203	76208
青 海 Qinghai	1398	383	183890	132295	706	458	54324	78845
宁 夏 Ningxia	921	267	112291	120613	425	222	36299	85813
新 疆 Xinjiang	2230	538	198339	89584	4257	2530	250111	59100

3-2 续表 59 continued

地 区 Region	群众团体、社会团体和其他成员组织 Non-Governmental Organizations, Social Organizations and Membership Organizations			
	年末人数（人） Year-end Figures (person)	#女 性 Female	工资总额（千元） Total Wages (1000 yuan)	平均工资（元） Average Wage (yuan)
全 国 National	**242425**	**123561**	**23793316**	**98937**
北 京 Beijing	36653	19269	5357350	147581
天 津 Tianjin	1294	717	154965	121161
河 北 Hebei	8008	4079	568571	71518
山 西 Shanxi	7423	3988	493419	66499
内蒙古 Inner Mongolia	7204	3853	551866	77411
辽 宁 Liaoning	7283	4066	516242	71344
吉 林 Jilin	3656	1912	270203	73685
黑龙江 Heilongjiang	4182	2064	271901	65329
上 海 Shanghai	3159	1452	422536	133799
江 苏 Jiangsu	7806	3818	1111429	142308
浙 江 Zhejiang	8090	3939	1212929	149929
安 徽 Anhui	6360	3073	537022	86394
福 建 Fujian	8470	4313	861611	101749
江 西 Jiangxi	5533	2820	534425	96746
山 东 Shandong	8687	4039	882216	103632
河 南 Henan	9317	4414	768896	82882
湖 北 Hubei	15146	6595	1150994	72972
湖 南 Hunan	11123	5070	779771	70092
广 东 Guangdong	15590	8306	1805875	116455
广 西 Guangxi	8737	4542	629023	72485
海 南 Hainan	2556	1236	218526	92088
重 庆 Chongqing	3443	1896	319693	94194
四 川 Sichuan	10894	5994	998139	91606
贵 州 Guizhou	8467	4322	575515	75201
云 南 Yunnan	10060	5301	948245	95320
西 藏 Tibet	2267	1167	295290	131826
陕 西 Shaanxi	6855	3578	489571	71512
甘 肃 Gansu	4220	2147	341252	80827
青 海 Qinghai	2186	1202	178996	82449
宁 夏 Ningxia	2597	1502	195991	75877
新 疆 Xinjiang	5159	2887	350854	71882

3–3 各地区分行业城镇非私营单位在岗职工人数和工资(2019年)
ON-POST STAFF AND WORKERS AND WAGES IN URBAN NON-PRIVATE UNITS BY SECTOR AND REGION(2019)

地区	Region	总计 Total		农、林、牧、渔业 Agriculture, Forestry, Animal Husbandry and Fishery		采矿业 Mining		制造业 Manufacturing	
		年末人数(人) Year-end Figures (person)	平均工资(元) Average Wage (yuan)	年末人数(人) Year-end Figures (person)	平均工资(元) Average Wage (yuan)	年末人数(人) Year-end Figures (person)	平均工资(元) Average Wage (yuan)	年末人数(人) Year-end Figures (person)	平均工资(元) Average Wage (yuan)
全 国	**National**	**159377494**	**93383**	**1184908**	**40877**	**3586848**	**92300**	**37650977**	**78114**
北 京	Beijing	7277700	173205	3420	95092	31636	135064	639940	137616
天 津	Tianjin	2476080	111602	2271	70980	57528	141993	660418	91934
河 北	Hebei	5327771	75775	24409	28201	163460	82316	933566	69143
山 西	Shanxi	4129421	72207	9435	46793	801586	82006	555453	57654
内蒙古	Inner Mongolia	2646643	83277	84437	55201	142851	120981	304209	75775
辽 宁	Liaoning	4658251	75264	165490	17237	194883	79513	1083499	73407
吉 林	Jilin	2582423	76401	61258	44531	79996	74334	492252	82419
黑龙江	Heilongjiang	3164551	72603	355497	32431	232879	90267	292220	70015
上 海	Shanghai	6686234	151772	59925	67289	1183	272488	1397543	124013
江 苏	Jiangsu	12527831	98669	24489	52262	39625	95065	4438041	85979
浙 江	Zhejiang	9326237	101996	4609	85241	4363	89012	2830593	80425
安 徽	Anhui	5221905	82127	20171	51881	138954	103764	1246562	70802
福 建	Fujian	5787681	84374	10956	61785	13649	61117	1680017	71297
江 西	Jiangxi	4071000	76131	17092	49458	29569	61188	1060806	64283
山 东	Shandong	10001133	84089	11925	67204	287342	97984	2685825	69346
河 南	Henan	9222754	68305	19686	47980	292566	72344	2193862	56831
湖 北	Hubei	6026556	81524	75595	36899	35372	89846	1310169	71492
湖 南	Hunan	5419487	77563	12077	54272	47320	58293	918198	71107
广 东	Guangdong	19714868	100689	23414	57704	17076	144803	8282596	78985
广 西	Guangxi	3735474	79516	45672	51891	13562	64153	482060	66589
海 南	Hainan	965446	84656	28519	46844	4518	65920	71683	73198
重 庆	Chongqing	3420662	89714	5863	61595	30181	74827	629496	76231
四 川	Sichuan	7221562	86855	11969	71474	125138	104469	1221649	73636
贵 州	Guizhou	2903908	87970	6215	54450	113180	72316	290420	81161
云 南	Yunnan	3324630	91811	29034	42714	63714	71887	394252	78138
西 藏	Tibet	417885	123045	1279	65335	5500	107752	14104	92213
陕 西	Shaanxi	4553511	82114	12965	63568	325598	102950	780988	73531
甘 肃	Gansu	2285312	77336	15906	56208	72230	88181	266122	74710
青 海	Qinghai	641329	93506	5453	53417	27389	142861	88214	72922
宁 夏	Ningxia	651842	88153	6712	44058	56047	128940	88312	72484
新 疆	Xinjiang	2987407	82052	29165	45595	137953	143124	317908	78319

3-3 续表 1 continued

地 区	Region	电力、热力、燃气及水生产和供应业 Production and Supply of Electricity, Heat, Gas and Water		建筑业 Construction		批发和零售业 Wholesale and Retail Trades		交通运输、仓储和邮政业 Transport, Storage and Post	
		年末人数（人） Year-end Figures (person)	平均工资（元） Average Wage (yuan)	年末人数（人） Year-end Figures (person)	平均工资（元） Average Wage (yuan)	年末人数（人） Year-end Figures (person)	平均工资（元） Average Wage (yuan)	年末人数（人） Year-end Figures (person)	平均工资（元） Average Wage (yuan)
全 国	**National**	**3627500**	**109480**	**19522911**	**66794**	**7936416**	**89649**	**7913483**	**98131**
北 京	Beijing	93909	178623	432064	129804	560196	152524	576765	123491
天 津	Tianjin	40825	158678	218669	93771	194629	87436	146022	103845
河 北	Hebei	177306	103573	371739	62763	201527	56738	267781	88270
山 西	Shanxi	154197	88965	266672	61856	131492	59999	205502	94865
内蒙古	Inner Mongolia	144418	102216	121252	55340	80412	66828	194516	92706
辽 宁	Liaoning	154157	79640	274477	61211	180007	62007	324853	86645
吉 林	Jilin	102482	90241	133923	55723	100312	56995	159106	78950
黑龙江	Heilongjiang	137418	82477	155854	54691	106826	61696	253468	84055
上 海	Shanghai	34652	204625	293607	118490	912042	157373	484440	135047
江 苏	Jiangsu	141274	143763	2452706	71032	587473	89214	468111	99908
浙 江	Zhejiang	106681	131527	2000202	62456	380129	96746	302576	98565
安 徽	Anhui	103226	113747	803046	63417	264694	62592	227778	82482
福 建	Fujian	104613	125627	1333086	64935	231700	83311	223719	90909
江 西	Jiangxi	79889	89178	629575	58207	153443	63212	176647	88614
山 东	Shandong	275592	108615	1319594	66562	454816	64194	432544	92378
河 南	Henan	232326	89052	1344192	55381	360327	56901	400136	76534
湖 北	Hubei	143371	104335	1013794	67407	352169	65942	296795	87239
湖 南	Hunan	147889	95494	847587	57031	208473	62850	251998	86574
广 东	Guangdong	255642	143080	1182760	73298	1096284	87788	798314	108678
广 西	Guangxi	97065	103987	641671	62884	124151	67517	180014	91430
海 南	Hainan	20670	105044	51673	49254	55606	72290	68685	100299
重 庆	Chongqing	59760	93909	629214	62711	215188	76303	206340	90713
四 川	Sichuan	203768	110518	1265150	60609	271757	73472	311800	99438
贵 州	Guizhou	88883	116048	373442	74654	106864	80950	127819	92753
云 南	Yunnan	118858	104037	303075	62838	145535	76879	159508	101788
西 藏	Tibet	13593	104574	33354	65379	23131	89529	23319	114209
陕 西	Shaanxi	131252	107398	490358	66533	217079	59859	262924	91032
甘 肃	Gansu	109257	84632	269291	55427	74901	56093	129011	85517
青 海	Qinghai	20528	103550	42637	71769	23100	70834	51460	100389
宁 夏	Ningxia	34091	121765	29504	63010	22727	58161	37505	89257
新 疆	Xinjiang	99908	104870	198743	67597	99426	77121	164027	105624

3-3 续表 2 continued

地区	Region	住宿和餐饮业 Hotels and Catering Services 年末人数(人) Year-end Figures (person)	平均工资(元) Average Wage (yuan)	信息传输、软件和信息技术服务业 Information Transmission, Software and Information Technology 年末人数(人) Year-end Figures (person)	平均工资(元) Average Wage (yuan)	金融业 Financial Intermediation 年末人数(人) Year-end Figures (person)	平均工资(元) Average Wage (yuan)	房地产业 Real Estate 年末人数(人) Year-end Figures (person)	平均工资(元) Average Wage (yuan)
全 国	**National**	**2276429**	**54664**	**4368260**	**164621**	**5385924**	**176083**	**4855604**	**81750**
北 京	Beijing	217831	74013	840588	236143	409961	347994	444142	112875
天 津	Tianjin	37725	56712	64746	145990	134011	165859	100932	93626
河 北	Hebei	42976	47050	100213	94539	203016	126415	98808	64500
山 西	Shanxi	30973	38054	50494	86243	167409	119460	52409	54927
内蒙古	Inner Mongolia	27235	45051	46049	92224	130248	118114	55085	51031
辽 宁	Liaoning	44813	44269	131155	108575	214349	117214	101875	65111
吉 林	Jilin	22429	42523	55067	83475	116209	111669	56390	54602
黑龙江	Heilongjiang	12903	41021	82539	72224	108095	109835	49593	54917
上 海	Shanghai	204267	74713	411333	236762	373088	256984	263435	115413
江 苏	Jiangsu	163748	56636	311962	149635	286178	201175	276583	85850
浙 江	Zhejiang	126325	58309	240407	225556	312067	195529	252373	87140
安 徽	Anhui	55893	46169	84481	94544	145040	125502	167149	69683
福 建	Fujian	89173	46676	105931	124902	143553	169030	166112	82669
江 西	Jiangxi	34657	44163	50376	91086	130179	127387	90543	66416
山 东	Shandong	109664	49634	169987	101971	312573	142299	250956	70880
河 南	Henan	75832	43176	133036	88613	256121	135357	270789	61570
湖 北	Hubei	79870	52153	141525	111254	160505	116624	169597	69958
湖 南	Hunan	61385	40030	78537	97470	198416	135950	134117	70158
广 东	Guangdong	353053	56002	641852	178726	538283	224640	840053	92897
广 西	Guangxi	42185	41288	43494	110273	135436	131571	87891	79769
海 南	Hainan	53748	56171	21579	114456	38367	160287	79779	74911
重 庆	Chongqing	39730	50275	46360	132866	151894	159034	131402	83725
四 川	Sichuan	119996	47779	197532	126412	169291	149685	243196	73364
贵 州	Guizhou	26819	45240	38451	105994	102835	169177	102709	65053
云 南	Yunnan	51520	44078	51312	94167	100151	158362	96152	67011
西 藏	Tibet	5574	67725	8693	132165	13643	211499	4252	95159
陕 西	Shaanxi	86298	42439	132013	152989	131656	152809	133004	65846
甘 肃	Gansu	25725	41593	35687	82660	71318	89671	51069	49795
青 海	Qinghai	5694	45659	9390	107394	24392	133191	13089	54126
宁 夏	Ningxia	4610	44183	7794	105022	28428	121270	14011	64051
新 疆	Xinjiang	23778	51595	35677	105421	79212	131145	58109	55459

3-3 续表 3 continued

地区	Region	租赁和商务服务业 Leasing and Business Services		科学研究和技术服务业 Scientific Research and Technical Services		水利、环境和公共设施管理业 Management of Water Conservancy,Environment and Public Facilities		居民服务、修理和其他服务业 Service to Households, Repair and Other Services	
		年末人数(人) Year-end Figures (person)	平均工资(元) Average Wage (yuan)	年末人数(人) Year-end Figures (person)	平均工资(元) Average Wage (yuan)	年末人数(人) Year-end Figures (person)	平均工资(元) Average Wage (yuan)	年末人数(人) Year-end Figures (person)	平均工资(元) Average Wage (yuan)
全国	**National**	**6178493**	**88830**	**4138306**	**135604**	**2116757**	**66340**	**812976**	**61435**
北京	Beijing	710841	145471	652784	200622	117639	110917	64478	82528
天津	Tianjin	129525	78776	104409	177239	32759	102853	64498	60912
河北	Hebei	155632	52720	144582	93890	75743	48618	24755	42115
山西	Shanxi	113432	49948	74040	80612	69301	37869	7984	48893
内蒙古	Inner Mongolia	67289	58055	67678	89701	37130	53161	6314	50150
辽宁	Liaoning	127390	52541	93455	99162	59542	48221	21504	46970
吉林	Jilin	62374	54464	76345	83244	54373	43666	15918	43042
黑龙江	Heilongjiang	122411	77346	84284	95712	51191	47011	27712	66501
上海	Shanghai	723333	156096	343701	183907	98546	97919	97410	75791
江苏	Jiangsu	399452	74993	263557	130171	117151	83773	46457	65566
浙江	Zhejiang	334646	81282	172761	158172	104206	86292	35031	70519
安徽	Anhui	177044	62774	100564	98222	69633	56709	20761	49991
福建	Fujian	185966	64124	75619	121195	63501	64577	32902	66815
江西	Jiangxi	68020	62755	60497	99941	40834	47067	8538	50744
山东	Shandong	216334	74040	174565	105130	125611	60218	31962	50383
河南	Henan	254818	49637	169388	90494	114934	52636	26177	46858
湖北	Hubei	163419	59794	160425	116818	103506	67234	23384	59198
湖南	Hunan	133638	63004	124925	90727	83063	57486	22586	66816
广东	Guangdong	1041902	89010	461660	145288	169970	74814	122884	58919
广西	Guangxi	103636	65609	68890	99134	68334	51936	8957	58061
海南	Hainan	30429	68779	20461	94526	34061	52139	7255	40728
重庆	Chongqing	134429	60983	73210	130560	36820	72579	8967	56546
四川	Sichuan	244793	58138	145827	136134	87767	64587	23974	55511
贵州	Guizhou	78741	64998	45342	98240	40764	52168	15494	47004
云南	Yunnan	111964	56347	86148	109809	47991	66737	15386	44184
西藏	Tibet	14331	73909	11967	135810	4930	63192	2354	81232
陕西	Shaanxi	92307	62997	122755	100652	80398	57522	17756	53541
甘肃	Gansu	35810	51473	63238	101863	49684	61623	4993	45012
青海	Qinghai	14861	62919	17492	102499	9157	71507	1334	48705
宁夏	Ningxia	27467	57032	13533	95245	14335	61110	259	52752
新疆	Xinjiang	102259	55445	64204	96043	53883	54815	4992	60122

3-3 续表 4 continued

地 区	Region	教 育 Education		卫生和社会工作 Health and Social Service		文化、体育和娱乐业 Culture, Sports and Entertainment		公共管理、社会保障和社会组织 Public Management, Social Security and Social Organization	
		年末人数(人) Year-end Figures (person)	平均工资(元) Average Wage (yuan)	年末人数(人) Year-end Figures (person)	平均工资(元) Average Wage (yuan)	年末人数(人) Year-end Figures (person)	平均工资(元) Average Wage (yuan)	年末人数(人) Year-end Figures (person)	平均工资(元) Average Wage (yuan)
全 国	**National**	**18216906**	**100343**	**9547194**	**111564**	**1420177**	**108542**	**18637425**	**98500**
北 京	Beijing	532070	187328	305932	214997	176964	207737	466540	168150
天 津	Tianjin	192926	144008	109015	152743	20252	148906	164920	135310
河 北	Hebei	926202	81185	426596	76757	47873	72320	941587	71016
山 西	Shanxi	534683	72183	234198	72992	42774	60188	627387	65331
内蒙古	Inner Mongolia	370987	89773	184650	81766	30074	81715	551809	79315
辽 宁	Liaoning	492640	84836	297123	81481	43128	70188	653911	73039
吉 林	Jilin	360373	83737	203389	80697	31482	67231	398745	75413
黑龙江	Heilongjiang	384773	85894	232157	76050	26509	65532	448222	74902
上 海	Shanghai	365011	141676	265310	184174	68913	166445	288495	153315
江 苏	Jiangsu	1042164	128757	546793	132523	87577	111472	834490	145970
浙 江	Zhejiang	829137	131529	491155	156943	71786	120053	727190	153194
安 徽	Anhui	671344	99921	343429	107309	35310	74414	546826	98643
福 建	Fujian	562026	101280	244991	122947	38704	88407	481463	111509
江 西	Jiangxi	568425	83476	266604	98613	28018	84221	577288	90350
山 东	Shandong	1180165	100672	674364	101936	65812	89660	1221502	95707
河 南	Henan	1185726	74545	639819	82561	65026	74319	1187993	74726
湖 北	Hubei	669045	94660	394506	95138	55749	83796	677760	97166
湖 南	Hunan	800949	79868	441139	100437	57347	102035	849843	78459
广 东	Guangdong	1573630	119306	809267	149788	123643	117333	1382585	137430
广 西	Guangxi	646457	81011	343411	101795	30040	81412	572548	81891
海 南	Hainan	140028	99921	70500	99704	12955	80736	154930	87717
重 庆	Chongqing	431188	109556	202419	116664	26121	84829	362080	105569
四 川	Sichuan	984138	93600	545133	110943	51784	89040	996900	100333
贵 州	Guizhou	492181	93500	227497	96207	21262	90191	604990	87286
云 南	Yunnan	598292	102561	267728	100757	35490	88455	648520	106382
西 藏	Tibet	50455	148641	17852	132600	5408	121779	164146	138419
陕 西	Shaanxi	584167	80865	295171	83894	53805	66814	603017	76244
甘 肃	Gansu	375975	89112	147919	82228	25910	72003	461266	82224
青 海	Qinghai	84335	101471	52295	94153	7947	79935	142562	102213
宁 夏	Ningxia	88977	92219	50127	104721	7893	84349	119510	81070
新 疆	Xinjiang	498437	84128	216705	88319	24621	83098	778400	70529

3-4 各地区分行业城镇非私营单位其他就业人员和平均工资(2019年)
OTHER EMPLOYMENT AND AVERAGE WAGE IN URBAN NON-PRIVATE UNITS BY SECTOR AND REGION(2019)

地区	Region	总计 Total		农、林、牧、渔业 Agriculture, Forestry, Animal Husbandry and Fishery		采矿业 Mining		制造业 Manufacturing	
		年末人数(人) Year-end Figures (person)	平均工资(元) Average Wage (yuan)	年末人数(人) Year-end Figures (person)	平均工资(元) Average Wage (yuan)	年末人数(人) Year-end Figures (person)	平均工资(元) Average Wage (yuan)	年末人数(人) Year-end Figures (person)	平均工资(元) Average Wage (yuan)
全　国	**National**	**12240292**	**52606**	**156023**	**29572**	**90082**	**42465**	**669327**	**80000**
北　京	Beijing	635278	91418	165	67959	148	106150	13924	168989
天　津	Tianjin	217463	64860	349	28472	912	32360	12867	156362
河　北	Hebei	432506	37557	2125	20171	1387	74236	17105	48560
山　西	Shanxi	281268	30659	334	19191	13555	39022	8072	37656
内蒙古	Inner Mongolia	162406	36180	1742	21394	1711	49734	3687	51682
辽　宁	Liaoning	340715	40030	6286	19504	1404	26034	20493	64779
吉　林	Jilin	190980	39099	8819	22504	6416	21935	15928	86571
黑龙江	Heilongjiang	331189	32760	51720	28852	1340	47011	8899	42310
上　海	Shanghai	474350	116229	16376	35042	3	42571	37307	185628
江　苏	Jiangsu	795371	61531	2627	40335	634	33732	99331	103165
浙　江	Zhejiang	547160	58727	562	30906	127	32738	37246	84837
安　徽	Anhui	588575	50578	11377	38000	3821	32522	30353	55757
福　建	Fujian	608164	56546	3891	22859	342	68664	27919	92491
江　西	Jiangxi	446245	51195	4261	38135	833	26213	14347	44858
山　东	Shandong	718898	45265	78	28960	10126	49930	31480	70053
河　南	Henan	456935	45740	952	33510	3442	28489	26928	45083
湖　北	Hubei	511009	52187	14395	35110	4836	32791	32714	46272
湖　南	Hunan	547485	42333	1442	24873	2630	44938	24810	45699
广　东	Guangdong	931009	60594	560	40359	402	39159	75813	89600
广　西	Guangxi	305689	38472	8621	29877	115	40300	17915	42974
海　南	Hainan	56469	39141	757	15589	42	30844	982	63549
重　庆	Chongqing	323532	53266	856	27038	651	56769	15735	65692
四　川	Sichuan	667790	45629	2316	17379	3595	55029	16520	57456
贵　州	Guizhou	306939	39360	905	25519	4537	43021	5300	37526
云　南	Yunnan	350470	35819	6169	19857	2666	39229	27143	35991
西　藏	Tibet	30306	51602	349	41879	380	70661	327	44759
陕　西	Shaanxi	459581	41056	506	20657	12588	44230	22861	49291
甘　肃	Gansu	245091	39781	3898	29816	4453	41181	15185	46910
青　海	Qinghai	28765	34990	96	38813	3954	43920	880	35460
宁　夏	Ningxia	48258	29400	601	29034	28	41738	766	38401
新　疆	Xinjiang	200396	39531	2888	33437	3004	71308	6490	37275

3–4 续表 1 continued

地 区	Region	电力、热力、燃气及水生产和供应业 Production and Supply of Electricity, Heat, Gas and Water		建筑业 Construction		批发和零售业 Wholesale and Retail Trades		交通运输、仓储和邮政业 Transport, Storage and Post	
		年末人数（人）Year-end Figures (person)	平均工资（元）Average Wage (yuan)	年末人数（人）Year-end Figures (person)	平均工资（元）Average Wage (yuan)	年末人数（人）Year-end Figures (person)	平均工资（元）Average Wage (yuan)	年末人数（人）Year-end Figures (person)	平均工资（元）Average Wage (yuan)
全 国	**National**	**103669**	**45687**	**3182078**	**58057**	**364059**	**76409**	**241458**	**60720**
北 京	Beijing	1640	60922	19095	82241	36069	115461	12760	113138
天 津	Tianjin	900	53122	31881	65074	5011	96660	3319	85777
河 北	Hebei	9881	41798	60316	49083	4174	36783	6922	46565
山 西	Shanxi	4112	24414	23257	42176	4614	33919	5062	43654
内蒙古	Inner Mongolia	1835	37528	8142	47918	2121	36599	4518	41268
辽 宁	Liaoning	3400	36730	49508	47810	8082	41659	4372	36155
吉 林	Jilin	1183	32011	15348	41044	3891	38309	4093	39785
黑龙江	Heilongjiang	7148	38670	18437	37619	5062	32075	4160	32160
上 海	Shanghai	100	101149	30178	80406	77822	155802	19891	117056
江 苏	Jiangsu	1619	53839	247945	55985	17317	74488	15271	54153
浙 江	Zhejiang	3960	71901	123411	52907	16538	50106	9731	47668
安 徽	Anhui	884	40688	307547	62135	5291	36741	9250	43763
福 建	Fujian	9166	51331	303766	64442	15594	68165	4978	54885
江 西	Jiangxi	14361	62344	204533	66224	6252	34582	6557	49909
山 东	Shandong	3668	40941	185165	64374	12384	50962	13956	49015
河 南	Henan	3032	49440	186429	51964	7877	42170	11781	51609
湖 北	Hubei	2657	38078	183071	61159	17158	35391	13074	36835
湖 南	Hunan	3127	36387	202652	52221	8509	39526	7490	41750
广 东	Guangdong	1419	62191	144983	63055	50944	34293	27530	72562
广 西	Guangxi	3029	29811	76866	47450	5445	32462	10541	61057
海 南	Hainan	1268	19708	9827	51293	611	34107	4213	47906
重 庆	Chongqing	1902	65010	157385	63567	7798	38953	8638	60260
四 川	Sichuan	5320	50794	251380	52783	9539	42782	8099	47073
贵 州	Guizhou	5629	23930	60119	61613	4164	46245	3843	54467
云 南	Yunnan	1904	29977	86094	49213	12603	41612	3490	60050
西 藏	Tibet	202	69314	9232	58170	969	67488	2859	65735
陕 西	Shaanxi	3775	43798	96518	55776	9455	48971	8573	56877
甘 肃	Gansu	3862	44802	76582	49804	3484	35230	2569	47853
青 海	Qinghai	281	35310	2901	49588	579	48895	486	50144
宁 夏	Ningxia	581	32984	4598	37267	607	37109	882	39130
新 疆	Xinjiang	1824	44182	4912	62705	4095	55038	2550	43203

3-4 续表 2 continued

地区	Region	住宿和餐饮业 Hotels and Catering Services		信息传输、软件和信息技术服务业 Information Transmission, Software and Information Technology		金融业 Financial Intermediation		房地产业 Real Estate	
		年末人数（人） Year-end Figures (person)	平均工资（元） Average Wage (yuan)	年末人数（人） Year-end Figures (person)	平均工资（元） Average Wage (yuan)	年末人数（人） Year-end Figures (person)	平均工资（元） Average Wage (yuan)	年末人数（人） Year-end Figures (person)	平均工资（元） Average Wage (yuan)
全 国	**National**	**375839**	**24073**	**184318**	**82270**	**2874696**	**46199**	**247017**	**49708**
北 京	Beijing	87149	26797	18543	143134	234815	84568	30055	69807
天 津	Tianjin	25581	10525	982	55504	64006	69051	7044	37779
河 北	Hebei	1943	35328	984	46654	167446	33446	5392	29366
山 西	Shanxi	4521	14383	1849	47206	132576	31209	2550	27753
内蒙古	Inner Mongolia	1271	28794	939	45625	76299	35019	1571	40441
辽 宁	Liaoning	5924	16179	5744	67027	120928	43745	5089	37540
吉 林	Jilin	788	32035	987	45248	58717	42854	4126	28990
黑龙江	Heilongjiang	1292	31493	5617	57828	126188	37194	8390	28422
上 海	Shanghai	94812	28265	6347	276392	5736	335579	37788	70199
江 苏	Jiangsu	27945	24107	12290	90915	102754	54742	14408	42635
浙 江	Zhejiang	19661	27844	3172	77950	163555	60733	15602	47116
安 徽	Anhui	1980	30227	8083	59955	87251	30522	9055	38848
福 建	Fujian	2695	37374	1890	94147	108015	44222	7431	46095
江 西	Jiangxi	951	40218	4285	67512	72030	35918	3608	44474
山 东	Shandong	6710	28387	3112	54867	243791	36094	8917	35256
河 南	Henan	2086	40772	33247	39220	39003	50622	9323	44419
湖 北	Hubei	8500	14752	39308	80287	41540	51365	7429	44077
湖 南	Hunan	1489	32611	2873	56366	158360	34480	6610	46841
广 东	Guangdong	53025	14862	20516	73488	305472	56156	19566	51757
广 西	Guangxi	1493	29744	1749	50027	60540	35458	3053	36713
海 南	Hainan	1622	30168	246	60380	12993	35976	1857	40892
重 庆	Chongqing	4973	35102	1000	64341	54461	38684	6067	48713
四 川	Sichuan	5110	26618	2562	71270	157701	39620	8361	45003
贵 州	Guizhou	1092	41541	1489	77528	42391	34498	4049	45125
云 南	Yunnan	2882	34472	2009	53715	18840	28965	7629	42147
西 藏	Tibet	307	53270	169	51600	61	212032	320	44161
陕 西	Shaanxi	6282	25544	1820	72804	146232	36267	5230	40929
甘 肃	Gansu	2305	26866	1726	46074	24311	47019	3378	41077
青 海	Qinghai	58	49688	90	68141	4569	23660	662	32175
宁 夏	Ningxia	22	18955	153	65694	10999	28307	386	33508
新 疆	Xinjiang	1370	22259	537	51536	33116	49116	2071	35304

3-4 续表 3 continued

地　区	Region	租赁和商务服务业 Leasing and Business Services 年末人数(人) Year-end Figures (person)	平均工资(元) Average Wage (yuan)	科学研究和技术服务业 Scientific Research and Technical Services 年末人数(人) Year-end Figures (person)	平均工资(元) Average Wage (yuan)	水利、环境和公共设施管理业 Management of Water Conservancy,Environment and Public Facilities 年末人数(人) Year-end Figures (person)	平均工资(元) Average Wage (yuan)	居民服务、修理和其他服务业 Service to Households, Repair and Other Services 年末人数(人) Year-end Figures (person)	平均工资(元) Average Wage (yuan)
全　国	**National**	**425169**	**78856**	**204932**	**89808**	**327760**	**27972**	**50263**	**42271**
北　京	Beijing	26222	226903	36664	129550	6160	45692	3846	65768
天　津	Tianjin	23416	49451	6430	85117	4050	49637	632	54755
河　北	Hebei	5423	32990	19174	56573	14784	23880	329	27526
山　西	Shanxi	4726	28029	3278	43213	10232	18487	460	21518
内蒙古	Inner Mongolia	3553	40335	2498	51651	1558	35589	1349	23407
辽　宁	Liaoning	6134	22976	4652	79455	14855	20901	1305	33034
吉　林	Jilin	2030	36383	2111	47674	13386	26522	2263	21154
黑龙江	Heilongjiang	13011	19784	2086	31261	15908	23942	617	30842
上　海	Shanghai	40645	259456	18349	203599	7654	69624	11867	42717
江　苏	Jiangsu	61989	47997	9127	73244	15112	36198	3035	42777
浙　江	Zhejiang	21516	52762	7515	77194	8497	42083	1789	54134
安　徽	Anhui	6258	44965	5675	59454	13565	21026	1216	40800
福　建	Fujian	12990	41335	3163	59562	5702	35423	1821	56294
江　西	Jiangxi	4538	45779	3322	60747	9830	26073	292	36582
山　东	Shandong	12270	47561	6974	69912	52454	14255	1461	36005
河　南	Henan	9260	51506	6316	59854	20735	28797	1242	46869
湖　北	Hubei	13908	54053	9267	78275	14015	30000	1885	33173
湖　南	Hunan	5343	35791	8605	47331	12163	27843	430	40693
广　东	Guangdong	83612	54059	11247	99772	10527	49702	6467	45747
广　西	Guangxi	9081	33783	5091	40293	5279	28967	956	35387
海　南	Hainan	472	48046	946	43363	1699	42796	61	40429
重　庆	Chongqing	8504	40025	2660	65436	3764	41293	990	41369
四　川	Sichuan	9272	43205	7039	88916	9908	48913	3571	35794
贵　州	Guizhou	2943	38281	2641	50881	2466	27163	488	40888
云　南	Yunnan	6901	48730	7390	44770	12885	19079	544	35119
西　藏	Tibet	689	55457	273	79297	166	52967	20	64200
陕　西	Shaanxi	17808	37590	6636	48685	23074	24708	842	27042
甘　肃	Gansu	2565	31610	2794	51364	10315	29773	233	29194
青　海	Qinghai	997	37645	586	49153	388	29155	38	11950
宁　夏	Ningxia	2701	22176	578	36296	2207	25529	53	48321
新　疆	Xinjiang	6392	41466	1845	61922	4422	24292	161	31957

3-4 续表 4 continued

地 区	Region	教 育 Education		卫生和社会工作 Health and Social Service		文化、体育和娱乐业 Culture, Sports and Entertainment		公共管理、社会保障和社会组织 Public Management, Social Security and Social Organization	
		年末人数（人） Year-end Figures (person)	平均工资（元） Average Wage (yuan)	年末人数（人） Year-end Figures (person)	平均工资（元） Average Wage (yuan)	年末人数（人） Year-end Figures (person)	平均工资（元） Average Wage (yuan)	年末人数（人） Year-end Figures (person)	平均工资（元） Average Wage (yuan)
全 国	**National**	**876295**	**41879**	**515104**	**59675**	**91443**	**94936**	**1260760**	**33010**
北 京	Beijing	43695	107213	19375	106771	9093	161031	35860	39208
天 津	Tianjin	9481	49075	7894	83859	1227	422054	11481	49681
河 北	Hebei	33698	29243	26706	42854	3948	64994	50769	28402
山 西	Shanxi	17732	22224	12317	35290	1531	27193	30490	20508
内蒙古	Inner Mongolia	8108	37825	7756	47201	1769	36001	31979	28089
辽 宁	Liaoning	17134	33559	18210	44305	2179	29525	45016	20373
吉 林	Jilin	11453	40036	9089	39770	1549	37105	28803	20468
黑龙江	Heilongjiang	11371	27468	16916	37754	1745	31305	31282	23364
上 海	Shanghai	35509	82698	18621	101054	6138	108250	9207	62424
江 苏	Jiangsu	61327	50229	46928	83706	4728	56779	50984	47688
浙 江	Zhejiang	47290	50022	21629	94125	8252	74274	37107	56454
安 徽	Anhui	23522	33414	12360	53690	2079	39381	49008	39544
福 建	Fujian	45401	36420	12558	61996	3163	36344	37679	37764
江 西	Jiangxi	32147	31117	13700	50180	2149	31824	48249	35110
山 东	Shandong	33617	34840	31543	59177	2763	41427	58429	32457
河 南	Henan	28866	34705	20729	49546	2747	41632	42940	31439
湖 北	Hubei	36703	35001	22206	58360	3218	72689	45125	36544
湖 南	Hunan	39939	28771	18180	50190	4635	50261	38198	34545
广 东	Guangdong	49958	60631	19872	79933	10430	280583	38666	55502
广 西	Guangxi	40573	27640	9883	55835	1956	33004	43503	31442
海 南	Hainan	3960	39726	2625	57034	462	31763	11826	26944
重 庆	Chongqing	24445	32846	6985	61854	1352	35958	15366	37137
四 川	Sichuan	60353	33065	25458	68330	2867	34233	78819	32948
贵 州	Guizhou	46510	27769	22062	47041	1553	34058	94758	29756
云 南	Yunnan	35421	26052	33955	41031	2183	30650	79762	24159
西 藏	Tibet	3237	39477	1169	52780	621	42300	8956	39931
陕 西	Shaanxi	30162	35040	20780	39777	3638	45992	42801	28793
甘 肃	Gansu	15545	29437	22455	38797	2016	31354	47415	23524
青 海	Qinghai	1877	32292	1264	38223	295	43590	8764	26034
宁 夏	Ningxia	6769	22459	2246	42008	263	38752	13818	27256
新 疆	Xinjiang	20492	40972	9633	37240	894	108888	93700	32116

3-5 各地区分登记注册类型城镇非私营单位年末人数(2019年) EMPLOYMENT IN URBAN NON-PRIVATE UNITS BY REGISTRATION STATUS AND REGION(2019)

单位：千人 (1000 persons)

地 区	Region	就业人员 Employment					
						在岗职工 On-post Staff and Workers	
		合计 Total	国有单位 State-owned Units	城镇集体单位 Urban Collective-owned Units	其他单位 Other Ownership Units	合计 Total	国有单位 State-owned Units
全 国	**National**	**171618**	**54727**	**2956**	**113935**	**159377**	**51464**
北 京	Beijing	7913	1708	149	6055	7278	1627
天 津	Tianjin	2694	629	23	2041	2476	579
河 北	Hebei	5760	2627	121	3013	5328	2485
山 西	Shanxi	4411	1737	91	2583	4129	1656
内蒙古	Inner Mongolia	2809	1381	18	1411	2647	1326
辽 宁	Liaoning	4999	1866	122	3011	4658	1768
吉 林	Jilin	2773	1264	14	1495	2582	1194
黑龙江	Heilongjiang	3496	1769	29	1697	3165	1625
上 海	Shanghai	7161	945	106	6109	6686	895
江 苏	Jiangsu	13323	2636	283	10403	12528	2465
浙 江	Zhejiang	9873	2248	86	7539	9326	2135
安 徽	Anhui	5810	1701	80	4029	5222	1591
福 建	Fujian	6396	1471	93	4831	5788	1363
江 西	Jiangxi	4517	1647	92	2778	4071	1523
山 东	Shandong	10720	3454	187	7079	10001	3306
河 南	Henan	9680	3238	191	6251	9223	3123
湖 北	Hubei	6538	2373	112	4052	6027	2215
湖 南	Hunan	5967	2433	140	3394	5419	2297
广 东	Guangdong	20646	3851	379	16416	19715	3709
广 西	Guangxi	4041	1955	102	1984	3735	1815
海 南	Hainan	1022	419	10	592	965	400
重 庆	Chongqing	3744	1058	48	2639	3421	1009
四 川	Sichuan	7889	2898	145	4846	7222	2716
贵 州	Guizhou	3211	1601	31	1579	2904	1427
云 南	Yunnan	3675	1783	77	1815	3325	1617
西 藏	Tibet	448	292	3	154	418	274
陕 西	Shaanxi	5013	1871	132	3010	4554	1735
甘 肃	Gansu	2530	1361	56	1113	2285	1252
青 海	Qinghai	670	338	10	322	641	325
宁 夏	Ningxia	700	337	6	357	652	311
新 疆	Xinjiang	3188	1835	18	1335	2987	1701

3-5 续表 continued

单位：千人 (1000 persons)

地 区 Region	在岗职工 On-post Staff and Workers		其他就业人员 Others			
	城镇集体单位 Urban Collective-owned Units	其他单位 Other Ownership Units	合计 Total	国有单位 State-owned Units	城镇集体单位 Urban Collective-owned Units	其他单位 Other Ownership Units
全 国 National	**2698**	**105216**	**12240**	**3263**	**258**	**8719**
北 京 Beijing	140	5511	635	81	9	545
天 津 Tianjin	22	1875	217	49	1	167
河 北 Hebei	114	2729	433	142	7	284
山 西 Shanxi	85	2389	281	81	6	194
内蒙古 Inner Mongolia	17	1303	162	55	0	107
辽 宁 Liaoning	113	2777	341	98	9	234
吉 林 Jilin	13	1375	191	69	2	120
黑龙江 Heilongjiang	27	1513	331	144	3	185
上 海 Shanghai	99	5692	474	50	7	417
江 苏 Jiangsu	262	9802	795	172	22	602
浙 江 Zhejiang	81	7110	547	113	6	429
安 徽 Anhui	77	3554	589	110	4	475
福 建 Fujian	71	4354	608	109	22	477
江 西 Jiangxi	74	2473	446	124	18	305
山 东 Shandong	175	6520	719	148	12	559
河 南 Henan	180	5920	457	115	10	331
湖 北 Hubei	106	3705	511	158	6	347
湖 南 Hunan	119	3004	547	136	21	390
广 东 Guangdong	355	15651	931	141	25	765
广 西 Guangxi	77	1844	306	140	25	140
海 南 Hainan	10	556	56	20	1	36
重 庆 Chongqing	45	2366	324	49	2	272
四 川 Sichuan	130	4376	668	182	15	470
贵 州 Guizhou	26	1452	307	174	5	127
云 南 Yunnan	72	1635	350	166	5	180
西 藏 Tibet	2	141	30	17	0	13
陕 西 Shaanxi	124	2695	460	137	8	315
甘 肃 Gansu	52	982	245	110	4	131
青 海 Qinghai	8	308	29	13	2	14
宁 夏 Ningxia	5	335	48	26	1	22
新 疆 Xinjiang	17	1269	200	133	1	66

3-6 各地区分登记注册类型城镇非私营单位工资总额(2019年)
WAGES IN URBAN NON-PRIVATE UNITS BY REGISTRATION STATUS AND REGION(2019)

单位：亿元 (100 million yuan)

地区	Region	就业人员工资总额 Earnings of Employment					
						在岗职工 Wages of On-post Staff and Workers	
		合计 Total	国有单位 State-owned Units	城镇集体单位 Urban Collective-owned Units	其他单位 Other Ownership Units	合计 Total	国有单位 State-owned Units
全国	**National**	**154296.1**	**53743.7**	**1841.5**	**98710.9**	**147950.4**	**52464.9**
北京	Beijing	13193.2	3224.1	103.0	9866.1	12627.3	3166.3
天津	Tianjin	2925.9	850.6	11.6	2063.7	2790.6	826.7
河北	Hebei	4187.5	1953.9	61.7	2172.0	4028.5	1906.7
山西	Shanxi	3060.3	1184.8	48.0	1827.5	2974.1	1165.6
内蒙古	Inner Mongolia	2257.0	1127.4	14.6	1115.0	2198.6	1109.4
辽宁	Liaoning	3666.0	1342.8	52.1	2271.1	3530.3	1315.9
吉林	Jilin	2051.7	946.3	8.6	1096.8	1976.3	926.4
黑龙江	Heilongjiang	2421.2	1152.0	18.8	1250.4	2299.4	1102.3
上海	Shanghai	10711.4	1599.1	87.5	9024.7	10149.8	1555.6
江苏	Jiangsu	12679.2	3448.1	257.0	8974.1	12213.1	3350.7
浙江	Zhejiang	9719.4	3216.4	55.6	6447.4	9409.4	3148.6
安徽	Anhui	4521.1	1684.8	52.8	2783.5	4237.7	1640.5
福建	Fujian	5152.8	1542.6	66.5	3543.7	4825.2	1502.2
江西	Jiangxi	3284.9	1401.7	50.8	1832.4	3064.7	1356.8
山东	Shandong	8688.9	3378.2	104.7	5206.0	8360.1	3321.8
河南	Henan	6389.1	2447.1	107.8	3834.3	6189.5	2406.1
湖北	Hubei	5130.3	2093.6	60.0	2976.7	4865.3	2030.1
湖南	Hunan	4366.5	2042.1	71.7	2252.7	4137.2	1990.7
广东	Guangdong	20510.0	5121.9	231.7	15156.5	19945.8	5041.3
广西	Guangxi	3017.5	1586.0	53.9	1377.6	2905.2	1542.4
海南	Hainan	832.5	381.4	5.8	445.3	811.4	375.4
重庆	Chongqing	3200.1	1163.8	29.0	2007.3	3029.7	1144.0
四川	Sichuan	6492.8	2799.9	81.3	3611.6	6192.1	2729.6
贵州	Guizhou	2635.8	1383.4	17.6	1234.7	2516.0	1328.1
云南	Yunnan	3138.5	1749.0	57.6	1331.9	3017.3	1704.2
西藏	Tibet	528.6	386.5	1.8	140.3	512.6	378.3
陕西	Shaanxi	3889.0	1477.2	77.4	2334.4	3702.7	1432.8
甘肃	Gansu	1853.2	1067.1	29.3	756.8	1753.8	1032.9
青海	Qinghai	606.5	329.3	6.6	270.6	596.2	325.1
宁夏	Ningxia	588.3	288.1	3.9	296.3	573.6	280.6
新疆	Xinjiang	2596.8	1374.2	12.7	1209.9	2516.8	1327.7

3-6 续表 continued

单位：亿元 (100 million yuan)

地区 Region	在岗职工 Wages of On-post Staff and Workers		其他就业人员 Others			
	城镇集体单位 Urban Collective-owned Units	其他单位 Other Ownership Units	合计 Total	国有单位 State-owned Units	城镇集体单位 Urban Collective-owned Units	其他单位 Other Ownership Units
全国 National	**1725.6**	**93760.0**	**6342.3**	**1278.8**	**115.9**	**4947.6**
北京 Beijing	97.3	9363.7	565.9	57.8	5.7	502.4
天津 Tianjin	11.0	1952.9	135.3	23.9	0.6	110.8
河北 Hebei	57.1	2064.7	159.0	47.1	4.6	107.3
山西 Shanxi	46.4	1762.0	86.3	19.2	1.6	65.5
内蒙古 Inner Mongolia	14.4	1074.8	58.4	18.0	0.2	40.2
辽宁 Liaoning	49.7	2164.7	135.6	26.9	2.3	106.4
吉林 Jilin	8.2	1041.7	75.4	19.9	0.4	55.1
黑龙江 Heilongjiang	17.3	1179.8	121.8	49.7	1.5	70.6
上海 Shanghai	83.8	8510.3	561.6	43.4	3.7	514.4
江苏 Jiangsu	246.2	8616.2	466.1	97.4	10.9	357.9
浙江 Zhejiang	53.1	6207.7	310.0	67.8	2.5	239.7
安徽 Anhui	51.6	2545.6	283.4	44.3	1.2	237.9
福建 Fujian	56.0	3267.0	327.6	40.4	10.5	276.7
江西 Jiangxi	42.2	1665.7	220.1	44.9	8.6	166.6
山东 Shandong	100.0	4938.3	328.8	56.3	4.7	267.7
河南 Henan	103.5	3679.9	199.7	41.0	4.4	154.3
湖北 Hubei	57.9	2777.3	261.6	63.5	2.1	196.0
湖南 Hunan	63.9	2082.6	229.3	51.4	7.8	170.1
广东 Guangdong	221.1	14683.5	564.2	80.6	10.6	473.0
广西 Guangxi	42.6	1320.2	112.3	43.6	11.3	57.4
海南 Hainan	5.6	430.4	21.1	6.0	0.2	14.9
重庆 Chongqing	28.3	1857.4	170.4	19.8	0.7	149.9
四川 Sichuan	71.5	3391.1	300.7	70.4	9.8	220.5
贵州 Guizhou	15.3	1172.7	119.7	55.4	2.4	62.0
云南 Yunnan	55.9	1257.2	121.2	44.8	1.7	74.7
西藏 Tibet	1.6	132.7	15.9	8.1	0.2	7.6
陕西 Shaanxi	74.5	2195.4	186.3	44.5	2.8	138.9
甘肃 Gansu	27.6	693.2	99.4	34.1	1.8	63.6
青海 Qinghai	6.0	265.1	10.3	4.2	0.6	5.5
宁夏 Ningxia	3.7	289.3	14.8	7.5	0.2	7.0
新疆 Xinjiang	12.4	1176.7	80.0	46.6	0.3	33.1

3-7 各地区分登记注册类型城镇单位平均工资(2019年)
AVERAGE WAGE IN URBAN UNITS BY REGISTRATION STATUS AND REGION(2019)

单位：元 (yuan)

地 区	Region	就业人员平均工资 Average Wage of Employment				在岗职工 On-post Staff and Workers	
		合计 Total	国有单位 State-owned Units	城镇集体单位 Urban Collective-owned Units	其他单位 Other Ownership Units	合计 Total	国有单位 State-owned Units
全 国	**National**	**90501**	**98899**	**62612**	**87195**	**93383**	**102709**
北 京	Beijing	166803	189849	68765	162770	173205	195783
天 津	Tianjin	108002	136864	49819	99969	111602	144333
河 北	Hebei	72956	74806	47914	72420	75775	77119
山 西	Shanxi	69551	68447	52354	70904	72207	70628
内蒙古	Inner Mongolia	80563	81973	82188	79165	83277	83988
辽 宁	Liaoning	72891	72055	42722	74611	75264	74539
吉 林	Jilin	73813	75317	59828	72694	76401	78033
黑龙江	Heilongjiang	68416	64184	63906	72922	72603	68073
上 海	Shanghai	149377	169957	82514	147374	151772	174728
江 苏	Jiangsu	96527	131956	91139	87635	98669	137322
浙 江	Zhejiang	99654	144495	65529	86632	101996	149036
安 徽	Anhui	79037	99851	66059	70415	82127	103921
福 建	Fujian	81814	105876	73518	74593	84374	111211
江 西	Jiangxi	73725	85804	55915	67092	76131	89791
山 东	Shandong	81446	98587	56301	73783	84089	101279
河 南	Henan	67268	76547	57405	62719	68305	78036
湖 北	Hubei	79303	88355	54215	74622	81524	91665
湖 南	Hunan	74316	84409	52063	67881	77563	87187
广 东	Guangdong	98889	134291	60649	91611	100689	137123
广 西	Guangxi	76479	82203	55747	71770	79516	85909
海 南	Hainan	82227	92294	56738	75606	84656	95461
重 庆	Chongqing	86559	111113	61887	77123	89714	114570
四 川	Sichuan	83367	97330	56479	75753	86855	101190
贵 州	Guizhou	83298	87129	57020	79888	87970	93814
云 南	Yunnan	86585	99456	76185	74383	91811	106514
西 藏	Tibet	118118	133835	65474	89940	123045	139406
陕 西	Shaanxi	78361	79443	60041	78478	82114	83109
甘 肃	Gansu	73607	78904	51496	68282	77336	83141
青 海	Qinghai	90929	98234	70954	83909	93506	101025
宁 夏	Ningxia	83947	85660	65241	82654	88153	90536
新 疆	Xinjiang	79421	75517	71899	84474	82052	78812

3-7 续表 continued

单位：元 (yuan)

地 区	Region	在岗职工 On-post Staff and Workers		其他就业人员 Others			
		城镇集体单位 Urban Collective-owned Units	其他单位 Other Ownership Units	合计 Total	国有单位 State-owned Units	城镇集体单位 Urban Collective-owned Units	其他单位 Other Ownership Units
全 国	**National**	**64499**	**89570**	**52606**	**39212**	**43616**	**58007**
北 京	Beijing	69344	169239	91418	71379	60227	95050
天 津	Tianjin	50286	102468	64860	49105	42898	69911
河 北	Hebei	49664	75658	37557	33799	33349	39713
山 西	Shanxi	54405	73939	30659	23843	24587	33685
内蒙古	Inner Mongolia	83103	82558	36180	33122	40501	37728
辽 宁	Liaoning	44007	76976	40030	27381	26384	45913
吉 林	Jilin	64360	75115	39099	28773	24661	45160
黑龙江	Heilongjiang	64527	77568	32760	28324	57593	36443
上 海	Shanghai	84587	149354	116229	85922	53289	120867
江 苏	Jiangsu	94575	89033	61531	56284	49985	63591
浙 江	Zhejiang	67020	88261	58727	59847	44552	58612
安 徽	Anhui	67704	72626	50578	40758	32289	53114
福 建	Fujian	79508	76019	56546	38023	52488	61068
江 西	Jiangxi	57636	68231	51195	36630	48791	57499
山 东	Shandong	57402	76115	45265	38407	39964	47147
河 南	Henan	58287	63439	45740	36104	42220	49353
湖 北	Hubei	55560	76111	52187	41018	32658	57647
湖 南	Hunan	54756	70981	42333	37783	37096	44229
广 东	Guangdong	62239	93065	60594	58591	39608	61688
广 西	Guangxi	58120	73965	38472	32547	48306	42662
海 南	Hainan	58338	77465	39141	30127	29473	44706
重 庆	Chongqing	63376	79583	53266	40513	32471	55760
四 川	Sichuan	55877	78791	45629	39259	61298	47552
贵 州	Guizhou	60996	82619	39360	32154	40106	49160
云 南	Yunnan	79192	77804	35819	28249	33582	42753
西 藏	Tibet	68428	92857	51602	46824	49617	58022
陕 西	Shaanxi	61511	82407	41056	32808	36927	44760
甘 肃	Gansu	52623	71255	39781	31031	38611	46925
青 海	Qinghai	76188	86092	34990	31484	41837	37576
宁 夏	Ningxia	71719	86207	29400	28502	23041	30658
新 疆	Xinjiang	74047	86146	39531	34445	32458	50000

四、国有单位就业人员和工资总额

EMPLOYMENT AND TOTAL WAGES IN STATE-OWNED UNITS

4−1 分行业国有单位就业人员和工资总额(2019年)
EMPLOYMENT AND TOTAL WAGES IN STATE-OWNED UNITS BY SECTOR (2019)

项 目	Item	年末人数 (千人) Year-end Figures (1000 persons)	#女 性 Female	工资总额 (亿元) Total Wages (100 million yuan)	平均工资 (元) Average Wage (yuan)
全 国 总 计	**National Total**	**54727**	**25329**	**53743.7**	**98899**
按隶属关系分组	**Grouped by Administrtive Relationship**				
中央	Central Government	4781	1874	6614.9	138142
地方	Local Governments	39851	18752	37279.5	94236
其他	Others	10095	4703	9849.3	98551
按国民经济行业分组	**Grouped by Sector**				
农、林、牧、渔业	**Agriculture, Forestry, Animal Husbandry and Fishery**	**999**	**316**	**378.2**	**36915**
农业	Farming	463	162	147.6	29746
林业	Forestry	335	89	141.1	43958
畜牧业	Animal Husbandry	22	8	6.2	28657
渔业	Fishery	22	8	6.2	28709
农、林、牧、渔专业及辅助性活动	Professional and Support Activities for Agriculture, Forestry, Animal Husbandry and Fishery	158	49	77.0	46999
采矿业	**Mining**	**147**	**30**	**133.2**	**89567**
煤炭开采和洗选业	Mining and Washing of Coal	83	14	77.1	91926
石油和天然气开采业	Extraction of Petroleum and Natural Gas	33	5	30.1	91351
黑色金属矿采选业	Mining and Processing of Ferrous Metal Ores	1		0.5	38904
有色金属矿采选业	Mining and Processing of Non-Ferrous Metal Ores	4	1	2.2	55988
非金属矿采选业	Mining and Processing of Non-metal Ores	7	2	3.8	55214
开采专业及辅助性活动	Professional and Support Activities for Mining	19	8	19.5	98596
其他采矿业	Mining of Other Ores				45636
制造业	**Manufacturing**	**385**	**111**	**345.0**	**88864**
农副食品加工业	Processing of Food from Agricultural Products	37	13	14.8	40046
食品制造业	Manufacture of Foods	5	2	2.5	51101
酒、饮料和精制茶制造业	Manufacture of Liquor, Beverages and Refined Tea	7	2	2.7	40500
烟草制品业	Manufacture of Tobacco	22	6	52.2	233994
纺织业	Manufacture of Textile	6	3	2.4	42243
纺织服装、服饰业	Manufacture of Textile, Wearing Apparel and Accessories	4	2	3.1	67643
皮革、毛皮、羽毛及其制品和制鞋业	Manufacture of Leather, Fur, Feather and Related Products and Footwear	1		0.2	30175
木材加工和木、竹、藤、棕、草制品业	Processing of Timber, Manufacture of Wood, Bamboo, Rattan, Palm and Straw Products	4	1	1.7	43031
家具制造业	Manufacture of Furniture	1		0.7	67592
造纸及纸制品业	Manufacture of Paper and Paper Products	3	1	1.4	56044

4-1 续表 1 continued

项　目	Item	年末人数（千人）Year-end Figures (1000 persons)	#女 性 Female	工资总额（亿元）Total Wages (100 million yuan)	平均工资（元）Average Wage (yuan)
印刷和记录媒介复制业	Printing and Reproduction of Recording Media	19	7	13.2	67750
文教、工美、体育和娱乐用品制造业	Manufacture of Articles for Culture, Education, Arts and Crafts, Sport and Entertainment Activities	2	1	0.8	48283
石油、煤炭及其他燃料加工业	Processing of Petroleum, Coal and Other Fuels	9	3	8.1	91200
化学原料和化学制品制造业	Manufacture of Raw Chemical Materials and Chemical Products	23	7	18.9	77025
医药制造业	Manufacture of Medicines	6	3	6.9	107597
化学纤维制造业	Manufacture of Chemical Fibres			0.2	64347
橡胶和塑料制品业	Manufacture of Rubber and Plastics Products	20	6	16.3	82282
非金属矿物制品业	Manufacture of Non-metallic Mineral Products	29	7	15.3	52621
黑色金属冶炼和压延加工业	Smelting and Pressing of Ferrous Metals	8	2	6.5	82876
有色金属冶炼和压延加工业	Smelting and Pressing of Non-ferrous Metals	4	1	3.7	83834
金属制品业	Manufacture of Metal Products	8	2	5.6	70658
通用设备制造业	Manufacture of General Purpose Machinery	36	9	23.6	64124
专用设备制造业	Manufacture of Special Purpose Machinery	12	3	7.5	62869
汽车制造业	Manufacture of Automobiles	10	2	8.8	87213
铁路、船舶、航空航天和其他运输设备制造业	Manufacture of Railway, Ship, Aerospace and Other Transport Equipments	56	12	71.7	128137
电气机械和器材制造业	Manufacture of Electrical Machinery and Apparatus	7	2	3.8	53014
计算机、通信和其他电子设备制造业	Manufacture of Computers, Communication and Other Electronic Equipment	12	4	15.6	133030
仪器仪表制造业	Manufacture of Measuring Instruments and Machinery	6	2	6.0	93549
其他制造业	Other Manufacture	9	2	8.2	91586
废弃资源综合利用业	Utilization of Waste Resources			0.3	70451
金属制品、机械和设备修理业	Repair Service of Metal Products, Machinery and Equipment	19	4	22.3	116223
电力、热力、燃气及水生产和供应业	**Production and Supply of Electricity, Heat, Gas and Water**	**1138**	**309**	**1197.7**	**103998**
电力、热力生产和供应业	Production and Supply of Electric Power and Heat Power	937	230	1072.0	112621
燃气生产和供应业	Production and Supply of Gas	10	3	6.3	65471
水的生产和供应业	Production and Supply of Water	191	75	119.4	62783
建筑业	**Construction**	**804**	**115**	**441.2**	**56617**
房屋建筑业	Construction of Buildings	414	55	212.7	53921
土木工程建筑业	Civil Engineering	330	51	193.0	58684
建筑安装业	Building Installation	36	5	18.5	58611
建筑装饰、装修和其他建筑业	Building Decoration and Other Constructions	24	4	16.9	69836

4-1 续表 2 continued

项 目	Item	年末人数（千人） Year-end Figures (1000 persons)	#女 性 Female	工资总额（亿元） Total Wages (100 million yuan)	平均工资（元） Average Wage (yuan)
批发和零售业	**Wholesale and Retail Trades**	**429**	**141**	**479.4**	**111296**
批发业	Wholesale Trade	340	98	427.4	124899
零售业	Retail Trade	88	42	52.1	58773
交通运输、仓储和邮政业	**Transport, Storage and Post**	**1318**	**478**	**1112.8**	**84757**
铁路运输业	Railway Transport	25	3	27.1	108314
道路运输业	Road Transport	620	180	422.5	68493
水上运输业	Water Transport	34	6	46.9	137062
航空运输业	Air Transport	40	11	57.6	143924
管道运输业	Transport Via Pipelines	2		2.3	127434
多式联运和运输代理业	Intermodality and Forwarding Agency	4	1	3.4	80759
装卸搬运和仓储业	Loading, Unloading and Storage	71	19	44.6	62920
邮政业	Post	522	256	508.3	97778
住宿和餐饮业	**Hotels and Catering Services**	**209**	**113**	**117.3**	**55594**
住宿业	Hotels	176	95	100.1	56464
餐饮业	Catering Services	34	19	17.2	51026
信息传输、软件和信息技术服务业	**Information Transmission, Software and Information Technology**	**199**	**80**	**211.9**	**106432**
电信、广播电视和卫星传输服务	Telecommunication, Radio and Television and Satellite Transmission Service	161	65	158.6	98405
互联网和相关服务	Internet and Related Service	8	3	11.0	135714
软件和信息技术服务业	Software and Information Technology	30	12	42.3	141896
金融业	**Financial Intermediation**	**893**	**442**	**1226.5**	**137810**
货币金融服务	Monetary and Financial Service	704	336	1007.2	143298
资本市场服务	Capital Market Service	21	10	56.2	266774
保险业	Insurance	156	91	106.0	69069
其他金融业	Other Financial Activities	13	5	57.0	455085
房地产业	**Real Estate**	**157**	**58**	**119.9**	**75984**
#房地产开发经营	Development and Management of Real Estate	35	12	29.7	85243
物业管理	Property Management	55	20	35.9	64356
房地产中介服务	Agency Services of Real Estate	7	3	5.8	84069
租赁和商务服务业	**Leasing and Business Services**	**985**	**264**	**676.3**	**69085**
租赁业	Leasing	5	1	3.5	65989
商务服务业	Business Services	980	263	672.8	69102
科学研究和技术服务业	**Scientific Research and Technical Services**	**1503**	**516**	**1906.3**	**127665**
研究和试验发展	Research and Experimental Development	407	155	681.8	169100
专业技术服务业	Professional Technical Services	880	281	1009.2	115317

4-1 续表 3 continued

项 目	Item	年末人数（千人） Year-end Figures (1000 persons)	#女 性 Female	工资总额（亿元） Total Wages (100 million yuan)	平均工资（元） Average Wage (yuan)
科技推广和应用服务业	Science and Technology Popularization and Application Services	216	80	215.3	100205
水利、环境和公共设施管理业	**Management of Water Conservancy, Environment and Public Facilities**	**1299**	**502**	**833.5**	**64191**
水利管理业	Management of Water Conservancy	259	72	219.5	84641
生态保护和环境治理业	Ecological Protection and Environmental Treatment	88	23	65.0	75212
公共设施管理业	Management of Public Facilities	936	398	534.8	57119
土地管理业	Management of Land	17	8	14.3	86396
居民服务、修理和其他服务业	**Service to Households, Repair and Other Services**	**123**	**50**	**94.1**	**76690**
居民服务业	Service to Households	78	28	65.6	84149
机动车、电子产品和日用产品修理业	Repair of Motor Vehicle, Electronics and Household Products	6	2	4.4	65170
其他服务业	Other Services	39	20	24.1	63459
教育	**Education**	**15400**	**9240**	**15756.1**	**103270**
#初等教育	Primary Education	5341	3555	4888.1	92438
中等教育	Secondary Education	6523	3591	6632.1	102375
高等教育	Senior Education	2047	1004	3006.9	148851
卫生和社会工作	**Health and Social Service**	**8351**	**5663**	**9411.0**	**114177**
卫生	Health	8168	5555	9279.7	115134
社会工作	Social Service	183	108	131.4	71935
文化、体育和娱乐业	**Culture, Sports and Entertainment**	**821**	**389**	**910.9**	**110916**
新闻和出版业	Journalism and Publishing Activities	176	84	225.3	127974
广播、电视、电影和录音制作业	Radio, Television, Motion Picture and Audio-visual Programme Production Services	236	102	293.9	124293
文化艺术业	Cultural and Art Activities	337	174	322.3	96002
体育	Sports Activities	45	18	46.9	102449
娱乐业	Entertainment	27	12	22.5	82558
公共管理、社会保障和社会组织	**Public Management, Social Security and Social Organization**	**19567**	**6511**	**18392.3**	**94640**
#中国共产党机关	Organs of Communist Party of China	869	272	920.2	108187
国家机构	Government Agencies	18244	6032	17011.4	93815
人民政协、民主党派	People's Political Consultative Conference and Democratic Parties	105	32	129.1	123400
社会保障	Social Security	150	76	140.2	94103
群众团体、社会团体和其他成员组织	Non-Governmental Organizations, Social Organizations and Membership Organizations	194	98	189.8	98717

4-2 各地区分行业国有单位就业人员和工资总额(2019年)
EMPLOYMENT AND TOTAL WAGES IN STATE-OWNED UNITS BY SECTOR AND REGION (2019)

地 区	Region	总 计 Total			
		年末人数(人) Year-end Figures (person)	#女 性 Female	工资总额(千元) Total Wages (1000 yuan)	平均工资(元) Average Wage (yuan)
全 国	**National**	**54726668**	**25328679**	**5374367829**	**98899**
北 京	Beijing	1708409	829803	322412011	189849
天 津	Tianjin	628597	299344	85064684	136864
河 北	Hebei	2626569	1294443	195388249	74806
山 西	Shanxi	1737070	854738	118484361	68447
内蒙古	Inner Mongolia	1380778	641140	112744938	81973
辽 宁	Liaoning	1865973	849012	134277814	72055
吉 林	Jilin	1263604	598793	94631098	75317
黑龙江	Heilongjiang	1768987	760118	115201666	64184
上 海	Shanghai	944955	454430	159907264	169957
江 苏	Jiangsu	2636340	1209486	344813188	131956
浙 江	Zhejiang	2247874	1129065	321641803	144495
安 徽	Anhui	1701473	724848	168483364	99851
福 建	Fujian	1471418	695056	154262087	105876
江 西	Jiangxi	1647100	733109	140170199	85804
山 东	Shandong	3454480	1576607	337819393	98587
河 南	Henan	3238285	1497656	244705095	76547
湖 北	Hubei	2372609	977833	209360280	88355
湖 南	Hunan	2433071	1073044	204213577	84409
广 东	Guangdong	3850638	1781196	512188015	134291
广 西	Guangxi	1955260	1009662	158601899	82203
海 南	Hainan	419182	179094	38140387	92294
重 庆	Chongqing	1057808	511362	116379257	111113
四 川	Sichuan	2898081	1346091	279994556	97330
贵 州	Guizhou	1601119	715389	138342748	87129
云 南	Yunnan	1782673	831083	174896572	99456
西 藏	Tibet	291724	123268	38646549	133835
陕 西	Shaanxi	1871104	862097	147722646	79443
甘 肃	Gansu	1361397	575258	106706978	78904
青 海	Qinghai	338048	160685	32931539	98234
宁 夏	Ningxia	337368	171939	28811000	85660
新 疆	Xinjiang	1834674	863030	137424612	75517

4-2 续表 1 continued

地区	Region	中央属单位 Units Under Central Government				地方属单位 Units Under Provincial Government			
		年末人数（人） Year-end Figures (person)	#女性 Female	工资总额（千元） Total Wages (1000 yuan)	平均工资（元） Average Wage (yuan)	年末人数（人） Year-end Figures (person)	#女性 Female	工资总额（千元） Total Wages (1000 yuan)	平均工资（元） Average Wage (yuan)
全　国	**National**	**4781175**	**1874149**	**661491434**	**138142**	**39850680**	**18751975**	**3727950272**	**94236**
北　京	Beijing	647018	295807	140911459	219691	1021657	508987	170549251	167602
天　津	Tianjin	75706	31744	12884374	170910	422915	218271	56952750	135872
河　北	Hebei	143898	44621	13427750	92165	2126559	1058007	154807631	73291
山　西	Shanxi	125890	48421	13117222	103409	1445536	725829	92440890	64202
内蒙古	Inner Mongolia	99912	39591	10730261	107013	1172468	548826	93780390	80361
辽　宁	Liaoning	194138	69983	20509560	105832	1356313	628420	89840701	66335
吉　林	Jilin	114278	48495	12958441	111753	1063742	510858	76347851	72074
黑龙江	Heilongjiang	144803	56441	12837356	85740	1314351	566561	84148809	63143
上　海	Shanghai	167632	67445	33984647	204973	696663	347862	115638395	166416
江　苏	Jiangsu	174780	66345	25502015	146316	1656591	782829	222061800	134815
浙　江	Zhejiang	102531	45735	17746718	174427	1741399	909138	248108556	143761
安　徽	Anhui	108453	38184	13030634	120157	1102492	467737	106800229	97655
福　建	Fujian	94840	40061	13672474	143785	1006167	466363	101179134	101501
江　西	Jiangxi	71719	27987	7807038	109677	1195638	535046	98521104	83149
山　东	Shandong	290015	99082	36962913	127132	2584937	1192946	246493196	96281
河　南	Henan	211738	67040	23797282	111559	2179812	1019065	156779917	72883
湖　北	Hubei	229122	82865	29041485	122040	1974647	822364	166172461	84579
湖　南	Hunan	217360	78110	27359425	125059	1623044	720614	124768558	77373
广　东	Guangdong	302959	137112	52238056	171695	2593236	1205916	333823992	130115
广　西	Guangxi	97666	46384	8450073	89736	1807594	938046	146518739	82056
海　南	Hainan	33347	11852	3860878	116558	306089	132076	26298141	87305
重　庆	Chongqing	93922	41310	12936474	139011	692585	334429	72878551	106831
四　川	Sichuan	218208	79783	28129544	128841	2103115	980507	193203463	92383
贵　州	Guizhou	121440	41170	13492529	111701	1086761	495443	90150085	83726
云　南	Yunnan	97274	39367	12389148	128154	1328395	620131	127826235	97573
西　藏	Tibet	20526	7467	2922347	144043	237149	102895	30834109	131417
陕　西	Shaanxi	185011	76499	21385378	115095	1289637	605203	93837055	73283
甘　肃	Gansu	153930	50308	14868638	96030	985213	429101	74056040	75541
青　海	Qinghai	25482	9875	2803120	111089	248429	118076	23781904	96693
宁　夏	Ningxia	28378	10215	3475868	123223	237887	124627	18715499	78929
新　疆	Xinjiang	189199	74850	18258327	97491	1249659	635802	90634836	73413

4-2 续表 2 continued

地区	Region	其他隶属关系单位 Other Units 年末人数(人) Year-end Figures (person)	#女性 Female	工资总额(千元) Total Wages (1000 yuan)	平均工资(元) Average Wage (yuan)	农、林、牧、渔业 Agriculture, Forestry, Animal Husbandry and Fishery 年末人数(人) Year-end Figures (person)	#女性 Female	工资总额(千元) Total Wages (1000 yuan)	平均工资(元) Average Wage (yuan)
全国	**National**	**10094813**	**4702555**	**984926123**	**98551**	**999187**	**316262**	**37818442**	**36915**
北京	Beijing	39734	25009	10951301	278950	171	57	21369	125700
天津	Tianjin	129976	49329	15227560	119926	733	184	77295	107503
河北	Hebei	356112	191815	27152868	76700	7146	1764	334382	46217
山西	Shanxi	165644	80488	12926249	78658	6360	1725	311742	48855
内蒙古	Inner Mongolia	108398	52723	8234287	76151	60678	14887	3098648	53506
辽宁	Liaoning	315522	150609	23927553	75858	150121	51112	2315585	15403
吉林	Jilin	85584	39440	5324806	65589	50916	11501	2041560	39928
黑龙江	Heilongjiang	309833	137116	18215501	58297	374905	122315	12957402	32181
上海	Shanghai	80660	39123	10284222	128240	3991	1033	350626	87920
江苏	Jiangsu	804969	360312	97249373	122845	16030	7578	800436	49630
浙江	Zhejiang	403944	174192	55786529	140030	2060	444	238557	115356
安徽	Anhui	490528	218927	48652501	100261	25812	7459	1241661	47795
福建	Fujian	370411	188632	39410479	107948	12054	3199	627492	52492
江西	Jiangxi	379743	170076	33842057	89635	19573	6151	924867	47429
山东	Shandong	579528	284579	54363284	94428	2759	804	219920	79971
河南	Henan	846735	411551	64127896	77042	13525	4607	662472	49232
湖北	Hubei	168840	72604	14146334	84780	87670	29456	3198316	36525
湖南	Hunan	592667	274320	52085594	88580	8043	1987	434433	53667
广东	Guangdong	954443	438168	126125967	133588	13711	4066	775416	56177
广西	Guangxi	50000	25232	3633087	73190	43498	13632	2067137	47364
海南	Hainan	79746	35166	7981368	101157	6362	2169	215243	33769
重庆	Chongqing	271301	135623	30564232	112307	1624	444	168840	102701
四川	Sichuan	576758	285801	58661549	103441	11655	3086	753422	68375
贵州	Guizhou	392918	178776	34700134	88910	1954	623	140380	71295
云南	Yunnan	357004	171585	34681189	98585	17197	5743	786591	45365
西藏	Tibet	34049	12906	4890093	144481	672	275	47535	70842
陕西	Shaanxi	396456	180395	32500213	82657	9858	2899	678528	68872
甘肃	Gansu	222254	95849	17782300	81873	14329	4484	779639	54142
青海	Qinghai	64137	32734	6346515	99087	4114	1296	216327	52291
宁夏	Ningxia	71103	37097	6619633	93216	5180	1644	231102	42860
新疆	Xinjiang	395816	152378	28531449	71703	26486	9638	1101519	41991

4-2 续表 3 continued

地 区	Region	采矿业 Mining				制造业 Manufacturing			
		年末人数 (人) Year-end Figures (person)	#女 性 Female	工资总额 (千元) Total Wages (1000 yuan)	平均工资 (元) Average Wage (yuan)	年末人数 (人) Year-end Figures (person)	#女 性 Female	工资总额 (千元) Total Wages (1000 yuan)	平均工资 (元) Average Wage (yuan)
全 国	**National**	**146673**	**30197**	**13315148**	**89567**	**385204**	**111060**	**34502139**	**88864**
北 京	Beijing					14690	4203	2609241	175129
天 津	Tianjin					3152	958	360249	112648
河 北	Hebei	872	237	11813	13516	13560	4332	939332	69318
山 西	Shanxi	19405	4199	1410031	71841	19981	5977	1365811	67109
内蒙古	Inner Mongolia	20329	2351	3053888	150342	1894	695	136559	72831
辽 宁	Liaoning	1386	153	44892	35127	36085	8019	3132480	86112
吉 林	Jilin	1063	276	166569	155382	9481	3456	777652	70338
黑龙江	Heilongjiang	9654	3418	701408	71412	9770	2470	410868	41577
上 海	Shanghai					18342	3378	2997212	162803
江 苏	Jiangsu	1355	400	76783	55399	13719	3415	1507743	109527
浙 江	Zhejiang	329	76	20585	62003	5953	1507	533455	88511
安 徽	Anhui	1865	214	172828	92520	17057	3866	2581978	151551
福 建	Fujian	2302	991	123094	53334	6094	1677	564024	92448
江 西	Jiangxi	1596	68	66532	42029	6282	1971	360514	57243
山 东	Shandong	10922	1653	871823	78176	10794	3116	811557	69477
河 南	Henan	3114	665	195330	63501	18317	8514	893450	49226
湖 北	Hubei	291	85	12473	45029	34615	9398	2228389	64884
湖 南	Hunan	1441	295	82714	57681	18183	4943	2777259	152739
广 东	Guangdong	695	147	35745	49923	23741	7373	1706067	72022
广 西	Guangxi	226	44	12852	55878	8793	3091	500998	56848
海 南	Hainan	324	90	14901	42332	1825	538	149745	83007
重 庆	Chongqing	43	18	2407	57310	1633	630	132019	80894
四 川	Sichuan	6224	1667	723821	117427	10686	3335	975880	94452
贵 州	Guizhou	3791	760	322030	83928	2175	614	101043	49726
云 南	Yunnan	11795	2911	885885	75177	20131	6159	1611652	80817
西 藏	Tibet	44	12	3169	90543	994	403	86259	89019
陕 西	Shaanxi	28083	6928	2681254	90970	42010	12027	3043367	72320
甘 肃	Gansu	18308	2435	1484440	81179	10564	3530	960037	86928
青 海	Qinghai					384	181	22908	58439
宁 夏	Ningxia	36	10	2902	80611	217	46	9908	45450
新 疆	Xinjiang	1180	94	134979	103512	4082	1238	214483	52034

4–2 续表 4 continued

地 区	Region	电力、热力、燃气及水生产和供应业 Production and Supply of Electricity, Heat, Gas and Water 年末人数(人) Year-end Figures (person)	#女性 Female	工资总额(千元) Total Wages (1000 yuan)	平均工资(元) Average Wage (yuan)	建筑业 Construction 年末人数(人) Year-end Figures (person)	#女性 Female	工资总额(千元) Total Wages (1000 yuan)	平均工资(元) Average Wage (yuan)
全 国	**National**	**1137575**	**309093**	**119767059**	**103998**	**803530**	**115063**	**44117133**	**56617**
北 京	Beijing	9569	2247	2084868	221653	3820	950	479687	117975
天 津	Tianjin	9961	3034	2324831	231165	2127	533	213226	97900
河 北	Hebei	76082	22215	6503957	84659	31804	5341	1503244	47990
山 西	Shanxi	50809	15528	5208493	102051	18924	2570	867964	44057
内蒙古	Inner Mongolia	13168	4471	932788	72709	5857	1099	411894	69483
辽 宁	Liaoning	26226	6263	1522914	59872	16653	3876	834776	47235
吉 林	Jilin	17144	5135	1429158	83357	5936	1297	358737	61344
黑龙江	Heilongjiang	34624	8308	1998989	58274	12080	2323	680018	50717
上 海	Shanghai	844	226	98273	116437	921	126	108863	121093
江 苏	Jiangsu	8205	2720	737759	90191	55607	4837	2685745	54074
浙 江	Zhejiang	8385	2194	1193605	141523	16936	818	1025623	60281
安 徽	Anhui	13076	3763	1248678	95174	20055	3077	1002993	49159
福 建	Fujian	5601	1643	528222	93358	39603	4016	3001159	78781
江 西	Jiangxi	7564	2833	522625	70029	46105	9668	2194816	48132
山 东	Shandong	128938	27633	15993820	122839	52066	9298	3097365	59273
河 南	Henan	142076	37639	14392745	99853	38166	5574	1958530	52353
湖 北	Hubei	90935	24810	10600681	104081	47581	6717	2310296	51968
湖 南	Hunan	90523	25422	9331400	102065	54399	5836	2622691	51030
广 东	Guangdong	30723	9057	3051725	99343	105508	12939	6046169	62987
广 西	Guangxi	13478	4604	1187989	88491	13272	1926	1057177	79249
海 南	Hainan	11967	3176	1100127	95282	5270	145	143912	27427
重 庆	Chongqing	2365	898	176960	74761	16475	2017	804553	55667
四 川	Sichuan	100348	27228	12148924	120298	78684	14021	3971201	50387
贵 州	Guizhou	54046	14144	5983112	110682	10597	1404	576325	50953
云 南	Yunnan	5667	1967	486806	85525	13380	2744	1129169	84493
西 藏	Tibet	3847	1250	391399	104040	2321	359	190519	79882
陕 西	Shaanxi	46260	14745	5283695	114210	30917	4508	1655514	55743
甘 肃	Gansu	74727	21023	6244747	83231	49852	5687	2473231	54041
青 海	Qinghai	9284	2468	803048	87650	3271	429	190293	50422
宁 夏	Ningxia	13284	3643	1803268	136777	2265	470	211984	74198
新 疆	Xinjiang	37849	8806	4451453	120050	3078	458	309459	63245

4-2 续表 5 continued

地 区	Region	批发和零售业 Wholesale and Retail Trades 年末人数（人） Year-end Figures (person)	#女性 Female	工资总额（千元） Total Wages (1000 yuan)	平均工资（元） Average Wage (yuan)	交通运输、仓储和邮政业 Transport, Storage and Post 年末人数（人） Year-end Figures (person)	#女性 Female	工资总额（千元） Total Wages (1000 yuan)	平均工资（元） Average Wage (yuan)
全 国	**National**	**428575**	**140653**	**47943522**	**111296**	**1318077**	**478077**	**111278606**	**84757**
北 京	Beijing	14161	6444	2328241	158610	18653	7264	2313821	122230
天 津	Tianjin	4241	1652	614618	143703	23305	6873	2072911	90564
河 北	Hebei	15251	5443	1607855	104345	88818	30728	6441832	72236
山 西	Shanxi	13456	4646	1005936	74597	41146	16403	2443456	59301
内蒙古	Inner Mongolia	7823	2484	909344	115914	32249	11828	2292972	71190
辽 宁	Liaoning	13947	4694	1414976	100353	37826	14002	2439478	64478
吉 林	Jilin	7194	2359	761179	105222	41504	14759	2411203	63521
黑龙江	Heilongjiang	11034	4185	1134826	101961	62021	22700	3944019	63683
上 海	Shanghai	4892	2097	569190	114710	28257	8340	3823750	135907
江 苏	Jiangsu	24953	6965	2478567	99163	80864	23830	8605537	105871
浙 江	Zhejiang	11512	3308	2087739	180273	37899	13102	4519108	118861
安 徽	Anhui	17012	4998	1594423	93018	44562	15647	3676640	82213
福 建	Fujian	16165	4288	1992115	120239	29158	12421	2460435	84560
江 西	Jiangxi	17105	4652	1622073	94609	33612	13706	2653095	79209
山 东	Shandong	9855	4126	589250	58632	80011	28144	7334995	92491
河 南	Henan	40010	13803	3909659	97839	100293	39570	6548822	65967
湖 北	Hubei	31719	8848	2794757	87508	79358	27764	6059506	76606
湖 南	Hunan	24634	7176	2906823	113703	55871	20716	4550549	81267
广 东	Guangdong	16682	6218	1336821	80006	74267	23716	8070968	107748
广 西	Guangxi	14240	4423	1610962	112309	32500	12570	2825484	87080
海 南	Hainan	2148	758	389921	184972	11070	3690	933487	84524
重 庆	Chongqing	7429	2339	1257209	164127	29983	15075	3382373	115506
四 川	Sichuan	20160	6195	2558050	126982	51161	19768	4839403	94593
贵 州	Guizhou	20348	4971	2740902	134814	19923	7611	1642171	82884
云 南	Yunnan	20427	7090	3517707	183759	24630	9269	2190149	88502
西 藏	Tibet	4707	1447	620767	134249	13608	5003	1620930	120713
陕 西	Shaanxi	20007	8603	1820361	90741	76227	25866	5806048	76580
甘 肃	Gansu	5412	1900	532128	97620	18829	7619	1265233	67214
青 海	Qinghai	1666	711	222636	131117	14845	5901	1263490	85021
宁 夏	Ningxia	1590	574	190121	120102	6979	2407	596161	83008
新 疆	Xinjiang	8795	3256	824366	93107	28648	11785	2250580	78015

4-2 续表 6 continued

地 区	Region	住宿和餐饮业 Hotels and Catering Services 年末人数(人) Year-end Figures (person)	#女 性 Female	工资总额(千元) Total Wages (1000 yuan)	平均工资(元) Average Wage (yuan)	信息传输、软件和信息技术服务业 Information Transmission, Software and Information Technology 年末人数(人) Year-end Figures (person)	#女 性 Female	工资总额(千元) Total Wages (1000 yuan)	平均工资(元) Average Wage (yuan)
全 国	**National**	**209178**	**113179**	**11728643**	**55594**	**199251**	**80079**	**21188381**	**106432**
北 京	Beijing	23382	10796	1941698	82377	14039	5965	3003868	214639
天 津	Tianjin	2718	1383	166914	58382	813	373	110524	139727
河 北	Hebei	11634	6517	518187	43710	8184	4152	873176	106407
山 西	Shanxi	10199	5673	398277	39012	8821	4459	769962	86972
内蒙古	Inner Mongolia	3384	2055	149048	43215	7885	3462	693838	87794
辽 宁	Liaoning	5057	2867	247139	47923	6805	2790	595039	86981
吉 林	Jilin	6353	3728	286571	45144	6173	2244	375569	60654
黑龙江	Heilongjiang	4897	2789	218489	43794	5610	2113	450766	79570
上 海	Shanghai	6449	2769	579558	89424	2478	916	391046	157553
江 苏	Jiangsu	11086	6211	647222	58429	7890	3031	828097	106521
浙 江	Zhejiang	8002	4095	595566	73472	8678	4070	1284444	147620
安 徽	Anhui	2469	1397	119708	48701	4000	1489	346845	86994
福 建	Fujian	5040	2952	273218	54156	5208	1796	595505	114213
江 西	Jiangxi	5728	3699	244925	42156	4530	1848	478184	105188
山 东	Shandong	20696	10854	1133847	54345	11511	4446	1267267	110054
河 南	Henan	10742	5861	459303	42730	10592	4403	726142	69368
湖 北	Hubei	8739	3770	490658	55986	12108	4328	846653	70052
湖 南	Hunan	5434	3469	234329	42886	6633	2481	474336	72088
广 东	Guangdong	14444	7375	989962	67225	15415	5229	1659641	107046
广 西	Guangxi	6129	3370	294955	47253	3209	1139	282297	86594
海 南	Hainan	1412	803	66347	45412	1844	623	132273	71693
重 庆	Chongqing	1723	912	102628	60192	8477	2649	1233005	148323
四 川	Sichuan	4905	2809	250853	51404	5784	2392	577728	100248
贵 州	Guizhou	1764	1037	84750	47426	3686	1494	393979	105089
云 南	Yunnan	5887	3443	268428	45628	5871	2605	610282	104322
西 藏	Tibet	1215	641	68611	56891	5160	2158	731459	142529
陕 西	Shaanxi	5231	3299	216859	40963	5229	2442	422463	80088
甘 肃	Gansu	5172	3140	213670	41954	6770	2389	427831	63289
青 海	Qinghai	1208	693	54330	45351	633	290	68370	107669
宁 夏	Ningxia	1013	664	46005	43442	373	108	63974	174792
新 疆	Xinjiang	7066	4108	366588	51050	4842	2195	473818	98140

4-2 续表 7 continued

地 区	Region	金融业 Financial Intermediation				房地产业 Real Estate			
		年末人数（人）Year-end Figures (person)	#女 性 Female	工资总额（千元）Total Wages (1000 yuan)	平均工资（元）Average Wage (yuan)	年末人数（人）Year-end Figures (person)	#女 性 Female	工资总额（千元）Total Wages (1000 yuan)	平均工资（元）Average Wage (yuan)
全 国	**National**	**893298**	**441775**	**122653253**	**137810**	**156983**	**57818**	**11988225**	**75984**
北 京	Beijing	11115	5549	3315488	305575	15479	5248	1867734	118699
天 津	Tianjin	20819	11325	3588592	172886	5104	1760	478805	91866
河 北	Hebei	8594	3292	996606	116100	4348	1816	247732	56871
山 西	Shanxi	28129	13853	2900519	102391	7676	3201	287965	37830
内蒙古	Inner Mongolia	26443	13103	2983882	111961	1798	811	108357	59439
辽 宁	Liaoning	43337	19419	4963889	113840	5101	2095	261274	51260
吉 林	Jilin	25706	12640	3001813	115918	2794	1157	179606	64421
黑龙江	Heilongjiang	31583	15147	3269536	102551	3362	1096	162718	47718
上 海	Shanghai	14473	6512	6403237	458553	5513	1926	632292	112568
江 苏	Jiangsu	63027	32136	10088172	161024	7412	3040	666400	89534
浙 江	Zhejiang	29554	16004	5381967	184106	7976	3040	729484	91129
安 徽	Anhui	27171	12130	2953700	107415	3089	1038	200097	64735
福 建	Fujian	39635	20128	5596420	144126	7580	2403	527548	70022
江 西	Jiangxi	25831	11998	2994402	116085	3222	1148	219581	68235
山 东	Shandong	54036	24987	6411221	117752	9143	3410	618703	68403
河 南	Henan	44662	22544	4582009	101977	6981	2851	455778	65448
湖 北	Hubei	33574	12537	3266899	98877	8881	2953	606145	67999
湖 南	Hunan	32485	16444	4199571	129027	4561	1630	336293	74385
广 东	Guangdong	95675	46193	16450692	167161	14345	4763	1250683	87113
广 西	Guangxi	59242	35771	5381813	97208	5131	2098	328398	64053
海 南	Hainan	6001	2529	988070	165867	1934	593	131890	68621
重 庆	Chongqing	17353	8636	2710346	157478	1058	445	101739	94906
四 川	Sichuan	27117	14199	4091630	152377	4824	1733	426381	88737
贵 州	Guizhou	13408	5905	2048860	155488	2482	1026	134956	55219
云 南	Yunnan	20534	10293	2940700	143211	3143	1234	206641	63543
西 藏	Tibet	2342	1093	446712	193970	586	257	38129	66427
陕 西	Shaanxi	42400	23306	4789503	114365	8533	2871	528107	59876
甘 肃	Gansu	18457	8237	1752149	94614	1492	583	72395	48555
青 海	Qinghai	6227	3248	853126	138091	643	252	42495	66295
宁 夏	Ningxia	5117	2570	633033	124051	146	84	4073	27897
新 疆	Xinjiang	19251	10047	2668696	140155	2646	1256	135826	49608

4-2 续表 8 continued

地 区	Region	租赁和商务服务业 Leasing and Business Services				科学研究和技术服务业 Scientific Research and Technical Services			
		年末人数 (人) Year-end Figures (person)	#女 性 Female	工资总额 (千元) Total Wages (1000 yuan)	平均工资 (元) Average Wage (yuan)	年末人数 (人) Year-end Figures (person)	#女 性 Female	工资总额 (千元) Total Wages (1000 yuan)	平均工资 (元) Average Wage (yuan)
全 国	**National**	**985341**	**264249**	**67630811**	**69085**	**1503006**	**516268**	**190634117**	**127665**
北 京	Beijing	145609	33611	13281682	91589	199968	78962	44851997	227479
天 津	Tianjin	36053	3408	2160777	62960	28165	10180	4883401	175561
河 北	Hebei	27702	7549	1400304	49963	43225	15045	3574124	82788
山 西	Shanxi	26146	8846	1381080	52899	44866	16983	3408661	75815
内蒙古	Inner Mongolia	19589	7154	1086108	55071	39100	15527	3731320	95114
辽 宁	Liaoning	24894	6055	1323449	53410	38582	12672	3658127	95785
吉 林	Jilin	16307	6040	864465	52653	46745	16004	3805362	81055
黑龙江	Heilongjiang	38498	12773	1548043	40995	35667	11819	2832430	79147
上 海	Shanghai	63538	13311	5212194	80202	59011	23701	9700922	165167
江 苏	Jiangsu	71607	18668	4815421	69874	66022	21789	10227858	155356
浙 江	Zhejiang	59376	13485	4223370	73630	56619	18809	9171688	162075
安 徽	Anhui	16043	5217	1068334	67373	38212	10287	3939872	103439
福 建	Fujian	33768	10248	1935987	57451	31769	10086	3919551	123665
江 西	Jiangxi	23197	6208	1441063	61502	36262	9575	3608615	98585
山 东	Shandong	35735	10039	2777318	77724	61638	20319	6883733	113385
河 南	Henan	49821	12569	2538980	51761	76770	25607	7063924	93408
湖 北	Hubei	32121	10623	1615522	50474	67965	21236	5953993	89370
湖 南	Hunan	23720	7562	1646279	69373	55541	16972	4847904	88335
广 东	Guangdong	106668	23915	8432628	78267	95522	31823	16575668	175672
广 西	Guangxi	20617	8487	1321248	64726	50484	18779	4460494	89114
海 南	Hainan	5707	1967	402731	69737	9010	2937	950586	105422
重 庆	Chongqing	3741	1835	347298	92244	30131	9529	3959435	130206
四 川	Sichuan	25215	5636	1842294	73839	55375	17511	6144484	111570
贵 州	Guizhou	11850	3216	756677	64431	20699	6158	2011791	96521
云 南	Yunnan	10499	4296	858570	82634	53536	18588	5497590	103005
西 藏	Tibet	2168	781	237918	111751	8577	3239	1284366	151280
陕 西	Shaanxi	19450	7680	1303833	67197	52909	18789	4130712	78575
甘 肃	Gansu	8315	1991	440708	52716	41600	12808	3921012	95073
青 海	Qinghai	1490	594	136048	91492	11125	3638	1230069	109622
宁 夏	Ningxia	4641	1855	229485	49597	8014	2877	712491	88322
新 疆	Xinjiang	21256	8630	1000997	47117	39897	14019	3691937	92609

4-2 续表 9 continued

地区	Region	水利、环境和公共设施管理业 Management of Water Conservancy, Environment and Public Facilities				居民服务、修理和其他服务业 Service to Households, Repair and Other Services			
		年末人数(人) Year-end Figures (person)	#女性 Female	工资总额(千元) Total Wages (1000 yuan)	平均工资(元) Average Wage (yuan)	年末人数(人) Year-end Figures (person)	#女性 Female	工资总额(千元) Total Wages (1000 yuan)	平均工资(元) Average Wage (yuan)
全国	**National**	**1298921**	**501721**	**83352489**	**64191**	**123133**	**49701**	**9414675**	**76690**
北京	Beijing	65903	20116	7885911	119687	10138	4038	802328	79675
天津	Tianjin	24572	7764	2589497	103526	3180	1524	288727	92988
河北	Hebei	54663	20139	2799625	51086	3452	982	189403	54884
山西	Shanxi	63855	25770	2259310	35518	1935	806	95326	49520
内蒙古	Inner Mongolia	22958	8708	1377919	57891	1399	461	86224	61195
辽宁	Liaoning	39883	15919	1664241	41641	10164	6032	477932	47101
吉林	Jilin	58481	21757	2343766	40342	3814	1478	238008	63065
黑龙江	Heilongjiang	59258	18324	2419761	41625	4900	1509	272011	52060
上海	Shanghai	12224	4153	1767880	142998	6912	2862	739367	107139
江苏	Jiangsu	60320	22458	5480688	91202	6346	2341	628314	98807
浙江	Zhejiang	49071	18031	4315094	87431	4898	1382	525522	109097
安徽	Anhui	32424	11046	2409010	74675	3538	1273	251638	70645
福建	Fujian	24261	8841	1645187	67022	2330	646	159731	66917
江西	Jiangxi	16836	7059	898210	53901	1187	380	74377	63788
山东	Shandong	60012	22009	3745909	62747	4641	1419	381878	82372
河南	Henan	67952	26976	3864362	57519	4560	1686	274094	60950
湖北	Hubei	80815	29882	5130244	63453	9925	4034	649242	66242
湖南	Hunan	72062	28705	3733086	51801	4050	1654	278546	69532
广东	Guangdong	79817	28737	6918074	85772	14667	6128	1407509	95677
广西	Guangxi	61159	32002	3072661	50548	3435	1388	264089	77242
海南	Hainan	10977	4846	586905	53379	838	171	49279	59088
重庆	Chongqing	11309	5685	746637	65380	1333	580	112469	92339
四川	Sichuan	51232	21677	3460335	67045	4104	1845	291954	72034
贵州	Guizhou	10909	4866	620559	57459	1279	514	94062	73429
云南	Yunnan	30070	10135	1809943	59573	1560	571	120195	77495
西藏	Tibet	689	324	59072	86743	446	248	52500	117713
陕西	Shaanxi	69077	29531	3455554	50173	5475	2592	425639	78895
甘肃	Gansu	47390	22245	2766722	58610	899	305	61452	68129
青海	Qinghai	6117	2719	445933	73647	153	63	13667	89914
宁夏	Ningxia	14217	6266	811345	56984	169	57	9989	59107
新疆	Xinjiang	40408	15031	2269049	56163	1406	732	99203	71215

4-2 续表 10 continued

地区	Region	教育 Education 年末人数(人) Year-end Figures (person)	#女性 Female	工资总额(千元) Total Wages (1000 yuan)	平均工资(元) Average Wage (yuan)	卫生和社会工作 Health and Social Service 年末人数(人) Year-end Figures (person)	#女性 Female	工资总额(千元) Total Wages (1000 yuan)	平均工资(元) Average Wage (yuan)
全国	**National**	**15399775**	**9240142**	**1575614805**	**103270**	**8351081**	**5663077**	**941103245**	**114177**
北京	Beijing	374537	239269	80235578	215883	240400	172883	57476081	241900
天津	Tianjin	177562	116366	25804867	146985	100491	70690	15564226	157346
河北	Hebei	834384	569779	68673728	82751	373137	254820	28741180	77908
山西	Shanxi	466739	314621	34961476	75307	222811	155860	16215569	73713
内蒙古	Inner Mongolia	334060	212586	30824769	92685	175917	117689	14383330	82175
辽宁	Liaoning	433161	273280	37495444	86880	260955	174447	21670320	83336
吉林	Jilin	330827	205883	28329415	85881	187964	127680	15415218	82618
黑龙江	Heilongjiang	362915	217693	31106555	85716	213435	141115	15867367	74530
上海	Shanghai	268779	157765	41571446	155440	190713	136570	41394590	220219
江苏	Jiangsu	817416	486158	108769436	134283	415751	276392	58729546	142940
浙江	Zhejiang	703904	461836	97221418	139588	447470	310307	71861729	163440
安徽	Anhui	557208	289162	58716232	106426	268877	172004	30587863	115395
福建	Fujian	467503	288896	47629412	103495	211465	146724	26474511	127157
江西	Jiangxi	518427	298914	42940955	83985	243564	161999	24310732	100867
山东	Shandong	999566	581935	103989483	105267	593033	398839	61220300	104493
河南	Henan	875290	541673	66534706	77059	496316	327731	40002785	82237
湖北	Hubei	623544	315366	58669863	94483	366158	224161	34587413	95395
湖南	Hunan	675747	389702	55301162	82563	393089	267407	40136939	102808
广东	Guangdong	1049324	645999	140603895	135159	660245	446566	102494695	158074
广西	Guangxi	642908	395879	50426860	79844	340491	239308	33943189	101291
海南	Hainan	112441	61921	11984792	107198	60180	40397	6078343	102030
重庆	Chongqing	364154	209725	40920529	113827	175235	116267	20914781	120619
四川	Sichuan	855305	492738	78433198	92540	484873	326125	53915840	112981
贵州	Guizhou	488793	266301	43909265	90623	223613	149447	20519223	93358
云南	Yunnan	530462	297578	55197748	105140	264599	192896	25261370	97485
西藏	Tibet	50834	27941	7226954	143241	16521	10452	2184077	133689
陕西	Shaanxi	476544	281607	40876019	86482	262096	182541	21880861	84306
甘肃	Gansu	360145	185686	31384026	87580	155011	105137	11850605	77203
青海	Qinghai	73791	42895	7847727	107312	46851	32528	4413659	95878
宁夏	Ningxia	88323	55470	7760228	88418	49334	35302	5112419	104493
新疆	Xinjiang	485182	315518	40267619	84379	210486	148793	17894484	86256

4-2 续表 11 continued

地 区	Region	文化、体育和娱乐业 Culture, Sports and Entertainment				公共管理、社会保障和社会组织 Public Management, Social Security and Social Organization			
		年末人数 (人) Year-end Figures (person)	#女 性 Female	工资总额 (千元) Total Wages (1000 yuan)	平均工资 (元) Average Wage (yuan)	年末人数 (人) Year-end Figures (person)	#女 性 Female	工资总额 (千元) Total Wages (1000 yuan)	平均工资 (元) Average Wage (yuan)
全 国	**National**	**821172**	**389018**	**91088087**	**110916**	**19566708**	**6511247**	**1839229049**	**94640**
北 京	Beijing	92839	47499	21835794	234662	453936	184702	76076625	168500
天 津	Tianjin	11480	5422	1350296	116325	174121	55915	22414928	130130
河 北	Hebei	36174	16550	2512216	69439	987539	323742	67519553	68889
山 西	Shanxi	31920	15776	1984237	62221	653892	237842	41208546	63250
内蒙古	Inner Mongolia	26996	13600	2205478	82012	579251	208169	44278572	76608
辽 宁	Liaoning	30550	13921	2116735	69344	685240	231396	48099124	70258
吉 林	Jilin	23456	11092	1584091	67549	421746	150307	30261156	72287
黑龙江	Heilongjiang	19394	8692	1299579	66359	475380	161329	33926881	71651
上 海	Shanghai	24096	12596	3955112	164358	233522	76149	39611706	170281
江 苏	Jiangsu	41722	20220	5206101	125246	867008	267297	121833363	140830
浙 江	Zhejiang	41580	20871	5670690	135994	747672	235686	111042159	149559
安 徽	Anhui	18106	7860	1477658	81851	590897	172921	54893206	93764
福 建	Fujian	23848	11358	2277188	95216	508034	162743	53931288	106595
江 西	Jiangxi	19135	8638	1648650	86222	617344	182594	52965983	86284
山 东	Shandong	37860	16928	3483927	91760	1271264	406648	116987077	92784
河 南	Henan	39909	17826	2648060	67698	1199189	397557	86993944	73544
湖 北	Hubei	34025	13774	3093806	89983	722585	228091	67245424	93396
湖 南	Hunan	30293	13476	3355549	110814	876362	257167	66963714	76710
广 东	Guangdong	46883	21571	6537897	138694	1392306	449381	187843760	136002
广 西	Guangxi	22084	10626	1802112	81470	614364	220525	47761184	78337
海 南	Hainan	5178	2338	479911	92754	164694	49403	13341924	83169
重 庆	Chongqing	11765	5424	1154335	98451	371977	128254	38151694	102950
四 川	Sichuan	31547	14702	2986404	95239	1068882	369424	101602754	95490
贵 州	Guizhou	13196	6554	1305141	98553	696606	238744	54957522	79526
云 南	Yunnan	21668	10566	2154893	99630	721617	242995	69362253	97756
西 藏	Tibet	4302	1984	568508	132550	172691	65401	22787665	133380
陕 西	Shaanxi	30111	14236	2150875	71489	640687	217627	46573454	73178
甘 肃	Gansu	18639	8971	1398444	74867	505486	177088	38678509	76823
青 海	Qinghai	4950	2358	475195	98323	151296	60421	14632218	97778
宁 夏	Ningxia	5000	2507	476992	95018	131470	55385	9905520	75963
新 疆	Xinjiang	22466	11082	1892213	83741	869650	296344	57377343	66372

4-3 各地区分行业国有单位在岗职工人数和平均工资(2019年)
ON-POST STAFF AND WORKERS AND AVERAGE WAGE IN STATE-OWNED UNITS BY SECTOR AND REGION(2019)

地区	Region	总计 Total 年末人数(人) Year-end Figures (person)	总计 Total 平均工资(元) Average Wage (yuan)	农、林、牧、渔业 Agriculture, Forestry, Animal Husbandry and Fishery 年末人数(人) Year-end Figures (person)	农、林、牧、渔业 平均工资(元) Average Wage (yuan)	采矿业 Mining 年末人数(人) Year-end Figures (person)	采矿业 Mining 平均工资(元) Average Wage (yuan)	制造业 Manufacturing 年末人数(人) Year-end Figures (person)	制造业 Manufacturing 平均工资(元) Average Wage (yuan)
全　国	**National**	**51463523**	**102709**	**880161**	**38224**	**138178**	**92224**	**364208**	**92099**
北　京	Beijing	1627047	195783	171	125700			14196	179018
天　津	Tianjin	579373	144333	671	120517			2771	123499
河　北	Hebei	2484911	77119	5648	53320	872	13516	13238	70156
山　西	Shanxi	1655937	70628	6239	49471	17708	76018	19370	68550
内蒙古	Inner Mongolia	1326216	83988	59112	54433	20091	151346	1873	73139
辽　宁	Liaoning	1767863	74539	145575	15614	1386	35127	35350	87194
吉　林	Jilin	1194348	78033	44531	42516	1063	155382	8546	74942
黑龙江	Heilongjiang	1624923	68073	323995	32985	9087	74550	8907	44070
上　海	Shanghai	894659	174728	2870	100643			17667	165973
江　苏	Jiangsu	2464527	137322	15100	50828	946	68324	12803	113207
浙　江	Zhejiang	2135168	149036	1903	121981	299	64930	5515	92945
安　徽	Anhui	1591347	103921	15215	53610	1834	93172	16749	154102
福　建	Fujian	1362670	111211	8410	65800	2296	53403	5607	98692
江　西	Jiangxi	1523353	89791	15398	49896	1500	43550	6017	58082
山　东	Shandong	3306231	101279	2743	80288	10460	80806	10546	70101
河　南	Henan	3122941	78036	12859	50224	3112	63501	18238	49318
湖　北	Hubei	2215089	91665	73516	36770	265	45100	29868	69406
湖　南	Hunan	2296691	87187	7139	57688	1078	58416	17323	160036
广　东	Guangdong	3709266	137123	13529	56386	676	50984	22684	74243
广　西	Guangxi	1815238	85909	37289	50495	222	56513	8225	58385
海　南	Hainan	399538	95461	5959	35113	317	42914	1808	83666
重　庆	Chongqing	1008830	114570	1592	103861	43	57310	1551	84156
四　川	Sichuan	2715639	101190	9855	74018	5678	122604	10494	95435
贵　州	Guizhou	1426633	93814	1676	80466	3653	86392	1816	55220
云　南	Yunnan	1616780	106514	14796	49268	10958	79597	17418	89941
西　藏	Tibet	274409	139406	653	70610	44	90543	922	93260
陕　西	Shaanxi	1734582	83109	9647	69853	26479	92174	40958	72973
甘　肃	Gansu	1251523	83141	11161	60910	16905	81527	9987	90087
青　海	Qinghai	325079	101025	4097	52354			384	58439
宁　夏	Ningxia	311479	90536	4902	44304	36	80611	189	46073
新　疆	Xinjiang	1701233	78812	23910	43234	1170	103873	3188	61591

4-3 续表 1 continued

地 区	Region	电力、热力、燃气及水生产和供应业 Production and Supply of Electricity, Heat, Gas and Water		建筑业 Construction		批发和零售业 Wholesale and Retail Trades		交通运输、仓储和邮政业 Transport, Storage and Post	
		年末人数（人） Year-end Figures (person)	平均工资（元） Average Wage (yuan)	年末人数（人） Year-end Figures (person)	平均工资（元） Average Wage (yuan)	年末人数（人） Year-end Figures (person)	平均工资（元） Average Wage (yuan)	年末人数（人） Year-end Figures (person)	平均工资（元） Average Wage (yuan)
全 国	**National**	**1102350**	**106057**	**666067**	**58490**	**404097**	**114640**	**1268818**	**85890**
北 京	Beijing	9498	223038	3528	125192	13493	162830	18570	122670
天 津	Tianjin	9386	244093	2074	99072	4065	148723	23157	90848
河 北	Hebei	67904	89621	26661	48184	14881	105866	84358	73473
山 西	Shanxi	49625	104119	17360	46018	13046	76326	38893	59665
内蒙古	Inner Mongolia	12743	73886	5844	69627	7623	118656	31639	71790
辽 宁	Liaoning	24720	60718	15317	49160	13385	99482	36465	65608
吉 林	Jilin	16808	84448	5496	62698	7040	106440	40397	64846
黑龙江	Heilongjiang	31604	60290	11261	52304	9716	111187	59995	64866
上 海	Shanghai	844	116437	799	129856	4377	120844	27554	137170
江 苏	Jiangsu	8040	91394	48051	56141	24377	99187	79022	107293
浙 江	Zhejiang	7496	149032	13154	64790	10903	186917	36840	120677
安 徽	Anhui	12818	96335	12946	49591	16632	93993	42429	83044
福 建	Fujian	5307	96285	38381	79221	15619	123622	28729	85199
江 西	Jiangxi	7069	71336	29541	56148	16551	96437	31042	80539
山 东	Shandong	128117	123495	42887	62109	9379	60338	77989	93108
河 南	Henan	140934	100257	29165	53242	38229	100070	97663	66483
湖 北	Hubei	89218	105226	34924	53669	29841	89545	76988	77535
湖 南	Hunan	88713	103446	36923	49971	21588	126603	52757	83560
广 东	Guangdong	30351	100252	89743	62404	16016	82116	70256	109602
广 西	Guangxi	13168	90125	10939	88256	13826	114563	30254	88584
海 南	Hainan	10991	101594	5222	27227	2137	185505	10966	84922
重 庆	Chongqing	2339	75336	15005	56542	7262	169646	28527	116809
四 川	Sichuan	97551	122433	73522	51011	18739	129230	48537	96980
贵 州	Guizhou	49525	118661	9294	49348	18411	140946	18895	84199
云 南	Yunnan	5414	87746	11372	92036	16941	198407	24199	89227
西 藏	Tibet	3774	104243	1292	86670	4277	140801	11998	128334
陕 西	Shaanxi	45235	115567	26222	57492	19293	92341	73373	76613
甘 肃	Gansu	73186	84144	41682	56092	5122	101480	18079	67663
青 海	Qinghai	9245	87807	2869	48740	1601	133524	14682	85037
宁 夏	Ningxia	13075	138265	1696	93630	1572	120054	6510	85646
新 疆	Xinjiang	37652	120489	2897	56375	8155	96871	28055	78715

4-3 续表 2 continued

地 区	Region	住宿和餐饮业 Hotels and Catering Services		信息传输、软件和信息技术服务业 Information Transmission, Software and Information Technology		金融业 Financial Intermediation		房地产业 Real Estate	
		年末人数（人） Year-end Figures (person)	平均工资（元） Average Wage (yuan)	年末人数（人） Year-end Figures (person)	平均工资（元） Average Wage (yuan)	年末人数（人） Year-end Figures (person)	平均工资（元） Average Wage (yuan)	年末人数（人） Year-end Figures (person)	平均工资（元） Average Wage (yuan)
全 国	**National**	**197631**	**56418**	**191173**	**108554**	**804469**	**149221**	**144829**	**78971**
北 京	Beijing	22404	83097	13810	217125	11079	306346	14064	124987
天 津	Tianjin	2075	65408	811	139926	20759	173143	4747	95662
河 北	Hebei	10845	44417	8081	107363	8583	116198	4248	57366
山 西	Shanxi	10042	39226	8401	89079	25641	110695	7095	38412
内蒙古	Inner Mongolia	3313	43544	7521	89903	26295	112622	1739	60784
辽 宁	Liaoning	4844	48039	6765	87458	42563	115274	4360	56421
吉 林	Jilin	6173	45846	6056	61008	24895	116528	2662	66071
黑龙江	Heilongjiang	4299	45497	5506	80752	28286	109885	3210	48629
上 海	Shanghai	5457	96728	2401	160591	14442	459132	4418	122973
江 苏	Jiangsu	10414	59494	7214	109968	54821	181127	7020	92110
浙 江	Zhejiang	7432	75330	8605	148317	28765	188004	7179	97670
安 徽	Anhui	2321	48837	3809	88974	25100	113637	2829	68403
福 建	Fujian	4854	54736	5070	116186	36321	150950	6925	73600
江 西	Jiangxi	5329	42611	4440	106381	25246	116958	2815	72761
山 东	Shandong	20032	54766	10460	115441	49783	125415	8748	69498
河 南	Henan	10161	42496	9545	71594	38600	114837	6743	66442
湖 北	Hubei	8569	56435	11626	71363	29383	106796	8190	69730
湖 南	Hunan	4921	44047	6433	73130	29465	136757	4273	77903
广 东	Guangdong	13800	67911	14517	108341	85453	189207	13813	88553
广 西	Guangxi	5843	48191	3080	88719	36407	131809	4491	69168
海 南	Hainan	1377	45970	1793	72516	6000	165867	1798	72006
重 庆	Chongqing	1662	60499	8417	149109	16585	162502	1000	98369
四 川	Sichuan	4796	51817	5661	101617	24633	163486	4635	90345
贵 州	Guizhou	1697	48428	2857	111717	13284	156570	2101	59208
云 南	Yunnan	5128	47076	5755	105513	20396	143837	2802	67303
西 藏	Tibet	1009	58102	5031	145372	2320	194713	406	76774
陕 西	Shaanxi	4819	41338	5157	80652	30719	146617	7971	61485
甘 肃	Gansu	4873	42207	6635	63767	18153	95456	1343	52155
青 海	Qinghai	1208	45351	614	109536	6224	138145	604	68100
宁 夏	Ningxia	1013	43442	354	183180	5095	124457	97	31485
新 疆	Xinjiang	6921	51629	4748	99230	19173	140526	2503	49683

4-3 续表 3 continued

地 区	Region	租赁和商务服务业 Leasing and Business Services		科学研究和技术服务业 Scientific Research and Technical Services		水利、环境和公共设施管理业 Management of Water Conservancy,Environment and Public Facilities		居民服务、修理和其他服务业 Service to Households, Repair and Other Services	
		年末人数（人）Year-end Figures (person)	平均工资（元）Average Wage (yuan)	年末人数（人）Year-end Figures (person)	平均工资（元）Average Wage (yuan)	年末人数（人）Year-end Figures (person)	平均工资（元）Average Wage (yuan)	年末人数（人）Year-end Figures (person)	平均工资（元）Average Wage (yuan)
全 国	**National**	**912872**	**71482**	**1439225**	**130632**	**1103178**	**70554**	**114955**	**79405**
北 京	Beijing	142280	90980	190985	233088	62220	124105	9808	80741
天 津	Tianjin	18811	89389	26802	181177	21841	110020	3060	94758
河 北	Hebei	26405	50963	41641	84381	45392	57165	3173	57344
山 西	Shanxi	24092	55208	43142	77635	54220	38537	1807	51457
内蒙古	Inner Mongolia	18486	56523	37803	96661	21866	59097	1316	62234
辽 宁	Liaoning	24162	54069	36773	98775	32468	46918	9937	47405
吉 林	Jilin	15266	54636	45874	81882	45633	44211	3743	63777
黑龙江	Heilongjiang	31763	45489	34114	81364	45012	47546	4314	56531
上 海	Shanghai	60031	80779	55877	167234	11729	145061	6538	109434
江 苏	Jiangsu	67974	71292	63430	159526	52851	99747	6001	101861
浙 江	Zhejiang	57343	74758	53850	167288	45759	90505	4219	117712
安 徽	Anhui	15524	68069	36681	105393	27971	81914	2803	77653
福 建	Fujian	27076	66874	30223	127738	21280	71551	1746	82956
江 西	Jiangxi	21951	62861	34714	100686	12589	61760	1120	64712
山 东	Shandong	34309	79848	59371	115193	47973	74235	4376	84378
河 南	Henan	48439	52484	73938	95401	54899	64300	4360	62306
湖 北	Hubei	31516	50595	65290	90795	71177	67832	9216	68382
湖 南	Hunan	22255	71983	52450	90858	61959	56054	3854	70803
广 东	Guangdong	99180	80332	92128	178928	72206	89330	14252	96629
广 西	Guangxi	18217	68903	46642	93317	56850	52136	3235	79460
海 南	Hainan	5550	70537	8547	108810	10022	54940	807	59542
重 庆	Chongqing	3649	93291	29673	131688	8386	73022	1187	97051
四 川	Sichuan	23956	75767	53213	114349	42824	70426	3435	80140
贵 州	Guizhou	11247	65766	19808	98951	9647	61828	1086	78564
云 南	Yunnan	9862	85571	50102	107913	21328	77510	1486	79426
西 藏	Tibet	2138	113044	8432	152824	655	88632	438	118845
陕 西	Shaanxi	18100	69581	49787	80812	47936	61794	5290	80789
甘 肃	Gansu	7990	54054	40103	96751	40315	64555	719	77957
青 海	Qinghai	1460	92708	10908	111189	5913	75453	152	90351
宁 夏	Ningxia	4585	49754	7862	89204	12269	62180	157	61669
新 疆	Xinjiang	19255	48778	39062	93532	37988	57960	1320	73863

4-3 续表 4 continued

地 区	Region	教 育 Education		卫生和社会工作 Health and Social Service		文化、体育和娱乐业 Culture, Sports and Entertainment		公共管理、社会保障和社会组织 Public Management, Social Security and Social Organization	
		年末人数（人） Year-end Figures (person)	平均工资（元） Average Wage (yuan)	年末人数（人） Year-end Figures (person)	平均工资（元） Average Wage (yuan)	年末人数（人） Year-end Figures (person)	平均工资（元） Average Wage (yuan)	年末人数（人） Year-end Figures (person)	平均工资（元） Average Wage (yuan)
全 国	**National**	**14699975**	**106391**	**7922286**	**117143**	**777405**	**114191**	**18331646**	**98777**
北 京	Beijing	355457	223166	232031	246519	89330	240213	424123	177571
天 津	Tianjin	170728	151146	94128	162077	10796	119995	162691	135577
河 北	Hebei	803154	84802	350275	80153	32707	69400	936845	71065
山 西	Shanxi	452906	76959	211739	75703	30947	63261	623664	65313
内蒙古	Inner Mongolia	327556	93761	168608	83674	25404	84855	547384	79419
辽 宁	Liaoning	419263	88675	244761	85888	28982	71732	640787	73717
吉 林	Jilin	321592	87228	179795	84586	22620	68530	396158	75558
黑龙江	Heilongjiang	352710	87422	198418	77317	18410	68310	444316	75054
上 海	Shanghai	249088	161906	180593	225917	22954	168259	227020	173066
江 苏	Jiangsu	770166	139389	379958	148090	39549	128786	816790	146752
浙 江	Zhejiang	665111	145087	430158	165981	38379	141909	712258	154187
安 徽	Anhui	537639	109044	258948	117656	16929	84680	542170	98666
福 建	Fujian	430434	109153	201463	130399	21758	101031	471171	111944
江 西	Jiangxi	488887	87144	231102	103588	18053	89594	569989	90514
山 东	Shandong	973435	107191	565674	106610	36697	93448	1213252	95665
河 南	Henan	858265	77940	480984	83277	38282	68865	1158525	75016
湖 北	Hubei	590340	97797	345881	97491	31788	90185	677493	97171
湖 南	Hunan	641199	85428	377602	104932	28042	114970	838717	78607
广 东	Guangdong	1015845	137668	644430	159913	45048	142196	1355339	138071
广 西	Guangxi	603993	83183	330803	102612	20831	84620	570923	81905
海 南	Hainan	109534	109109	58074	103791	5063	93875	153573	87756
重 庆	Chongqing	344543	118611	169380	122585	11317	100669	356712	105785
四 川	Sichuan	804551	96349	463241	114886	29790	98655	990528	100415
贵 州	Guizhou	444534	96892	202634	98107	12339	102794	602129	87286
云 南	Yunnan	501729	109647	234106	104821	20678	102755	642310	106391
西 藏	Tibet	47692	150317	15365	139667	4202	134568	163761	138450
陕 西	Shaanxi	453600	89274	243677	87754	28062	73611	598257	76296
甘 肃	Gansu	345695	89999	133962	83116	17247	78758	458366	82317
青 海	Qinghai	72226	108984	45668	97390	4688	101306	142536	102222
宁 夏	Ningxia	82261	93386	47300	107167	4838	96711	117668	81651
新 疆	Xinjiang	465842	86162	201528	88494	21675	85472	776191	70514

4-4 各地区分行业国有单位其他就业人员和平均工资(2019年) OTHER EMPLOYMENT AND AVERSGE WAGE IN STATE-OWNED UNITS BY SECTOR AND REGION (2019)

地区	Region	总计 Total		农、林、牧、渔业 Agriculture, Forestry, Animal Husbandry and Fishery		采矿业 Mining		制造业 Manufacturing	
		年末人数(人) Year-end Figures (person)	平均工资(元) Average Wage (yuan)	年末人数(人) Year-end Figures (person)	平均工资(元) Average Wage (yuan)	年末人数(人) Year-end Figures (person)	平均工资(元) Average Wage (yuan)	年末人数(人) Year-end Figures (person)	平均工资(元) Average Wage (yuan)
全国	**National**	**3263145**	**39212**	**119026**	**29143**	**8495**	**47157**	**20996**	**32087**
北京	Beijing	81362	71379					494	63803
天津	Tianjin	49224	49105	62	9131			381	36963
河北	Hebei	141658	33799	1498	20314			322	30733
山西	Shanxi	81133	23843	121	17774	1697	26640	611	20728
内蒙古	Inner Mongolia	54562	33122	1566	21522	238	63815	21	39176
辽宁	Liaoning	98110	27381	4546	8590			735	37959
吉林	Jilin	69256	28773	6385	22070			935	24641
黑龙江	Heilongjiang	144064	28324	50910	28964	567	23690	863	16177
上海	Shanghai	50296	85922	1121	53532			675	80427
江苏	Jiangsu	171813	56284	930	29714	409	25467	916	56593
浙江	Zhejiang	112706	59847	157	30040	30	32533	438	33694
安徽	Anhui	110126	40758	10597	39198	31	53903	308	16994
福建	Fujian	108748	38023	3644	22059	6	33250	487	20307
江西	Jiangxi	123747	36630	4175	38277	96	18200	265	37506
山东	Shandong	148249	38407	16	34421	462	25788	248	41506
河南	Henan	115344	36104	666	30698	2	63500	79	30092
湖北	Hubei	157520	41018	14154	35253	26	44000	4747	36690
湖南	Hunan	136380	37783	904	22648	363	55526	860	9950
广东	Guangdong	141372	58591	182	39208	19	11000	1057	25397
广西	Guangxi	140022	32547	6209	27566	4	20000	568	33659
海南	Hainan	19644	30127	403	13753	7	27154	17	13706
重庆	Chongqing	48978	40513	32	35714			82	21518
四川	Sichuan	182442	39259	1800	20044	546	64902	192	44665
贵州	Guizhou	174486	32154	278	15274	138	18843	359	24466
云南	Yunnan	165893	28249	2401	21806	837	26663	2713	17880
西藏	Tibet	17315	46824	19	78789			72	36181
陕西	Shaanxi	136522	32808	211	22956	1604	70479	1052	42417
甘肃	Gansu	109874	31031	3168	30124	1403	77011	577	34717
青海	Qinghai	12969	31484	17	37059				
宁夏	Ningxia	25889	28502	278	16507			28	41037
新疆	Xinjiang	133441	34445	2576	30262	10	56700	894	18205

4-4　续表 1　continued

地　区	Region	电力、热力、燃气及水生产和供应业 Production and Supply of Electricity, Heat, Gas and Water		建筑业 Construction		批发和零售业 Wholesale and Retail Trades		交通运输、仓储和邮政业 Transport, Storage and Post	
		年末人数（人） Year-end Figures (person)	平均工资（元） Average Wage (yuan)	年末人数（人） Year-end Figures (person)	平均工资（元） Average Wage (yuan)	年末人数（人） Year-end Figures (person)	平均工资（元） Average Wage (yuan)	年末人数（人） Year-end Figures (person)	平均工资（元） Average Wage (yuan)
全　国	**National**	**35225**	**37336**	**137463**	**47679**	**24478**	**55988**	**49259**	**56594**
北　京	Beijing	71	49360	292	60840	668	77285	83	31264
天　津	Tianjin	575	39027	53	59785	176	33914	148	44610
河　北	Hebei	8178	42797	5143	46818	370	45764	4460	48908
山　西	Shanxi	1184	14905	1564	26454	410	19877	2253	53080
内蒙古	Inner Mongolia	425	36155	13	27000	200	34298	610	39100
辽　宁	Liaoning	1506	41007	1336	34281	562	121730	1361	34250
吉　林	Jilin	336	28294	440	43376	154	57785	1107	24068
黑龙江	Heilongjiang	3020	37556	819	31137	1318	33865	2026	32292
上　海	Shanghai			122	67827	515	63417	703	87275
江　苏	Jiangsu	165	36706	7556	41101	576	98157	1842	47679
浙　江	Zhejiang	889	77228	3782	44293	609	58452	1059	55909
安　徽	Anhui	258	37264	7109	48243	380	51599	2133	66447
福　建	Fujian	294	45028	1222	64540	546	28455	429	44525
江　西	Jiangxi	495	51745	16564	34239	554	41157	2570	63112
山　东	Shandong	821	31145	9179	45185	476	27299	2022	70119
河　南	Henan	1142	48441	9001	49364	1781	51329	2630	45816
湖　北	Hubei	1717	38487	12657	47055	1878	55219	2370	47092
湖　南	Hunan	1810	34393	17476	53134	3046	43641	3114	43205
广　东	Guangdong	372	26800	15765	67267	666	33877	4011	76641
广　西	Guangxi	310	19368	2333	37340	414	40581	2246	66410
海　南	Hainan	976	9814	48	54947	11	99000	104	39680
重　庆	Chongqing	26	35294	1470	46906	167	76732	1456	90230
四　川	Sichuan	2797	49950	5162	41557	1421	96907	2624	50534
贵　州	Guizhou	4521	17999	1303	61030	1937	66380	1028	58464
云　南	Yunnan	253	38352	2008	53737	3486	67072	431	47660
西　藏	Tibet	73	93795	1029	72445	430	74068	1610	63927
陕　西	Shaanxi	1025	43130	4695	46642	714	46703	2854	75908
甘　肃	Gansu	1541	37218	8170	44686	290	31357	750	56531
青　海	Qinghai	39	50026	402	56207	65	77521	163	83724
宁　夏	Ningxia	209	27429	569	47212	18	123667	469	47287
新　疆	Xinjiang	197	35677	181	70051	640	45670	593	45414

4-4 续表 2 continued

地 区	Region	住宿和餐饮业 Hotels and Catering Services		信息传输、软件和信息技术服务业 Information Transmission, Software and Information Technology		金融业 Financial Intermediation		房地产业 Real Estate	
		年末人数（人） Year-end Figures (person)	平均工资（元） Average Wage (yuan)	年末人数（人） Year-end Figures (person)	平均工资（元） Average Wage (yuan)	年末人数（人） Year-end Figures (person)	平均工资（元） Average Wage (yuan)	年末人数（人） Year-end Figures (person)	平均工资（元） Average Wage (yuan)
全 国	**National**	**11547**	**41855**	**8078**	**57805**	**88829**	**35693**	**12154**	**41471**
北 京	Beijing	978	65970	229	72739	36	80270	1415	59937
天 津	Tianjin	643	36546	2	61000	60	79579	357	44537
河 北	Hebei	789	33711	103	37295	11	46333	100	36235
山 西	Shanxi	157	26412	420	44452	2488	20456	581	30907
内蒙古	Inner Mongolia	71	27792	364	43865	148	27918	59	21242
辽 宁	Liaoning	213	45335	40	49059	774	53299	741	20584
吉 林	Jilin	180	22374	117	42588	811	97137	132	30962
黑龙江	Heilongjiang	598	31075	104	33620	3297	42309	152	30776
上 海	Shanghai	992	49392	77	70821	31	198323	1095	69351
江 苏	Jiangsu	672	41946	676	69677	8206	48501	392	46668
浙 江	Zhejiang	570	49459	73	69610	789	47155	797	31553
安 徽	Anhui	148	46636	191	46071	2071	36110	260	25619
福 建	Fujian	186	39591	138	33856	3314	45427	655	32002
江 西	Jiangxi	399	36944	90	46780	585	75823	407	36975
山 东	Shandong	664	42180	1051	58321	4253	34269	395	45276
河 南	Henan	581	46723	1047	49274	6062	26967	238	36712
湖 北	Hubei	170	34315	482	38504	4191	39709	691	48304
湖 南	Hunan	513	32635	200	43573	3020	48505	288	23237
广 东	Guangdong	644	52514	898	86231	10222	34877	532	49243
广 西	Guangxi	286	29674	129	39596	22835	30750	640	28696
海 南	Hainan	35	24500	51	44389	1		136	25872
重 庆	Chongqing	61	51644	60	41934	768	49021	58	34362
四 川	Sichuan	109	33185	123	38472	2484	27832	189	50913
贵 州	Guizhou	67	31692	829	82990	124	44213	381	32426
云 南	Yunnan	759	35732	116	46475	138	55877	341	32366
西 藏	Tibet	206	51015	129	48742	22	104579	180	43778
陕 西	Shaanxi	412	36741	72	39347	11681	24802	562	39206
甘 肃	Gansu	299	37827	135	41776	304	43291	149	28192
青 海	Qinghai			19	47158	3	27000	39	38436
宁 夏	Ningxia			19	43636	22	30409	49	20796
新 疆	Xinjiang	145	26869	94	41385	78	39757	143	48528

4-4 续表 3 continued

地 区	Region	租赁和商务服务业 Leasing and Business Services		科学研究和技术服务业 Scientific Research and Technical Services		水利、环境和公共设施管理业 Management of Water Conservancy,Environment and Public Facilities		居民服务、修理和其他服务业 Service to Households, Repair and Other Services	
		年末人数(人) Year-end Figures (person)	平均工资(元) Average Wage (yuan)	年末人数(人) Year-end Figures (person)	平均工资(元) Average Wage (yuan)	年末人数(人) Year-end Figures (person)	平均工资(元) Average Wage (yuan)	年末人数(人) Year-end Figures (person)	平均工资(元) Average Wage (yuan)
全 国	**National**	**72469**	**39333**	**63781**	**60784**	**195743**	**28462**	**8178**	**40096**
北 京	Beijing	3329	117726	8983	106817	3683	45253	330	47714
天 津	Tianjin	17242	36579	1363	65792	2731	53718	120	46553
河 北	Hebei	1297	29198	1584	38804	9271	22019	279	27021
山 西	Shanxi	2054	26058	1724	30622	9635	18599	128	19581
内蒙古	Inner Mongolia	1103	30338	1297	50367	1092	36711	83	43221
辽 宁	Liaoning	732	32247	1809	34837	7415	18414	227	33491
吉 林	Jilin	1041	23374	871	40691	12848	26540	71	26444
黑龙江	Heilongjiang	6735	23227	1553	30900	14246	23387	586	31109
上 海	Shanghai	3507	70877	3134	126922	495	96748	374	68934
江 苏	Jiangsu	3633	42715	2592	57196	7469	32734	345	45242
浙 江	Zhejiang	2033	40883	2769	70789	3312	44557	679	49010
安 徽	Anhui	519	45743	1531	56462	4453	27438	735	44765
福 建	Fujian	6692	19629	1546	43089	2981	35466	584	23228
江 西	Jiangxi	1246	38687	1548	51170	4247	30340	67	48627
山 东	Shandong	1426	26468	2267	66225	12039	17981	265	49554
河 南	Henan	1382	28364	2832	44330	13053	28254	200	31520
湖 北	Hubei	605	44200	2675	53575	9638	31132	709	37721
湖 南	Hunan	1465	30318	3091	45547	10103	25733	196	45096
广 东	Guangdong	7488	50261	3394	85987	7611	51023	415	62133
广 西	Guangxi	2400	27348	3842	37740	4309	29477	200	44023
海 南	Hainan	157	39102	463	44897	955	36891	31	47323
重 庆	Chongqing	92	50892	458	46658	2923	41492	146	57469
四 川	Sichuan	1259	36278	2162	42995	8408	50371	669	30512
贵 州	Guizhou	603	39841	891	48006	1262	25918	193	45338
云 南	Yunnan	637	36823	3434	28867	8742	14900	74	36029
西 藏	Tibet	30	24258	145	69829	34	42679	8	55750
陕 西	Shaanxi	1350	35503	3122	41079	21141	23793	185	25844
甘 肃	Gansu	325	21833	1497	48324	7075	26844	180	28706
青 海	Qinghai	30	36188	217	30180	204	22618	1	24000
宁 夏	Ningxia	56	36564	152	40090	1948	25065	12	25583
新 疆	Xinjiang	2001	31670	835	50559	2420	27812	86	30977

4-4 续表 4 continued

地 区	Region	教 育 Education 年末人数(人) Year-end Figures (person)	教 育 Education 平均工资(元) Average Wage (yuan)	卫生和社会工作 Health and Social Service 年末人数(人) Year-end Figures (person)	卫生和社会工作 Health and Social Service 平均工资(元) Average Wage (yuan)	文化、体育和娱乐业 Culture, Sports and Entertainment 年末人数(人) Year-end Figures (person)	文化、体育和娱乐业 Culture, Sports and Entertainment 平均工资(元) Average Wage (yuan)	公共管理、社会保障和社会组织 Public Management, Social Security and Social Organization 年末人数(人) Year-end Figures (person)	公共管理、社会保障和社会组织 Public Management, Social Security and Social Organization 平均工资(元) Average Wage (yuan)
全 国	**National**	**699800**	**36990**	**428795**	**59437**	**43767**	**52819**	**1235062**	**32975**
北 京	Beijing	19080	82602	8369	117287	3509	95532	29813	36165
天 津	Tianjin	6834	41420	6363	88006	684	56589	11430	49657
河 北	Hebei	31230	29432	22862	43019	3467	69795	50694	28400
山 西	Shanxi	13833	19034	11072	35614	973	27935	30228	20514
内蒙古	Inner Mongolia	6504	38132	7309	47190	1592	37758	31867	28037
辽 宁	Liaoning	13898	30460	16194	44567	1568	26227	44453	20405
吉 林	Jilin	9235	38071	8169	39601	836	41101	25588	21963
黑龙江	Heilongjiang	10205	26472	15017	37701	984	28688	31064	23323
上 海	Shanghai	19691	73040	10120	120216	1142	87747	6502	76976
江 苏	Jiangsu	47250	49992	35793	88901	2173	60568	50218	47761
浙 江	Zhejiang	38793	47712	17312	100625	3201	65217	35414	57756
安 徽	Anhui	19569	32871	9929	57007	1177	41148	48727	39570
福 建	Fujian	37069	35716	10002	62729	2090	34716	36863	37965
江 西	Jiangxi	29540	30817	12462	50953	1082	30337	47355	35123
山 东	Shandong	26131	32210	27359	60456	1163	40437	58012	32231
河 南	Henan	17025	32433	15332	49584	1627	34815	40664	31409
湖 北	Hubei	33204	34645	20277	59350	2237	87133	45092	36541
湖 南	Hunan	34548	28349	15487	50907	2251	60301	37645	34604
广 东	Guangdong	33479	57512	15815	83123	1835	52619	36967	55798
广 西	Guangxi	38915	27636	9688	55743	1253	29930	43441	31448
海 南	Hainan	2907	35230	2106	53432	115	44325	11121	25008
重 庆	Chongqing	19611	30387	5855	64253	448	40742	15265	37109
四 川	Sichuan	50754	30991	21632	71861	1757	36741	78354	32881
贵 州	Guizhou	44259	27383	20979	47183	857	36653	94477	29769
云 南	Yunnan	28733	24937	30493	40726	990	33353	79307	24158
西 藏	Tibet	3142	39515	1156	53162	100	51365	8930	39927
陕 西	Shaanxi	22944	31280	18419	39361	2049	42776	42430	28801
甘 肃	Gansu	14450	29124	21049	39746	1392	28114	47120	23535
青 海	Qinghai	1565	33469	1183	38099	262	44320	8760	26025
宁 夏	Ningxia	6062	22942	2034	40509	162	43600	13802	27236
新 疆	Xinjiang	19340	41142	8958	36117	791	36575	93459	32155

五、城镇集体单位就业人员和工资总额

EMPLOYMENT AND TOTAL WAGES IN URBAN COLLECTIVE-OWNED UNITS

5-1 分行业城镇集体单位就业人员和工资总额(2019年)
EMPLOYMENT AND TOTAL WAGES IN URBAN COLLECTIVE-OWNED UNITS BY SECTOR (2019)

项目	Item	年末人数(千人) Year-end Figures (1000 persons)	#女性 Female	工资总额(亿元) Total Wages (100 million yuan)	平均工资(元) Average Wage (yuan)
全国总计	**National Total**	**2956**	**1084**	**1841.5**	**62612**
农、林、牧、渔业	**Agriculture, Forestry, Animal Husbandry and Fishery**	**32**	**10**	**8.1**	**25458**
农业	Farming	19	6	2.9	15154
林业	Forestry	6	2	1.6	26832
畜牧业	Animal Husbandry	1		0.4	45126
渔业	Fishery	2		0.9	45297
农、林、牧、渔专业及辅助性活动	Professional and Support Activities for Agriculture, Forestry, Animal Husbandry and Fishery	4	1	2.3	58645
采矿业	**Mining**	**32**	**5**	**20.2**	**65177**
煤炭开采和洗选业	Mining and Washing of Coal	16	2	11.4	70270
石油和天然气开采业	Extraction of Petroleum and Natural Gas				
黑色金属矿采选业	Mining and Processing of Ferrous Metal Ores	4	1	1.8	49025
有色金属矿采选业	Mining and Processing of Non-Ferrous Metal Ores	2		1.0	59736
非金属矿采选业	Mining and Processing of Non-metal Ores	4	1	2.0	46215
开采专业及辅助性活动	Professional and Support Activities for Mining	5	2	3.9	80161
其他采矿业	Mining of Other Ores			0.1	42300
制造业	**Manufacturing**	**315**	**121**	**177.1**	**54677**
农副食品加工业	Processing of Food from Agricultural Products	12	1	6.1	52532
食品制造业	Manufacture of Foods	2	1	0.9	41907
酒、饮料和精制茶制造业	Manufacture of Liquor, Beverages and Refined Tea	3	1	1.3	41163
烟草制品业	Manufacture of Tobacco	2	1	1.4	86491
纺织业	Manufacture of Textile	14	5	8.6	60779
纺织服装、服饰业	Manufacture of Textile, Wearing Apparel and Accessories	8	5	3.4	42128
皮革、毛皮、羽毛及其制品和制鞋业	Manufacture of Leather, Fur, Feather and Related Products and Footwear	4	2	1.9	50645
木材加工和木、竹、藤、棕、草制品业	Processing of Timber, Manufacture of Wood, Bamboo, Rattan, Palm and Straw Products	3	1	1.4	41586
家具制造业	Manufacture of Furniture			0.1	32998
造纸及纸制品业	Manufacture of Paper and Paper Products	14	5	7.0	51432
印刷和记录媒介复制业	Printing and Reproduction of Recording Media	16	7	9.4	59613
文教、工美、体育和娱乐用品制造业	Manufacture of Articles for Culture, Education, Arts and Crafts, Sport and Entertainment Activities	15	9	8.2	52520
石油、煤炭及其他燃料加工业	Processing of Petroleum, Coal and Other Fuels	5	1	2.0	38566

5-1 续表 1 continued

项目	Item	年末人数(千人) Year-end Figures (1000 persons)	#女性 Female	工资总额(亿元) Total Wages (100 million yuan)	平均工资(元) Average Wage (yuan)
化学原料和化学制品制造业	Manufacture of Raw Chemical Materials and Chemical Products	19	7	12.0	63294
医药制造业	Manufacture of Medicines	5	2	2.0	40713
化学纤维制造业	Manufacture of Chemical Fibres			0.1	55816
橡胶和塑料制品业	Manufacture of Rubber and Plastics Products	15	7	7.4	50106
非金属矿物制品业	Manufacture of Non-metallic Mineral Products	19	6	8.8	46393
黑色金属冶炼和压延加工业	Smelting and Pressing of Ferrous Metals	3	1	1.8	45932
有色金属冶炼和压延加工业	Smelting and Pressing of Non-ferrous Metals	4	1	1.7	46312
金属制品业	Manufacture of Metal Products	41	13	24.2	58633
通用设备制造业	Manufacture of General Purpose Machinery	34	12	21.0	61715
专用设备制造业	Manufacture of Special Purpose Machinery	22	9	10.5	46475
汽车制造业	Manufacture of Automobiles	4	1	2.1	51630
铁路、船舶、航空航天和其他运输设备制造业	Manufacture of Railway, Ship, Aerospace and Other Transport Equipments	13	4	7.4	57509
电气机械和器材制造业	Manufacture of Electrical Machinery and Apparatus	13	5	8.5	62069
计算机、通信和其他电子设备制造业	Manufacture of Computers, Communication and Other Electronic Equipment	13	8	11.8	63554
仪器仪表制造业	Manufacture of Measuring Instruments and Machinery	3	1	1.5	49173
其他制造业	Other Manufacture	1		0.3	41738
废弃资源综合利用业	Utilization of Waste Resources	2	1	0.9	43332
金属制品、机械和设备修理业	Repair Service of Metal Products, Machinery and Equipment	7	2	3.5	47438
电力、热力、燃气及水生产和供应业	**Production and Supply of Electricity, Heat, Gas and Water**	**33**	**9**	**16.8**	**51051**
电力、热力生产和供应业	Production and Supply of Electric Power and Heat Power	11	3	5.5	47990
燃气生产和供应业	Production and Supply of Gas	1		0.5	90924
水的生产和供应业	Production and Supply of Water	21	6	10.7	51644
建筑业	**Construction**	**947**	**140**	**444.1**	**47659**
房屋建筑业	Construction of Buildings	808	118	377.9	47564
土木工程建筑业	Civil Engineering	87	14	39.8	46814
建筑安装业	Building Installation	30	5	13.8	46771
建筑装饰、装修和其他建筑业	Building Decoration and Other Constructions	22	3	12.6	55291
批发和零售业	**Wholesale and Retail Trades**	**129**	**57**	**55.4**	**43064**
批发业	Wholesale Trade	52	18	23.7	45141
零售业	Retail Trade	77	38	31.7	41632

5-1 续表 2 continued

项　目	Item	年末人数(千人) Year-end Figures (1000 persons)	#女 性 Female	工资总额(亿元) Total Wages (100 million yuan)	平均工资(元) Average Wage (yuan)
交通运输、仓储和邮政业	**Transport, Storage and Post**	**85**	**23**	**41.2**	**47869**
铁路运输业	Railway Transport	1		0.8	78204
道路运输业	Road Transport	44	11	19.8	44134
水上运输业	Water Transport	6	1	3.2	52166
航空运输业	Air Transport			0.4	110534
管道运输业	Transport Via Pipelines				
多式联运和运输代理业	Intermodality and Forwarding Agency	2	1	1.0	56700
装卸搬运和仓储业	Loading, Unloading and Storage	31	9	15.6	49767
邮政业	Post			0.3	69675
住宿和餐饮业	**Hotels and Catering Services**	**31**	**17**	**15.1**	**49222**
住宿业	Hotels	21	12	10.6	50882
餐饮业	Catering Services	10	6	4.5	45715
信息传输、软件和信息技术服务业	**Information Transmission, Software and Information Technology**	**7**	**3**	**5.1**	**74246**
电信、广播电视和卫星传输服务	Telecommunication, Radio and Television and Satellite Transmission Service	5	2	3.4	69751
互联网和相关服务	Internet and Related Service			0.1	54446
软件和信息技术服务业	Software and Information Technology	2	0.7	1.6	87503
金融业	**Financial Intermediation**	**95**	**42**	**110.7**	**116739**
货币金融服务	Monetary and Financial Service	93	41	109.6	117066
资本市场服务	Capital Market Service	1		0.4	56495
保险业	Insurance			0.5	181709
其他金融业	Other Financial Activities			0.3	88490
房地产业	**Real Estate**	**99**	**37**	**54.2**	**54683**
#房地产开发经营	Development and Management of Real Estate	7	2	4.3	64218
物业管理	Property Management	33	12	17.2	51644
房地产中介服务	Agency Services of Real Estate	1	1	0.9	58592
租赁和商务服务业	**Leasing and Business Services**	**262**	**83**	**126.0**	**48448**
租赁业	Leasing	3	1	1.6	55463
商务服务业	Business Services	259	82	124.3	48368
科学研究和技术服务业	**Scientific Research and Technical Services**	**43**	**14**	**38.1**	**88454**
研究和试验发展	Research and Experimental Development	5	2	7.1	147598
专业技术服务业	Professional Technical Services	31	10	25.3	82841

5-1 续表 3 continued

项目	Item	年末人数(千人) Year-end Figures (1000 persons)	#女性 Female	工资总额(亿元) Total Wages (100 million yuan)	平均工资(元) Average Wage (yuan)
科技推广和应用服务业	Science and Technology Popularization and Application Services	8	2	5.7	73642
水利、环境和公共设施管理业	**Management of Water Conservancy, Environment and Public Facilities**	**50**	**20**	**27.8**	**55515**
水利管理业	Management of Water Conservancy	12	4	7.8	67259
生态保护和环境治理业	Ecological Protection and Environmental Treatment	1		0.7	76264
公共设施管理业	Management of Public Facilities	37	16	19.1	51368
土地管理业	Management of Land			0.2	51218
居民服务、修理和其他服务业	**Service to Households, Repair and Other Services**	**32**	**13**	**17.2**	**53167**
居民服务业	Service to Households	17	7	9.4	54933
机动车、电子产品和日用产品修理业	Repair of Motor Vehicle, Electronics and Household Products	6	1	2.8	48826
其他服务业	Other Services	9	4	4.9	52583
教育	**Education**	**377**	**250**	**340.5**	**91164**
#初等教育	Primary Education	130	87	123.8	95981
中等教育	Secondary Education	117	65	128.0	109949
高等教育	Senior Education	24	12	28.8	122864
卫生和社会工作	**Health and Social Service**	**332**	**217**	**298.2**	**90742**
卫生	Health	311	203	286.6	93308
社会工作	Social Service	21	14	11.6	53980
文化、体育和娱乐业	**Culture, Sports and Entertainment**	**15**	**8**	**10.2**	**66103**
新闻和出版业	Journalism and Publishing Activities	2	1	1.3	72631
广播、电视、电影和录音制作业	Radio, Television, Motion Picture and Audio-visual Programme Production Services	3	1	2.0	77217
文化艺术业	Cultural and Art Activities	7	4	4.8	65495
体育	Sports Activities	2	1	0.9	59940
娱乐业	Entertainment	2	1	1.0	52444
公共管理、社会保障和社会组织	**Public Management, Social Security and Social Organization**	**41**	**15**	**35.6**	**87631**
#中国共产党机关	Organs of Communist Party of China				
国家机构	Government Agencies				
人民政协、民主党派	People's Political Consultative Conference and Democratic Parties				
社会保障	Social Security				
群众团体、社会团体和其他成员组织	Non-Governmental Organizations, Social Organizations and Membership Organizations	4	2	3.4	90342

5-2 各地区分行业城镇集体单位就业人员和工资总额(2019年)
EMPLOYMENT AND TOTAL WAGES IN URBAN COLLECTIVE-OWNED UNITS BY SECTOR AND REGION (2019)

地区	Region	总计 Total 年末人数(人) Year-end Figures (person)	#女性 Female	工资总额(千元) Total Wages (1000 yuan)	平均工资(元) Average Wage (yuan)	农、林、牧、渔业 Agriculture, Forestry, Animal Husbandry and Fishery 年末人数(人) Year-end Figures (person)	#女性 Female	工资总额(千元) Total Wages (1000 yuan)	平均工资(元) Average Wage (yuan)
全国	**National**	**2956216**	**1083985**	**184149000**	**62612**	**31582**	**10290**	**807434**	**25458**
北京	Beijing	149234	62068	10303882	68765	202	81	11343	55877
天津	Tianjin	23471	8738	1160774	49819	75	26	2667	35560
河北	Hebei	120993	54358	6166276	47914	12375	4009	80712	6522
山西	Shanxi	90632	38536	4799745	52354	351	96	14109	41375
内蒙古	Inner Mongolia	17598	8318	1457274	82188	18	8	605	30250
辽宁	Liaoning	121677	39181	5209401	42722	2520	697	57480	22719
吉林	Jilin	14443	6600	862726	59828	306	75	10342	33908
黑龙江	Heilongjiang	29258	9643	1882856	63906	136	48	7146	51783
上海	Shanghai	106271	46712	8754757	82514	2609	831	127559	48724
江苏	Jiangsu	283383	147229	25701690	91139	1014	273	64212	62953
浙江	Zhejiang	86256	25864	5559570	65529	241	88	9734	40390
安徽	Anhui	80355	30470	5279407	66059	283	50	13080	46714
福建	Fujian	93167	40102	6650951	73518	346	83	14487	42236
江西	Jiangxi	92035	22501	5079009	55915	254	48	9951	39177
山东	Shandong	187049	65469	10466508	56301	711	207	42931	62765
河南	Henan	190565	75635	10783074	57405	1576	590	64898	41762
湖北	Hubei	112494	36077	6002687	54215	301	83	12428	41705
湖南	Hunan	140189	42490	7168119	52063	1295	321	46662	36341
广东	Guangdong	379378	138430	23168822	60649	502	129	23386	47149
广西	Guangxi	101960	24977	5391565	55747	309	85	15545	50967
海南	Hainan	10271	3164	580144	56738	555	205	12900	22671
重庆	Chongqing	47694	16303	2902331	61887	165	67	6178	39101
四川	Sichuan	145307	35148	8127384	56479	181	66	9668	53121
贵州	Guizhou	31045	7639	1764823	57020	363	140	14506	28668
云南	Yunnan	77285	26999	5760828	76185	3651	1580	63121	17101
西藏	Tibet	2765	1050	177632	65474	57	21	2352	42000
陕西	Shaanxi	132076	41813	7735748	60041	231	54	11188	48433
甘肃	Gansu	56074	15430	2933266	51496	430	158	15797	36737
青海	Qinghai	9573	3714	656605	70954	402	140	36997	91351
宁夏	Ningxia	5939	2041	393141	65241				
新疆	Xinjiang	17779	7286	1268005	71899	123	31	5450	44309

5-2 续表 1 continued

地 区	Region	采矿业 Mining 年末人数(人) Year-end Figures (person)	#女 性 Female	工资总额(千元) Total Wages (1000 yuan)	平均工资(元) Average Wage (yuan)	制造业 Manufacturing 年末人数(人) Year-end Figures (person)	#女 性 Female	工资总额(千元) Total Wages (1000 yuan)	平均工资(元) Average Wage (yuan)
全 国	**National**	**31539**	**5314**	**2022513**	**65177**	**315225**	**121383**	**17705628**	**54677**
北 京	Beijing	20	4	878	43900	9735	3376	639095	63967
天 津	Tianjin					3724	1142	164930	45801
河 北	Hebei	539	31	23108	43518	16562	6608	701160	41332
山 西	Shanxi	5424	341	510349	88525	20234	8905	798549	39003
内蒙古	Inner Mongolia	369	16	29156	80320	1665	532	77422	45785
辽 宁	Liaoning	1666	390	60633	34451	41195	12381	1695446	40824
吉 林	Jilin	1465	984	66251	45346	2561	1047	153052	59997
黑龙江	Heilongjiang	5702	1065	425106	78826	5783	1975	426722	73169
上 海	Shanghai					7944	3205	407753	50912
江 苏	Jiangsu	8	1	240	30000	17772	8086	896411	51807
浙 江	Zhejiang	83	14	4810	57952	5402	2072	311865	57989
安 徽	Anhui	717	420	48672	73857	4792	1895	294728	61762
福 建	Fujian	2990	131	143039	58264	10500	4658	863680	81487
江 西	Jiangxi	394	31	17104	43411	7277	2176	533504	73475
山 东	Shandong	444	91	22787	51554	14924	6112	746997	49500
河 南	Henan	194	46	11369	59214	16147	6178	890836	55304
湖 北	Hubei	753	139	29826	39821	25689	5146	1487513	57671
湖 南	Hunan	3377	1031	170091	46397	14834	5365	895280	58071
广 东	Guangdong	126	34	5812	46871	41594	23393	2673556	55593
广 西	Guangxi	86	19	6641	76333	5333	2717	292988	54489
海 南	Hainan					132	54	4515	36120
重 庆	Chongqing	453	89	29385	64441	4194	1334	208036	49853
四 川	Sichuan	82	18	3019	36817	4804	1652	231112	47003
贵 州	Guizhou	744	35	49176	77565	2579	937	126237	48891
云 南	Yunnan	2192	114	113632	53323	4248	1788	182063	42528
西 藏	Tibet	251	32	22969	105362	170	69	10325	60380
陕 西	Shaanxi	2085	167	132735	65355	23472	7742	1900397	80155
甘 肃	Gansu	1128	34	69081	64023	1042	394	48769	45493
青 海	Qinghai					211	120	7336	35961
宁 夏	Ningxia					170	73	8871	52804
新 疆	Xinjiang	247	37	26644	107435	536	251	26480	45188

5-2 续表 2 continued

地 区	Region	电力、热力、燃气及水生产和供应业 Production and Supply of Electricity, Heat, Gas and Water				建筑业 Construction			
		年末人数（人） Year-end Figures (person)	#女 性 Female	工资总额（千元） Total Wages (1000 yuan)	平均工资（元） Average Wage (yuan)	年末人数（人） Year-end Figures (person)	#女 性 Female	工资总额（千元） Total Wages (1000 yuan)	平均工资（元） Average Wage (yuan)
全 国	**National**	**32678**	**9072**	**1678193**	**51051**	**947235**	**140069**	**44407989**	**47659**
北 京	Beijing	552	143	35625	68117	5528	1237	397597	71497
天 津	Tianjin	236	76	10116	43603	4664	1219	221256	47016
河 北	Hebei	198	65	8167	40034	13585	1899	930659	43932
山 西	Shanxi	518	143	13797	26584	11424	2230	405044	35338
内蒙古	Inner Mongolia	19	7	958	50421	96	29	5025	52344
辽 宁	Liaoning	467	105	14918	22637	32946	7402	1218329	37738
吉 林	Jilin	140	50	4373	31236	3050	1236	183580	61377
黑龙江	Heilongjiang	215	45	16260	75628	6540	1333	373512	53750
上 海	Shanghai	130	43	10728	82523	8564	368	529662	65053
江 苏	Jiangsu	2301	701	132225	56410	23422	2579	1284239	55585
浙 江	Zhejiang	4059	987	281375	69561	34974	3054	2094915	62403
安 徽	Anhui	496	150	25812	52785	27719	5187	1508776	54001
福 建	Fujian	1921	536	73712	37937	19696	3578	1067919	60358
江 西	Jiangxi	276	82	10247	37127	64788	11100	3401361	53336
山 东	Shandong	458	185	25446	55197	86102	11863	3806153	44532
河 南	Henan	849	366	42730	50094	50959	5894	2287031	45945
湖 北	Hubei	2382	604	121524	51125	27319	3774	1176701	44948
湖 南	Hunan	3964	1223	183823	46502	68471	8802	2954693	45453
广 东	Guangdong	8019	1923	405128	50471	135178	21670	5978798	44693
广 西	Guangxi	231	40	7152	30828	64880	9414	2697963	45048
海 南	Hainan	59	17	1014	17186	5035	531	229567	45630
重 庆	Chongqing	1114	333	52397	47418	20234	3925	1059927	53279
四 川	Sichuan	1956	644	105562	54190	96782	12800	4680567	48958
贵 州	Guizhou	504	145	26544	52562	14725	1653	718947	48349
云 南	Yunnan	741	179	26613	36061	28947	4269	1262635	45708
西 藏	Tibet	31	7	2834	94467	1508	459	70007	47852
陕 西	Shaanxi	447	131	22699	50330	53138	6915	2223726	44445
甘 肃	Gansu	256	106	9792	38101	30420	4063	1318548	42048
青 海	Qinghai	50	13	1633	32660	4680	1373	222599	50683
宁 夏	Ningxia					1223	115	60043	45487
新 疆	Xinjiang	89	23	4989	56056	638	98	38210	59890

5-2 续表 3 continued

地 区	Region	批发和零售业 Wholesale and Retail Trades				交通运输、仓储和邮政业 Transport, Storage and Post			
		年末人数（人） Year-end Figures (person)	#女 性 Female	工资总额（千元） Total Wages (1000 yuan)	平均工资（元） Average Wage (yuan)	年末人数（人） Year-end Figures (person)	#女 性 Female	工资总额（千元） Total Wages (1000 yuan)	平均工资（元） Average Wage (yuan)
全 国	**National**	**129141**	**56519**	**5538441**	**43064**	**84568**	**23082**	**4122241**	**47869**
北 京	Beijing	6978	3262	481750	67396	4301	630	162399	36742
天 津	Tianjin	1594	606	75454	47100	1760	674	64811	36658
河 北	Hebei	8401	3550	267527	32224	3330	807	119579	35337
山 西	Shanxi	9519	3951	255994	26834	2348	554	132557	52665
内蒙古	Inner Mongolia	350	157	18932	55682	672	289	38594	48791
辽 宁	Liaoning	5538	2453	200791	36153	3410	880	182546	50067
吉 林	Jilin	859	363	37104	43346	284	75	13508	47563
黑龙江	Heilongjiang	2372	1062	79711	33662	703	213	42932	62130
上 海	Shanghai	3649	2113	191212	52215	4212	958	239494	56511
江 苏	Jiangsu	8118	3351	430575	52599	14915	4713	850500	56109
浙 江	Zhejiang	3511	1635	213451	59490	2487	473	151624	58746
安 徽	Anhui	2837	1121	112261	39965	4937	1164	202974	40807
福 建	Fujian	5205	1890	199505	38212	1695	407	78756	46083
江 西	Jiangxi	1411	575	59029	42713	1668	296	62644	37422
山 东	Shandong	10316	4676	425832	42875	3371	857	145257	42535
河 南	Henan	10161	4297	411564	41025	9487	2594	408784	43303
湖 北	Hubei	12175	7025	493742	40590	2341	757	100610	42523
湖 南	Hunan	4814	1995	189656	39652	4894	1075	182866	35086
广 东	Guangdong	11373	4287	515703	45800	5910	1603	283354	47591
广 西	Guangxi	3150	1162	120312	37905	1149	487	57921	50148
海 南	Hainan	207	83	10266	57033	100	24	2801	28010
重 庆	Chongqing	1957	830	101262	52143	659	136	25812	41632
四 川	Sichuan	3036	1317	171945	56136	3460	765	181440	52913
贵 州	Guizhou	1518	532	61990	41299	940	424	54142	56398
云 南	Yunnan	2310	1029	87460	37472	1359	524	70649	50863
西 藏	Tibet	75	24	4124	54987	240	122	16545	61735
陕 西	Shaanxi	4508	1948	158008	35168	3300	1368	209257	63029
甘 肃	Gansu	1096	408	43985	39914	188	43	7454	39439
青 海	Qinghai	207	57	7586	36471	272	120	20978	72840
宁 夏	Ningxia	399	225	20678	52750				
新 疆	Xinjiang	1497	535	91032	64288	176	50	11453	65446

5-2 续表 4 continued

地 区	Region	住宿和餐饮业 Hotels and Catering Services				信息传输、软件和信息技术服务业 Information Transmission, Software and Information Technology			
		年末人数(人) Year-end Figures (person)	#女 性 Female	工资总额(千元) Total Wages (1000 yuan)	平均工资(元) Average Wage (yuan)	年末人数(人) Year-end Figures (person)	#女 性 Female	工资总额(千元) Total Wages (1000 yuan)	平均工资(元) Average Wage (yuan)
全 国	**National**	**30524**	**17385**	**1509885**	**49222**	**6871**	**2583**	**511335**	**74246**
北 京	Beijing	6093	3041	413186	67481	983	400	67466	69409
天 津	Tianjin	346	187	18202	51710	86	32	6027	73500
河 北	Hebei	1233	735	39964	32125	179	72	14482	81360
山 西	Shanxi	1007	662	32619	30599	86	34	11572	72780
内蒙古	Inner Mongolia	218	166	4588	21540	11	4	1288	117091
辽 宁	Liaoning	585	329	21470	36890	42	10	1912	45524
吉 林	Jilin	111	69	4061	34709				
黑龙江	Heilongjiang	141	82	5383	38450				
上 海	Shanghai	2908	1522	178519	60659	42	14	4493	106976
江 苏	Jiangsu	1896	1088	102446	54004	366	129	16522	44295
浙 江	Zhejiang	1583	898	83511	51870	715	274	59256	81396
安 徽	Anhui	452	256	20130	44634	96	28	4979	53538
福 建	Fujian	555	345	18565	33211	220	73	11802	61469
江 西	Jiangxi	187	99	6784	35894	361	151	24368	65505
山 东	Shandong	1459	833	62320	42773	56	17	3620	64643
河 南	Henan	1762	1062	72382	41126	2849	1067	200869	70704
湖 北	Hubei	990	671	43469	42954	42	17	1818	43286
湖 南	Hunan	928	579	41166	45287	98	37	4646	47408
广 东	Guangdong	2793	1415	133821	47354	298	95	45836	170394
广 西	Guangxi	394	260	19644	48147				
海 南	Hainan	15	11	409	27267	130	46	13835	105611
重 庆	Chongqing	999	706	34105	34908				
四 川	Sichuan	1097	685	47006	42501	32	14	1321	41281
贵 州	Guizhou	256	153	13043	51149	84	29	11177	133060
云 南	Yunnan	1219	668	41287	35715	27	10	1575	58333
西 藏	Tibet	135	112	9890	73259				
陕 西	Shaanxi	729	479	24607	33570	40	16	1287	35750
甘 肃	Gansu	222	142	8243	35996	2	1	36	18000
青 海	Qinghai	106	67	3869	35173				
宁 夏	Ningxia								
新 疆	Xinjiang	105	63	5196	51446	26	13	1148	45920

5-2 续表 5 continued

地区	Region	金融业 Financial Intermediation 年末人数(人) Year-end Figures (person)	#女性 Female	工资总额(千元) Total Wages (1000 yuan)	平均工资(元) Average Wage (yuan)	房地产业 Real Estate 年末人数(人) Year-end Figures (person)	#女性 Female	工资总额(千元) Total Wages (1000 yuan)	平均工资(元) Average Wage (yuan)
全国	**National**	**94647**	**41511**	**11072119**	**116739**	**99096**	**37079**	**5422705**	**54683**
北京	Beijing	18	7	3006	107357	20655	8016	1464283	70615
天津	Tianjin					2502	1016	102056	43189
河北	Hebei	2176	1023	251975	116601	2786	1318	84546	30644
山西	Shanxi	12454	5791	1351589	106032	3164	1445	76532	24994
内蒙古	Inner Mongolia	8708	4220	1005639	114485	286	122	10024	34927
辽宁	Liaoning	5378	2131	447221	83003	2120	773	81105	38899
吉林	Jilin	2218	985	207484	92544	203	66	7090	33286
黑龙江	Heilongjiang	1865	661	171750	90442	421	147	11754	27399
上海	Shanghai	19	8	3194	168105	9434	3625	580565	61429
江苏	Jiangsu	2811	1148	385616	136598	4888	1769	297734	60663
浙江	Zhejiang	79	47	4294	54354	2816	1050	231927	80924
安徽	Anhui	468	188	62674	138353	1632	500	55086	34025
福建	Fujian	500	272	122672	229723	2866	1262	133434	46203
江西	Jiangxi	119	73	9610	80083	607	215	27252	44822
山东	Shandong	784	363	83386	108294	5370	2115	236327	44083
河南	Henan	3416	1283	301072	88343	2586	1252	118841	45342
湖北	Hubei	3428	1510	287312	84256	1920	721	97558	51238
湖南	Hunan	74	39	4026	54405	2165	1027	119398	55124
广东	Guangdong	1021	513	92381	90128	24381	7483	1322308	53770
广西	Guangxi	13293	5432	1487967	113265	1363	552	45193	33036
海南	Hainan					420	146	18137	44022
重庆	Chongqing					490	194	20270	41880
四川	Sichuan	1	1	48	48000	1038	351	61349	58820
贵州	Guizhou	1273	564	249021	193490	1226	477	52464	42968
云南	Yunnan	12674	5576	2286412	181002	916	364	37097	41173
西藏	Tibet					6		360	60000
陕西	Shaanxi	9982	4502	1134467	112916	1484	541	65936	44946
甘肃	Gansu	4656	1735	318615	68593	749	275	34199	45843
青海	Qinghai	1657	833	230625	141749	63	17	2020	32063
宁夏	Ningxia					164	60	7025	42319
新疆	Xinjiang	5575	2606	570063	103554	375	180	20835	56159

5-2 续表 6 continued

地 区	Region	租赁和商务服务业 Leasing and Business Services				科学研究和技术服务业 Scientific Research and Technical Services			
		年末人数(人) Year-end Figures (person)	#女 性 Female	工资总额(千元) Total Wages (1000 yuan)	平均工资(元) Average Wage (yuan)	年末人数(人) Year-end Figures (person)	#女 性 Female	工资总额(千元) Total Wages (1000 yuan)	平均工资(元) Average Wage (yuan)
全 国	**National**	**262394**	**82831**	**12597978**	**48448**	**43125**	**14256**	**3808909**	**88454**
北 京	Beijing	50051	18309	2012821	40259	6015	2138	866920	142141
天 津	Tianjin	4115	1545	177375	43262	400	127	36830	91845
河 北	Hebei	10319	3131	358396	34880	927	374	50586	52970
山 西	Shanxi	4862	2082	156591	31744	646	296	30525	47034
内蒙古	Inner Mongolia	846	240	30511	38427	464	156	17299	37282
辽 宁	Liaoning	9836	2204	414845	42400	1694	556	131552	75474
吉 林	Jilin	676	246	33680	48671	402	130	30539	75405
黑龙江	Heilongjiang	1203	518	62371	50299	329	112	17855	54602
上 海	Shanghai	21545	8350	1362683	63014	1497	531	105727	70626
江 苏	Jiangsu	23571	8321	1319907	55978	6829	2199	648241	94966
浙 江	Zhejiang	11278	3562	737203	64809	1254	362	132049	104884
安 徽	Anhui	4684	1332	200944	43532	1109	392	65575	59777
福 建	Fujian	4249	897	196285	46359	1363	371	164030	120522
江 西	Jiangxi	1880	402	95754	50987	687	149	45296	66612
山 东	Shandong	4980	2198	266403	53079	2070	837	134294	65702
河 南	Henan	6335	2587	286891	46028	3385	1102	203669	60418
湖 北	Hubei	5041	2037	315522	61843	1795	415	97316	54764
湖 南	Hunan	2428	835	116721	48272	1100	320	73494	66390
广 东	Guangdong	58481	15856	2918794	51596	3740	1260	415988	111435
广 西	Guangxi	5763	1334	304501	53449	852	282	50231	58273
海 南	Hainan	278	100	10670	38659	401	177	25339	62876
重 庆	Chongqing	3970	876	165734	44314	433	162	34146	79042
四 川	Sichuan	6737	1168	282938	42375	1472	389	144113	101991
贵 州	Guizhou	2883	540	110396	41817	414	108	24037	57643
云 南	Yunnan	1253	521	49510	40154	1194	418	79289	67194
西 藏	Tibet	4	1	255	63750				
陕 西	Shaanxi	6540	1475	274578	41025	1877	617	139965	76567
甘 肃	Gansu	2950	741	114337	38304	393	133	21161	59109
青 海	Qinghai	861	335	35085	41180	42	25	3223	76738
宁 夏	Ningxia	89	34	3050	34270	23	8	1352	58783
新 疆	Xinjiang	4686	1054	183227	39159	318	110	18268	59312

5-2 续表 7 continued

地 区	Region	水利、环境和公共设施管理业 Management of Water Conservancy, Environment and Public Facilities				居民服务、修理和其他服务业 Service to Households, Repair and Other Services			
		年末人数 (人) Year-end Figures (person)	#女 性 Female	工资总额 (千元) Total Wages (1000 yuan)	平均工资 (元) Average Wage (yuan)	年末人数 (人) Year-end Figures (person)	#女 性 Female	工资总额 (千元) Total Wages (1000 yuan)	平均工资 (元) Average Wage (yuan)
全 国	**National**	**50005**	**20344**	**2782902**	**55515**	**32326**	**13018**	**1716010**	**53167**
北 京	Beijing	5242	1529	308813	57744	5426	2457	270582	49403
天 津	Tianjin	257	93	28314	110602	920	240	43957	46222
河 北	Hebei	1754	907	49130	27994	710	296	28893	42118
山 西	Shanxi	877	239	30084	34819	751	365	28954	36790
内蒙古	Inner Mongolia	988	590	23811	24149	212	166	7104	32291
辽 宁	Liaoning	654	247	17393	26758	1467	508	52701	35705
吉 林	Jilin	175	95	4051	22381	735	384	31452	42850
黑龙江	Heilongjiang	46	13	2588	55064	203	83	6464	32980
上 海	Shanghai	4417	1650	336561	75293	4628	2038	294879	63538
江 苏	Jiangsu	10830	5039	709713	65568	4253	1677	254941	59958
浙 江	Zhejiang	1418	493	69200	48801	2110	722	123149	58754
安 徽	Anhui	474	120	35256	75983	1291	520	93753	72173
福 建	Fujian	985	536	32679	33414	505	177	28843	57228
江 西	Jiangxi	405	165	10132	25204	105	36	4002	38481
山 东	Shandong	1346	522	62509	45165	851	294	36217	43426
河 南	Henan	967	314	61261	64148	1271	464	50657	41353
湖 北	Hubei	9643	4092	468684	48453	259	162	15651	60429
湖 南	Hunan	1252	318	65159	51347	276	78	13572	48645
广 东	Guangdong	5046	2019	292177	58729	2426	695	125727	52804
广 西	Guangxi	1024	505	43441	42013	1014	618	58059	60227
海 南	Hainan					32	13	1575	49219
重 庆	Chongqing	202	59	12311	64795	339	98	14368	43939
四 川	Sichuan	235	51	22320	94576	394	133	24332	61913
贵 州	Guizhou	251	49	28666	114207	447	154	26440	59416
云 南	Yunnan	389	124	23798	61494	387	149	19154	49113
西 藏	Tibet					6	2	118	19667
陕 西	Shaanxi	163	57	9428	58198	1074	357	46176	42756
甘 肃	Gansu	235	75	13161	54384	60	29	2386	39767
青 海	Qinghai	33	11	1719	61393	49	12	2726	55633
宁 夏	Ningxia								
新 疆	Xinjiang	697	432	20543	29347	125	91	9178	71147

5-2 续表 8 continued

地 区	Region	教 育 Education 年末人数(人) Year-end Figures (person)	#女 性 Female	工资总额(千元) Total Wages (1000 yuan)	平均工资(元) Average Wage (yuan)	卫生和社会工作 Health and Social Service 年末人数(人) Year-end Figures (person)	#女 性 Female	工资总额(千元) Total Wages (1000 yuan)	平均工资(元) Average Wage (yuan)
全 国	**National**	**377003**	**249703**	**34051605**	**91164**	**331997**	**217112**	**29816139**	**90742**
北 京	Beijing	10080	6267	1141168	113957	14444	9568	1746113	122474
天 津	Tianjin	1344	906	110256	82837	1285	764	87940	67439
河 北	Hebei	17020	11210	1443902	85005	25799	16576	1492480	58143
山 西	Shanxi	5979	4288	371271	62778	8255	5810	417289	51138
内蒙古	Inner Mongolia	651	431	42118	66328	1830	1082	126721	69550
辽 宁	Liaoning	5178	3764	287139	55454	6317	3980	289016	46007
吉 林	Jilin	554	373	38211	68973	582	377	29995	52715
黑龙江	Heilongjiang	812	541	58015	71447	2610	1718	166111	63644
上 海	Shanghai	9303	5576	1032851	111035	18087	13191	2659995	147532
江 苏	Jiangsu	82885	58948	9645153	116905	66374	43112	7567354	115023
浙 江	Zhejiang	10059	7490	724608	74015	3315	2295	265943	80711
安 徽	Anhui	7407	4133	684173	94070	19691	12500	1744063	90030
福 建	Fujian	21767	13692	2038403	94105	15777	10549	1282316	82400
江 西	Jiangxi	5778	3420	382610	67719	4796	3143	319965	66826
山 东	Shandong	28885	18374	2460694	85700	22418	14841	1676367	75241
河 南	Henan	47345	29040	3315716	71089	24965	15352	1704061	69305
湖 北	Hubei	7600	4475	541104	71584	10057	4231	668515	71775
湖 南	Hunan	9184	5971	680501	75061	18240	12302	1247904	68672
广 东	Guangdong	48961	37250	4589862	94595	25226	17242	2951661	117507
广 西	Guangxi	2421	1685	134911	57360	328	257	20721	69534
海 南	Hainan	979	553	110687	114583	1842	1176	129886	70629
重 庆	Chongqing	4799	2782	451876	94278	6465	4166	571065	88951
四 川	Sichuan	10502	6306	990978	95580	12341	8314	1075267	87784
贵 州	Guizhou	877	563	61968	70338	1762	1054	125096	72143
云 南	Yunnan	8746	4939	774496	89922	5942	4305	555095	94420
西 藏	Tibet	146	110	26124	178932	128	84	10858	84828
陕 西	Shaanxi	15502	10557	893775	59395	6777	4601	446843	66023
甘 肃	Gansu	7052	3733	589948	83574	4369	3096	276494	63738
青 海	Qinghai	528	321	45451	86409	391	260	34128	87733
宁 夏	Ningxia	3542	1293	268487	75844	275	217	17463	63502
新 疆	Xinjiang	1117	712	115149	102537	1309	949	109414	85280

5-2 续表 9 continued

地区	Region	文化、体育和娱乐业 Culture, Sports and Entertainment				公共管理、社会保障和社会组织 Public Management, Social Security and Social Organization			
		年末人数（人） Year-end Figures (person)	#女性 Female	工资总额（千元） Total Wages (1000 yuan)	平均工资（元） Average Wage (yuan)	年末人数（人） Year-end Figures (person)	#女性 Female	工资总额（千元） Total Wages (1000 yuan)	平均工资（元） Average Wage (yuan)
全　国	**National**	**15442**	**7637**	**1016537**	**66103**	**40818**	**14797**	**3560437**	**87631**
北　京	Beijing	1583	900	129456	78792	1328	703	151381	118082
天　津	Tianjin	150	81	9047	55503	13	4	1536	118154
河　北	Hebei	2039	1334	161689	80084	1061	413	59321	55805
山　西	Shanxi	732	361	26859	36945	2001	943	135461	68003
内蒙古	Inner Mongolia	51	27	6449	126451	144	76	11030	76597
辽　宁	Liaoning	655	370	34724	46114	9	1	180	20000
吉　林	Jilin	60	25	4072	65677	62	20	3881	61603
黑龙江	Heilongjiang	3	1	262	87333	174	26	8914	51230
上　海	Shanghai	1004	533	83297	82965	6279	2156	605585	96477
江　苏	Jiangsu	2180	1019	183947	84573	8950	3076	911714	102084
浙　江	Zhejiang	463	263	23597	53998	409	85	37059	92187
安　徽	Anhui	234	114	12149	50833	1036	400	94322	92473
福　建	Fujian	411	163	25150	61491	1616	482	155674	95977
江　西	Jiangxi	394	161	19744	52371	648	179	39652	60723
山　东	Shandong	733	360	37719	51812	1771	724	191249	108664
河　南	Henan	709	277	31590	47432	5602	1870	318853	57193
湖　北	Hubei	750	211	42945	58429	9	7	449	64143
湖　南	Hunan	749	301	32491	43437	2046	871	145970	71066
广　东	Guangdong	982	454	66104	68573	3321	1109	328426	99162
广　西	Guangxi	16	10	938	52111	354	118	27437	77070
海　南	Hainan	36	16	1386	38500	50	12	7157	140333
重　庆	Chongqing	91	42	5655	65000	1130	504	109804	99913
四　川	Sichuan	393	159	24400	61929	764	315	69999	91742
贵　州	Guizhou	66	34	2287	35734	133	48	8686	76193
云　南	Yunnan	373	164	20166	63615	717	278	66776	93655
西　藏	Tibet	3	3	108	36000	5	4	763	190750
陕　西	Shaanxi	195	104	8692	44574	532	182	31984	61865
甘　肃	Gansu	355	131	20684	62869	471	133	20576	42778
青　海	Qinghai	21	10	630	30000				
宁　夏	Ningxia					54	16	6172	116453
新　疆	Xinjiang	11	9	300	27273	129	42	10426	82746

5-3 各地区分行业城镇集体单位在岗职工人数和平均工资(2019年)
ON-POST STAFF AND WORKERS AND AVERAGE WAGE IN URBAN COLLECTIVE-OWNED UNITS BY SECTOR AND REGION(2019)

地区	Region	总计 Total		农、林、牧、渔业 Agriculture, Forestry, Animal Husbandry and Fishery		采矿业 Mining		制造业 Manufacturing	
		年末人数(人) Year-end Figures (person)	平均工资(元) Average Wage (yuan)	年末人数(人) Year-end Figures (person)	平均工资(元) Average Wage (yuan)	年末人数(人) Year-end Figures (person)	平均工资(元) Average Wage (yuan)	年末人数(人) Year-end Figures (person)	平均工资(元) Average Wage (yuan)
全国	**National**	**2697917**	**64499**	**29850**	**25244**	**28941**	**67252**	**304969**	**55098**
北京	Beijing	140047	69344	202	55877	20	43900	9031	60933
天津	Tianjin	21984	50286	67	35463			3429	45372
河北	Hebei	114159	49664	12369	6513	539	43518	15715	41909
山西	Shanxi	84514	54405	342	42069	4984	94340	19397	39207
内蒙古	Inner Mongolia	17244	83103	18	30250	369	80320	1626	45490
辽宁	Liaoning	113068	44007	2503	22714	1665	34451	39332	41274
吉林	Jilin	12797	64360	304	34073	467	103620	2516	60595
黑龙江	Heilongjiang	26752	64527	136	51783	5127	79407	5307	71014
上海	Shanghai	99279	84587	2206	51211			7590	50886
江苏	Jiangsu	261568	94575	866	65609	8	30000	17447	52038
浙江	Zhejiang	80665	67020	196	47056	83	57952	5261	58219
安徽	Anhui	76685	67704	250	47866	697	74009	4593	62477
福建	Fujian	70960	79508	276	43930	2978	58305	10273	82671
江西	Jiangxi	74370	57636	243	39942	394	43411	7194	74097
山东	Shandong	175114	57402	709	62852	381	52098	14717	49442
河南	Henan	180187	58287	1574	41788	194	59214	15891	55198
湖北	Hubei	106034	55560	291	41538	750	39565	25479	57996
湖南	Hunan	118998	54756	895	40784	3212	44311	14451	58734
广东	Guangdong	354745	62239	492	47479	126	46871	41200	55703
广西	Guangxi	76633	58120	308	50944	84	77000	5113	55421
海南	Hainan	9694	58338	531	23512			125	36379
重庆	Chongqing	45396	63376	144	41629	453	64441	4068	50243
四川	Sichuan	130079	55877	181	53121	82	36817	4590	47597
贵州	Guizhou	25751	60996	360	23328	734	77923	2516	48952
云南	Yunnan	72401	79192	3193	16767	2027	53660	3831	44795
西藏	Tibet	2357	68428	57	42000	251	105362	170	60380
陕西	Shaanxi	124345	61511	231	48433	1941	63462	22343	83092
甘肃	Gansu	52015	52623	385	38636	1128	64023	948	47958
青海	Qinghai	8011	76188	402	91351			211	35961
宁夏	Ningxia	5216	71719					169	52982
新疆	Xinjiang	16849	74047	119	43815	247	107435	436	49942

5-3 续表 1 continued

地 区	Region	电力、热力、燃气及水生产和供应业 Production and Supply of Electricity, Heat, Gas and Water		建筑业 Construction		批发和零售业 Wholesale and Retail Trades		交通运输、仓储和邮政业 Transport, Storage and Post	
		年末人数(人) Year-end Figures (person)	平均工资(元) Average Wage (yuan)	年末人数(人) Year-end Figures (person)	平均工资(元) Average Wage (yuan)	年末人数(人) Year-end Figures (person)	平均工资(元) Average Wage (yuan)	年末人数(人) Year-end Figures (person)	平均工资(元) Average Wage (yuan)
全 国	**National**	**31534**	**51564**	**807534**	**47849**	**120641**	**43703**	**78179**	**48946**
北 京	Beijing	479	70804	5367	72098	5927	69156	3989	34972
天 津	Tianjin	216	43933	4465	47582	1489	48093	1399	34297
河 北	Hebei	196	40054	12405	48904	7955	32733	2759	38328
山 西	Shanxi	492	26043	9492	37514	9006	27484	2161	53412
内蒙古	Inner Mongolia	18	51556	96	52344	345	55937	672	48791
辽 宁	Liaoning	456	22544	30067	38316	5241	37506	3275	50741
吉 林	Jilin	138	31514	2901	62511	772	43632	270	48785
黑龙江	Heilongjiang	215	75628	5892	55173	2315	34063	586	63200
上 海	Shanghai	129	82523	8471	65471	3214	54543	3739	56781
江 苏	Jiangsu	2244	57062	20179	58449	7711	53218	14429	56020
浙 江	Zhejiang	3861	70736	33732	62411	3106	63681	2308	59975
安 徽	Anhui	447	55756	26741	54625	2724	39173	4286	45103
福 建	Fujian	1845	38031	3833	63027	4829	39386	1320	49160
江 西	Jiangxi	271	37701	48499	54410	1346	43445	1643	37710
山 东	Shandong	446	55559	80084	44344	9164	44103	2863	45693
河 南	Henan	789	51720	44026	46353	9769	41477	9141	43968
湖 北	Hubei	2374	51233	25837	45133	11750	41271	2315	42581
湖 南	Hunan	3814	46660	51495	48371	4337	39064	4680	35179
广 东	Guangdong	7841	50859	122581	44886	10999	46054	4981	50921
广 西	Guangxi	224	31422	41648	42197	2990	38713	1083	51983
海 南	Hainan	59	17186	4677	46591	185	57033	100	28010
重 庆	Chongqing	1074	48311	19473	54428	1843	52869	611	44929
四 川	Sichuan	1916	54736	84375	46477	2900	57376	3232	53118
贵 州	Guizhou	502	52700	10138	52044	1395	42430	912	57273
云 南	Yunnan	706	36585	27214	46678	2170	37678	1358	50875
西 藏	Tibet	20	87684	1124	47445	72	55056	240	64125
陕 西	Shaanxi	427	50889	48914	44902	3999	35274	3222	64168
甘 肃	Gansu	209	40609	28155	41513	1062	40194	188	39439
青 海	Qinghai	50	32660	3819	51865	201	36594	241	74478
宁 夏	Ningxia			1220	46171	370	49774		
新 疆	Xinjiang	76	60934	614	60511	1455	65394	176	65446

5-3 续表 2 continued

地区	Region	住宿和餐饮业 Hotels and Catering Services		信息传输、软件和信息技术服务业 Information Transmission, Software and Information Technology		金融业 Financial Intermediation		房地产业 Real Estate	
		年末人数（人） Year-end Figures (person)	平均工资（元） Average Wage (yuan)	年末人数（人） Year-end Figures (person)	平均工资（元） Average Wage (yuan)	年末人数（人） Year-end Figures (person)	平均工资（元） Average Wage (yuan)	年末人数（人） Year-end Figures (person)	平均工资（元） Average Wage (yuan)
全　国	**National**	**28559**	**49903**	**6704**	**72654**	**92491**	**118669**	**89685**	**57081**
北　京	Beijing	5696	68866	908	64757	18	107357	19911	70606
天　津	Tianjin	324	49455	86	73500			2421	43708
河　北	Hebei	1152	31805	179	81360	2166	117101	2516	31313
山　西	Shanxi	986	30997	86	72780	12124	109363	2952	25801
内蒙古	Inner Mongolia	218	21540	11	117091	8546	115870	284	34898
辽　宁	Liaoning	506	37087	42	45524	5333	83543	2049	39767
吉　林	Jilin	108	35053			2154	94242	182	34307
黑龙江	Heilongjiang	141	38450			1787	92786	416	27545
上　海	Shanghai	2366	65730	42	106976	19	168105	8275	64082
江　苏	Jiangsu	1841	54170	366	44295	2788	137411	4804	61309
浙　江	Zhejiang	1527	51852	712	81637	67	59015	2617	84781
安　徽	Anhui	448	44899	94	53615	468	138353	1291	39585
福　建	Fujian	528	33626	217	61847	497	231092	2373	51919
江　西	Jiangxi	180	35857	361	65505	114	82412	515	49291
山　东	Shandong	1390	43424	56	64643	738	111746	4811	46054
河　南	Henan	1712	41400	2829	70960	3369	88944	2275	46664
湖　北	Hubei	978	43098	42	43286	3380	84656	1840	52370
湖　南	Hunan	926	45324	94	47830	62	55210	2076	56198
广　东	Guangdong	2774	47482	242	149635	997	91602	21028	57998
广　西	Guangxi	392	48230			13048	114825	759	34940
海　南	Hainan	15	27267	129	106308			394	45534
重　庆	Chongqing	702	34295					462	42474
四　川	Sichuan	985	43619	29	44828	1	48000	917	60720
贵　州	Guizhou	255	51169	84	133060	1245	196438	1100	44976
云　南	Yunnan	1188	35979	27	58333	12265	185570	791	43559
西　藏	Tibet	135	73259					6	60000
陕　西	Shaanxi	653	32608	40	35750	9778	113942	1304	46673
甘　肃	Gansu	222	35769	2	18000	4401	70135	747	45922
青　海	Qinghai	106	35173			1624	143939	63	32063
宁　夏	Ningxia							154	43692
新　疆	Xinjiang	105	51446	26	45920	5502	104207	352	57719

5-3 续表 3 continued

地 区 Region	租赁和商务服务业 Leasing and Business Services		科学研究和技术服务业 Scientific Research and Technical Services		水利、环境和公共设施管理业 Management of Water Conservancy,Environment and Public Facilities		居民服务、修理和其他服务业 Service to Households, Repair and Other Services	
	年末人数（人） Year-end Figures (person)	平均工资（元） Average Wage (yuan)	年末人数（人） Year-end Figures (person)	平均工资（元） Average Wage (yuan)	年末人数（人） Year-end Figures (person)	平均工资（元） Average Wage (yuan)	年末人数（人） Year-end Figures (person)	平均工资（元） Average Wage (yuan)
全 国 National	**245682**	**49518**	**40889**	**89991**	**40052**	**61304**	**30409**	**54201**
北 京 Beijing	47657	40797	5546	147835	4997	57921	5215	49230
天 津 Tianjin	4040	43459	374	95523	257	110602	873	47426
河 北 Hebei	10090	34935	911	53291	828	25960	703	42183
山 西 Shanxi	4538	32696	613	47941	667	38911	642	40663
内蒙古 Inner Mongolia	830	38786	464	37282	988	24149	162	33150
辽 宁 Liaoning	7930	49472	1651	76190	391	29724	1248	40539
吉 林 Jilin	661	49331	397	76048	39	54413	726	43152
黑龙江 Heilongjiang	1153	50462	316	55643	23	85000	195	33170
上 海 Shanghai	20363	62055	1392	70783	4206	76138	4412	64807
江 苏 Jiangsu	22585	56780	6671	95908	7756	74963	3944	61425
浙 江 Zhejiang	10073	69144	1193	107669	1114	52060	2003	59690
安 徽 Anhui	4524	43906	1077	61096	443	79316	1193	73153
福 建 Fujian	3939	48120	1319	122854	486	46091	432	59130
江 西 Jiangxi	1771	50605	654	68025	386	24821	105	38481
山 东 Shandong	4730	54469	2004	66547	1156	50046	797	43572
河 南 Henan	6224	46298	3350	60462	959	64469	1218	41809
湖 北 Hubei	4411	64271	1671	56202	7002	56327	257	60700
湖 南 Hunan	2261	50000	1024	67847	897	66357	276	48736
广 东 Guangdong	53904	53335	3596	114567	4806	59623	2341	53404
广 西 Guangxi	5714	53644	837	58868	511	64112	928	61968
海 南 Hainan	248	42000	397	62968			32	49219
重 庆 Chongqing	3882	44507	420	80909	174	67863	276	45880
四 川 Sichuan	6416	42979	1150	100977	209	103833	389	62309
贵 州 Guizhou	2677	43704	409	58126	247	115567	427	58249
云 南 Yunnan	1163	41122	1067	72343	386	61628	305	52205
西 藏 Tibet	4	63750					6	19667
陕 西 Shaanxi	6480	41107	1700	77449	160	58767	1073	42772
甘 肃 Gansu	2925	38349	360	62471	235	55577	60	39767
青 海 Qinghai	260	48279	42	76738	32	62593	48	56188
宁 夏 Ningxia	88	34455	23	58783				
新 疆 Xinjiang	4141	40271	261	67502	697	29347	123	71669

5-3 续表 4 continued

地 区	Region	教 育 Education 年末人数(人) Year-end Figures (person)	平均工资(元) Average Wage (yuan)	卫生和社会工作 Health and Social Service 年末人数(人) Year-end Figures (person)	平均工资(元) Average Wage (yuan)	文化、体育和娱乐业 Culture, Sports and Entertainment 年末人数(人) Year-end Figures (person)	平均工资(元) Average Wage (yuan)	公共管理、社会保障和社会组织 Public Management, Social Security and Social Organization 年末人数(人) Year-end Figures (person)	平均工资(元) Average Wage (yuan)
全 国	**National**	**359717**	**93648**	**308682**	**93667**	**14475**	**67030**	**38924**	**90069**
北 京	Beijing	9509	115390	13192	126968	1421	77230	962	139298
天 津	Tianjin	1230	87639	1152	67828	150	55503	12	126333
河 北	Hebei	16668	86456	24008	59851	1945	81822	1055	56007
山 西	Shanxi	5826	63590	7657	52858	668	37913	1881	70967
内蒙古	Inner Mongolia	651	66328	1751	71036	51	126451	144	76597
辽 宁	Liaoning	4954	56368	5765	47345	655	46114	5	30000
吉 林	Jilin	511	65977	529	54281	60	65677	62	61603
黑龙江	Heilongjiang	788	72787	2181	69108	3	87333	171	51784
上 海	Shanghai	8621	115773	17153	151921	964	84636	6117	98150
江 苏	Jiangsu	77856	121701	59599	120257	1996	87509	8478	105582
浙 江	Zhejiang	9231	77003	2781	82924	392	60596	408	92279
安 徽	Anhui	7285	95388	18940	91977	233	50945	951	97708
福 建	Fujian	19389	100044	14510	85808	363	66133	1553	98052
江 西	Jiangxi	5425	70476	4375	69665	360	52144	534	68525
山 东	Shandong	27693	88201	20958	77711	676	53385	1741	109393
河 南	Henan	46614	71702	24095	69979	606	42934	5552	57495
湖 北	Hubei	7348	73254	9568	73950	734	59175	7	67833
湖 南	Hunan	8843	76858	16929	70674	747	43628	1979	72644
广 东	Guangdong	47921	95496	24711	118687	944	69190	3261	100363
广 西	Guangxi	2341	57635	310	69918	16	52111	327	81465
海 南	Hainan	951	117170	1765	72510	36	38500	50	140333
重 庆	Chongqing	4520	98178	6125	91185	88	65291	1081	102984
四 川	Sichuan	9810	99836	11770	89578	371	63480	756	92292
贵 州	Guizhou	865	71065	1696	72986	60	37879	129	77550
云 南	Yunnan	8361	93219	5330	99056	354	65490	665	98797
西 藏	Tibet	137	188584	127	85283	3	36000	5	190750
陕 西	Shaanxi	14847	60921	6519	67362	192	44932	522	62783
甘 肃	Gansu	6907	84646	3393	76040	355	62869	333	54278
青 海	Qinghai	528	86409	363	91427	21	30000		
宁 夏	Ningxia	2970	87912	168	72942			54	116453
新 疆	Xinjiang	1117	102537	1262	87200	11	27273	129	82746

5–4 各地区分行业城镇集体单位其他就业人员和平均工资(2019年)
OTHER EMPLOYMENT AND AVERAGE WAGE IN URBAN COLLECTIVE-OWNED UNITS BY SECTOR AND REGION(2019)

地区	Region	总计 Total		农、林、牧、渔业 Agriculture, Forestry, Animal Husbandry and Fishery		采矿业 Mining		制造业 Manufacturing	
		年末人数（人） Year-end Figures (person)	平均工资（元） Average Wage (yuan)	年末人数（人） Year-end Figures (person)	平均工资（元） Average Wage (yuan)	年末人数（人） Year-end Figures (person)	平均工资（元） Average Wage (yuan)	年末人数（人） Year-end Figures (person)	平均工资（元） Average Wage (yuan)
全国	**National**	**258299**	**43616**	**1732**	**28938**	**2598**	**41787**	**10256**	**42239**
北京	Beijing	9187	60227					704	102633
天津	Tianjin	1487	42898	8	36375			295	52127
河北	Hebei	6834	33349	6	24167			847	30205
山西	Shanxi	6118	24587	9	15778	440	8832	837	34184
内蒙古	Inner Mongolia	354	40501					39	53266
辽宁	Liaoning	8609	26384	17	23471	1	34000	1863	31120
吉林	Jilin	1646	24661	2	9000	998	18054	45	28128
黑龙江	Heilongjiang	2506	57593			575	74111	476	94820
上海	Shanghai	6992	53289	403	33660			354	51483
江苏	Jiangsu	21815	49985	148	47902			325	40686
浙江	Zhejiang	5591	44552	45	11356			141	49132
安徽	Anhui	3670	32289	33	38091	20	69455	199	44602
福建	Fujian	22207	52488	70	35629	12	49917	227	27146
江西	Jiangxi	17665	48791	11	22273			83	17700
山东	Shandong	11935	39964	2	33000	63	48286	207	53766
河南	Henan	10378	42220	2	31750			256	61686
湖北	Hubei	6460	32658	10	46500	3	87500	210	19088
湖南	Hunan	21191	37096	400	26342	165	93013	383	43259
广东	Guangdong	24633	39608	10	31100			394	41113
广西	Guangxi	25327	48306	1	58000	2	48000	220	36724
海南	Hainan	577	29473	24	3583			7	4000
重庆	Chongqing	2298	32471	21	15000			126	37129
四川	Sichuan	15228	61298					214	34618
贵州	Guizhou	5294	40106	3	41836	10	55200	63	46037
云南	Yunnan	4884	33582	458	19450	165	47968	417	20285
西藏	Tibet	408	49617						
陕西	Shaanxi	7731	36927			144	88743	1129	23629
甘肃	Gansu	4059	38611	45	20489			94	23716
青海	Qinghai	1562	41837						
宁夏	Ningxia	723	23041					1	23000
新疆	Xinjiang	930	32458	4	59000			100	22356

5-4 续表 1 continued

地 区	Region	电力、热力、燃气及水生产和供应业 Production and Supply of Electricity, Heat, Gas and Water		建筑业 Construction		批发和零售业 Wholesale and Retail Trades		交通运输、仓储和邮政业 Transport, Storage and Post	
		年末人数（人） Year-end Figures (person)	平均工资（元） Average Wage (yuan)	年末人数（人） Year-end Figures (person)	平均工资（元） Average Wage (yuan)	年末人数（人） Year-end Figures (person)	平均工资（元） Average Wage (yuan)	年末人数（人） Year-end Figures (person)	平均工资（元） Average Wage (yuan)
全 国	**National**	**1144**	**36692**	**139701**	**46646**	**8500**	**33623**	**6389**	**34921**
北 京	Beijing	73	50435	161	52465	1051	56910	312	58826
天 津	Tianjin	20	34375	199	36523	105	33627	361	45610
河 北	Hebei	2	38000	1180	36062	446	23118	571	19989
山 西	Shanxi	26	36846	1932	24993	513	15842	187	43965
内蒙古	Inner Mongolia	1	30000			5	38600		
辽 宁	Liaoning	11	30250	2879	32459	297	11410	135	32425
吉 林	Jilin	2	12000	149	41195	87	40852	14	24000
黑龙江	Heilongjiang			648	42265	57	23138	117	46778
上 海	Shanghai	1		93	29674	435	35258	473	54293
江 苏	Jiangsu	57	31600	3243	37706	407	41129	486	58472
浙 江	Zhejiang	198	46237	1242	62177	405	28958	179	43021
安 徽	Anhui	49	24851	978	37065	113	58336	651	12826
福 建	Fujian	76	35978	15863	59588	376	22949	375	35357
江 西	Jiangxi	5	6000	16289	50219	65	28106	25	18400
山 东	Shandong	12	41667	6018	46896	1152	27810	508	24463
河 南	Henan	60	23980	6933	43410	392	28978	346	24945
湖 北	Hubei	8	19000	1482	41803	425	22077	26	38686
湖 南	Hunan	150	42597	16976	36730	477	44998	214	33988
广 东	Guangdong	178	33624	12597	43136	374	38624	929	30350
广 西	Guangxi	7	11714	23232	50233	160	22795	66	19879
海 南	Hainan			358	33911	22			
重 庆	Chongqing	40	23650	761	24334	114	40617	48	10288
四 川	Sichuan	40	28125	12407	64400	136	32232	228	48677
贵 州	Guizhou	2	18000	4587	41170	123	28856	28	27286
云 南	Yunnan	35	25833	1733	32282	140	34243	1	35000
西 藏	Tibet	11	106182	384	49035	3	53333		41250
陕 西	Shaanxi	20	38300	4224	39433	509	34344	78	21674
甘 肃	Gansu	47	27720	2265	47574	34	31118		
青 海	Qinghai			861	44521	6	32333	31	60182
宁 夏	Ningxia			3	35429	29	90000		
新 疆	Xinjiang	13	27538	24	44000	42	29818		

5-4 续表 2 continued

地 区 Region	住宿和餐饮业 Hotels and Catering Services		信息传输、软件和信息技术服务业 Information Transmission, Software and Information Technology		金融业 Financial Intermediation		房地产业 Real Estate	
	年末人数(人) Year-end Figures (person)	平均工资(元) Average Wage (yuan)	年末人数(人) Year-end Figures (person)	平均工资(元) Average Wage (yuan)	年末人数(人) Year-end Figures (person)	平均工资(元) Average Wage (yuan)	年末人数(人) Year-end Figures (person)	平均工资(元) Average Wage (yuan)
全 国 National	**1965**	**39376**	**167**	**140333**	**2156**	**41795**	**9411**	**32115**
北 京 Beijing	397	47921	75	116736			744	70861
天 津 Tianjin	22	85545					81	28568
河 北 Hebei	81	36671			10	18818	270	24422
山 西 Shanxi	21	18152			330	28934	212	13923
内蒙古 Inner Mongolia					162	42602	2	39000
辽 宁 Liaoning	79	35633			45	18933	71	12776
吉 林 Jilin	3	21667			64	31852	21	23952
黑龙江 Heilongjiang					78	31808	5	15000
上 海 Shanghai	542	37884					1159	42746
江 苏 Jiangsu	55	48455			23	37565	84	24874
浙 江 Zhejiang	56	52423	3	23000	12	28333	199	31117
安 徽 Anhui	4	15000	2	50000			341	13791
福 建 Fujian	27	26375	3	37667	3	48250	493	18090
江 西 Jiangxi	7	36857			5	35833	92	19761
山 东 Shandong	69	28129			46	55191	559	26975
河 南 Henan	50	33859	20	34500	47	47980	311	35375
湖 北 Hubei	12	30917			48	52907	80	25450
湖 南 Hunan	2	28500	4	37500	12	50250	89	30056
广 东 Guangdong	19	34000	56	292821	24	28625	3353	27841
广 西 Guangxi	2	37000			245	32210	604	30649
海 南 Hainan			1	15000			26	21577
重 庆 Chongqing	297	36450					28	32214
四 川 Sichuan	112	32957	3	7000			121	44339
贵 州 Guizhou	1	46000			28	65586	126	25360
云 南 Yunnan	31	26161			409	52303	125	27023
西 藏 Tibet								
陕 西 Shaanxi	76	42013			204	63422	180	32444
甘 肃 Gansu		48750			255	41492	2	16500
青 海 Qinghai					33	35939		
宁 夏 Ningxia							10	20900
新 疆 Xinjiang					73	58684	23	31409

5-4 续表 3 continued

地区	Region	租赁和商务服务业 Leasing and Business Services		科学研究和技术服务业 Scientific Research and Technical Services		水利、环境和公共设施管理业 Management of Water Conservancy,Environment and Public Facilities		居民服务、修理和其他服务业 Service to Households, Repair and Other Services	
		年末人数（人） Year-end Figures (person)	平均工资（元） Average Wage (yuan)	年末人数（人） Year-end Figures (person)	平均工资（元） Average Wage (yuan)	年末人数（人） Year-end Figures (person)	平均工资（元） Average Wage (yuan)	年末人数（人） Year-end Figures (person)	平均工资（元） Average Wage (yuan)
全国	**National**	**16712**	**33231**	**2236**	**59798**	**9953**	**31895**	**1917**	**36618**
北京	Beijing	2394	30804	469	76672	245	53967	211	53849
天津	Tianjin	75	32581	26	34083			47	24061
河北	Hebei	229	32465	16	34125	926	29815	7	35857
山西	Shanxi	324	18592	33	30618	210	22076	109	11638
内蒙古	Inner Mongolia	16	22000					50	29128
辽宁	Liaoning	1906	13343	43	47841	263	22395	219	7963
吉林	Jilin	15	23944	5	24000	136	11467	9	15500
黑龙江	Heilongjiang	50	46347	13	29462	23	26375	8	28500
上海	Shanghai	1182	78750	105	68566	211	58330	216	39079
江苏	Jiangsu	986	37493	158	55222	3074	41502	309	40490
浙江	Zhejiang	1205	28627	61	56855	304	34078	107	42179
安徽	Anhui	160	33193	32	11207	31	29419	98	59473
福建	Fujian	310	23430	44	52311	499	20943	73	45819
江西	Jiangxi	109	57250	33	32444	19	40200		
山东	Shandong	250	25988	66	40746	190	14307	54	40368
河南	Henan	111	31099	35	56229	8	26125	53	31264
湖北	Hubei	630	44701	124	30911	2641	28097	2	25500
湖南	Hunan	167	24982	76	47430	355	12851		36000
广东	Guangdong	4577	31992	144	36107	240	36944	85	38054
广西	Guangxi	49	31000	15	19385	513	19656	86	42453
海南	Hainan	30	11267	4	26000				
重庆	Chongqing	88	36404	13	18846	28	41364	63	33431
四川	Sichuan	321	30498	322	105582	26	19808	5	31200
贵州	Guizhou	206	18668	5	17800	4	30250	20	84200
云南	Yunnan	90	27856	127	24127	3	44333	82	39098
西藏	Tibet								
陕西	Shaanxi	60	31917	177	66338	3	28000	1	25000
甘肃	Gansu	25	32920	33	26000		19500		
青海	Qinghai	601	38215			1	29000	1	29000
宁夏	Ningxia	1	18000						
新疆	Xinjiang	545	30090	57	23246			2	38000

5-4 续表 4 continued

地区	Region	教育 Education		卫生和社会工作 Health and Social Service		文化、体育和娱乐业 Culture, Sports and Entertainment		公共管理、社会保障和社会组织 Public Management, Social Security and Social Organization	
		年末人数（人） Year-end Figures (person)	平均工资（元） Average Wage (yuan)	年末人数（人） Year-end Figures (person)	平均工资（元） Average Wage (yuan)	年末人数（人） Year-end Figures (person)	平均工资（元） Average Wage (yuan)	年末人数（人） Year-end Figures (person)	平均工资（元） Average Wage (yuan)
全　国	**National**	**17286**	**39570**	**23315**	**52198**	**967**	**51755**	**1894**	**37871**
北　京	Beijing	571	90529	1252	74105	162	91903	366	63956
天　津	Tianjin	114	30054	133	64349			1	20000
河　北	Hebei	352	16663	1791	35418	94	36821	6	20333
山　西	Shanxi	153	22907	598	28413	64	26565	120	21750
内蒙古	Inner Mongolia			79	36785				
辽　宁	Liaoning	224	35329	552	32062			4	7500
吉　林	Jilin	43	104581	53	34489				
黑龙江	Heilongjiang	24	27458	429	35472			3	19667
上　海	Shanghai	682	50870	934	66822	40	41615	162	33333
江　苏	Jiangsu	5029	42370	6775	69026	184	52804	472	39261
浙　江	Zhejiang	828	41282	534	69619	71	21096	1	55000
安　徽	Anhui	122	27404	751	41960	1	24000	85	32585
福　建	Fujian	2378	45713	1267	43625	48	27388	63	41950
江　西	Jiangxi	353	24915	421	36998	34	57500	114	23833
山　东	Shandong	1192	27596	1460	39863	57	33298	30	66633
河　南	Henan	731	30647	870	51181	103	72019	50	26389
湖　北	Hubei	252	23171	489	34317	16	24875	2	42000
湖　南	Hunan	341	31081	1311	42809	2	8000	67	24284
广　东	Guangdong	1040	53847	515	60442	38	47929	60	34117
广　西	Guangxi	80	47970	18	63556			27	23519
海　南	Hainan	28	27929	77	26387				
重　庆	Chongqing	279	30207	340	49132	3	40000	49	32667
四　川	Sichuan	692	35619	571	50613	22	36913	8	32286
贵　州	Guizhou	12	21846	66	51500	6	15000	4	26000
云　南	Yunnan	385	20021	612	54007	19	25867	52	28288
西　藏	Tibet	9	32000	1	27000				
陕　西	Shaanxi	655	24994	258	32508	3	21667	10	15300
甘　肃	Gansu	145	33839	976	19980			138	18357
青　海	Qinghai			28	40107				
宁　夏	Ningxia	572	13356	107	47981				
新　疆	Xinjiang			47	41574				

六、其他单位就业人员和工资总额

EMPLOYMENT AND TOTAL WAGES IN OTHER OWNERSHIP UNITS

6–1 分行业其他单位就业人员和工资总额(2019年)

EMPLOYMENT AND TOTAL WAGES IN OTHER OWNERSHIP UNITS BY SECTOR (2019)

项　目	Item	年末人数(千人) Year-end Figures (1000 persons)	#女性 Female	工资总额(亿元) Total Wages (100 million yuan)	平均工资(元) Average Wage (yuan)
全国总计	**National Total**	**113935**	**40430**	**98710.9**	**87195**
按登记注册类型分组	**Grouped by Registration Status**				
内资	Domestic Funded	90330	29831	75015.6	84016
股份合作	Cooperative Units	604	246	482.7	81058
联营	Joint-owned Units	124	63	91.5	75220
#国有联营	State Joint-owned Units	40	22	32.8	82551
集体联营	Collective Joint-owned Units	33	16	16.7	53134
有限责任公司	Limited Liability Corporations	66076	19261	51886.8	79515
#国有独资	State Funded Corporations	9241	2321	9023.0	97751
股份有限公司	Share-holding Corporations Ltd	18795	7199	19229.4	103087
其他	Others	4732	3061	3325.3	71329
港、澳、台商投资	Funded by Entrepreneurs from Hong Kong, Macao and Taiwan	11575	5395	10771.3	91304
外商投资	Foreign Funded	12030	5203	12924.0	106604
按国民经济行业分组	**Grouped by Sector**				
农、林、牧、渔业	**Agriculture, Forestry, Animal Husbandry and Fishery**	**310**	**101**	**148.9**	**48960**
农业	Farming	126	49	50.9	40422
林业	Forestry	52	10	24.1	52074
畜牧业	Animal Husbandry	53	18	31.0	60054
渔业	Fishery	23	6	15.1	64230
农、林、牧、渔专业及辅助性活动	Professional and Support Activities for Agriculture, Forestry, Animal Husbandry and Fishery	57	18	27.8	48976
采矿业	**Mining**	**3499**	**616**	**3234.8**	**91358**
煤炭开采和洗选业	Mining and Washing of Coal	2291	312	1914.3	82627
石油和天然气开采业	Extraction of Petroleum and Natural Gas	571	174	755.1	131023
黑色金属矿采选业	Mining and Processing of Ferrous Metal Ores	140	25	107.5	75650
有色金属矿采选业	Mining and Processing of Non-Ferrous Metal Ores	157	30	114.9	72586
非金属矿采选业	Mining and Processing of Non-metal Ores	99	21	65.2	65242
开采专业及辅助性活动	Professional and Support Activities for Mining	240	54	276.7	112532
其他采矿业	Mining of Other Ores	2	0	1.2	76321
制造业	**Manufacturing**	**37620**	**14218**	**29675.4**	**78238**
农副食品加工业	Processing of Food from Agricultural Products	1186	517	693.1	58887
食品制造业	Manufacture of Foods	967	486	653.2	69066
酒、饮料和精制茶制造业	Manufacture of Liquor, Beverages and Refined Tea	743	272	558.1	75616
烟草制品业	Manufacture of Tobacco	139	42	262.0	192961
纺织业	Manufacture of Textile	1178	681	689.6	57907
纺织服装、服饰业	Manufacture of Textile, Wearing Apparel and Accessories	1442	1024	825.0	56243
皮革、毛皮、羽毛及其制品和制鞋业	Manufacture of Leather, Fur, Feather and Related Products and Footwear	938	574	510.9	53582

6-1 续表 1 continued

项　目	Item	年末人数(千人) Year-end Figures (1000 persons)	#女 性 Female	工资总额(亿元) Total Wages (100 million yuan)	平均工资(元) Average Wage (yuan)
木材加工和木、竹、藤、棕、草制品业	Processing of Timber, Manufacture of Wood, Bamboo, Rattan, Palm and Straw Products	195	74	105.0	53983
家具制造业	Manufacture of Furniture	414	148	272.8	65342
造纸及纸制品业	Manufacture of Paper and Paper Products	461	165	318.3	68551
印刷和记录媒介复制业	Printing and Reproduction of Recording Media	421	182	300.2	70213
文教、工美、体育和娱乐用品制造业	Manufacture of Articles for Culture, Education, Arts and Crafts, Sport and Entertainment Activities	902	514	528.1	56035
石油、煤炭及其他燃料加工业	Processing of Petroleum, Coal and Other Fuels	551	132	582.1	105258
化学原料和化学制品制造业	Manufacture of Raw Chemical Materials and Chemical Products	1843	531	1568.8	85064
医药制造业	Manufacture of Medicines	1365	645	1196.9	88606
化学纤维制造业	Manufacture of Chemical Fibres	238	80	175.1	73323
橡胶和塑料制品业	Manufacture of Rubber and Plastics Products	1416	576	979.1	67967
非金属矿物制品业	Manufacture of Non-metallic Mineral Products	1680	476	1129.0	66934
黑色金属冶炼和压延加工业	Smelting and Pressing of Ferrous Metals	1221	206	1043.0	85033
有色金属冶炼和压延加工业	Smelting and Pressing of Non-ferrous Metals	976	203	715.8	73075
金属制品业	Manufacture of Metal Products	1465	449	1036.9	69702
通用设备制造业	Manufacture of General Purpose Machinery	2127	593	1814.5	84979
专用设备制造业	Manufacture of Special Purpose Machinery	1800	518	1552.6	86140
汽车制造业	Manufacture of Automobiles	2886	761	2824.4	96352
铁路、船舶、航空航天和其他运输设备制造业	Manufacture of Railway, Ship, Aerospace and Other Transport Equipments	706	176	666.8	94250
电气机械和器材制造业	Manufacture of Electrical Machinery and Apparatus	3021	1208	2397.2	77679
计算机、通信和其他电子设备制造业	Manufacture of Computers, Communication and Other Electronic Equipment	6439	2657	5473.0	84180
仪器仪表制造业	Manufacture of Measuring Instruments and Machinery	541	214	505.5	92092
其他制造业	Other Manufacture	156	78	100.7	64052
废弃资源综合利用业	Utilization of Waste Resources	76	21	50.9	68986
金属制品、机械和设备修理业	Repair Service of Metal Products, Machinery and Equipment	125	21	147.0	118401
电力、热力、燃气及水生产和供应业	**Production and Supply of Electricity, Heat, Gas and Water**	**2561**	**683**	**2815.7**	**110144**
电力、热力生产和供应业	Production and Supply of Electric Power and Heat Power	1831	436	2190.5	119790
燃气生产和供应业	Production and Supply of Gas	292	94	261.8	90266
水的生产和供应业	Production and Supply of Water	439	153	363.4	83018

6-1 续表 2 continued

项　　目	Item	年末人数（千人）Year-end Figures (1000 persons)	#女 性 Female	工资总额（亿元）Total Wages (100 million yuan)	平均工资（元）Average Wage (yuan)
建筑业	**Construction**	**20954**	**2583**	**13546.5**	**66747**
房屋建筑业	Construction of Buildings	14094	1569	8545.2	62963
土木工程建筑业	Civil Engineering	4484	681	3418.2	77541
建筑安装业	Building Installation	1108	156	813.9	75881
建筑装饰、装修和其他建筑业	Building Decoration and Other Constructions	1268	177	769.2	61909
批发和零售业	**Wholesale and Retail Trades**	**7743**	**4102**	**6867.3**	**88574**
批发业	Wholesale Trade	3713	1685	4330.4	116362
零售业	Retail Trade	4030	2418	2537.0	62925
交通运输、仓储和邮政业	**Transport, Storage and Post**	**6752**	**1613**	**6759.9**	**100067**
铁路运输业	Railway Transport	1890	289	2300.3	121174
道路运输业	Road Transport	2983	752	2187.3	73289
水上运输业	Water Transport	279	49	348.8	123846
航空运输业	Air Transport	583	226	961.8	168559
管道运输业	Transport Via Pipelines	25	5	38.5	156805
多式联运和运输代理业	Intermodality and Forwarding Agency	313	133	343.2	108437
装卸搬运和仓储业	Loading, Unloading and Storage	367	92	297.5	80694
邮政业	Post	312	66	282.5	90963
住宿和餐饮业	**Hotels and Catering Services**	**2413**	**1382**	**1198.1**	**49899**
住宿业	Hotels	976	546	556.5	56607
餐饮业	Catering Services	1436	837	641.6	45248
信息传输、软件和信息技术服务业	**Information Transmission, Software and Information Technology**	**4346**	**1690**	**7064.1**	**164030**
电信、广播电视和卫星传输服务	Telecommunication, Radio and Television and Satellite Transmission Service	1417	599	1753.9	123468
互联网和相关服务	Internet and Related Service	575	243	1198.3	210275
软件和信息技术服务业	Software and Information Technology	2354	848	4111.8	177529
金融业	**Financial Intermediation**	**7273**	**4128**	**9374.1**	**130804**
货币金融服务	Monetary and Financial Service	2841	1466	5432.8	192133
资本市场服务	Capital Market Service	274	122	792.9	289192
保险业	Insurance	4050	2494	2834.7	71617
其他金融业	Other Financial Activities	107	46	313.6	294339
房地产业	**Real Estate**	**4847**	**1938**	**3883.3**	**80820**
#房地产开发经营	Development and Management of Real Estate	1781	668	1950.3	109727
物业管理	Property Management	2466	1030	1350.7	55395
房地产中介服务	Agency Services of Real Estate	281	115	252.0	93800
租赁和商务服务业	**Leasing and Business Services**	**5356**	**1939**	**4924.9**	**93715**
租赁业	Leasing	144	33	123.6	85517
商务服务业	Business Services	5212	1906	4801.3	93947

6-1 续表 3 continued

项 目	Item	年末人数（千人）Year-end Figures (1000 persons)	#女 性 Female	工资总额（亿元）Total Wages (100 million yuan)	平均工资（元）Average Wage (yuan)
科学研究和技术服务业	**Scientific Research and Technical Services**	**2797**	**890**	**3796.1**	**137290**
研究和试验发展	Research and Experimental Development	329	129	545.1	168656
专业技术服务业	Professional Technical Services	2064	606	2707.1	132712
科技推广和应用服务业	Science and Technology Popularization and Application Services	404	154	543.9	135299
水利、环境和公共设施管理业	**Management of Water Conservancy, Environment and Public Facilities**	**1096**	**466**	**629.9**	**57804**
水利管理业	Management of Water Conservancy	53	12	48.3	92156
生态保护和环境治理业	Ecological Protection and Environmental Treatment	71	21	67.7	95906
公共设施管理业	Management of Public Facilities	931	419	467.6	50389
土地管理业	Management of Land	41	14	46.2	119592
居民服务、修理和其他服务业	**Service to Households, Repair and Other Services**	**708**	**354**	**408.8**	**57702**
居民服务业	Service to Households	269	147	159.7	60074
机动车、电子产品和日用产品修理业	Repair of Motor Vehicle, Electronics and Household Products	110	28	86.7	77145
其他服务业	Other Services	328	179	162.4	49177
教育	**Education**	**3316**	**2320**	**2348.6**	**72214**
#初等教育	Primary Education	478	337	385.3	82269
中等教育	Secondary Education	862	528	731.9	86952
高等教育	Senior Education	314	172	294.8	96063
卫生和社会工作	**Health and Social Service**	**1379**	**951**	**1103.8**	**81282**
卫生	Health	1150	792	990.3	87460
社会工作	Social Service	230	160	113.5	50285
文化、体育和娱乐业	**Culture, Sports and Entertainment**	**675**	**331**	**707.6**	**104755**
新闻和出版业	Journalism and Publishing Activities	116	62	164.6	142165
广播、电视、电影和录音制作业	Radio, Television, Motion Picture and Audio-visual Programme Production Services	162	79	163.4	101107
文化艺术业	Cultural and Art Activities	136	67	96.2	70865
体育	Sports Activities	91	42	158.4	175606
娱乐业	Entertainment	170	82	125.0	72622
公共管理、社会保障和社会组织	**Public Management, Social Security and Social Organization**	**291**	**125**	**223.2**	**77153**
#中国共产党机关	Organs of Communist Party of China				
国家机构	Government Agencies				
人民政协、民主党派	People's Political Consultative Conference and Democratic Parties				
社会保障	Social Security				
群众团体、社会团体和其他成员组织	Non-Governmental Organizations, Social Organizations and Membership Organizations	45	23	44.7	100612

6–2 各地区分行业其他单位就业人员和工资总额(2019年)
EMPLOYMENT AND TOTAL WAGES IN OTHER OWNERSHIP UNITS BY SECTOR AND REGION (2019)

地 区	Region	总计 Total			
		年末人数(人) Year-end Figures (person)	#女性 Female	工资总额(千元) Total Wages (1000 yuan)	平均工资(元) Average wage (yuan)
全 国	**National**	**113934902**	**40429767**	**9871090206**	**87195**
北 京	Beijing	6055335	2443149	986605326	162770
天 津	Tianjin	2041475	752697	206365269	99969
河 北	Hebei	3012715	1038340	217199554	72420
山 西	Shanxi	2582987	765338	182749773	70904
内蒙古	Inner Mongolia	1410673	476985	111498233	79165
辽 宁	Liaoning	3011316	1020192	227109844	74611
吉 林	Jilin	1495356	504623	109675073	72694
黑龙江	Heilongjiang	1697495	551684	125035744	72922
上 海	Shanghai	6109358	2527741	902474429	147374
江 苏	Jiangsu	10403479	3388187	897407513	87635
浙 江	Zhejiang	7539267	2501543	644739324	86632
安 徽	Anhui	4028652	1319102	278349376	70415
福 建	Fujian	4831260	1722150	354370416	74593
江 西	Jiangxi	2778110	1013041	183236325	67092
山 东	Shandong	7078502	2424758	520602687	73783
河 南	Henan	6250839	2138328	383425457	62719
湖 北	Hubei	4052462	1313812	297666549	74622
湖 南	Hunan	3393712	1167448	225268657	67881
广 东	Guangdong	16415861	6696102	1515645626	91611
广 西	Guangxi	1983943	609337	137761177	71770
海 南	Hainan	592462	240714	44529762	75606
重 庆	Chongqing	2638692	913117	200731834	77123
四 川	Sichuan	4845964	1676400	361157433	75753
贵 州	Guizhou	1578683	511891	123469135	79888
云 南	Yunnan	1815142	638608	133189624	74383
西 藏	Tibet	153702	50279	14031008	89940
陕 西	Shaanxi	3009912	1029132	233438046	78478
甘 肃	Gansu	1112932	338063	75679813	68282
青 海	Qinghai	322473	109854	27059452	83909
宁 夏	Ningxia	356793	114681	29630205	82654
新 疆	Xinjiang	1335350	432471	120987542	84474

6-2 续表 1 continued

地 区	Region	内资 Domestic Funded 年末人数(人) Year-end Figures (person)	#女性 Female	工资总额(千元) Total Wages (1000 yuan)	平均工资(元) Average wage (yuan)	股份合作 Cooperative Units 年末人数(人) Year-end Figures (person)	#女性 Female	工资总额(千元) Total Wages (1000 yuan)	平均工资(元) Average wage (yuan)
全 国	**National**	**90330392**	**29831486**	**7501559608**	**84016**	**603928**	**246444**	**48265615**	**81058**
北 京	Beijing	4599836	1777196	695157912	150957	37760	14678	2414982	63494
天 津	Tianjin	1379086	452914	138763272	99523	9419	3929	535345	57763
河 北	Hebei	2694330	918150	194410463	72585	29229	13979	2188219	76993
山 西	Shanxi	2417716	701244	172632670	71618	3005	1349	342623	113264
内蒙古	Inner Mongolia	1355476	456208	107137883	79147	10546	4742	1368490	127408
辽 宁	Liaoning	2465410	791642	181740906	72853	16505	6775	970003	58413
吉 林	Jilin	1376432	461981	100078803	72100	9291	4328	922466	100007
黑龙江	Heilongjiang	1594328	509854	118197801	73398	13433	4702	914389	68427
上 海	Shanghai	3351496	1247269	434999774	130150	19359	7928	1392173	70885
江 苏	Jiangsu	6933888	1904877	580475065	86173	21230	8774	1389559	65517
浙 江	Zhejiang	5944377	1807715	490175176	83877	83721	32633	5922225	70857
安 徽	Anhui	3744866	1194638	257392400	70094	17741	6967	914206	53381
福 建	Fujian	3502203	1067353	257338199	75649	54733	16854	4300182	87987
江 西	Jiangxi	2414340	823720	161701218	68535	15172	6756	1143407	76390
山 东	Shandong	5996957	1969972	440115136	73822	18414	6643	1131027	61751
河 南	Henan	5774260	1916108	353596142	62812	37029	18242	3237257	88113
湖 北	Hubei	3561076	1106076	258615923	73869	10964	5001	720451	66653
湖 南	Hunan	3029440	988254	202175280	68324	13114	6368	801299	62557
广 东	Guangdong	9906699	3717667	968718492	98554	80968	31517	7674100	94693
广 西	Guangxi	1760773	511593	122955542	72422	15490	6730	1992421	129732
海 南	Hainan	536425	217686	39443459	73931	2972	1592	447705	156376
重 庆	Chongqing	2309232	768881	173927502	76613	4913	1892	269720	54899
四 川	Sichuan	4430542	1486114	328951044	75528	26856	10813	2053562	74920
贵 州	Guizhou	1508803	480350	118358019	79917	14945	6521	2414177	161516
云 南	Yunnan	1724683	594913	127079297	74803	10119	4074	846991	85624
西 藏	Tibet	149349	48864	13579155	89577	114	21	5306	63167
陕 西	Shaanxi	2824849	944229	217588431	78022	14660	7192	916797	64337
甘 肃	Gansu	1088707	327705	73441724	67736	4445	2016	362237	81936
青 海	Qinghai	314860	107207	26557020	84183	2357	889	107781	47169
宁 夏	Ningxia	334745	110694	27759086	82453	1195	470	98680	85216
新 疆	Xinjiang	1305208	420412	118496814	84515	4229	2069	467835	115004

6-2 续表 2 continued

地 区	Region	联营 Joint-owned Units 年末人数(人) Year-end Figures (person)	#女性 Female	工资总额(千元) Total Wages (1000 yuan)	平均工资(元) Average wage (yuan)	国有联营 State Joint-owned Units 年末人数(人) Year-end Figures (person)	#女性 Female	工资总额(千元) Total Wages (1000 yuan)	平均工资(元) Average wage (yuan)
全 国	**National**	**123661**	**63063**	**9145904**	**75220**	**40124**	**21552**	**3282494**	**82551**
北 京	Beijing	2488	1279	262233	97267	674	393	119154	171692
天 津	Tianjin	2117	745	148677	70832	1385	340	79293	56396
河 北	Hebei	6145	4016	507198	83751	4034	2832	397503	100966
山 西	Shanxi	1012	406	26493	26440	669	267	17676	26461
内蒙古	Inner Mongolia	2734	1623	180884	67772	1079	603	88081	81556
辽 宁	Liaoning	1927	678	86192	44383	348	153	19500	55398
吉 林	Jilin	2740	1514	158983	58257	1630	893	108463	66015
黑龙江	Heilongjiang	972	534	39159	42243	295	150	10494	41809
上 海	Shanghai	5913	2893	534306	90117	556	251	82613	150754
江 苏	Jiangsu	6012	2178	500022	87371	2911	1034	277473	103845
浙 江	Zhejiang	2908	1594	252415	86443	218	92	26941	123018
安 徽	Anhui	4764	2286	315867	62909	652	226	60136	92659
福 建	Fujian	3208	1348	201025	63939	967	401	59290	61377
江 西	Jiangxi	3069	1471	188005	61021	1178	502	69296	58527
山 东	Shandong	4641	2537	329136	72513	1203	900	95725	79177
河 南	Henan	14248	8487	824006	58858	5029	3298	361666	72117
湖 北	Hubei	4337	2174	231488	53351	1006	464	84713	84628
湖 南	Hunan	8200	3051	402539	49434	1875	723	116732	62091
广 东	Guangdong	19594	9261	2287317	119711	2287	1025	230174	100733
广 西	Guangxi	442	307	14610	33280	245	187	8727	35766
海 南	Hainan	1983	1121	150951	78457	1320	762	116212	90649
重 庆	Chongqing	862	447	52587	60794	28	17	657	23464
四 川	Sichuan	8877	5541	540561	66424	3972	2278	367849	92123
贵 州	Guizhou	3121	1837	157255	52088	1710	953	85601	50383
云 南	Yunnan	2775	1229	152525	56912	546	270	31938	58388
西 藏	Tibet	514	241	50842	99107	319	165	41485	130456
陕 西	Shaanxi	5556	3048	414939	75608	3466	2149	290297	84709
甘 肃	Gansu	1288	635	70447	54024	420	182	26965	64202
青 海	Qinghai	86	46	2946	34256	2	1	278	139000
宁 夏	Ningxia	141	81	9272	65759				
新 疆	Xinjiang	987	455	53024	57323	100	41	7562	52514

6-2 续表 3 continued

地 区	Region	集体联营 Collective Joint-owned Units 年末人数(人) Year-end Figures (person)	#女 性 Female	工资总额(千元) Total Wages (1000 yuan)	平均工资(元) Average wage (yuan)	有限责任公司 Limited Liability Corporations 年末人数(人) Year-end Figures (person)	#女 性 Female	工资总额(千元) Total Wages (1000 yuan)	平均工资(元) Average wage (yuan)
全 国	**National**	**32814**	**15633**	**1670536**	**53134**	**66076320**	**19261443**	**5188680675**	**79515**
北 京	Beijing	470	308	37017	76958	3270133	1162068	450798199	138288
天 津	Tianjin	267	137	14369	56794	1056767	310142	100121925	93391
河 北	Hebei	960	455	41182	43213	1870639	530622	131575950	70062
山 西	Shanxi	241	95	6523	27996	1873712	444803	133096451	71409
内蒙古	Inner Mongolia	144	89	7206	49356	992498	276133	79366922	79869
辽 宁	Liaoning	809	225	39237	47734	1724785	482651	120009594	68724
吉 林	Jilin	112	55	4198	37482	973799	284689	71168225	72590
黑龙江	Heilongjiang	131	55	3515	27461	1222215	347595	91543499	74669
上 海	Shanghai	1736	863	131768	75991	2330079	803883	291782404	125555
江 苏	Jiangsu	1225	384	72926	59678	5001625	1233164	393306335	80879
浙 江	Zhejiang	545	299	32198	56887	3996866	1037837	307627576	78490
安 徽	Anhui	1299	696	57673	50813	2858376	841611	185811541	66519
福 建	Fujian	1030	236	72555	74645	2762979	741842	192094582	71644
江 西	Jiangxi	571	267	31652	55433	1886558	582745	121488374	66182
山 东	Shandong	1655	660	98906	63038	4242298	1241624	293471810	69575
河 南	Henan	4315	2464	227578	54405	4294813	1266935	243274645	58283
湖 北	Hubei	1361	666	57389	41890	2729632	772824	194351402	72635
湖 南	Hunan	2931	753	122274	41975	2063112	526512	135056199	67106
广 东	Guangdong	4786	2206	274186	58637	7056953	2380709	642666110	91965
广 西	Guangxi	134	94	3834	28612	1468765	369687	100149561	71194
海 南	Hainan	371	248	13325	38623	382263	144538	26230983	68964
重 庆	Chongqing	536	252	35882	66944	1763585	488965	123850607	71615
四 川	Sichuan	4054	2817	112425	34037	3354077	983207	238364404	72553
贵 州	Guizhou	502	278	25827	53362	1164653	337029	87107032	75225
云 南	Yunnan	1249	470	79144	65571	1307244	411351	93178122	72260
西 藏	Tibet	123	52	6560	53333	118837	37354	9521732	78351
陕 西	Shaanxi	995	404	48595	49285	2121060	611551	163336409	78071
甘 肃	Gansu	118	44	5456	39252	770585	208816	49014002	63711
青 海	Qinghai	48	22	1723	35896	208786	63481	16025066	76751
宁 夏	Ningxia	18	7	1223	67944	242834	68351	21009375	85389
新 疆	Xinjiang	78	32	4190	53718	965792	268724	82281639	77473

6-2 续表 4 continued

地 区	Region	国有独资 State Funded Corporations				股份有限公司 Share-holding Corporations Ltd			
		年末人数(人) Year-end Figures (person)	#女 性 Female	工资总额(千元) Total Wages (1000 yuan)	平均工资(元) Average wage (yuan)	年末人数(人) Year-end Figures (person)	#女 性 Female	工资总额(千元) Total Wages (1000 yuan)	平均工资(元) Average wage (yuan)
全 国	**National**	**9241385**	**2320761**	**902302319**	**97751**	**18794602**	**7199419**	**1922941717**	**103087**
北 京	Beijing	537537	164075	88359752	164820	1126372	502013	225931161	198220
天 津	Tianjin	163655	40487	20264063	120227	273724	115569	34691381	126830
河 北	Hebei	335613	76059	27728069	82410	633347	259525	52279525	84928
山 西	Shanxi	284937	82573	20057087	70592	445223	185249	35153322	78036
内蒙古	Inner Mongolia	213944	56383	21062159	99532	288465	132125	22673624	79276
辽 宁	Liaoning	358298	78458	29567974	80299	599965	218952	53458439	87915
吉 林	Jilin	272357	53631	28353480	103368	330767	131058	24764418	73690
黑龙江	Heilongjiang	230698	47087	14660711	61218	295826	121462	21845374	70771
上 海	Shanghai	357006	101081	56603709	160823	620197	244614	112385080	181991
江 苏	Jiangsu	505607	124915	50305460	98709	1578362	453031	159116492	104410
浙 江	Zhejiang	360918	99409	36107976	101076	1635506	576512	159451383	98635
安 徽	Anhui	335945	70877	26256720	80486	686872	226776	59356004	86789
福 建	Fujian	357260	69401	30440170	92905	529703	205525	49723190	95735
江 西	Jiangxi	244448	65978	21494841	85756	410604	169975	33027057	80887
山 东	Shandong	459639	114891	40549025	87922	1473092	545883	127676118	87056
河 南	Henan	269069	76423	18702903	69980	989904	343975	76903731	78759
湖 北	Hubei	334108	79085	33451769	99889	698614	259894	55543947	79966
湖 南	Hunan	290374	66096	22348047	77149	726494	313932	53981131	76070
广 东	Guangdong	712776	163021	85855487	121786	2069356	835460	258348914	124713
广 西	Guangxi	373037	80795	32287197	87384	223284	97519	17909401	80153
海 南	Hainan	29685	8218	2618543	87395	113553	46597	10311896	90397
重 庆	Chongqing	317167	93075	25077210	80127	426200	200175	41571826	98312
四 川	Sichuan	479137	131633	40834850	85545	798786	325603	69003893	86626
贵 州	Guizhou	325115	84344	29065915	89446	269143	97512	25151784	100917
云 南	Yunnan	232814	71849	20023511	85929	282917	98280	25150953	90682
西 藏	Tibet	22500	8763	2018771	90707	26129	9393	3577208	138668
陕 西	Shaanxi	359908	101598	34311922	94884	523816	210136	44957523	86421
甘 肃	Gansu	143188	33122	10815252	74334	273136	93748	21290287	78827
青 海	Qinghai	41942	10832	3765078	90565	84166	29575	9216551	108215
宁 夏	Ningxia	99762	21935	10291336	103111	80902	35843	6116494	76688
新 疆	Xinjiang	192941	44667	19023332	89754	280177	113508	32373610	114665

6-2 续表 5 continued

地 区	Region	其 他 Others 年末人数（人） Year-end Figures (person)	#女 性 Female	工资总额（千元） Total Wages (1000 yuan)	平均工资（元） Average wage (yuan)	港、澳、台商投资 Funded from Hong Kong, Macao and Taiwan 年末人数（人） Year-end Figures (person)	#女 性 Female	工资总额（千元） Total Wages (1000 yuan)	平均工资（元） Average wage (yuan)
全 国	**National**	**4731881**	**3061117**	**332525697**	**71329**	**11574718**	**5395158**	**1077129229**	**91304**
北 京	Beijing	163083	97158	15751337	95684	710515	339909	136123136	193110
天 津	Tianjin	37059	22529	3265944	87505	261287	133870	25194801	95013
河 北	Hebei	154970	110008	7859571	52280	127359	49703	9178822	72077
山 西	Shanxi	94764	69437	4013781	43583	67893	25418	3936580	54677
内蒙古	Inner Mongolia	61233	41585	3547963	58620	23495	9130	1881194	79800
辽 宁	Liaoning	122228	82586	7216678	59264	149450	58892	10296626	67816
吉 林	Jilin	59835	40392	3064711	51392	24822	8977	1675122	63853
黑龙江	Heilongjiang	61882	35561	3855380	62783	37137	15701	2387138	63621
上 海	Shanghai	375948	187951	28905811	77032	1027382	507201	161927198	155476
江 苏	Jiangsu	326659	207730	26162657	81154	1332050	575582	109942854	82313
浙 江	Zhejiang	225376	159139	16921577	76383	801918	349322	83501039	103783
安 徽	Anhui	177113	116998	10994782	63659	119936	56757	8146144	69224
福 建	Fujian	151580	101784	11019220	73906	843264	416623	58303384	68618
江 西	Jiangxi	98937	62773	5854375	60121	240017	122528	14184721	56658
山 东	Shandong	258512	173285	17507045	68836	319361	130397	24225073	74249
河 南	Henan	438266	278469	29356503	68555	317833	155495	20089654	60664
湖 北	Hubei	117529	66183	7768635	67240	225537	115117	15431579	68880
湖 南	Hunan	218520	138391	11934112	55271	236579	122940	14247032	61895
广 东	Guangdong	679828	460720	57742051	86244	4062074	1908803	328036545	77691
广 西	Guangxi	52792	37350	2889549	55782	100554	51331	5744600	57094
海 南	Hainan	35654	23838	2301924	67115	27132	10522	2510153	91488
重 庆	Chongqing	113672	77402	8182762	72951	148089	70036	12363782	82540
四 川	Sichuan	241946	160950	18988624	79841	184438	82726	14204666	75884
贵 州	Guizhou	56941	37451	3527771	63142	24607	10959	1904677	75349
云 南	Yunnan	121628	79979	7750706	64894	43654	19448	2931939	66197
西 藏	Tibet	3755	1855	424067	115487	1895	649	186241	96498
陕 西	Shaanxi	159757	112302	7962763	50815	76630	36106	5356127	67707
甘 肃	Gansu	39253	22490	2704751	69179	6763	2824	491867	71931
青 海	Qinghai	19465	13216	1204676	62963	4806	1338	377921	80375
宁 夏	Ningxia	9673	5949	525265	54910	14919	2047	1275728	88188
新 疆	Xinjiang	54023	35656	3320706	63031	13322	4807	1072886	79697

6−2 续表 6 continued

地 区	Region	外商投资 Foreign Funded 年末人数（人）Year-end Figures (person)	#女 性 Female	工资总额（千元）Total Wages (1000 yuan)	平均工资（元）Average wage (yuan)	农、林、牧、渔业 Agriculture, Forestry, Animal Husbandry and Fishery 年末人数（人）Year-end Figures (person)	#女 性 Female	工资总额（千元）Total Wages (1000 yuan)	平均工资（元）Average wage (yuan)
全 国	**National**	**12029792**	**5203123**	**1292401369**	**106604**	**310162**	**100775**	**14885280**	**48960**
北 京	Beijing	744984	326044	155324278	206698	3212	1201	311567	94529
天 津	Tianjin	401102	165913	42407196	104753	1812	597	91656	49490
河 北	Hebei	191026	70487	13610269	70364	7013	2697	311179	46012
山 西	Shanxi	97378	38676	6180523	65067	3058	667	130180	40605
内蒙古	Inner Mongolia	31702	11647	2479156	79460	25483	4509	1289558	56864
辽 宁	Liaoning	396456	169658	35072312	88244	19135	5749	611069	31554
吉 林	Jilin	94102	33665	7921148	83876	18855	4561	885409	46802
黑龙江	Heilongjiang	66030	26129	4450805	66665	32176	9504	691466	25340
上 海	Shanghai	1730480	773271	305547457	175609	69701	23817	4152806	59530
江 苏	Jiangsu	2137541	907728	206989594	95455	10072	3935	528310	52236
浙 江	Zhejiang	792972	344506	71063109	89526	2870	894	160640	56168
安 徽	Anhui	163850	67707	12810832	78504	5453	1768	231403	42718
福 建	Fujian	485793	238174	38728833	77563	2447	1010	106846	47214
江 西	Jiangxi	123753	66793	7350386	60573	1526	471	73646	45914
山 东	Shandong	762184	324389	56262478	73287	8533	2899	530934	62952
河 南	Henan	158746	66725	9739661	63728	5537	2200	240516	44010
湖 北	Hubei	265849	92619	23619047	89483	2019	490	76302	39824
湖 南	Hunan	127693	56254	8846345	68402	4181	1227	208822	50636
广 东	Guangdong	2447088	1069632	218890589	87814	9761	3620	572419	59447
广 西	Guangxi	122616	46413	9061035	74826	10486	3787	546264	53206
海 南	Hainan	28905	12506	2576150	91946	22359	7791	1226653	49860
重 庆	Chongqing	181371	74200	14440550	79014	4930	2095	213579	42486
四 川	Sichuan	230984	107560	18001723	80001	2449	1064	119281	49700
贵 州	Guizhou	45273	20582	3206439	81722	4803	2159	201375	44317
云 南	Yunnan	46805	24247	3178388	66995	14355	6335	516736	36300
西 藏	Tibet	2458	766	265612	107015	899	274	43795	54607
陕 西	Shaanxi	108433	48797	10493488	98405	3382	1067	141836	42632
甘 肃	Gansu	17462	7534	1746222	101072	5045	1617	222535	43413
青 海	Qinghai	2807	1309	124511	53715	1033	279	47082	42493
宁 夏	Ningxia	7129	1940	595391	80973	2133	754	89201	42762
新 疆	Xinjiang	16820	7252	1417842	84865	5444	1737	312215	56225

6-2 续表 7 continued

地 区	Region	采矿业 Mining				制造业 Manufacturing			
		年末人数（人）Year-end Figures (person)	#女 性 Female	工资总额（千元）Total Wages (1000 yuan)	平均工资（元）Average wage (yuan)	年末人数（人）Year-end Figures (person)	#女 性 Female	工资总额（千元）Total Wages (1000 yuan)	平均工资（元）Average wage (yuan)
全 国	**National**	**3498718**	**615652**	**323480920**	**91358**	**37619875**	**14218057**	**2967541564**	**78238**
北 京	Beijing	31764	5332	4319741	135013	629439	216025	88913723	138615
天 津	Tianjin	58440	14171	8319852	140055	666409	219831	62975449	93292
河 北	Hebei	163436	29024	14162344	82714	920549	274594	64089014	69248
山 西	Shanxi	790312	117211	64763749	81506	523310	156454	30251294	57686
内蒙古	Inner Mongolia	123864	19444	14348838	115289	304337	78636	22993680	75638
辽 宁	Liaoning	193235	44165	16053761	79854	1026712	291111	76656268	74097
吉 林	Jilin	83884	17714	5977122	70591	496138	138286	41330176	82932
黑龙江	Heilongjiang	218863	47779	20286762	91095	285566	86322	20164591	70040
上 海	Shanghai	1186	236	335731	271188	1408564	499752	180382072	125605
江 苏	Jiangsu	38896	7506	3882950	95421	4505881	1779649	393585501	86428
浙 江	Zhejiang	4078	743	361441	90180	2856484	1129788	231318980	80509
安 徽	Anhui	140193	14319	14520007	102143	1255066	470312	86578969	69401
福 建	Fujian	8699	1319	573133	64217	1691342	783993	122027771	71506
江 西	Jiangxi	28412	6213	1891293	61207	1061594	478207	66979863	63984
山 东	Shandong	286102	61261	28266673	96917	2691587	955724	187731696	69465
河 南	Henan	292700	49716	21298051	71916	2186326	842906	122485077	56764
湖 北	Hubei	39164	10375	3448906	83815	1282579	468712	90799406	71312
湖 南	Hunan	45132	5625	2621845	58478	909991	333155	62078812	68975
广 东	Guangdong	16657	3082	2457098	147008	8293074	3440731	675564807	79239
广 西	Guangxi	13365	3844	963285	63972	485849	185723	31822375	66116
海 南	Hainan	4236	837	293542	67465	70708	25681	5156520	72826
重 庆	Chongqing	30336	3363	2288014	74618	639404	235075	48798688	76152
四 川	Sichuan	122427	21957	12340044	102524	1222679	442828	90109270	73336
贵 州	Guizhou	113182	11716	7877482	70656	290966	98995	22891137	80789
云 南	Yunnan	52393	8464	3664824	70189	397016	128684	29864883	75680
西 藏	Tibet	5585	1154	610331	105284	13267	4172	1202119	91695
陕 西	Shaanxi	308018	49978	31039000	101762	738367	228205	53521127	72641
甘 肃	Gansu	57247	10123	5049653	87173	269701	74323	19630913	72684
青 海	Qinghai	31343	8471	4174416	130239	88499	23686	6552739	72694
宁 夏	Ningxia	56039	8892	7214618	128906	88691	22742	6410983	72199
新 疆	Xinjiang	139530	31618	20076414	141983	319780	103755	24673661	77910

6-2 续表 8 continued

地 区	Region	电力、热力、燃气及水生产和供应业 Production and Supply of Electricity, Heat, Gas and Water				建筑业 Construction			
		年末人数(人) Year-end Figures (person)	#女 性 Female	工资总额(千元) Total Wages (1000 yuan)	平均工资(元) Average wage (yuan)	年末人数(人) Year-end Figures (person)	#女 性 Female	工资总额(千元) Total Wages (1000 yuan)	平均工资(元) Average wage (yuan)
全 国	**National**	**2560916**	**683188**	**281566142**	**110144**	**20954224**	**2582666**	**1354646616**	**66747**
北 京	Beijing	85428	25200	14494712	172355	441811	88030	56310219	128514
天 津	Tianjin	31528	8835	4170803	133210	243759	35248	21991063	90803
河 北	Hebei	110907	28957	12300994	111479	386666	57872	24282670	62464
山 西	Shanxi	106982	29013	8459392	80197	259581	45040	15975345	62688
内蒙古	Inner Mongolia	133066	34668	13720926	104193	123441	20570	7035219	54144
辽 宁	Liaoning	130864	32990	10866500	82816	274386	47128	17976434	62536
吉 林	Jilin	86381	17186	7863147	90900	140285	24139	8054354	53792
黑龙江	Heilongjiang	109727	26231	9582897	87178	155671	30905	9009276	52888
上 海	Shanghai	33778	8734	7026538	206937	314300	48156	35762459	116095
江 苏	Jiangsu	132387	32835	19564680	147512	2621622	145648	170155012	70240
浙 江	Zhejiang	98197	23197	12865286	130767	2071703	189292	124167753	61905
安 徽	Anhui	90538	20720	10508075	116048	1062819	133497	64662542	63603
福 建	Fujian	106257	27729	13045006	122587	1577553	240046	96680679	64544
江 西	Jiangxi	86410	25244	7502890	86485	723215	95975	42677299	61493
山 东	Shandong	149864	40450	13945738	94558	1366591	155469	91234526	67939
河 南	Henan	92433	30850	6597007	71285	1441496	187814	76753657	55367
湖 北	Hubei	52711	16869	5513956	103806	1121965	138579	73281880	67572
湖 南	Hunan	56529	17137	4824968	85128	927369	102212	50334719	57150
广 东	Guangdong	218319	48785	33284930	152087	1087057	151109	80648326	76522
广 西	Guangxi	86385	23094	9029788	103962	640385	53051	36591838	62418
海 南	Hainan	9912	2545	1072775	107590	51195	6619	2549263	52356
重 庆	Chongqing	58183	18902	5526428	94546	749890	108588	45696317	63296
四 川	Sichuan	106784	35404	10591438	99182	1341064	203307	78131900	60649
贵 州	Guizhou	39962	10528	4466840	111671	408239	63541	29411475	74277
云 南	Yunnan	114354	32829	12043350	104147	346842	60388	20030270	59995
西 藏	Tibet	9917	2857	1006869	104069	38757	6387	2509378	63363
陕 西	Shaanxi	88320	26671	8962552	101524	502821	68509	32660898	67380
甘 肃	Gansu	38136	10331	3133245	84390	265601	34516	14589219	55546
青 海	Qinghai	11475	3051	1318972	114943	37587	7524	2794670	74117
宁 夏	Ningxia	21388	5686	2347180	110170	30614	5387	1999115	57991
新 疆	Xinjiang	63794	15660	5928260	94322	199939	28120	20688841	67530

6-2 续表 9 continued

地 区	Region	批发和零售业 Wholesale and Retail Trades 年末人数(人) Year-end Figures (person)	#女 性 Female	工资总额(千元) Total Wages (1000 yuan)	平均工资(元) Average wage (yuan)	交通运输、仓储和邮政业 Transport, Storage and Post 年末人数(人) Year-end Figures (person)	#女 性 Female	工资总额(千元) Total Wages (1000 yuan)	平均工资(元) Average wage (yuan)
全 国	**National**	**7742759**	**4102115**	**686734836**	**88574**	**6752296**	**1612883**	**675985064**	**100067**
北 京	Beijing	575126	273539	89731231	151028	566571	140315	71754830	123972
天 津	Tianjin	193805	117584	17067932	86784	124276	29733	13369948	106549
河 北	Hebei	182049	103963	9711828	53376	182555	34605	17317731	95414
山 西	Shanxi	113131	51232	6849095	59983	167070	33497	17109082	102739
内蒙古	Inner Mongolia	74360	37201	4490320	60786	166113	34744	16018203	95622
辽 宁	Liaoning	168604	94744	9997190	58613	287989	60107	26005057	89177
吉 林	Jilin	96150	49357	5067348	52675	121411	20427	10085168	82403
黑龙江	Heilongjiang	98482	49453	5522544	56207	194904	31261	17667767	89233
上 海	Shanghai	981323	547742	155907339	157845	471862	136288	63660048	134977
江 苏	Jiangsu	571719	308336	50660574	88855	387603	92654	38181271	98572
浙 江	Zhejiang	381644	199037	35340377	92578	271921	68397	25600336	94286
安 徽	Anhui	250136	135628	14703550	60159	187529	43957	15264386	81647
福 建	Fujian	225924	121576	18290044	80613	197844	44792	17995691	91282
江 西	Jiangxi	141179	72248	8204047	58322	147924	33184	13370095	89338
山 东	Shandong	447029	242775	28983728	64436	363118	85589	33112968	91056
河 南	Henan	318033	167643	15982571	51752	302137	75681	24080888	80159
湖 北	Hubei	325433	177630	20561460	63078	228170	52891	20312935	90345
湖 南	Hunan	187534	106976	10232811	55166	198723	47890	17258431	87604
广 东	Guangdong	1119173	556969	96336807	85681	745667	190695	80657263	107956
广 西	Guangxi	112206	62224	6762248	60787	156906	36246	14141481	90666
海 南	Hainan	53862	27419	3650938	67542	61728	14699	6103300	100057
重 庆	Chongqing	213600	122463	15270715	71937	184336	44843	15634130	85452
四 川	Sichuan	258100	144491	17741354	68427	265278	72982	26141563	99352
贵 州	Guizhou	89162	45353	5900447	67488	110799	28897	10183367	93405
云 南	Yunnan	135401	68725	7974654	59340	137009	38171	14143851	103619
西 藏	Tibet	19318	7410	1485716	77656	12330	3848	1155572	96563
陕 西	Shaanxi	202019	109650	11437896	56799	191970	45793	18216843	95647
甘 肃	Gansu	71877	39793	3680922	52120	112563	24836	9814774	87644
青 海	Qinghai	21806	11376	1454257	65798	36829	8516	3768904	106307
宁 夏	Ningxia	21345	13279	1119414	53030	31408	8160	2725426	89124
新 疆	Xinjiang	93229	36299	6615479	74864	137753	29185	15133755	110295

6−2 续表 10 continued

地 区	Region	住宿和餐饮业 Hotels and Catering Services				信息传输、软件和信息技术服务业 Information Transmission, Software and Information Technology			
		年末人数(人) Year-end Figures (person)	#女性 Female	工资总额(千元) Total Wages (1000 yuan)	平均工资(元) Average wage (yuan)	年末人数(人) Year-end Figures (person)	#女性 Female	工资总额(千元) Total Wages (1000 yuan)	平均工资(元) Average wage (yuan)
全 国	**National**	**2412566**	**1382314**	**119811412**	**49899**	**4346456**	**1690075**	**706412616**	**164030**
北 京	Beijing	275505	148813	16449198	58910	844109	317789	197990329	234634
天 津	Tianjin	60242	33485	2219184	36821	64829	25494	9578934	144655
河 北	Hebei	32052	18543	1568332	48173	92834	39657	8395514	92954
山 西	Shanxi	24288	14683	827103	33563	43436	18508	3652670	84353
内蒙古	Inner Mongolia	24904	14262	1105888	44740	39092	18945	3607894	91965
辽 宁	Liaoning	45095	26386	1853057	40231	130052	63310	13858556	107891
吉 林	Jilin	16753	9269	687413	41076	49881	20499	4272982	85528
黑龙江	Heilongjiang	9157	5271	353324	38272	82546	33041	5855802	70915
上 海	Shanghai	289722	160224	17236581	59359	415160	148250	96471995	237908
江 苏	Jiangsu	178711	105710	9175102	51554	315996	119052	46746375	148541
浙 江	Zhejiang	136401	75865	7267565	53817	234186	89058	52203861	226817
安 徽	Anhui	54952	32871	2460449	45481	88468	35860	8107937	91827
福 建	Fujian	86273	49056	3961804	46017	102393	37825	12791223	125006
江 西	Jiangxi	29693	19186	1301859	44475	49770	19973	4384420	87557
山 东	Shandong	94219	53128	4392808	47119	161532	71833	16135855	100446
河 南	Henan	65414	39545	2777832	43229	152842	54602	11490703	80962
湖 北	Hubei	78641	49858	3719522	47809	168683	67454	17976389	107037
湖 南	Hunan	56512	35456	2219072	39459	74679	30237	7280828	98173
广 东	Guangdong	388841	212513	19377386	49763	646655	245419	113364399	176988
广 西	Guangxi	37155	23532	1480820	39771	42034	17659	4562766	109484
海 南	Hainan	53943	25595	3064725	55684	19851	5781	2318663	117956
重 庆	Chongqing	41981	26573	2033530	48616	38883	14519	4948215	127716
四 川	Sichuan	119104	73094	5023785	46926	194278	74950	24099570	126480
贵 州	Guizhou	25891	15875	1156486	44860	36170	14641	3792657	104868
云 南	Yunnan	47296	28117	2063011	43508	47423	19104	4288101	91194
西 藏	Tibet	4531	2522	316853	69440	3702	1545	419324	113607
陕 西	Shaanxi	86620	53342	3548542	41221	128564	49638	20119247	155047
甘 肃	Gansu	22636	14176	906946	39996	30641	14331	2624419	84760
青 海	Qinghai	4438	2756	207502	46081	8847	4235	969801	107007
宁 夏	Ningxia	3619	2112	161852	44246	7574	3325	786922	101017
新 疆	Xinjiang	17977	10496	893881	49586	31346	13541	3316265	105647

6-2 续表 11 continued

地区	Region	金融业 Financial Intermediation				房地产业 Real Estate			
		年末人数(人) Year-end Figures (person)	#女性 Female	工资总额(千元) Total Wages (1000 yuan)	平均工资(元) Average wage (yuan)	年末人数(人) Year-end Figures (person)	#女性 Female	工资总额(千元) Total Wages (1000 yuan)	平均工资(元) Average wage (yuan)
全国	**National**	**7272675**	**4127893**	**937406052**	**130804**	**4846542**	**1938175**	**388333191**	**80820**
北京	Beijing	633643	350940	156593829	256124	438063	172745	48134197	111624
天津	Tianjin	177198	102811	22544970	133960	100370	39863	8994922	90975
河北	Hebei	359692	195382	29391033	85232	97066	38266	6155183	63806
山西	Shanxi	259402	161071	19897515	76615	44119	18189	2523665	58432
内蒙古	Inner Mongolia	171396	107629	13798499	82796	54572	25521	2720543	50510
辽宁	Liaoning	286562	148946	24939830	87587	99743	39962	6441040	64862
吉林	Jilin	147002	88374	12372053	83143	57519	22957	2957109	52369
黑龙江	Heilongjiang	200835	102618	13432831	64656	54200	22358	2815031	51576
上海	Shanghai	364332	185293	90436840	250418	286276	114690	32007914	111226
江苏	Jiangsu	323094	180963	51990538	163245	278691	116714	23485584	83922
浙江	Zhejiang	445989	267271	64275228	148796	257183	105850	21479857	84599
安徽	Anhui	204652	114556	17367501	87309	171483	70389	11699859	68514
福建	Fujian	211433	124996	23072006	111309	163097	62554	13247323	82192
江西	Jiangxi	176259	101250	16152788	92027	90322	37086	5873933	65607
山东	Shandong	501544	290933	46871801	93313	245360	98499	16973720	70125
河南	Henan	247046	138109	31033892	128903	270545	104532	16197377	61010
湖北	Hubei	165043	81891	16869036	103986	166225	69160	11381326	69066
湖南	Hunan	324217	196563	27811876	87302	134001	52165	9170404	69111
广东	Guangdong	747059	413572	120827358	163105	820893	302405	75890342	93168
广西	Guangxi	123441	71792	12735649	104743	84450	37956	6703046	79850
海南	Hainan	45359	25374	5547106	127315	79282	32485	5907465	74422
重庆	Chongqing	189002	112462	23377358	124450	135921	57267	11074831	82178
四川	Sichuan	299874	183641	27626251	89794	245695	101081	17303396	72165
贵州	Guizhou	130545	67293	16297363	128934	103050	39871	6715739	64731
云南	Yunnan	85783	46868	11097575	129264	99722	41630	6404271	65412
西藏	Tibet	11362	5229	2446844	215050	3980	1557	386024	95291
陕西	Shaanxi	225506	134427	19226098	87474	128217	51784	8383708	65409
甘肃	Gansu	72516	40950	5441868	75544	52206	22867	2598051	49293
青海	Qinghai	21077	11554	2236648	109985	13045	5461	675879	52593
宁夏	Ningxia	34310	19464	3105094	90739	14087	6745	887600	63838
新疆	Xinjiang	87502	55671	8588774	100280	57159	25566	3143852	54999

6-2 续表 12 continued

地 区	Region	租赁和商务服务业 Leasing and Business Services 年末人数(人) Year-end Figures (person)	#女 性 Female	工资总额(千元) Total Wages (1000 yuan)	平均工资(元) Average wage (yuan)	科学研究和技术服务业 Scientific Research and Technical Services 年末人数(人) Year-end Figures (person)	#女 性 Female	工资总额(千元) Total Wages (1000 yuan)	平均工资(元) Average wage (yuan)
全 国	**National**	**5355927**	**1938716**	**492487446**	**93715**	**2797107**	**889692**	**379608486**	**137290**
北 京	Beijing	541403	237446	94071743	173843	483465	174741	89011016	184882
天 津	Tianjin	112773	38662	10051651	78983	82274	22414	14036446	171268
河 北	Hebei	123034	33199	6617519	54014	119604	30883	10896777	94266
山 西	Shanxi	87150	24106	4208666	48861	31806	9592	2603891	84309
内蒙古	Inner Mongolia	50407	16740	2932251	58306	30612	9183	2458563	80345
辽 宁	Liaoning	98794	30077	5091819	51447	57831	18412	5814355	100289
吉 林	Jilin	47421	15959	2606097	54379	31309	10418	2620065	84100
黑龙江	Heilongjiang	95721	32633	7198478	84450	50374	11612	5385650	104836
上 海	Shanghai	678895	296910	116796993	172642	301542	108015	56490237	189383
江 苏	Jiangsu	366263	144518	26157877	72620	199833	62249	24363037	120406
浙 江	Zhejiang	285508	83045	22173197	81457	122403	38570	18392788	151594
安 徽	Anhui	162575	53169	9931039	62227	66918	18892	6100777	92279
福 建	Fujian	160939	55163	10062605	64194	45650	12407	5179490	115061
江 西	Jiangxi	47481	16402	2888470	62147	26870	6985	2591587	97626
山 东	Shandong	187889	60554	13219058	72142	117831	35145	11516042	99438
河 南	Henan	207922	62926	9827835	49316	95549	28829	8177586	87070
湖 北	Hubei	140165	42465	8414538	61352	99932	27383	12887753	133105
湖 南	Hunan	112833	37698	6716229	60623	76889	22238	6648601	88024
广 东	Guangdong	960365	360094	82709086	89546	373645	132446	49929601	136390
广 西	Guangxi	86337	29323	5390883	63782	22645	7220	2439662	110692
海 南	Hainan	24916	10009	1655247	68484	11996	4172	992990	83200
重 庆	Chongqing	135222	45756	7820978	59236	45306	13066	5650461	127228
四 川	Sichuan	222113	71676	12072991	56263	96019	27952	13867956	147329
贵 州	Guizhou	66951	25012	4194154	64794	26870	7447	2554958	95331
云 南	Yunnan	107113	31701	5512222	53419	38808	10893	4135082	108288
西 藏	Tibet	12848	4930	1044622	67859	3663	918	344533	95096
陕 西	Shaanxi	84125	30216	4909098	58138	74605	20414	8277168	112457
甘 肃	Gansu	27110	8136	1331182	50650	24039	6192	2568086	108418
青 海	Qinghai	13507	3944	784156	59231	6911	2133	590551	86452
宁 夏	Ningxia	25438	8314	1352124	54835	6074	1426	586094	99642
新 疆	Xinjiang	82709	27933	4744638	57447	25834	7445	2496683	99434

6-2 续表 13 continued

地区 Region	水利、环境和公共设施管理业 Management of Water Conservancy, Environment and Public Facilities				居民服务、修理和其他服务业 Service to Households, Repair and Other Services			
	年末人数(人) Year-end Figures (person)	#女性 Female	工资总额(千元) Total Wages (1000 yuan)	平均工资(元) Average wage (yuan)	年末人数(人) Year-end Figures (person)	#女性 Female	工资总额(千元) Total Wages (1000 yuan)	平均工资(元) Average wage (yuan)
全国 National	**1095591**	**466174**	**62985742**	**57804**	**707780**	**354216**	**40880320**	**57702**
北京 Beijing	52654	17811	5296218	98216	52760	28429	4694434	84970
天津 Tianjin	11980	4169	1054408	83544	61030	28154	3913505	59547
河北 Hebei	34110	14806	1231463	35145	20922	8549	809911	39723
山西 Shanxi	14801	5831	522987	34546	5758	2922	258214	48273
内蒙古 Inner Mongolia	14742	5577	697735	45636	6052	2643	254847	42130
辽宁 Liaoning	33860	12717	1500844	44097	11178	4290	540531	46054
吉林 Jilin	9103	3500	357949	40278	13632	8370	445642	33664
黑龙江 Heilongjiang	7795	2876	313010	40099	23226	11628	1641894	68498
上海 Shanghai	89559	29609	8111162	90390	97737	43344	6935629	69769
江苏 Jiangsu	61113	28234	4161775	67791	38893	17852	2326382	59057
浙江 Zhejiang	62214	22010	4794860	79724	29812	15360	1799502	63812
安徽 Anhui	50300	20205	1728444	35122	17148	7468	736860	43306
福建 Fujian	43957	19936	2569529	60032	31888	21757	1985483	66143
江西 Jiangxi	33423	15567	1216176	38035	7538	4399	336762	48150
山东 Shandong	116707	49521	4380900	37835	27931	11622	1291260	44589
河南 Henan	66750	30444	2669615	40292	21588	11228	931751	44173
湖北 Hubei	27063	11634	1665979	65753	15085	8949	703660	50681
湖南 Hunan	21912	8312	1303987	60136	18690	7703	1187376	65918
广东 Guangdong	95634	43623	5936620	63441	112258	59598	5847923	53353
广西 Guangxi	11430	6094	582077	49725	5464	2741	233375	41764
海南 Hainan	24783	13805	1280173	50979	6446	4086	251328	38347
重庆 Chongqing	29073	13070	2116072	71528	8285	4289	405956	49859
四川 Sichuan	46208	21905	2628749	58148	23047	12050	1120695	49147
贵州 Guizhou	32070	17171	1520411	47738	14256	8363	620109	44004
云南 Yunnan	30417	14182	1638448	53644	13983	7245	558381	39976
西藏 Tibet	4407	2918	246561	58915	1922	616	137937	72675
陕西 Shaanxi	34232	14725	1714566	50226	12049	5613	487044	41115
甘肃 Gansu	12374	5609	580113	45862	4267	2386	171968	39506
青海 Qinghai	3395	1540	210925	62275	1170	545	49399	41864
宁夏 Ningxia	2325	1080	121730	52357	143	71	5971	43268
新疆 Xinjiang	17200	7693	832256	45426	3622	1946	196591	54217

6-2 续表 14 continued

地 区	Region	教育 Education 年末人数(人) Year-end Figures (person)	#女性 Female	工资总额(千元) Total Wages (1000 yuan)	平均工资(元) Average wage (yuan)	卫生和社会工作 Health and Social Service 年末人数(人) Year-end Figures (person)	#女性 Female	工资总额(千元) Total Wages (1000 yuan)	平均工资(元) Average wage (yuan)
全 国	**National**	**3316423**	**2320081**	**234862332**	**72214**	**1379220**	**951353**	**110375532**	**81282**
北 京	Beijing	191148	127825	20981434	114596	70463	48008	7667977	111153
天 津	Tianjin	23501	16212	2064440	86829	15133	10142	1380497	92950
河 北	Hebei	108496	80717	5438235	51808	54366	38709	3231774	61071
山 西	Shanxi	79697	59968	3343111	43226	15449	10884	671113	44164
内蒙古	Inner Mongolia	44384	32807	2562688	58576	14659	10183	870707	60053
辽 宁	Liaoning	71435	50260	4440633	62633	48061	34028	2953095	61957
吉 林	Jilin	40445	29829	2167972	53985	23932	16940	1199306	50612
黑龙江	Heilongjiang	32417	20481	2187742	67799	33028	22241	2203869	67251
上 海	Shanghai	122438	74924	11908708	97002	75131	53337	6139279	82004
江 苏	Jiangsu	203190	140753	17642411	87853	111596	74552	9102877	83098
浙 江	Zhejiang	162464	122995	12087556	75610	61999	41834	5575249	91801
安 徽	Anhui	130251	89684	7587686	59908	67221	45298	4606714	69860
福 建	Fujian	118157	84568	8040541	69441	30307	20701	2659401	89287
江 西	Jiangxi	76367	51175	4423439	59253	31944	21208	2064989	65306
山 东	Shandong	185331	129476	11967701	66092	90456	62576	6889072	77025
河 南	Henan	291957	194346	18067049	63506	139267	93473	11048666	81163
湖 北	Hubei	74604	49027	5041733	69028	40497	27838	3150796	78277
湖 南	Hunan	155957	110959	8532549	55462	47990	32447	3536260	74098
广 东	Guangdong	525303	383200	43445212	84094	143668	99185	15353688	108089
广 西	Guangxi	41701	30621	1981076	48632	12475	8978	996854	80489
海 南	Hainan	30568	21288	1886310	63897	11103	7878	873848	81394
重 庆	Chongqing	86680	61288	6033646	70647	27704	19837	2360366	84653
四 川	Sichuan	178684	121386	13749761	78347	73377	52404	6298622	86822
贵 州	Guizhou	49021	32112	2903448	60367	24184	16962	1870086	79548
云 南	Yunnan	94505	63482	5634898	60760	31142	22165	1990751	65004
西 藏	Tibet	2712	1393	305929	113686	2372	1568	208699	88808
陕 西	Shaanxi	122283	90546	6008648	50120	47078	33185	2874385	63804
甘 肃	Gansu	24323	14570	1833475	75592	10994	7704	776888	71359
青 海	Qinghai	11893	8850	637095	54323	6317	4476	428055	70070
宁 夏	Ningxia	3881	2492	261037	68676	2764	2044	164479	61834
新 疆	Xinjiang	32630	22847	1696169	52873	14543	10568	1227170	84434

6-2 续表 15 continued

地 区 Region		文化、体育和娱乐业 Culture, Sports and Entertainment				公共管理、社会保障和社会组织 Public Management, Social Security and Social Organization			
		年末人数(人) Year-end Figures (person)	#女 性 Female	工资总额(千元) Total Wages (1000 yuan)	平均工资(元) Average wage (yuan)	年末人数(人) Year-end Figures (person)	#女 性 Female	工资总额(千元) Total Wages (1000 yuan)	平均工资(元) Average wage (yuan)
全 国	**National**	**675006**	**331056**	**70764308**	**104755**	**290659**	**124686**	**22322347**	**77153**
北 京	Beijing	91635	48209	16452993	178175	47136	20751	3425935	71995
天 津	Tianjin	9849	4512	2283937	222368	2267	780	255672	114343
河 北	Hebei	13608	6369	1055077	76571	3756	1548	232976	62326
山 西	Shanxi	11653	5689	578907	51154	1984	781	123794	62396
内蒙古	Inner Mongolia	4796	2242	317591	62042	4393	1481	274283	64996
辽 宁	Liaoning	14102	7045	975486	66741	13678	8765	534319	39093
吉 林	Jilin	9515	4263	562859	61294	5740	2575	162902	28365
黑龙江	Heilongjiang	8857	3853	500057	57385	3950	1617	222753	56336
上 海	Shanghai	49951	26474	8222237	161375	57901	21946	4489861	77548
江 苏	Jiangsu	48403	23384	4627671	95028	9516	3643	1069586	112081
浙 江	Zhejiang	37995	19803	3282315	93641	16216	8534	1592533	98420
安 徽	Anhui	19049	9182	1197341	63509	3901	1327	355837	92545
福 建	Fujian	17608	8363	1278405	70157	9492	4359	803436	85363
江 西	Jiangxi	10638	5438	745484	71107	7545	2830	557285	73920
山 东	Shandong	29982	14463	2494935	83106	6896	2841	663272	97756
河 南	Henan	27155	13265	2185713	81654	26142	10219	1579671	61783
湖 北	Hubei	24192	12450	1837698	74449	291	157	23274	79979
湖 南	Hunan	30940	15618	2681686	86918	9633	3830	619381	64505
广 东	Guangdong	86208	38014	10817589	126167	25624	11042	2624772	102763
广 西	Guangxi	9896	4969	699375	71511	1333	483	98315	74481
海 南	Hainan	8203	3758	567860	70867	2012	892	131056	72167
重 庆	Chongqing	15617	7778	1100942	70370	4339	1883	381608	87908
四 川	Sichuan	22711	11202	1688959	74048	6073	3026	501848	83627
贵 州	Guizhou	9553	4497	666940	69756	3009	1458	244661	81799
云 南	Yunnan	15632	7142	1038027	65636	5948	2483	590289	100835
西 藏	Tibet	1724	772	112106	66257	406	209	47796	118896
陕 西	Shaanxi	27137	13734	1604426	58843	4599	1635	304964	67202
甘 肃	Gansu	8932	4236	545972	56707	2724	1367	179584	66562
青 海	Qinghai	3271	1439	156610	49063	30	18	1791	57774
宁 夏	Ningxia	3156	1457	212117	64532	1804	1251	79248	42930
新 疆	Xinjiang	3038	1436	272993	86118	2321	955	149645	69538

6-3 各地区分行业其他单位在岗职工人数和平均工资(2019年) ON-POST STAFF AND WORKERS AND AVERAGE WAGE IN OTHER OWNERSHIP UNITS BY SECTOR AND REGION (2019)

地 区	Region	总 计 Total		农、林、牧、渔业 Agriculture, Forestry, Animal Husbandry and Fishery		采矿业 Mining		制造业 Manufacturing	
		年末人数 (人) Year-end Figures (person)	平均工资 (元) Average Wage (yuan)	年末人数 (人) Year-end Figures (person)	平均工资 (元) Average Wage (yuan)	年末人数 (人) Year-end Figures (person)	平均工资 (元) Average Wage (yuan)	年末人数 (人) Year-end Figures (person)	平均工资 (元) Average Wage (yuan)
全 国	**National**	**105216054**	**89570**	**274897**	**51267**	**3419729**	**92510**	**36981800**	**78169**
北 京	Beijing	5510606	169239	3047	95974	31616	135122	616713	137798
天 津	Tianjin	1874723	102468	1533	52377	57528	141993	654218	92037
河 北	Hebei	2728701	75658	6392	48642	162049	82792	904613	69611
山 西	Shanxi	2388970	73939	2854	41781	778894	82059	516686	57938
内蒙古	Inner Mongolia	1303183	82558	25307	57144	122391	116140	300710	75956
辽 宁	Liaoning	2777320	76976	17412	30293	191832	80194	1008817	74179
吉 林	Jilin	1375278	75115	16423	50173	78466	73085	481190	82687
黑龙江	Heilongjiang	1512876	77568	31366	25564	218665	91152	278006	70830
上 海	Shanghai	5692296	149354	54849	66189	1183	272488	1372286	123881
江 苏	Jiangsu	9801736	89033	8523	53465	38671	95718	4407791	86029
浙 江	Zhejiang	7110404	88261	2510	59737	3981	91528	2819817	80442
安 徽	Anhui	3553873	72626	4706	46277	136423	104041	1225220	69692
福 建	Fujian	4354051	76019	2270	48183	8375	63983	1664137	71136
江 西	Jiangxi	2473277	68231	1451	46571	27675	62299	1047595	64251
山 东	Shandong	6519788	76115	8473	63282	276501	98696	2660562	69454
河 南	Henan	5919626	63439	5253	44278	289260	72446	2159733	56907
湖 北	Hubei	3705433	76111	1788	41656	34357	91211	1254822	71819
湖 南	Hunan	3003798	70981	4043	51142	43030	59441	886424	69560
广 东	Guangdong	15650857	93065	9393	60181	16274	149552	8218712	79130
广 西	Guangxi	1843603	73965	8075	58626	13256	64196	468722	66857
海 南	Hainan	556214	77465	22029	50252	4201	67726	69750	72994
重 庆	Chongqing	2366436	79583	4127	45798	29685	75009	623877	76379
四 川	Sichuan	4375844	78791	1933	59979	119378	103652	1206565	73554
贵 州	Guizhou	1451524	82619	4179	46389	108793	71797	286088	81609
云 南	Yunnan	1635449	77804	11045	41477	50729	70963	373003	77933
西 藏	Tibet	141119	92857	569	61500	5205	107961	13012	92563
陕 西	Shaanxi	2694584	82407	3087	44815	297178	104225	717687	73263
甘 肃	Gansu	981774	71255	4360	45757	54197	90705	255187	74183
青 海	Qinghai	308239	86092	954	42746	27389	142861	87619	73070
宁 夏	Ningxia	335147	86207	1810	43344	56011	128972	87954	72579
新 疆	Xinjiang	1269325	86146	5136	56537	136536	143555	314284	78536

6-3 续表 1 continued

地 区	Region	电力、热力、燃气及水生产和供应业 Production and Supply of Electricity, Heat, Gas and Water		建筑业 Construction		批发和零售业 Wholesale and Retail Trades		交通运输、仓储和邮政业 Transport, Storage and Post	
		年末人数（人） Year-end Figures (person)	平均工资（元） Average Wage (yuan)	年末人数（人） Year-end Figures (person)	平均工资（元） Average Wage (yuan)	年末人数（人） Year-end Figures (person)	平均工资（元） Average Wage (yuan)	年末人数（人） Year-end Figures (person)	平均工资（元） Average Wage (yuan)
全 国	**National**	**2493616**	**111754**	**18049310**	**67948**	**7411678**	**89026**	**6566486**	**101079**
北 京	Beijing	83932	174204	423169	130587	540776	153181	554206	124157
天 津	Tianjin	31223	133585	212130	94700	189075	86435	121466	107082
河 北	Hebei	109206	112491	332673	64495	178691	53665	180664	96058
山 西	Shanxi	104080	81877	239820	64019	109440	60719	164448	103811
内蒙古	Inner Mongolia	131657	104927	115312	54641	72444	61414	162205	96965
辽 宁	Liaoning	128981	83486	229093	64667	161381	59676	285113	89742
吉 林	Jilin	85536	91473	125526	55297	92500	53327	118439	83362
黑龙江	Heilongjiang	105599	89048	138701	54867	94795	57222	192887	89984
上 海	Shanghai	33679	207293	284337	119996	904451	157918	453147	135570
江 苏	Jiangsu	130990	148464	2384476	71432	555385	89279	374660	100055
浙 江	Zhejiang	95324	132596	1953316	62440	366120	94329	263428	95811
安 徽	Anhui	89961	116521	763359	63997	245338	60660	181063	83245
福 建	Fujian	97461	128890	1290872	64512	211252	81280	193670	92045
江 西	Jiangxi	72549	91080	551535	58652	135546	59327	143962	90921
山 东	Shandong	147029	95494	1196623	68234	436273	64698	351692	92604
河 南	Henan	90603	71709	1271001	55747	312329	51966	293332	80879
湖 北	Hubei	51779	105037	953033	68496	310578	64590	217492	91172
湖 南	Hunan	55362	86017	759169	57958	182548	55765	194561	88683
广 东	Guangdong	217450	152360	970436	77868	1069269	88297	723077	108985
广 西	Guangxi	83673	106342	589084	63854	107335	62170	148677	92301
海 南	Hainan	9620	109410	41774	52421	53284	67908	57619	103361
重 庆	Chongqing	56347	95536	594736	63132	206083	73228	177202	86723
四 川	Sichuan	104301	100335	1107253	62360	250118	69504	260031	100489
贵 州	Guizhou	38856	113524	354010	76031	87058	68426	108012	94583
云 南	Yunnan	112738	105229	264489	63241	126424	61061	133951	104608
西 藏	Tibet	9799	104735	30938	65155	18782	78136	11081	99757
陕 西	Shaanxi	85590	103348	415222	69581	193787	57103	186329	97133
甘 肃	Gansu	35862	85903	199454	57356	68717	52881	110744	88537
青 海	Qinghai	11233	116643	35949	75738	21298	66407	36537	106989
宁 夏	Ningxia	21016	111510	26588	61987	20785	53609	30995	90059
新 疆	Xinjiang	62180	95532	195232	67703	89816	75417	135796	111297

6-3 续表 2 continued

地 区	Region	住宿和餐饮业 Hotels and Catering Services		信息传输、软件和信息技术服务业 Information Transmission, Software and Information Technology		金融业 Financial Intermediation		房地产业 Real Estate	
		年末人数（人） Year-end Figures (person)	平均工资（元） Average Wage (yuan)	年末人数（人） Year-end Figures (person)	平均工资（元） Average Wage (yuan)	年末人数（人） Year-end Figures (person)	平均工资（元） Average Wage (yuan)	年末人数（人） Year-end Figures (person)	平均工资（元） Average Wage (yuan)
全 国	**National**	**2050239**	**54560**	**4170383**	**167356**	**4488964**	**182102**	**4621090**	**82321**
北 京	Beijing	189731	73110	825870	236644	398864	349147	410167	114545
天 津	Tianjin	35326	56244	63849	146155	113252	164541	93764	94753
河 北	Hebei	30979	48535	91953	93405	192267	126978	92044	65738
山 西	Shanxi	19945	37834	42007	85721	129644	122157	42362	59737
内蒙古	Inner Mongolia	23704	45479	38517	92670	95407	119867	53062	50790
辽 宁	Liaoning	39463	43896	124348	109759	166453	118791	95466	66052
吉 林	Jilin	16148	41306	49011	86256	89160	110726	53546	54097
黑龙江	Heilongjiang	8463	38765	77033	71621	78022	110214	45967	55605
上 海	Shanghai	196444	74211	408890	237233	358627	249068	250742	116965
江 苏	Jiangsu	151493	56470	304382	150695	228569	206655	264759	86130
浙 江	Zhejiang	117366	57321	231090	228952	283235	196324	242577	86848
安 徽	Anhui	53124	46062	80578	94854	119472	128039	163029	69941
福 建	Fujian	83791	46290	100644	125462	106735	174890	156814	83550
江 西	Jiangxi	29148	44505	45575	89783	104819	129944	87213	66312
山 东	Shandong	88242	48546	159471	101098	262052	145592	237397	71443
河 南	Henan	63959	43334	120662	90427	214152	139859	261771	61577
湖 北	Hubei	70323	51755	129857	114854	127742	119800	159567	70173
湖 南	Hunan	55538	39585	72010	99696	168889	135836	127768	70129
广 东	Guangdong	336479	55572	627093	180393	451833	231579	805212	93897
广 西	Guangxi	35950	40078	40414	111955	85981	134020	82641	80764
海 南	Hainan	52356	56451	19657	118361	32367	159257	77587	75123
重 庆	Chongqing	37366	50125	37943	129317	135309	158610	129940	83756
四 川	Sichuan	114215	47633	191842	127167	144657	147308	237644	73077
贵 州	Guizhou	24867	44962	35510	105466	88306	170663	99508	65394
云 南	Yunnan	45204	43939	45530	92748	67490	157828	92559	67201
西 藏	Tibet	4430	69716	3662	114151	11323	214882	3840	97063
陕 西	Shaanxi	80826	42588	126816	155955	91159	159135	123729	66335
甘 肃	Gansu	20630	41514	29050	86928	48764	89269	48979	49792
青 海	Qinghai	4380	46005	8776	107247	16544	130292	12422	53554
宁 夏	Ningxia	3597	44399	7440	101516	23333	120571	13760	64518
新 疆	Xinjiang	16752	51582	30903	106417	54537	130554	55254	55712

6-3 续表 3 continued

地 区	Region	租赁和商务服务业 Leasing and Business Services		科学研究和技术服务业 Scientific Research and Technical Services		水利、环境和公共设施管理业 Management of Water Conservancy,Environment and Public Facilities		居民服务、修理和其他服务业 Service to Households, Repair and Other Services	
		年末人数（人） Year-end Figures (person)	平均工资（元） Average Wage (yuan)	年末人数（人） Year-end Figures (person)	平均工资（元） Average Wage (yuan)	年末人数（人） Year-end Figures (person)	平均工资（元） Average Wage (yuan)	年末人数（人） Year-end Figures (person)	平均工资（元） Average Wage (yuan)
全 国	**National**	**5019939**	**93958**	**2658192**	**139016**	**973527**	**61744**	**667612**	**58675**
北 京	Beijing	520904	169884	456253	187788	50422	100319	49455	86290
天 津	Tianjin	106674	78449	77233	176287	10661	88619	60565	59546
河 北	Hebei	119137	54619	102030	98050	29523	36479	20879	39740
山 西	Shanxi	84802	49386	30285	85677	14414	35344	5535	49083
内蒙古	Inner Mongolia	47973	58964	29411	81531	14276	46064	4836	47406
辽 宁	Liaoning	95298	52409	55031	100137	26683	50099	10319	47334
吉 林	Jilin	46447	54481	30074	85438	8701	40697	11449	36114
黑龙江	Heilongjiang	89495	89905	49854	105619	6156	43068	23203	68556
上 海	Shanghai	642939	166286	286432	187747	82611	92296	86460	73825
江 苏	Jiangsu	308893	77149	193456	121852	56544	70214	36512	60109
浙 江	Zhejiang	267230	83183	117718	154498	57333	83479	28809	64001
安 徽	Anhui	156996	62791	62806	94607	41219	38949	16765	43650
福 建	Fujian	154951	64050	44077	116593	41735	61121	30724	65939
江 西	Jiangxi	44298	63199	25129	99727	27859	40685	7313	48663
山 东	Shandong	177295	73427	113190	100531	76482	51456	26789	45181
河 南	Henan	200155	49036	92100	87653	59076	41629	20599	43842
湖 北	Hubei	127492	61937	93464	136453	25327	68654	13911	52570
湖 南	Hunan	109122	61411	71451	90965	20207	61515	18456	66245
广 东	Guangdong	888818	92193	365936	137044	92958	63928	106291	53841
广 西	Guangxi	79705	65699	21411	113545	10973	50364	4794	43231
海 南	Hainan	24631	68640	11517	84975	24039	50985	6416	38370
重 庆	Chongqing	126898	60511	43117	130254	28260	72473	7504	51034
四 川	Sichuan	214421	56593	91464	149490	44734	58693	20150	51123
贵 州	Guizhou	64817	65693	25125	98336	30870	48643	13981	44189
云 南	Yunnan	100939	53598	34979	113717	26277	57915	13595	40155
西 藏	Tibet	12189	68342	3535	95247	4275	59071	1910	72693
陕 西	Shaanxi	67727	63390	71268	115219	32302	51171	11393	41906
甘 肃	Gansu	24895	52226	22775	111531	9134	49265	4214	39574
青 海	Qinghai	13141	59842	6542	87890	3212	64270	1134	42884
宁 夏	Ningxia	22794	58626	5648	104092	2066	54860	102	38320
新 疆	Xinjiang	78863	57867	24881	100391	15198	48576	3549	54654

6-3 续表 4 continued

地 区	Region	教育 Education 年末人数(人) Year-end Figures (person)	教育 Education 平均工资(元) Average Wage (yuan)	卫生和社会工作 Health and Social Service 年末人数(人) Year-end Figures (person)	卫生和社会工作 Health and Social Service 平均工资(元) Average Wage (yuan)	文化、体育和娱乐业 Culture, Sports and Entertainment 年末人数(人) Year-end Figures (person)	文化、体育和娱乐业 Culture, Sports and Entertainment 平均工资(元) Average Wage (yuan)	公共管理、社会保障和社会组织 Public Management, Social Security and Social Organization 年末人数(人) Year-end Figures (person)	公共管理、社会保障和社会组织 Public Management, Social Security and Social Organization 平均工资(元) Average Wage (yuan)
全 国	**National**	**3157214**	**72650**	**1316226**	**82110**	**628297**	**102499**	**266855**	**80805**
北 京	Beijing	167104	112639	60709	112700	86213	176445	41455	74345
天 津	Tianjin	20968	89539	13735	95661	9306	183350	2217	115690
河 北	Hebei	106380	52259	52313	61581	13221	78089	3687	62919
山 西	Shanxi	75951	43667	14802	44529	11159	52664	1842	65781
内蒙古	Inner Mongolia	42780	59349	14291	60360	4619	64581	4281	65575
辽 宁	Liaoning	68423	63284	46597	62452	13491	68278	13119	39978
吉 林	Jilin	38270	54422	23065	50940	8802	63770	2525	53387
黑龙江	Heilongjiang	31275	68929	31558	68535	8096	59123	3735	57885
上 海	Shanghai	107302	97085	67564	82321	44995	167269	55358	79717
江 苏	Jiangsu	194142	89316	107236	83900	46032	97614	9222	114123
浙 江	Zhejiang	154795	76238	58216	93361	33015	94452	14524	106484
安 徽	Anhui	126420	60630	65541	70657	18148	65009	3705	95426
福 建	Fujian	112203	71121	29018	89870	16583	72581	8739	90369
江 西	Jiangxi	74113	59980	31127	65831	9605	75208	6765	78332
山 东	Shandong	179037	66761	87732	77643	28439	85598	6509	99829
河 南	Henan	280847	64514	134740	82262	26138	83006	23916	64596
湖 北	Hubei	71357	70433	39057	79186	23227	75880	260	84731
湖 南	Hunan	150907	56277	46608	74865	28558	90838	9147	66254
广 东	Guangdong	509864	84617	140126	109077	77651	103309	23985	106395
广 西	Guangxi	40123	49480	12298	80754	9193	74098	1298	75617
海 南	Hainan	29543	64274	10661	81519	7856	72363	1307	80105
重 庆	Chongqing	82125	72143	26914	85713	14716	72764	4287	88373
四 川	Sichuan	169777	80090	70122	88611	21623	76336	5616	86861
贵 州	Guizhou	46782	61450	23167	81114	8863	72878	2732	87673
云 南	Yunnan	88202	62805	28292	67457	14458	68707	5545	106275
西 藏	Tibet	2626	116157	2360	89182	1203	77096	380	124274
陕 西	Shaanxi	115720	50126	44975	64744	25551	59497	4238	70492
甘 肃	Gansu	23373	77328	10564	72954	8308	58934	2567	69115
青 海	Qinghai	11581	55095	6264	70333	3238	49195	26	59630
宁 夏	Ningxia	3746	69746	2659	61787	3055	65534	1788	42923
新 疆	Xinjiang	31478	53390	13915	85919	2935	66380	2080	75981

6-4 各地区分行业其他单位其他就业人员和平均工资(2019) OTHER EMPLOYMENT AND AVERAGE WAGE IN OTHER OWNERSHIP UNITS BY SECTOR AND REGION (2019)

地区	Region	总计 Total		农、林、牧、渔业 Agriculture, Forestry, Animal Husbandry and Fishery		采矿业 Mining		制造业 Manufacturing	
		年末人数(人) Year-end Figures (person)	平均工资(元) Average Wage (yuan)	年末人数(人) Year-end Figures (person)	平均工资(元) Average Wage (yuan)	年末人数(人) Year-end Figures (person)	平均工资(元) Average Wage (yuan)	年末人数(人) Year-end Figures (person)	平均工资(元) Average Wage (yuan)
全 国	**National**	**8718848**	**58007**	**35265**	**31398**	**78989**	**41977**	**638075**	**82162**
北 京	Beijing	544729	95050	165	67959	148	106150	12726	176450
天 津	Tianjin	166752	69911	279	33875	912	32360	12191	162314
河 北	Hebei	284014	39713	621	19771	1387	74236	15936	49768
山 西	Shanxi	194017	33685	204	20364	11418	41977	6624	39500
内蒙古	Inner Mongolia	107490	37728	176	20180	1473	47611	3627	51710
辽 宁	Liaoning	233996	45913	1723	40932	1403	26028	17895	69431
吉 林	Jilin	120078	45160	2432	23681	5418	22853	14948	91066
黑龙江	Heilongjiang	184619	36443	810	18673	198	39212	7560	41715
上 海	Shanghai	417062	120867	14852	33684	3	42571	36278	188738
江 苏	Jiangsu	601743	63591	1549	45689	225	47498	98090	103789
浙 江	Zhejiang	428863	58612	360	33499	97	32804	36667	85581
安 徽	Anhui	474779	53114	747	22534	3770	32128	29846	56289
福 建	Fujian	477209	61068	177	34982	324	70172	27205	94320
江 西	Jiangxi	304833	57499	75	32697	737	27009	13999	45136
山 东	Shandong	558714	47147	60	27526	9601	51120	31025	70390
河 南	Henan	331213	49353	284	39629	3440	28469	26593	44964
湖 北	Hubei	347029	57647	231	24774	4807	32710	27757	48153
湖 南	Hunan	389914	44229	138	35801	2102	39726	23567	47115
广 东	Guangdong	765004	61688	368	41129	383	40531	74362	90671
广 西	Guangxi	140340	42662	2411	35573	109	40757	17127	43420
海 南	Hainan	36248	44706	330	18916	35	32344	958	64218
重 庆	Chongqing	272256	55760	803	26967	651	56769	15527	66203
四 川	Sichuan	470120	47552	516	11321	3049	52992	16114	57905
贵 州	Guizhou	127159	49160	624	26482	4389	43740	4878	38323
云 南	Yunnan	179693	42753	3310	18412	1664	46139	24013	38306
西 藏	Tibet	12583	58022	330	39028	380	70661	255	47219
陕 西	Shaanxi	315328	44760	295	18972	10840	39980	20680	51048
甘 肃	Gansu	131158	46925	685	29046	3050	24975	14514	47581
青 海	Qinghai	14234	37576	79	39190	3954	43920	880	35460
宁 夏	Ningxia	21646	30658	323	39664	28	41738	737	38344
新 疆	Xinjiang	66025	50000	308	52370	2994	71356	5496	40852

6-4 续表 1 continued

地区	Region	电力、热力、燃气及水生产和供应业 Production and Supply of Electricity, Heat, Gas and Water		建筑业 Construction		批发和零售业 Wholesale and Retail Trades		交通运输、仓储和邮政业 Transport, Storage and Post	
		年末人数（人）Year-end Figures (person)	平均工资（元）Average Wage (yuan)	年末人数（人）Year-end Figures (person)	平均工资（元）Average Wage (yuan)	年末人数（人）Year-end Figures (person)	平均工资（元）Average Wage (yuan)	年末人数（人）Year-end Figures (person)	平均工资（元）Average Wage (yuan)
全　国	**National**	**67300**	**50151**	**2904914**	**59165**	**331081**	**78872**	**185810**	**62751**
北　京	Beijing	1496	62068	18642	83017	34350	117883	12365	115241
天　津	Tianjin	305	88205	31629	65299	4730	100476	2810	90796
河　北	Hebei	1701	36260	53993	51070	3358	37546	1891	48260
山　西	Shanxi	2902	27751	19761	45701	3691	38081	2622	35418
内蒙古	Inner Mongolia	1409	37914	8129	47962	1916	36904	3908	41583
辽　宁	Liaoning	1883	34139	45293	49755	7223	37272	2876	37145
吉　林	Jilin	845	33507	14759	40982	3650	37355	2972	46017
黑龙江	Heilongjiang	4128	39487	16970	37769	3687	31665	2017	31786
上　海	Shanghai	99	101149	29963	80616	76872	157047	18715	119867
江　苏	Jiangsu	1397	57038	237146	56796	16334	74493	12943	54952
浙　江	Zhejiang	2873	71995	118387	53085	15524	50379	8493	46729
安　徽	Anhui	577	43466	299460	62552	4798	34991	6466	39299
福　建	Fujian	8796	51722	286681	64692	14672	70922	4174	57668
江　西	Jiangxi	13861	62740	171680	71340	5633	33990	3962	43282
山　东	Shandong	2835	44296	169968	65966	10756	53716	11426	46348
河　南	Henan	1830	50721	170495	52470	5704	40004	8805	54441
湖　北	Hubei	932	37497	168932	62326	14855	33374	10678	34126
湖　南	Hunan	1167	38902	168200	53653	4986	36187	4162	41426
广　东	Guangdong	869	83642	116621	65233	49904	34268	22590	73642
广　西	Guangxi	2712	31036	51301	46733	4871	32073	8229	59906
海　南	Hainan	292	46800	9421	52052	578	32597	4109	48125
重　庆	Chongqing	1836	66354	155154	63904	7517	36632	7134	54752
四　川	Sichuan	2483	52131	233811	52351	7982	33109	5247	45350
贵　州	Guizhou	1106	46814	54229	63494	2104	32420	2787	53413
云　南	Yunnan	1616	28758	82353	49462	8977	35787	3058	61758
西　藏	Tibet	118	51042	7819	56628	536	62455	1249	68633
陕　西	Shaanxi	2730	44052	87599	57088	8232	50025	5641	45039
甘　肃	Gansu	2274	51999	66147	50500	3160	35647	1819	44987
青　海	Qinghai	242	32910	1638	48683	508	45856	292	29035
宁　夏	Ningxia	372	35598	4026	34965	560	30879	413	30770
新　疆	Xinjiang	1614	45402	4707	60211	3413	57658	1957	42534

6–4 续表 2 continued

地 区	Region	住宿和餐饮业 Hotels and Catering Services		信息传输、软件和信息技术服务业 Information Transmission, Software and Information Technology		金融业 Financial Intermediation		房地产业 Real Estate	
		年末人数（人）Year-end Figures (person)	平均工资（元）Average Wage (yuan)	年末人数（人）Year-end Figures (person)	平均工资（元）Average Wage (yuan)	年末人数（人）Year-end Figures (person)	平均工资（元）Average Wage (yuan)	年末人数（人）Year-end Figures (person)	平均工资（元）Average Wage (yuan)
全 国	**National**	**362327**	**23397**	**176073**	**83409**	**2783711**	**46549**	**225452**	**50890**
北 京	Beijing	85774	26237	18239	144184	234779	84569	27896	70307
天 津	Tianjin	24916	9740	980	55494	63946	69039	6606	37492
河 北	Hebei	1073	36508	881	47828	167425	33446	5022	29488
山 西	Shanxi	4343	13889	1429	47940	129758	31433	1757	28319
内蒙古	Inner Mongolia	1200	28860	575	46686	75989	35022	1510	41200
辽 宁	Liaoning	5632	14804	5704	67297	120109	43673	4277	40581
吉 林	Jilin	605	35065	870	45601	57842	42126	3973	28951
黑龙江	Heilongjiang	694	31867	5513	58597	122813	37060	8233	28380
上 海	Shanghai	93278	27983	6270	279031	5705	336341	35534	71120
江 苏	Jiangsu	27218	23606	11614	92135	94525	55395	13932	42624
浙 江	Zhejiang	19035	26954	3096	78198	162754	60808	14606	48174
安 徽	Anhui	1828	28908	7890	60288	85180	30373	8454	40336
福 建	Fujian	2482	37345	1749	98586	104698	44192	6283	49628
江 西	Jiangxi	545	42956	4195	67882	71440	35608	3109	46174
山 东	Shandong	5977	26814	2061	53148	239492	36125	7963	35311
河 南	Henan	1455	38585	32180	38821	32894	55595	8774	44923
湖 北	Hubei	8318	14304	38826	80809	37301	52555	6658	43852
湖 南	Hunan	974	32607	2669	57502	155328	34216	6233	48200
广 东	Guangdong	52362	14403	19562	72492	295226	57186	15681	56967
广 西	Guangxi	1205	29744	1620	50899	37460	37889	1809	41280
海 南	Hainan	1587	30302	194	66320	12992	35976	1695	42430
重 庆	Chongqing	4615	34774	940	65742	53693	38537	5981	48925
四 川	Sichuan	4889	26209	2436	73045	155217	39777	8051	44864
贵 州	Guizhou	1024	42515	660	69719	42239	34443	3542	47018
云 南	Yunnan	2092	34142	1893	54166	18293	28224	7163	42895
西 藏	Tibet	101	57695	40	62667	39	258432	140	44664
陕 西	Shaanxi	5794	24616	1748	74470	134347	37208	4488	41475
甘 肃	Gansu	2006	25307	1591	46455	23752	47125	3227	41952
青 海	Qinghai	58	49688	71	74182	4533	23553	623	31744
宁 夏	Ningxia	22	18955	134	69672	10977	28303	327	35784
新 疆	Xinjiang	1225	21614	443	53558	32965	49113	1905	34102

6-4 续表 3 continued

地 区	Region	租赁和商务服务业 Leasing and Business Services		科学研究和技术服务业 Scientific Research and Technical Services		水利、环境和公共设施管理业 Management of Water Conservancy,Environment and Public Facilities		居民服务、修理和其他服务业 Service to Households, Repair and Other Services	
		年末人数（人） Year-end Figures (person)	平均工资（元） Average Wage (yuan)	年末人数（人） Year-end Figures (person)	平均工资（元） Average Wage (yuan)	年末人数（人） Year-end Figures (person)	平均工资（元） Average Wage (yuan)	年末人数（人） Year-end Figures (person)	平均工资（元） Average Wage (yuan)
全 国	**National**	**335988**	**90058**	**138915**	**103854**	**122064**	**26877**	**40168**	**42937**
北 京	Beijing	20499	267335	27212	137615	2232	45517	3305	67868
天 津	Tianjin	6099	91194	5041	90810	1319	40858	465	59692
河 北	Hebei	3897	34358	17574	58999	4587	26479	43	29833
山 西	Shanxi	2348	30971	1521	57899	387	15461	223	27744
内蒙古	Inner Mongolia	2434	45061	1201	52976	466	32628	1216	21977
辽 宁	Liaoning	3496	26152	2800	102661	7177	23266	859	36808
吉 林	Jilin	974	49723	1235	52907	402	31146	2183	20997
黑龙江	Heilongjiang	6226	15369	520	32335	1639	28779	23	23548
上 海	Shanghai	35956	285454	15110	219600	6948	67924	11277	41974
江 苏	Jiangsu	57370	48495	6377	79835	4569	38428	2381	42708
浙 江	Zhejiang	18278	55797	4685	81539	4881	40932	1003	58613
安 徽	Anhui	5579	45259	4112	60763	9081	17930	383	28407
福 建	Fujian	5988	68055	1573	74940	2222	38781	1164	69677
江 西	Jiangxi	3183	48255	1741	69282	5564	22151	225	33074
山 东	Shandong	10594	50930	4641	72199	40225	13151	1142	33402
河 南	Henan	7767	56117	3449	72531	7674	29722	989	50604
湖 北	Hubei	12673	55071	6468	88336	1736	26701	1174	30576
湖 南	Hunan	3711	38409	5438	48375	1705	43718	234	36315
广 东	Guangdong	71547	55982	7709	106738	2676	46951	5967	44736
广 西	Guangxi	6632	36210	1234	50289	457	34504	670	32031
海 南	Hainan	285	56080	479	41907	744	50738	30	33750
重 庆	Chongqing	8324	39941	2189	70158	813	40664	781	38927
四 川	Sichuan	7692	45218	4555	107968	1474	39743	2897	36905
贵 州	Guizhou	2134	39607	1745	52597	1200	28309	275	34089
云 南	Yunnan	6174	50363	3829	59290	4140	27533	388	34078
西 藏	Tibet	659	56940	128	90984	132	54838	12	69833
陕 西	Shaanxi	16398	37773	3337	54630	1930	34602	656	27390
甘 肃	Gansu	2215	33157	1264	55313	3240	36341	53	31568
青 海	Qinghai	366	36803	369	60589	183	35013	36	11184
宁 夏	Ningxia	2644	21866	426	34841	259	29557	41	54976
新 疆	Xinjiang	3846	48489	953	74694	2002	20111	73	32945

6-4 续表 4 continued

地 区	Region	教 育 Education 年末人数(人) Year-end Figures (person)	教 育 Education 平均工资(元) Average Wage (yuan)	卫生和社会工作 Health and Social Service 年末人数(人) Year-end Figures (person)	卫生和社会工作 Health and Social Service 平均工资(元) Average Wage (yuan)	文化、体育和娱乐业 Culture, Sports and Entertainment 年末人数(人) Year-end Figures (person)	文化、体育和娱乐业 Culture, Sports and Entertainment 平均工资(元) Average Wage (yuan)	公共管理、社会保障和社会组织 Public Management, Social Security and Social Organization 年末人数(人) Year-end Figures (person)	公共管理、社会保障和社会组织 Public Management, Social Security and Social Organization 平均工资(元) Average Wage (yuan)
全 国	**National**	**159209**	**63574**	**62994**	**64070**	**46709**	**134270**	**23804**	**34453**
北 京	Beijing	24044	128162	9754	101598	5422	204979	5681	53772
天 津	Tianjin	2533	67350	1398	67551	543	799888	50	55460
河 北	Hebei	2116	28567	2053	47791	387	32720	69	30841
山 西	Shanxi	3746	34072	647	35938	494	26174	142	18156
内蒙古	Inner Mongolia	1604	36488	368	49425	177	27963	112	43174
辽 宁	Liaoning	3012	47515	1464	46062	611	36902	559	17867
吉 林	Jilin	2175	46663	867	41692	713	32494	3215	8551
黑龙江	Heilongjiang	1142	36473	1470	38985	761	35277	215	29395
上 海	Shanghai	15136	96417	7567	79105	4956	113037	2543	12327
江 苏	Jiangsu	9048	55928	4360	63715	2371	54215	294	48287
浙 江	Zhejiang	7669	62973	3783	68779	4980	85115	1692	28857
安 徽	Anhui	3831	36372	1680	39498	901	37369	196	35871
福 建	Fujian	5954	36943	1289	75264	1025	39253	753	27628
江 西	Jiangxi	2254	35884	817	44961	1033	33009	780	35964
山 东	Shandong	6294	47076	2724	56809	1543	42387	387	63383
河 南	Henan	11110	38418	4527	49104	1017	47525	2226	32116
湖 北	Hubei	3247	39406	1440	53032	965	40847	31	40129
湖 南	Hunan	5050	31420	1382	49234	2382	40761	486	31351
广 东	Guangdong	15439	67519	3542	68490	8557	329912	1639	50038
广 西	Guangxi	1578	26834	177	60391	703	38512	35	30182
海 南	Hainan	1025	53105	442	78576	347	26089	705	59454
重 庆	Chongqing	4555	43683	790	50224	901	33794	52	49558
四 川	Sichuan	8907	44713	3255	48209	1088	30355	457	44398
贵 州	Guizhou	2239	36030	1017	43771	690	31137	277	25590
云 南	Yunnan	6303	31570	2850	41445	1174	28531	403	23769
西 藏	Tibet	86	38849	12	21615	521	40414	26	41115
陕 西	Shaanxi	6563	50007	2103	44381	1586	49696	361	28195
甘 肃	Gansu	950	33401	430	34466	624	36267	157	25248
青 海	Qinghai	312	26226	53	39981	33	39190	4	45250
宁 夏	Ningxia	135	39158	105	62928	101	30500	16	43688
新 疆	Xinjiang	1152	37994	628	52362	103	630063	241	16974

七、职业培训与技能鉴定

VOCATIONAL TRAINING AND SKILL APPRAISAL

7–1 技工院校综合情况
GENERAL CONDITION OF VOCATIONAL SCHOOLS

单位：亿元，万人 (100 million yuan, 10000 persons)

年 份 Year	技工院校个数(个) Number of Vocational Schools (unit)	招生人数 Students Newly Enrolled	在校学生人数 Number of Students in School	毕业生人数 Number of Graduates	在职教职工人数 Total Teachers and Staff	文化技术理论课教师 Teachers of Cultural and Technical Theory	生产实习指导教师 Production Guide Teachers
绝对数 Absolute figure							
1990	4184	50.6	133.2	41.3	30.8	10.4	3.2
1995	4521	74.6	189.0	68.5	33.7	11.5	3.9
2000	3792	50.4	140.1	64.6	24.0	10.5	3.5
2001	3470	55.1	134.7	47.7	22.0	10.0	3.4
2002	3075	73.3	153.0	45.4	20.3	9.5	3.2
2003	2970	91.6	193.1	45.3	20.2	9.6	3.4
2004	2884	109.7	234.4	53.5	20.4	9.6	3.8
2005	2855	118.4	275.3	69.0	20.4	9.7	3.8
2006	2880	134.8	320.8	86.4	21.5	10.4	4.2
2007	2995	158.5	367.1	99.7	24.0	11.2	5.0
2008	3075	161.4	397.5	109	24.7	12.2	5.4
2009	3064	156.4	414.3	115.2	25.8	12.5	6.0
2010	2998	158.6	421.0	121.3	26.5	12.7	6.3
2011	2914	163.5	429.4	118.9	26.5	12.9	6.3
2012	2892	156.8	422.8	120.2	26.7	13.0	6.6
2013	2882	133.5	386.6	116.9	26.9	13.4	6.5
2014	2818	124.4	339.0	106.8	26.5	13.2	6.2
2015	2545	121.4	321.5	94.6	26.0	13.2	6.0
2016	2526	127.2	323.2	93.1	26.5	13.7	6.0
2017	2490	130.9	338.2	90.5	26.9	14.0	5.9
2018	2379	128.5	341.6	90.3	26.7	14.2	5.6
2019	2392	143.0	360.3	98.4	27.2	14.4	5.7
比上年增长(%) Increase over Preceding year(%)							
1995	2.1	4.5	1.0	23.0	-1.0	0.9	1.6
2000	-7.5	-2.3	-10.2	-2.5	-11.0	-6.9	-6.7
2001	-8.5	9.4	-3.8	-26.1	-8.3	-4.9	-3.7
2002	-11.4	33.0	13.6	-4.9	-7.4	-5.0	-6.8
2003	-3.4	24.9	26.2	-0.2	-0.7	1.5	7.3
2004	-2.9	19.8	21.4	18.1	1.0		11.8
2005	-1.0	7.9	17.4	29.0		1.0	
2006	0.9	13.9	16.5	25.2	5.4	7.2	10.5
2007	4.0	17.6	14.4	15.4	11.6	7.7	19.0
2008	2.7	1.8	8.3	9.3	2.9	8.9	8.0
2009	-0.4	-3.1	4.2	5.7	4.6	2.8	11.6
2010	-2.2	1.4	1.6	5.4	2.6	1.2	4.3
2011	-2.8	3.1	2.0	-2.0	0.0	1.8	-0.4
2012	-0.8	-4.1	-1.5	1.1	0.8	0.3	6.1
2013	-0.3	-14.8	-8.6	-2.8	0.9	3.4	-2.1
2014	-2.2	-6.8	-12.3	-8.6	-1.6	-1.3	-4.3
2015	-9.7	-2.4	-5.2	-11.4	-1.8	-0.3	-4.2
2016	-0.7	4.7	0.5	-1.6	1.8	3.5	0.3
2017	-1.4	2.9	4.7	-2.8	1.3	2.6	-1.9
2018	-4.5	-1.8	1.0	-0.2	-0.7	1.2	-4.1
2019	0.5	11.2	5.5	9.0	1.9	1.3	1.5

7-1 续表 continued

单位：亿元，万人

年 份 Year	兼职教师人数 Part-time Teachers	经费来源合计 Resourses of Funds	#事业经费 Operating Funds	#公司经费 Company Funds	经费支出合计 Expenditure	培训社会人员人次 Person-time of Trainees from the Society	培训社会人员结业人数 Graduates of Trainees Recruited from the Society
绝对数 Absolute figure							
1990	1.7	15.6	6.1	2.3	17.5		
1995	1.9	53.7	13.2	4.4	43.3	89.9	71.3
2000	2.7	56.9	21.9	3.2	59.4	158.5	156.7
2001	2.6	68.1	23.6	3.2	64.6	151.7	163.9
2002	2.6	67.4	28.2	2.8	67.1	208.6	196.9
2003	3.0	81.4	30.5	2.8	80.5	226.9	223.7
2004	2.9	112.5	37.4	5.2	102.8	265.6	257.5
2005	3.2	123.4	37.8	3.8	124.0	273.3	270.1
2006	3.6	143.1	43.9	3.0	148.7	337.7	330.2
2007	3.8	198.2				380.7	369.8
2008	4.1	204.4				400.0	389.8
2009	4.3	237.3				484.1	382.9
2010	4.4	260.4				468.4	371.3
2011	4.3	271.5				527.5	416.1
2012	4.3	306.1				551.3	441.6
2013	4.1	289.7				525.3	397.1
2014	4.2	303.5				508.5	372.3
2015	4.1	332.4				476.6	378.9
2016	4.3	425.0				451.6	349.9
2017	4.4	423.5				456.4	326.1
2018	4.4	511.4				420.6	301.6
2019	4.4	526.3				432.3	308.8
比上年增长(%) Increase over Preceding year(%)							
1995	8.2	18.6	11.1	14.3	18.0	6.8	3.9
2000	-6.3	-4.6	0.8	-30.1	-0.9	6.3	8.4
2001	-4.1	19.7	7.7	0.6	8.7	-4.3	4.6
2002	-2.4	-1.1	19.4	-13.6	3.8	37.6	20.2
2003	17.4	20.8	8.2	0.1	20.0	37.6	20.2
2004	-3.3	38.2	22.6	85.7	27.7	17.1	15.1
2005	10.3	9.7	1.0	-26.9	20.6	2.9	4.9
2006	12.5	16.0	16.1	-21.1	19.9	23.6	22.3
2007	5.6	38.5				12.7	12.0
2008	7.9	3.1				5.1	5.4
2009	5.2	16.1				21.0	-1.8
2010	1.0	9.7				-3.2	-3.0
2011	-1.7	4.3				12.6	12.1
2012	0.6	12.7				4.5	6.1
2013	-5.7	-5.3				-4.7	-10.1
2014	2.8	4.8				-3.2	-6.2
2015	-2.5	9.5				-6.3	1.8
2016	5.7	27.9				-5.2	-7.6
2017	2.6	-0.4				1.1	-6.8
2018	-0.6	20.7				-7.9	-7.5
2019	-0.02	2.9				2.8	2.4

7-2 各地区技工院校综合情况(2019年)
GENERAL CONDITION OF VOCATIONAL SCHOOLS BY REGION (2019)

地　区	Region	技工院校个数(个) Number of Vocational Schools (unit)	#职业培训定点培训机构数 Number of Labor Pre-partory System Training Agency	在职教职工人数(人) Total Teachers and Staff (person)	#女性 Female	文化技术理论课教师 Teachers of Cultural and Technical Theory	#高级讲师 Senior Lecturers	#讲师 Lecturers	#助理讲师 Assistant Lecturers
全　国	**National**	**2392**	**1213**	**271810**	**127644**	**143675**	**38452**	**50880**	**35424**
北　京	Beijing	27	11	3200	1534	1406	358	436	255
天　津	Tianjin	22	8	2449	1178	1124	342	411	322
河　北	Hebei	187	64	14313	7577	7985	2685	2914	1671
山　西	Shanxi	86	30	8888	4636	4314	1154	1584	1146
内蒙古	Inner Mongolia	60	33	7197	3852	3933	1166	1576	741
辽　宁	Liaoning	102	57	7249	3384	3779	1162	1334	489
吉　林	Jilin	63	20	3862	2032	2033	702	709	461
黑龙江	Heilongjiang	131	65	10166	4856	5133	1845	1726	1165
上　海	Shanghai								
江　苏	Jiangsu	119	68	19494	9630	10989	3296	4184	2385
浙　江	Zhejiang	78	51	11859	5619	6916	2029	2364	1510
安　徽	Anhui	77	44	9066	4069	5622	1735	1852	1280
福　建	Fujian	62	27	4954	2438	2535	741	625	501
江　西	Jiangxi	88	35	10919	5041	5974	1553	1919	1380
山　东	Shandong	181	101	29438	13309	17100	4591	6834	4373
河　南	Henan	95	60	12526	5640	6297	1477	2206	2179
湖　北	Hubei	102	51	8517	3752	4713	1354	1781	1106
湖　南	Hunan	139	61	10803	3922	5471	1663	2028	1484
广　东	Guangdong	163	49	30910	14373	15267	2703	5588	4199
广　西	Guangxi	43	34	6427	3057	3195	689	1143	1086
海　南	Hainan	11	7	1675	654	943	290	356	203
重　庆	Chongqing	51	40	4557	2026	1937	449	714	518
四　川	Sichuan	90	52	11713	5483	5872	1447	1975	1366
贵　州	Guizhou	55	46	6397	3041	3194	726	1261	832
云　南	Yunnan	35	25	4886	2175	2965	1067	1008	804
陕　西	Shaanxi	145	47	11545	5154	4474	1038	1407	1265
甘　肃	Gansu	36	16	3478	1629	2102	550	693	467
青　海	Qinghai	14	14	941	443	502	120	167	117
宁　夏	Ningxia	22	8	1858	976	1009	301	283	224
新　疆	Xinjiang	108	89	12523	6164	6891	1219	1802	1895

7-2 续表 1 continued

地　区	Region	生产实习指导教师 Production Guide Teachers	高级实习指导教师 Senior	一级实习指导教师 Class One	二级实习指导教师 Class Two	三级实习指导教师 Class Three	技师和高级技师 Technician and Senior Technician	一体化教师 Allround Teachers	兼职教师人数 Part-time Teachers
全　国	**National**	**57062**	**7657**	**11152**	**8907**	**4845**	**17896**	**79374**	**43865**
北　京	Beijing	482	92	77	55	14	113	865	1207
天　津	Tianjin	460	112	161	124	28	18	608	319
河　北	Hebei	2646	430	578	437	171	840	3397	2170
山　西	Shanxi	1635	209	307	254	218	597	1923	2295
内蒙古	Inner Mongolia	1110	160	232	117	98	346	1889	1035
辽　宁	Liaoning	987	166	226	126	26	289	1302	1129
吉　林	Jilin	757	125	110	95	71	276	1001	784
黑龙江	Heilongjiang	1766	311	286	177	136	577	2551	1128
上　海	Shanghai								
江　苏	Jiangsu	4394	579	762	640	357	1661	6860	3383
浙　江	Zhejiang	2717	332	509	475	131	947	4526	1507
安　徽	Anhui	1524	201	198	183	155	579	2581	1500
福　建	Fujian	1104	169	257	187	96	162	1518	835
江　西	Jiangxi	2387	245	383	347	270	780	2818	1759
山　东	Shandong	5194	983	1098	759	273	1712	9527	3700
河　南	Henan	3174	434	647	546	243	1169	4175	2150
湖　北	Hubei	2040	407	387	267	148	496	1566	1340
湖　南	Hunan	3591	494	1086	781	370	846	4103	2384
广　东	Guangdong	7844	562	1560	1125	544	2751	11062	2652
广　西	Guangxi	1576	167	310	247	93	410	2153	670
海　南	Hainan	255	44	50	58	20	32	785	214
重　庆	Chongqing	830	135	144	107	80	279	1240	1102
四　川	Sichuan	2500	265	348	391	300	849	2806	1791
贵　州	Guizhou	1733	167	184	262	260	480	1830	1416
云　南	Yunnan	984	201	202	207	58	214	1765	1586
陕　西	Shaanxi	2411	308	436	454	381	683	1673	1950
甘　肃	Gansu	743	80	87	109	119	162	829	782
青　海	Qinghai	252	58	63	48	8	60	240	155
宁　夏	Ningxia	293	81	46	39	26	80	479	497
新　疆	Xinjiang	1673	140	418	290	151	488	3302	2425

7-2 续表 2 continued

地 区	Region	经费来源（亿元）Resouses of Funds (100 million yuan)	招生学校数（个）Number of School (unit)	招生人数（人）Students Newly Enrolled (person)	#高级班学生 Senior Class	#农业户口学生 New Students from Rural	在校学生人数（人）Number of Students in School (person)	#女生 Female	#高级班学生 Senior Class
全 国	**National**	**526.3**	**1831**	**1429536**	**451960**	**1142370**	**3603050**	**1104971**	**1221329**
北 京	Beijing	17.0	19	9828	2169	3644	27866	8079	6067
天 津	Tianjin	5.5	17	7214	1616	5721	21268	5275	3406
河 北	Hebei	16.5	106	56334	6594	48844	132087	34566	14208
山 西	Shanxi	9.9	58	29819	4845	20484	87471	26780	23648
内蒙古	Inner Mongolia	6.2	36	7539	1090	4234	17173	4416	1959
辽 宁	Liaoning	6.9	52	24751	3577	18745	62516	18202	9249
吉 林	Jilin	3.3	53	23450	9410	14983	43500	12162	13482
黑龙江	Heilongjiang	11.5	90	44418	8492	30759	76424	26070	18645
上 海	Shanghai								
江 苏	Jiangsu	42.3	105	102076	36817	60651	258102	87005	86095
浙 江	Zhejiang	40.6	73	53695	22537	42026	162770	48066	76022
安 徽	Anhui	21.2	70	58904	23346	50648	136183	49399	40510
福 建	Fujian	11.4	40	40591	6692	31517	88270	31661	13745
江 西	Jiangxi	14.0	76	62343	10013	51828	154222	56534	20428
山 东	Shandong	45.6	158	151122	48499	132287	355409	114625	122503
河 南	Henan	26.2	81	115958	43545	94798	287694	82689	106394
湖 北	Hubei	15.5	71	34316	4988	27629	83311	27099	17380
湖 南	Hunan	20.8	68	45870	12409	42846	139060	29562	50979
广 东	Guangdong	96.5	151	212843	96830	169518	577688	177390	289264
广 西	Guangxi	16.1	37	57113	16660	53457	120944	37955	25851
海 南	Hainan	4.8	11	9189	2150	6709	25112	5668	8232
重 庆	Chongqing	10.8	39	31863	8940	20776	78699	26681	27484
四 川	Sichuan	15.4	70	53160	11895	43011	130413	45054	33737
贵 州	Guizhou	7.1	48	33370	1291	29203	72974	22019	4647
云 南	Yunnan	14.1	33	52236	33031	44607	151681	41648	98092
陕 西	Shaanxi	19.6	120	63597	28585	52243	185876	51357	84860
甘 肃	Gansu	2.3	36	14033	1033	10964	34545	10847	4222
青 海	Qinghai	0.3	14	466	122	401	1761	277	815
宁 夏	Ningxia	1.3	9	2795	304	2049	8224	3011	2342
新 疆	Xinjiang	23.4	90	30643	4480	27788	81807	20874	17063

7-2 续表 3 continued

地　区	Region	#农业户口学生 New Students from Rural	毕业生人数（人）Number of Graduates (person)	#获得中级职业资格 Won Medium Certificates	#获得高级职业资格 Won Senior Certificates	就业人数 Employment	#高级班学生 Students in Senior Class	培训社会人员（人次）Person-time of Trainees from the Society (person-time)	培训社会人员结业人数 Graduates of Trainees Recruited from the Society
全　国	**National**	**2883121**	**984247**	**436126**	**192163**	**959163**	**289192**	**4322647**	**3087700**
北　京	Beijing	16832	10524	4364	3247	10484	3175	109813	82521
天　津	Tianjin	16542	6936	5406	1519	6784	1499	17216	15816
河　北	Hebei	119047	37847	23001	7257	37218	7763	155353	138306
山　西	Shanxi	70298	29254	18361	4170	28017	5760	197680	175815
内蒙古	Inner Mongolia	11466	5639	2441	1331	5462	1546	60443	25658
辽　宁	Liaoning	42782	19521	7466	1875	18788	2695	76458	18372
吉　林	Jilin	32446	9571	3852	1468	9415	2214	43928	31466
黑龙江	Heilongjiang	53317	18790	6220	3399	18519	5270	128447	98488
上　海	Shanghai								
江　苏	Jiangsu	169803	78195	44457	22705	76295	22436	385662	305733
浙　江	Zhejiang	124497	35166	22307	9217	34508	9538	367649	245304
安　徽	Anhui	114882	23081	7102	2256	21441	3690	199156	122557
福　建	Fujian	64006	22406	17069	2964	22171	3924	126672	86620
江　西	Jiangxi	125591	39195	24123	2741	38321	4737	81183	54296
山　东	Shandong	304696	91679	26243	19390	89714	36105	381755	218010
河　南	Henan	236232	84359	29748	12636	81976	22936	303968	236360
湖　北	Hubei	62192	22878	13283	1073	22424	5293	113241	85372
湖　南	Hunan	128550	34656	16883	3281	33957	9846	132776	122777
广　东	Guangdong	457732	184825	62281	32980	179896	69456	264110	213306
广　西	Guangxi	111730	34251	19669	5539	33516	6474	86739	71651
海　南	Hainan	17239	6067	2481	782	5723	1673	25439	24243
重　庆	Chongqing	55140	19690	11696	5905	19309	5987	155706	152586
四　川	Sichuan	103742	37221	15674	7969	36406	12305	105419	99273
贵　州	Guizhou	64060	20811	7301	3103	19918	2813	76181	55839
云　南	Yunnan	136112	35169	8271	12465	34736	16978	275757	68658
陕　西	Shaanxi	137218	45952	24248	20445	45791	20410	115148	99550
甘　肃	Gansu	27852	9818	4205	1001	8129	1302	78287	31072
青　海	Qinghai	1180	1023	121		1021	590	20854	11684
宁　夏	Ningxia	4871	1355	830	281	1345	515	11145	10083
新　疆	Xinjiang	73066	18368	7023	1164	17879	2262	226462	186284

7-2 续表 4 continued

地 区	Region	按培训对象分组 Grouped by Trainee				按获取证书分组 Grouped by Certification Level			
		失 业 人 员 Unemployment Workers	劳动预备制人员 Pupils of Labour Preparatory System	在职职工 Workers	农 村 劳动者 Rural Workers	初级职业资格 Primary Certificates	中级职业资格 Medium Certificates	高级职业资格 Senior Certificates	技师和高级技师资格 Technicians and Senior Technicians Certificates
全 国	**National**	**225817**	**217289**	**2299708**	**774779**	**664220**	**473447**	**199785**	**75703**
北 京	Beijing	2347	950	89401	9327	17206	7927	4988	3145
天 津	Tianjin	47	4601	11144	1137	4368	8886	1864	
河 北	Hebei	19346	5672	82024	23999	18144	9732	3568	1814
山 西	Shanxi	4132	14668	149055	16471	9169	2875	2878	3345
内蒙古	Inner Mongolia	2175	2512	37695	8140	5127	4212	1117	490
辽 宁	Liaoning	2370	1217	68037	3327	3519	2081	779	1063
吉 林	Jilin	2919	976	26359	3803	3991	10234	5225	256
黑龙江	Heilongjiang	18062	5132	59523	32313	20592	8762	875	416
上 海	Shanghai								
江 苏	Jiangsu	19928	23366	246220	29703	68013	67101	24833	6760
浙 江	Zhejiang	12725	23280	191576	38633	45443	23660	21449	6390
安 徽	Anhui	8784	3262	121919	26990	28170	20283	4182	811
福 建	Fujian	8213	4105	59574	38015	14461	14505	5191	562
江 西	Jiangxi	2105	2517	57577	8358	12253	18468	4788	10274
山 东	Shandong	20705	22413	218100	52139	67331	27733	11532	7827
河 南	Henan	7812	4707	186363	53249	31251	31570	12183	5089
湖 北	Hubei	9632	6180	44021	29377	14008	15032	6888	485
湖 南	Hunan	5138	5455	43267	36261	77928	28393	5842	855
广 东	Guangdong	9821	15523	159444	24221	22487	36879	20046	1926
广 西	Guangxi	3680	14296	23566	24734	30583	5201	2492	659
海 南	Hainan	883	812	11638	4616	1101	1442	122	3
重 庆	Chongqing	26915	8199	54249	42907	45311	75305	25323	6617
四 川	Sichuan	8693	6870	43244	25329	11573	18352	9917	3489
贵 州	Guizhou	1139	1799	19182	44178	17794	4887	2291	4879
云 南	Yunnan	16044	29312	46229	78200	13566	4625	6829	2704
陕 西	Shaanxi	2423	2013	74126	23545	12977	3505	4741	2082
甘 肃	Gansu	2495	896	58762	7263	6608	5586	1306	214
青 海	Qinghai	235	1366	9514	7068	3922	253	603	94
宁 夏	Ningxia	771	273	4672	4417	5330	1943	1276	929
新 疆	Xinjiang	6278	4917	103227	77059	51994	14015	6657	2525

7-3 各地区就业训练中心综合情况(2019年)
EMPLOYMENT TRAINNING CENTERS BY REGION (2019)

地区	Region	机构个数(个) Number of Employment Trainning Centers (unit)	在职教职工总人数(人) Total Teachers and Staff (person)	#教师 Teachers	兼职教师人数(人) Part-time Teachers (person)	经费来源总计(亿元) Resouses of Funds (100 million yuan)	财政补助费 Financial Allowance	职业培训补贴 Occupational Training Allowance	培训人数(人) Trainees (person)
全国	**National**	**2456**	**29640**	**16768**	**15999**	**23.1**	**4.4**	**17.7**	**2592307**
北京	Beijing	5	227	135	124	0.5	0.4	0.03	5717
天津	Tianjin	16	98	24	46	0.16	0.13	0.03	10858
河北	Hebei	590	7589	4275	2092	0.6	0.01	0.6	275413
山西	Shanxi	60	598	144	441	0.5	0.05	0.4	44274
内蒙古	Inner Mongolia	66	304	150	187	0.1	0.027	0.1	17622
辽宁	Liaoning	15	290	228	213	0.1	0.00	0.1	13875
吉林	Jilin	29	280	120	139	0.08	0.06	0.02	27242
黑龙江	Heilongjiang	51	638	386	289	0.2	0.1	0.1	45530
上海	Shanghai								
江苏	Jiangsu	83	1226	633	1154	1.0	0.3	0.7	237440
浙江	Zhejiang	22	516	316	480	0.2	0.1	0.1	47055
安徽	Anhui	36	358	216	189	0.2	0.1	0.1	23171
福建	Fujian	6	25	6	53	0.1	0.06	0.01	70479
江西	Jiangxi	116	935	483	722	0.7	0.06	0.7	174173
山东	Shandong	476	5591	3528	3077	2.1	0.6	1.4	287915
河南	Henan	148	2506	1408	1203	2.7	0.7	2.0	354690
湖北	Hubei	98	1224	588	1123	5.5	0.1	5.3	381447
湖南	Hunan	103	919	315	472	0.9	0.1	0.8	104832
广东	Guangdong	84	1734	798	1281	2.0	1.0	0.4	208086
广西	Guangxi	5	132	70	87	0.2	0.002	0.2	1706
海南	Hainan	3	917	742	93				6954
重庆	Chongqing	10	35	23	41	0.06	0.04	0.02	3810
四川	Sichuan	99	508	290	376	0.3	0.1	0.3	31505
贵州	Guizhou	15	19	7	48	0.07	0.00	0.07	4088
云南	Yunnan								
陕西	Shaanxi	237	2135	1318	1377	1.3	0.20	1.1	118276
甘肃	Gansu	44	385	219	113	3.2	0.1	3.1	69223
青海	Qinghai	7			16				330
宁夏	Ningxia	4	23	23	71	0.03	0.03	0.001	892
新疆	Xinjiang	28	428	323	492	0.1	0.004	0.1	25704

7-3 续表 1 continued

单位：人 (person)

地 区	Region	#女 性 Female	结业人数 Number of Graduates	按培训对象分组 Grouped by Personnel 劳动预备制学员 Pupils of Labour Preparatory System	失业人员 Unemployment Workers	农村劳动者 Rural Workers	在职职工 Workers	其他人员 Others
全 国	**National**	**1366373**	**2315296**	**22809**	**477714**	**1168790**	**338440**	**476207**
北 京	Beijing	2363	5442		1047	4459	159	52
天 津	Tianjin	5122	10800		1660	4006	4144	1048
河 北	Hebei	143635	246803	24	64022	177011	126	31364
山 西	Shanxi	32480	41821	104	9011	33382	388	1361
内蒙古	Inner Mongolia	9745	16956		9187	5764	97	1442
辽 宁	Liaoning	2827	13601	45	570	2806	10447	7
吉 林	Jilin	11011	25583		6700	17222	1825	1495
黑龙江	Heilongjiang	25020	39768		16846	16223	1136	11325
上 海	Shanghai							
江 苏	Jiangsu	126769	230374	4803	89018	85438	25555	28758
浙 江	Zhejiang	17884	44500	53	7446	7336	14721	13531
安 徽	Anhui	12458	22590	1605	6370	4514	8009	2673
福 建	Fujian	32097	69661		1	1805	1841	66832
江 西	Jiangxi	86428	150545		22166	78616	17959	49694
山 东	Shandong	168072	244568	1498	57363	111921	45201	56698
河 南	Henan	188567	316530	168	54495	175518	29368	78633
湖 北	Hubei	215708	365787	2432	59113	238811	17075	52898
湖 南	Hunan	52162	97523	1403	21272	45209	19465	10509
广 东	Guangdong	99049	125531	3492	8440	22869	110157	31702
广 西	Guangxi	1503	1668		113	1593		
海 南	Hainan	197	3684	569	179	120	2993	
重 庆	Chongqing	2284	3810		1643	1750		417
四 川	Sichuan	13715	30023	410	2475	20257	203	8160
贵 州	Guizhou	2563	4088		212	2823		1053
云 南	Yunnan							
陕 西	Shaanxi	62450	111046	4082	14279	72643	5943	14941
甘 肃	Gansu	38880	67186	1591	19593	32256	8524	7259
青 海	Qinghai	158	330		29	201		100
宁 夏	Ningxia	266	892	400	57	169	260	
新 疆	Xinjiang	12960	24186	130	4407	4068	12844	4255

7-3 续表 2 continued

单位：人 (person)

地区	Region	按培训期限分组 Grouped by Duration			按获取证书分组 Grouped by Certification Level				就业人数
		六个月以下 Less than Half a Year	六个月至一年 Half to One Year	一年以上 More than One Year	初级职业资格 Primary Certificates	中级职业资格 Medium Certificates	高级职业资格 Senior Certificates	技师和高级技师资格 Technicians and Senior Technicians Certificates	Employment
全国	**National**	**2477196**	**33330**	**12156**	**623367**	**113142**	**22099**	**4959**	**1213244**
北京	Beijing	5717			199	200			3060
天津	Tianjin	10858			5146				219
河北	Hebei	264837	10576		104824	12273	335		107785
山西	Shanxi	40810	180		11361	198	1	695	12982
内蒙古	Inner Mongolia	16290	105		3469	129	75		10981
辽宁	Liaoning	12904	971		1309				11917
吉林	Jilin	26948			682	946			5396
黑龙江	Heilongjiang	45530			7417	73	241	424	17242
上海	Shanghai								
江苏	Jiangsu	234984	2136	320	89896	37077	7571	602	146379
浙江	Zhejiang	45088	100	1867	8310	3582	2766	337	15212
安徽	Anhui	22921	150	100	11285	4483	767	63	20354
福建	Fujian	70479			460	422	85	2	2252
江西	Jiangxi	163781	210		38440	130	1		96262
山东	Shandong	283912	3097	444	99113	23345	3791	155	134497
河南	Henan	310106	6240	785	60838	8372	781	20	137183
湖北	Hubei	375686			55558	9930	197		210350
湖南	Hunan	104154	620	50	62553	525	45		66197
广东	Guangdong	198664	1610	7706	21951	4750	2748	576	90123
广西	Guangxi	1706			1457				469
海南	Hainan	3407		454	178	373	97		
重庆	Chongqing	2995	815		1241	102			1457
四川	Sichuan	30386	1119		3902	2506	43		13692
贵州	Guizhou	4088			366				2068
云南	Yunnan								
陕西	Shaanxi	110637			17202	912	1493	1685	59875
甘肃	Gansu	63392	5401	430	8646	947			37788
青海	Qinghai	330							202
宁夏	Ningxia	892							717
新疆	Xinjiang	25694			7564	1867	1062	400	8585

7-4 各地区民办职业培训机构综合情况(2019年)
VOCATIONAL TRAINING AGENCIES BY REGION (2019)

地区	Region	机构个数(个) Number of Employment Trainning Centers (unit)	在职教职工总人数(人) Total Teachers and Staff (person)	#教师 Teachers	兼职教师人数(人) Part-time Teachers (person)	经费来源(亿元) Resouses of Funds (100 million yuan)	财政补助费 Financial Allowance	职业培训补贴 Occupational Training Allowance	培训人数(人) Trainees (person)
全国	**National**	**22496**	**357485**	**215282**	**149290**	**138.5**	**18.8**	**64.7**	**13332264**
北京	Beijing	340	5161	3152	4285	3.3	0.3	0.8	376676
天津	Tianjin	524	4257	2732	2677	1.6		0.6	128632
河北	Hebei	1024	12768	8845	5348	5.7	0.11	2.3	446149
山西	Shanxi	627	9038	5389	4112	3.1	0.1	2.7	369883
内蒙古	Inner Mongolia	484	5364	3400	3065	1.6	0.17	0.6	173052
辽宁	Liaoning	737	7503	4405	3431	5.3	0.03	2.2	150296
吉林	Jilin	547	4475	2851	2111	0.8	0.03	0.5	164377
黑龙江	Heilongjiang	535	3404	2325	1452	0.2	0.001	0.13	99293
上海	Shanghai	467	47361	19299	2946	9.0	0.4	8.4	1066364
江苏	Jiangsu	1404	17209	10862	8637	5.8	0.3	1.7	817299
浙江	Zhejiang	995	10305	5918	7376	11.8	3.7	2.1	669483
安徽	Anhui	979	12110	7305	6651	2.8	0.3	2.1	358819
福建	Fujian	480	5918	3418	3115	2.3	0.2	0.4	226759
江西	Jiangxi	788	10297	6235	4053	2.2	0.9	0.9	386309
山东	Shandong	1666	17942	11378	6798	5.0	0.2	2.4	656494
河南	Henan	1301	18948	12044	6148	7.1	0.4	3.1	1074525
湖北	Hubei	788	12359	7778	4810	5.5	0.2	0.9	468632
湖南	Hunan	754	9265	5907	4537	3.8	0.2	1.3	389579
广东	Guangdong	1394	14072	8112	6430	6.9	0.6	3.5	707822
广西	Guangxi	429	11015	6790	5018	3.4	0.0	3.1	493178
海南	Hainan	143	1649	1189	362	1.1	0.1	1.1	106296
重庆	Chongqing	578	8258	4302	2854	1.1	0.1	0.2	268420
四川	Sichuan	1393	21229	13016	9594	9.0	0.5	4.4	814657
贵州	Guizhou	458	10530	7473	6311	5.3	0.1	4.7	441318
云南	Yunnan	730	31516	22188	15224	11.7	4.4	3.8	1064507
西藏	Tibet	124	1943	1275	668	3.8	3.0	0.9	83230
陕西	Shaanxi	923	15704	10083	4588	8.1	1.3	2.0	339494
甘肃	Gansu	685	10689	6471	5441	7.0	0.52	5.1	392422
青海	Qinghai	230	2989	1862	1778	0.7	0.011	0.7	85214
宁夏	Ningxia	334	6286	4084	3579	2.0	0.2	1.0	212041
新疆	Xinjiang	635	7921	5194	5891	1.5	0.3	1.2	301044

7-4 续表 1 continued

单位：人 (person)

地 区 Region		#女 性 Female	结业人数 Number of Graduates	按培训对象分组 Grouped by trainee 劳动预备制学员 Pupils of Labour Preparatory System	失业人员 Unemployment Workers	农村劳动者 Rural Workers	在职职工 Workers	其他人员 Others
全 国	**National**	**6365207**	**11511837**	**329690**	**1167126**	**5114264**	**4395512**	**2129440**
北 京	Beijing	136406	299499	2893	26469	62790	170925	113599
天 津	Tianjin	60503	95730		9278	39414	41057	22830
河 北	Hebei	200885	387343	18578	66983	169406	90776	100406
山 西	Shanxi	234711	346604	6480	41036	263511	29890	22989
内蒙古	Inner Mongolia	80305	143326	2374	29339	66900	47985	24357
辽 宁	Liaoning	46856	111825	632	27883	36395	58740	22334
吉 林	Jilin	73295	147571	6180	29500	55524	46116	27052
黑龙江	Heilongjiang	55116	75250	4887	17782	36964	17631	22029
上 海	Shanghai	476076	943602		12317	3034	993984	57029
江 苏	Jiangsu	384920	686105	32339	132647	138771	423639	85957
浙 江	Zhejiang	305948	534753	18870	44761	130247	303969	150988
安 徽	Anhui	171374	329656	462	46584	98676	162288	50809
福 建	Fujian	112616	171617	6157	25310	78815	84231	32246
江 西	Jiangxi	193760	371204	26468	42459	110838	134124	72420
山 东	Shandong	371948	564482	13596	91613	247230	190882	95469
河 南	Henan	583057	902009	16295	53922	632865	166360	205083
湖 北	Hubei	217048	410981	18668	51230	144144	141911	94647
湖 南	Hunan	193629	316906	25529	33664	107498	113510	83216
广 东	Guangdong	346082	578116	11963	40546	157232	353884	117520
广 西	Guangxi	271780	406678	6136	18372	287889	80854	81602
海 南	Hainan	43458	87623	25	10247	89189	2618	4217
重 庆	Chongqing	98672	238954	8567	48961	41882	36821	132189
四 川	Sichuan	401240	772389	45796	98029	328339	216663	116950
贵 州	Guizhou	223121	412990	1701	10796	324237	37797	45900
云 南	Yunnan	437549	916157	26287	57825	626131	198906	149840
西 藏	Tibet	20925	68430	6418	1390	43635	19200	12587
陕 西	Shaanxi	172794	302708	7961	24664	163091	76753	66400
甘 肃	Gansu	189870	360818	7470	25435	274367	41757	43393
青 海	Qinghai	25564	79249	622	8599	65788	5626	4579
宁 夏	Ningxia	75634	204314	5585	18544	96040	58508	32980
新 疆	Xinjiang	160065	244948	751	20941	193422	48107	37823

7-4 续表 2 continued

单位：人 (person)

地区 Region	按培训期限分组 Grouped by Duration			按获取证书分组 Grouped by Certification Level				就业人数 Employment
	六个月以下 Less than Half a Year	六个月至一年 Half to One Year	一年以上 More than One Year	初级职业资格 Primary Certificates	中级职业资格 Medium Certificates	高级职业资格 Senior Certificates	技师和高级技师资格 Technicians and Senior Technicians Certificates	
全　国 National	**11994119**	**590730**	**318953**	**3158585**	**1270122**	**422891**	**75848**	**7267567**
北　京 Beijing	345482	3248	27946	95316	15819	4094	3926	88759
天　津 Tianjin	124339	305	1	37826	9501	16175	7234	35723
河　北 Hebei	374956	16051	55142	141524	71628	12374	4812	332825
山　西 Shanxi	342170	5769	456	75842	8334	1104	902	119166
内蒙古 Inner Mongolia	152351	8570	2417	42671	9284	3123	646	96149
辽　宁 Liaoning	114261	12361	18347	49617	12389	3036	2902	80055
吉　林 Jilin	146570	10989	1972	44143	15991	2203	292	74764
黑龙江 Heilongjiang	90362	7428	1503	25985	15651	5382	629	37056
上　海 Shanghai	1030299	34516	1549	99334	13300	12935	1806	1009314
江　苏 Jiangsu	672291	32690	16963	154690	152997	62099	6345	742826
浙　江 Zhejiang	621060	12767	5585	135711	75198	83736	7607	269831
安　徽 Anhui	337356	8261	13202	95753	54364	10051	239	212434
福　建 Fujian	207930	12298	6531	24755	50085	13550	1607	119605
江　西 Jiangxi	364362	15985	5962	51557	38417	15442	3607	186630
山　东 Shandong	579202	23222	6659	236615	80305	8995	1116	341965
河　南 Henan	1021897	37480	15148	187264	87348	19790	1975	507762
湖　北 Hubei	405095	27993	20970	82043	34389	10896	1775	258174
湖　南 Hunan	348872	19927	10285	131944	27738	4260	1370	232602
广　东 Guangdong	644360	23802	21526	140116	53211	15655	3243	337380
广　西 Guangxi	439050	10695	6600	295155	49065	4969	558	261584
海　南 Hainan	105317	773	206	11508	942			20884
重　庆 Chongqing	214319	48210	5891	125947	105897	4892	2218	2086
四　川 Sichuan	720597	29638	16447	178749	134212	46883	7287	511441
贵　州 Guizhou	412298	7481	5517	51470	1992	182	130	283161
云　南 Yunnan	965017	63313	26663	279191	89006	44007	11162	411624
西　藏 Tibet	48018	30842	4370	11739	139			22870
陕　西 Shaanxi	253744	60130	7657	56233	29397	8243	774	169136
甘　肃 Gansu	371845	11319	9258	102933	10014	3412		178665
青　海 Qinghai	83752	725	737	25631	339	108	723	55389
宁　夏 Ningxia	176054	11226	2548	35578	12676	2358	762	107706
新　疆 Xinjiang	280893	2716	895	131745	10494	2937	201	160001

7–5 历年全国职业技能鉴定综合情况

单位：人

年 份	Year	职业技能鉴定机构数（个）Numbe of Testing Agencies (unit)	鉴定所数 Testing Agencies	鉴定站数 Testing Stations	其 他 鉴定机构 Others	考评人员人 数 Number of the Assessors	本年鉴定考核人数 Number of the Candidates	初 级 Primary
1996		5682	2369	794	2519	37859	2685695	932642
1997		5752	3012	1030	1710	50779	3141832	1044325
1998		6878	3690	1263	1925	70466	3194218	1185862
1999		7820	4202	2240	1378	97209	3678723	1548193
#行业合计	Subtotal of Industrial Administrations	904		904		24141	300733	87304
地方合计	Subtotal of Local Governments	6916	4202	1336	1378	73068	3377990	1460889
2000		8179	4440	2824	915	128033	4421880	1818534
#行业合计	Subtotal of Industrial Administrations	1445		1443	2	48383	762909	241359
地方合计	Subtotal of Local Governments	6734	4440	1381	913	79650	3658971	1577175
2001		8336	4702	2837	797	143068	5348001	2057575
#行业合计	Subtotal of Industrial Administrations	1501		1464	37	48455	892499	285684
地方合计	Subtotal of Local Governments	6835	4702	1373	760	94613	4455502	1771891
2002		8517	4448	3617	452	175247	6619012	2373190
#行业合计	Subtotal of Industrial Administrations	1776		1770	6	69230	1318097	347894
地方合计	Subtotal of Local Governments	6741	4448	1847	446	106017	5300915	2025296
2003		7252	4780	2293	179	155971	6875444	2461777
#行业合计	Subtotal of Industrial Administrations	1131		1128	3	56821	1105420	249368
地方合计	Subtotal of Local Governments	6121	4780	1165	176	99150	5770024	2212409
2004		9438	4305	5059	74	197821	8796272	3144495
#行业合计	Subtotal of Industrial Administrations	3559	4	3554	1	81539	1700147	482348
地方合计	Subtotal of Local Governments	5879	4301	1505	73	116282	7096125	2662147

STATISTICS OF OCCUPATIONAL SKILL TESTING

(person)

中 级 Medium	高 级 Senior	技 师 Technicians	高级技师 Senior Technicians	本年获取证书人数 Number of the Candidates Got the Certificates	初 级 Primary	中 级 Medium	高 级 Senior	技 师 Technicians	高级技师 Senior Technicians
1318141	360490	69132	5290	2146895	727215	1094809	271346	51262	2263
1625749	427603	39478	4677	2786360	949828	1439046	364024	30506	2956
1670410	278862	51799	7285	2858782	1071270	1491968	244529	44995	6020
1711318	369049	45329	4780	3141392	1341236	1466663	293584	36699	3210
147011	63460	2645	259	217186	60914	110560	44104	1534	74
1564307	305589	42684	4521	2924206	1280322	1356103	249480	35165	3136
2050863	505685	43794	3004	3726619	1553035	1743885	393201	34175	2323
343589	167271	10125	565	521288	157155	239573	118036	6132	392
1707274	338414	33669	2439	3205331	1395880	1504312	275165	28043	1931
2571508	645644	67688	5586	4570081	1756881	2236967	523010	49689	3534
367182	223536	14192	1905	645636	195946	280851	161054	7082	703
2204326	422108	53496	3681	3924445	1560935	1956116	361956	42607	2831
3204580	965404	69379	6459	5562607	2036748	2712382	761195	48852	3430
577791	369192	20071	3149	1019654	269218	453267	286133	9718	1318
2626789	596212	49308	3310	4542953	1767530	2259115	475062	39134	2112
3338421	969477	96653	9116	5839222	2124504	2870097	768890	69501	6230
486792	345449	20515	3296	892494	208524	401194	267989	12867	1920
2851629	624028	76138	5820	4946728	1915980	2468903	500901	56634	4310
4161612	1229130	212037	48998	7360975	2691946	3516786	975155	140816	36272
731856	440143	35862	9938	1346661	390280	583697	345424	20988	6272
3429756	788987	176175	39060	6014314	2301666	2933089	629731	119828	30000

7–5 续表 1

单位：人

年 份	Year	职业技能鉴定机构数（个）Numbe of Testing Agencies (unit)	鉴定所数 Testing Agencies	鉴定站数 Testing Stations	其他鉴定机构 Others	考评人员人数 Number of the Assessors	本年鉴定考核人数 Number of the Candidates	初级 Primary
中央企业试点	The Central Enterprises Pilot	3			3	739	16509	829
2005		7654	4144	3347	163	164442	9577395	3222564
#行业合计	Subtotal of Industrial Administrations	1848	5	1824	19	59974	1595369	362360
地方合计	Subtotal of Local Governments	5719	4139	1436	144	101484	7922895	2842964
中央企业试点	The Central Enterprises Pilot	87		87		2984	59131	17240
2006		7998	3860	4002	136	161596	11821552	4140894
#行业合计	Subtotal of Industrial Administrations	2020	12	2008		65571	2473429	916021
地方合计	Subtotal of Local Governments	5823	3848	1839	136	91729	9279660	3212161
中央企业试点	The Central Enterprises Pilot	155		155		4296	68463	12712
2007		7794	4251	3378	165	158186	12231413	4389064
#行业合计	Subtotal of Industrial Administrations	1938	6	1932		56673	1622348	465248
地方合计	Subtotal of Local Governments	5845	4245	1446	154	98395	10515051	3873553
中央企业试点	The Central Enterprises Pilot	11			11	3118	94014	50263
2008		9933	4096	4662	1175	203883	13374707	5104213
#行业合计	Subtotal of Industrial Administrations	1477	1	1476		72503	1736592	468497
地方合计	Subtotal of Local Governments	8441	4095	3186	1160	124902	11560949	4598473
中央企业试点	The Central Enterprises Pilot	15			15	6478	77166	37243
2009		9538	4825	4486	227	232060	14920761	6029998
#行业合计	Subtotal of Industrial Administrations	2241	9	2188	44	80116	2049033	663297

continued

(person)

中级 Medium	高级 Senior	技师 Technicians	高级技师 Senior Technicians	本年获取证书人数 Number of the Candidates Got the Certificates	初级 Primary	中级 Medium	高级 Senior	技师 Technicians	高级技师 Senior Technicians
3246	7958	3822	654	14615	777	3025	7373	3002	438
4552986	1456750	290637	54458	7857292	2732405	3756905	1133278	195577	39127
686936	489903	48197	7973	1233171	278809	551073	372000	27357	3932
3852384	948018	234071	45458	6575037	2438276	3194681	745632	162062	34386
13666	18829	8369	1027	49084	15320	11151	15646	6158	809
5269104	1909269	432423	65401	9252416	3124130	4390924	1440591	260830	35384
826698	629978	86015	14717	1576857	377737	660904	488129	43178	6909
4422694	1257031	338287	49487	7619774	2734026	3712773	933739	211694	27542
19712	22260	8121	1197	55785	12367	17247	18723	5958	933
5422375	1907654	442715	69605	9956079	3687419	4518674	1429235	274176	46575
619235	461074	65822	10969	1284859	384585	499805	361828	32760	5881
4788802	1424504	370444	57748	8593861	3259275	4007337	1050805	236480	39964
14338	22076	6449	888	77359	43559	11532	16602	4936	730
5758542	2029246	403738	78968	11372105	4492273	4891989	1606473	318047	63323
633514	535833	86649	12099	1448203	393277	514497	440977	86369	13083
5108105	1477855	311085	65431	9863382	4069230	4363967	1152734	227947	49504
16923	15558	6004	1438	60520	29766	13525	12762	3731	736
6110523	2126028	544210	110002	12320051	5251357	5134383	1516357	336623	81331
806706	460363	98550	20117	1636149	562781	673659	335144	55143	9422

7-5 续表 2

单位：人

年 份	Year	职业技能鉴定机构数（个）Numbe of Testing Agencies (unit)	鉴定所数 Testing Agencies	鉴定站数 Testing Stations	其他鉴定机构 Other	考评人员人 数 Number of the Assessors	本年鉴定考核人数 Number of the Candidates	初 级 Primary
地方合计	Subtotal of Local Governments	7281	4816	2298	167	143719	12674516	5279691
中央企业试点	The Central Enterprises Pilot	16			16	8225	197212	87010
2010		9803	4612	5058	133	210497	16575457	6768836
#行业合计	Subtotal of Industrial Administrations	2137	12	2125		70109	2831683	949906
地方合计	Subtotal of Local Governments	7647	4600	2933	114	130977	13495340	5704143
中央企业试点	The Central Enterprises Pilot	19			19	9411	248434	114787
2011		10677	5533	4977	167	194795	17459327	7254275
#行业合计	Subtotal of Industrial Administrations	2574	12	2562		75206	3129020	1059714
地方合计	Subtotal of Local Governments	8084	5521	2415	148	110545	14101095	6087176
中央企业试点	The Central Enterprises Pilot	19			19	9044	229212	107385
2012		10963	5321	5441	201	213403	18305470	7538797
#行业合计	Subtotal of Industrial Administrations	3246	13	3197	36	91000	3355097	1241887
地方合计	Subtotal of Local Governments	7698	5308	2244	146	111150	14651252	6162855
中央企业试点	The Central Enterprises Pilot	19			19	11253	299121	134055
2013		9865	5067	4664	134	252662	18385729	7752500
#行业合计	Subtotal of Industrial Administrations	2418	16	2402		108333	3375909	1341750
地方合计	Subtotal of Local Governments	7428	5051	2262	115	132737	14735101	6274214
中央企业试点	The Central Enterprises Pilot	19			19	11592	274719	136536
2014		9521	4387	4701	433	215761	18539992	6934618
#行业合计	Subtotal of Industrial Administrations	2670	18	2651	1	105232	3244808	1055738
地方合计	Subtotal of Local Governments	6835	4369	2050	416	102132	15039407	5786871

continued

(person)

中级 Medium	高级 Senior	技师 Technicians	高级技师 Senior Technicians	本年获取证书人数 Number of the Candidates Got the Certificates	初级 Primary	中级 Medium	高级 Senior	技师 Technicians	高级技师 Senior Technicians
5234031	1634315	438111	88368	10556864	4636816	4414218	1158564	276470	70796
69786	31350	7549	1517	127038	51760	46506	22649	5010	1113
6531792	2722092	453762	98975	13929377	5899097	5544598	2097432	316663	71587
951227	766652	129482	34416	2285392	801645	770516	626959	72822	13450
5495732	1918827	314609	62029	11489343	5028937	4718723	1446776	238171	56736
84833	36613	9671	2530	154642	68515	55359	23697	5670	1401
6579593	3098462	428247	98750	14820504	6533022	5464700	2464290	286769	71723
1094106	816296	132899	26005	2578410	1067480	724459	686101	84163	16207
5408072	2246836	288493	70518	12091861	5396177	4689411	1753472	198785	54016
77415	35330	6855	2227	150233	69365	50830	24717	3821	1500
6611139	3476563	503134	175837	15487834	6655352	5604790	2760639	336187	130866
1056340	880430	147893	28547	2702465	1020025	857542	708589	97529	18780
5443861	2551931	347493	145112	12584198	5546362	4672359	2021009	233932	110536
110938	44202	7748	2178	201171	88965	74889	31041	4726	1550
6355360	3514734	577770	185365	15366664	6766044	5372332	2728517	376144	123627
1086891	763465	151090	32713	2750425	1119433	893839	614511	99406	23236
5184217	2705976	418804	151890	12439250	5560531	4422960	2083789	272164	99806
84252	45293	7876	762	176989	86080	55533	30217	4574	585
6745021	3930805	654415	275133	15542766	6094580	5707155	3117737	429024	194270
1092479	839367	185803	71421	2556541	842679	867772	684070	120486	41534
5568441	3027880	455979	200236	12827206	5196077	4788009	2390955	301746	150419

7-5 续表 3

单位：人

年 份	Year	职业技能鉴定机构数（个）Numbe of Testing Agencies (unit)	鉴定所数 Testing Agencies	鉴定站数 Testing Stations	其他鉴定机构 Others	考评人员人数 Number of the Assessors	本年鉴定考核人数 Number of the Candidates	初级 Primary
中央企业试点	The Central Enterprises Pilot	16			16	8397	255777	92009
2015		12156	5750	5578	828	264237	18941156	7079392
#行业合计	Subtotal of Industrial Administrations	2478	10	2468		102862	4159249	1696306
地方合计	Subtotal of Local Governments	9662	5740	3110	812	154296	14530268	5301111
中央企业试点	The Central Enterprises Pilot	16			16	7079	251639	81975
2016		8224	3460	4438	326	282782	17554798	6410623
#行业合计	Subtotal of Industrial Administrations	2473	10	2463		88341	2307553	746356
地方合计	Subtotal of Local Governments	5733	3450	1975	308	182393	15028489	5597358
中央企业试点	The Central Enterprises Pilot	18			18	12048	218756	66909
2017		8071	3503	4255	313	308612	14729033	4959459
#行业合计	Subtotal of Industrial Administrations	2345	9	2336		89560	2546084	810597
地方合计	Subtotal of Local Governments	5708	3494	1919	295	204847	11937378	4077961
中央企业试点	The Central Enterprises Pilot	18			18	14205	245571	70901
2018		8912	4781	3792	339	251135	11349052	3939496
#行业合计	Subtotal of Industrial Administrations	2443		2442	1	94669	2111498	821018
地方合计	Subtotal of Local Governments	6451	4781	1350	320	140224	9007709	3035725
中央企业试点	The Central Enterprises Pilot	18			18	16242	229845	82753
2019		9152	6256	2567	329	216680	10759349	3865973
#行业合计	Subtotal of Industrial Administrations	1824		1824		41841	2091145	781278
地方合计	Subtotal of Local Governments	7328	6256	743	329	174839	8668204	3084695

continued

(person)

中 级 Medium	高 级 Senior	技 师 Technicians	高级技师 Senior Technicians	本年获取证书人数 Number of the Candidates Got the Certificates	初 级 Primary	中 级 Medium	高 级 Senior	技 师 Technicians	高级技师 Senior Technicians
84101	63558	12633	3476	159019	55824	51374	42712	6792	2317
6986241	4006089	659634	209800	15392295	5915465	5831396	3092249	416439	136746
1311412	914647	190191	46693	3132628	1175807	1063277	742734	121679	29131
5581461	3031572	457553	158571	12106988	4690481	4712472	2310892	288376	104767
93368	59870	11890	4536	152679	49177	55647	38623	6384	2848
6540058	3855614	577112	171391	14461529	5549708	5481352	2963711	350596	116162
771495	615401	127726	46575	1713407	528629	585940	487299	78846	32693
5683938	3184348	440709	122136	12617203	4981949	4846266	2440744	266587	81657
84625	55865	8677	2680	130919	39130	49146	35668	5163	1812
5465266	3610460	540693	153155	11987218	4207073	4541983	2804674	330333	103155
817338	726816	136056	55277	1857892	533604	616728	580087	85833	41640
4549640	2820102	394098	95577	9999945	3634534	3879908	2185245	239922	60336
98288	63542	10539	2301	129381	38935	45347	39342	4578	1179
4034728	2765047	487978	121803	9031831	3245567	3333132	2099864	277673	75595
561243	597602	101953	29682	1523099	535170	430306	467782	64713	25128
3387425	2112385	380880	91294	7385556	2663222	2861384	1600846	210192	49912
86060	55060	5145	827	123176	47175	41442	31236	2768	555
4081232	2322529	361527	128088	8618572	3184815	3419359	1730493	205600	78305
595058	645117	53942	15750	1398424	490644	468832	398761	28361	11826
3486174	1677412	307585	112338	7220148	2694171	2950527	1331732	177239	66479

7–6 各地区职业技能鉴定综合情况(2019年)

单位：人

地 区	Region	职业技能鉴定机构数(个) Numbe of Testing Agencies (unit)	鉴定所数 Testing Agencies	鉴定站数 Testing Stations	其他鉴定机构 Others	考评人员人 数 Number of the Assessors	本年鉴定考核人数 Number of the Candidates	初 级 Primary
全 国	**National**	**9152**	**6256**	**2567**	**329**	**216680**	**10759349**	**3865973**
行业合计	Subtotal of Industrial Administrations	1824		1824		41841	2091145	781278
地方合计	Subtotal of Local Governments	7328	6256	743	329	174839	8668204	3084695
北 京	Beijing	46	46			2100	85931	43716
天 津	Tianjin	128	93	24	11	1114	104393	44156
河 北	Hebei	352	343	5	4	1707	432947	182629
山 西	Shanxi	157	157			3954	223871	110430
内蒙古	Inner Mongolia	73	51	22		4088	148995	30839
辽 宁	Liaoning	246	225	21		1123	142309	32129
吉 林	Jilin	42	42			1487	59873	17372
黑龙江	Heilongjiang	49	36	13		1264	101407	34066
上 海	Shanghai	222	222			1313	289979	149377
江 苏	Jiangsu	513	224	4	285	5700	816823	173553
浙 江	Zhejiang	252	170	82		5895	554140	120541
安 徽	Anhui	356	356			10547	390291	113344
福 建	Fujian	619	619			6189	218453	42642
江 西	Jiangxi	360	283	77		7672	154710	17797
山 东	Shandong	196	186	10		3560	718191	265438
河 南	Henan	426	322	89	15	16884	468682	170967
湖 北	Hubei	223	223			7803	197356	74260
湖 南	Hunan	477	462	15		2151	374367	142958
广 东	Guangdong	423	423			18006	702789	230325
广 西	Guangxi	98	83	2	13	4175	378744	244667
海 南	Hainan	36	29	7		642	23658	11472
重 庆	Chongqing	155	155			3497	266932	61853
四 川	Sichuan	663	534	129		39561	491012	115695
贵 州	Guizhou	141	136	5		2176	146748	64227
云 南	Yunnan	272	194	78		9040	398596	168849
西 藏	Tibet	20	6	14		90	9847	9249
陕 西	Shaanxi	195	96	99		4767	179567	32519
甘 肃	Gansu	218	218			2314	208159	112254
青 海	Qinghai	80	34	45	1	126	29054	20101
宁 夏	Ningxia	85	84	1		2953	65590	43571
新 疆	Xinjiang	165	165			1850	228368	177692
新疆兵团	Xinjiang Production and Construction Crops	40	39	1		1091	56422	26007

STATISTICS OF OCCUPATIONAL SKILL TESTING BY REGION (2019)

(person)

中 级 Medium	高 级 Senior	技 师 Technicians	高级技师 Senior Technicians	本年获取证书人数 Number of the Candidates Got the Certificates	初 级 Primary	中 级 Medium	高 级 Senior	技 师 Technicians	高级技师 Senior Technicians
4081232	**2322529**	**361527**	**128088**	**8618572**	**3184815**	**3419359**	**1730493**	**205600**	**78305**
595058	645117	53942	15750	1398424	490644	468832	398761	28361	11826
3486174	1677412	307585	112338	7220148	2694171	2950527	1331732	177239	66479
16471	10930	11588	3226	61688	38688	13372	4274	4226	1128
32100	12457	8150	7530	92246	42115	30890	10419	4613	4209
180429	53984	11328	4577	384955	165714	162089	45320	8638	3194
61473	46859	4142	967	207251	106205	56122	41672	2630	622
71406	37252	7628	1870	129191	27751	64251	30678	5303	1208
69989	22301	10648	7242	111720	25422	56603	17702	6945	5048
30596	9118	2055	732	46575	14183	24510	6369	1052	461
38110	25145	3516	570	93216	31984	35765	22158	2853	456
66701	60408	9808	3685	147233	80427	36356	26932	2484	1034
395196	220960	22627	4487	704204	153055	355282	178028	14883	2956
189930	197352	34407	11910	443348	101959	159805	155467	20497	5620
160198	102867	12658	1224	331464	100349	140758	83871	5978	508
121383	44477	8180	1771	175324	35196	106037	29786	3489	816
85158	42627	6735	2393	136549	16866	77900	36072	4103	1608
329731	107995	10523	4504	637109	244765	294208	88248	6909	2979
163429	116281	13621	4384	418978	162963	142865	98766	10915	3469
77404	26262	8717	10713	186138	73042	73430	24856	6797	8013
185377	26572	8888	10572	260469	102005	128398	15750	5302	9014
286221	102750	65619	17874	441370	172378	176786	59624	26493	6089
107047	21389	4789	852	329902	226949	87501	12660	2322	470
7851	3619	583	133	16937	10050	5140	1582	135	30
168339	26128	7435	3177	240784	58801	153649	21366	4911	2057
250918	112571	10531	1297	443244	106773	224611	102597	8323	940
59280	22097	849	295	133061	57700	54001	20486	623	251
98903	118323	11027	1494	367588	161968	90151	105450	8968	1051
527	71			8500	8193	298	9		
79716	65622	1402	308	149845	27078	64468	57066	992	241
77288	17665	763	189	193612	104665	71996	16432	406	113
6601	2220	107	25	24455	17433	5380	1516	106	20
17079	3643	1065	232	53280	37459	12701	2358	615	147
28274	10479	7818	4105	196339	157709	22841	7687	5375	2727
23049	6988	378		53573	24326	22363	6531	353	

八、劳动关系

LABOUR RELATION

8-1 历年劳动人事争议仲裁情况

单位：件

项　目	Item	1996	1997	1998
上期未结案件数	Number of Cases Left from Last Year-end	2634	2864	3475
案件受理情况	Cases Accepted			
当期案件受理数	Cases	48121	71524	93649
#集体劳动争议案件数	Number of Collective Labour Disputes	3150	4109	6767
劳动者申诉案件数	Number of Cases Left from Last Year-end	41697	68773	84829
劳动者当事人数(人)	Number of Laborers Involved(person)	189120	221115	358531
#集体劳动争议劳动者当事人数	Number of Laborers Involved in Collective Labour Disputes	92203	132647	251268
争议原因	Disputes Reasons			
劳动报酬	Labour Remuneration			
社会保险	Social Insurances			
变更劳动合同	Change the Labour Contract		2992	2840
解除、终止劳动合同	Relieve or End the Labour Contract		10337	13069
其　他	Others		8917	9515
案件处理情况	Cases Settled			
结案数	Number of Cases Settled	46543	70792	92288
处理方式	by Manners of Settlement			
仲裁调解	by Mediation	24223	32793	31483
仲裁裁决	by Arbitrition Lawsuit	12789	15060	25389
其他方式	Others	9531	22939	35155
处理结果	by Result of Settlement			
用人单位胜诉	Lawsuit Won by Units	9452	11488	11937
劳动者胜诉	Lawsuit Won by Laborers	23696	40063	48650
双方部分胜诉及其他	Lawsuit Partly Won by Both Parties and Others	13395	19241	27365
案外调解案件数	Cases Mediated			

注：2011年起，解除、终止劳动合同的类型进行合并统计。

a) Since 2011, items of Relieve or End the Labour Contract have been merged during statistics.

LABOUR DISPUTES ACCEPTED AND SETTLED

(piece)

1999	2000	2001	2002	2003	2004	2005	2006	2007
3840	6374	8739	12472	16276	17117	17829	22165	25424
120191	135206	154621	184116	226391	260471	313773	317162	350182
9043	8247	9847	11024	10823	19241	16217	13977	12784
114152	120043	146781	172253	215512	249335	293710	301233	325590
473957	422617	467150	608396	801042	764981	744195	679312	653472
319445	259445	286680	374956	514573	477992	409819	348714	271777
		45172	59144	76774	85132	103183	103887	108953
		31158	56558	76181	88119	97519	100342	97731
3469	3829	4254	3765	5494	4465	7567	3456	4695
18108	21149	29038	30940	40017	57021	68873	67868	80261
8626	12549							
121289	130688	150279	178744	223503	258678	306027	310780	340030
39550	41877	42933	50925	67765	83400	104308	104435	119436
34712	54142	77250	77340	95774	110708	131745	141465	149013
47027	34669	35096	50479	59954	64550	69974	64880	71581
15674	13699	31544	27017	34272	35679	39401	39251	49211
63030	70544	71739	84432	109556	123268	145352	146028	156955
37459	37247	46996	67295	79475	94041	121274	125501	133864
		63939	77342	58451	70840	93561	130321	151902

8-1 续表

单位：件

项　　目	Item	2008	2009	2010
上期未结案件数	Number of Cases Left from Last Year-end	33084	83709	77926
案件受理情况	Cases Accepted			
当期案件受理数	Cases	693465	684379	600865
#集体劳动争议案件数	Number of Collective Labour Disputes	21880	13779	9314
劳动者申诉案件数	Number of Cases Left from Last Year-end	650077	627530	558853
劳动者当事人数(人)	Number of Laborers Involved(person)	1214328	1016922	815121
#集体劳动争议劳动者当事人数	Number of Laborers Involved in Collective Labour Disputes	502713	299601	211755
争议原因	Disputes Reasons			
劳动报酬	Labour Remuneration	225061	247330	209968
社会保险	Social Insurances			
变更劳动合同	Change the Labour Contract			
解除、终止劳动合同	Relieve or End the Labour Contract	139702	43876	31915
其　他	Others			
案件处理情况	Cases Settled			
结案数	Number of Cases Settled	622719	689714	634041
处理方式	by Manners of Settlement			
仲裁调解	by Mediation	221284	251463	250131
仲裁裁决	by Arbitrition Lawsuit	274543	290971	266506
其他方式	Others	126892	147280	117404
处理结果	by Result of Settlement			
用人单位胜诉	Lawsuit Won by Units	80462	95470	85028
劳动者胜诉	Lawsuit Won by Laborers	276793	255119	229448
双方部分胜诉及其他	Lawsuit Partly Won by Both Parties and Others	265464	339125	319565
案外调解案件数	Cases Mediated	237283	185598	163997

continued

(piece)

2011	2012	2013	2014	2015	2016	2017	2018	2019
42308	36151	34478	31796	39580	37977	38545	35506	48661
589244	641202	665760	715163	813859	828410	785323	894053	1069638
6592	7252	6783	8041	10466	9745	7513	8699	9235
568768	620849	641932	690418	784229	801190	762572	869421	1021334
779490	882487	888430	997807	1159687	1112408	979016	1110175	1274124
174785	231894	218521	267165	341588	289924	203963	234943	220174
200550	225981	223351	258716	321179	345685	331463	380751	446572
149944	159649	165665	160961	158002	145671	135211	144533	149966
118684	129108	147977	155870	182396	188642	169456	195063	259550
592823	643292	669062	711044	812461	827717	790448	884223	1068413
278873	302552	311806	321598	362814	389109	390278	458353	552584
244942	268530	283341	313175	368409	366742	336073	357666	430309
69008	72210	73915	76271	81238	71866	64097	68204	85520
74189	79187	82519	82541	90785	92405	89928	93823	112747
195680	213453	217551	250284	287544	285824	259898	276642	314097
322954	350652	368992	378219	434132	369429	440622	513758	641569
194338	212937	215595	227447	258114	240101	208491	214288	242479

8-2 各地区劳动争议处理情况(2019年)

单位：件

地 区	Region	上期未结案件数 Number of Cases Left from Last Year-end	案件受理情况 Cases Accepted					
			当期案件受理数 Cases	#集体劳动争议案件 Number of Collective Labour Disputes	#劳动者申诉案件 Number of Cases Left from Last Year-end	劳动者当事人数(人) Number of Laborers Involved (person)	#集体劳动争议劳动者当事人数 Number of Laborers Involvedin Collective Labour Disputes	劳动报酬 Labour Remuneration
全 国	**National**	**48661**	**1069638**	**9235**	**1021334**	**1274124**	**220174**	**446572**
北 京	Beijing	9470	117347	947	115864	117347	17790	59871
天 津	Tianjin	1630	27772	175	26011	29540	3426	15269
河 北	Hebei	314	23892	116	23004	29354	2243	8421
山 西	Shanxi	77	8809	47	8045	10809	1549	2978
内 蒙 古	Inner Mongolia	227	14015	53	12065	15005	1378	6611
辽 宁	Liaoning	679	36908	344	35525	42697	8819	22594
吉 林	Jilin	251	10309	98	8722	12423	1857	4155
黑 龙 江	Heilongjiang	202	36254	9	35877	36830	362	13613
上 海	Shanghai	3538	64998	273	64019	72455	5113	24788
江 苏	Jiangsu	1115	85452	662	80788	99091	18551	33144
浙 江	Zhejiang	6071	61530	533	61057	76873	12768	22680
安 徽	Anhui	901	29825	190	27639	35577	3620	10325
福 建	Fujian	1537	34956	538	30488	51068	15596	13994
江 西	Jiangxi	431	13069	58	11971	16551	2765	3498
山 东	Shandong	1863	81810	275	81291	91467	6258	36756
河 南	Henan	558	26629	186	23473	31556	3766	9777
湖 北	Hubei	1582	34023	149	32546	36858	3312	10811
湖 南	Hunan	618	21734	138	20420	24853	2088	6087
广 东	Guangdong	9322	148695	3505	144490	233224	85679	67049
广 西	Guangxi	924	19124	17	18407	19472	615	9095
海 南	Hainan	530	6381	24	6187	6543	656	2464
重 庆	Chongqing	2459	33834	59	33726	35339	865	13459
四 川	Sichuan	1287	45732	324	42939	51161	8401	18773
贵 州	Guizhou	585	17518	27	16901	18516	936	5385
云 南	Yunnan	40	15200	130	14947	15200	3364	4928
西 藏	Tibet	16	667	22	605	1116	482	345
陕 西	Shaanxi	1416	23189	74	17645	24848	1099	6877
甘 肃	Gansu	257	6593	52	6319	7260	682	3058
青 海	Qinghai	32	1531	21	1516	2851	770	809
宁 夏	Ningxia	389	7477	92	7342	10487	2580	2721
新 疆	Xinjiang	240	12697	89	9901	15869	2623	5422
新疆兵团	Xinjiang Production and Construction Crops	100	1668	8	1604	1884	161	815

LABOUR DISPUTES ACCEPTED AND SETTLED BY REGION (2019)

(piece)

争议原因 Causes of the Disputes			案件处理情况 Cases Settled							案外调解案件数 Cases Mediated
社会保险 Social Insurance	#工伤保险 Work Injury Insurance	解除、终止劳动合同 Relieve or End the Labour Contract	结案数 Number of Cases Settled	处理方式 by Manners of Settlement			处理结果 by Result of Settlement			
				仲裁调解 by Mediation	仲裁裁决 by Arbitrition Lawsuit	其他方式 Others	用人单位胜诉 Lawsuit Won by Units	劳动者胜诉 Lawsuit Won by Laborers	双方部分胜诉及其他 Lawsuit Partly Won by Both Parties and Others	
149966	**97246**	**259550**	**1068413**	**552584**	**430309**	**85520**	**112747**	**314097**	**641569**	**242479**
2557	1066	27109	122237	58456	50191	13590	20822	18187	83228	21752
1446	1366	3773	26582	15134	11448		2519	6324	17739	2193
6049	2658	3631	23695	14347	8416	932	3846	11647	8202	4566
2163	1654	1587	8765	5364	3177	224	1437	4949	2379	2907
2168	1068	3056	13927	6295	6316	1316	1185	5557	7185	2660
3400	2136	4693	36752	17707	17289	1756	3420	19327	14005	7686
1047	654	1485	10480	4514	5197	769	774	6825	2881	4001
6441	2694	1035	35205	12762	16743	5700	2841	12342	20022	8934
2839	2486	27163	64442	35481	25990	2971	12471	7710	44261	8370
14176	13056	28782	84873	47749	25727	11397	9226	30031	45616	27824
16334	12357	11840	63414	38240	13322	11852	3427	17625	42362	598
8464	4272	4934	30085	18029	10982	1074	1809	14576	13700	14026
5682	4034	9585	34006	22675	9963	1368	2106	9857	22043	3717
3431	2200	3439	13031	6838	5291	902	1632	5008	6391	3385
6761	5932	20681	81583	47211	31624	2748	7024	24408	50151	15279
5931	2058	3751	26632	14038	11093	1501	2503	12299	11830	8242
6788	2837	10612	33619	19574	12981	1064	2214	9869	21536	6583
5435	3993	6101	21886	11620	9082	1184	1018	12469	8399	14666
12326	10964	46276	146532	65429	71846	9257	13184	25944	107404	37460
1606	649	4433	19149	6879	10615	1655	2500	5675	10974	5325
248	121	974	6196	2388	3326	482	851	1447	3898	470
5790	5028	7576	33919	16451	12154	5314	3113	4816	25990	211
5920	4506	10070	45161	23430	18929	2802	4638	16242	24281	15964
4953	4015	3649	17802	8420	8615	767	1998	5653	10151	4010
4733	1584	2255	15097	8126	6133	838	1171	6133	7793	5119
98	89	157	663	409	206	48	5	233	425	802
5843	1200	7245	23527	11576	10332	1619	2591	6752	14184	6358
935	564	957	6623	3415	2992	216	571	2905	3147	2509
267	205	313	1542	884	592	66	102	939	501	44
1802	651	1556	7147	3393	3018	736	472	3138	3537	2101
3911	966	702	12208	5340	5804	1064	1195	4792	6221	3656
422	183	130	1633	410	915	308	82	418	1133	1061

8—3 劳动保障监察案件结案情况(2019)
CASES SETTLED BY LABOUR AND SOCIAL SECURITY INSPECTION ORGANIZATION(2019)

单位：件 (piece)

项　　目	Item	2019
结案数	**Cases Settled**	**111587**
案件分类	**Cases by Caused Reasons**	
内部劳动保障规章制度	Inner Institutions on Labour and Social Security	1009
订立和解除劳动合同	Signing or Relieve Labour Contract	7439
女职工特殊劳动保护	Special Protection for Female Workers and employees	77
未成年工特殊劳动保护	Special Protection for minor Workers and employees	204
工作时间和休息休假	Working Hours and Vocation	6522
支付工资和最低工资标准	Wage Payment and Minimum Wage Standard	57758
参加社会保险和缴纳社会保险费	Social Insurances	20100
职业介绍	Job Referral	896
职业技能培训和职业技能考核	Vocational Training and Vocational Qualification	70
其　他	Others	22075
案件处理情况	**Settlement of Cases**	
责令限期改正	Orders to Make Corrections	49434
行政处理决定	Decisions of Administrative Settlement	4512
行政处罚决定	Decisions of Administrative Penalty	7781
警　告	Disciplinary Warning	2781
罚　款	Fine	6087
其他行政处罚	Others	52

8—4 劳动保障监察工作情况(2019)
LABOUR AND SOCIAL SECURITY INSPECTION (2019)

项　　目	Item	2019
主动监察	Inspection on Initiative	
检查单位数(万户)	Employing Units Inspected (10 000 households)	**135.1**
涉及劳动者人数(万人)	Labourers Involved (10 000 persons)	5140.8
投诉结案数(万件)	Complaint Cases Settled (10 000 pieces)	8.8
举报结案数(万件)	Cases Settled through Inspection upon Reporting (10 000 pieces)	2.2
审查用人单位报送的书面材料涉及用人单位数(万户)	Employing Units inspected through Examining Documents reported (10 000 households)	160.6
补签劳动合同(万人)	Number of Labour Contracts Signed for Inspection (10 000 persons)	78.6
追发劳动者工资等待遇	Repay Wages and other Benefits	
涉及劳动者人数(万人)	Labourers Involved (10 000 persons)	83.1
金额(亿元)	Amount of Money (100 million yuan)	79.5
督促缴纳社会保险费	Levy of Social Insurance Fees for Inspection	
单位数(万户)	Employing Units Involved (10 000 households)	1.6
金额(亿元)	Amount of Money (100 million yuan)	6.7
督促社会保险登记单位数(万户)	Registeration of Social Insurance for Inspection Employing Units Involved (10 000 households)	0.5
取缔非法职业中介机构(户)	Number of Illegal Occupational Intermediary Agencies(household)	2601
清退风险抵押金金额(万元)	Amount of Money in Pledge Repaid to Employees (10 000 Yuan)	1281.9
审查用人单位规章数(万件)	Number of Regulations of Employing Units Inspected (10 000 pieces)	44.5
纠正用人单位违法规章数(万件)	Number of Regulations of Employing Units Corrected (10 000 pieces)	2.8
向社会公布重大违法行为数(件)	Discolsed Serious Violations of Laws or Rules (piece)	3286

九、社会保障

SOCIAL SECURITY

9-1 历年全国社会保险基金收入
REVENUE OF SOCIAL INSURANCE FUNDS

年 份 Year	合 计 Total	基本养老保险 Basic Pension Insurance	失业保险 Unemployment Insurance	基本医疗保险 Basic Medical Insurance	工伤保险 Work Injury Insurance	生育保险 Maternity Insurance
绝对数(亿元) Revenue (100 million yuan)						
1989	153.6	146.7	6.8			
1990	186.8	178.8	7.2			
1991	225.0	215.7	9.3			
1992	377.4	365.8	11.7			
1993	526.1	503.5	17.9	1.4	2.4	0.8
1994	742.0	707.4	25.4	3.2	4.6	1.5
1995	1006.0	950.1	35.3	9.7	8.1	2.9
1996	1252.4	1171.8	45.2	19.0	10.9	5.5
1997	1458.2	1337.9	46.9	52.3	13.6	7.4
1998	1623.1	1459.0	68.4	60.6	21.2	9.8
1999	2211.8	1965.1	125.2	89.9	20.9	10.7
2000	2644.9	2278.5	160.4	170.0	24.8	11.2
2001	3101.9	2489.0	187.3	383.6	28.3	13.7
2002	4048.7	3171.5	215.6	607.8	32.0	21.8
2003	4882.9	3680.0	249.5	890.0	37.6	25.8
2004	5780.3	4258.4	290.8	1140.5	58.3	32.1
2005	6975.2	5093.3	340.3	1405.3	92.5	43.8
2006	8643.2	6309.8	402.4	1747.1	121.8	62.1
2007	10812.3	7834.2	471.7	2257.2	165.6	83.6
2008	13696.1	9740.2	585.1	3040.4	216.7	113.7
2009	16115.6	11490.8	580.4	3671.9	240.1	132.4
2010	19276.1	13872.9	649.8	4308.9	284.9	159.6
2011	25153.3	18004.8	923.1	5539.2	466.4	219.8
2012	30738.8	21830.2	1138.9	6938.7	526.7	304.2
2013	35252.9	24732.6	1288.9	8248.3	614.8	368.4
2014	39827.7	27619.9	1379.8	9687.2	694.8	446.1
2015	46012.1	32195.5	1367.8	11192.9	754.2	501.7
2016	53562.7	37990.8	1228.9	13084.3	736.9	521.9
2017	67154.2	46613.8	1112.6	17931.6	853.8	642.5
2018	79254.8	55005.3	1171.1	21384.4	913.0	781.0
2019	83550.4	57025.9	1284.2	24420.9	819.4	
比上年增长(%) Increase rate						
1990	21.6	21.9	5.9			
1991	20.5	20.6	29.2			
1992	67.7	69.6	25.8			
1993	39.4	37.7	53.0			
1994	41.0	40.5	41.9	119.9	90.4	73.8
1995	35.6	34.3	38.9	206.3	77.5	99.4
1996	24.5	23.3	28.2	96.6	34.7	87.8
1997	16.4	14.2	3.7	175.1	24.6	34.9
1998	11.3	9.0	45.7	15.9	55.9	31.1
1999	36.3	34.7	83.1	48.3	-1.3	10.1
2000	19.6	15.9	28.1	89.2	18.7	3.8
2001	17.3	9.2	16.8	125.7	14.2	23.1
2002	30.5	27.4	15.1	58.4	13.2	58.9
2003	20.6	16.0	15.7	46.4	17.4	18.3
2004	18.4	15.7	16.6	28.1	55.1	24.4
2005	20.7	19.6	17.0	23.2	58.7	36.4
2006	23.9	23.9	18.2	24.3	31.7	41.8
2007	25.1	24.2	17.2	29.2	36.0	34.6
2008	26.7	24.3	24.0	34.7	30.9	36.0
2009	17.7	18.0	-0.8	20.8	10.8	16.4
2010	19.6	20.7	12.0	17.3	18.7	20.5
2011	30.5	29.8	42.1	28.6	63.7	37.8
2012	22.2	21.2	23.4	25.3	12.9	38.4
2013	14.7	13.3	13.2	18.9	16.7	21.1
2014	13.0	11.7	7.1	17.4	13.0	21.1
2015	15.5	16.6	-0.9	15.5	8.6	12.5
2016	16.4	18.0	-10.2	16.9	-2.3	4.0
2017	25.4	22.7	-9.5	37.0	15.9	23.1
2018	18.0	18.0	5.3	19.3	6.9	21.6
2019	5.4	3.7	9.7	14.2	-10.2	

注：1.2007年及以后基本医疗保险基金中包括职工基本医疗保险和城乡居民基本医疗保险。
2.2010年及以后基本养老保险基金中包括城镇职工基本养老保险和城乡居民基本养老保险。
3.2019年起，基本医疗保险基金包含生育保险基金(下同)。

Note: a) Data of basic medical insurance include the basic medical insurance for workers and the basic medical insurance for urban and rural residents from 2007.

b) Data of basic endowment insurance for 2010 and following years include the basic endowment insurance for urban workers and basic endowment insurance for urban and rural residents.

c) Since 2019, the data of basic medical care insurance fund includes the data of maternity insurance fund. The same applies to the table following.

9-2 历年全国社会保险基金支出
EXPENSES OF SOCIAL INSURANCE FUNDS

年 份 Year	合 计 Total	基本养老保险 Basic Pension Insurance	失业保险 Unemployment Insurance	基本医疗保险 Basic Medical Insurance	工伤保险 Work Injury Insurance	生育保险 Maternity Insurance
绝对数(亿元) Expenses (100 million yuan)						
1989	120.9	118.8	2.0			
1990	151.9	149.3	2.5			
1991	176.1	173.1	3.0			
1992	327.1	321.9	5.1			
1993	482.2	470.6	9.3	1.3	0.4	0.5
1994	680.0	661.1	14.2	2.9	0.9	0.8
1995	877.1	847.6	18.9	7.3	1.8	1.6
1996	1082.4	1031.9	27.3	16.2	3.7	3.3
1997	1339.2	1251.3	36.3	40.5	6.1	4.9
1998	1636.9	1511.6	51.9	53.3	9.0	6.8
1999	2108.1	1924.9	91.6	69.1	15.4	7.1
2000	2385.6	2115.5	123.4	124.5	13.8	8.3
2001	2748.0	2321.3	156.6	244.1	16.5	9.6
2002	3471.5	2842.9	186.6	409.4	19.9	12.8
2003	4016.4	3122.1	199.8	653.9	27.1	13.5
2004	4627.4	3502.1	211.3	862.2	33.3	18.8
2005	5400.8	4040.3	206.9	1078.7	47.5	27.4
2006	6477.4	4896.7	198.0	1276.7	68.5	37.5
2007	7887.9	5964.9	217.7	1561.8	87.9	55.6
2008	9925.1	7389.6	253.5	2083.6	126.9	71.5
2009	12302.6	8894.4	366.8	2797.4	155.7	88.3
2010	15018.9	10755.3	423.3	3538.1	192.4	109.9
2011	18652.9	13363.2	432.8	4431.4	286.4	139.2
2012	23331.3	16711.5	450.6	5543.6	406.3	219.3
2013	27916.3	19818.7	531.6	6801.0	482.1	282.8
2014	33002.7	23325.8	614.7	8133.6	560.5	368.1
2015	38988.1	27929.4	736.4	9312.1	598.7	411.5
2016	46888.4	34004.3	976.1	10767.1	610.3	530.6
2017	57145.0	40423.8	893.8	14421.7	662.3	743.5
2018	67792.7	47550.4	915.3	17823.0	742.0	762.0
2019	75346.6	52342.3	1333.2	20854.2	816.9	
比上年增长(%) Increase rate						
1990	25.6	25.7	27.0			
1991	15.9	15.9	18.1			
1992	85.7	86.0	70.0			
1993	47.4	46.2	82.4			
1994	41.0	40.5	52.7	118.3	127.4	60.5
1995	29.0	28.2	32.9	150.2	92.4	95.3
1996	23.4	21.7	44.7	122.9	104.1	108.2
1997	23.7	21.3	33.1	149.5	64.5	49.4
1998	22.2	20.8	42.9	31.6	48.6	39.5
1999	28.8	27.3	76.6	29.6	70.5	4.1
2000	13.2	9.9	34.7	80.3	-10.5	17.1
2001	15.2	9.7	26.8	96.0	19.5	14.9
2002	26.3	22.5	19.2	67.7	20.6	33.3
2003	15.7	9.8	7.1	59.7	36.2	5.6
2004	15.2	12.2	5.8	31.9	22.9	39.3
2005	16.7	15.4	-2.1	25.1	42.6	45.7
2006	19.9	21.2	-4.3	18.4	44.2	36.9
2007	21.8	21.8	9.9	22.3	28.3	48.3
2008	25.8	23.9	16.4	33.4	44.4	28.6
2009	24.0	20.4	44.7	34.3	22.7	23.5
2010	22.1	20.9	15.4	26.5	23.6	24.4
2011	24.2	24.2	2.2	25.2	48.8	26.7
2012	25.1	25.1	4.1	25.1	41.9	57.6
2013	19.7	18.6	18.0	22.7	18.7	28.9
2014	18.2	17.7	15.6	19.6	16.3	30.2
2015	18.1	19.7	19.8	14.5	6.8	11.8
2016	20.3	21.8	32.6	15.6	1.9	29.0
2017	21.9	18.9	-8.4	33.9	8.5	40.1
2018	18.6	17.6	2.4	23.6	12.0	2.5
2019	11.1	10.1	45.7	17.0	10.1	

9–3 历年全国社会保险基金累计结余
BALANCE OF SOCIAL INSURANCE FUNDS

年 份 Year	合 计 Total	基本养老保险 Basic Pension Insurance	失业保险 Unemployment Insurance	基本医疗保险 Basic Medical Insurance	工伤保险 Work Injury Insurance	生育保险 Maternity Insurance
绝对数(亿元) Balance at the Year-end (100 million yuan)						
1989	81.6	68.0	13.6			
1990	117.3	97.9	19.5			
1991	169.7	144.1	25.7			
1992	252.8	220.6	32.1			
1993	303.7	258.6	40.8	0.4	3.1	0.8
1994	365.7	304.8	52.0	0.7	6.8	1.4
1995	516.8	429.8	68.4	3.1	12.7	2.7
1996	696.1	578.6	86.4	6.4	19.7	5.0
1997	831.6	682.8	97.0	16.6	27.7	7.5
1998	791.1	587.8	133.4	20.0	39.5	10.3
1999	1009.8	733.5	159.9	57.6	44.9	13.9
2000	1327.5	947.1	195.9	109.8	57.9	16.8
2001	1622.8	1054.1	226.2	253.0	68.9	20.6
2002	2423.4	1608.0	253.8	450.7	81.1	29.7
2003	3313.8	2206.5	303.5	670.6	91.2	42.0
2004	4493.4	2975.0	385.8	957.9	118.6	55.9
2005	6073.7	4041.0	519.0	1278.1	163.5	72.1
2006	8255.9	5488.9	724.8	1752.4	192.9	96.9
2007	11236.6	7391.4	979.1	2476.9	262.6	126.6
2008	15225.6	9931.0	1310.1	3431.7	384.6	168.2
2009	19006.5	12526.1	1523.6	4275.9	468.8	212.1
2010	23407.5	15787.8	1749.8	5047.1	561.4	261.4
2011	30233.1	20727.8	2240.2	6180.0	742.6	342.5
2012	38106.6	26243.5	2929.0	7644.5	861.9	427.6
2013	45588.1	31274.8	3685.9	9116.5	996.2	514.7
2014	52462.3	35644.5	4451.5	10644.8	1128.8	592.7
2015	59532.5	39937.1	5083.0	12542.8	1285.3	684.4
2016	66349.7	43965.2	5333.3	14964.3	1410.9	675.9
2017	77311.6	50202.2	5552.4	19385.6	1606.9	564.5
2018	89775.5	58151.6	5817.0	23440.0	1784.9	582.0
2019	96977.8	62872.6	4625.4	27696.7	1783.2	
比上年增长(%) Increase rate						
1990	43.8	44.0	43.1			
1991	44.6	47.2	32.0			
1992	49.0	53.1	24.9			
1993	20.1	17.2	27.1			
1994	20.4	17.9	27.5	63.8	118.1	87.6
1995	41.3	41.0	31.6	335.4	87.3	91.7
1996	34.7	34.6	26.2	107.9	55.8	81.6
1997	19.5	18.0	12.3	157.8	40.1	51.2
1998	-4.9	-13.9	37.6	20.5	42.9	37.1
1999	27.6	24.8	19.8	187.8	13.6	34.9
2000	31.5	29.1	22.6	90.8	28.8	20.6
2001	22.2	11.3	15.5	130.4	19.1	22.7
2002	49.3	52.6	12.2	78.1	17.7	44.5
2003	36.7	37.2	19.6	48.8	12.5	41.3
2004	35.6	34.8	27.1	42.8	30.0	33.1
2005	35.2	35.8	34.5	33.4	37.9	29.0
2006	35.9	35.8	39.7	37.1	18.0	34.4
2007	36.1	34.7	35.1	41.3	36.1	30.7
2008	35.5	34.4	33.8	38.5	46.5	32.9
2009	24.8	26.1	16.3	24.6	21.9	26.1
2010	23.2	26.0	14.8	18.0	19.8	23.2
2011	29.2	31.3	28.0	22.4	32.3	31.0
2012	26.0	26.6	30.7	23.7	16.1	24.8
2013	19.6	19.2	25.8	19.3	15.6	20.4
2014	15.1	14.0	20.8	16.8	13.3	15.1
2015	13.5	12.0	14.2	17.8	13.9	15.5
2016	11.5	10.1	4.9	19.3	9.8	-1.2
2017	16.5	14.2	4.1	29.5	13.9	-16.5
2018	16.1	15.8	4.8	20.9	11.1	3.1
2019	8.0	8.1	-20.5	18.2	-0.1	

注：工伤保险累计结余中含储备金。

Note: The grand total of work injury insurance at year-end include reserve fund.

9-4 历年全国基本养老保险参保人数情况
PERSONS COVERED BY THE BASIC PENSION INSURANCE AT THE YEAR-END

年 份 Year	合计 Total	城镇职工基本养老保险参保人数 Persons Covered by the Urban Employees Basic Pension Insurance	职工人数 Workers	离退休人员人数 Retirees	城乡居民基本养老保险参保人数 Persons Covered by the Basic Pension Insurance for Urban and Rural Residents
绝对数(万人) Absolute figure (10 000 persons)					
1989	5710.3	5710.3	4816.9	893.4	
1990	6166.0	6166.0	5200.7	965.3	
1991	6740.3	6740.3	5653.7	1086.6	
1992	9456.2	9456.2	7774.7	1681.5	
1993	9847.6	9847.6	8008.2	1839.4	
1994	10573.5	10573.5	8494.1	2079.4	
1995	10979.0	10979.0	8737.8	2241.2	
1996	11116.7	11116.7	8758.4	2358.3	
1997	11203.9	11203.9	8670.9	2533.0	
1998	11203.1	11203.1	8475.8	2727.3	
1999	12485.4	12485.4	9501.8	2983.6	
2000	13617.4	13617.4	10447.5	3169.9	
2001	14182.5	14182.5	10801.9	3380.6	
2002	14736.6	14736.6	11128.8	3607.8	
2003	15506.7	15506.7	11646.5	3860.2	
2004	16352.9	16352.9	12250.3	4102.6	
2005	17487.9	17487.9	13120.4	4367.5	
2006	18766.3	18766.3	14130.9	4635.4	
2007	20136.9	20136.9	15183.2	4953.7	
2008	21891.1	21891.1	16587.5	5303.6	
2009	23549.9	23549.9	17743.0	5806.9	
2010	35984.1	25707.3	19402.3	6305.0	10276.8
2011	61573.3	28391.3	21565.0	6826.2	33182.0
2012	78796.3	30426.8	22981.1	7445.7	48369.5
2013	81968.4	32218.4	24177.3	8041.0	49750.1
2014	84231.9	34124.4	25531.0	8593.4	50107.5
2015	85833.4	35361.2	26219.2	9141.9	50472.2
2016	88776.8	37929.7	27826.3	10103.4	50847.1
2017	91548.3	40293.3	29267.6	11025.7	51255.0
2018	94293.3	41901.6	30104.0	11797.7	52391.7
2019	96753.9	43487.9	31177.5	12310.4	53266.0
比上年增长(%) Increase over Preceding Year %					
1990	8.0	8.0	8.0	8.0	
1991	9.3	9.3	8.7	12.6	
1992	40.3	40.3	37.5	54.8	
1993	4.1	4.1	3.0	9.4	
1994	7.4	7.4	6.1	13.0	
1995	3.8	3.8	2.9	7.8	
1996	1.3	1.3	0.2	5.2	
1997	0.8	0.8	-1.0	7.4	
1998	0.0	0.0	-2.3	7.7	
1999	11.4	11.4	12.1	9.4	
2000	9.1	9.1	10.0	6.2	
2001	4.2	4.2	3.4	6.6	
2002	3.9	3.9	3.0	6.7	
2003	5.2	5.2	4.7	7.0	
2004	5.5	5.5	5.2	6.3	
2005	6.9	6.9	7.1	6.5	
2006	7.3	7.3	7.7	6.1	
2007	7.3	7.3	7.4	6.9	
2008	8.7	8.7	9.2	7.1	
2009	7.6	7.6	7.0	9.5	
2010	52.8	9.2	9.4	8.6	
2011	71.1	10.4	11.1	8.3	222.9
2012	28.0	7.2	6.6	9.1	45.8
2013	4.0	5.9	5.2	8.0	2.9
2014	2.8	5.9	5.6	6.9	0.7
2015	1.9	3.6	2.7	6.4	0.7
2016	3.4	7.3	6.1	10.5	0.7
2017	3.1	6.2	5.2	9.1	0.8
2018	3.0	4.0	2.9	7.0	2.2
2019	2.6	3.8	3.6	4.3	1.7

9–5 历年全国基本养老保险基金情况
URBAN BASIC PENSION INSURANCE

年 份 Year	基本养老保险(亿元) Basic Pension Insurance			城镇职工基本养老保险(亿元) Urban Employees Basic Pension Insurance			城乡居民基本养老保险(亿元) Basic Pension Insurance for Urban and Rural Residents		
	基金收入 Revenue	基金支出 Expenses	累计结余 Balance at the Year-end	基金收入 Revenue	基金支出 Expenses	累计结余 Balance at the Year-end	基金收入 Revenue	基金支出 Expenses	累计结余 Balance at the Year-end
1989	146.7	118.8	68.0	146.7	118.8	68.0			
1990	178.8	149.3	97.9	178.8	149.3	97.9			
1991	215.7	173.1	144.1	215.7	173.1	144.1			
1992	365.8	321.9	220.6	365.8	321.9	220.6			
1993	503.5	470.6	258.6	503.5	470.6	258.6			
1994	707.4	661.1	304.8	707.4	661.1	304.8			
1995	950.1	847.6	429.8	950.1	847.6	429.8			
1996	1171.8	1031.9	578.6	1171.8	1031.9	578.6			
1997	1337.9	1251.3	682.8	1337.9	1251.3	682.8			
1998	1459.0	1511.6	587.8	1459.0	1511.6	587.8			
1999	1965.1	1924.9	733.5	1965.1	1924.9	733.5			
2000	2278.5	2115.5	947.1	2278.5	2115.5	947.1			
2001	2489.0	2321.3	1054.1	2489.0	2321.3	1054.1			
2002	3171.5	2842.9	1608.0	3171.5	2842.9	1608.0			
2003	3680.0	3122.1	2206.5	3680.0	3122.1	2206.5			
2004	4258.4	3502.1	2975.0	4258.4	3502.1	2975.0			
2005	5093.3	4040.3	4041.0	5093.3	4040.3	4041.0			
2006	6309.8	4896.7	5488.9	6309.8	4896.7	5488.9			
2007	7834.2	5964.9	7391.4	7834.2	5964.9	7391.4			
2008	9740.2	7389.6	9931.0	9740.2	7389.6	9931.0			
2009	11490.8	8894.4	12526.1	11490.8	8894.4	12526.1			
2010	13872.9	10755.3	15787.8	13419.5	10554.9	15365.3	453.4	200.4	422.5
2011	18004.8	13363.2	20727.8	16894.7	12764.9	19496.6	1110.1	598.3	1231.2
2012	21830.2	16711.5	26243.5	20001.0	15561.8	23941.3	1829.2	1149.7	2302.2
2013	24732.6	19818.7	31274.8	22680.4	18470.4	28269.2	2052.3	1348.3	3005.7
2014	27619.9	23325.8	35644.5	25309.7	21754.7	31800.0	2310.2	1571.2	3844.6
2015	32195.5	27929.4	39937.1	29340.9	25812.7	35344.8	2854.6	2116.7	4592.3
2016	37990.8	34004.3	43965.2	35057.5	31853.8	38580.0	2933.3	2150.5	5385.2
2017	46613.8	40423.8	50202.2	43309.6	38051.5	43884.6	3304.2	2372.2	6317.6
2018	55005.3	47550.4	58151.6	51167.6	44644.9	50901.3	3837.7	2905.5	7250.3
2019	57025.9	52342.3	62872.6	52918.8	49228.0	54623.3	4107.0	3114.3	8249.2

9–6 历年全国机关事业单位城镇职工基本养老保险情况
URBAN BASIC PENSION INSURANCE (INSTITUTION AGENCIES AND ORGANIZATIONS)

年份 Year	年末参保人数(万人) Persons Covered at the Year-end (10 000 persons)			基金收支情况(亿元) Revenue and Expenses(100 million yuan)		
	合计 Total	职工 Workers	离退休人员 Retirees	基金收入 Revenue	基金支出 Expenses	累计结余 Balance at the Year-end
1999	762.5	642.6	119.9	93.2	61.8	89.3
2000	1131.0	977.6	153.4	189.8	145.4	186.1
2001	1278.2	1068.9	209.3	253.0	204.4	233.2
2002	1458.0	1199.4	258.6	387.8	340.1	364.5
2003	1625.3	1322.0	303.3	470.6	405.9	441.7
2004	1674.0	1346.4	327.6	529.9	470.9	475.7
2005	1772.1	1409.8	362.3	601.6	545.0	534.3
2006	1909.7	1512.9	396.8	677.2	609.4	619.8
2007	1902.3	1492.6	409.7	823.6	811.3	633.2
2008	1939.7	1504.1	435.6	940.1	882.0	690.0
2009	1983.0	1524.0	459.0	1070.3	1007.8	751.8
2010	2072.9	1579.6	493.3	1201.1	1145.0	818.1
2011	2108.0	1595.0	513.0	1409.9	1339.3	888.5
2012	2154.9	1620.2	534.7	1638.0	1553.3	973.3
2013	2168.9	1612.6	556.2	1831.7	1729.0	1076.9
2014	2178.5	1598.7	579.8	2004.2	1907.4	1173.7
2015	2237.9	1632.5	605.5	2727.7	2671.8	1229.6
2016	3666.2	2586.7	1079.5	6364.9	5988.7	1609.8
2017	4976.6	3411.3	1565.3	10379.7	9510.4	2499.3
2018	5418.6	3601.4	1817.2	13775.5	13144.3	3140.0
2019	5582.9	3668.8	1914.2	14816.9	14572.8	3402.2

9-7 历年全国企业及其他城镇职工基本养老保险情况
URBAN BASIC PENSION INSURANCE(ENTERPRISES AND OTHERS)

年 份 Year	年末参保人数(万人) Persons Covered at the Year-end (10 000 persons)			基金收支情况(亿元) Revenue and Expenses(100 million yuan)		
	合 计 Total	职工 Workers	离退休人员 Retirees	基金收入 Revenue	基金支出 Expenses	累计结余 Balance at the Year-end
1989	5710.3	4816.9	893.4	146.7	118.8	68.0
1990	6166.0	5200.7	965.3	178.8	149.3	97.9
1991	6740.3	5653.7	1086.6	215.7	173.1	144.1
1992	9456.2	7774.7	1681.5	365.8	321.9	220.6
1993	9847.6	8008.2	1839.4	503.5	470.6	258.6
1994	10573.5	8494.1	2079.4	707.4	661.1	304.8
1995	10979.0	8737.8	2241.2	950.1	847.6	429.8
1996	11116.7	8758.4	2358.3	1171.8	1031.9	578.6
1997	11203.9	8670.9	2533.0	1337.9	1251.3	682.8
1998	11203.1	8475.8	2727.3	1459.0	1511.6	587.8
1999	11722.9	8859.2	2863.7	1871.9	1863.1	644.2
2000	12486.4	9469.9	3016.5	2088.3	1970.0	761.0
2001	12904.3	9733.0	3171.3	2235.1	2116.5	818.6
2002	13278.6	9929.4	3349.2	2783.6	2502.8	1243.5
2003	13881.4	10324.5	3556.9	3209.4	2716.2	1764.8
2004	14678.9	10903.9	3775.0	3728.5	3031.2	2499.3
2005	15715.8	11710.6	4005.2	4491.7	3495.3	3506.7
2006	16856.6	12618.0	4238.6	5632.5	4287.3	4869.1
2007	18234.6	13690.6	4544.0	7010.6	5153.6	6758.2
2008	19951.4	15083.4	4868.0	8800.1	6507.6	9241.0
2009	21567.0	16219.0	5348.0	10420.6	7886.6	11774.3
2010	23634.4	17822.7	5811.6	12218.4	9409.9	14547.2
2011	26284.0	19970.0	6314.0	15484.8	11425.7	18608.1
2012	28271.9	21360.9	6910.9	18363.0	14008.5	22968.0
2013	30049.5	22564.7	7484.8	20848.7	16741.5	27192.3
2014	31945.9	23932.3	8013.6	23305.4	19847.2	30626.3
2015	33123.2	24586.8	8536.5	26613.2	23140.9	34115.2
2016	34263.5	25239.6	9023.9	28692.6	25865.1	36970.3
2017	35316.7	25856.3	9460.4	32929.8	28541.1	41385.2
2018	36483.0	26502.6	9980.5	37392.1	31500.6	47761.2
2019	37905.0	27508.7	10396.3	38101.9	34655.3	51221.2

9-8 历年各地区基本养老保险参保人数
CONTRIBUTORS OF BASIC PENSION INSURANCE BY REGION

单位：万人 (10 000 persons)

地区	Region	2001		2002		2003		2004		2005	
		城镇职工基本养老保险 Staff	#离退休人员 Retirees	城镇职工基本养老保险 Staff	#离退休人员 Retirees	城镇职工基本养老保险 Staff	#离退休人员 Retirees	城镇职工基本养老保险 Staff	#离退休人员 Retirees	城镇职工基本养老保险 Staff	#离退休人员 Retirees
全国	**National**	**14182.5**	**3380.6**	**14736.6**	**3607.8**	**15506.7**	**3860.2**	**16352.9**	**4102.6**	**17487.9**	**4367.5**
北京	Beijing	425.9	124.3	436.2	133.2	448.5	141.5	459.7	148.6	520.0	155.2
天津	Tianjin	281.4	85.2	296.0	91.4	283.3	97.6	298.1	102.9	308.3	107.7
河北	Hebei	641.4	145.3	643.5	154.0	665.5	163.6	683.4	172.0	707.9	184.2
山西	Shanxi	365.6	81.8	361.8	85.4	364.4	88.1	376.7	93.3	383.4	98.2
内蒙古	Inner Mongolia	290.6	65.3	292.9	70.8	300.9	72.6	318.8	82.0	338.9	86.1
辽宁	Liaoning	1022.7	288.9	1039.2	302.2	1070.4	315.5	1101.0	333.8	1193.6	360.8
吉林	Jilin	389.1	99.6	397.7	104.9	427.0	115.5	439.0	123.1	455.9	131.0
黑龙江	Heilongjiang	692.5	178.5	689.8	187.4	714.3	196.0	738.1	207.3	768.9	223.2
上海	Shanghai	683.5	239.9	699.8	246.9	715.6	254.6	770.9	265.3	830.0	290.7
江苏	Jiangsu	888.1	212.7	1063.5	252.9	1135.2	271.4	1214.1	288.8	1345.6	307.9
浙江	Zhejiang	610.4	125.1	701.1	132.6	801.2	144.2	888.0	152.4	962.3	160.9
安徽	Anhui	432.7	98.5	432.3	102.8	456.6	113.6	463.9	118.8	471.7	124.8
福建	Fujian	242.0	58.4	285.1	61.6	364.2	79.4	377.5	83.7	409.6	88.9
江西	Jiangxi	328.8	78.2	339.8	82.6	355.9	93.4	371.8	99.9	387.4	105.5
山东	Shandong	1022.6	191.3	1043.0	205.3	1135.9	219.3	1218.7	232.2	1302.4	248.6
河南	Henan	736.6	141.9	757.8	161.5	751.1	171.0	781.1	181.1	814.0	194.2
湖北	Hubei	612.1	137.7	628.8	147.2	732.4	177.9	780.5	195.4	804.0	206.4
湖南	Hunan	603.4	148.0	616.5	157.7	636.2	167.5	691.7	185.4	718.6	195.2
广东	Guangdong	1370.3	187.0	1405.4	193.5	1482.2	203.8	1588.8	220.4	1796.1	231.2
广西	Guangxi	248.9	58.7	257.2	63.5	264.8	66.3	279.3	70.2	288.6	73.3
海南	Hainan	108.2	30.5	111.2	31.9	116.7	33.6	120.0	35.2	120.9	36.5
重庆	Chongqing	270.3	82.3	280.3	87.8	280.0	92.4	283.9	96.8	290.2	100.5
四川	Sichuan	578.9	169.4	589.2	178.1	605.5	187.5	668.0	202.7	793.4	230.7
贵州	Guizhou	159.0	42.4	168.9	44.9	168.0	48.0	174.9	50.0	183.7	51.7
云南	Yunnan	243.1	69.6	252.1	74.1	257.3	77.8	255.3	79.4	258.7	81.9
西藏	Tibet	7.1	2.6	7.0	2.6	7.3	2.8	7.6	3.0	7.7	3.1
陕西	Shaanxi	345.4	83.4	352.0	90.8	362.4	97.4	369.3	102.5	376.1	107.8
甘肃	Gansu	188.4	45.3	188.0	48.1	192.0	51.2	194.5	53.5	197.3	55.1
青海	Qinghai	51.9	14.9	54.2	15.0	56.4	15.9	58.5	16.5	60.0	16.9
宁夏	Ningxia	57.9	13.2	59.0	13.7	60.7	14.3	62.5	15.2	67.5	16.1
新疆	Xinjiang	258.4	77.6	262.1	79.6	269.3	83.0	294.8	87.3	302.1	89.0
中国人民银行	The People's Bank of China	19.8	3.1	19.8	3.3	19.8	3.4	17.1	3.5	17.1	3.7
中国农业发展银行	Agricutural Development Bank of China	5.4	0.2	5.5	0.3	5.6	0.4	5.8	0.4	5.7	0.5

9-8 续表 1 continued

单位：万人 (10 000 persons)

地区	Region	2006 城镇职工基本养老保险 Staff	2006 #离退休人员 Retirees	2007 城镇职工基本养老保险 Staff	2007 #离退休人员 Retirees	2008 城镇职工基本养老保险 Staff	2008 #离退休人员 Retirees	2009 城镇职工基本养老保险 Staff	2009 #离退休人员 Retirees
全　国	**National**	**18766.3**	**4635.4**	**20136.9**	**4953.7**	**21891.1**	**5303.6**	**23549.9**	**5806.9**
北　京	Beijing	603.6	160.9	671.0	171.2	757.2	180.1	826.7	188.2
天　津	Tianjin	328.2	112.7	344.8	119.2	376.5	129.3	401.5	136.5
河　北	Hebei	747.5	196.0	795.6	210.2	862.5	222.7	919.5	238.0
山　西	Shanxi	486.9	112.7	506.7	120.2	539.4	128.0	563.8	136.6
内蒙古	Inner Mongolia	356.6	91.1	370.9	96.6	389.5	102.9	410.8	112.8
辽　宁	Liaoning	1248.8	383.0	1299.7	408.1	1406.2	429.9	1457.4	449.4
吉　林	Jilin	480.2	138.9	501.7	147.8	525.3	155.4	554.3	171.1
黑龙江	Heilongjiang	801.0	236.5	826.8	253.0	857.8	276.0	920.3	333.7
上　海	Shanghai	891.7	314.4	932.4	340.5	967.7	357.8	1001.1	376.0
江　苏	Jiangsu	1469.8	328.1	1602.3	353.3	1751.6	378.6	1883.1	415.4
浙　江	Zhejiang	1052.6	170.9	1167.1	182.3	1386.9	194.8	1527.4	209.6
安　徽	Anhui	495.2	133.8	530.3	144.8	578.4	158.1	628.2	169.5
福　建	Fujian	456.1	93.6	512.8	98.1	557.2	102.6	585.9	108.1
江　西	Jiangxi	415.0	111.6	475.0	118.5	550.3	128.5	581.9	135.9
山　东	Shandong	1368.0	261.7	1457.1	282.2	1565.9	305.0	1661.0	326.0
河　南	Henan	863.8	208.2	912.9	224.7	972.0	239.1	1019.1	254.5
湖　北	Hubei	850.8	220.5	886.8	235.3	932.3	252.0	982.0	273.6
湖　南	Hunan	751.6	209.9	784.0	227.3	829.1	235.3	879.1	246.1
广　东	Guangdong	1972.3	243.5	2226.8	257.2	2444.3	273.0	2716.4	294.2
广　西	Guangxi	302.7	77.1	325.5	82.2	368.1	95.0	411.3	118.0
海　南	Hainan	132.0	38.0	141.7	39.7	156.2	42.0	168.1	43.2
重　庆	Chongqing	317.3	107.9	344.8	112.7	406.1	130.7	492.8	176.5
四　川	Sichuan	842.7	244.9	917.4	269.4	1017.9	306.7	1176.2	393.5
贵　州	Guizhou	193.2	54.1	205.9	56.5	215.9	59.3	235.6	63.5
云　南	Yunnan	267.4	83.8	279.4	87.6	293.7	89.3	306.5	90.2
西　藏	Tibet	7.6	3.1	8.1	3.0	8.5	3.1	9.2	3.1
陕　西	Shaanxi	391.5	111.4	408.1	117.4	433.4	124.4	458.8	131.0
甘　肃	Gansu	201.2	57.7	208.4	60.6	221.0	64.0	230.9	67.5
青　海	Qinghai	62.5	17.4	65.2	18.0	68.3	18.6	71.3	19.3
宁　夏	Ningxia	72.3	16.7	77.0	17.7	82.6	18.8	89.4	20.0
新　疆	Xinjiang	313.3	90.9	327.7	93.7	346.3	97.6	356.9	100.6
中国人民银行	The People's Bank of China	17.2	3.9	17.3	4.1	17.5	4.2	17.5	4.4
中国农业发展银行	Agricutural Development Bank of China	5.6	0.5	5.6	0.6	5.6	0.7	5.6	0.7

9-8 续表 2 continued

单位：万人 (10 000 persons)

地 区	Region	2010 合 计 Total	2010 #城镇职工基本养老保险 Staff	2010 #离退休人员 Retirees	2010 #城乡居民基本养老保险 Urban and Rural Staff	2011 合 计 Total	2011 #城镇职工基本养老保险 Staff	2011 #离退休人员 Retirees	2011 #城乡居民基本养老保险 Urban and Rural Staff
全 国	**National**	**35984.1**	**25707.3**	**6305.0**	**10276.8**	**61573.3**	**28391.3**	**6826.2**	**33182.0**
北 京	Beijing	1149.8	981.3	195.5	168.5	1262.8	1089.4	201.2	173.4
天 津	Tianjin	510.8	431.5	143.6	79.4	543.7	458.7	148.8	85.0
河 北	Hebei	1828.7	988.4	259.5	840.3	3417.5	1059.8	285.3	2357.7
山 西	Shanxi	840.8	591.0	147.3	249.8	1611.7	623.8	158.9	987.9
内蒙古	Inner Mongolia	599.4	430.7	119.2	168.8	756.0	452.4	136.6	303.6
辽 宁	Liaoning	1643.7	1496.9	472.7	146.8	2329.1	1556.6	486.5	772.5
吉 林	Jilin	686.2	599.5	206.6	86.7	1027.6	617.5	221.1	410.1
黑龙江	Heilongjiang	1083.5	952.2	363.0	131.2	1261.2	981.0	380.0	280.2
上 海	Shanghai	1078.4	1049.5	392.2	28.9	1463.7	1382.7	406.5	81.0
江 苏	Jiangsu	2366.5	2033.0	449.1	333.5	4284.6	2223.9	483.1	2060.6
浙 江	Zhejiang	1993.0	1702.2	223.6	290.8	2732.3	1919.2	253.4	813.1
安 徽	Anhui	1018.9	669.5	177.5	349.3	2907.2	729.3	191.5	2178.0
福 建	Fujian	909.4	635.5	113.5	273.9	1484.6	695.1	118.2	789.5
江 西	Jiangxi	879.9	607.6	145.5	272.3	2025.9	653.0	168.7	1372.8
山 东	Shandong	2692.2	1773.0	345.1	919.2	5514.7	1907.1	373.1	3607.6
河 南	Henan	2291.1	1079.3	270.3	1211.8	4474.3	1168.4	287.9	3305.9
湖 北	Hubei	1419.8	1039.8	301.6	380.0	2851.1	1113.4	341.7	1737.7
湖 南	Hunan	1520.7	938.9	265.4	581.8	3174.7	988.2	277.9	2186.5
广 东	Guangdong	3372.8	3215.2	339.6	157.6	4608.1	3800.7	372.6	807.4
广 西	Guangxi	669.7	449.3	138.1	220.4	1279.9	483.8	151.5	796.1
海 南	Hainan	243.2	180.8	45.4	62.4	409.0	199.9	47.8	209.1
重 庆	Chongqing	1391.7	584.4	192.5	807.4	1772.7	647.6	220.1	1125.1
四 川	Sichuan	1970.5	1300.9	439.0	669.6	3055.0	1494.2	495.4	1560.7
贵 州	Guizhou	481.2	257.3	67.0	223.9	1131.8	282.1	71.3	849.7
云 南	Yunnan	786.9	317.4	92.3	469.4	1619.3	342.8	104.2	1276.5
西 藏	Tibet	90.4	9.9	3.2	80.5	131.3	11.2	3.2	120.1
陕 西	Shaanxi	990.0	550.4	150.3	439.7	1866.1	588.6	155.5	1277.5
甘 肃	Gansu	428.0	242.5	71.3	185.5	1044.6	263.0	85.1	781.6
青 海	Qinghai	139.5	74.4	20.0	65.1	261.9	81.5	25.2	180.4
宁 夏	Ningxia	132.5	107.8	30.5	24.7	296.5	121.4	36.4	175.1
新 疆	Xinjiang	751.7	393.8	119.2	357.9	951.1	431.5	131.9	519.6
中国人民银行	The People's Bank of China	17.7	17.7	4.6		17.8	17.8	4.8	
中国农业发展银行	Agricutural Development Bank of China	5.7	5.7	0.8		5.8	5.8	1.0	

9–8 续表 3 continued

单位：万人 (10 000 persons)

地区	Region	2012 合计 Total	2012 #城镇职工基本养老保险 Staff	2012 #离退休人员 Retirees	2012 #城乡居民基本养老保险 Urban and Rural Staff	2013 合计 Total	2013 #城镇职工基本养老保险 Staff	2013 #离退休人员 Retirees	2013 #城乡居民基本养老保险 Urban and Rural Staff
全国	**National**	**78796.3**	**30426.8**	**7445.7**	**48369.5**	**81968.4**	**32218.4**	**8041.0**	**49750.1**
中央机关									
北京	Beijing	1383.2	1206.4	210.7	176.8	1491.4	1311.3	220.0	180.1
天津	Tianjin	579.6	490.3	156.9	89.3	616.2	520.7	168.4	95.5
河北	Hebei	4460.2	1125.6	312.3	3334.6	4548.8	1194.7	335.1	3354.2
山西	Shanxi	2130.8	648.7	168.9	1482.1	2206.2	672.4	180.5	1533.7
内蒙古	Inner Mongolia	1228.1	471.9	153.0	756.1	1276.8	496.5	172.7	780.3
辽宁	Liaoning	2655.4	1609.2	510.4	1046.1	2776.3	1729.5	557.8	1046.9
吉林	Jilin	1193.5	632.2	234.6	561.3	1298.3	655.2	248.4	643.1
黑龙江	Heilongjiang	1770.9	1013.0	401.6	758.0	1877.9	1062.1	422.2	815.8
上海	Shanghai	1497.7	1416.9	423.8	80.8	1509.9	1429.9	437.5	80.0
江苏	Jiangsu	4774.7	2427.5	547.0	2347.2	4966.1	2582.1	594.3	2384.0
浙江	Zhejiang	3515.6	2183.3	347.8	1332.3	3731.2	2375.4	398.9	1355.8
安徽	Anhui	4134.3	783.8	205.4	3350.6	4120.0	811.3	219.1	3308.7
福建	Fujian	2202.5	756.5	125.5	1446.1	2280.0	812.8	133.2	1467.2
江西	Jiangxi	2444.9	707.4	189.1	1737.5	2526.6	754.2	207.0	1772.5
山东	Shandong	6464.4	2063.2	416.3	4401.2	6772.4	2259.6	459.2	4512.8
河南	Henan	5990.3	1270.6	306.0	4719.7	6147.0	1350.0	325.6	4797.0
湖北	Hubei	3437.6	1171.4	367.3	2266.2	3455.6	1219.4	395.9	2236.3
湖南	Hunan	4168.3	1048.0	300.4	3120.3	4407.8	1091.7	329.5	3316.0
广东	Guangdong	6289.3	4034.1	390.2	2255.2	6529.9	4183.0	421.3	2346.8
广西	Guangxi	2085.0	512.7	163.6	1572.3	2202.4	538.4	172.6	1664.0
海南	Hainan	483.7	214.2	52.5	269.5	503.6	231.5	57.1	272.1
重庆	Chongqing	1847.8	716.9	247.0	1130.9	1896.0	773.1	275.4	1122.9
四川	Sichuan	4443.8	1615.4	541.7	2828.4	4721.8	1720.3	596.2	3001.6
贵州	Guizhou	1570.1	309.4	77.7	1260.7	1824.5	337.3	82.6	1487.2
云南	Yunnan	2467.6	364.5	110.7	2103.2	2537.0	384.3	115.7	2152.7
西藏	Tibet	147.4	13.3	3.5	134.0	154.5	14.0	3.5	140.4
陕西	Shaanxi	2349.0	643.5	177.1	1705.5	2389.9	685.0	191.9	1704.9
甘肃	Gansu	1454.0	277.4	93.7	1176.6	1526.9	288.4	99.9	1238.5
青海	Qinghai	292.1	86.0	26.2	206.1	306.4	90.3	27.6	216.1
宁夏	Ningxia	311.5	131.2	39.9	180.3	323.3	143.8	41.9	179.5
新疆	Xinjiang	999.4	458.8	139.0	540.6	1019.9	476.3	143.8	543.6
中国人民银行	The People's Bank of China	17.9	17.9	5.0		18.0	18.0	5.2	
中国农业发展银行	Agricutural Development Bank of China	5.9	5.9	1.0		6.0	6.0	1.1	

9-8 续表 4 continued

单位：万人 (10 000 persons)

地区	Region	2014 合计 Total	2014 #城镇职工基本养老保险 Staff	2014 #离退休人员 Retirees	2014 #城乡居民基本养老保险 Urban and Rural Staff	2015 合计 Total	2015 #城镇职工基本养老保险 Staff	2015 #离退休人员 Retirees	2015 #城乡居民基本养老保险 Urban and Rural Staff
全国	**National**	**84231.9**	**34124.4**	**8593.4**	**50107.5**	**85833.4**	**35361.2**	**9141.9**	**50472.2**
中央机关									
北京	Beijing	1578.9	1392.6	228.9	186.3	1611.9	1424.2	236.7	187.6
天津	Tianjin	651.5	545.4	175.3	106.1	686.3	565.2	180.9	121.1
河北	Hebei	4666.3	1262.0	353.6	3404.4	4760.8	1320.5	368.5	3440.3
山西	Shanxi	2229.4	692.0	190.9	1537.4	2254.5	714.3	201.4	1540.3
内蒙古	Inner Mongolia	1286.9	524.9	192.7	761.9	1313.0	579.0	208.1	734.1
辽宁	Liaoning	2801.2	1769.2	601.9	1032.0	2814.8	1780.2	640.5	1034.7
吉林	Jilin	1331.5	676.7	261.1	654.8	1356.3	693.6	273.7	662.7
黑龙江	Heilongjiang	1911.9	1090.1	443.4	821.8	1945.8	1118.0	471.1	827.8
上海	Shanghai	1535.7	1457.4	452.4	78.3	1573.3	1493.8	465.4	79.5
江苏	Jiangsu	5039.8	2691.9	637.6	2347.9	5118.9	2779.9	681.1	2339.0
浙江	Zhejiang	3890.1	2548.0	468.8	1342.1	3790.2	2504.3	570.3	1285.9
安徽	Anhui	4166.4	829.2	232.3	3337.2	4254.1	857.5	246.7	3396.6
福建	Fujian	2321.3	848.3	140.2	1473.0	2364.1	883.7	147.1	1480.4
江西	Jiangxi	2582.0	783.9	221.1	1798.1	2653.0	823.1	235.2	1829.9
山东	Shandong	6910.1	2370.2	511.5	4539.9	7011.8	2477.5	554.4	4534.3
河南	Henan	6275.4	1431.6	342.3	4843.8	6363.9	1508.7	359.8	4855.2
湖北	Hubei	3496.8	1266.2	419.2	2230.5	3530.5	1315.5	440.6	2215.0
湖南	Hunan	4417.2	1118.9	349.0	3298.3	4440.2	1160.1	369.0	3280.1
广东	Guangdong	7217.1	4809.5	445.9	2407.7	7586.2	5086.5	473.3	2499.7
广西	Guangxi	2271.5	557.6	180.3	1713.9	2318.1	576.6	186.9	1741.5
海南	Hainan	517.1	242.3	59.9	274.8	530.9	249.8	62.0	281.1
重庆	Chongqing	1938.0	825.5	293.3	1112.5	1960.4	849.3	304.9	1111.1
四川	Sichuan	4853.6	1839.7	648.1	3013.9	4959.4	1939.0	688.9	3020.4
贵州	Guizhou	1948.1	361.5	87.1	1586.6	2041.1	392.1	94.8	1649.0
云南	Yunnan	2558.4	397.9	118.7	2160.5	2666.2	412.9	121.8	2253.3
西藏	Tibet	156.1	15.2	3.7	140.9	173.9	16.2	3.8	157.7
陕西	Shaanxi	2427.3	716.5	200.3	1710.8	2466.2	751.7	207.5	1714.5
甘肃	Gansu	1539.0	298.8	105.0	1240.1	1542.9	306.2	109.2	1236.7
青海	Qinghai	319.2	94.6	28.8	224.6	333.5	100.1	30.1	233.5
宁夏	Ningxia	333.6	151.4	44.2	182.1	340.6	157.5	46.4	183.1
新疆	Xinjiang	1036.0	490.8	149.1	545.2	1045.6	499.4	154.8	546.1
中国人民银行	The People's Bank of China	18.0	18.0	5.5		18.1	18.1	5.8	
中国农业发展银行	Agricutural Development Bank of China	6.5	6.5	1.3		6.7	6.7	1.4	

9–8 续表 5 continued

单位：万人 (10 000 persons)

地 区	Region	2016 合计 Total	#城镇职工基本养老保险 Staff	#离退休人员 Retirees	#城乡居民基本养老保险 Urban and Rural Staff	2017 合计 Total	#城镇职工基本养老保险 Staff	#离退休人员 Retirees	#城乡居民基本养老保险 Urban and Rural Staff
全 国	**National**	**88776.8**	**37929.7**	**10103.4**	**50847.1**	**91548.3**	**40293.3**	**11025.7**	**51255.0**
中央机关									
北 京	Beijing	1762.4	1546.6	275.4	215.7	1817.6	1604.5	283.1	213.1
天 津	Tianjin	773.5	639.0	208.6	134.5	811.5	655.0	213.8	156.5
河 北	Hebei	4849.1	1403.1	391.3	3446.0	5009.9	1535.8	433.8	3474.1
山 西	Shanxi	2309.8	760.2	216.6	1549.6	2352.9	798.7	243.0	1554.2
内蒙古	Inner Mongolia	1391.2	655.0	236.5	736.1	1437.7	694.3	257.1	743.4
辽 宁	Liaoning	2839.9	1800.3	679.7	1039.6	2986.0	1949.8	754.4	1036.2
吉 林	Jilin	1374.0	706.8	286.7	667.2	1482.9	814.5	332.2	668.4
黑龙江	Heilongjiang	1981.7	1144.1	488.5	837.6	2045.4	1206.1	523.9	839.3
上 海	Shanghai	1606.7	1527.1	476.3	79.5	1627.1	1548.2	489.2	78.8
江 苏	Jiangsu	5196.9	2861.5	724.2	2335.3	5372.7	3034.5	796.1	2338.2
浙 江	Zhejiang	3740.1	2506.9	663.9	1233.1	3913.1	2712.4	747.5	1200.7
安 徽	Anhui	4324.1	892.2	257.9	3431.9	4506.4	1077.0	322.9	3429.5
福 建	Fujian	2468.9	979.8	174.0	1489.1	2515.8	1022.1	182.0	1493.7
江 西	Jiangxi	2801.4	957.3	284.6	1844.1	2875.3	1005.2	307.7	1870.0
山 东	Shandong	7115.0	2576.4	607.4	4538.6	7191.6	2660.9	638.8	4530.6
河 南	Henan	6742.2	1848.4	450.3	4893.7	6907.8	1897.6	460.0	5010.2
湖 北	Hubei	3574.8	1355.0	458.0	2219.7	3761.3	1546.6	526.1	2214.6
湖 南	Hunan	4507.1	1186.7	362.9	3320.5	4601.3	1279.3	422.7	3322.0
广 东	Guangdong	7935.7	5392.4	524.6	2543.2	7873.8	5287.1	569.0	2586.8
广 西	Guangxi	2522.8	751.9	240.7	1770.9	2583.7	777.8	251.9	1805.9
海 南	Hainan	508.9	224.9	66.5	284.0	526.8	240.9	68.9	285.9
重 庆	Chongqing	2068.1	952.2	346.3	1115.8	2098.2	989.2	360.8	1109.0
四 川	Sichuan	5210.0	2157.6	777.8	3052.4	5409.9	2335.1	816.0	3074.9
贵 州	Guizhou	2125.8	423.6	99.6	1702.2	2336.7	588.2	141.3	1748.5
云 南	Yunnan	2839.3	581.8	168.0	2257.5	2850.4	591.5	171.3	2258.9
西 藏	Tibet	179.5	21.1	6.0	158.5	226.0	42.9	9.2	183.1
陕 西	Shaanxi	2511.3	790.8	213.6	1720.5	2687.1	953.3	246.4	1733.8
甘 肃	Gansu	1568.7	315.0	114.1	1253.7	1692.2	429.8	141.6	1262.4
青 海	Qinghai	367.5	132.3	41.4	235.2	377.4	138.3	42.8	239.1
宁 夏	Ningxia	375.5	189.3	57.8	186.2	390.7	205.2	60.2	185.5
新 疆	Xinjiang	1179.9	625.0	196.5	554.9	1253.8	646.4	204.3	607.4
中国人民银行	The People's Bank of China	18.2	18.2	6.1		18.2	18.2	6.1	
中国农业发展银行	Agricutural Development Bank of China	6.9	6.9	1.6		6.9	6.9	1.6	

9-8 续表 6 continued

单位：万人 (10 000 persons)

地区	Region	2018 合计 Total	2018 #城镇职工基本养老保险 Staff	2018 #离退休人员 Retirees	2018 #城乡居民基本养老保险 Urban and Rural Staff	2019 合计 Total	2019 #城镇职工基本养老保险 Staff	2019 #离退休人员 Retirees	2019 #城乡居民基本养老保险 Urban and Rural Staff
全国	**National**	**94293.3**	**41901.6**	**11797.7**	**52391.7**	**96753.9**	**43487.9**	**12310.4**	**53266.0**
中央机关		55.6	55.6	24.4		59.2	59.2	26.1	
北京	Beijing	1894.8	1685.8	293.5	209.0	1953.0	1748.2	302.6	204.7
天津	Tianjin	844.3	683.2	221.0	161.2	860.1	695.6	226.3	164.5
河北	Hebei	5097.7	1586.1	455.4	3511.6	5178.6	1654.5	466.7	3524.1
山西	Shanxi	2416.9	837.6	262.2	1579.3	2499.3	871.5	273.6	1627.8
内蒙古	Inner Mongolia	1483.4	733.5	284.6	749.9	1531.6	763.4	298.8	768.2
辽宁	Liaoning	3035.6	1994.8	789.6	1040.8	3083.9	2026.2	816.0	1057.7
吉林	Jilin	1546.7	862.4	356.6	684.3	1584.2	882.1	375.9	702.1
黑龙江	Heilongjiang	2205.3	1308.5	576.7	896.8	2281.6	1364.9	599.8	916.7
上海	Shanghai	1652.1	1573.4	502.0	78.7	1666.7	1589.6	511.9	77.1
江苏	Jiangsu	5551.0	3225.6	871.2	2325.4	5754.3	3417.4	918.1	2336.9
浙江	Zhejiang	4081.2	2883.4	806.8	1197.8	4231.2	3031.7	856.9	1199.4
安徽	Anhui	4629.5	1141.7	342.9	3487.8	4718.7	1217.0	356.7	3501.7
福建	Fujian	2599.9	1074.3	190.6	1525.6	2691.5	1137.3	199.1	1554.1
江西	Jiangxi	2936.9	1052.8	333.1	1884.1	2985.8	1096.9	348.4	1888.9
山东	Shandong	7314.6	2762.7	677.1	4551.9	7428.3	2868.0	711.2	4560.3
河南	Henan	7089.0	2006.5	486.4	5082.5	7330.4	2133.8	505.6	5196.6
湖北	Hubei	3884.4	1601.6	554.1	2282.8	4030.2	1684.8	584.3	2345.4
湖南	Hunan	4807.4	1402.4	454.5	3405.0	4971.4	1557.8	486.0	3413.6
广东	Guangdong	7580.7	4919.7	636.6	2661.1	7279.6	4633.4	671.2	2646.2
广西	Guangxi	2715.5	825.9	260.3	1889.6	2853.2	869.5	268.4	1983.7
海南	Hainan	556.2	258.0	70.5	298.2	585.9	281.0	72.7	305.0
重庆	Chongqing	2170.8	1051.2	388.7	1119.6	2290.4	1127.7	406.6	1162.7
四川	Sichuan	5766.1	2543.7	881.6	3222.4	6069.1	2700.3	915.7	3368.7
贵州	Guizhou	2442.5	639.8	149.7	1802.7	2533.3	677.5	155.8	1855.8
云南	Yunnan	2977.2	616.2	176.0	2361.0	3059.9	649.9	181.5	2410.0
西藏	Tibet	212.1	46.2	9.6	165.9	214.2	48.2	10.0	166.0
陕西	Shaanxi	2733.7	992.0	258.2	1741.7	2846.4	1080.7	264.1	1765.6
甘肃	Gansu	1771.7	454.7	155.4	1317.0	1841.9	469.4	159.6	1372.6
青海	Qinghai	390.7	145.1	44.7	245.6	413.9	152.8	46.7	261.1
宁夏	Ningxia	397.5	216.1	63.6	181.4	421.3	226.6	66.0	194.7
新疆	Xinjiang	1426.4	695.3	211.0	731.1	1478.4	744.2	219.0	734.1
中国人民银行	The People's Bank of China	18.6	18.6	6.8		19.0	19.0	7.1	
中国农业发展银行	Agricutural Development Bank of China	7.4	7.4	2.1		7.6	7.6	2.3	

9-9 各地区城镇职工基本养老保险情况(2019年)
URBAN BASIC PENSION INSURANCE BY REGION(2019)

单位：万人，亿元 (10 000 persons，100 million yuan)

地 区	Region	参保职工年末人数 Active Contributors at the Year-end	#执行企业制度 Enterprises (others)	参保离退休人员年末人数 Retirees at the Year-end	基金收支情况 Revenue and Expenses: 基金收入 Revenue	基金支出 Expenses	累计结余 Balance at the Year-end
全 国	**National**	**31177.5**	**27508.7**	**12310.4**	**52918.8**	**49228.0**	**54623.3**
中央机关		33.1		26.1	262.8	224.4	81.7
北 京	Beijing	1445.6	1384.6	302.6	2760.6	1698.3	6018.5
天 津	Tianjin	469.3	425.0	226.3	1021.2	1000.5	556.5
河 北	Hebei	1187.8	966.9	466.7	2437.4	2425.7	910.0
山 西	Shanxi	597.9	480.7	273.6	1232.5	1168.8	1639.8
内蒙古	Inner Mongolia	464.7	373.6	298.8	1060.9	1201.4	595.9
辽 宁	Liaoning	1210.3	1085.0	816.0	2486.4	2950.0	303.7
吉 林	Jilin	506.2	424.2	375.9	1142.8	1263.6	501.9
黑龙江	Heilongjiang	765.1	661.2	599.8	1785.4	2094.8	-433.7
上 海	Shanghai	1077.6	1012.3	511.9	2933.7	2779.7	2290.3
江 苏	Jiangsu	2499.3	2329.4	918.1	3759.2	3382.3	4932.4
浙 江	Zhejiang	2174.9	2019.1	856.9	3040.0	3138.5	3585.4
安 徽	Anhui	860.3	744.1	356.7	1514.6	1298.9	1909.7
福 建	Fujian	938.2	843.2	199.1	931.8	782.2	976.2
江 西	Jiangxi	748.5	644.1	348.4	1047.2	1083.9	824.6
山 东	Shandong	2156.8	1904.9	711.2	2784.7	2872.7	2217.2
河 南	Henan	1628.2	1368.8	505.6	2053.0	1931.0	1326.3
湖 北	Hubei	1100.5	970.9	584.3	2418.0	2264.5	1017.1
湖 南	Hunan	1071.8	889.7	486.0	1767.5	1620.2	1836.7
广 东	Guangdong	3962.2	3741.6	671.2	5593.2	3761.5	12343.6
广 西	Guangxi	601.2	486.8	268.4	1128.7	1079.7	755.2
海 南	Hainan	208.3	184.6	72.7	324.5	280.1	281.4
重 庆	Chongqing	721.1	649.3	406.6	1238.3	1192.5	1090.1
四 川	Sichuan	1784.6	1588.0	915.7	2754.9	2764.2	3759.5
贵 州	Guizhou	521.7	415.6	155.8	725.6	613.5	894.0
云 南	Yunnan	468.4	343.4	181.5	951.3	764.5	1325.2
西 藏	Tibet	38.2	18.1	10.0	139.1	107.4	171.2
陕 西	Shaanxi	816.7	688.2	264.1	1254.1	1187.5	804.2
甘 肃	Gansu	309.8	220.9	159.6	598.5	599.3	467.0
青 海	Qinghai	106.1	85.7	46.7	300.5	323.3	37.0
宁 夏	Ningxia	160.6	140.0	66.0	269.1	266.8	261.5
新 疆	Xinjiang	525.2	418.7	219.0	1137.1	1040.9	1307.0
中国人民银行	The People's Bank of China	11.9		7.1	45.2	50.6	9.6
中国农业发展银行	Agricutural Development Bank of China	5.3		2.3	17.7	15.2	25.0
中央调剂金账户					1.0		1.5

9－10 各地区城乡居民基本养老保险情况（2019年）
STATISTICS ON BASIC PENSION INSURANCE FOR URBAN AND RURAL RESIDENTS BY REGION (2019)

地 区	Region	参保人数（万人）		基金收支情况(亿元) Revenue and Expenses(100 million yuan)		
		Contributors at Year-end (10 000 persons)	#实际领取待遇人数 Number of Participants Who Have Reached the Prescribed Age of Benifit Entitlement	基金收入 Revenue	基金支出 Expenses	累计结余 Balance at Year-end
全 国	**National Total**	**53266.0**	**16031.9**	**4107.0**	**3114.3**	**8249.2**
北 京	Beijing	204.7	90.8	68.1	58.5	165.5
天 津	Tianjin	164.5	82.2	60.7	45.3	279.4
河 北	Hebei	3524.1	1052.1	222.6	153.3	408.7
山 西	Shanxi	1627.8	422.5	95.7	64.0	234.0
内蒙古	Inner Mongolia	768.2	233.9	63.7	56.3	101.3
辽 宁	Liaoning	1057.7	414.7	77.7	71.4	80.1
吉 林	Jilin	702.1	264.4	47.3	37.1	72.5
黑龙江	Heilongjiang	916.7	296.3	65.1	46.3	99.7
上 海	Shanghai	77.1	51.6	75.9	76.9	80.5
江 苏	Jiangsu	2336.9	1098.2	357.3	305.5	689.8
浙 江	Zhejiang	1199.4	531.7	176.4	178.9	154.5
安 徽	Anhui	3501.7	922.5	224.9	141.1	481.8
福 建	Fujian	1554.1	478.1	120.1	90.2	195.5
江 西	Jiangxi	1888.9	492.6	107.8	73.9	253.3
山 东	Shandong	4560.3	1532.6	435.8	296.1	1125.5
河 南	Henan	5196.6	1406.7	283.7	203.6	555.6
湖 北	Hubei	2345.4	723.3	198.0	129.7	373.8
湖 南	Hunan	3413.6	872.1	188.1	135.8	363.8
广 东	Guangdong	2646.2	870.9	284.3	250.1	457.1
广 西	Guangxi	1983.7	588.7	123.8	92.5	190.4
海 南	Hainan	305.0	75.9	38.2	19.1	101.6
重 庆	Chongqing	1162.7	358.5	83.2	62.1	153.9
四 川	Sichuan	3368.7	1119.5	246.7	204.0	531.1
贵 州	Guizhou	1855.8	462.2	71.2	59.7	135.6
云 南	Yunnan	2410.0	538.7	107.6	75.9	293.7
西 藏	Tibet	166.0	25.2	9.3	5.8	28.9
陕 西	Shaanxi	1765.6	514.6	122.2	87.8	257.0
甘 肃	Gansu	1372.6	312.1	75.0	47.9	193.9
青 海	Qinghai	261.1	45.9	19.4	11.7	46.9
宁 夏	Ningxia	194.7	40.9	15.3	10.6	37.1
新 疆	Xinjiang	734.1	112.7	41.8	23.3	106.9

注：2009年启动新型农村社会养老保险试点，2011年启动城镇居民社会养老保险试点，2012年底实现两项制度的全覆盖，2014年两项制度合并实施，建立统一的城乡居民基本养老保险制度。

Note: Since August 2012, basic pension insurance for unban and rural residents consist of new rural old-age insurance and urban residents basic pension insurance.

9-11 历年各地区养老金社会化发放人数
NUMBER OF PENSIONERS PAID BY THE SOCIALIZED AGENCIES BY REGION

单位：万人 (10 000 persons)

地 区	Region	2012	2013	2014	2015	2016	2017	2018	2019
全 国	**National**	**6865.5**	**7201.0**	**8093.2**	**8383.9**	**8620.5**	**9142.9**	**9693.2**	**10759.4**
北 京	Beijing	210.7	212.6	228.9	236.7	242.8	249.5	258.8	267.0
天 津	Tianjin	152.6	15.8	171.2	176.2	180.7	185.2	191.1	195.4
河 北	Hebei	268.8	286.8	313.7	317.3	312.5	266.8	289.5	352.1
山 西	Shanxi	167.5	159.5	174.2	171.8	180.0	193.3	198.2	198.6
内 蒙 古	Inner Mongolia	148.9	168.7	188.9	200.0	213.7	226.5	242.6	293.1
辽 宁	Liaoning	478.4	524.6	572.1	604.6	642.4	665.8	699.0	723.6
吉 林	Jilin	234.6	242.9	260.5	273.7	286.7	301.9	315.5	325.8
黑 龙 江	Heilongjiang	378.1	397.7	423.5	445.5	459.2	481.6	501.4	521.4
上 海	Shanghai	376.6	388.1	407.7	415.4	421.9	433.1	445.1	455.3
江 苏	Jiangsu	512.0	557.0	607.0	610.0	648.7	718.3	739.0	782.1
浙 江	Zhejiang	321.5	328.9	444.1	541.0	612.5	684.2	740.3	788.2
安 徽	Anhui	201.2	204.8	228.8	238.0	248.0	260.1	276.2	325.6
福 建	Fujian	97.1	102.7	119.9	105.0	103.4	111.7	128.9	151.1
江 西	Jiangxi	184.6	202.4	216.9	228.5	241.5	261.8	285.3	348.4
山 东	Shandong	332.7	363.9	435.7	457.0	501.9	528.1	560.7	589.0
河 南	Henan	277.3	295.8	316.3	294.9	243.0	282.5	297.8	351.7
湖 北	Hubei	351.4	373.7	404.2	420.5	439.5	471.1	477.3	495.1
湖 南	Hunan	243.6	259.9	296.0	304.9	182.1	293.0	363.1	368.4
广 东	Guangdong	333.5	383.4	430.4	457.5	504.1	537.3	542.6	611.9
广 西	Guangxi	162.4	170.2	180.2	186.5	192.2	196.3	201.1	268.4
海 南	Hainan	44.2	47.7	52.8	50.7	60.3	58.1	59.0	72.7
重 庆	Chongqing	244.1	270.3	290.0	302.3	316.3	325.3	351.3	366.0
四 川	Sichuan	500.3	561.8	614.9	614.6	649.0	623.6	710.2	909.6
贵 州	Guizhou	77.0	81.3	86.4	94.1	98.8	103.2	109.8	155.8
云 南	Yunnan	106.7	112.6	114.1	113.8	95.1	123.1	126.3	169.6
西 藏	Tibet	3.4	3.4	3.6	3.8	3.9	3.7	3.8	10.2
陕 西	Shaanxi	160.6	174.7	185.3	189.0	193.4	198.3	203.9	208.6
甘 肃	Gansu	92.5	100.0	104.9	109.2	113.5	119.1	125.0	128.5
青 海	Qinghai	26.2	27.6	28.8	30.1	31.1	32.1	33.7	46.7
宁 夏	Ningxia	40.3	40.7	43.8	46.4	48.7	50.5	53.4	66.0
新 疆	Xinjiang	81.3	84.9	88.9	85.3	95.9	98.5	101.9	147.3
新疆兵团	Xinjiang Production and Construction Crops	55.7	56.4	58.5	59.6	57.7	59.4	61.3	66.3

注：社会化发放人数是指企业、企业化管理的事业单位及其他参保人员中的离退休人员。

Note: Number of pensioners paid by the socialized agencies refers to retirees of enterprises,institutions managed as enterprises and other contributors.

9-12 历年全国基本医疗保险基本情况
PERSONS COVERED BY THE BASIC MEDICAL INSURANCE AT THE YEAR-END

年 份 Year	合计 Total	职工基本医疗保险参保人数 Persons Covered by the Basic Medical Insurance Care	职工人数 Workers	退休人员人数 Retirees	城乡居民基本医疗保险参保人数 Persons Covered by the Basic Medical Care Insurance for Urban and Rural Residents
绝对数(万人) Absolute figure (10 000 persons)					
1993	290.1	290.1	267.6	22.5	
1994	400.3	400.3	374.6	25.7	
1995	745.9	745.9	702.6	43.3	
1996	855.7	855.7	791.2	64.5	
1997	1762.0	1762.0	1588.9	173.1	
1998	1878.7	1878.7	1509.7	369.0	
1999	2065.3	2065.3	1509.4	555.9	
2000	3786.9	3786.9	2862.8	924.2	
2001	7285.9	7285.9	5470.7	1815.2	
2002	9401.2	9401.2	6925.8	2475.4	
2003	10901.7	10901.7	7974.9	2926.8	
2004	12403.6	12403.6	9044.4	3359.2	
2005	13782.9	13782.9	10021.7	3761.2	
2006	15731.8	15731.8	11580.3	4151.5	
2007	22311.4	18020.3	13420.3	4600.0	4291.1
2008	31821.6	19995.6	14987.7	5007.9	11826.0
2009	40147.0	21937.4	16410.5	5526.9	18209.6
2010	43262.9	23734.7	17791.2	5943.5	19528.3
2011	47343.2	25227.1	18948.5	6278.6	22116.1
2012	53641.3	26485.6	19861.3	6624.2	27155.7
2013	57072.6	27443.1	20501.3	6941.8	29629.4
2014	59746.9	28296.0	21041.3	7254.8	31450.9
2015	66581.6	28893.1	21362.0	7531.2	37688.5
2016	74391.6	29531.5	21720.0	7811.6	44860.0
2017	117681.4	30322.7	22288.4	8034.3	87358.7
2018	134458.6	31680.8	23307.5	8373.3	102777.8
2019	135407.4	32924.7	24224.4	8700.4	102482.7
比上年增长(%) Increase over Preceding Year %					
1994	38.0	38.0	40.0	14.3	
1995	86.3	86.3	87.6	68.0	
1996	14.7	14.7	12.6	49.0	
1997	105.9	105.9	100.8	168.5	
1998	6.6	6.6	-5.0	113.2	
1999	9.9	9.9	0.0	50.7	
2000	83.4	83.4	89.7	66.2	
2001	92.4	92.4	91.1	96.4	
2002	29.0	29.0	26.6	36.4	
2003	16.0	16.0	15.1	18.2	
2004	13.8	13.8	13.4	14.8	
2005	11.1	11.1	10.8	12.0	
2006	14.1	14.1	15.6	10.4	
2007	41.8	14.5	15.9	10.8	
2008	42.6	11.0	11.7	8.9	175.6
2009	26.2	9.7	9.5	10.4	54.0
2010	7.8	8.2	8.4	7.5	7.2
2011	9.4	6.3	6.5	5.6	13.3
2012	13.3	5.0	4.8	5.5	22.8
2013	6.4	3.6	3.2	4.8	9.1
2014	4.7	3.1	2.6	4.5	6.1
2015	11.4	2.1	1.5	3.8	19.8
2016	11.7	2.2	1.7	3.7	19.0
2017	58.2	2.7	2.6	2.9	94.7
2018	14.3	4.5	4.6	4.2	17.7
2019	0.7	3.9	3.9	3.9	-0.3

9-13 历年各地区城镇基本医疗保险参保人数
BASIC MEDICAL INSURANCE BY REGION

单位：万人 (10 000 persons)

地 区	Region	2001		2002		2003		2004	
		职工基本医疗保险 Staff	#退休人员 Retirees	职工基本医疗保险 Staff	#退休人员 Retirees	职工基本医疗保险 Staff	#退休人员 Retirees	职工基本医疗保险 Staff	#退休人员 Retirees
全 国	**National**	**7285.9**	**1815.2**	**9401.2**	**2475.4**	**10901.7**	**2926.8**	**12403.6**	**3359.2**
北 京	Beijing	240.7	89.4	321.1	113.2	436.1	134.7	483.9	141.7
天 津	Tianjin	139.6	46.8	250.2	103.8	254.7	108.5	263.0	104.8
河 北	Hebei	282.5	61.5	330.4	73.0	383.2	84.7	472.5	108.9
山 西	Shanxi	157.3	34.4	216.7	49.5	245.5	51.3	295.5	63.9
内蒙古	Inner Mongolia	196.9	45.5	221.7	54.2	252.3	66.1	274.2	78.1
辽 宁	Liaoning	313.6	90.4	619.0	188.7	697.7	217.2	783.7	247.3
吉 林	Jilin	124.2	27.8	176.9	39.8	230.8	55.3	270.0	67.5
黑龙江	Heilongjiang	308.3	89.2	392.8	108.2	435.2	122.1	544.1	151.7
上 海	Shanghai	680.5	238.9	694.8	245.9	709.6	250.6	714.1	260.9
江 苏	Jiangsu	456.0	113.5	690.9	183.2	815.0	227.6	976.7	261.6
浙 江	Zhejiang	352.7	100.0	423.4	117.0	510.3	139.5	569.2	150.3
安 徽	Anhui	232.8	53.6	273.4	65.6	318.2	79.8	362.2	97.7
福 建	Fujian	171.0	38.3	230.0	54.7	247.8	61.8	285.9	69.5
江 西	Jiangxi	71.6	12.2	106.6	22.7	188.2	45.7	250.4	65.8
山 东	Shandong	490.2	86.0	625.6	119.5	691.1	138.0	771.9	153.5
河 南	Henan	460.3	94.8	537.4	115.2	567.9	126.9	590.0	136.8
湖 北	Hubei	255.4	54.5	338.1	80.6	416.6	110.1	466.8	132.5
湖 南	Hunan	351.6	83.7	398.1	108.3	423.5	116.1	477.0	133.9
广 东	Guangdong	544.8	84.4	717.7	118.8	877.0	146.4	1034.2	168.9
广 西	Guangxi	150.1	33.4	201.8	54.1	235.0	66.1	272.2	77.8
海 南	Hainan	40.9	8.5	52.6	11.5	63.1	15.4	78.6	22.3
重 庆	Chongqing	36.8	9.7	58.7	18.0	121.8	41.7	206.3	76.2
四 川	Sichuan	437.6	128.3	480.6	150.1	531.2	173.8	587.6	196.5
贵 州	Guizhou	31.1	6.9	94.6	26.6	134.1	38.2	152.6	44.0
云 南	Yunnan	185.7	45.6	238.4	65.0	281.5	81.4	302.3	89.6
西 藏	Tibet					6.0	1.8	7.1	2.8
陕 西	Shaanxi	231.4	49.4	261.8	65.1	301.0	77.4	325.6	86.8
甘 肃	Gansu	109.9	23.6	124.1	26.0	146.0	32.8	165.8	40.6
青 海	Qinghai	38.3	12.6	51.1	16.3	56.4	17.8	60.2	19.5
宁 夏	Ningxia	17.2	4.0	36.8	10.1	48.1	12.7	55.6	14.6
新 疆	Xinjiang	177.0	48.1	235.7	70.6	276.7	85.3	304.4	93.2

9−13 续表 1 continued

单位：万人 (10 000 persons)

地 区 Region	2005		2006		2007			
	职工基本医疗保险 Staff	#退休人员 Retirees	职工基本医疗保险 Staff	#退休人员 Retirees	合 计 Total	#职工基本医疗保险 Staff	#退休人员 Retirees	#城镇居民基本医疗保险 Urban Staff
全 国 National	**13782.9**	**3761.2**	**15731.9**	**4151.5**	**22311.4**	**18020.3**	**4600.0**	**4291.1**
北 京 Beijing	574.8	155.1	679.5	163.9	929.4	783.0	172.9	146.4
天 津 Tianjin	299.1	118.3	344.2	126.0	403.8	382.5	133.2	21.3
河 北 Hebei	562.1	139.6	615.9	158.6	746.3	686.3	183.9	60.0
山 西 Shanxi	324.9	73.0	353.8	82.2	460.6	405.7	98.3	54.9
内蒙古 Inner Mongolia	292.0	86.0	316.2	93.1	451.6	352.7	103.8	98.9
辽 宁 Liaoning	864.2	280.0	959.3	307.4	1200.2	1087.8	346.5	112.4
吉 林 Jilin	283.0	73.9	376.3	101.2	767.2	427.8	118.2	339.4
黑龙江 Heilongjiang	602.9	170.4	708.2	192.9	826.7	752.2	202.3	74.5
上 海 Shanghai	728.6	275.9	1023.3	291.0	1096.8	1096.8	306.4	
江 苏 Jiangsu	1124.1	303.0	1274.3	338.5	2136.6	1435.8	365.4	700.8
浙 江 Zhejiang	639.6	163.1	730.6	172.9	946.2	855.0	185.5	91.2
安 徽 Anhui	387.1	112.7	441.2	124.7	953.3	486.2	137.1	467.1
福 建 Fujian	333.0	77.2	370.1	85.2	477.4	406.1	91.0	71.3
江 西 Jiangxi	276.7	75.0	313.3	86.5	784.7	403.4	121.6	381.3
山 东 Shandong	861.5	176.7	996.1	199.9	1292.3	1115.9	227.8	176.4
河 南 Henan	641.5	154.1	704.1	173.3	897.7	781.0	197.4	116.8
湖 北 Hubei	502.0	147.2	565.3	166.6	870.5	644.5	196.3	226.0
湖 南 Hunan	503.4	146.6	560.5	162.4	724.5	620.6	181.9	103.9
广 东 Guangdong	1235.3	180.3	1421.1	197.9	2281.6	2022.2	218.0	259.4
广 西 Guangxi	285.9	82.3	302.0	88.7	361.4	339.3	99.2	22.1
海 南 Hainan	87.2	24.5	91.0	25.6	155.3	107.5	29.9	47.9
重 庆 Chongqing	237.7	91.9	257.5	97.4	327.5	284.7	104.7	42.8
四 川 Sichuan	647.0	220.2	734.5	247.8	1020.0	815.0	270.6	205.0
贵 州 Guizhou	180.5	51.5	199.2	57.8	293.8	228.2	66.1	65.6
云 南 Yunnan	320.7	95.5	331.5	98.8	400.3	345.8	101.8	54.5
西 藏 Tibet	15.2	4.8	16.5	5.0	19.2	19.2	5.8	
陕 西 Shaanxi	348.8	101.3	377.1	111.4	459.3	410.1	123.2	49.3
甘 肃 Gansu	176.6	46.2	195.8	51.7	449.5	221.5	61.6	228.0
青 海 Qinghai	62.0	20.4	64.5	22.0	95.8	70.1	23.0	25.7
宁 夏 Ningxia	64.5	17.2	73.1	19.9	114.0	78.3	21.4	35.7
新 疆 Xinjiang	321.1	97.5	335.8	101.2	367.9	355.1	105.1	12.7

9-13 续表 2 continued

单位：万人 (10 000 persons)

地区 Region	2008 合计 Total	2008 #职工基本医疗保险 Staff	2008 #退休人员 Retirees	2008 #城镇居民基本医疗保险 Urban Staff	2009 合计 Total	2009 #职工基本医疗保险 Staff	2009 #退休人员 Retirees	2009 #城镇居民基本医疗保险 Urban Staff
全国 National	**31821.7**	**19995.6**	**5007.9**	**11826.1**	**40147.0**	**21937.4**	**5526.9**	**18209.6**
北京 Beijing	1017.1	871.0	182.4	146.1	1083.9	938.4	191.8	145.5
天津 Tianjin	484.5	399.1	141.8	85.4	605.3	444.1	150.6	161.2
河北 Hebei	1083.1	738.5	199.5	344.5	1421.1	802.1	219.7	619.0
山西 Shanxi	593.9	441.8	108.8	152.1	879.0	534.6	128.5	344.5
内蒙古 Inner Mongolia	612.5	373.7	108.6	238.8	805.3	410.4	117.8	394.9
辽宁 Liaoning	1507.5	1209.3	386.5	298.1	1895.6	1347.0	444.5	548.6
吉林 Jilin	937.4	450.9	131.8	486.5	1242.8	486.4	147.4	756.4
黑龙江 Heilongjiang	1056.3	788.3	216.0	268.1	1544.3	851.3	256.5	693.0
上海 Shanghai	1355.2	1171.7	320.9	183.5	1583.8	1329.6	372.5	254.2
江苏 Jiangsu	2837.6	1604.3	390.3	1233.3	3031.0	1701.1	418.6	1329.9
浙江 Zhejiang	1322.6	1053.9	198.3	268.7	1784.4	1173.7	211.8	610.7
安徽 Anhui	1323.8	528.8	148.1	795.0	1435.8	570.2	160.4	865.6
福建 Fujian	796.5	435.7	101.4	360.7	1137.2	503.7	114.7	633.5
江西 Jiangxi	1207.1	503.2	149.4	704.0	1300.4	515.1	151.6	785.3
山东 Shandong	1847.0	1266.2	256.2	580.8	2540.2	1428.6	287.8	1111.6
河南 Henan	1549.4	840.9	220.8	708.6	1970.1	920.1	243.7	1050.0
湖北 Hubei	1435.7	714.9	210.9	720.8	1811.7	820.4	236.2	991.3
湖南 Hunan	1321.6	682.0	206.5	639.6	1831.9	746.4	225.6	1085.5
广东 Guangdong	3551.8	2370.7	240.3	1181.1	4568.5	2556.4	259.4	2012.1
广西 Guangxi	568.2	361.4	103.8	206.8	850.0	388.8	110.6	461.2
海南 Hainan	249.7	121.8	34.0	127.9	283.8	152.7	41.5	131.0
重庆 Chongqing	550.6	326.2	115.1	224.4	769.5	362.5	120.8	407.0
四川 Sichuan	1413.8	893.5	296.7	520.4	1912.7	958.5	317.3	954.2
贵州 Guizhou	404.3	257.4	73.0	146.9	567.0	279.5	85.1	287.5
云南 Yunnan	618.2	356.8	103.6	261.4	762.5	397.4	118.3	365.0
西藏 Tibet	32.4	20.1	5.3	12.3	36.0	22.6	6.4	13.5
陕西 Shaanxi	717.3	432.7	132.8	284.6	890.0	463.3	145.2	426.8
甘肃 Gansu	522.2	248.9	68.8	273.2	557.4	272.2	77.7	285.2
青海 Qinghai	93.6	72.1	24.5	21.5	104.8	75.7	24.6	29.1
宁夏 Ningxia	158.7	83.2	22.7	75.4	186.0	87.0	23.8	99.0
新疆 Xinjiang	652.1	376.6	109.0	275.5	755.0	397.5	114.7	357.4

9-13 续表 3 continued

单位：万人 (10 000 persons)

地 区 Region	2010				2011			
	合 计 Total	#职工基本医疗保险 Staff	#退休人员 Retirees	#城镇居民基本医疗保险 Urban Staff	合 计 Total	#职工基本医疗保险 Staff	#退休人员 Retirees	#城镇居民基本医疗保险 Urban Staff
全 国 National	**43262.9**	**23734.7**	**5943.5**	**19528.3**	**47343.2**	**25227.1**	**6278.6**	**22116.1**
北 京 Beijing	1207.3	1063.7	215.1	143.7	1347.8	1188.0	232.8	159.8
天 津 Tianjin	960.9	470.0	157.5	490.9	972.8	474.5	162.5	498.3
河 北 Hebei	1518.1	848.0	238.0	670.0	1562.2	875.5	248.2	686.6
山 西 Shanxi	923.5	562.0	140.0	361.5	1005.1	595.8	150.8	409.3
内蒙古 Inner Mongolia	886.4	433.5	124.7	452.8	907.3	438.0	124.3	469.3
辽 宁 Liaoning	2056.2	1408.7	464.1	647.5	2120.1	1499.4	494.1	620.7
吉 林 Jilin	1333.8	550.1	179.9	783.7	1350.6	557.2	188.2	793.4
黑龙江 Heilongjiang	1560.8	873.7	278.4	687.1	1578.0	881.0	293.6	697.0
上 海 Shanghai	1665.2	1405.9	388.8	259.2	1591.8	1342.1	404.1	249.7
江 苏 Jiangsu	3249.4	1848.3	443.2	1401.2	3500.5	2012.4	470.9	1488.1
浙 江 Zhejiang	1963.8	1344.4	226.8	619.4	2244.1	1514.4	243.3	729.7
安 徽 Anhui	1529.3	598.5	169.3	930.9	1612.9	659.3	181.9	953.6
福 建 Fujian	1200.6	546.6	120.7	654.0	1217.2	579.3	126.2	637.8
江 西 Jiangxi	1326.4	532.1	166.5	794.3	1329.7	535.9	170.9	793.8
山 东 Shandong	2770.6	1541.3	316.7	1229.3	2947.8	1637.1	337.5	1310.7
河 南 Henan	2043.7	957.4	258.7	1086.4	2122.3	1016.4	272.2	1105.8
湖 北 Hubei	1860.0	847.8	239.8	1012.3	1932.5	902.8	254.6	1029.7
湖 南 Hunan	1894.5	777.4	236.9	1117.2	1941.2	789.5	242.9	1151.7
广 东 Guangdong	5043.2	3000.0	314.5	2043.2	6767.1	3234.3	340.5	3532.8
广 西 Guangxi	935.2	413.5	123.0	521.7	981.3	437.2	128.8	544.1
海 南 Hainan	323.3	166.9	43.2	156.4	352.4	186.2	45.3	166.1
重 庆 Chongqing	830.8	406.2	125.6	424.6	1324.8	458.5	133.1	866.3
四 川 Sichuan	2063.1	1051.9	348.3	1011.2	2248.4	1169.1	366.0	1079.3
贵 州 Guizhou	602.5	293.5	88.2	309.0	629.0	314.1	93.3	314.9
云 南 Yunnan	820.5	414.8	121.4	405.7	865.8	443.4	126.6	422.4
西 藏 Tibet	38.6	23.5	6.6	15.1	43.7	24.9	6.6	18.7
陕 西 Shaanxi	947.2	474.2	151.2	473.1	1090.4	540.3	172.8	550.2
甘 肃 Gansu	588.8	290.2	85.9	298.6	590.8	291.1	88.2	299.8
青 海 Qinghai	140.3	78.7	25.2	61.6	151.6	82.4	25.9	69.2
宁 夏 Ningxia	188.3	94.1	26.4	94.2	188.8	100.2	27.1	88.5
新 疆 Xinjiang	790.5	417.7	119.0	372.7	825.2	446.6	125.2	378.5

9-13 续表 4 continued

单位：万人 (10 000 persons)

地区	Region	2012 合计 Total	2012 #职工基本医疗保险 Staff	2012 #退休人员 Retirees	2012 #城镇居民基本医疗保险 Urban Staff	2013 合计 Total	2013 #职工基本医疗保险 Staff	2013 #退休人员 Retirees	2013 #城镇居民基本医疗保险 Urban Staff
全国	**National**	**53641.3**	**26485.6**	**6624.2**	**27155.7**	**57072.6**	**27443.1**	**6941.8**	**29629.4**
北京	Beijing	1431.6	1279.7	239.1	151.9	1514.9	1354.8	249.8	160.1
天津	Tianjin	981.3	479.1	168.9	502.2	1001.5	493.1	177.3	508.4
河北	Hebei	1644.4	906.8	261.5	737.6	1674.5	926.3	275.6	748.2
山西	Shanxi	1055.9	621.1	157.2	434.9	1086.3	646.5	166.9	439.7
内蒙古	Inner Mongolia	967.7	455.1	132.4	512.6	986.2	464.5	134.5	521.7
辽宁	Liaoning	2251.9	1587.0	524.8	664.9	2333.3	1624.8	546.9	708.5
吉林	Jilin	1370.0	569.5	194.0	800.5	1378.6	574.9	197.5	803.7
黑龙江	Heilongjiang	1580.3	867.8	309.6	712.5	1580.4	868.1	311.6	712.3
上海	Shanghai	1638.6	1376.0	421.5	262.6	1650.5	1394.1	438.4	256.4
江苏	Jiangsu	3608.8	2155.5	508.9	1453.4	3427.6	2274.7	543.6	1152.9
浙江	Zhejiang	2806.8	1671.0	277.1	1135.8	4121.1	1791.1	299.5	2330.0
安徽	Anhui	1660.0	685.2	191.5	974.8	1660.8	716.0	203.3	944.9
福建	Fujian	1262.9	666.3	130.2	596.6	1283.8	703.0	136.4	580.8
江西	Jiangxi	1438.6	546.8	180.4	891.8	1476.6	569.9	189.8	906.7
山东	Shandong	3101.2	1734.1	365.6	1367.1	3647.9	1809.7	391.7	1838.2
河南	Henan	2222.2	1082.2	293.2	1140.0	2297.2	1140.2	313.4	1157.0
湖北	Hubei	1960.3	921.2	264.7	1039.1	1960.6	922.8	280.7	1037.8
湖南	Hunan	2341.9	797.6	248.8	1544.3	2316.2	799.3	257.5	1516.9
广东	Guangdong	8421.8	3373.4	362.8	5048.4	9179.8	3473.0	383.8	5706.8
广西	Guangxi	1011.5	456.3	133.6	555.3	1031.0	466.6	137.8	564.4
海南	Hainan	378.5	205.2	47.5	173.2	406.5	220.0	50.6	186.6
重庆	Chongqing	3219.1	496.5	147.9	2722.6	3234.8	539.5	158.9	2695.3
四川	Sichuan	2383.8	1240.9	381.8	1142.9	2486.0	1282.0	394.5	1204.0
贵州	Guizhou	648.3	329.3	96.3	319.0	672.1	344.7	98.1	327.4
云南	Yunnan	882.4	452.2	129.5	430.2	1118.8	458.0	133.3	660.8
西藏	Tibet	50.1	27.6	7.1	22.6	54.8	30.6	7.2	24.3
陕西	Shaanxi	1118.8	547.5	175.8	571.3	1244.3	571.7	181.7	672.5
甘肃	Gansu	616.5	293.0	87.7	323.6	622.8	297.1	90.2	325.7
青海	Qinghai	172.3	86.1	26.7	86.2	181.3	89.7	27.6	91.6
宁夏	Ningxia	561.8	106.6	28.5	455.2	565.5	108.6	29.5	456.9
新疆	Xinjiang	851.9	469.1	129.6	382.9	877.1	488.0	134.3	389.1

9-13 续表 5 continued

单位：万人 (10 000 persons)

地 区 Region	2014 合 计 Total	2014 #职工基本医疗保险 Staff	2014 #退休人员 Retirees	2014 #城镇居民基本医疗保险 Urban Staff	2015 合 计 Total	2015 #职工基本医疗保险 Staff	2015 #退休人员 Retirees	2015 #城镇居民基本医疗保险 Urban Staff
全 国 National	**59746.9**	**28296.0**	**7254.8**	**31450.9**	**66581.6**	**28893.1**	**7531.2**	**37688.5**
北 京 Beijing	1604.3	1431.3	260.1	173.0	1656.6	1475.7	269.5	181.0
天 津 Tianjin	1023.6	509.6	183.6	514.0	1054.1	522.0	190.4	532.1
河 北 Hebei	1697.5	944.5	286.3	753.1	1663.7	957.0	300.3	706.7
山 西 Shanxi	1101.2	657.3	175.5	443.9	1113.8	650.5	179.4	463.3
内蒙古 Inner Mongolia	998.1	470.7	138.6	527.4	1008.1	477.4	141.4	530.6
辽 宁 Liaoning	2387.2	1649.2	576.7	738.0	2396.2	1651.4	597.7	744.8
吉 林 Jilin	1380.0	575.6	197.5	804.4	1380.6	575.9	199.7	804.7
黑龙江 Heilongjiang	1586.4	873.9	324.3	712.5	1594.8	873.7	330.1	721.1
上 海 Shanghai	1678.5	1420.8	453.2	257.7	1719.2	1446.4	465.8	272.9
江 苏 Jiangsu	3797.5	2361.8	577.0	1435.7	4014.3	2429.0	610.8	1585.3
浙 江 Zhejiang	4847.6	1900.0	324.1	2947.5	4964.1	1992.7	353.7	2971.4
安 徽 Anhui	1756.4	739.9	211.9	1016.5	1737.6	763.3	221.1	974.3
福 建 Fujian	1293.0	737.3	143.0	555.7	1301.2	759.4	146.8	541.9
江 西 Jiangxi	1494.2	579.2	197.7	915.0	1530.4	585.0	201.3	945.5
山 东 Shandong	3988.0	1860.2	411.4	2127.8	9235.8	1904.4	439.9	7331.4
河 南 Henan	2340.0	1182.4	327.2	1157.6	2344.9	1200.7	336.6	1144.2
湖 北 Hubei	1968.0	933.3	286.9	1034.7	1972.1	949.4	296.3	1022.7
湖 南 Hunan	2300.7	807.9	261.8	1492.8	2662.3	818.8	267.1	1843.6
广 东 Guangdong	9804.2	3647.1	420.9	6157.1	10136.0	3711.8	439.7	6424.2
广 西 Guangxi	1067.3	482.6	143.8	584.7	1077.6	505.5	148.8	572.1
海 南 Hainan	386.8	191.7	53.7	195.2	389.8	196.3	55.6	193.4
重 庆 Chongqing	3256.8	575.8	167.0	2681.1	3266.3	588.5	174.0	2677.8
四 川 Sichuan	2576.5	1329.4	407.5	1247.1	2650.7	1378.6	418.8	1272.1
贵 州 Guizhou	687.1	354.8	99.9	332.4	955.5	372.7	105.2	582.7
云 南 Yunnan	1135.9	462.6	138.6	673.3	1140.8	468.3	140.7	672.5
西 藏 Tibet	58.9	33.0	7.8	25.9	61.8	34.3	8.1	27.5
陕 西 Shaanxi	1246.2	574.2	184.4	671.9	1247.3	580.3	187.4	667.0
甘 肃 Gansu	630.6	302.6	96.2	328.1	635.0	307.9	99.8	327.0
青 海 Qinghai	190.4	93.3	29.1	97.1	195.2	95.6	30.4	99.6
宁 夏 Ningxia	578.6	116.1	31.0	462.5	584.8	114.8	32.2	470.0
新 疆 Xinjiang	885.1	498.0	138.2	387.1	891.0	505.9	142.6	385.2

9-13 续表 6 continued

单位：万人 (10 000 persons)

地区 Region	2016 合计 Total	2016 #职工基本医疗保险 Staff	2016 #退休人员 Retirees	2016 #城镇居民基本医疗保险 Urban Staff	2017 合计 Total	2017 #职工基本医疗保险 Staff	2017 #退休人员 Retirees	2017 #城乡居民基本医疗保险 Urban Staff
全 国 National	**74391.6**	**29531.5**	**7811.6**	**44860.0**	**117681.4**	**30322.7**	**8034.3**	**87358.7**
北 京 Beijing	1708.8	1517.6	277.8	191.2	1771.4	1569.2	286.2	202.2
天 津 Tianjin	1066.8	535.7	195.4	531.1	1088.5	554.1	201.0	534.3
河 北 Hebei	6672.1	973.7	306.2	5698.4	6883.1	986.9	312.4	5896.2
山 西 Shanxi	1121.2	660.2	185.4	461.0	3215.3	664.1	189.2	2551.3
内蒙古 Inner Mongolia	1019.8	488.8	146.1	531.0	2161.5	495.1	148.4	1666.4
辽 宁 Liaoning	2376.0	1635.6	612.9	740.4	2277.5	1575.9	608.4	701.6
吉 林 Jilin	1380.9	576.0	204.8	804.9	1380.9	576.0	207.6	804.9
黑龙江 Heilongjiang	1599.9	879.5	354.0	720.3	2892.6	843.8	350.6	2048.9
上 海 Shanghai	1806.7	1468.6	477.0	338.0	1839.8	1495.1	489.7	344.6
江 苏 Jiangsu	3984.4	2490.5	641.2	1493.9	7619.1	2601.1	679.8	5018.0
浙 江 Zhejiang	4993.3	2017.5	383.2	2975.8	5251.6	2117.4	414.5	3134.2
安 徽 Anhui	1621.5	782.0	231.1	839.6	2108.1	809.2	237.7	1298.9
福 建 Fujian	1297.9	792.1	150.2	505.8	3768.6	819.3	155.1	2949.3
江 西 Jiangxi	1807.0	591.6	202.8	1215.4	4762.4	558.7	191.8	4203.7
山 东 Shandong	9188.8	1960.0	465.6	7228.8	9295.7	2013.1	486.3	7282.6
河 南 Henan	2360.7	1227.3	344.6	1133.4	10410.7	1228.2	344.4	9182.5
湖 北 Hubei	1981.8	961.0	300.5	1020.8	5622.2	1018.9	316.2	4603.3
湖 南 Hunan	2646.1	829.6	272.5	1816.6	6906.3	867.1	285.4	6039.1
广 东 Guangdong	10150.2	3814.1	460.6	6336.1	10365.1	3962.6	479.1	6402.4
广 西 Guangxi	1096.4	530.7	155.0	565.7	5173.3	556.7	160.2	4616.5
海 南 Hainan	387.2	201.0	57.1	186.2	419.5	209.6	60.4	209.9
重 庆 Chongqing	3259.3	604.8	179.5	2654.5	3248.5	640.3	184.9	2608.2
四 川 Sichuan	5056.8	1440.6	439.4	3616.2	7714.8	1526.4	458.4	6188.4
贵 州 Guizhou	973.6	389.8	108.3	583.8	1001.3	410.4	111.5	590.9
云 南 Yunnan	1163.6	479.1	144.5	684.5	4463.8	491.3	147.3	3972.5
西 藏 Tibet	65.4	36.8	8.6	28.5	69.9	40.0	9.1	29.9
陕 西 Shaanxi	1248.0	599.6	188.5	648.4	1251.0	619.8	190.5	631.2
甘 肃 Gansu	643.3	314.4	106.0	328.9	2512.2	320.2	108.0	2192.0
青 海 Qinghai	196.7	97.9	31.8	98.8	549.0	94.0	32.8	455.0
宁 夏 Ningxia	594.0	117.5	33.0	476.6	618.2	123.5	34.6	494.8
新 疆 Xinjiang	923.2	517.7	148.0	405.5	1039.6	534.6	152.7	505.0

9-13 续表 7 continued

单位：万人 (10 000 persons)

地区	Region	2018 合计 Total	2018 #职工基本医疗保险 Staff	2018 #退休人员 Retirees	2018 #城乡居民基本医疗保险 Urban Staff	2019 合计 Total	2019 #职工基本医疗保险 Staff	2019 #退休人员 Retirees	2019 #城乡居民基本医疗保险 Urban Staff
全国	**National**	**134458.6**	**31680.8**	**8373.3**	**102777.8**	**135407.4**	**32924.7**	**8700.4**	**102482.7**
北京	Beijing	2018.1	1628.9	296.9	389.2	2082.7	1682.5	306.1	400.1
天津	Tianjin	1116.7	575.3	207.5	541.5	1137.0	595.0	212.1	541.9
河北	Hebei	6914.3	1030.2	324.7	5884.1	6937.7	1079.2	337.3	5858.5
山西	Shanxi	3266.9	686.6	207.2	2580.3	3266.4	702.0	219.7	2564.3
内蒙古	Inner Mongolia	2164.4	505.3	153.6	1659.0	2178.4	530.7	170.5	1647.7
辽宁	Liaoning	3968.8	1567.9	622.8	2400.9	3894.7	1552.1	641.0	2342.6
吉林	Jilin	2607.3	576.0	209.9	2031.4	2548.1	525.9	192.3	2022.2
黑龙江	Heilongjiang	2908.6	856.2	358.2	2052.3	2837.1	873.6	377.1	1963.5
上海	Shanghai	1866.1	1523.3	502.7	342.8	1889.2	1539.3	512.4	349.8
江苏	Jiangsu	7721.7	2752.6	723.1	4969.1	7848.8	2954.1	764.5	4894.8
浙江	Zhejiang	5368.7	2277.0	446.4	3091.7	5461.5	2426.6	476.5	3034.9
安徽	Anhui	6105.1	854.6	247.3	5250.5	6731.5	888.1	255.3	5843.3
福建	Fujian	3804.7	853.1	161.0	2951.7	3788.1	841.4	162.6	2946.7
江西	Jiangxi	4797.5	573.7	197.3	4223.7	4782.4	579.0	207.0	4203.4
山东	Shandong	9437.1	2072.1	512.0	7364.9	9569.6	2173.8	549.5	7395.8
河南	Henan	10435.7	1265.1	361.3	9170.6	10289.8	1281.7	375.1	9008.1
湖北	Hubei	5586.2	1054.0	321.9	4532.2	5562.6	1093.2	331.4	4469.4
湖南	Hunan	6838.0	898.5	292.6	5939.5	6716.1	930.6	299.0	5785.4
广东	Guangdong	10615.8	4170.7	505.3	6445.1	10783.5	4375.7	525.6	6407.7
广西	Guangxi	5136.7	588.5	167.5	4548.2	5207.2	620.5	176.0	4586.6
海南	Hainan	915.4	225.7	62.9	689.7	920.7	236.1	64.7	684.5
重庆	Chongqing	3265.3	678.3	192.4	2587.0	3272.1	720.6	200.3	2551.4
四川	Sichuan	8637.1	1667.7	481.4	6969.5	8616.9	1778.1	498.7	6838.8
贵州	Guizhou	4233.6	432.0	115.7	3801.6	4186.8	462.0	119.7	3724.7
云南	Yunnan	4520.9	506.9	150.3	4014.0	4533.4	528.0	154.6	4005.5
西藏	Tibet	342.7	43.9	9.8	298.8	347.1	47.7	11.2	299.4
陕西	Shaanxi	3885.9	674.4	197.6	3211.5	3960.9	712.9	204.4	3248.0
甘肃	Gansu	2546.7	331.6	110.8	2215.1	2572.9	344.3	114.1	2228.6
青海	Qinghai	555.3	99.4	34.2	455.9	557.9	103.8	35.7	454.2
宁夏	Ningxia	626.2	131.9	36.3	494.3	633.7	141.1	38.0	492.6
新疆	Xinjiang	2251.0	579.5	162.8	1671.5	2293.1	605.1	168.1	1688.1

9-14 分地区基本医疗保险基金(含生育保险)收支情况（2019年）
RENVENUE AND EXPENSES OF BASIC MEDICAL INSURANCE (BIRTH INSURANCE INCLUDED) BY REGION(2019)

单位：亿元 (100 million yuan)

地 区	Region	基金收入 Revenue			基金支出 Expenses			累计结余 Balance at the Year-end		
		合 计 Total	职 工 Workers	居 民 Residents	合 计 Total	职 工 Workers	居 民 Residents	合 计 Total	职 工 Workers	居 民 Residents
全 国	**National**	**24420.9**	**15845.4**	**8575.5**	**20854.2**	**12663.2**	**8191.0**	**27696.7**	**22554.1**	**5142.5**
北 京	Beijing	1553.6	1483.6	70.1	1320.0	1226.1	93.9	1108.8	1085.9	22.9
天 津	Tianjin	392.2	333.0	59.2	351.5	303.7	47.8	378.0	276.9	101.0
河 北	Hebei	980.6	504.7	475.9	833.6	390.0	443.7	1054.0	820.9	233.1
山 西	Shanxi	472.4	269.3	203.1	449.5	234.4	215.1	507.9	387.2	120.7
内蒙古	Inner Mongolia	382.7	245.5	137.2	325.9	197.8	128.1	419.8	348.8	71.0
辽 宁	Liaoning	735.5	548.8	186.8	677.0	505.6	171.4	639.2	500.6	138.6
吉 林	Jilin	352.2	205.3	147.0	320.0	166.0	154.0	401.3	326.2	75.2
黑龙江	Heilongjiang	509.0	341.4	167.5	457.3	302.1	155.2	577.3	432.0	145.4
上 海	Shanghai	1445.3	1356.6	88.6	971.1	891.8	79.4	2931.2	2920.4	10.8
江 苏	Jiangsu	1801.0	1336.4	464.6	1556.0	1091.8	464.2	2089.9	1857.7	232.2
浙 江	Zhejiang	1625.1	1154.5	470.6	1370.5	950.5	420.0	2110.3	1941.1	169.2
安 徽	Anhui	787.8	351.0	436.8	710.2	266.2	444.0	710.8	502.4	208.4
福 建	Fujian	607.5	373.4	234.1	539.5	297.5	242.0	796.7	700.9	95.7
江 西	Jiangxi	588.9	237.1	351.8	522.4	190.9	331.5	607.6	343.4	264.2
山 东	Shandong	1655.5	1041.9	613.7	1426.1	867.0	559.2	1537.7	1158.4	379.3
河 南	Henan	1142.8	487.3	655.5	1091.2	408.5	682.7	936.9	665.0	271.8
湖 北	Hubei	876.6	513.1	363.6	784.0	427.4	356.6	770.6	510.7	259.9
湖 南	Hunan	843.6	406.4	437.2	753.4	325.6	427.9	815.9	585.8	230.1
广 东	Guangdong	2177.7	1656.6	521.1	1764.4	1281.3	483.0	3329.0	2913.7	415.3
广 西	Guangxi	638.2	276.5	361.8	561.8	221.6	340.2	786.7	401.2	385.5
海 南	Hainan	152.9	98.0	54.9	117.6	67.1	50.5	199.9	159.8	40.2
重 庆	Chongqing	522.0	320.2	201.8	461.4	274.5	186.9	444.8	280.9	163.9
四 川	Sichuan	1311.3	753.7	557.6	1071.2	574.8	496.4	1694.1	1267.2	427.0
贵 州	Guizhou	530.3	219.1	311.2	427.3	163.1	264.2	445.1	259.5	185.6
云 南	Yunnan	652.8	324.3	328.5	565.9	254.2	311.7	619.6	443.2	176.3
西 藏	Tibet	69.7	50.9	18.8	47.3	21.4	25.9	117.0	114.2	2.7
陕 西	Shaanxi	580.1	323.0	257.1	505.4	257.9	247.5	552.1	461.7	90.5
甘 肃	Gansu	317.6	148.6	169.0	287.3	124.1	163.2	233.1	168.3	64.8
青 海	Qinghai	125.8	80.7	45.0	93.4	61.5	31.9	157.0	122.1	34.9
宁 夏	Ningxia	117.3	71.5	45.8	91.6	52.0	39.6	130.2	102.6	27.6
新 疆	Xinjiang	472.6	333.1	139.5	400.3	266.9	133.4	594.3	495.5	98.7

9-15 历年全国失业保险基本情况
UNEMPLOYMENT INSURANCE

年 份 Year	年末参保人数 (万人) Contributors at the Year-end (10 000 persons)	年末领取失业保险金人数 (万人) Beneficiaries of Unemplo-ment Insurance Funds(10 000 persons)	全年发放失业保险金 (万元) Unemployed Relief (10 000 yuan)
绝对数 Absolute figure			
1992	7443		8959
1993	7924		27847
1994	7968		50755
1995	8238		79199
1996	8333		133394
1997	7961		179319
1998	7928		203907
1999	9852	109	318722
2000	10408	190	561984
2001	10355	312	832563
2002	10182	440	1167736
2003	10373	415	1334448
2004	10584	419	1374983
2005	10648	362	1366801
2006	11187	327	1253873
2007	11645	286	1294405
2008	12400	261	1395349
2009	12715	235	1457592
2010	13376	209	1404485
2011	14317	197	1598544
2012	15225	204	1812934
2013	16417	197	2032389
2014	17043	207	2332794
2015	17326	227	2698012
2016	18089	230	3093670
2017	18784	220	3182181
2018	19643	223	3576225
2019	20543	228	3967704
比上年增长(%) Increase over Preceding Year %			
1993	6.5		210.8
1994	0.6		82.3
1995	3.4		56.0
1996	1.2		68.4
1997	-4.5		34.4
1998	-0.4		13.7
1999	24.3		56.3
2000	5.6	74.3	76.3
2001	-0.6	64.2	48.1
2002	-1.7	41.0	40.3
2003	1.9	-5.7	14.3
2004	2.0	1.0	3.0
2005	0.6	-13.5	-0.6
2006	5.0	-9.9	-8.3
2007	4.1	-12.4	3.2
2008	6.5	-8.7	7.8
2009	2.5	-10.0	4.5
2010	5.2	-11.0	-3.6
2011	7.0	-5.8	13.8
2012	6.3	3.6	13.4
2013	7.8	-3.4	12.1
2014	3.8	5.1	14.8
2015	1.7	9.5	15.7
2016	4.4	1.6	14.7
2017	3.8	-4.4	2.9
2018	4.6	1.3	12.4
2019	4.6	2.3	10.9

9-16 历年各地区失业保险参保人数
UNEMPLOYMENT INSURANCE BY REGION

单位：万人 (10 000 persons)

地 区	Region	2001		2002		2003		2004	
		年末参保人数 Contributors at the Year-end	年末领取失业保险金人数 Beneficiaries at the Year-end	年末参保人数 Contributors at the Year-end	年末领取失业保险金人数 Beneficiaries at the Year-end	年末参保人数 Contributors at the Year-end	年末领取失业保险金人数 Beneficiaries at the Year-end	年末参保人数 Contributors at the Year-end	年末领取失业保险金人数 Beneficiaries at the Year-end
全 国	**National**	**10355**	**312**	**10182**	**440**	**10373**	**415**	**10584**	**419**
北 京	Beijing	287.2	5.5	299.6	4.8	306.6	5.2	308.2	3.8
天 津	Tianjin	214.3	10.8	196.3	12.4	193.5	9.4	195.1	5.1
河 北	Hebei	513.2	7.3	488.6	7.2	484.2	8.3	479.0	11.0
山 西	Shanxi	286.0	5.9	278.9	4.5	284.1	5.7	286.5	5.4
内蒙古	Inner Mongolia	217.7	5.4	219.7	7.1	221.6	5.7	222.3	5.8
辽 宁	Liaoning	656.7	20.3	591.2	82.2	622.2	67.0	616.2	81.7
吉 林	Jilin	283.8	13.2	284.0	15.6	292.9	16.2	282.2	12.2
黑龙江	Heilongjiang	532.6	12.5	466.0	19.6	479.0	12.6	475.8	9.7
上 海	Shanghai	430.7	13.1	436.0	14.4	441.1	14.0	487.8	15.9
江 苏	Jiangsu	766.5	39.5	735.6	49.7	761.6	48.9	797.1	43.6
浙 江	Zhejiang	391.1	33.0	390.0	27.5	396.8	17.4	428.4	11.3
安 徽	Anhui	375.2	11.5	378.8	17.5	380.8	23.4	371.1	26.4
福 建	Fujian	239.6	9.6	249.5	11.1	266.4	10.0	266.4	9.5
江 西	Jiangxi	235.9	2.1	226.7	3.9	215.5	5.9	226.6	7.2
山 东	Shandong	700.2	20.5	701.2	30.1	719.1	30.1	747.5	30.6
河 南	Henan	676.1	10.0	670.4	16.8	680.0	18.7	681.6	22.3
湖 北	Hubei	420.8	26.1	416.1	25.1	390.1	18.7	391.3	17.0
湖 南	Hunan	352.0	4.4	326.6	7.9	347.5	10.5	380.5	9.8
广 东	Guangdong	819.5	21.2	890.2	26.2	954.1	25.9	1005.8	23.4
广 西	Guangxi	217.7	5.0	215.5	7.6	219.1	8.9	226.4	9.8
海 南	Hainan	56.1	0.7	60.2	1.7	57.7	1.8	57.9	2.1
重 庆	Chongqing	210.0	7.7	205.3	9.1	199.5	8.1	193.4	9.2
四 川	Sichuan	412.2	11.9	402.9	14.0	400.0	12.6	398.6	12.6
贵 州	Guizhou	136.4	1.2	132.2	1.6	128.0	1.3	129.9	1.2
云 南	Yunnan	190.7	3.6	183.2	4.6	183.0	6.6	173.2	10.5
西 藏	Tibet	6.3		7.1		7.1		6.7	
陕 西	Shaanxi	304.9	3.5	315.7	7.3	323.3	8.2	325.5	7.2
甘 肃	Gansu	162.7	1.1	161.0	2.7	162.1	3.8	161.0	4.3
青 海	Qinghai	35.7	1.4	32.2	1.0	33.2	1.3	33.1	1.2
宁 夏	Ningxia	34.7	0.7	35.7	0.8	36.3	1.0	36.4	1.2
新 疆	Xinjiang	188.2	3.9	185.2	5.7	186.5	7.4	192.4	7.7

9-16 续表 1 continued

单位：万人 (10 000 persons)

地 区	Region	2005 年末参保人数 Contributors at the Year-end	2005 年末领取失业保险金人数 Beneficiaries at the Year-end	2006 年末参保人数 Contributors at the Year-end	2006 年末领取失业保险金人数 Beneficiaries at the Year-end	2007 年末参保人数 Contributors at the Year-end	2007 年末领取失业保险金人数 Beneficiaries at the Year-end
全 国	**National**	**10648**	**362**	**11187**	**327**	**11645**	**286**
北 京	Beijing	357.5	3.5	482.2	3.1	535.3	3.0
天 津	Tianjin	197.5	3.8	216.7	3.6	221.5	3.3
河 北	Hebei	461.2	13.3	470.8	13.4	473.3	11.6
山 西	Shanxi	288.5	4.8	296.0	5.2	299.0	6.0
内蒙古	Inner Mongolia	222.2	4.9	223.5	5.0	223.7	4.7
辽 宁	Liaoning	607.7	46.5	614.1	25.9	622.1	19.6
吉 林	Jilin	199.4	7.5	224.4	10.2	228.7	13.9
黑龙江	Heilongjiang	459.6	10.3	457.5	17.8	464.1	15.3
上 海	Shanghai	466.1	17.8	476.4	18.5	491.5	14.9
江 苏	Jiangsu	838.3	30.2	901.1	22.7	968.5	21.2
浙 江	Zhejiang	444.7	7.2	504.4	6.5	584.7	6.3
安 徽	Anhui	360.3	24.3	362.6	17.9	364.5	14.1
福 建	Fujian	266.6	8.6	293.1	6.8	318.2	5.7
江 西	Jiangxi	230.7	6.0	241.0	4.9	251.5	5.3
山 东	Shandong	771.1	32.2	789.7	30.3	814.9	27.8
河 南	Henan	681.9	29.2	682.8	28.0	682.9	21.6
湖 北	Hubei	391.5	14.8	395.5	12.0	405.7	8.9
湖 南	Hunan	382.7	11.3	386.3	10.2	389.0	8.6
广 东	Guangdong	1099.1	20.4	1208.2	16.7	1295.5	14.3
广 西	Guangxi	219.9	9.4	222.3	8.1	223.8	7.2
海 南	Hainan	56.7	2.0	59.1	2.3	66.2	2.5
重 庆	Chongqing	188.2	6.4	193.0	4.8	196.7	4.1
四 川	Sichuan	380.5	15.6	400.0	16.3	418.2	11.3
贵 州	Guizhou	129.3	1.3	131.1	1.5	134.5	1.4
云 南	Yunnan	180.3	9.1	183.0	6.4	185.8	4.3
西 藏	Tibet	6.7		7.5		7.2	0.0
陕 西	Shaanxi	326.7	8.6	326.5	14.1	327.2	13.6
甘 肃	Gansu	160.0	5.4	160.5	7.5	161.8	7.1
青 海	Qinghai	33.2	1.1	34.0	1.0	34.7	2.1
宁 夏	Ningxia	37.2	1.2	38.3	1.2	40.1	1.5
新 疆	Xinjiang	202.4	5.6	205.4	4.8	213.6	4.7

9-16 续表 2 continued

单位：万人 (10 000 persons)

地 区	Region	2008		2009		2010	
		年末参保人数 Contributors at the Year-end	年末领取失业保险金人数 Beneficiaries at the Year-end	年末参保人数 Contributors at the Year-end	年末领取失业保险金人数 Beneficiaries at the Year-end	年末参保人数 Contributors at the Year-end	年末领取失业保险金人数 Beneficiaries at the Year-end
全 国	**National**	**12400**	**261**	**12715**	**235**	**13376**	**209**
北 京	Beijing	614.3	2.6	675.7	1.8	774.2	1.6
天 津	Tianjin	232.5	3.2	239.2	3.1	246.1	3.5
河 北	Hebei	481.7	9.8	484.4	10.4	493.4	9.0
山 西	Shanxi	312.2	7.3	293.3	6.1	305.7	4.6
内蒙古	Inner Mongolia	225.5	3.1	229.7	2.5	230.9	2.1
辽 宁	Liaoning	622.7	15.7	625.3	13.4	626.9	11.4
吉 林	Jilin	233.7	16.5	241.4	14.3	245.1	7.8
黑龙江	Heilongjiang	467.6	10.3	471.3	9.3	472.9	8.8
上 海	Shanghai	511.8	14.0	523.5	14.6	556.2	11.6
江 苏	Jiangsu	1052.2	21.5	1079.1	19.7	1153.8	19.7
浙 江	Zhejiang	731.1	6.3	784.5	5.5	875.0	5.8
安 徽	Anhui	373.1	12.8	377.8	10.5	384.0	7.8
福 建	Fujian	338.7	4.6	348.1	3.6	374.2	3.2
江 西	Jiangxi	266.3	3.4	275.5	3.4	265.3	8.2
山 东	Shandong	864.1	24.9	899.5	23.0	931.2	20.7
河 南	Henan	683.4	18.4	690.2	16.7	696.7	14.7
湖 北	Hubei	422.9	7.4	440.3	7.0	469.7	6.4
湖 南	Hunan	390.1	8.3	392.0	8.3	399.5	6.9
广 东	Guangdong	1471.9	13.7	1470.7	12.8	1627.3	10.6
广 西	Guangxi	234.6	8.0	237.0	7.6	238.4	6.2
海 南	Hainan	84.7	3.3	97.5	2.8	112.5	1.6
重 庆	Chongqing	210.1	4.4	215.9	4.7	237.4	3.7
四 川	Sichuan	436.9	12.2	463.5	10.0	464.7	9.1
贵 州	Guizhou	141.4	1.3	144.6	1.1	152.5	1.2
云 南	Yunnan	191.9	3.7	198.7	3.5	209.6	3.2
西 藏	Tibet	7.8	0.0	8.8	0.0	9.3	0.0
陕 西	Shaanxi	329.3	9.1	331.0	9.3	331.6	7.5
甘 肃	Gansu	162.6	5.6	164.1	3.7	164.2	2.4
青 海	Qinghai	35.4	2.3	36.0	1.0	36.6	0.4
宁 夏	Ningxia	44.4	1.4	44.9	1.1	47.6	1.0
新 疆	Xinjiang	224.8	6.1	231.8	4.9	242.9	8.3

9-16 续表 3 continued

单位：万人 (10 000 persons)

地 区	Region	2011 年末参保人数 Contributors at the Year-end	2011 年末领取失业保险金人数 Beneficiaries at the Year-end	2012 年末参保人数 Contributors at the Year-end	2012 年末领取失业保险金人数 Beneficiaries at the Year-end	2013 年末参保人数 Contributors at the Year-end	2013 年末领取失业保险金人数 Beneficiaries at the Year-end
全 国	**National**	**14317**	**197**	**15225**	**204**	**16417**	**197**
北 京	Beijing	881.0	2.0	1006.7	2.3	1025.1	2.4
天 津	Tianjin	258.8	2.8	268.7	2.0	278.7	2.0
河 北	Hebei	498.7	8.4	501.7	7.9	505.0	7.1
山 西	Shanxi	309.4	4.3	391.0	3.8	400.7	3.1
内蒙古	Inner Mongolia	232.5	2.5	232.8	2.5	233.4	2.3
辽 宁	Liaoning	632.3	9.7	660.7	7.4	663.2	7.6
吉 林	Jilin	247.2	5.1	251.5	4.6	258.8	6.0
黑龙江	Heilongjiang	474.5	7.1	476.2	7.7	477.4	7.1
上 海	Shanghai	604.2	11.2	617.4	10.9	625.7	9.9
江 苏	Jiangsu	1238.2	29.9	1332.2	32.7	1389.3	29.9
浙 江	Zhejiang	980.6	7.4	1065.6	7.0	1144.3	7.8
安 徽	Anhui	397.7	6.7	402.2	6.1	409.0	6.1
福 建	Fujian	430.9	3.6	459.1	4.6	496.7	4.2
江 西	Jiangxi	263.5	5.4	272.2	3.3	271.1	1.5
山 东	Shandong	964.9	19.8	1009.8	19.1	1089.6	17.8
河 南	Henan	701.2	13.3	724.2	11.4	741.3	10.5
湖 北	Hubei	498.2	5.1	508.6	4.8	511.3	5.2
湖 南	Hunan	415.6	7.0	449.9	6.0	461.7	6.1
广 东	Guangdong	1875.4	10.5	2008.7	9.8	2702.2	8.8
广 西	Guangxi	240.8	5.2	243.4	5.5	253.4	5.6
海 南	Hainan	126.0	1.8	139.5	1.8	150.8	2.1
重 庆	Chongqing	268.6	2.9	323.5	2.8	389.7	3.4
四 川	Sichuan	536.8	8.1	585.5	24.5	613.5	24.1
贵 州	Guizhou	160.5	1.1	173.5	1.0	185.2	1.3
云 南	Yunnan	216.8	3.3	224.7	3.8	232.5	4.5
西 藏	Tibet	9.6	0.0001	10.6		11.0	0.002
陕 西	Shaanxi	332.2	4.5	339.1	3.5	339.7	3.2
甘 肃	Gansu	163.8	1.5	163.6	1.2	163.1	1.0
青 海	Qinghai	37.3	0.6	37.9	0.7	38.5	0.5
宁 夏	Ningxia	60.0	1.2	70.5	1.1	71.3	1.1
新 疆	Xinjiang	260.2	5.0	273.7	4.2	283.9	4.8

9-16 续表 4 continued

单位：万人 (10 000 persons)

地 区	Region	2014 年末参保人数 Contributors at the Year-end	2014 年末领取失业保险金人数 Beneficiaries at the Year-end	2015 年末参保人数 Contributors at the Year-end	2015 年末领取失业保险金人数 Beneficiaries at the Year-end	2016 年末参保人数 Contributors at the Year-end	2016 年末领取失业保险金人数 Beneficiaries at the Year-end
全 国	**National**	**17043**	**207**	**17326**	**227**	**18089**	**230**
北 京	Beijing	1057.1	3.0	1082.3	3.4	1115.0	3.7
天 津	Tianjin	287.6	2.6	295.3	7.1	302.5	7.4
河 北	Hebei	508.7	7.1	511.0	8.0	515.9	7.9
山 西	Shanxi	407.7	3.0	411.3	3.1	415.2	3.0
内蒙古	Inner Mongolia	236.3	2.4	242.1	2.9	241.1	3.0
辽 宁	Liaoning	664.3	8.5	665.3	9.7	665.4	10.7
吉 林	Jilin	258.7	2.2	261.2	2.2	262.0	2.7
黑龙江	Heilongjiang	478.4	4.8	312.8	3.7	313.2	3.9
上 海	Shanghai	634.1	9.8	641.8	9.5	947.3	10.5
江 苏	Jiangsu	1442.7	32.1	1490.9	34.2	1538.1	34.0
浙 江	Zhejiang	1210.3	8.2	1260.2	9.0	1317.0	9.0
安 徽	Anhui	422.0	6.5	436.6	7.7	448.5	8.8
福 建	Fujian	524.1	4.5	546.3	5.0	575.5	5.2
江 西	Jiangxi	271.8	1.3	281.5	1.4	282.6	1.6
山 东	Shandong	1154.3	19.9	1203.8	21.6	1222.9	22.0
河 南	Henan	773.3	10.2	783.3	8.3	788.1	7.6
湖 北	Hubei	519.0	5.6	528.4	6.0	541.9	6.9
湖 南	Hunan	509.5	6.9	521.2	6.7	537.5	7.0
广 东	Guangdong	2840.2	10.9	2930.1	13.9	3020.1	15.4
广 西	Guangxi	259.0	6.1	273.2	6.2	283.7	5.9
海 南	Hainan	157.5	2.0	164.8	2.0	170.2	2.2
重 庆	Chongqing	439.1	2.8	439.5	3.5	447.1	4.2
四 川	Sichuan	635.8	29.8	661.0	33.2	702.0	29.8
贵 州	Guizhou	191.9	1.5	205.3	1.7	218.1	2.4
云 南	Yunnan	236.9	5.3	243.3	5.9	251.2	5.6
西 藏	Tibet	12.5	0.004	11.4	0.009	15.2	0.003
陕 西	Shaanxi	344.3	2.9	347.7	3.0	352.2	2.8
甘 肃	Gansu	162.4	1.0	162.8	1.0	164.3	1.1
青 海	Qinghai	39.3	0.4	40.1	0.4	40.8	0.4
宁 夏	Ningxia	73.5	1.3	76.6	1.3	95.6	1.3
新 疆	Xinjiang	290.2	4.7	294.9	4.9	298.7	4.5

9-16 续表 5 continued

单位：万人 (10 000 persons)

地 区	Region	2017		2018		2019	
		年末参保人 数 Contributors at the Year-end	年末领取失业保险金人数 Beneficiaries at the Year-end	年末参保人 数 Contributors at the Year-end	年末领取失业保险金人数 Beneficiaries at the Year-end	年末参保人 数 Contributors at the Year-end	年末领取失业保险金人数 Beneficiaries at the Year-end
全 国	**National**	**18784**	**220**	**19643**	**223**	**20543**	**228**
北 京	Beijing	1170.9	3.9	1240.7	3.8	1294.8	4.0
天 津	Tianjin	311.3	8.4	323.4	6.9	335.5	6.6
河 北	Hebei	529.7	7.2	546.0	6.8	554.1	6.7
山 西	Shanxi	420.6	3.0	431.1	2.9	443.9	3.1
内蒙古	Inner Mongolia	247.1	2.5	255.5	2.5	267.4	2.3
辽 宁	Liaoning	679.9	10.5	679.6	11.2	668.2	12.6
吉 林	Jilin	263.7	2.8	269.5	2.4	273.6	2.5
黑龙江	Heilongjiang	315.1	4.1	318.0	3.5	324.0	3.3
上 海	Shanghai	961.8	11.1	977.2	10.8	984.9	10.6
江 苏	Jiangsu	1583.0	32.1	1671.3	30.4	1794.2	30.6
浙 江	Zhejiang	1380.9	8.9	1478.4	13.0	1561.7	13.6
安 徽	Anhui	472.4	8.1	505.5	7.5	518.8	7.2
福 建	Fujian	612.3	4.9	570.3	5.0	610.6	5.9
江 西	Jiangxi	286.3	1.7	288.0	1.7	289.7	1.6
山 东	Shandong	1268.3	20.1	1318.5	18.7	1366.0	17.7
河 南	Henan	805.6	7.5	819.9	7.2	837.3	6.8
湖 北	Hubei	561.3	6.4	590.8	6.1	619.5	6.2
湖 南	Hunan	563.7	6.8	584.2	5.9	606.6	6.3
广 东	Guangdong	3163.7	14.6	3361.7	16.2	3498.8	17.5
广 西	Guangxi	302.1	5.4	323.5	5.5	363.0	5.5
海 南	Hainan	168.1	2.2	173.4	2.3	178.6	2.6
重 庆	Chongqing	466.3	3.9	489.8	3.4	515.0	5.6
四 川	Sichuan	776.7	27.4	875.1	33.2	953.5	32.7
贵 州	Guizhou	235.7	2.2	257.3	2.3	276.1	2.7
云 南	Yunnan	259.8	5.1	273.1	4.9	289.2	5.1
西 藏	Tibet	15.2	0.002	17.7	0.004	25.3	0.006
陕 西	Shaanxi	356.5	2.9	372.4	2.9	426.4	3.2
甘 肃	Gansu	165.4	0.9	168.3	1.0	173.0	0.8
青 海	Qinghai	41.5	0.3	42.3	0.3	43.8	0.3
宁 夏	Ningxia	88.5	1.2	92.0	1.2	97.4	1.6
新 疆	Xinjiang	310.8	4.0	328.8	3.4	352.1	3.1

9-17 各地区失业保险基金基本情况(2019年)
UNEMPLOYMENT INSURANCE BY REGION(2019)

地 区	Region	参保人数 (万人) Employees Insured (10 000 persons)	基金收入 (亿元) Revenue (100 million yuan)	基金支出 (亿元) Expenses (100 million yuan)	累计结余 (亿元) Balance at the Year-end (100 million yuan)
全 国	**National**	**20542.7**	**1284.2**	**1333.2**	**4625.4**
北 京	Beijing	1294.8	102.0	92.7	225.5
天 津	Tianjin	335.5	25.2	34.1	57.0
河 北	Hebei	554.1	34.3	24.7	146.1
山 西	Shanxi	443.9	23.8	14.4	164.0
内蒙古	Inner Mongolia	267.4	19.7	12.3	119.2
辽 宁	Liaoning	668.2	42.6	36.8	233.7
吉 林	Jilin	273.6	18.7	15.8	110.0
黑龙江	Heilongjiang	324.0	21.3	24.5	128.5
上 海	Shanghai	984.9	105.1	127.1	92.6
江 苏	Jiangsu	1794.2	114.5	115.7	349.6
浙 江	Zhejiang	1561.7	87.8	187.0	248.4
安 徽	Anhui	518.8	38.1	51.2	84.8
福 建	Fujian	610.6	24.6	20.0	147.0
江 西	Jiangxi	289.7	13.8	6.6	75.8
山 东	Shandong	1366.0	82.1	77.7	252.2
河 南	Henan	837.3	42.2	48.5	157.2
湖 北	Hubei	619.5	37.4	25.7	162.5
湖 南	Hunan	606.6	24.9	15.9	123.3
广 东	Guangdong	3498.8	158.0	112.6	631.0
广 西	Guangxi	363.0	24.3	20.7	120.4
海 南	Hainan	178.6	8.2	7.4	30.1
重 庆	Chongqing	515.0	24.1	57.2	61.6
四 川	Sichuan	953.5	98.8	102.9	370.0
贵 州	Guizhou	276.1	17.7	12.2	73.4
云 南	Yunnan	289.2	21.0	13.2	119.8
西 藏	Tibet	25.3	2.8	0.5	18.6
陕 西	Shaanxi	426.4	25.5	42.1	118.0
甘 肃	Gansu	173.0	12.9	8.0	75.4
青 海	Qinghai	43.8	4.0	5.0	23.0
宁 夏	Ningxia	97.4	6.4	4.8	32.6
新 疆	Xinjiang	352.1	22.4	15.8	74.0

9-18 历年全国工伤保险基本情况
WORK INJURY INSURANCE

年 份 Year	年末参保人数(万人) Contributors at the Year-end (10 000 persons)	全年享受工伤保险待遇人数(万人) Beneficiaries at the Year-end (10 000 persons)	基金收支情况(亿元) Revenue and Expenses(100 million yuan)		
			基金收入 Revenue	基金支出 Expenses	累计结余 Balance at the Year-end
绝对数 Absolute figure					
1993	1103.5		2.4	0.4	3.1
1994	1822.1		4.6	0.9	6.8
1995	2614.8		8.1	1.8	12.7
1996	3102.6		10.9	3.7	19.7
1997	3507.8		13.6	6.1	27.7
1998	3781.3		21.2	9.0	39.5
1999	3912.3		20.9	15.4	44.9
2000	4350.3		24.8	13.8	57.9
2001	4345.3	18.7	28.3	16.5	68.9
2002	4405.6	26.5	32.0	19.9	81.1
2003	4574.8	32.9	37.6	27.1	91.2
2004	6845.2	51.9	58.3	33.3	118.6
2005	8477.8	65.1	92.5	47.5	163.5
2006	10268.5	77.8	121.8	68.5	192.9
2007	12173.4	96.0	165.6	87.9	262.6
2008	13787.2	117.8	216.7	126.9	384.6
2009	14895.5	129.6	240.1	155.7	468.8
2010	16160.7	147.5	284.9	192.4	561.4
2011	17695.9	163.0	466.4	286.4	742.6
2012	19010.1	190.5	526.7	406.3	861.9
2013	19917.2	195.2	614.8	482.1	996.2
2014	20639.2	198.2	694.8	560.5	1128.8
2015	21432.5	201.9	754.2	598.7	1285.3
2016	21889.3	196.0	736.9	610.3	1410.9
2017	22723.7	192.8	853.8	662.3	1606.9
2018	23874.4	198.5	913.0	742.0	1784.9
2019	25478.1	194.2	819.4	816.9	1783.2
比上年增长(%) Increase over Preceding Year %					
1994	65.1		90.4	127.4	118.1
1995	43.5		77.5	92.4	87.3
1996	18.7		34.7	104.1	55.8
1997	13.1		24.6	64.5	40.1
1998	7.8		55.9	48.6	42.9
1999	3.5		-1.3	70.5	13.6
2000	11.2		18.7	-10.5	28.8
2001	-0.1	-0.6	14.2	19.5	19.1
2002	1.4	41.7	13.2	20.6	17.7
2003	3.8	24.2	17.4	36.2	12.5
2004	49.6	57.8	55.1	22.9	30.0
2005	23.9	25.4	58.7	42.6	37.9
2006	21.1	19.5	31.7	44.2	18.0
2007	18.6	23.4	36.0	28.3	36.1
2008	13.3	22.7	30.9	44.4	27.6
2009	8.0	10.0	10.8	22.7	21.9
2010	8.5	13.8	18.7	23.6	19.8
2011	9.5	10.6	63.7	48.8	32.3
2012	7.4	16.9	12.9	41.9	16.1
2013	4.8	2.4	16.7	18.7	15.6
2014	3.6	1.5	13.0	16.3	13.3
2015	3.8	1.9	8.6	6.8	13.9
2016	2.1	-2.9	-2.3	1.9	9.8
2017	3.8	-1.6	15.9	8.5	13.9
2018	5.1	2.9	6.9	12.0	11.1
2019	6.7	-2.2	-10.2	10.1	-0.1

9-19 历年各地区工伤保险基本情况
WORK INJURY INSURANCE BY REGION

单位：万人 (10 000 persons)

地区 Region	2001		2002		2003		2004	
	年末参保人数 Contributors at the Year-end	享受工伤保险待遇人数 Beneficiaries of Work Injury Insurance	年末参保人数 Contributors at the Year-end	享受工伤保险待遇人数 Beneficiaries of Work Injury Insurance	年末参保人数 Contributors at the Year-end	享受工伤保险待遇人数 Beneficiaries of Work Injury Insurance	年末参保人数 Contributors at the Year-end	享受工伤保险待遇人数 Beneficiaries of Work Injury Insurance
全　国 National	**4345**	**19**	**4406**	**27**	**4575**	**33**	**6845**	**52**
北　京 Beijing	204.7	0.1	221.1	0.7	242.9	1.2	258.9	2.5
天　津 Tianjin							147.2	0.1
河　北 Hebei	163.1	0.8	146.7	0.4	145.7	0.4	273.9	0.9
山　西 Shanxi	71.8		46.3	0.1	48.4		104.0	0.1
内蒙古 Inner Mongolia	26.7	0.5	23.8	0.2	31.8	0.3	85.0	0.5
辽　宁 Liaoning	390.6	5.0	390.5	6.0	345.8	7.3	404.2	8.2
吉　林 Jilin	30.7	1.1	36.6	1.5	37.1	1.2	114.3	3.1
黑龙江 Heilongjiang	104.4	0.1	119.0	0.9	130.9	1.1	202.7	4.3
上　海 Shanghai							488.3	0.1
江　苏 Jiangsu	473.9	0.7	480.0	1.3	503.0	1.7	577.2	2.7
浙　江 Zhejiang	219.7	0.6	226.0	1.0	287.7	1.4	360.4	2.7
安　徽 Anhui	73.4	0.2	69.8	0.3	68.0	0.4	102.0	0.5
福　建 Fujian	159.0	0.2	170.7	0.3	172.3	0.6	205.4	0.8
江　西 Jiangxi	137.8	0.2	129.3	0.2	129.7	0.3	134.7	0.4
山　东 Shandong	285.5	0.6	277.7	1.1	281.8	1.5	476.7	4.7
河　南 Henan	196.0	0.5	218.8	0.7	210.6	0.5	324.7	1.1
湖　北 Hubei	182.3	1.3	183.2	1.7	189.2	1.4	187.2	1.8
湖　南 Hunan					8.6		203.3	0.3
广　东 Guangdong	990.1	5.2	1049.9	8.0	1120.0	9.7	1215.1	11.3
广　西 Guangxi	124.1	0.1	117.3	0.2	120.3	0.3	133.5	0.7
海　南 Hainan	69.5		68.9	0.1	68.2	0.1	64.5	0.1
重　庆 Chongqing	25.0	0.1	29.7	0.1	26.5	0.2	122.6	0.4
四　川 Sichuan	179.3	0.5	167.4	0.6	161.4	1.2	195.6	1.6
贵　州 Guizhou	1.7		1.3		1.3		1.2	
云　南 Yunnan	97.3	0.6	89.0	0.9	84.1	1.2	150.9	1.1
西　藏 Tibet								
陕　西 Shaanxi	24.5	0.1	25.6		35.1	0.1	115.1	0.7
甘　肃 Gansu	9.5		8.7		8.0		42.0	0.1
青　海 Qinghai	7.1		6.6		6.6		15.7	0.1
宁　夏 Ningxia	11.4		16.0		15.2	0.1	19.1	0.3
新　疆 Xinjiang	86.3	0.1	86.0	0.1	94.6	0.5	119.5	0.7

9-19 续表 continued 1

单位：万人 (10 000 persons)

地 区	Region	2005 年末参保人数 Contributors at the Year-end	2005 享受工伤保险待遇人数 Beneficiaries of Work Injury Insurance	2006 年末参保人数 Contributors at the Year-end	2006 享受工伤保险待遇人数 Beneficiaries of Work Injury Insurance	2007 年末参保人数 Contributors at the Year-end	2007 享受工伤保险待遇人数 Beneficiaries of Work Injury Insurance
全 国	**National**	**8478**	**65**	**10268**	**78**	**12173**	**96**
北 京	Beijing	303.9	3.0	465.3	1.5	609.2	1.6
天 津	Tianjin	162.9	0.9	209.7	1.7	257.2	2.3
河 北	Hebei	361.4	1.3	402.4	2.4	481.3	6.0
山 西	Shanxi	151.4	0.5	201.4	3.3	229.1	3.9
内蒙古	Inner Mongolia	110.2	0.7	131.6	0.8	163.6	1.3
辽 宁	Liaoning	474.6	9.1	510.0	8.5	572.3	9.1
吉 林	Jilin	136.7	2.2	174.7	3.0	206.8	2.6
黑龙江	Heilongjiang	257.5	3.8	303.0	3.9	351.7	4.9
上 海	Shanghai	523.7	0.5	817.7	0.7	884.4	0.9
江 苏	Jiangsu	680.2	3.7	812.7	5.6	921.0	6.6
浙 江	Zhejiang	453.1	4.8	603.9	7.4	1002.9	11.2
安 徽	Anhui	148.2	1.7	200.2	2.0	248.7	2.2
福 建	Fujian	239.1	1.3	261.0	1.5	294.8	1.9
江 西	Jiangxi	153.6	0.8	207.9	1.5	251.3	1.7
山 东	Shandong	578.7	5.7	647.3	5.8	745.0	7.0
河 南	Henan	404.0	1.5	421.0	1.7	448.3	2.6
湖 北	Hubei	230.3	1.1	275.5	1.5	327.5	2.0
湖 南	Hunan	228.2	0.7	280.1	2.0	342.4	2.6
广 东	Guangdong	1605.1	12.9	1868.2	13.5	2113.9	13.8
广 西	Guangxi	144.4	0.8	161.1	0.8	182.4	0.9
海 南	Hainan	68.9	0.1	71.5	0.2	78.4	0.2
重 庆	Chongqing	154.1	1.2	165.4	1.8	181.1	1.6
四 川	Sichuan	270.5	2.0	304.9	2.3	397.3	3.2
贵 州	Guizhou	65.8	0.1	90.5	0.6	110.5	0.9
云 南	Yunnan	166.9	1.2	173.8	1.1	188.5	1.6
西 藏	Tibet	1.9		2.3		3.7	
陕 西	Shaanxi	149.2	1.8	210.3	0.7	232.0	1.0
甘 肃	Gansu	70.1	0.4	86.3	0.3	98.2	0.4
青 海	Qinghai	20.5	0.3	23.1	0.4	25.3	0.4
宁 夏	Ningxia	23.5	0.3	24.2	0.3	30.5	0.1
新 疆	Xinjiang	139.1	0.9	161.3	1.2	194.1	1.4

9-19 续表 continued 2

单位：万人 (10 000 persons)

地 区	Region	2008		2009		2010	
		年末参保人数 Contributors at the Year-end	享受工伤保险待遇人数 Beneficiaries of Work Injury Insurance	年末参保人数 Contributors at the Year-end	享受工伤保险待遇人数 Beneficiaries of Work Injury Insurance	年末参保人数 Contributors at the Year-end	享受工伤保险待遇人数 Beneficiaries of Work Injury Insurance
全 国	**National**	**13787**	**118**	**14896**	**130**	**16161**	**147**
北 京	Beijing	666.5	1.8	747.1	4.1	823.8	4.4
天 津	Tianjin	274.9	2.7	292.2	3.1	304.5	4.1
河 北	Hebei	520.8	5.3	559.3	6.0	594.4	7.5
山 西	Shanxi	261.0	4.6	280.7	4.3	292.4	4.9
内蒙古	Inner Mongolia	185.4	1.4	199.1	1.6	207.5	1.8
辽 宁	Liaoning	659.6	8.5	695.8	9.0	730.0	10.0
吉 林	Jilin	234.9	4.1	272.2	3.0	300.5	3.7
黑龙江	Heilongjiang	390.9	4.5	401.8	5.6	415.1	6.2
上 海	Shanghai	950.4	1.2	934.0	1.3	961.0	1.7
江 苏	Jiangsu	1056.6	8.4	1118.1	9.3	1205.5	9.8
浙 江	Zhejiang	1261.8	16.9	1331.1	18.0	1475.1	20.2
安 徽	Anhui	292.9	2.9	320.6	3.9	351.1	4.4
福 建	Fujian	346.1	2.2	379.3	2.3	417.7	2.4
江 西	Jiangxi	313.6	2.0	340.2	1.9	371.7	2.7
山 东	Shandong	865.0	8.8	1064.6	9.2	1211.2	10.2
河 南	Henan	500.2	3.1	521.0	3.2	551.7	3.0
湖 北	Hubei	360.9	2.4	410.7	2.7	444.0	3.1
湖 南	Hunan	403.5	3.9	472.1	5.3	516.0	7.4
广 东	Guangdong	2302.3	15.2	2435.5	15.0	2657.8	14.7
广 西	Guangxi	204.9	1.1	221.7	1.2	235.7	1.4
海 南	Hainan	86.1	0.2	90.1	0.3	95.8	0.3
重 庆	Chongqing	208.2	4.2	226.5	4.7	266.0	5.6
四 川	Sichuan	464.6	4.6	515.8	6.1	583.8	6.0
贵 州	Guizhou	129.0	1.1	143.3	1.4	162.2	1.9
云 南	Yunnan	202.5	2.3	215.1	2.4	227.4	4.6
西 藏	Tibet	5.9		8.3		8.8	
陕 西	Shaanxi	247.6	1.4	264.9	1.4	278.6	1.6
甘 肃	Gansu	108.9	0.8	119.7	0.8	130.1	1.1
青 海	Qinghai	29.9	0.5	40.1	0.5	43.2	0.5
宁 夏	Ningxia	37.5	0.2	42.4	0.2	48.9	0.3
新 疆	Xinjiang	214.5	1.6	232.3	1.9	249.3	2.0

9-19 续表 continued 3

单位：万人 (10 000 persons)

地 区	Region	2011		2012		2013	
		年末参保人数 Contributors at the Year-end	享受工伤保险待遇人数 Beneficiaries of Work Injury Insurance	年末参保人数 Contributors at the Year-end	享受工伤保险待遇人数 Beneficiaries of Work Injury Insurance	年末参保人数 Contributors at the Year-end	享受工伤保险待遇人数 Beneficiaries of Work Injury Insurance
全 国	**National**	**17696**	**163**	**19010**	**191**	**19917**	**195**
北 京	Beijing	862.4	4.7	897.2	4.8	920.3	4.8
天 津	Tianjin	320.4	3.8	330.1	3.4	335.1	3.3
河 北	Hebei	640.4	8.6	694.8	9.1	737.0	10.5
山 西	Shanxi	337.6	5.5	529.6	8.4	550.0	9.7
内蒙古	Inner Mongolia	225.3	3.2	248.9	2.5	277.4	2.2
辽 宁	Liaoning	779.1	11.3	819.1	14.0	856.7	13.2
吉 林	Jilin	331.6	3.3	359.4	4.2	392.1	5.3
黑龙江	Heilongjiang	450.0	8.2	470.6	6.8	493.1	7.2
上 海	Shanghai	939.5	2.5	898.9	6.1	904.1	6.6
江 苏	Jiangsu	1327.0	10.7	1420.7	12.3	1487.3	13.6
浙 江	Zhejiang	1610.8	22.2	1731.7	23.8	1826.1	22.6
安 徽	Anhui	422.0	5.6	457.9	8.8	473.2	8.1
福 建	Fujian	496.9	2.8	540.9	3.4	607.5	3.5
江 西	Jiangxi	387.9	3.0	410.9	5.5	431.5	4.5
山 东	Shandong	1276.1	10.8	1339.6	11.9	1371.9	11.2
河 南	Henan	655.5	3.5	720.6	4.8	773.1	4.6
湖 北	Hubei	481.0	4.5	522.6	4.0	556.9	5.7
湖 南	Hunan	635.5	7.0	693.8	7.8	731.2	8.3
广 东	Guangdong	2847.8	15.4	2962.8	16.7	3057.3	16.7
广 西	Guangxi	272.5	1.5	312.4	1.8	325.6	1.9
海 南	Hainan	104.0	0.3	119.5	0.4	123.4	0.3
重 庆	Chongqing	337.1	6.2	374.9	8.0	406.8	8.0
四 川	Sichuan	650.8	6.5	689.4	8.0	690.1	8.3
贵 州	Guizhou	194.0	2.2	238.2	2.7	260.4	2.3
云 南	Yunnan	243.4	3.6	295.3	4.0	334.3	4.4
西 藏	Tibet	11.8		14.2	0.1	14.8	
陕 西	Shaanxi	326.8	1.9	350.4	2.2	378.1	3.0
甘 肃	Gansu	150.2	1.4	158.5	1.8	167.7	1.8
青 海	Qinghai	45.6	0.5	49.2	0.6	52.3	0.6
宁 夏	Ningxia	58.3	0.3	63.9	0.4	72.7	0.5
新 疆	Xinjiang	274.6	2.0	294.1	2.4	309.5	2.5

9-19 续表 continued 4

单位：万人 (10 000 persons)

地 区	Region	2014		2015		2016	
		年末参保人数 Contributors at the Year-end	享受工伤保险待遇人数 Beneficiaries of Work Injury Insurance	年末参保人数 Contributors at the Year-end	享受工伤保险待遇人数 Beneficiaries of Work Injury Insurance	年末参保人数 Contributors at the Year-end	享受工伤保险待遇人数 Beneficiaries of Work Injury Insurance
全 国	**National**	**20639**	**198**	**21432**	**202**	**21889**	**196**
北 京	Beijing	961.0	5.0	1020.1	4.7	1060.2	4.6
天 津	Tianjin	345.2	3.3	385.6	3.4	388.1	3.4
河 北	Hebei	778.7	10.4	809.7	9.6	840.0	9.8
山 西	Shanxi	563.1	11.1	573.1	10.1	576.0	11.4
内蒙古	Inner Mongolia	289.9	2.3	297.1	2.4	303.2	2.7
辽 宁	Liaoning	903.1	13.2	918.6	13.8	886.6	13.8
吉 林	Jilin	415.6	4.6	435.6	11.3	440.7	4.9
黑龙江	Heilongjiang	505.5	6.3	512.0	6.5	522.2	6.5
上 海	Shanghai	920.5	6.9	932.9	7.0	943.5	6.5
江 苏	Jiangsu	1540.1	14.3	1594.1	14.7	1633.9	15.1
浙 江	Zhejiang	1899.4	22.6	1930.1	20.4	1880.7	18.7
安 徽	Anhui	508.3	8.3	528.9	8.3	544.6	8.7
福 建	Fujian	627.3	3.9	691.0	3.9	733.8	4.2
江 西	Jiangxi	461.2	4.7	500.6	4.6	502.1	4.5
山 东	Shandong	1421.5	11.8	1473.5	11.1	1510.9	11.1
河 南	Henan	805.7	4.6	856.7	5.0	877.0	4.8
湖 北	Hubei	576.7	4.9	640.1	4.9	651.1	7.9
湖 南	Hunan	747.9	8.7	778.0	9.3	773.3	11.1
广 东	Guangdong	3092.6	17.1	3122.7	16.8	3246.2	14.5
广 西	Guangxi	338.2	1.8	360.5	1.9	374.1	1.8
海 南	Hainan	126.1	0.3	131.5	0.3	137.4	0.3
重 庆	Chongqing	426.1	8.1	428.5	7.5	454.9	7.0
四 川	Sichuan	709.7	8.6	753.2	7.9	799.1	7.6
贵 州	Guizhou	275.4	2.3	290.2	2.8	305.0	2.5
云 南	Yunnan	341.7	4.0	368.1	4.3	372.8	3.7
西 藏	Tibet	24.3	0.1	26.9	0.1	26.9	0.1
陕 西	Shaanxi	404.0	2.9	427.3	3.0	441.6	3.0
甘 肃	Gansu	175.1	2.2	182.6	2.3	188.4	2.5
青 海	Qinghai	54.7	0.6	58.0	0.5	59.8	0.5
宁 夏	Ningxia	82.2	0.5	80.8	0.6	83.5	0.5
新 疆	Xinjiang	318.2	2.8	324.4	2.9	331.9	2.4

9-19 续表 continued 5

单位：万人 (10 000 persons)

地 区	Region	2017		2018		2019	
		年末参保人数 Contributors at the Year-end	享受工伤保险待遇人数 Beneficiaries of Work Injury Insurance	年末参保人数 Contributors at the Year-end	享受工伤保险待遇人数 Beneficiaries of Work Injury Insurance	年末参保人数 Contributors at the Year-end	享受工伤保险待遇人数 Beneficiaries of Work Injury Insurance
全 国	**National**	**22724**	**193**	**23874**	**199**	**25478**	**194**
北 京	Beijing	1117.9	4.4	1187.0	4.4	1242.2	4.4
天 津	Tianjin	395.3	3.6	398.5	3.7	400.2	4.0
河 北	Hebei	860.7	10.0	880.3	10.3	951.4	10.0
山 西	Shanxi	582.6	6.3	596.6	6.8	624.2	7.4
内蒙古	Inner Mongolia	307.8	2.4	325.5	2.4	338.2	2.4
辽 宁	Liaoning	862.1	13.8	841.1	13.7	816.8	13.1
吉 林	Jilin	441.4	5.1	441.4	3.9	445.9	3.9
黑龙江	Heilongjiang	519.1	6.2	520.1	6.9	464.1	5.9
上 海	Shanghai	958.1	6.4	972.9	6.5	1084.1	6.4
江 苏	Jiangsu	1690.2	14.3	1777.5	14.8	2016.3	15.1
浙 江	Zhejiang	1977.2	19.4	2087.8	21.6	2257.4	22.2
安 徽	Anhui	565.5	10.5	603.5	11.3	639.1	7.0
福 建	Fujian	798.7	4.3	853.9	4.7	891.1	4.8
江 西	Jiangxi	517.1	5.1	534.6	5.2	539.4	4.2
山 东	Shandong	1569.1	11.1	1633.0	11.4	1710.7	11.9
河 南	Henan	900.9	5.4	926.3	5.6	966.2	4.6
湖 北	Hubei	656.6	6.5	675.6	5.3	717.3	5.0
湖 南	Hunan	782.8	11.9	793.8	13.2	807.6	13.4
广 东	Guangdong	3402.0	14.5	3592.5	14.5	3815.8	15.6
广 西	Guangxi	388.8	1.6	412.6	1.7	442.2	1.8
海 南	Hainan	141.4	0.4	152.9	0.4	159.6	0.4
重 庆	Chongqing	504.6	6.7	577.1	6.4	661.7	6.2
四 川	Sichuan	876.0	7.6	1012.6	8.2	1177.1	8.6
贵 州	Guizhou	332.5	2.4	355.8	2.4	408.5	2.6
云 南	Yunnan	383.7	4.4	403.3	4.3	438.5	4.9
西 藏	Tibet	33.4	0.1	35.7	0.1	36.8	0.1
陕 西	Shaanxi	459.3	2.8	528.0	3.1	577.4	3.0
甘 肃	Gansu	198.6	1.9	219.4	2.0	244.1	1.5
青 海	Qinghai	64.9	0.5	69.2	0.5	74.0	0.5
宁 夏	Ningxia	90.3	0.5	93.3	0.6	119.6	0.6
新 疆	Xinjiang	345.1	2.5	372.4	2.4	410.2	2.6

9–20 各地区工伤保险基本情况(2019年)

单位：人、亿元

地 区 Region	参保人数(万人) Contributors at the Year-end (10 000 persons)	享受伤残待遇人数 Beneficiaries of Work Injury Insurance	#享受职业病待遇人数 Beneficiaries of Occupational Diseases	一至四级 Level 1 to Level 4 Disability	#职业病 Occupational Diseases	五至六级 Level 5 to Level 6 Disability
全 国 National	**25478**	**1617064**	**93428**	**212545**	**53080**	**68643**
北 京 Beijing	1242	37016	8036	8242	4670	2172
天 津 Tianjin	400	37262	8290	7188	3544	3788
河 北 Hebei	951	76781	3533	10225	2255	3686
山 西 Shanxi	624	48430	6793	20146	3927	2397
内蒙古 Inner Mongolia	338	21562	1178	4159	333	2630
辽 宁 Liaoning	817	116653	6410	18820	3970	12633
吉 林 Jilin	446	36132	786	6478	445	5677
黑龙江 Heilongjiang	464	52397	4710	12146	2481	8899
上 海 Shanghai	1084	56927	1020	4281	685	664
江 苏 Jiangsu	2016	130696	2150	13353	1080	2092
浙 江 Zhejiang	2257	208961	166	4100	48	1474
安 徽 Anhui	639	55972	2081	4970	1015	705
福 建 Fujian	891	40946	4444	3921	1874	589
江 西 Jiangxi	539	33809	4713	10340	3719	2227
山 东 Shandong	1711	85987	9225	14572	4411	4267
河 南 Henan	966	31148	1472	6443	648	851
湖 北 Hubei	717	47233	414	4888	267	1248
湖 南 Hunan	808	117418	1426	4150	799	1555
广 东 Guangdong	3816	128481	1304	5012	361	873
广 西 Guangxi	442	13733	495	1708	204	377
海 南 Hainan	160	3209	30	271	17	58
重 庆 Chongqing	662	50987	9839	10615	7498	982
四 川 Sichuan	1177	70863	8280	15627	5460	5585
贵 州 Guizhou	409	20682	1674	3722	1247	374
云 南 Yunnan	439	37280	3019	4700	666	736
西 藏 Tibet	37	490		30		20
陕 西 Shaanxi	577	18459	189	2944	112	644
甘 肃 Gansu	244	9005	437	2908	317	570
青 海 Qinghai	74	3501	167	752	96	54
宁 夏 Ningxia	120	5342	179	1050	121	166
新 疆 Xinjiang	410	19702	968	4784	810	650

注：工伤保险累计结余中含储备金。
a) Balance of work injury insurance includes reserves.

WORK INJURY INSURANCE BY REGION (2019)

(person, 100 million yuan)

#职业病 Occupational Diseases	七至十级 Level 7 to Level 10 Disability	#职业病 Occupational Diseases	其他 Others	#职业病 Occupational Diseases	基金收入 Revenue	基金支出 Expenses	累计结余 Balance at the Year-end
12992	**689066**	**19098**	**646810**	**8087**	**819.4**	**816.9**	**1783.2**
1684	17086	1618	9516	62	45.1	39.1	58.0
2397	14574	2323	11712	25	12.6	12.3	17.7
454	34434	602	28436	217	56.5	49.0	52.5
1168	17019	1519	8868	172	38.2	41.5	57.4
381	7756	174	7017	290	12.2	11.8	45.7
1338	55068	890	30132	206	39.6	33.5	51.7
186	21202	155	2775		11.7	13.6	37.6
1020	24169	828	7183	340	26.9	26.4	31.3
112	44908	220	7074	3	33.6	37.1	61.8
360	74334	488	40917	221	72.1	74.4	161.4
16	91283	32	112104	70	59.3	62.9	100.6
31	18115	146	32182	889	17.7	22.8	47.0
194	16097	1657	20339	715	19.8	20.9	62.8
434	8551	296	12691	263	19.0	16.1	54.8
1260	34409	2213	32739	1313	56.9	53.8	119.7
4	9104	813	14750	6	26.0	26.1	70.1
32	9883	110	31214	2	14.9	18.1	49.3
99	24296	225	87417	303	46.2	40.5	95.7
104	66329	608	56267	173	52.3	65.7	274.8
74	4361	106	7287	109	10.1	8.5	51.1
	644	12	2236	1	2.6	2.3	18.5
444	23431	1657	15959	236	24.5	20.3	12.5
873	31089	1624	18562	321	39.0	34.1	83.9
19	12528	408	4058		14.9	17.8	20.9
55	5539	162	26305	2132	13.4	17.4	28.0
	307		133		1.7	1.2	6.4
42	5959	35	8912		18.2	17.0	41.6
89	3124	28	2403	2	10.2	9.3	18.5
21	948	48	1747	2	4.5	2.9	11.9
22	3666	36	460		4.9	4.9	11.6
79	8853	65	5415	14	14.9	15.6	28.2

9–21 各地区工伤认定情况(2019年)

单位：人

地区 Region	当期认定(视同)工伤人数 合计 Total	认定工伤件数 小计 Sub-total	在工作时间和工作场所内因工作原因受到事故伤害 Injured by the Work Accident at the Workplace During the Work Time	工作时间前后在工作场所内从事与工作有关的预备性或者收尾性工作受到事故伤害 Injured by the Accident Related to the Preparation or Ending of Work at the Workplace During the Work Time	在工作时间和工作场所内因履行工作职责受到暴力等意外伤害 Injured by Non-work Accident such as Violence in Fulfilling Work-related Responsibilities at the Workplace During the Work Time	患职业病 Suffering from the Occupational Disease
全　国 National	**1132693**	**1121756**	**937659**	**12402**	**7952**	**14332**
北　京 Beijing	22766	22352	15054	358	190	1629
天　津 Tianjin	20593	20443	17115	267	247	160
河　北 Hebei	51515	50786	43011	615	333	475
山　西 Shanxi	29589	29107	25506	260	112	1429
内蒙古 Inner Mongolia	10149	9885	7474	155	124	358
辽　宁 Liaoning	32717	32222	28228	305	319	172
吉　林 Jilin	8906	8637	7425	73	117	101
黑龙江 Heilongjiang	13355	13039	10799	121	122	898
上　海 Shanghai	43964	43663	32592	895	286	105
江　苏 Jiangsu	124049	123521	98519	963	460	439
浙　江 Zhejiang	164577	164152	147518	927	351	261
安　徽 Anhui	38628	38366	30994	692	307	231
福　建 Fujian	36987	36743	31415	430	133	687
江　西 Jiangxi	24699	24451	20393	272	206	240
山　东 Shandong	67988	67186	53088	879	328	959
河　南 Henan	28293	27599	22150	390	199	415
湖　北 Hubei	29576	29279	24166	370	336	343
湖　南 Hunan	49418	49044	42258	373	373	669
广　东 Guangdong	141772	140629	121227	1929	896	1048
广　西 Guangxi	13603	13370	10659	141	398	66
海　南 Hainan	3212	3155	2726	33	42	10
重　庆 Chongqing	37921	37757	33469	336	391	677
四　川 Sichuan	45292	44892	35864	360	826	1236
贵　州 Guizhou	24703	24488	21485	248	185	759
云　南 Yunnan	17848	17534	13638	190	228	293
西　藏 Tibet	816	777	628	5	10	
陕　西 Shaanxi	20983	20660	16782	402	236	251
甘　肃 Gansu	7114	6947	5701	76	53	164
青　海 Qinghai	2857	2816	2573	21	17	18
宁　夏 Ningxia	6320	6247	5052	143	69	113
新　疆 Xinjiang	12483	12009	10150	173	58	126

WORK INJURY CERTIFICATION BY REGION (2019)

(person)

Cases Certified(Cases Considered) as Suffering Work Injury							不予认定工伤人数 Cases Not be Certified or Considered as Suffering Work Injury	当期不予受理申请人数 Work Injury Certification Applications Not Accepted
Cases Certified as Suffering Work Injury			视同工伤件数 Cases Considered as Suffering Work Injury					
因工外出期间由于工作原因受到伤害或者发生事故下落不明 Injured by Work-related Accident or Missing Due to Accident When Outside the Workplace Due to Work-related Reasons	在上下班途中受到机动车事故伤害 Injured by Automobile Accident on the Road to Work from Home and Back Home from Work	其他应当认定为工伤的情形 Other Circumstances That Shall be Certified as Suffering Work Injury as Stipulated by Laws and Regulations	小计 Sub-total	在工作时间和工作岗位突发疾病死亡或者在48小时之内经抢救无效死亡 Died Immediately or Within 48 Hours after Unsuccessful Salvage Due to Illness Outburst at the Workplace During the	在抢险救灾等维护国家利益、公共利益活动中受到伤害 Injured in Rescue Activities for Protecting the Common Good of the State and the Public in Case of Emergencies or Natural	因战、因公负伤致残到用人单位后旧伤复发 Recrudescing of Previous Injury as a Result of War or Public Activities on the Employee Who Hold an Honorable Disabled Veteran Certificate		
59441	**88541**	**1429**	**10937**	**10552**	**210**	**175**	**18151**	**6829**
2407	2694	20	414	405	2	7	218	36
1107	1547		150	144	1	5	226	53
2484	3859	9	729	723	1	5	1080	92
612	1187	1	482	465	8	9	310	67
1091	683		264	242	21	1	328	76
1463	1664	71	495	485	2	8	418	136
340	395	186	269	265	1	3	104	19
608	480	11	316	303	11	2	103	106
3307	6478	0	301	293	2	6	619	102
4761	18374	5	528	506	10	12	1809	612
5250	9786	59	425	401	20	4	634	748
2006	4128	8	262	248	2	12	493	129
1649	2429		244	232	8	4	425	104
1141	2143	56	248	207	12	29	585	256
4820	7055	57	802	767	12	23	743	229
1944	2496	5	694	670	10	14	475	90
1560	2498	6	297	295	1	1	659	115
2438	2793	140	374	362	9	3	898	195
8464	7065		1143	1138	3	2	2879	700
1059	1041	6	233	226	4	3	449	59
183	149	12	57	52	5		134	45
1268	1615	1	164	160	2	2	866	1995
2939	3592	75	400	369	28	3	1330	234
1048	754	9	215	202	10	3	414	126
1912	875	398	314	305	5	4	570	79
112	22		39	37	2		30	11
1609	1130	250	323	320	1	2	282	236
550	403		167	158	6	3	196	31
124	62	1	41	41			108	6
304	553	13	73	72	1		327	42
881	591	30	474	459	10	5	439	100

9–22 分地区因工死亡人员工伤认定情况(2019年)

单位：人

地区	Region	当期认定(视同)工伤人数					
		合计	认定工伤件数				
			小计	在工作时间和工作场所内因工作原因受到事故伤害	工作时间前后在工作场所内从事与工作有关的预备性或者收尾性工作受到事故伤害	在工作时间和工作场所内因履行工作职责受到暴力等意外伤害	患职业病
		Total	Sub-total	Injured by the Work Accident at the Workplace During the Work Time;	Injured by the Accident Related to the Preparation or Ending of Work at the Workplace During the Work Time	Injured by Non-work Accident such as Violence in Fulfilling Work-related Responsibilities at the Workplace During the Work Time	Suffering from the Occupational Disease
全国	**National**	**25092**	**14520**	**8108**	**100**	**163**	**44**
北京	Beijing	683	278	91	1	3	3
天津	Tianjin	312	168	91	1		
河北	Hebei	1922	1199	557		17	
山西	Shanxi	1094	623	410	5	3	
内蒙古	Inner Mongolia	468	226	127	1	9	1
辽宁	Liaoning	952	467	300	8	4	2
吉林	Jilin	403	138	81		2	
黑龙江	Heilongjiang	474	170	98	1	2	1
上海	Shanghai	678	384	216	1	4	1
江苏	Jiangsu	1766	1258	645	3	2	1
浙江	Zhejiang	1313	925	593	7	11	3
安徽	Anhui	773	525	270	3		1
福建	Fujian	688	449	285	7	2	1
江西	Jiangxi	640	431	244	7	2	2
山东	Shandong	2103	1332	625	8	10	5
河南	Henan	1181	511	266	2	8	2
湖北	Hubei	701	406	203	6	5	1
湖南	Hunan	977	615	402		4	
广东	Guangdong	2420	1282	648	16	17	14
广西	Guangxi	528	301	162	5	13	4
海南	Hainan	113	61	20		3	
重庆	Chongqing	502	341	232	5	3	
四川	Sichuan	1085	711	413	2	18	
贵州	Guizhou	543	340	249	3	7	
云南	Yunnan	640	335	223	2	2	
西藏	Tibet	81	44	26	2		
陕西	Shaanxi	732	412	259	3	6	2
甘肃	Gansu	330	171	112		3	
青海	Qinghai	117	76	62	1		
宁夏	Ningxia	171	99	57		2	
新疆	Xinjiang	608	196	112		1	
新疆兵团	Xinjiang Pyoduction and Construction Crops	94	46	29			

WORK INJURY CERTIFICATION INVOLVING DEATHS BY REGION

(person)

Cases Certified(Cases Considered) as Suffering Work Injury							不予认定工伤人数	当期不予受理申请人数
Cases Certified as Suffering Work Injury			视同工伤件数 Cases Considered as Suffering Work Injury					
因工外出期间由于工作原因受到伤害或者发生事故下落不明 Injured by Work-related Accident or Missing Due to Accident When Outside the Workplace Due to Work-related Reasons	在上下班途中受到机动车事故伤害 Injured by Automobile Accident on the Road to Work from Home and Back Home from Work	其他应当认定为工伤的情形 Other Circumstances That Shall be Certified as Suffering Work Injury as Stipulated by Laws and Regulations	小计 Sub-total	在工作时间和工作岗位突发疾病死亡或者在48小时之内经抢救无效死亡 Died Immediately or Within 48 Hours after Unsuccessful Salvage Due to Illness Outburst at the Workplace During the	在抢险救灾等维护国家利益、公共利益活动中受到伤害 Injured in Rescue Activities for Protecting the Common Good of the State and the Public in Case of Emergencies or Natural	因战、因公负伤致残到用人单位后旧伤复发 Recrudescing of Previous Injury as a Result of War or Public Activities on the Employee Who Hold an Honorable Disabled Veteran Certificate	Cases Not be Certified or Considered as Suffering Work Injury	Work Injury Certification Applications Not Accepted
1648	**4436**	**21**	**10572**	**10537**	**33**	**2**	**3259**	**247**
93	86	1	405	405			79	3
17	59		144	144			38	1
57	568		723	723			246	17
32	173		471	465	6		78	1
43	45		242	242			66	5
39	114		485	485			91	9
12	43		265	265			36	11
30	38		304	303	1		17	5
45	117		294	293	1		96	7
122	485		508	506	2		177	13
83	228		388	386	2		62	8
32	216	3	248	248			66	1
47	107		239	232	7		120	6
40	136		209	207		2	89	6
179	505		771	767	4		139	11
58	175		670	670			154	7
28	159	4	295	295			120	1
48	159	2	362	362			167	7
239	348		1138	1138			490	19
52	64	1	227	226	1		97	5
13	18	7	52	52			22	
19	81	1	161	160	1		160	79
98	179	1	374	369	5		142	2
20	61		203	202	1		38	
57	51		305	305			189	7
14	2		37	37			6	
49	92	1	320	320			62	4
25	31		159	158	1		61	4
7	6		41	41			29	
13	27		72	72			43	4
34	49		412	412			64	2
3	14		48	47	1		15	2

9－23　各地区劳动能力鉴定情况(2019)
WORK CAPACITY ASSESSMENT BY REGION

单位：人　　(person)

地　区 Region	申请鉴定人数 Work Capacity Assessment Applicants						评定伤残等级人数 Persons Assessed as Certain Level of Work-related Disable				存在生活自理障碍人数 Persons Assessed as Living-related Disable
	小计 Sub-total	初次申请 First Applications	再次申请 Second Applications	#改变结论 Concusions Changed	复查申请 Reassessment Applications	#改变结论 Concusions Changed	小计 Sub-total	一至四级 Level 1 to Level 4	五至六级 Level 5 to Level 6	七至十级 Level 7 to Level 10	
全　国 National	**723161**	**701938**	**15421**	**3028**	**5802**	**2195**	**607072**	**11790**	**12419**	**582863**	**5760**
北　京 Beijing	15527	15046	126	7	355	313	13047	494	454	12099	132
天　津 Tianjin	10243	9967	151	38	125	78	9522	121	238	9163	86
河　北 Hebei	40515	39555	427	116	533	86	25496	556	574	24366	227
山　西 Shanxi	21085	20626	294	96	165	53	19461	1201	752	17508	406
内蒙古 Inner Mongolia	7875	7527	207	67	141	43	6878	280	239	6359	137
辽　宁 Liaoning	20971	19977	384	68	610	126	16455	377	403	15675	209
吉　林 Jilin	6541	6261	185	67	95	37	5637	135	167	5335	70
黑龙江 Heilongjiang	12118	11349	486	60	283	97	10424	589	447	9388	236
上　海 Shanghai	37652	36896	622	102	134	70	34023	211	258	33554	103
江　苏 Jiangsu	94828	93445	915	60	468	52	82899	736	1049	81114	414
浙　江 Zhejiang	102033	99301	2593	530	139	34	92747	518	1068	91161	339
安　徽 Anhui	23750	22770	842	197	138	40	20378	289	433	19656	219
福　建 Fujian	21249	20414	713	152	122	94	16137	589	412	15136	214
江　西 Jiangxi	12692	12054	482	139	156	87	11827	371	314	11142	179
山　东 Shandong	42620	41017	1069	154	534	235	32090	758	885	30447	400
河　南 Henan	18968	18325	518	150	125	56	13018	366	390	12262	403
湖　北 Hubei	15581	14851	567	142	163	52	13714	315	338	13061	332
湖　南 Hunan	20085	19585	393	63	107	28	15843	458	355	15030	127
广　东 Guangdong	76036	74587	1283	61	166	72	65036	598	1004	63434	313
广　西 Guangxi	5966	5844	117	29	5	3	4563	109	142	4312	52
海　南 Hainan	677	660	12	5	5	1	634	21	28	585	13
重　庆 Chongqing	25003	23757	860	198	386	212	22215	462	333	21420	221
四　川 Sichuan	35231	33786	1074	275	371	137	26917	883	692	25342	371
贵　州 Guizhou	17365	17032	257	56	76	38	15765	297	303	15165	131
云　南 Yunnan	7163	7042	108	39	13	6	6658	226	277	6155	85
西　藏 Tibet	720	703	16	6	1	1	536	8	25	503	5
陕　西 Shaanxi	11454	11161	181	23	112	43	8785	321	331	8133	115
甘　肃 Gansu	4225	4083	87	31	55	36	3825	176	155	3494	60
青　海 Qinghai	1359	1312	35	12	12	11	1315	45	43	1227	26
宁　夏 Ningxia	4478	4244	112	22	122	20	3974	149	103	3722	47
新　疆 Xinjiang	7647	7290	289	53	68	28	5946	102	148	5696	68
新疆兵团 Xinjiang Production and Construction Crops	1504	1471	16	10	17	6	1307	29	59	1219	20

9–24 历年各地区生育保险基本情况
MATERNITY INSURANCE BY REGION

单位：万人，万人次 (10 000 persons)

地 区	Region	2001		2002		2003		2004	
		年末参保人数 Contributors at the Year-end	享受待遇人次 Beneficiaries of Maternity Insurance	年末参保人数 Contributors at the Year-end	享受待遇人次 Beneficiaries of Maternity Insurance	年末参保人数 Contributors at the Year-end	享受待遇人次 Beneficiaries of Maternity Insurance	年末参保人数 Contributors at the Year-end	享受待遇人次 Beneficiaries of Maternity Insurance
全 国	**National**	**3455**	**24**	**3488**	**28**	**3655**	**36**	**4384**	**46**
北 京	Beijing								
天 津	Tianjin								
河 北	Hebei	131.5	0.8	95.4	0.7	94.1	0.4	114.1	0.4
山 西	Shanxi	108.0	0.3	84.3	0.3	84.3	0.2	93.2	0.2
内蒙古	Inner Mongolia	27.9	0.3	23.4	0.1	40.3	0.2	66.7	0.4
辽 宁	Liaoning	227.8	1.2	216.1	1.2	199.1	1.5	215.9	2.1
吉 林	Jilin	24.0	0.1	32.7	0.1	34.0	0.1	35.1	0.2
黑龙江	Heilongjiang	68.2	0.2	153.2	1.2	167.5	2.7	187.3	3.5
上 海	Shanghai	443.7	0.1	452.9	3.7	461.1	4.1	505.6	4.9
江 苏	Jiangsu	483.5	4.6	486.1	4.1	504.1	7.2	552.7	9.2
浙 江	Zhejiang	187.6	1.7	193.7	1.9	215.0	2.1	239.8	3.0
安 徽	Anhui	23.4	0.1	23.6	0.2	23.9	0.2	37.6	0.2
福 建	Fujian	118.2	0.9	123.7	1.0	139.4	1.4	146.5	1.7
江 西	Jiangxi	120.2	0.8	109.4	0.7	108.7	0.6	107.6	0.5
山 东	Shandong	331.8	3.4	322.8	3.8	336.5	4.1	390.8	4.7
河 南	Henan	196.4	1.1	205.9	1.1	199.2	1.1	201.2	1.5
湖 北	Hubei	182.1	1.1	182.7	0.8	182.1	0.6	179.9	0.6
湖 南	Hunan	3.7	0.0	3.4	0.0	3.3	0.0	212.9	0.5
广 东	Guangdong	250.1	2.4	258.7	2.5	330.8	3.0	376.7	3.6
广 西	Guangxi	113.5	1.2	106.8	1.1	111.1	1.2	134.8	1.6
海 南	Hainan	10.8	0.1	23.2	0.2	28.4	0.2	31.7	0.4
重 庆	Chongqing	23.6	0.2	19.9	0.1	16.5	0.1	12.9	0.0
四 川	Sichuan	178.1	1.6	166.4	1.2	165.1	1.3	187.4	1.4
贵 州	Guizhou	1.1	0.0	0.9	0.0	0.9	0.0	2.3	0.0
云 南	Yunnan	96.1	1.2	86.9	1.0	82.8	1.4	142.3	2.3
西 藏	Tibet								
陕 西	Shaanxi	4.6	0.1	5.4	0.1	14.6	0.1	36.2	0.2
甘 肃	Gansu	5.0	0.0	5.1	0.0	6.8	0.0	31.0	0.1
青 海	Qinghai	6.6	0.1	4.3	0.0	5.2	0.1	5.8	0.1
宁 夏	Ningxia	8.7	0.1	15.0	0.2	15.1	0.2	18.4	0.2
新 疆	Xinjiang	78.9	1.0	86.4	1.0	85.7	2.0	117.4	2.5

9-24 续表 1 continued

单位：万人，万人次 (10 000 persons)

地 区	Region	2005		2006		2007	
		年末参保人数 Contributors at the Year-end	享受待遇人次 Beneficiaries of Maternity Insurance	年末参保人数 Contributors at the Year-end	享受待遇人次 Beneficiaries of Maternity Insurance	年末参保人数 Contributors at the Year-end	享受待遇人次 Beneficiaries of Maternity Insurance
全 国	**National**	**5408**	**62**	**6459**	**108**	**7775**	**113**
北 京	Beijing	226.1	1.1	263.3	6.7	290.6	9.8
天 津	Tianjin	157.4	0.6	180.1	7.7	194.0	3.9
河 北	Hebei	215.9	0.8	264.2	1.7	338.5	2.5
山 西	Shanxi	95.6	0.3	98.1	0.4	104.4	0.3
内蒙古	Inner Mongolia	105.8	1.5	122.1	2.1	139.1	1.7
辽 宁	Liaoning	220.1	2.7	378.7	4.9	423.0	13.2
吉 林	Jilin	35.3	0.8	117.7	0.6	173.6	1.6
黑龙江	Heilongjiang	156.6	2.9	172.7	3.1	216.8	3.1
上 海	Shanghai	539.3	5.8	555.1	16.8	592.0	7.3
江 苏	Jiangsu	630.9	11.2	711.5	12.8	794.1	14.5
浙 江	Zhejiang	284.9	3.7	382.7	6.9	505.0	6.1
安 徽	Anhui	53.5	0.5	78.6	1.0	175.6	1.9
福 建	Fujian	161.8	2.1	173.5	2.0	250.4	2.7
江 西	Jiangxi	117.8	0.8	123.2	1.1	137.8	0.8
山 东	Shandong	461.2	5.5	488.8	10.0	563.3	8.2
河 南	Henan	228.4	1.5	238.4	2.0	279.1	2.2
湖 北	Hubei	175.9	0.6	194.5	0.8	224.6	1.1
湖 南	Hunan	250.2	3.2	308.5	5.2	369.3	5.6
广 东	Guangdong	419.4	4.2	464.8	4.8	659.1	6.6
广 西	Guangxi	141.4	1.9	145.2	1.9	163.5	2.3
海 南	Hainan	34.9	0.5	40.6	0.7	66.7	0.8
重 庆	Chongqing			96.8	0.6	116.9	2.2
四 川	Sichuan	212.5	1.4	274.1	1.9	323.3	3.6
贵 州	Guizhou	52.1	0.0	72.1	0.7	89.1	1.2
云 南	Yunnan	156.1	2.5	159.5	2.6	165.1	2.2
西 藏	Tibet					9.4	0.0
陕 西	Shaanxi	43.1	0.8	86.3	0.5	120.9	0.9
甘 肃	Gansu	40.0	0.3	47.0	0.4	53.3	0.7
青 海	Qinghai	6.5	0.1	7.2	0.2	6.2	0.2
宁 夏	Ningxia	21.6	0.2	18.1	0.4	19.2	0.4
新 疆	Xinjiang	164.1	4.7	195.6	7.5	211.6	5.6

9–24 续表 2 continued

单位：万人，万人次 (10 000 persons)

地 区	Region	2008		2009		2010	
		年末参保人数 Contributors at the Year-end	享受待遇人次 Beneficiaries of Maternity Insurance	年末参保人数 Contributors at the Year-end	享受待遇人次 Beneficiaries of Maternity Insurance	年末参保人数 Contributors at the Year-end	享受待遇人次 Beneficiaries of Maternity Insurance
全 国	**National**	**9254**	**140**	**10876**	**174**	**12336**	**211**
北 京	Beijing	324.1	11.8	346.8	12.8	372.2	12.6
天 津	Tianjin	196.5	4.7	204.6	4.8	212.0	5.6
河 北	Hebei	408.5	5.2	489.9	6.7	561.5	5.2
山 西	Shanxi	148.3	0.7	185.8	0.9	211.6	1.7
内蒙古	Inner Mongolia	154.6	1.6	182.9	2.0	233.9	2.2
辽 宁	Liaoning	460.2	11.7	531.2	13.5	593.0	13.5
吉 林	Jilin	227.9	2.5	289.9	4.6	310.5	5.6
黑龙江	Heilongjiang	241.9	3.2	270.0	3.3	290.1	3.4
上 海	Shanghai	609.9	7.1	625.1	6.5	657.3	7.7
江 苏	Jiangsu	907.2	19.5	962.5	23.3	1086.4	24.4
浙 江	Zhejiang	690.0	8.1	750.7	10.4	863.7	12.4
安 徽	Anhui	231.0	3.5	303.6	4.6	346.9	5.0
福 建	Fujian	273.9	3.2	317.8	4.5	374.4	4.9
江 西	Jiangxi	156.6	0.6	163.0	0.7	170.0	1.0
山 东	Shandong	638.0	10.3	703.0	14.4	774.1	18.0
河 南	Henan	313.4	2.8	379.8	4.0	412.9	5.3
湖 北	Hubei	278.0	2.9	357.1	6.5	381.8	11.0
湖 南	Hunan	431.5	6.2	502.4	9.0	527.1	12.1
广 东	Guangdong	1011.2	9.7	1586.3	12.5	2038.5	24.3
广 西	Guangxi	176.5	3.0	199.0	3.2	218.5	3.6
海 南	Hainan	79.8	1.1	85.0	1.2	92.6	1.5
重 庆	Chongqing	141.6	2.6	155.5	3.7	175.7	4.9
四 川	Sichuan	373.0	4.4	426.4	5.8	484.2	5.9
贵 州	Guizhou	135.9	1.8	152.5	1.9	164.3	2.3
云 南	Yunnan	168.4	2.6	181.1	2.8	210.2	4.0
西 藏	Tibet	12.4	0.1	14.2	0.2	14.8	0.3
陕 西	Shaanxi	147.6	1.6	164.4	2.1	180.1	2.4
甘 肃	Gansu	59.1	0.6	71.2	0.7	82.0	1.0
青 海	Qinghai	6.3	0.1	6.3	0.1	6.4	0.1
宁 夏	Ningxia	25.1	0.4	30.7	0.5	39.8	0.6
新 疆	Xinjiang	225.4	6.4	236.8	6.6	249.4	8.4

9-24 续表 3 continued

单位：万人，万人次 (10 000 persons)

地 区	Region	2011		2012		2013	
		年末参保人数 Contributors at the Year-end	享受待遇人次 Beneficiaries of Maternity Insurance	年末参保人数 Contributors at the Year-end	享受待遇人次 Beneficiaries of Maternity Insurance	年末参保人数 Contributors at the Year-end	享受待遇人次 Beneficiaries of Maternity Insurance
全 国	**National**	**13892**	**265**	**15429**	**353**	**16392**	**522**
北 京	Beijing	395.3	14.9	844.7	27.9	883.2	41.1
天 津	Tianjin	234.6	6.6	242.7	8.0	249.1	24.8
河 北	Hebei	593.1	5.5	634.8	9.7	667.6	15.7
山 西	Shanxi	253.7	2.1	407.6	3.1	445.6	5.2
内蒙古	Inner Mongolia	263.3	4.8	274.8	4.3	285.0	6.5
辽 宁	Liaoning	664.7	15.1	713.9	19.4	752.3	25.9
吉 林	Jilin	335.9	6.7	350.4	9.4	365.9	11.2
黑龙江	Heilongjiang	350.1	3.6	353.1	4.2	355.1	6.9
上 海	Shanghai	703.1	8.8	711.5	11.7	713.9	22.0
江 苏	Jiangsu	1199.2	44.2	1276.2	55.5	1355.6	78.7
浙 江	Zhejiang	979.8	14.9	1084.8	19.4	1173.2	39.9
安 徽	Anhui	400.1	6.3	430.1	9.0	458.5	10.6
福 建	Fujian	451.9	5.7	484.3	8.2	539.6	12.1
江 西	Jiangxi	200.1	0.8	204.2	2.0	217.8	2.5
山 东	Shandong	857.8	19.7	919.0	19.9	974.4	47.1
河 南	Henan	460.7	6.3	520.3	12.0	569.6	13.6
湖 北	Hubei	420.9	13.6	452.9	18.8	465.3	18.5
湖 南	Hunan	538.8	15.3	546.0	14.8	536.0	14.8
广 东	Guangdong	2339.7	32.6	2484.9	40.1	2711.6	45.0
广 西	Guangxi	243.8	3.9	254.7	5.1	270.2	7.7
海 南	Hainan	100.7	2.2	116.0	3.2	120.2	4.0
重 庆	Chongqing	216.6	5.4	253.5	8.2	280.4	10.2
四 川	Sichuan	601.7	6.8	654.4	12.5	689.1	18.0
贵 州	Guizhou	198.1	2.6	221.6	3.1	238.7	4.4
云 南	Yunnan	216.5	3.5	239.2	4.6	270.9	11.2
西 藏	Tibet	16.1	0.3	18.2	0.4	20.7	0.5
陕 西	Shaanxi	211.6	2.8	223.7	3.1	240.3	4.3
甘 肃	Gansu	110.1	1.7	129.5	2.5	135.1	3.2
青 海	Qinghai	6.7	0.2	33.8	0.3	42.8	1.7
宁 夏	Ningxia	59.3	1.0	66.4	1.9	68.4	3.7
新 疆	Xinjiang	268.1	7.0	281.6	10.3	296.1	11.1

9-24 续表 4 continued

单位：万人，万人次 (10 000 persons)

地 区	Region	2014		2015		2016	
		年末参保人数 Contributors at the Year-end	享受待遇人次 Beneficiaries of Maternity Insurance	年末参保人数 Contributors at the Year-end	享受待遇人次 Beneficiaries of Maternity Insurance	年末参保人数 Contributors at the Year-end	享受待遇人次 Beneficiaries of Maternity Insurance
全 国	**National**	**17039**	**613**	**17771**	**642**	**18451**	**914**
北 京	Beijing	915.6	53.2	941.6	52.8	981.0	51.9
天 津	Tianjin	260.7	22.2	269.7	19.4	285.0	28.1
河 北	Hebei	684.0	22.5	713.0	18.5	710.3	33.8
山 西	Shanxi	454.2	7.4	456.5	8.0	458.5	8.9
内蒙古	Inner Mongolia	293.7	8.0	302.6	7.8	305.3	8.5
辽 宁	Liaoning	783.9	28.5	789.3	29.6	790.1	31.7
吉 林	Jilin	367.0	14.0	367.5	14.0	367.8	17.1
黑龙江	Heilongjiang	356.1	7.8	357.1	6.4	358.0	9.4
上 海	Shanghai	717.5	24.0	735.4	22.9	956.1	28.2
江 苏	Jiangsu	1374.6	93.6	1471.7	95.3	1510.3	170.3
浙 江	Zhejiang	1248.9	46.1	1285.2	51.0	1294.4	62.1
安 徽	Anhui	482.8	13.6	499.3	15.9	517.6	21.8
福 建	Fujian	556.7	12.8	598.3	14.0	625.8	20.9
江 西	Jiangxi	241.1	3.3	251.3	4.7	258.9	7.8
山 东	Shandong	1046.5	56.2	1111.3	48.1	1139.1	73.4
河 南	Henan	590.2	15.7	609.5	16.5	646.8	24.5
湖 北	Hubei	480.6	19.9	500.2	22.3	511.9	30.2
湖 南	Hunan	537.6	17.0	544.0	20.5	542.9	27.4
广 东	Guangdong	2801.3	50.8	3081.8	67.0	3161.9	117.8
广 西	Guangxi	280.2	8.6	307.9	9.6	319.6	13.0
海 南	Hainan	122.0	3.8	127.1	4.7	136.5	6.0
重 庆	Chongqing	347.5	12.5	354.3	18.3	365.7	24.3
四 川	Sichuan	730.4	21.7	670.3	24.8	713.1	31.8
贵 州	Guizhou	248.8	6.4	263.6	7.5	286.3	10.8
云 南	Yunnan	279.3	13.2	289.8	12.0	295.9	16.2
西 藏	Tibet	22.8	0.5	23.8	0.7	24.9	0.9
陕 西	Shaanxi	250.8	5.3	265.3	6.4	283.4	9.1
甘 肃	Gansu	143.7	3.9	154.1	3.5	162.7	6.8
青 海	Qinghai	45.8	3.4	48.0	5.0	49.7	3.7
宁 夏	Ningxia	71.3	4.9	73.7	2.6	76.5	4.4
新 疆	Xinjiang	303.0	12.7	307.9	12.4	315.0	13.0

9-24 续表 5 continued

单位：万人，万人次 (10 000 persons)

地 区	Region	2017 年末参保人数 Contributors at the Year-end	2017 享受待遇人次 Beneficiaries of Maternity Insurance	2018 年末参保人数 Contributors at the Year-end	2018 享受待遇人次 Beneficiaries of Maternity Insurance	2019 年末参保人数 Contributors at the Year-end	2019 享受待遇人次 Beneficiaries of Maternity Insurance
全 国	**National**	**19300**	**1113**	**20434**	**1089**	**21417**	**1136**
北 京	Beijing	1035.2	68.6	1104.0	61.4	1164.4	61.2
天 津	Tianjin	296.9	27.4	330.4	25.0	341.3	24.5
河 北	Hebei	737.8	36.3	774.2	31.4	811.0	35.5
山 西	Shanxi	464.2	14.2	481.9	14.2	489.6	15.7
内蒙古	Inner Mongolia	307.6	11.5	319.5	11.0	320.6	11.0
辽 宁	Liaoning	782.4	44.2	777.8	40.5	789.4	43.5
吉 林	Jilin	370.1	17.1	370.3	15.3	326.3	22.3
黑龙江	Heilongjiang	355.1	8.9	350.2	8.4	343.5	9.1
上 海	Shanghai	972.0	36.4	984.9	32.2	989.6	32.4
江 苏	Jiangsu	1582.0	167.1	1694.5	166.8	1868.8	143.5
浙 江	Zhejiang	1393.0	77.2	1477.3	72.3	1561.1	71.6
安 徽	Anhui	554.1	23.5	586.3	25.8	622.3	27.9
福 建	Fujian	634.5	27.5	651.9	24.0	621.7	21.0
江 西	Jiangxi	279.3	13.5	290.1	10.9	303.3	12.6
山 东	Shandong	1186.6	90.9	1235.4	81.6	1298.8	81.2
河 南	Henan	692.7	30.5	755.4	29.3	765.3	31.6
湖 北	Hubei	522.1	35.2	540.0	36.1	577.7	38.5
湖 南	Hunan	561.9	34.0	571.8	31.2	600.4	32.0
广 东	Guangdong	3300.9	169.6	3495.3	189.3	3669.4	217.2
广 西	Guangxi	338.6	20.4	366.2	19.1	405.9	18.8
海 南	Hainan	140.3	8.8	152.6	7.0	168.8	10.7
重 庆	Chongqing	411.3	26.6	439.5	26.9	466.9	29.4
四 川	Sichuan	776.3	34.3	878.2	34.1	954.9	36.8
贵 州	Guizhou	304.0	20.5	325.9	23.5	349.6	28.1
云 南	Yunnan	307.9	22.2	339.5	17.3	356.0	18.3
西 藏	Tibet	29.1	1.4	32.4	2.0	34.3	3.6
陕 西	Shaanxi	328.7	12.6	401.9	14.3	454.5	16.8
甘 肃	Gansu	175.3	7.7	202.9	13.5	221.8	14.2
青 海	Qinghai	50.0	3.8	58.1	4.0	61.8	4.6
宁 夏	Ningxia	81.7	6.2	88.1	5.7	94.7	7.1
新 疆	Xinjiang	328.4	14.6	357.5	14.4	383.6	15.9

十、工会工作

TRADE UNION WORKS

10-1 各地区基层工会组织数(2019年)

单位：个

地　区	Region	总　计 Total	国有企业 State-owned	集体企业 Urban Collective-owned	股份合作企业 Coopera-tive	联营企业 Joint-owned	有限责任公司 Limited Liability Corporations
全　国	**National**	**2610841**	**76763**	**57936**	**32967**	**6453**	**198186**
北　京	Beijing	33754	1345	1440	393	33	11983
天　津	Tianjin	16973	774	195	89	4	1470
河　北	Hebei	126522	3700	3258	963	372	3797
山　西	Shanxi	56743	3036	3490	440	54	1773
内蒙古	Inner Mongolia	56432	2000	678	480	70	6828
辽　宁	Liaoning	56700	2181	899	469	50	4919
吉　林	Jilin	26959	1433	239	261	26	1975
黑龙江	Heilongjiang	60220	4560	1439	494	79	3262
上　海	Shanghai	47919	1877	1808	393	39	3844
江　苏	Jiangsu	156743	2768	3074	2700	320	12852
浙　江	Zhejiang	137855	2428	1396	5638	376	16205
安　徽	Anhui	91296	2615	3251	1364	185	7343
福　建	Fujian	108770	3769	1347	1084	418	3906
江　西	Jiangxi	88449	3488	1882	1913	398	3892
山　东	Shandong	121275	3859	3244	1263	152	10141
河　南	Henan	184433	4574	4780	1901	474	8372
湖　北	Hubei	131587	2860	3750	1616	638	8104
湖　南	Hunan	159457	4501	5890	2938	539	7882
广　东	Guangdong	258032	5606	5302	1932	324	17553
广　西	Guangxi	94710	3283	1975	504	715	5047
海　南	Hainan	16476	718	422	155	35	5439
重　庆	Chongqing	51453	1030	632	771	134	4458
四　川	Sichuan	155901	2843	1443	1298	209	13011
贵　州	Guizhou	65501	2348	1039	1478	248	5058
云　南	Yunnan	87330	1525	754	450	80	6517
西　藏	Tibet	7822	307	88	29	6	154
陕　西	Shaanxi	115772	3624	3424	1264	356	15167
甘　肃	Gansu	37993	1143	392	257	46	2024
青　海	Qinghai	14848	497	84	89	17	503
宁　夏	Ningxia	11053	350	30	45	3	1323
新　疆	Xinjiang	31863	1721	291	296	53	3384

NUMBER OF GRASSROOTS TRADE UNION BY REGION (2019)

(unit)

股份有限公司 Share-holding Corporations Ltd.	私营企业 Private	其他内资企业 Other Enterprises of	个体经营户 Individuals	港澳台商投资企业 Funded by Entrepreneurs from HongKong, Macao & Taiwan	外商投资企业 Foreign Funded	事业单位 Institutions	机关 Agencies and Organizations	其他 Others
64560	**1296790**	**9837**	**99537**	**26322**	**37154**	**329737**	**197997**	**176602**
1324	5529	65	980	346	797	4955	1626	2938
495	7745	16	44	213	770	2736	1192	1230
2257	62346	2348	3766	207	581	13902	10970	18055
1122	21294	21	2172	82	175	12833	6573	3678
959	29298	30	988	32	104	7995	5921	1049
1305	22473	155	1564	306	1315	9569	5147	6348
870	10006	29	569	33	153	7052	2763	1550
1196	27786	36	2903	91	303	8412	5217	4442
1470	22732	488	356	1407	3587	5825	1225	2868
4537	88810	605	2317	3666	7114	14229	6168	7583
5320	75773	387	1617	1883	2789	14217	7083	2743
2331	40866	123	3915	163	304	12366	7664	8806
2612	69939	1280	1300	2262	2511	9048	5772	3522
1612	47559	229	2875	302	1034	13108	8005	2152
4134	55237	502	5136	483	2683	17852	9919	6670
3291	100555	267	12965	145	212	23585	11771	11541
2887	72028	461	3935	415	920	16380	7222	10371
4054	84738	764	11527	166	320	16609	12389	7140
3777	156474	1155	11811	13025	8851	19367	9822	3033
3276	51893	177	3377	299	530	12248	7392	3994
756	2534	8	298	83	104	2616	1562	1746
1547	24735	84	5408	82	218	7038	3668	1648
3512	56355	278	8202	324	678	23870	17178	26700
3180	22499	120	965	29	55	9970	6976	11536
2169	52009	54	1738	110	212	9107	9132	3473
93	762	2	296			534	3123	2428
2435	50695	114	5033	86	690	14848	7759	10277
656	15090	14	893	28	53	7865	5934	3598
195	5014	5	1491	11	10	2346	2226	2360
197	3981	3	189	15	25	1847	1269	1776
991	10035	17	907	28	56	7408	5329	1347

10–2 各地区工会会员人数(2019年)

单位：人

地 区	Region	总 计 Total	内资企业 Enterprises of Domestic Funded 国有企业 State-owned	集体企业 Urban Collective-owned	股份合作企业 Coopera-tive	联营企业 Joint-owned	国有独资公司 State Funded Corporations	其他有限责任公司 Other Limited Liability Corporations
全 国	**National**	**283177955**	**22244701**	**6803303**	**5254767**	**1009952**	**4754025**	**17460789**
北 京	Beijing	4855476	567285	137683	45750	2332	194306	989192
天 津	Tianjin	2760762	275191	50878	15036	222	144729	209988
河 北	Hebei	14263076	1043450	333868	161974	61100	108492	451599
山 西	Shanxi	7645401	1272471	316827	139150	19076	282472	315448
内蒙古	Inner Mongolia	5483119	862017	92232	80886	33557	153739	450149
辽 宁	Liaoning	8009423	1120682	149602	79230	4999	165377	374791
吉 林	Jilin	3343234	545362	32411	62608	2112	75461	169912
黑龙江	Heilongjiang	7152208	1591529	157042	66832	11968	181355	361032
上 海	Shanghai	7057342	427331	306031	59818	4048	509391	434417
江 苏	Jiangsu	21751956	845468	491125	637106	64651	273619	1473670
浙 江	Zhejiang	18832101	542056	296021	834266	63545	191779	2062291
安 徽	Anhui	8197213	701271	376095	197789	18325	96598	621240
福 建	Fujian	8879754	565869	83011	145751	32163	117501	281526
江 西	Jiangxi	8740171	721103	174883	397871	86038	54073	258736
山 东	Shandong	15851229	1295268	462437	373524	37302	316653	1242873
河 南	Henan	16348113	1346674	637156	361341	56434	129636	634728
湖 北	Hubei	13461379	899678	588971	232562	88681	177261	835086
湖 南	Hunan	12183188	723737	553209	278953	80392	127460	516996
广 东	Guangdong	29416422	1266705	636007	367592	94129	246544	1700140
广 西	Guangxi	8213015	745864	184093	79528	85721	193449	464923
海 南	Hainan	1781899	104356	22106	19393	1640	22592	255539
重 庆	Chongqing	5797004	292427	34728	90824	17074	128545	455030
四 川	Sichuan	19678093	823419	153733	186164	18590	260219	1003507
贵 州	Guizhou	7746339	581871	108786	49697	30125	97226	231490
云 南	Yunnan	5195184	576148	48833	38972	6907	114337	269315
西 藏	Tibet	588576	38075	5650	4676	259	4891	10475
陕 西	Shaanxi	9106447	1151959	269543	122866	58046	189512	834285
甘 肃	Gansu	4147859	456146	48840	56918	25069	62850	161865
青 海	Qinghai	1228135	165266	3534	12025	418	11564	26348
宁 夏	Ningxia	1130267	149048	2176	14073	670	28246	81220
新 疆	Xinjiang	4333570	546975	45792	41592	4359	94148	282978

TRADE UNION MEMBERS IN GRASSROOTS TRADE UNION BY REGION (2019)

(person)

内资企业 Enterprises of Domestic Funded				个体经营户 Individuals	港澳台商投资企业 Funded by Entrepreneurs from HongKong Macao&Taiwan	外商投资企业 Foreign Funded	事业单位 Institutions	机关 Agencies and Organization	其他 Others
国有控股公司 State-holding	其他股份有限公司 Other Share-holding Corporations Ltd.	私营企业 Private	其他企业 Others						
7356460	**7367738**	**97427135**	**1396640**	**9712976**	**6595400**	**8223527**	**36592571**	**18796613**	**31881358**
254574	160024	394830	5588	73549	73256	216811	821810	346216	272270
231438	39492	914042	3142	9502	46947	219893	347605	171707	80950
267769	241784	5527553	223455	341824	92319	138345	1736091	1020821	2512632
434335	112372	2153397	8870	286662	116497	20278	1200222	555033	412291
114765	173326	1968332	2528	39503	6012	23009	747522	532215	203327
285274	156566	1486228	8276	207419	56374	282163	1460569	699343	1472530
106415	127974	864765	5909	39090	9316	32166	663590	283332	322811
215268	87864	2003902	7384	307507	17107	71312	929009	489699	653398
595205	157504	1995132	179128	33904	309096	836098	657483	175943	376813
392551	750329	8882672	113141	336285	857859	1595511	2003333	797125	2237511
308031	916370	9156725	72294	220352	466619	689455	1854411	573698	584188
232935	258503	2382981	22918	243259	42091	96038	1168198	577983	1160989
220894	241176	4260434	107459	141292	520734	388735	755642	418666	598901
60628	166019	4376472	16980	153857	106647	198428	1147086	650656	170694
469917	732996	4704809	87770	596317	130815	508811	2318198	964883	1608656
279271	358407	5692780	34065	962717	178315	51723	2635847	1409077	1579942
512027	304836	5151897	113375	379480	123005	211707	1635133	585351	1622329
175882	272603	5117239	78473	632772	47908	57077	1530684	1229906	759897
547709	763551	12765195	213669	709608	3071966	2169555	2687065	1043780	1133207
163255	220542	3131935	12147	220723	73210	74577	1247380	550732	764936
81657	44951	135347	869	6765	8194	16723	253991	409541	398235
128386	109686	1988735	10721	1409647	39284	46684	648139	255734	141360
315769	391595	4479142	27961	1424493	133916	118933	2786545	1348543	6205564
205040	84846	1541631	3989	150612	26468	13904	992280	661658	2966716
186952	119900	1431260	17005	90738	14361	29776	973242	810586	466852
11944	4187	29458	167	16835			106257	200683	155019
265023	206235	2449148	16086	384033	15807	88554	1181076	523380	1350894
119322	43743	1158305	679	100308	2981	9641	784799	600493	515900
24706	11675	205520	191	60144	1852	1562	167000	110419	425911
20042	27768	253384	61	11229	1006	7310	185966	111450	236618
129476	80914	823885	2340	122550	5438	8748	966398	687960	490017

10–3 分地区基层单位建立职工代表大会制度情况(2019年)
EMPLOYEE CONGRESS SYSTEM IN GRASSROOTS TRADE UNION BY REGION (2019)

地 区	Region	建立职工(代表)大会制度的企事业单位(个) Number of Establishments with Employee Congress (unit)	本年度召开过职工(代表)大会的企事业单位(个) Number of Establishments with Congress Held (unit)	职工代表大会的职工代表(人) Congress Members (person)	#女职工代表 Female	实行厂务公开的企事业单位(个) Number of Establishments with Publishing Management Affairs (unit)
全 国	**National**	**4193448**	**3315903**	**18915457**	**5912686**	**4071034**
北 京	Beijing	63457	57944	353861	143732	56888
天 津	Tianjin	86089	85608	285855	116329	85822
河 北	Hebei	155424	109654	719226	182104	145835
山 西	Shanxi	119701	105409	653731	154105	116927
内 蒙 古	Inner Mongolia	62560	41887	302718	76306	63212
辽 宁	Liaoning	88870	70592	435244	144859	83981
吉 林	Jilin	45391	29890	212228	74668	42039
黑 龙 江	Heilongjiang	88409	68407	401907	108684	79890
上 海	Shanghai	120249	109441	514391	190978	124283
江 苏	Jiangsu	314464	255653	2220206	758895	262694
浙 江	Zhejiang	421476	301826	1799885	642103	420582
安 徽	Anhui	71414	34786	346718	98778	71914
福 建	Fujian	198424	167269	650409	214548	195103
江 西	Jiangxi	113957	74629	538640	147168	113439
山 东	Shandong	204838	173120	1212511	359364	197666
河 南	Henan	174041	103770	976012	283570	172610
湖 北	Hubei	201867	185490	889918	279774	198834
湖 南	Hunan	151705	111430	767016	166845	149953
广 东	Guangdong	462888	364497	1803880	626890	465212
广 西	Guangxi	159401	148320	815908	239043	157599
海 南	Hainan	12120	9350	63838	20903	12068
重 庆	Chongqing	154452	135679	324629	99356	151517
四 川	Sichuan	271276	244068	963434	283778	263126
贵 州	Guizhou	74734	48379	268956	77772	73412
云 南	Yunnan	89127	63588	307712	103524	88103
西 藏	Tibet	1034	720	5237	1905	1080
陕 西	Shaanxi	156878	113436	480163	127935	154363
甘 肃	Gansu	59358	50949	273250	70215	57892
青 海	Qinghai	15647	11151	53184	16362	14883
宁 夏	Ningxia	10356	9354	71950	22909	10280
新 疆	Xinjiang	43076	29010	181581	69692	39133
中央和国家机关	CCCPC and Government Agencies	765	597	21259	9592	694

10–4 各地区基层以上工会职业培训机构情况(2019年)
VOCATIONAL TRAINING ORGANIZATIONS ABOVE GRASSROOTS TRADE UNION BY REGION (2019)

地 区	Region	工会开办的职业培训机构(个) Number of Vocational Training (Organizations)	本年度工会职业培训机构培训人次(人次) Trained Persons (person-time)	#农民工人次数 Migrant Workers	#下岗和失业人员人次数 Laid-off and Unemployment Persons	#经培训实现再就业人次数 Reemployees
全 国	**National**	**1148**	**707856**	**324830**	**195411**	**94854**
北 京	Beijing	7	33302	1792	5375	304
天 津	Tianjin	3	2676	1350	300	200
河 北	Hebei	92	31493	14041	11800	5730
山 西	Shanxi	66	17651	7319	5625	2433
内蒙古	Inner Mongolia	27	8496	2821	2969	1738
辽 宁	Liaoning	63	22963	8087	12130	3055
吉 林	Jilin	29	5670	1472	3537	2004
黑龙江	Heilongjiang	30	7569	1429	5619	791
上 海	Shanghai	4	4423	598	459	411
江 苏	Jiangsu	56	99498	23717	16624	6528
浙 江	Zhejiang	55	107623	46069	18046	6390
安 徽	Anhui	21	12870	6975	4047	3076
福 建	Fujian	19	13511	4134	1933	814
江 西	Jiangxi	26	9745	6791	2306	878
山 东	Shandong	65	49910	27021	21409	14127
河 南	Henan	95	46901	28248	15992	8414
湖 北	Hubei	56	20423	9823	6067	3935
湖 南	Hunan	59	23306	14179	9411	6065
广 东	Guangdong	19	18322	8062	6319	3512
广 西	Guangxi	46	10232	6241	2919	2058
海 南	Hainan	2	1324	750	263	110
重 庆	Chongqing	23	27946	18050	8320	5457
四 川	Sichuan	101	39114	24442	14921	7275
贵 州	Guizhou	35	12383	9245	3254	1283
云 南	Yunnan	32	28843	25001	2432	1575
西 藏	Tibet	5	190	185	100	
陕 西	Shaanxi	43	21690	13627	7573	4230
甘 肃	Gansu	38	6351	2817	3464	784
青 海	Qinghai	7	1870	760	439	132
宁 夏	Ningxia	4	17166	6491	1389	1308
新 疆	Xinjiang	20	4395	3293	369	237

10－5 各地区基层工会开展合理化建议和劳动竞赛活动情况(2019年)
CONDITION OF CARRYING OUT RATIONALIZED PROPOSALS AND LABOR EMULATION IN GRASSROOTS TRADE UNION BY REGION (2019)

地 区	Region	本年度职工提出合理化建议件数(件) Rationalized Proposals Put Forward by the Staff and Workers This Year (case)	本年度已实施的合理化建议件数(件) Rationalized Proposals Practiced This Year (case)	本年度开展了劳动和技能竞赛的基层工会(个) Grassroots Trade union Participating in Labor Emulation This Year (unit)	本年度参加劳动和技能竞赛的职工(人次) Person/Time of Staff and Workers Participating in Labor Emulation (person-time)
全 国	**National**	**8828015**	**5898011**	**662214**	**63471157**
北 京	Beijing	294541	209464	5348	1213699
天 津	Tianjin	402469	267235	12620	2141256
河 北	Hebei	457954	238345	38309	3232437
山 西	Shanxi	265104	169123	13884	1974176
内 蒙 古	Inner Mongolia	606832	481984	30477	2962099
辽 宁	Liaoning	372326	250966	6595	1102367
吉 林	Jilin	99799	57830	5490	559683
黑 龙 江	Heilongjiang	76614	44991	8837	923212
上 海	Shanghai	1286662	1062559	9150	1920867
江 苏	Jiangsu	615950	354200	46118	4118662
浙 江	Zhejiang	207810	133917	54324	4842328
安 徽	Anhui	177481	136284	15169	1212798
福 建	Fujian	116920	61384	18801	1145394
江 西	Jiangxi	61469	20630	21298	1715129
山 东	Shandong	742554	492455	43951	5138790
河 南	Henan	180971	131440	15524	1381898
湖 北	Hubei	320548	222822	29699	3007785
湖 南	Hunan	252576	167288	58003	3481475
广 东	Guangdong	1233451	706212	62686	5349172
广 西	Guangxi	66628	39244	14377	1569526
海 南	Hainan	20118	16907	2402	239929
重 庆	Chongqing	248153	155621	15050	1647616
四 川	Sichuan	268103	161776	69820	6797600
贵 州	Guizhou	62293	43231	11174	1156849
云 南	Yunnan	69684	51227	17520	1158264
西 藏	Tibet	1135	518	201	28102
陕 西	Shaanxi	125526	86566	15844	1236365
甘 肃	Gansu	85278	60240	8883	771323
青 海	Qinghai	11430	6881	2097	168372
宁 夏	Ningxia	25493	16010	4372	369180
新 疆	Xinjiang	68264	48155	3992	871553
中央和国家机关	CCCPC and Government Agencies	3879	2506	199	33251

10-6　各地区基层工会参与调解劳动争议工作情况(2019年)
CONDITION OF GRASSROOTS TRADE UNION PATICIPATING IN MEDIATION LABOR DISPUTE BY REGION (2019)

地　区　Region	建立劳动争议调解委员会的基层工会(个) Units with Labor Dispute Mediation Committee (unit)	劳动争议调解委员会中工会成员(人) Union Member of Labor Dispute Mediation Committee (person)	本年度劳动争议调解委员会受理劳动争议件数(件) Cases Accepted by Labor Dispute Mediation Committee This Year (case)	本年度劳动争议调解委员会调解成功劳动争议件数(件) Cases Successfully Madiated by Labor Dispute Mediation Committee This Year (case)
全　国　National	**861086**	**1851759**	**151003**	**95720**
北　京　Beijing	7922	21877	837	697
天　津　Tianjin	8718	21933	4691	4451
河　北　Hebei	63926	129662	3897	2812
山　西　Shanxi	17116	46910	2500	1707
内蒙古　Inner Mongolia	14812	32054	1043	453
辽　宁　Liaoning	13221	29749	1422	925
吉　林　Jilin	6969	13574	269	99
黑龙江　Heilongjiang	14276	27286	1412	1191
上　海　Shanghai	15003	43633	2033	967
江　苏　Jiangsu	83220	190956	12194	7661
浙　江　Zhejiang	74005	161180	4110	3261
安　徽　Anhui	10256	26442	833	656
福　建　Fujian	30042	59738	3193	1195
江　西　Jiangxi	60956	106743	9497	3379
山　东　Shandong	44091	120210	10397	4889
河　南　Henan	11966	29299	1203	1037
湖　北　Hubei	20837	52222	7527	3271
湖　南　Hunan	19487	42632	9269	5161
广　东　Guangdong	83087	152301	43211	32043
广　西　Guangxi	27440	64338	5612	475
海　南　Hainan	1249	5506	212	115
重　庆　Chongqing	10058	30698	2402	1718
四　川　Sichuan	97958	208649	12254	9385
贵　州　Guizhou	9681	20252	1041	524
云　南　Yunnan	42218	65490	942	643
西　藏　Tibet	100	264	7	6
陕　西　Shaanxi	48860	97579	6324	5369
甘　肃　Gansu	9979	20128	1313	489
青　海　Qinghai	2255	4508	36	30
宁　夏　Ningxia	5214	10903	467	390
新　疆　Xinjiang	6049	14437	841	708
中央和国家机关 CCCPC and Government Agencies	115	606	14	13

10-7 各地区基层以上工会职业介绍机构情况(2019年)
JOB EXCHANGES ABOVE GRASSROOTS TRADE UNION BY REGION (2019)

地 区	Region	工会开办职业介绍机构(个) Number of job Exchanges (unit)	本年度工会职业介绍机构成功介绍人次数(人次) Placed Jobseekers (person-time)	#农民工人次数 Migrant Workers	#下岗和失业人员人次数 Laid-off and Unemployed Persons
全 国	**National**	**1027**	**518688**	**312528**	**146627**
北 京	Beijing	5	1603	350	1253
天 津	Tianjin	23	8356	4197	2536
河 北	Hebei	96	25746	12697	8782
山 西	Shanxi	48	19307	5843	3020
内蒙古	Inner Mongolia	33	5620	1733	1776
辽 宁	Liaoning	35	15657	5320	8415
吉 林	Jilin	33	4326	1732	1850
黑龙江	Heilongjiang	52	6632	1361	3719
上 海	Shanghai	4	4196	471	2045
江 苏	Jiangsu	46	25589	13342	7531
浙 江	Zhejiang	24	12367	7221	3553
安 徽	Anhui	31	5031	2011	1986
福 建	Fujian	26	13794	10729	1585
江 西	Jiangxi	23	2898	1253	998
山 东	Shandong	50	31086	15328	9780
河 南	Henan	84	45067	24531	14924
湖 北	Hubei	54	35101	19672	8329
湖 南	Hunan	53	16694	11035	2948
广 东	Guangdong	29	13403	6793	5774
广 西	Guangxi	29	3376	2387	726
海 南	Hainan	2			
重 庆	Chongqing	23	121263	104307	16612
四 川	Sichuan	78	29481	16524	11113
贵 州	Guizhou	30	20513	13068	7825
云 南	Yunnan	19	5890	4009	1750
西 藏	Tibet	2	680	247	1
陕 西	Shaanxi	41	25221	11065	12475
甘 肃	Gansu	19	12246	9736	3508
青 海	Qinghai	3	258	166	82
宁 夏	Ningxia	8	1471	620	768
新 疆	Xinjiang	24	5816	4780	963

十一、香港资料

MAIN INDICATORS OF HONG KONG

11−1 劳动人口及失业状况
LABOUR FORCE AND UNEMPLOYMENT

项　　目	Item	2015	2016	2017	2018	2019
劳动人口数目（万人）	Labour Force (10 000 persons)	390.3	392.0	394.7	397.9	396.6
男	Male	199.7	199.6	199.4	200.7	198.0
女	Female	190.6	192.4	195.2	197.2	198.7
劳动人口参与率（%）	Labour Force Participation Rate (%)	61.1	61.1	61.1	61.2	60.6
就业人口（万人）	Employed Persons (10 000 persons)	377.4	378.7	382.3	386.7	385.0
失业人口（万人）	Unemployed Persons (10 000 persons)	12.9	13.3	12.3	11.2	11.6
失业率（%）	Unemployment Rate (%)	3.3	3.4	3.1	2.8	2.9

注：数字是根据该年1月至12月进行的“综合住户统计调查”结果，以及年中人口估计数字而编制。
Note: Figures are compiled based on data collected in the General Household Survey from January to December of the year concerned as well as mid-year population estimates.

11-2 按行业划分的就业人数
EMPLOYED PERSONS BY INDUSTRY

单位：万人 (10 000 persons)

行　业 (按香港标准行业分类2.0版分类)	Industry (based on HSIC Version 2.0)	2015	2016	2017	2018	2019
制造	Manufacturing	11.3	11.8	11.1	10.3	10.4
建筑	Construction	31.7	32.8	34.2	35.2	33.8
进出口贸易及批发	Import/Export Trade and Wholesale	48.0	46.5	45.0	44.3	38.7
零售、住宿①及膳食服务②	Retail, Accommodation① and Food Services②	62.5	62.0	63.8	63.1	60.9
运输、仓库、邮政及速递	Transportation, Storage, Postal and Courier	45.5	45.0	45.3	45.1	44.8
服务、资讯及通讯	Services, Information and Communications					
金融、保险、地产、专业及商用服务	Financing, Insurance, Real Estate, Professional and Business Services	75.0	76.2	77.9	79.4	83.5
公共行政、社会及个人服务	Public Administration, Social and Personal Services	100.8	101.8	102.9	107.0	110.4
其它	Others	2.5	2.6	2.1	2.4	2.6
总计	**Total**	**377.4**	**378.7**	**382.3**	**386.7**	**385.0**

注：数字是根据该年1月至12月进行的“综合住户统计调查”结果，以及年中人口估计数字而编制。
① 住宿服务包括酒店、宾馆、旅舍及其他提供短期住宿服务的机构单位。
② 零售、住宿及膳食服务业合计通常被称为「与消费及旅游相关行业」。

Note: Figures are compiled based on data collected in the General Household Survey from January to December of the year concerned as well as mid-year population estimates.
① Accommodation services cover hotels, guesthouses, boarding houses and other establishments providing short term accommodation.
② The retail, accommodation and food services industries as a whole is generally referred to as the consumption- and tourism-related segment.

11-3 按每月就业收入划分的就业人数
EMPLOYED PERSONS BY MONTHLY EMPLOYMENT EARNINGS

单位：万人，另有注明除外 (10 000 persons, unless otherwise specified)

每月就业收入（港元）	Monthly Employment Earnings (HKD)	2015	2016	2017	2018	2019
< 3000	< 3000	10.8	10.2	9.7	9.4	9.4
3000 － 3999	3000 - 3999	7.2	4.6	4.3	4.3	3.9
4000 － 4999	4000 - 4999	29.6	32.7	32.7	33.4	33.0
5000 － 5999	5000 - 5999	6.0	6.3	6.6	6.8	7.4
6000 － 6999	6000 - 6999	6.4	6.0	5.5	5.3	5.2
7000 － 7999	7000 - 7999	8.8	6.9	5.9	5.5	4.9
8000 － 8999	8000 - 8999	14.8	12.5	9.9	8.5	7.5
9000 － 9999	9000 - 9999	19.0	15.2	12.5	10.9	9.6
10000 － 11999	10000 - 11999	37.4	34.0	29.2	25.8	23.9
12000 － 13999	12000 - 13999	39.4	39.5	39.1	36.6	33.6
14000 － 15999	14000 - 15999	34.9	35.8	37.5	34.6	34.6
16000 － 17999	16000 - 17999	17.2	19.0	21.0	23.7	24.1
18000 － 19999	18000 - 19999	14.3	15.5	17.5	19.5	19.7
20000 － 24999	20000 - 24999	36.8	38.5	40.8	45.3	46.8
25000 － 29999	25000 - 29999	20.0	21.1	23.0	23.8	23.9
30000 － 34999	30000 - 34999	19.6	20.4	21.4	22.6	23.3
35000 － 39999	35000 - 39999	10.3	11.0	12.1	12.7	12.2
40000 － 44999	40000 - 44999	9.0	9.7	10.1	11.0	12.1
45000 － 49999	45000 - 49999	6.4	6.9	7.0	8.0	7.2
50000 － 59999	50000 - 59999	10.0	11.1	12.2	12.7	13.5
60000 － 79999	60000 - 79999	8.9	10.0	11.4	11.7	12.8
80000 － 99999	80000 - 99999	3.9	4.5	4.7	5.3	5.9
≧ 100000	≧ 100000	6.9	7.4	8.4	9.5	10.5
总　计	Total	377.4	378.7	382.3	386.7	385.0
每月就业收入中位数	**Median Monthly Employment Earning**	**14500**	**15000**	**15500**	**16500**	**17100**

注：数字是根据该年1月至12月进行的“综合住户统计调查”结果，以及年中人口估计数字而编制。

Note: Figures are compiled based on data collected in the General Household Survey from January to December of the year concerned as well as mid-year population estimates.

11-4 按行业划分督导级(不包括经理级与专业雇员)及以下雇员的工资指数
WAGE INDICES FOR EMPLOYEES UP TO SUPERVISORY LEVEL (MANAGERIAL AND PROFESSIONAL EMPLOYEES ARE NOT INCLUDED) BY INDUSTRY

(1992年9月=100) (September 1992=100)

行业主类	Industry Section	2015	2016	2017	2018	2019
名义工资指数	**Nominal Wage Index**					
制造	Manufacturing	199.1	206.8	214.8	223.4	229.7
进出口贸易、批发及零售	Import/Export, Wholesale and Retail Trades	210.5	216.3	222.8	229.5	233.1
运输	Transportation	189.1	195.3	200.8	212.7	220.0
住宿及餐饮服务活动①	Accommodation and Food Service Activities①	186.2	195.1	204.2	214.0	221.0
金融及保险活动	Financial and Insurance Activities	222.8	230.0	238.2	247.3	254.7
地产租赁及保养管理	Real Estate Leasing and Maintenance Management	231.7	239.9	250.8	261.4	270.6
专业及商业服务	Professional and Business Services	236.8	247.5	258.8	269.8	277.9
个人服务	Personal Services	287.8	301.9	313.9	326.1	335.5
所有选定行业②	All Selected Industries②	211.9	219.6	227.9	237.3	243.9
实际工资指数③	**Real Wage Index③**					
制造	Manufacturing	110.5	113.6	116.1	117.2	116.6
进出口贸易、批发及零售	Import/Export, Wholesale and Retail Trades	116.9	118.8	120.4	120.4	118.3
运输	Transportation	105.0	107.3	108.5	111.6	111.7
住宿及餐饮服务活动①	Accommodation and Food Service Activities①	103.4	107.2	110.4	112.2	112.2
金融及保险活动	Financial and Insurance Activities	123.7	126.3	128.7	129.7	129.3
地产租赁及保养管理	Real Estate Leasing and Maintenance Management	128.7	131.8	135.6	137.1	137.4
专业及商业服务	Professional and Business Services	131.5	135.9	139.9	141.5	141.1
个人服务	Personal Services	159.8	165.8	169.6	171.1	170.3
所有选定行业②	All Selected Industries②	117.7	120.7	123.2	124.5	123.8

注：指有关年度12月份的数字。

①住宿服务包括酒店、宾馆、旅舍及其他提供短期住宿服务的机构单位。

②指“劳工收入统计调查”内工资统计调查所涵盖的所有行业，包括并没有列出其统计数字的电力及燃气供应业、污水处理及废弃物管理业与出版活动业。

③实际工资指数是以名义工资指数扣除以2014/15年为基期的甲类消费价格指数而计算出来。

Note: Figures refer to December of the year.

①Accommodation services cover hotels, guesthouses, boarding houses and other establishments providing short term accommodation.

②Figures refer to all industries covered by the wage enquiry of the Labour Earnings Survey, including the electricity and gas supply industry, sewerage and waste management activities industry and publishing activities industry, the statistics of which are not separately shown.

③The Real Wage Indices are derived by deflating the Nominal Wage Indices by the 2014/15-based Consumer Price Index (A).

11-5 消费价格指数(2014年10月-2015年9月=100)
CONSUMER PRICE INDICES (Oct. 2014 - Sep. 2015=100)

项　目	Item	权 数 Weight	2015	2016	2017	2018	2019
综合消费价格指数	**Composite Consumer Price Index**						
总指数	**All Items**	**100.00**	**100.6**	**103.0**	**104.5**	**107.0**	**110.1**
食品	Food	27.29	101.0	104.4	106.7	110.2	115.6
外出用膳	Meals Bought away from Home	17.74	101.0	104.3	107.2	110.2	112.6
食品(不包括外出用膳)	Food(Excluding Meals Bought away from Home)	9.55	100.9	104.5	105.7	110.2	121.1
住屋①	Housing①	34.29	101.0	104.7	106.8	109.5	113.3
私人房屋租金	Private Housing Rent	29.92	101.1	104.5	106.4	108.8	112.2
公营房屋租金	Public Housing Rent	1.94	100.0	107.2	110.5	115.0	123.2
电力、燃气及水	Electricity, Gas and Water	2.67	99.7	100.8	99.1	104.0	98.4
烟酒	Alcoholic Drinks and Tobacco	0.54	100.2	101.8	102.4	103.8	105.0
衣履	Clothing and Footwear	3.21	99.6	96.2	95.8	97.4	95.7
耐用物品	Durable Goods	4.65	98.5	93.3	90.3	88.4	86.8
杂项物品	Miscellaneous Goods	3.56	100.1	101.7	103.0	104.4	107.0
交通	Transport	7.98	99.9	101.5	103.8	105.4	107.5
杂项服务②	Miscellaneous Services②	15.81	100.3	102.6	103.5	105.7	107.8
教育服务	Educational Services	3.91	100.9	104.8	105.3	103.6	106.2
资讯及通讯服务	Information and Communications Services	2.33	99.5	99.8	98.5	94.8	88.0
医疗服务	Medical Services	2.60	101.0	106.0	110.5	114.7	118.9

注：2014年10月起的消费价格指数是根据2014/15年住户开支统计调查所得的开支权数编制。较早的指数则是根据旧的开支权数而经过按比例换算与新基期的指数拼接。
①除“私人房屋租金”及“公营房屋租金”外，“住屋”类别还包括“管理费及其他住屋杂费”和“保养住所材料”。
②“杂项服务”类别包括“教育服务”、“资讯及通讯服务”、“医疗服务”及其他杂项服务。

Note: The CPIs from October 2014 onwards are compiled based on expenditure weights obtained from the 2014/15 Household Expenditure Survey. The CPIs for earlier periods are compiled based on old weights and have been re-scaled to the new base period for linking with the new index series.
①Apart from "Private Housing Rent" and "Public Housing Rent", the "Housing" section also includes "Management Fees and Other Housing Charges" and "Materials for House Maintenance".
②"Miscellaneous Services" section includes "Educational Services", "Information and Communications Services", "Medical Services" and other miscellaneous services.

十二、澳门资料

MAIN INDICATORS OF MACAO

12-1 经济活动人口及失业状况
LABOUR FORCE AND UNEMPLOYMENT

项　　目	Item	2015	2016	2017	2018	2019
劳动人口（万人）	Labour Force (10 000 persons)	40.4	39.7	38.7	39.2	39.5
男	Male	21.3	20.6	19.3	19.2	19.3
女	Female	19.1	19.1	19.4	20.1	20.2
就业人口（万人）	Employed Population (10 000 persons)	39.7	39.0	38.0	38.5	38.8
失业人口（万人）	Unemployed Population (10 000 persons)	0.7	0.8	0.8	0.7	0.7
失业率（%）	Unemployment Rate (%)	1.8	1.9	2.0	1.8	1.7

12-2 按行业划分的就业人口
EMPLOYED POPULATION BY INDUSTRY

单位：万人　　(10 000 persons)

行　　业	Industry	2015	2016	2017	2018	2019
总数	**Total**	**39.65**	**38.97**	**37.98**	**38.54**	**38.78**
制造业	Manufacturing	0.69	0.79	0.65	0.64	0.63
水电及气体生产供应业	Electricity, Gas & Water Supply	0.12	0.12	0.11	0.11	0.09
建筑业	Construction	5.48	4.44	3.27	3.11	3.05
批发及零售业	Wholesale & Retail Trades	4.50	4.41	4.58	4.37	4.16
酒店及饮食业	Hotels, Restaurants & Similar Activities	5.50	5.72	5.46	5.61	5.61
运输、仓储及通信业	Transport, Storage & Communications	1.75	1.93	1.91	1.92	1.98
金融业	Financial Intermediation	1.08	1.04	1.13	1.08	1.21
不动产及工商服务业	Real Estate & Business Activities	2.98	3.04	3.02	3.19	3.48
公共行政及社保事务	Public Administration & Social Security	2.94	2.83	2.87	2.98	2.79
教育	Education	1.66	1.59	1.70	1.75	1.73
医疗卫生及社会福利	Health & Social Welfare	1.13	1.21	1.29	1.24	1.26
文娱博彩及其他服务业	Recreational, Cultural, Gaming & Other Services	9.42	9.27	9.23	9.64	9.70
家务工作	Domestic Work	2.36	2.53	2.68	2.85	3.03
其他及不详	Others and Unknown	0.05	0.05	0.06	0.06	0.08

12–3 按行业划分的月工作收入中位数
MEDIAN MONTHLY EMPLOYMENT EARNINGS BY INDUSTRY

单位：澳门元 (MOP)

行业	Occupation	2015	2016	2017	2018	2019
总数	**Total**	**15000**	**15000**	**15000**	**16000**	**17000**
制造业	Manufacturing	10300	11300	12000	11500	10800
水电及气体生产供应业	Electricity, Gas & Water Supply	26000	23000	29000	30000	20500
建筑业	Construction	13000	15000	15000	15000	17000
批发及零售业	Wholesale & Retail Trade	12000	12000	13000	13000	14000
酒店及饮食业	Hotels, Restaurants & Similar Activities	10000	10000	10000	11000	12000
运输、仓储及通信业	Transport, Storage & Communications	14000	14000	15300	16000	16000
金融业	Financial Intermediation	18000	20000	20000	20000	21000
不动产及工商服务业	Real Estate & Business Activities	9500	10000	10000	10000	11000
公共行政及社保事务	Public Administration & Social Security	34800	35000	37400	39500	40300
教育	Education	22000	22000	25000	25000	28000
医疗卫生及社会福利	Health & Social Welfare	20000	20500	21000	24000	22100
文娱博彩及其他服务业	Recreational, Cultural, Gaming & Other Services	18000	19000	19000	20000	20000
家务工作	Domestic Work	3800	4000	4000	4000	4200

12–4 消费物价指数
CONSUMER PRICE INDEX

2018年4月至2019年3月=100 (04/2018-03/2019=100)

项目	Items	权数 Weight	2015	2016	2017	2018	2019
综合消费价格指数	**Composite Consumer Price Index**						
总指数	**Global Index**	**100.00**	**92.80**	**95.00**	**96.16**	**99.05**	**101.78**
食品及非酒精饮料	Food and Non-alcoholic Beverages	27.94	92.17	94.82	96.28	98.94	102.71
烟酒	Alcoholic Beverages and Tobacco	0.60	79.81	97.15	100.06	99.97	99.53
服装、鞋	Clothing and Footwear	2.95	95.79	93.56	94.51	100.72	100.66
住房及燃料	Housing and Fuels	33.75	97.99	98.59	97.82	99.92	101.68
家居设备及用品	Household Goods and Furnishings	4.16	92.00	94.34	96.35	99.03	101.27
医疗	Health	2.82	86.94	90.53	94.53	99.08	102.55
交通	Transport	7.84	83.08	88.89	92.23	97.14	101.86
通讯	Communications	3.10	114.66	113.64	108.32	99.14	97.50
康乐及文化	Recreation and Culture	5.18	97.17	97.67	98.88	101.40	102.35
教育	Education	2.24	78.81	85.43	90.83	95.15	100.53
其他商品及服务	Miscellaneous Goods and Services	9.42	93.47	94.43	95.85	99.11	101.72

十三、台湾资料

MAIN INDICATORS OF TAIWAN

13−1 劳动力和就业状况
LABOUR FORCE AND EMPLOYMENT

项　目	Item	2015	2016	2017	2018	2019
劳动力人口（万人）	Labour Force (10 000 persons)	1163.8	1172.7	1179.5	1187.4	1194.6
男	Male	649.7	654.1	656.8	660.2	663.1
女	Female	514.1	518.6	522.7	527.2	531.5
就业人数（万人）	Employment (10 000 persons)	1119.8	1126.7	1135.2	1143.4	1150.0
男	Male	623.4	626.7	630.5	634.6	637.6
女	Female	496.4	500.0	504.7	508.9	512.4
就业者行业构成（%）	Distribution of Employment by Industry (%)	100.0	100.0	100.0	100.0	100.0
农、林、渔、牧业	Agriculture, Forestry, Fishery and Animal Husbandry	5.0	4.9	4.9	4.9	4.9
工业	Industry	36.0	35.9	35.8	35.7	35.6
矿业及土石采取业	Mining and Quarrying	0.04	0.04	0.04	0.03	0.03
制造业	Manufacturing	27.0	26.9	26.8	26.8	26.7
电力及燃气供应业	Electricity, Gas	0.3	0.3	0.3	0.3	0.3
用水供应及污染整治业	Water Supply and Pollution Management	0.7	0.7	0.7	0.7	0.7
建筑业	Construction	8.0	8.0	7.9	7.9	7.9
服务业	Services	59.0	59.2	59.3	59.4	59.6
批发及零售业	Wholesale and Retail Trades	16.4	16.4	16.5	16.6	16.7
运输及仓储业	Transport, Storage, Communications	3.9	3.9	3.9	3.9	3.9
金融及保险业	Finance, Insurance	3.8	3.8	3.8	3.8	3.8
咨讯及通讯传播	Information and Communication	2.2	2.2	2.2	2.3	2.3
住宿及餐饮业	Hotels and Restaurants	7.3	7.3	7.3	7.3	7.4
教育服务业	Education	5.8	5.8	5.7	5.7	5.7
公共行政	Public Administration	3.3	3.3	3.3	3.2	3.2
失业人数（万人）	Unemployment (10 000 persons)	44.0	46.0	44.3	44.0	44.6
失业率（%）	Unemployment Rate (%)	3.8	3.9	3.8	3.7	3.7

13-2 居民消费价格分类指数
CONSUMER PRICE INDICES

2016年=100 (2016=100)

年 份 Year	总指数 General Index	食品 Food	服装 Clothing	居住 Housing	交通&通讯 Transportation & Communications	医药保健 Medicines and Medical Care	教育娱乐 Education and Entertainment	杂项 Miscellaneous
2010	93.8	82.4	94.1	97.6	106.2	94.6	98.5	93.4
2011	95.2	84.2	96.8	98.5	107.7	96.5	99.0	94.5
2012	97.0	87.7	99.3	99.6	108.2	97.2	99.7	96.6
2013	97.8	88.8	99.1	100.5	108.7	98.2	100.0	97.1
2014	98.9	92.2	100.4	101.4	107.4	98.9	99.9	98.4
2015	98.6	95.0	99.8	100.2	101.1	99.1	99.9	98.6
2016	100.0	100.0	100.0	100.0	100.0	100.0	100.0	100.0
2017	100.6	99.6	99.8	100.9	101.8	101.7	100.3	101.9
2018	102.0	100.6	100.1	101.8	104.1	102.8	100.5	106.7
2019	102.6	102.5	99.3	102.4	102.6	103.7	101.3	107.4

附录一、国外有关资料

MAIN INDICATORS OF OTHER COUNTRIES

附录1－1　全部就业人数
A1-1 EMPLOYMENT

单位：千人　　(1000 persons)

国　家	Country	2010	2011	2012	2013	2014	2015	2016	2017	2018	2019
阿根廷	Argentina	10532	10766	10844	10943	11047			11568	11745	12041
澳大利亚	Australia	11022	11214	11351	11457	11540	11766	11973	12252	12584	12874
巴西	Brazil			88735	90035	91377	91271	89100	89443	90764	92603
加拿大	Canada	16964	17221	17438	17691	17802	17947	18080	18416	18658	19056
埃及	Egypt	23829	23346	23564	23975	24331	24779	25371	26051	26060	
法国	France	25731	25759	25805	25785	26377	26442	26597	26833	27063	27176
德国	Germany	37993	38787	39127	39531	39871	40211	41267	41664	41915	42396
匈牙利	Hungary	3732	3759	3827	3893	4101	4211	4352	4421	4470	4512
印度尼西亚	Indonesia	107807	109724	113537	114345	116399	117833	119530	122781	125536	129590
意大利	Italy	22527	22598	22566	22191	22279	22465	22758	23023	23215	23360
日本	Japan	62570	59760	62700	63110	63510	63760	64400	65300	66640	67240
韩国	Korea, Republic of	24033	24527	24955	25299	25897	26348	26551	26868	26925	27231
马来西亚	Malaysia	11777	12352	12821	13545	13853	14068	14164	14477	14776	
墨西哥	Mexico	46122	47139	48707	49227	49415	50611	51595	52341	53721	54994
荷兰	Netherlands	8290	8291	8345	8285	8236	8319	8427	8605	8798	8982
新西兰	New Zealand	2157	2188	2184	2226	2302	2351	2454	2544	2598	2635
挪威	Norway	2501	2536	2585	2602	2627	2641	2638	2644	2686	2716
菲律宾	Philippines	36035	37192	37600	38118	38093	39143	30761	40334	41157	42428
葡萄牙	Portugal	4898	4740	4547	4429	4500	4549	4605	4757	4867	4913
罗马尼亚	Romania	8713	8528	8605	8549	8614	8535	8449	8671	8689	8680
俄罗斯	Russian Federation	69934	70857	71545	71392	71539	72324	72393	72316	72532	
南非	South Africa	13942	14198	14551	15027	15317	15928	15968	16364	16610	16571
西班牙	Spain	18724	18421	17633	17139	17344	17866	18342	18825	19328	19779
瑞典	Sweden	4524	4626	4657	4705	4772	4837	4910	5022	5097	5132
泰国	Thailand	38037	39317	39578	38907	38077	38016	37693	37458	37865	37613
英国	United Kingdom	29125	29282	29596	29954	30671	31197	31648	31965	32354	32695
美国	United States	139064	139869	142469	143929	146305	148834	151436	153337	155761	157538

资料来源：国际劳工组织劳动统计数据库中劳动力调查数据(附录1－3表同)。
注：巴西数据来源由年度劳动力调查更换为季度劳动力调查(附录1－3表同)。
Source: ILO Labour Statistics Database. The same applies in the table 1-3.
Note: Data source of Brazil has been changed from Annual Labour Force Survey to Quarterly Labour Force Survey. The same applies in the table 1-3.

附录1-2 按三次产业分就业人员构成
A1-2 EMPLOYMENT BY TYPE OF INDUSTRY

单位：%　　(%)

国 家	Country	第一产业		第二产业		第三产业	
		2018	2019	2018	2019	2018	2019
中 国	China	26.1	25.4	28.2	28.2	45.7	46.4
孟加拉国	Bangladesh	39.5	38.6	20.8	21.3	39.7	40.2
文 莱	Brunei Darussalam	1.4	1.4	16.0	15.9	82.7	82.8
柬埔寨	Combodia	33.7	32.3	28.3	29.0	38.1	38.7
印 度	India	43.3	42.4	24.9	25.6	31.7	32.0
印度尼西亚	Indonesia	29.6	28.6	22.3	22.5	48.1	48.9
伊 朗	Iran	17.6	17.9	31.4	30.6	50.9	51.5
以色列	Israel	1.0	0.9	17.2	17.0	81.9	82.1
日 本	Japan	3.5	3.4	24.4	24.3	72.1	72.3
哈萨克斯坦	Kazakhstan	16.3	15.8	20.4	20.5	63.3	63.7
韩 国	Korea, Rep.	5.0	4.9	25.2	25.1	69.8	70.0
老 挝	Laos	63.2	62.4	11.6	11.9	25.1	25.7
马来西亚	Malaysia	10.7	10.4	27.2	27.0	62.2	62.6
蒙 古	Mongolia	28.0	27.4	19.2	19.4	52.8	53.2
缅 甸	Burma	49.7	48.9	16.0	16.1	34.3	35.0
巴基斯坦	Pakistan	37.4	36.7	25.0	25.3	37.6	38.0
菲律宾	Philippines	24.3	23.4	19.1	19.4	56.6	57.2
新加坡	Singapore	0.7	0.7	15.8	15.5	83.5	83.8
斯里兰卡	Sri Lanka	25.2	24.5	29.1	29.7	45.7	45.8
泰 国	Thailand	32.1	31.6	22.8	22.6	45.1	45.8
越 南	Viet Nam	38.6	37.4	26.8	27.6	34.6	35.0
埃 及	Egypt	24.3	23.8	27.2	27.7	48.5	48.5
尼日利亚	Nigeria	35.6	35.1	12.2	12.2	52.2	52.7
南 非	South Africa	5.2	5.1	23.1	22.9	71.7	72.0
加拿大	Canada	1.5	1.5	19.6	19.5	78.9	79.1
墨西哥	Mexico	12.8	12.6	26.1	26.1	61.1	61.2
美 国	United States	1.4	1.3	19.9	19.8	78.8	78.9
阿根廷	Argentina	0.1	0.1	21.9	21.4	78.0	78.5
巴 西	Brazil	9.3	9.2	20.1	19.8	70.6	71.0
委内瑞拉	Venezuela	7.9	8.3	17.7	16.6	74.4	75.1
捷 克	Czech Rep.	2.8	2.7	37.5	37.3	59.7	60.0
法 国	France	2.5	2.4	20.3	20.1	77.2	77.5
德 国	Germany	1.2	1.2	27.3	27.0	71.4	71.7
意大利	Italy	3.8	3.7	26.1	25.9	70.1	70.4
荷 兰	Netherlands	2.1	2.0	16.2	16.0	81.7	82.0
波 兰	Poland	9.6	9.2	31.8	31.9	58.6	58.8
俄罗斯	Russia	5.9	5.8	26.8	26.7	67.3	67.6
西班牙	Spain	4.2	4.1	20.3	20.3	75.5	75.6
土耳其	Turkey	18.4	18.4	26.7	26.3	54.9	55.3
乌克兰	Ukraine	14.9	14.5	24.4	24.6	60.7	61.0
英 国	United Kingdom	1.1	1.0	18.1	17.9	80.8	81.1
澳大利亚	Australia	2.6	2.6	19.9	19.8	77.5	77.6
新西兰	New Zealand	5.8	5.7	19.8	19.6	74.4	74.8

资料来源：世界银行数据库。
注：中国数据未包括香港特别行政区、澳门特别行政区和中国台湾省。
Source: World Bank Database.
Note: All data of China do not cover Hong Kong SAR，Macao SAR and Taiwan province.

附录1—3 失业人数
A1-3 UNEMPLOYMENT

单位：千人 (1000 persons)

国 家	Country	2010	2011	2012	2013	2014	2015	2016	2017	2018	2019
阿根廷	Argentina	880.3	832.7	843.4	836.3	865.8			1053.6	1192.9	1314.6
澳大利亚	Australia	606.0	600.3	625.6	687.6	746.6	758.3	725.1	725.6	704.0	700.8
巴西	Brazil			6869.9	6752.2	6521.2	8398.9	11691.8	13155.7	12769.7	12547.9
加拿大	Canada	1486.3	1398.5	1371.6	1346.7	1322.3	1331.4	1360.6	1246.6	1155.2	1143.8
埃及	Egypt	2286.8	3138.2	3396.3	3631.3	3669.5	3719.7	3593.6	3464.3	2836.9	
法国	France	2504.9	2489.0	2677.4	2839.8	3026.2	3054.1	2967.9	2785.6	2682.0	2506.2
德国	Germany	2845.0	2398.8	2224.4	2181.8	2089.9	1949.6	1774.1	1621.2	1467.8	1374.0
匈牙利	Hungary	469.4	466.0	473.2	441.0	343.3	307.8	234.6	191.7	172.1	159.7
印度尼西亚	Indonesia	6411.6	5961.5	5310.3	5182.5	4911.3	5570.4	5371.7	4959.2	5781.9	4868.8
意大利	Italy	2055.7	2061.3	2691.0	3068.7	3236.0	3033.3	3012.0	2906.9	2755.5	2581.5
日本	Japan	3340.0	2830.0	2850.0	2650.0	2360.0	2220.0	2080.0	1900.0	1660.0	1620.0
韩国	Korea, Rep.	923.6	862.5	826.1	808.2	938.5	968.6	1005.8	1018.6	1070.5	1059.7
马来西亚	Malaysia	395.8	389.2	401.2	435.1	411.1	450.3	504.1		504.3	
墨西哥	Mexico	2583.0	2569.8	2502.6	2544.0	2496.7	2281.1	2070.9	1853.2	1823.5	1984.4
荷兰	Netherlands	435.3	434.3	515.8	647.0	659.7	613.8	538.5	437.5	350.4	314.2
新西兰	New Zealand	151.3	151.9	162.6	148.8	140.7	133.1	132.5	126.7	116.8	111.8
挪威	Norway	91.3	84.2	83.3	92.2	94.8	118.5	129.5	114.8	106.1	104.0
菲律宾	Philippines	1347.7	1385.8	1365.4	1381.4	1422.5	1238.9	850.0	1056.2	985.4	971.0
葡萄牙	Portugal	591.2	688.2	835.7	855.2	726.0	646.5	573.0	462.8	365.9	339.5
罗马尼亚	Romania	651.7	659.4	627.2	653.0	628.7	623.9	529.9	449.3	379.7	353.4
俄罗斯	Russian Federation	5563.2	4954.6	4113.0	4121.3	3892.4	4266.8	4261.1	3976.6	3693.8	
南非	South Africa	4569.3	4641.8	4779.9	4892.3	5075.7	5351.9	5767.8	6063.2	6114.1	6594.9
西班牙	Spain	4640.1	5012.7	5811.0	6051.1	5610.4	5056.1	4481.3	3916.9	3479.2	3247.8
瑞典	Sweden	426.2	391.6	403.7	412.0	412.4	388.3	369.0	361.7	346.5	376.3
泰国	Thailand	237.9	262.4	230.8	191.3	220.4	228.2	261.1	313.5	292.1	271.4
英国	United Kingdom	2459.4	2559.3	2533.2	2437.1	1995.8	1746.1	1599.1	1446.7	1346.7	1269.3
美国	United States	14824.8	13747.5	12505.6	11459.8	9616.5	8296.4	7751.1	6982.3	6313.9	6000.5

附录1-4　失业率
A1-4 UNEMPLOYMENT RATE

单位：%

国　家	Country	2000	2010	2015	2016	2017	2018	2019
中　国①	China①	3.1	4.1	4.1	4.0	3.9	3.8	3.6
文　莱	Brunei Darussalam	5.7	6.7	7.9	8.7	9.3	8.9	9.1
以色列	Israel	11.1	8.5	5.3	4.8	4.2	4.0	3.9
日　本	Japan	4.7	5.1	3.4	3.1	2.8	2.4	2.3
哈萨克斯坦	Kazakhstan	12.8	5.8	4.9	5.0	4.9	4.8	4.6
韩　国	Korea, Rep.	4.4	3.7	3.6	3.7	3.7	3.8	4.1
马来西亚	Malaysia	3.0	3.3	3.1	3.4	3.4	3.4	3.3
巴基斯坦	Pakistan	0.6	0.7	3.6	3.8	3.9	4.1	4.5
菲律宾	Philippines	3.7	3.6	3.1	2.7	2.6	2.3	2.2
新加坡	Singapore	3.7	4.1	3.8	4.1	4.2	4.0	4.1
斯里兰卡	Sri Lanka	7.7	4.8	4.5	4.2	4.2	4.1	4.2
泰　国	Thailand	2.4	0.6	0.6	0.7	0.8	0.8	0.8
埃　及	Egypt	9.0	8.8	13.1	12.4	11.7	11.6	10.8
南　非	South Africa	30.2	24.7	25.2	26.6	27.1	26.9	28.2
加拿大	Canada	6.8	8.1	6.9	7.0	6.3	5.8	5.6
墨西哥	Mexico	2.6	5.3	4.3	3.9	3.4	3.3	3.4
美　国	United States	4.0	9.6	5.3	4.9	4.4	3.9	3.7
阿根廷	Argentina	15.0	7.7	7.8	8.0	8.3	9.2	9.8
巴　西	Brazil	9.9	7.7	8.4	11.6	12.8	12.3	12.1
委内瑞拉	Venezuela	14.0	7.1	7.4	7.4	7.3	7.2	8.8
捷　克	Czech Rep.	8.8	7.3	5.0	4.0	2.9	2.2	1.9
法　国	France	10.2	8.9	10.4	10.1	9.4	9.1	8.4
德　国	Germany	7.9	7.0	4.6	4.1	3.7	3.4	3.0
意大利	Italy	10.8	8.4	11.9	11.7	11.2	10.6	9.9
荷　兰	Netherlands	2.7	5.0	6.9	6.0	4.8	3.8	3.2
波　兰	Poland	16.3	9.6	7.5	6.2	4.9	3.8	3.5
俄罗斯	Russia	10.6	7.4	5.6	5.6	5.2	4.8	4.6
西班牙	Spain	13.8	19.9	22.1	19.6	17.2	15.3	14.0
土耳其	Turkey	6.5	10.7	10.2	10.8	10.8	10.9	13.5
乌克兰	Ukraine	11.7	8.1	9.1	9.4	9.5	8.8	8.9
英　国	United Kingdom	5.6	7.8	5.3	4.8	4.3	4.0	3.9
澳大利亚	Australia	6.3	5.2	6.1	5.7	5.6	5.3	5.3
新西兰	New Zealand	6.1	6.6	5.4	5.1	4.7	4.3	4.1

资料来源：联合国ILO数据库。
Sources：ILO Database.
注：①城镇登记失业率。
Note: ①Registered unemployment rate in urban areas.

附录1-5 消费价格指数
A1-5 CONSUMER PRICE INDICES

(2010年=100) (2010=100)

国家或地区	Country or Area	2005	2015	2016	2017	2018	2019
中　　国	China	86.5	114.9	117.2	119.1	121.6	125.1
孟加拉国	Bangladesh	69.2	144.6	152.5	161.2	170.2	179.7
文　　莱	Brunei Darussalam	95.5	99.9	99.7	98.4	99.4	99.0
柬 埔 寨	Cambodia	67.8	117.5	121.1	124.6	127.6	
印　　度	India	66.0	148.6	156.0	159.8	167.6	180.4
印度尼西亚	Indonesia	68.7	132.3	137.0	142.2	146.7	151.2
伊　　朗	Iran	49.4	288.0	308.8	333.7	393.8	550.9
以 色 列	Israel	87.8	106.7	106.1	106.4	107.3	108.2
日　　本	Japan	100.4	103.6	103.5	104.0	105.0	105.5
韩　　国	Korea, Rep.	86.2	109.8	110.9	113.1	114.7	115.2
老　　挝	Laos	78.5	125.8	127.8	128.9	131.5	135.9
马来西亚	Malaysia	87.8	112.8	115.2	119.6	120.7	121.5
蒙　　古	Mongolia	57.3	162.5	163.7	170.8	182.4	195.8
缅　　甸	Burma	44.5	129.3	138.3	144.6	154.5	168.2
巴基斯坦	Pakistan	55.8	145.3	150.8	156.9	164.9	182.3
菲 律 宾	Philippines	78.7	115.4	116.9	120.2	126.5	129.6
新 加 坡	Singapore	88.0	113.2	112.6	113.3	113.8	114.4
斯里兰卡	Sri Lanka	58.3	131.4	136.6	147.1	150.2	155.5
泰　　国	Thailand	86.6	110.3	110.6	111.3	112.5	113.3
越　　南	Viet Nam	59.9	144.6	148.4	153.6	159.1	163.5
埃　　及	Egypt	57.8	156.8	178.4	231.1	264.4	
尼日利亚	Nigeria	61.4	158.9	183.9	214.2	240.1	267.5
南　　非	South Africa	74.3	130.3	138.9	146.1	152.6	158.9
加 拿 大	Canada	91.9	108.7	110.2	112.0	114.5	116.8
墨 西 哥	Mexico	80.5	119.4	122.8	130.2	136.6	141.5
美　　国	United States	89.6	108.7	110.1	112.4	115.2	117.2
巴　　西	Brazil	79.5	138.4	150.5	155.7	161.4	167.4
捷　　克	Czech Rep.	87.0	107.5	108.2	110.9	113.3	116.5
法　　国	France	92.8	105.6	105.8	106.9	108.8	110.1
德　　国	Germany	92.5	107.2	107.7	109.4	111.3	112.9
意 大 利	Italy	91.0	107.5	107.4	108.7	110.0	110.6
荷　　兰	Netherlands	92.7	109.2	109.5	111.0	112.9	115.9
波　　兰	Poland	86.9	108.1	107.4	109.6	111.6	114.1
俄 罗 斯	Russia	61.5	151.5	162.2	168.2	173.0	180.8
西 班 牙	Spain	89.0	106.5	106.3	108.4	110.2	111.0
土 耳 其	Turkey	65.9	146.1	157.4	175.0	203.6	234.4
乌 克 兰	Ukraine	51.2	180.5	205.6	235.3	261.1	281.7
英　　国	United Kingdom	88.1	111.0	112.1	114.9	117.6	119.6
澳大利亚	Australia	86.3	112.0	113.5	115.7	117.9	119.8
新 西 兰	New Zealand	87.0	107.9	108.6	110.7	112.4	114.2

资料来源：国际货币基金组织IFS数据库。
Source:IMF IFS Database.
注：中国数据未包括香港特别行政区、澳门特别行政区和中国台湾省。
Note:All data of China do not cover Hong Kong SAR，Macao SAR and Taiwan province.

附录二、主要统计指标解释

EXPLANATORY NOTES ON MAIN STATISTICAL INDICATORS

主要统计指标解释

劳动力 指年满 16 周岁，有劳动能力，参加或要求参加社会经济活动的人员。包括就业人员和失业人员。

非劳动力 指年满 16 周岁，既不属于就业人员也不属于失业人员的人员。

就业人员 指年满 16 周岁，为取得报酬或经营利润，在调查周内从事了 1 小时（含 1 小时）以上劳动的人员；或由于在职学习、休假等原因在调查周内暂时未工作的人员；或由于停工、单位不景气等原因临时未工作的人员。

失业人员 指年满 16 周岁，具有劳动能力并同时符合以下各项条件的人员：

（1）在调查周内未从事为取得劳动报酬或经营利润的劳动，也没有处于就业定义中的暂时未工作状态；

（2）在某一特定期间内采取了某种方式寻找工作；

（3）当前如有工作机会可以在一个特定期间内应聘就业或从事自营职业。

城镇调查失业率 指城镇失业人员占城镇就业人员与失业人员之和的百分比。

单位就业人员 指报告期末最后一日在本单位工作，并取得工资或其他形式劳动报酬的人员。该指标为时点指标，不包括最后一日当天及以前已经与单位解除劳动合同关系的人员，是在岗职工、劳务派遣人员及其他从业人员之和。单位就业人员不包括：

(1)离开本单位仍保留劳动关系，并定期领取生活费的人员；

(2)在本单位实习的各类在校学生；

(3)本单位以劳务外包形式使用的人员，如：建筑业整建制使用的人员。

在岗职工 指在本单位工作且与本单位签订劳动合同，并由单位支付各项工资和社会保险、住房公积金的人员，以及上述人员中由于学习、病伤、产假等原因暂未工作仍由单位支付工资的人员。在岗职工还包括：

(1)应订立劳动合同而未订立劳动合同人员；

(2)处于试用期人员；

(3)编制外招用的人员，如临时人员；

(4)派往外单位工作，但工资仍由本单位发放的人员(如挂职锻炼、外派工作等情况)。

劳务派遣人员 根据《中华人民共和国劳动合同法》规定，指与劳务派遣单位签订劳动合同，并被劳务派遣单位派遣到实际用工单位工作，且劳务派遣单位与实际用工单位签订《劳务派遣协议》的人员。

其他就业人员 指在本单位工作，不能归入在岗职工、劳务派遣人员中的人员。此类人员是实际参加本单位生产或工作并从本单位取得劳动报酬的人员。具体包括：非全日制人员、聘用的正式离退休人员、兼职人员、利用课余时间打工的在校学生等，以及在本单位中工作的外籍和港澳台方人员。

年末人数 指年末最后一天的实有人数。

国有单位 指资产归国家所有的经济组织。包括按《中华人民共和国企业法人登记管理条例》规定登记注册的非公司制的经济组织，以及中央、地方各级国家机关、事业单位和社会团体。

集体单位 指生产资料归集体所有，并按《中华人民共和国企业法人登记管理条例》规定登记注册的经济组织。

其他单位 包括股份合作单位、联营单位、有限责任公司、股份有限公司、港澳台商投资单位以及外商投资单位等其他登记注册类型单位。

使用的农村劳动力 指户粮关系在农村的职工。

第一产业 指农业（包括林、牧、渔业等）。

第二产业 指采矿业、制造业、电力、热力、燃气及水生产和供应业、建筑业。

第三产业 指上述第一、第二产业以外的其他行业。

企业 指从事商品生产、流通、经营和服务性经济活动，以营利为目的并在工商行政管理部门登记的独立核算单位。包括：农业企业，工业企业，建筑企业，交通运输和邮电通讯企业，商业企业，公共饮食企业，物资供销和仓储企业，房地产企业、居民服务企业和市内公共交通企业、文化企业，金融、保险企业（不包括中国人民银行总行），其他企业。

事业 指从事为生产和生活服务以及提高人民科学、文化水平和素质服务的独立核算单位。包括：农、林、牧、渔、水利事业，地质普查和勘探事业，勘察、建筑设计事业，交通运输事业，房地产管理、公用事业和咨询服务事业，卫生、体育和社会福利事业，教育、文化艺术和广播电影电视事业，科学研究和综合技术服务事业，其他事业。

机关 指具有代表国家权力和行使国家行政、检察、审判职能，组织协调社会、政治、经济、科技等活动的独立核算单位。包括：国家机关，政党机关和社会团体。

工资总额 指本单位在报告期内（季度或年度）直接支付给本单位全部从业人员的劳动报酬总额。包括计时工资、计件工资、奖金、津贴和补贴、加班加点工资、特殊情况下支付的工资，是在岗职工工资总额、劳务派遣人员工资总额和其他从业人员工资总额之和。不论是计入成本的还是不计入成本的，不论是以货币形式支付的还是以实物形式支付的，均应列入工资总额的计算范围。

工资总额是税前工资，包括单位从个人工资中直接为其代扣或代缴的个人所得税、社会保险基金和住房公积金等个人缴纳部分，以及房费、水电费等。

平均工资 指企业、事业、机关等单位的就业人员在一定时期内平均每人所得的货币工资额。

计算公式为：

$$\text{平均工资}=\frac{\text{报告期实际支付的全部就业人员工资总额}}{\text{报告期全部就业人员平均人数}}$$

平均实际工资 指扣除物价变动因素后的就业人员平均工资。计算公式为：

$$\text{平均实际工资}=\frac{\text{报告期就业人员平均工资}}{\text{报告期城市居民消费价格指数}}$$

城镇登记失业人员 劳动年龄（年满16周岁（含）至依法享受基本养老保险待遇）内，有劳动能力，有就业要求，处于无业状态，并在公共就业和人才服务机构进行失业登记的城镇常住人员。

城镇登记失业率 城镇登记失业人员与城镇单位就业人员(扣除使用的农村劳动力、聘用的离退休人员、港澳台及外方人员)、城镇单位中的不在岗职工、城镇私营业主、个体户主、城镇私营企业和个体就业人员、城镇登记失业人员之和的比。

$$\text{城镇登记失业率}=\frac{\text{城镇登记失业人数}}{\begin{array}{l}\text{(城镇单位就业人员}-\text{使用的农村劳动力}-\text{聘用的离退休}\\ \text{人员}-\text{聘用的港澳台及外方人员)}+\text{不在岗职工}+\text{城镇}\\ \text{私营业主}+\text{城镇个体户主}+\text{城镇私营企业及个体就业}\\ \text{人员}+\text{城镇登记失业人数}\end{array}}\times 100\%$$

城镇职工基本养老保险

1. 参保职工人数 指报告期末按照国家法律、法规和有关政策规定参加城镇职工基本养老保险并在社保经办机构已建立缴费记录档案的职工人数，包括中断缴费但未终止养老保险关系的职工人数，不包括只登记未建立缴费记录档案的人数。

2. 离退休人员人数 指报告期末参加城镇职工基本养老保险的离休、退休和退职人员的人数。

3. 基金收入 指根据国家有关规定，由纳入职工基本养老保险范围的缴费单位和个人按国家规定的缴费基数和缴费比例缴纳的养老保险费，以及通过其他方式取得的形成基金来源的收入。包括单位和职工个人缴纳的基本养老保险费、基本养老保险基金利息收入、委托投资收益、上级补助收入、下级上解收入、转移收入、财政补贴和其他收入。

4. 基金支出 指按照国家政策规定的开支范围和开支标准从职工基本养老保险基金中支付给参加职工基本养老保险的个人养老保险待遇支出，以及由于保险关系转移、上下级之间补助、上解等原因而发生的支出。其他支出包括基本养老金、医疗补助金、丧葬补助金和抚恤金、病残津贴、补助下级支出、上解上级支出、转移支出和其他支出等。

5. 基金累计结余 指职工基本养老保险基金收支相抵后的期末累计余额。

城乡居民基本养老保险

1. 参保人数 指报告期末，参加城乡居民养老保险（在经办机构参保登记并已建立缴费记录以及制度实施当年已经年满60周岁并在经办机构参保登记）的人数（不包括已经办理注销登记手续的人数）。

2. 基金收入 指根据国家有关规定，由参加城乡居民基本养老保险的个人按规定缴费的城乡居民基本养老保险费，以及通过集体补助、财政补助等其他方式取得的形成基金来源的收入。包括个人缴费收入、集体补助收入、财政补贴收入、利息收入、委托投资收益、转移收入、上级补助收入、下级上解收入和其他收入。

3. 基金支出 指按照国家政策规定的开支范围和开支标准从城乡居民基本养老保险基金中支付给参加城乡居民基本养老保险的个人养老保险待遇支出，以及由于参保人员跨统筹地区或跨制度流动而发生的支出等。包括养老保险待遇支出、转移支出、补助下级支出、上解上级支出和其他支出。

4. 基金累计结余 指城乡居民基本养老保险基金收支相抵后的期末累计余额。

基本医疗保险

1. 参保人数 指报告期末按国家有关规定参加职工基本医疗保险和城乡居民基本医疗保险人员的合计。

2. 基金收入（含生育保险） 指由用人单位和个人按照国家规定的缴费基数、缴费比例或缴费标准缴纳的基本医疗保险费（含生育保险），财政补贴资金以及通过其他方式取得的形成基金来源的款项，包括：单位缴纳收入、个人缴纳收入、财政补贴收入、利息收入、上级补助收入、下级上解收入和其他收入。

3. 基金支出（含生育保险） 指按照国家政策规定的开支范围和开支标准，从基本医疗保险基金（含生育保险）中支付给参保人员的医疗保险待遇支出，生育保险待遇支出以及其他支出。包括住院费用支出、门诊费用支出、大病保险支出、生育待遇支出、补助下级支出、上解上级支出和其他支出。

4. 基金累计结余（含生育保险） 指基本医疗保险基金（含生育保险）收支相抵后的期末累计结余金额。

失业保险

1. 参保人数 指报告期末按照国家法律、法规和有关政策规定参加了失业保险的城镇企业、事业单位的职工及地方政府规定参加失业保险的其他人员的人数。

2. 基金收入 指报告期内筹集的失业保险基金的总额，包括失业保险费收入、利息收入、财政补贴收入、其他收入、转移收入。

3. 基金支出 指报告期内为保障失业人员基本生活、预防失业、促进再就业等支出的基金总额，包括失业保险金支出、医疗补助金支出、丧葬补助金和抚恤金支出、职业培训和职业介绍补贴支出、其他费用支出、技能提升补贴支出、稳定岗位补贴支出、其他支出、转移支出。

4. 基金累计结余 指截止报告期末失业保险基金收支相抵后的累计余额。

工伤保险

1. 参保人数 指报告期末依据国家有关规定参加工伤保险的职工人数和有雇工的个体工商户的雇工数。

2. 享受工伤保险待遇人数 指年报告期内因工伤或职业病而享受工伤保险待遇的职工人数。为享受工伤医疗待遇中未评定等级的人数、享受伤残待遇人数以及享受因工死亡待遇人数之和。

3. **基金收入** 指根据国家有关规定，由参加工伤保险的单位按国家规定的缴费基数和缴费比例缴纳及难以直接按照工资总额计算缴纳工伤保险费的部分行业企业按规定方式缴纳的工伤保险费，以及依法通过其他形式取得的形成基金来源的款项。包括：工伤保险费收入、利息收入、上级补助收入、下级上解收入、其他收入。

4. **基金支出** 指按照国家政策规定的开支范围和开支标准从工伤保险基金中支付给参加工伤保险的人员及供养直系亲属工伤保险待遇支出及其他支出。包括工伤医疗待遇支出、伤残待遇支出、工亡待遇支出、劳动能力鉴定支出、工伤预防费用支出、补助下级支出、上解上级支出和其他支出。

5. **基金累计结余** 指工伤保险基金收支相抵后的期末累计结余金额。

Explanatory Notes on Main Statistical Indicators

Labour Force refers to the population aged 16 and over who are capable of working, are participating in or willing to participate in economic activities, including employed persons and unemployed persons.

Outside the Labour Force refers to the population aged 16 and over who are neither employed persons nor unemployed persons.

Employed Persons refer to persons, aged 16 and over, who performed some work for compensation or business gains for one hour or more during the reference period; or persons who do not work for the reasons of study or on holiday; or persons who are temporarily absent from a job for disorganization or suspension of work, recession, etc.

Unemployed Persons refer to persons, aged 16 and over, be able to work who

(1) neither perform some work for compensation or business gains during the reference period, nor are temporarily absent from a job in the employment definition.

(2) have looked for a job within a specific period of time.

(3) are available for work within a specific period of time.

Surveyed Urban Unemployment Rate refers to the ratio of the number of the unemployed persons in urban areas to the sum of the number of the employed persons and the unemployed persons in urban areas.

Staff and Workers refers to those who work in (and receive income there from) units with state ownership, urban collective ownership, joint ownership, share holding stock ownership, limited liability corporations, foreign and Hong Kong, Macao, and Taiwan Chinese fund or other ownership and their affiliated units.

On-post Staff and Workers refer to those who are practically working in a certain urban unit, including those who are temporarily absent because of study, disease, vocation or other reasons.

Year-end Number refers to those who are employed on the last day of the year.

State-owned Units refers to various enterprises, institutions, and government administrative organizations at various levels, social organizations, etc., with state ownership of production means.

Collective-owned Units refers to various enterprises and institution with collective ownership of production means, including various rural economic organizations engaging in agriculture, forestry, animal husbandry and fishery, enterprises and institutions run by townships and villages; collective enterprises and institutions run by cities, counties, towns, and neighborhood committees.

Other Ownership Units involve joint ownership, share holding stock ownership, limited liability corporations, foreign and Hong Kong, Macao, and Taiwan Chinese fund or other ownership.

Employment in Urban Private Enterprises and Individual units refers to those who have their population records in urban area and take part in productions or operations in urban private enterprises or individual units, and get earnings from the units, including helpers, apprentices and employees.

Primary Industry refers to farming, forestry, animal husbandry and fishery.

Secondary Industry refers to mining manufacturing, electricity, production and supply of electriciy, heat, gas and water and construction.

Tertiary Industry refers to the sectors except primary industry and secondary industry.

Enterprises refer to those units engaged in economic activities such as production, circulation, operation or service, etc.

Institutions refer to those units engaged in service activities for production and daily life, such as transportation, real estate, public affairs, health care, sports, education, social welfare, communication, science research, etc.

Organizations refer to those units engaged in organizing and coordinating activities on society, politics, economics and science, such as government and Party agencies, communities, social and personal services, etc.

Total wages refer to total remuneration payment to all employment in various units in urban area (excluded urban private sectors and individuals) during a certain period of time, including staff and workers and other employment (i.e., reemployed retirees or those who are from Hong Kong, Macao, Taiwan or other countries).

Total Wage Bill of employees refers to total remuneration payment to all employees in various units in urban area (excluded urban private sectors and individuals) during a certain period of time. The calculation of total wage bill is based on the total remuneration payment. Therefore, wages and salaries and other payments to employees should be included at all and regardless of its resource, category, both in kind or cash.

Average Wage of employees refers to the average wage level in money terms per employee during a certain period of time, it is calculated as follows:

$$\text{Average Wage of Employees} = \frac{\text{Total Wage Bill of employees Average Wage of in Reference Period}}{\text{Average Number employees in Reference Period}}$$

Average Real Wage of employees refers to the average wage of employees after deducting consumer price index, which is calculated as follows:

$$\text{Average Real Wage of Employees} = \frac{\text{Average Wage of Employees in Reference Period}}{\text{Urban Consumer Price Index in Reference Period}}$$

Registered Unemployed Persons in Urban Areas refer to the persons residing in urban areas at certain working ages (16 years old to the age of enjoying primary endowment insurance benefits according to the law), who are capable of working, unemployed and willing to work, and have been registered at the Public employment and talent service agencies to apply for a job.

Registered Unemployment Rate in Urban Areas refers to the ratio of the number of the registered unemployed persons to the sum of the number of persons employed in various urban units (minus the employed rural labour force, re-employed retirees, and Hong Kong, Macao, Taiwan or foreign employees), laid-off staff and workers in urban units, owners of private enterprises and self-employed individuals in urban areas, employees of private enterprises and individual businesses in urban areas, and the registered unemployed persons in urban areas.

Urban Registered Unemployment Rate = urban registered unemployment / (employment in urban units - those who have agricultural residence cards - reemployed retirees - those who are from Hong Kong, Macal, Taiwan or other countries + not - on - post staff and workers + employment in urban private sectors and individuals + urban registered unemployment.) × 100%

Basic Endowment Insurance for Urban Workers

1. Number of workers covered refers to staff and workers participating in the basic endowment insurance for urban workers according to national laws, regulations and related policies at the end of the reference period, who have already had payment records in social security management agencies, including those who have interrupt payment without terminating the insurance programme. Those who have registered in the programme but with no payment records are not included.

2. Number of retirees covered refers to the number of retirees participating in the basic endowment insurance for urban workers by the end of the reference period.

3. Revenue refers to payments made by employers and employees participating in the basic endowment insurance for urban workers in accordance with the basis and proportion stipulated in state regulations, and income from other sources that become the source of endowment insurance fund, including the premium paid by employers and staff and workers, interest income, entrusted investment income, subsidies from higher level agencies, income as transfer from subordinate agencies, transferred income, government financial subsidies and other income.

4. Expenses refer to personal endowment insurance payment made to those covered in the basic endowment insurance for urban workers according to related national policies on scope and standard of expenditure, as well as expenditure which arises due to shift of the insurance relationship or adjustment of funds among agencies, transfer to agencies at higher level. Other expenditure includes: basic endowment insurance, medical fees, funeral subsidies, compensation payments, disability allowance, expenses on subsidies to lower subordinates, expenses as transfer to agencies at higher level, transferred expenditure and other expenditure.

5. Balance refers to the balance of the basic endowment insurance funds for urban workers at the end of the reference period after deducting expenses from revenue.

Basic Endowment Insurance for Urban Workers

1. Number of workers covered refers to staff and workers participating in the basic endowment insurance for urban workers according to national laws, regulations and related policies at the end of the reference period, who have already had payment records in social security management agencies, including those who have interrupt payment without terminating the insurance programme. Those who have registered in the programme but with no payment records are not included.

2. Number of retirees covered refers to the number of retirees participating in the basic endowment insurance for urban workers by the end of the reference period.

3. Revenue refers to payments made by employers and employees participating in the basic endowment insurance for urban workers in accordance with the basis and proportion stipulated in state regulations, and income from other sources that become the source of endowment insurance fund, including the premium paid by employers and staff and workers, interest income, entrusted investment income, subsidies from higher level agencies, income as transfer from subordinate agencies, transferred income, government financial subsidies and other income.

4. Expenses refer to personal endowment insurance payment made to those covered in the basic endowment insurance for urban workers according to related national policies on scope and standard of expenditure, as well as expenditure which arises due to shift of the insurance relationship or adjustment of funds among agencies, transfer to agencies at higher level. Other expenditure includes: basic endowment insurance, medical fees, funeral subsidies, compensation payments, disability allowance, expenses on subsidies to lower subordinates, expenses as transfer to agencies at higher level, transferred expenditure and other expenditure.

5. Balance refers to the balance of the basic endowment insurance funds for urban workers at the end of the reference period after deducting expenses from revenue.

Basic Endowment Insurance for Urban and Rural Residents

1. Participants refers to people participating in the basic endowment insurance for urban and rural residents who registered with the participation and established payment records, and who were 60 years old or above when the system was established and registered with the participation. Those who cancelled their registration are not included.

2. Revenue refers to the revenue from the payments made, in accordance with related regulations of the government, by individuals participating in the basic endowment insurance for urban and rural residents and from the subsidies contributed by collectives, public finance and other sources. It includes the payment by individual participants, collective subsidies, financial subsidies, interest income, entrusted investment income, transferred income, subsidies from higher levels, contributions from lower levels, and income from other sources.

3. Expenses refers to payment made to those covered in the basic endowment insurance for urban and rural residents according to related national policies on scope and standard of expenditure. Also included are expenditures which arise due to movement of participants among different locations or system. It includes the payment to the individual participants, transferred expenditures, expenses on subsidies to lower subordinates, expenses as transfer to agencies at higher level, and other expenditures.

4. Balance refers to the balance of basic endowment insurance funds for urban and rural residents at the end of the reference period after deducting expenses from revenue.

Basic Medical Insurance

1. Participants refers to the total number of people who participate in the basic medical insurance for workers and basic medical insurance for urban and rural residents according to national relevant regulations at the end of the reference period.

2. Revenue (birth insurance included) refers to the basic medical insurance premium (birth insurance included) paid by employing units and individuals according to the payment base, payment proportion or payment standard stipulated by the state, financial subsidy funds and funds obtained by other means, including: revenue from employer payment and individual payment, from financial subsidy, from interest, from subsidies from higher level and payment from lower level and other revenue.

3. Expenses (birth insurance included) refers to the medical insurance benefits, birth insurance benefits and other expenditures paid to contributors from the basic medical insurance fund (birth insurance included) according to the scope and standard of expenditure stipulated by national policies. It includes hospitalization expenses, outpatient expenses, serious illness insurance expenses, childbearing treatment expenses, expenses for subsidizing subordinates, expenses for transfer to superiors and other expenditures.

4. Balance (birth insurance included) refers to the balance of revenue after deducting expenses at the end of the reference period.

Unemployment Insurance

1. Participants refers to staff and workers in urban enterprises or institutions who have participated in the unemployment insurance according to relevant policies and regulations, and other people who have participated according to local government regulations at the end of the reference period.

2. Revenue refers to the total unemployment insurance funds raised in the reference period, including unemployment insurance premium, interest income, financial subsidies, other revenue, and transferred revenue.

3. Expenses refers to total expenses during the reference period to guarantee the basic livelihood of unemployed people, prevention of unemployment, and to encourage their re-employment. Included are unemployment relief, medical fees, funeral subsidies, compensation payments, training expenses, job placement expenses, other expenses, skills upgrading subsidy, job stabilization subsidy, other expenditures, transferred expenditure.

4. Balance refers to the balance of revenue after deducting expenses at the end of the reference period.

Work-related Injury Insurance

1.Participants refers to staff and workers who have participated in the work-related injury insurance and employees who work as self-employed and have participated in the work-related injury insurance according to relevant national regulations at the end of the reference period.

2. Number of beneficiaries refers to number of employee benefited from work-related injury insurance, as a result of work injury or occupational disease. It is the sum of beneficiaries of medical treatment of unrated work injuries, disability benefits for work injuries and compensation for deaths at work places.

3. Revenue refers to payments made by employers participating in the work-related injury insurance programme in accordance with the basis and proportion stipulated in state regulations, and payment by enterprises of some industries where it is difficult to estimate the injury insurance premium directly according to the total wage bill in accordance with stipulated way, and revenue from other sources according to law that become source of work-related injury insurance fund, including revenue of injury insurance, interest income, subsidies from higher level agencies, revenue as transfer from subordinate agencies, and other revenues.

4. Expenses refers to payments made from work-related injury insurance funds to those who participated in the work-related injury insurance and their direct dependents within the scope and standards of expenditure according to related national policies, and other expenditure, including medical fees for work injury, injury and disability subsidies, death subsidies, labour capacity appraisal, injury prevention fees, expenses on subsidies to lower subordinates, expenses as transfer to agencies at higher level, and other expenditure.

5. Balance refers to the balance of the work-related injury funds at the end of the reference period.